JUS ECCLESIASTICUM

Beiträge zum evangelischen Kirchenrecht
und zum Staatskirchenrecht
Band 62

Hans Ulrich Anke

Die Neubestimmung des Staat-Kirche-Verhältnisses in den neuen Ländern durch Staatskirchenverträge

Zu den Möglichkeiten und Grenzen des staatskirchenvertraglichen Gestaltungsinstruments

Mohr Siebeck

Geschäftsführender Herausgeber: Martin Heckel

Hans Ulrich Anke, geboren 1968; 1989–1995 Studium der Rechtswissenschaft und Romanistik in Göttingen und Caen; 1995–1998 wiss. Mitarbeiter an der Martin-Luther-Universität Halle-Wittenberg; 1999 Promotion; seit 1998 Referendariat in Lübeck.

Die Deutsche Bibliothek - CIP-Einheitsaufnahme

Anke, Hans Ulrich:
Die Neubestimmung des Staat-Kirche-Verhältnisses in den neuen Ländern durch Staatskirchenverträge : zu den Möglichkeiten und Grenzen des staatskirchenvertraglichen Gestaltungsinstruments / Hans Ulrich Anke. - 1. Aufl. - Tübingen : Mohr Siebeck, 2000
(Jus ecclesiasticum ; Bd. 62)
ISBN 3-16-147319-1

Das Buch wurde von Martin Fischer in Tübingen aus der Garamond-Antiqua belichtet, von Gulde-Druck in Tübingen auf alterungsbeständiges Werkdruckpapier der Papierfabrik Niefern gedruckt und von der Großbuchbinderei Heinr. Koch in Tübingen gebunden.

ISSN 0449-4393

Meinen Eltern

Vorwort

Die vorliegende Arbeit über die Staatskirchenverträge der neuen Länder ist aus der Mitarbeitertätigkeit am Lehrstuhl für Öffentliches Recht und Kirchenrecht unter Herrn Prof. Dr. Karl-Hermann Kästner entstanden. Sie wurde in erweiterter Fassung im Sommersemester 1999 von der Juristischen Fakultät der Martin-Luther-Universität Halle-Wittenberg als Dissertation angenommen. Die wesentlichen Arbeiten wurden Ende 1998 abgeschlossen. Spätere Rechtsprechung und Literatur haben ausgewählt Berücksichtigung gefunden.

Herrn Prof. Dr. Karl-Hermann Kästner habe ich für die Anregung, Betreuung und Erstbegutachtung dieser Arbeit ganz herzlich zu danken, ebenso für die erfahrene Förderung und die lehrreiche Mitarbeit an seinem Lehrstuhl in Halle. Besonderer Dank gebührt auch Herrn Prof. Dr. Heinrich de Wall und Herrn Prof. Dr. Stefan Muckel für die Erstellung der weiteren Gutachten sowie für aufmunternde Unterstützung.

Für weiterführende Anregungen danke ich vielen Gesprächspartnern aus Wissenschaft und Praxis, so Herrn Präsidenten der Klosterkammer a.D. Prof. Dr. Axel Frhr. von Campenhausen, Herrn Prof. Dr. Hermann Weber, Herrn OKR Rainer Rausch und Herrn Hoyzyk, aber auch meinen Hallenser Kollegen, allen voran Frau Dr. Uta Hildebrand, deren freundschaftlicher Rat mir eine große Hilfe war. Weiter danke ich herzlich Frau Sigrid Rathmann, Frau Claudia Glanz und Frau Christine Kohls für ihre vielfache Unterstützung bei der Anfertigung der Arbeit.

Zu tiefstem Dank bin ich aber vor allem meiner Familie verpflichtet, insbesondere meinen Eltern, Geschwistern und meiner Frau, die mir stets mit Liebe, Förderung, Rat und Kritik weiterhelfen und mich auch bei der vorliegenden Arbeit tatkräftig unterstützt haben, sowie meiner Tochter Valerie, die mich zu zügigem Abschluß der Arbeit anhielt.

Schließlich gilt mein Dank all denen, die das Entstehen der Arbeit auf unterschiedliche Weise befördert haben, als juristische Lehrer, als Mitstreiter, Freunde, Kollegen oder Förderer, namentlich Herrn Prof. Dr. Volkmar Götz, Herrn Prof. Dr. Hans Lilie, Herrn Priv.-Doz. Dr. Martin Ibler und dem Göttinger Gernhuberkreis, Herrn Dr. Wolfgang Winkler, der Liste N.N. und den Gesamthandspaten, den Lübecker Kollegen, Herrn OStA Winckelmann, Herrn VRiLG Hurlin, Herrn OKR Fuchs, Herrn OKR von Heyden, der Kanzlei Bade & Willand, Herrn RiOLG Dresenkamp sowie der Studienstiftung des deutschen Volkes.

Rodenberg am Deister; im Dezember 1999 Hans Ulrich Anke

Inhaltsverzeichnis

Abkürzungen

In der Arbeit sind im wesentlichen nur allgemein gebräuchliche Abkürzungen verwandt worden. Spezielle Abkürzungen des Staatskirchenrechts orientieren sich an den Abkürzungen nach Joseph Listl und Dietrich Pirson (Hrsg.), Handbuch des Staatskirchenrechts der Bundesrepublik Deutschland, 1. Band, 2. Aufl., Berlin 1994, S. XXIX–XLV. Auf folgende besondere Abkürzungen sei hier zum besseren Verständnis hingewiesen:

BBG.	Brandenburg
BistVEF	Vertrag über die Errichtung des Bistums Erfurt
BistVGörlitz	Vertrag über die Errichtung des Bistums Görlitz
BistVMD	Vertrag über die Errichtung des Bistums Magdeburg
BistVHH	Vertrag über die Errichtung von Erzbistum und Kirchenprovinz Hamburg
DSchG	Denkmalschutzgesetz
EssGespr.	Essener Gespräche zum Thema Staat und Kirche
evKVBBG	Evangelischer Kirchenvertrag von Brandenburg
evKVHess	Evangelischer Kirchenvertrag von Hessen
evKVLip	Lippischer Evangelischer Kirchenvertrag
evKVLSA	Evangelischer Kirchenvertrag von Sachsen-Anhalt
evKVMV	Evangelischer Kirchenvertrag von Mecklenburg-Vorpommern
evKVNds	Evangelischer Kirchenvertrag von Niedersachsen
evKVNRW	Evangelischer Kirchenvertrag von Nordrhein-Westfalen
evKVPreußen	Preußischer Evangelischer Kirchenvertrag
evKVRhPf	Evangelischer Kirchenvertrag von Rheinland-Pfalz
evKVSaarl	Evangelischer Kirchenvertrag vom Saarland
evKVSachsen	Evangelischer Kirchenvertrag des Freistaates Sachsen
evKVSchlH	Evangelischer Kirchenvertrag von Schleswig-Holstein
evKVTh	Evangelischer Kirchenvertrag des Freistaates Thüringen
Fn.	Fußnote
GesSchr.	Gesammelte Schriften
JüdVLSA	Vertrag des Landes Sachsen-Anhalt mit der Jüdischen Gemeinschaft in Sachsen Anhalt
JüdVMV	Vertrag des Landes Mecklenburg-Vorpommern mit dem Landesverband der Jüdischen Gemeinden in Mecklenburg-Vorpommern
JüdVSachsen	Vertrag des Freistaates Sachsen mit dem Landesverband der Jüdischen Gemeinden
JüdVTh	Vertrag des Freistaates Thüringen mit der Jüdischen Landesgemeinde Thüringen
KiStG-DDR	Kirchensteuergesetz der DDR
KPS	Evangelische Kirche der Kirchenprovinz Sachsen

LSA	Sachsen-Anhalt
LSAKKV	Katholischer Kirchenvertrag von Sachsen-Anhalt
LT-Drs.	Landtagsdrucksachen
M.-V.	Mecklenburg-Vorpommern
MVKKV	Katholischer Kirchenvertrag von Mecklenburg-Vorpommern
NRWK	Vertrag zwischen dem Land Nordrhein-Westfalen und der Katholischen Kirche
PlenProt.	Stenographische Mitschriften der Landtagssitzungen
PreußK	Preußisches Konkordat
Rn.	Randnummer
SaarlK	Vertrag zwischen dem Saarland und der Katholischen Kirche
SachsenKKV	Katholischer Kirchenvertrag des Freistaates Sachsen
Sächs.	von Sachsen
Sächs.Verf.	Verfassung des Freistaates Sachsen
SG	Schulgesetz
SynProt.	Mitschriften der Sitzungen der Synoden
Th.	Thüringen, von Thüringen
THKKV	Katholischer Kirchenvertrag des Freistaates Thüringen
Verf.	Verfassung
Verf.BBG.	Verfassung des Landes Brandenburg
Verf. M.-V.	Verfassung des Landes Mecklenburg-Vorpommern
Verf.LSA	Verfassung des Landes Sachsen-Anhalt
Verf.Th	Verfassung des Freistaates Thüringen
VO	Verordnung
Vorb.	Vorbemerkung
Vorl.	Vorlage

I. Teil

Das Vertragsinstrument im Staatskirchenrecht der neuen Länder – Staatskirchenrechtliche Problemstellung

Nach über 40 Jahren ohne einen einzigen Staatskirchenvertrag in der DDR haben die neuen Länder, die Bistumserrichtungsverträge nicht mitgezählt, in gut sieben Jahren 13 Staatsverträge mit Kirchen und Religionsgemeinschaften abgeschlossen. Ihren Anfang nahm diese Entwicklung damit, daß sich die Geltung des Grundgesetzes seit dem 3. Oktober 1990 mit dem Inkrafttreten des Einigungsvertrages vom 31. August 1990 und durch den Beitritt der Länder Brandenburg, Mecklenburg-Vorpommern, Sachsen-Anhalt, Sachsen und Thüringen auf das Gebiet der untergegangenen DDR erstreckt. Dieser „Systemwechsel" brachte umwälzende Veränderungen für das Gemeinwesen mit sich, die auch und gerade das Staat-Kirche-Verhältnis erfassen. Mit Art. 140 GG sind die Artikel 136, 137, 138, 139 und 141 der Weimarer Reichsverfassung „vollgültiges Verfassungsrecht"[1]. Sie sind damit unmittelbar bindende Vorgaben für staatliches Handeln in den wiedergegründeten Ländern geworden[2], was vielfältige Fragestellungen aufwirft, die nach und nach vom Schrifttum aufgegriffen werden[3]. Einer näheren juristischen Aufarbeitung der staatskirchenvertraglichen Handlungsformen bedarf es allerdings nur, wenn sich die alsbald nach der Wende einsetzenden Vertragsschlüsse zwischen Staat und Kirche nicht lediglich als „Verfassungsvollzug" nach den bekannten und

---

[1] BVerfGE 19, 206 [219]; *D. Ehlers*, in: *M. Sachs* (Hrsg.), GG, Art. 140 GG Rn. 2; *Jarass*, in: *H.D. Jarras / B. Pieroth* (Hrsg.), GG, Art. 140 Rn. 1.

[2] Zur „deutschen Einheit im Staatskirchenrecht" vgl. *W. Rüfner*, EssGespr. 26, S. 60, 61 ff.

[3] Vgl. nur die Überblicksdarstellungen bei *A. v. Campenhausen*, HStR XI, § 207, und *J. Listl*, GesSchr., S. 355 ff.

für die Altbundesländer wiederholt und eingehend untersuchten[4] Mustern darstellen[5].

Für viele[6], die das gewachsene System vertraglicher Regelungen zwischen Staat und Kirche als „besonderes Markenzeichen der Freiheitlichkeit" in der Bundesrepublik verstehen[7], erschien der Rückgriff auf das in den westlichen Ländern bewährte Vertragsinstrument zur Gestaltung der Staat-Kirche-Beziehungen in den neuen Ländern als „selbstverständlich"[8], „fast zwangsläufig"[9] oder schlicht als „das Gegebene"[10]. In der Tat zeigt sich das bemerkenswerte Phänomen, daß die vielen neuen Vereinbarungen und Verträge zwischen Staat und Kirchen auf hergebrachte Staatskirchenvertragstypen zurückgeführt werden können[11]. Von einer unproblematischen und weitgehend inhaltlich geschlossenen Übernahme bzw. Übertragung des Staatskirchenvertragsrechts der alten Länder kann in den neuen Ländern dennoch keine Rede sein[12]. Dies wird bereits an den Staatsverträgen mit der Jüdischen Gemeinschaft deutlich, die vor dem Hintergrund der bisherigen Vertragspraxis keineswegs als Selbstverständlichkeit angesehen werden können[13]. Aber auch der Streit um die Militärseelsorge in den neuen Bundesländern ist hier als prägnantes Beispiel zu nennen[14].

---

[4] Beispielhaft seien folgende Arbeiten genannt: für Hessen nur *H.-U. Klose* (1966) und *G. Lenz* (1987); für Niedersachsen nur *U. Scheuner*, Ges.Schr., S. 308ff., und *E.G. Mahrenholz*, ZevKR (1966/67), S. 217ff.; für Nordrhein-Westfalen nur *J. Bauer* (1968), *A. v. Mutius*, EvKomm 17 (1984), S. 297f., und *D. Dehnen/K. Winterhoff*, ZevKR 30 (1985), S. 29ff.; für Rheinland-Pfalz: *R. Schwarz*(1970) und *G. May*, ArchKathKR 132 (1963), S. 61ff., 434ff.; für Schleswig-Holstein: *I.-M. Matthiesen* (1986); vgl. weiter zu der Berliner Vereinbarung zwischen Staat und Kirchen: *R. Herzog*, ZevKR 16 (1971), S. 268ff.; für die vorkonstitutionellen Verträge: im Überblick *E.R. Huber* Bd. VI, S. 912ff., 928ff.; zu den Badischen Staatskirchenverträgen von 1932: *A. Hollerbach*, ZRG Kan. Abt. 61 (1975), S. 324–347; zum Bayrischen Kirchenvertrag von 1924: *H. Maser* (1983); für das Saarland: *K. Orywall* (1969).

[5] Sonst bliebe nur die pädagogische Aufgabe, die Funktion der Staatskirchenverträge im Rechtsleben verständlich zu machen und ihre Normen mit Leben zu erfüllen (vgl. *A. v. Campenhausen*, NVwZ 1995, S. 757, 762).

[6] Abweichend allerdings *H. Weber*, NVwZ 1994, S. 759, 766.

[7] Beispielsweise *A. Hollerbach*, HdbStKirchR I, S. 253, 272 und 287; ähnlich *J. Listl*, GesSchr., S. 355, 384.

[8] *A. Hollerbach*, HK 1995, S. 536, 538; ähnlich *ders.*, KuR-120, S. 1, 3; vgl. auch *S. Heitmann*, LKV 1995, S. 93.

[9] *A. Hollerbach*, HdbStKirchR I, S. 253, 265; *J. Listl*, GesSchr., S. 355, 384f.; *ders.*, aaO., S. 469, 472, spricht für die Verträge vor der Wende von „immanenter Zwangsläufigkeit".

[10] *A. v. Campenhausen*, NVwZ 1995, S. 757, 762.

[11] *A. Hollerbach*, KuR-120, S. 1, 4; *A. v. Campenhausen*, NVwZ 1995, S. 757, 762 und S. 758ff. passim.

[12] Vgl. hier zunächst nur: *H. Johnsen*, ZevKR 43 (1998), S. 182ff.

[13] *A. Vulpius*, NVwZ 1996, S. 59, 60.

[14] Vgl. im Überblick: *R. Scholz*, EssGespr. 26, S. 7, 18ff.

A. Das Beispiel der Militärseelsorge

Der Prozeß der Einführung vertragsrechtlicher Grundlagen zur Militärseelsorge im Beitrittsgebiet bietet sich wegen der Übersichtlichkeit des Problemkreises an, um beispielhaft die Fragestellungen herauszuarbeiten und zu veranschaulichen, die den Gang der folgenden Untersuchung bestimmen.

I. Die Militärseelsorge in den alten Bundesländern nach Art. 27 Reichskonkordat und dem Militärseelsorgevertrag

Die Seelsorge in der Bundeswehr ist Gegenstand zweier grundlegender Vertragswerke zwischen Staat und Kirche. Die zentralen vertraglichen Regelungen zur katholischen Militärseelsorge sind bereits in Art. 27 des Reichskonkordats von 1933[15] getroffen. Sie gelten gem. Art. 123 I, 124 GG auch nach Einführung des Grundgesetzes fort[16] und haben in den alten Bundesländern die weitere Gestaltung der katholischen Seelsorge in Einrichtungen der Bundeswehr bestimmt[17]. Für die evangelische Militärseelsorge wurde mit Abschluß des Staatsvertrags vom 22. Februar 1957 zwischen der Bundesrepublik und den in der EKD zusammengeschlossenen Kirchen[18] eine neue rechtliche Grundlage geschaffen. Das staatliche Zustimmungsgesetz zu diesem sogenannten Militärseelsorgevertrag[19] erklärt mit Art. 2 die beamtenrechtlichen Vertragsbestimmungen zum Rechtsstatus der Militärgeistlichen auch für die katholische Seelsorge innerhalb der Bundeswehr für entsprechend anwendbar. Vertragliche Regelungen mit anderen Religionsgemeinschaften existieren nicht. Bislang sind solche nicht einmal mit dem Wunsch zur Bundeswehrseelsorge an die Bundesre-

---

[15] Abgedruckt bei *J. Listl* (Hrsg.) (1987), S. 49–51, 58f.
[16] *J. Ennuschat* (1996), S. 44.
[17] Vgl. *A.E. Hierold*, HdbKathKR, § 52, S. 447, 449ff.
[18] Abgedruckt bei *J. Listl* (Hrsg.) (1987), S. 96ff.; vgl. ausführlich dazu *A. Cremers* (1973).
[19] Gesetz vom 26. Juli 1957, BGBl. II S. 701.

gierung herangetreten[20]. Den aufgeführten Vereinbarungen sind nur karge verfassungsrechtliche Vorgaben vorgeordnet. Im wesentlichen beschränken sich die Verfassungsbestimmungen mit Art. 140 GG / Art. 141 WRV darauf, den Zugang zur Anstaltsseelsorge im Heer bei Vorliegen entsprechender Bedürfnisse zu gewährleisten[21]. Damit beruht die staatskirchenrechtliche Ordnung der Militärseelsorge, die Festlegung der konkreten Aufgaben einschließlich des Lebenskundlichen Unterrichts, die Entscheidung über die Art und Weise ihrer Wahrnehmung und schließlich die Ausgestaltung der Dienstverhältnisse wie der Organisation[22], weitgehend auf den vertraglichen Vereinbarungen[23].

II. Vertraglicher Interessenausgleich über die Militärseelsorge in den neuen Ländern

Nach der Wiedervereinigung stellte sich nun für das Beitrittsgebiet die Frage nach vertragsrechtlichen Grundlagen für die Militärseelsorge in der Bundeswehr.

1. Die Ausgangskonstellation nach dem Beitritt

Dabei hat es eine ganz unterschiedliche Entwicklung bei dem Vertragsrecht für die katholische Seelsorge und den Vertragsbindungen mit der evangelischen Kirche gegeben[24], während gegenüber anderen Glaubensrichtungen in den neuen Bundesländern wie in den Altländern kein Regelungsbedarf aufgetreten ist. Die Katholische Kirche hat auch für die neuen Länder an der Fortgeltung der alten vertragsrechtlichen Grundlagen aus dem Reichskonkordat, d.h. hier an Art. 27 RK, dezidiert festgehalten[25]. Um keinen Zweifel an der Wirksamkeit der Regelungen aus dem Reichskonkordat aufkommen zu lassen, hat sie sich auch inhaltlich uneingeschränkt hinter die bisherige Ausgestaltung der katholischen Militärseel-

[20] *J. Ennuschat* (1996), S. 46f.; *V. Kruk*, NZWehrr 1997, S. 1, 18.

[21] Vgl. *A. v. Campenhausen*, 3. Aufl., S. 229ff.

[22] Dazu ausführlich *V. Kruk*, NZWehrr 1997, S. 1, 3ff.; *M. Kleine* (1993), S. 165ff.; *R. Seiler*, HdbStKirchR II, S. 961, 970ff.; *J. Ennuschat*, (1996), S. 57ff.

[23] Vgl. die Regierungsbegründung zum Militärseelsorgevertrag, BT-Drs. II / 3500, Vertragsbegründung, S. 9, abgedr. bei *J. Listl* (Hrsg.) (1987), S. 108.

[24] Im Überblick: *E.-L. Solte*, in: *R. Puza / A.P. Kustermann* (Hrsg.), S. 79, 94–96.

[25] *J. Ennuschat* (1996), S. 55–57; vgl. auch *W. Rüfner*, EssGespr. 26, S. 60, 67; *R. Scholz*, Ess.Gespr. 26, S. 7, 19.

sorge gestellt[26] und ihre Umsetzung im Beitrittsgebiet zugesichert und durchgeführt[27]. Demgegenüber verwahrten sich die evangelischen Landeskirchen in den neuen Bundesländern gegen eine Anwendung des Militärseelsorgevertrags auf ihr seelsorgerisches Wirken an Soldaten. Bis zur Wende hatten die Kirchen des Bundes der Evangelischen Kirchen in der DDR (BEK) in bescheidenem Umfang und nach besten Kräften eine seelsorgerische Betreuung von Soldaten außerhalb der militärischen Einrichtungen versucht[28]. Dies konnte nur ohne institutionelle Absicherung erfolgen[29], verlief damit aber auch ohne entsprechende Abstimmungserfordernisse mit den staatlichen Stellen und ohne Einbindung in die staatlichen Organisationsabläufe. Auch im wiedervereinigten Deutschland wollten die Kirchen im Beitrittsgebiet zwar an der Aufgabe der Seelsorge an Soldaten festhalten und sie unter den verbesserten, freiheitlichen Wirkungsmöglichkeiten intensivieren[30]. Eine personelle Eingliederung in den staatlichen Dienst zur Wahrnehmung dieser seelsorgerischen Aufgaben wurde jedoch unnachgiebig verweigert.

Auf erbitterte inhaltliche Ablehnung aus theologischen und kirchenpolitischen Gründen stießen insbesondere die Bestimmungen des Militärseelsorgevertrages zu den Dienstpflichten der Militärgeistlichen im Rahmen des Lebenskundlichen Unterrichts und zum Doppelstatus der Militärseelsorger und der Wehrbereichsdekane als kirchliche Amtsträger und Staatsbeamte bei einer dem Bundesverteidigungsminister nachgeordneten Behörde[31]. Daneben standen Forderungen nach einer Überführung der Militärseelsorge in landeskirchliche Zuständigkeiten[32]. In rechtlicher Hinsicht bestritten die ostdeutschen Landeskirchen eine Bindung an den Militärseelsorgevertrag damit, daß sie nie einer Übernahme zugestimmt hätten bzw. nie dem Vertrag beigetreten seien[33]. Im übrigen ist von einer

---

[26] *J. Ennuschat*, ZevKR 41 (1996), S. 419, 420.

[27] *V. Kruk*, NZWehrr 1997, S. 1, 12f.; vgl. auch *A. v. Campenhausen*, HStR IX Rn. 64, sowie den Bericht des Wehrbeauftragten Biehle, BT-Drs. 12/6950, Nr. 6, S. 14.

[28] *H. Zeddies*, in *G. Rau/H.-R. Reuter/K. Schlaich* (Hrsg.) III, S. 405, 421f.

[29] *J. Ennuschat* (1996), S. 48f.

[30] Vgl. *H. Zeddies*, in: *G. Rau/H.-R. Reuter/K. Schlaich* (Hrsg.) III, S. 405, 425f.

[31] *H. Zeddies*, in: *G. Rau/H.-R. Reuter/K. Schlaich* (Hrsg.) III, S. 405, 422ff.

[32] Vgl. nur die Hinweise bei *V. Kruk*, NZWehrr 1997, S. 1, 11.

[33] Für die innerkirchliche Bindung an die EKD-Kirchengesetze zum Militärseelsorgevertrag trifft dies unumstritten zu. Problematisch ist hingegen, ob sich auch der staatskirchenvertragliche Geltungsbereich des Militärseelsorgegesetzes auf das Gebiet der neuen Länder erstreckt: ablehnend insoweit: *H. Zeddies*, in: *G. Rau/H.-R. Reuter/K. Schlaich* (Hrsg.) III, S. 405, 421; *V. Kruk*, NZWehrr 1997, S. 1, 7f.; *M. Haedrich*, LKV 1997, S. 85, 86; offener *W. Rüfner*, EssGespr. 26, S. 60, 67; bejahend dagegen *J. Ennuschat*, ZevKR 41 (1996), S. 419; *ders.* (1996), S. 50ff. und 358; *H. Kremser*, JöR 40 (1991/92), S. 501, 528; *A. v. Campenhausen*, RM Nr. 29/94 vom 22.7.1994, S. 18.

„Veränderung wesentlicher Verhältnisse ... durch das Hinzukommen der ostdeutschen Landeskirchen zur EKD" und damit von einer entscheidenden Änderung der Geschäftsgrundlage des Militärseelsorgevertrages die Rede gewesen[34]. Auch auf verfassungsrechtliche Bedenken gegen den Status der Militärgeistlichen im Staatsdienst[35] haben sich die Gegner des Militärseelsorgevertrages gestützt. Die staatliche Seite hielt in den neuen Ländern aber zunächst die Regelungen des Militärseelsorgevertrags für die evangelischen Kirchen für ebenso verbindlich wie das Reichskonkordat für die katholische Kirche. Zeitweise beharrte die Bundesregierung, namentlich der Bundeskanzler und der Bundesverteidigungsminister[36], ganz entschieden auf einer Durchsetzung der Vertragsfestlegungen gegenüber massiven Widerständen aus den Reihen der Kirchen.

2. Das Ergebnis der Verhandlungen: Die Rahmenvereinbarung über „die evangelische Seelsorge in der Bundeswehr in den neuen Bundesländern"

Im Kompromißwege wurde der Konflikt schließlich aber mit Übergangslösungen entschärft[37]. Kurzfristig einigten sich der Bundesverteidigungsminister und die betroffenen evangelischen Landeskirchen über das Sekretariat des BEK im Wege eines Briefwechsels[38] auf eine provisorische nebenamtliche seelsorgerische Betreuung der Soldaten durch „zivile" Pfarrer im landeskirchlichen Dienst von den Kirchengemeinden aus der Umgebung der Bundeswehrstandorte[39]. Diese Zwischenlösung wurde durch eine weitere abgelöst, nämlich durch die Rahmenvereinbarung über die „evangelische Seelsorge in der Bundeswehr in den neuen Bundeslän-

---

[34] *M. Haedrich*, LKV 1997, S. 85, 86.

[35] Vgl. die Einwände bei *K. Obermayer*, BoK, Art. 140 GG Rn. 95; *U.K. Preuß*, *AK-GG*, Art. 140 GG Rn. 71; *W. Huber* (1973 / 1991), S. 263ff.; *M. Kleine* (1993), S. 180ff.; *L. Renck*, BayVBl. 1988, S. 225, 228; *E. Fischer*, 3. Aufl., S. 141ff.; vgl. auch *D. Ehlers*, in: *M. Sachs* (Hrsg.), GG, Art. 140 GG / Art. 141 WRV Rn. 7. Die h.M. geht dagegen von der Zulässigkeit aus: *J. Ennuschat*, ZevKR 41 (1996), S. 419, 421ff.; *R. Seiler*, HdbStKirchR II, S. 961, 968ff.; *A. v. Campenhausen*, 3. Aufl., S. 232f.; *A. Hollerbach*, HStR VI, § 140 Rn. 13; *W. Loschelder*, Hengsbach-FS, S. 783, 785ff.; *V. Kruk*, NZWehrr 1997, S. 1, 14ff.; *R. Scholz*, Ess.Gespr. 26, S. 7, 18ff.

[36] Nachgewiesen bei *M. Haedrich*, LKV 1997, S. 85 Fn. 4; *V. Kruk*, NZWehrr 1997, S. 1, 11; *J. Ennuschat*, ZevKR 41 (1996), S. 419f. Fn. 5; *ders.* (1996), S. 358.

[37] Zur Entstehung vgl. jeweils mit ausführlichen Nachweisen: *V. Kruk*, NZWehrr 1997, S. 1, 9ff.; *R. Seiler*, HdbStKirchR II, S. 961, 963–965; *M. Haedrich*, LKV 1997, S. 85f.

[38] Abgedruckt in LKV 1991, S. 338.

[39] Vgl. nur *V. Kruk*, NZWehrr 1997, S. 1, 8f.

dern“[40], getroffen zwischen der Bundesrepublik (vertreten durch den Bundesminister der Verteidigung) und der EKD. Sie ist nach Nr. 12 des Vereinbarungstextes bis zum Ende des Jahres 2003 befristet und sieht auch eine zwischenzeitliche Überprüfung vor. Bei der Frage nach der anschließenden Regelung setzt sich der grundsätzliche Streit über die Anwendung des Militärseelsorgevertrags im Beitrittsgebiet damit unverändert fort[41]. Der inhaltliche Schwerpunkt der Rahmenvereinbarung liegt auf der Ausgestaltung des Rechtsstatus der Seelsorger. Die Seelsorge in der Bundeswehr soll nach Nr. 1 II des Vereinbarungstextes zwar hauptamtlich wahrgenommen werden, allerdings von Pfarrern im Dienste der EKD, nicht im Dienst der Landeskirchen und eben auch nicht unter Eingliederung in den Staatsdienst wie nach dem Militärseelsorgevertrag[42]. Nur in besonderen Ausnahmefällen ist eine nebenamtliche Seelsorge durch Pfarrer im Dienste der östlichen Gliedkirchen zulässig (Nr. 1 V). Auch die Rechtsstellung des „Wehrbereichsdekans“ wird nach Nr. 2 der Vereinbarung in einen Status im Rahmen eines kirchenrechtlichen Dienstverhältnisses abgeändert. Organisatorisch wird die Seelsorge in der Bundeswehr allerdings z.T. in Strukturen nach dem Militärseelsorgevertrag eingebunden, so durch die innerkirchlichen Zuständigkeiten der EKD, die Aufsicht des Militärbischofs und diverse Abstimmungspflichten gegenüber dem Bundesminister der Verteidigung.

Den Großteil der Personalkosten erstattet der Bund dem kirchlichen Dienstherrn, nämlich die Bezüge der hauptamtlichen Geistlichen und die Vergütung der nebenamtlichen Seelsorge. Dagegen hat der kirchliche Dienstherr nach Nr. 7 der Vereinbarung ohne Rückgriffsmöglichkeiten voll die Aufwendungen für die Versorgung oder auch die Zulagen zu tragen. Diese finanzielle Verschlechterung gegenüber der Kostentragung nach dem Militärseelsorgevertrag ist von staatlicher Seite als Tribut für die Abkehr der evangelischen Kirche vom Militärseelsorgevertrag in den neuen Ländern gefordert worden. Die Erläuterungen des Kirchenamtes der EKD weisen auf „politische Vorgaben“ der staatlichen Verhandlungspartner hin, wonach „für die Kirche auf der ‚Habenseite‘ weniger herauskommen müsse als bei einer Übernahme des MSV“[43]. Die dem zugrundeliegenden staatlichen Motive stießen auf Kritik im Schrifttum[44]. Sie sind

---

[40] Abgedruckt in LKV 1996, S. 196.

[41] Vgl. die Erläuterungen des Kirchenamtes der EKD zur Rahmenvereinbarung, LKV 1996, S. 197, 198.

[42] Dies hebt *W. Bock*, EvKomm 1996, S. 284, hervor.

[43] LKV 1996, S. 197, 198; vgl. auch *V. Kruk*, NZWehrr 1997, S. 1, 21.

[44] *W. Bock*, EvKomm 1996, S. 284, 285.

aber wohl umfassender auf der Grundlage der Vertragsmotive zum Militärseelsorgevertrag aus 1957[45] zu würdigen. Als weitere zusätzliche, d.h. über die Vertragsbindungen des Militärseelsorgevertrags hinausgehende Verpflichtung der Militärseelsorger verlangt Nr. 4 II 2 der Rahmenvereinbarung mit der Bereitschaft, die Truppe bei Auslandseinsätzen zu begleiten, eine Teilnahme auch bei etwaigen Kampfeinsätzen[46].

III. Die aufgeworfenen staatskirchenrechtlichen Diskussionspunkte

Der Prozeß der Einführung der Militärseelsorge in den neuen Bundesländern auf staatskirchenvertragsrechtlichen Grundlagen weist auf die wichtigsten allgemeinen Fragestellungen hin, die bei der Aufarbeitung des neuen Vertragsstaatskirchenrechts im Vordergrund stehen sollen:

1. Die staatskirchenvertraglichen Bindungswirkungen einschließlich der Durchsetzungsmöglichkeiten

Der Ausgangspunkt der Verhandlungen hat die nach wie vor bestehenden rechtlichen Probleme und Unsicherheiten im Umgang mit den Bindungen aus Staatskirchenverträgen aufgezeigt. Nimmt man die Geltung des Militärseelsorgevertrags in den neuen Ländern an, so steht man vor dem Dilemma der Durchsetzung[47]: Die EKD wäre im Außenverhältnis gegenüber der Bundesrepublik staatskirchenvertraglich an die Festlegungen des Militärseelsorgevertrages auch für das Gebiet der neuen Länder gebunden. Sie bliebe im kirchenrechtlichen Innenverhältnis aber auf die Zustimmung der betroffenen Gliedkirchen zu den kirchlichen Vertragsgesetzen angewiesen, die verweigert wurde. Wenn das Beitrittsgebiet vom Geltungsanspruch des Militärseelsorgevertrags mit erfaßt sein soll, bleibt auch kaum Raum für die Annahme einer Änderung der Geschäftsgrundlage durch bloßes „Hinzukommen der ostdeutschen Landeskirchen zur EKD“[48]. Hier stellt sich die Frage, ob und wie die Bundesregierung gemäß

---

[45] Vgl. dazu *D. Pirson*, EssGespr. 23, S. 4, 15ff.

[46] *V. Kruk*, NZWehrr 1997, S. 1, 21; zur Rechtslage nach dem Militärseelsorgevertrag allerdings im Ergebnis kaum abweichend: *J. Ennuschat* (1996), S. 325.

[47] Dazu gelangt beispielsweise *J. Ennuschat* (1996), S. 54.

[48] Dies nimmt aber *M. Haedrich*, LKV 1997, S. 85, 86.

ihren ursprünglichen Intentionen bestehende Vertragsbindungen auch in den neuen Ländern gegen Widerstand aus den Gliedkirchen hätte durchsetzen wollen und können. Eine Problematik von allgemeinem Interesse werfen auch die auf kirchlicher Seite aufgetretenen Ansätze zu einer staatskirchenvertraglichen Neubestimmung der Seelsorge an Soldaten in der Bundeswehr auf. Ziemlich unbefangen nahm man in weitem Umfang eine staatliche Pflicht zu Vertragsverhandlungen und Vertragsabschlüssen immer dann an, „wenn es erforderlich ist", d.h. „bei einem Regelungsbedarf"[49]. Demgegenüber ist nach anderer Auffassung der Staat zwar aufgrund der Freundschaftsklausel (Art. 27 MSV) „gehalten, sich auf ernsthafte Verhandlungen einzulassen, aber nicht auf jede Zielvorstellung der EKD"[50]. So erscheint im Zusammenhang mit der Frage nach den Bindungswirkungen und Durchsetzungsmöglichkeiten staatskirchenvertraglicher Abreden auch die Reichweite von Freundschaftsklauseln und der allgemeinen Pflicht zu partnerschaftlicher Rücksichtnahme klärungsbedürftig.

2. Die Vertragszwecke als zentraler Ansatzpunkt rechtlicher Beurteilung

Ohne bestehende Vertragsbindungen als Anknüpfungspunkt bliebe erst recht zweifelhaft, warum sich der Staat an eine vertragliche Lösung der offenen Regelungsbedürfnisse im Verhältnis zur Evangelischen Kirche hält. Daraus läßt sich die allgemeine Frage ableiten, was Staat und Religionsgemeinschaften zu einem Rückgriff auf das Vertragsinstrument bei der rechtlichen Gestaltung ihrer Beziehungen veranlaßt. Das Beispiel der Militärseelsorge in den neuen Bundesländern hat in anschaulicher Weise wichtige Motive aufgezeigt, die spezifisch die Wahl der Vertragsform zur Bewältigung der staatskirchenrechtlichen Aufgaben bestimmen: Unabhängig von der Geltung des Militärseelsorgevertrags im Beitrittsgebiet können die Inhalte des Vertrages über das Zustimmungsgesetz als einfaches Bundesgesetzesrecht für die neuen Ländern gem. Art. 8 EinigungsV in Kraft gesetzt sein[51] oder jedenfalls durch ein entsprechendes Gesetzesvorhaben in Kraft gesetzt werden[52]. Dies kann außerhalb der engen verfassungsrechtlichen Eingriffsbefugnisse in kirchliche Freiheiten freilich

[49] Vgl. *M. Haedrich*, LKV 1997, S. 85, 86.
[50] *J. Ennuschat* (1996), S. 358 mit Hinweis auf *A. Cremers* (1973), S. 283.
[51] *J. Ennuschat* (1996), S. 49; *V. Kruk*, NZWehrr 1997, S. 1, 7f.
[52] Vgl. nur *D. Pirson*, EssGespr. 23, S. 4, 19.

nicht mehr als ein unverbindliches Angebot an die Kirchen zur Wahrnehmung von Seelsorgemöglichkeiten in den Bundeswehreinrichtungen sein. Damit ist aber angesichts der gliedkirchlichen Weigerung, diese Seelsorgemöglichkeiten anzunehmen, aus staatlicher Perspektive gegenüber dem Festhalten an dem Militärseelsorgevertrag nichts gewonnen. So offenbart das staatliche Eingehen auf die kirchlichen Widerstände in den Verhandlungen über die Rahmenvereinbarung die vielschichtige staatliche Motivlage bei Vertragsschlüssen mit den Kirchen im Grundsatz: Auf einer ersten Ebene wird das handfeste Eigeninteresse des Staates an einzelnen Inhalten des kirchlichen Wirkens, hier an der Seelsorge in der Bundeswehr[53], deutlich.

Auf einer zweiten Ebene zeigt sich, wie stark der Rückgriff auf das Vertragsinstrument von den Möglichkeiten eines rechtlichen Interessenausgleichs zwischen Staat und Kirche geprägt ist. In der Ausgangskonstellation für die Rahmenvereinbarung stand die Position des Staates, die vollständige Anwendung des Militärseelsorgevertrags in den neuen Ländern durchzusetzen, den Zielen der Kirchen zu einer „Verkirchlichung" der Militärseelsorge unversöhnlich gegenüber. Von ihren Ausgangspositionen sind die Vertragspartner durch gegenseitiges Nachgeben abgerückt. Für die staatliche Seite bedeutete dies, Abstriche von den Festlegungen des Militärseelsorgevertrages nur im Gegenzug gegen Ausgleichsleistungen der Kirche zu akzeptieren. Das staatliche Entgegenkommen wird zunächst durch eine Erweiterung des kirchlichen Pflichtenkreises, namentlich die ausdrückliche Festlegung besonderer Anforderungen an die Militärgeistlichen, kompensiert. Neben der Pflicht der Seelsorger, die Truppe ggf. auch bei Kampfeinsätzen im Ausland zu begleiten, sind in Nr. 3 Satz 2 bis 4 der Rahmenvereinbarung ausdrücklich konkretisierte Loaylitätsanforderungen neu verankert worden[54], die bisher im Militärseelsorgevertrag allenfalls allgemein im Rahmen der beamtenrechtlichen Treuepflichten und im Rücksichtnahmegebot aufgenommen waren[55]. Darüber hinaus mußten die Kirchen durch das Ausklammern der Versorgungsaufwendungen aus der Erstattung der Personalkosten nach Nr. 7 der Rahmenvereinbarung erhebliche finanzielle Einbußen hinnehmen. Diese direkte Verknüpfung zwischen der Nichterfüllung eingegangener staatskirchenvertraglicher Bindungen und der Kürzung finanzieller Kirchenförderung zeigt, wie wichtig und wertvoll im buchstäblichen Sinne dem Staat die

---

[53] Zu den staatlichen Interessen an der Militärseelsorge vgl. einerseits *M. Kleine* (1993), S. 184–187, und andererseits *J. Ennuschat* (1996), S. 260f., 100f.

[54] *W. Bock*, EvKomm 1996, S. 284.

[55] Vgl. zu den Inhalten ausführlich *J. Ennuschat* (1996), S. 293ff.

Wahrnehmung des vertraglich fixierten kirchlichen Wirkens ist. Der Staat will über die vertragliche Bindung die Erfüllung kirchlicher Seelsorgeaufgaben in der Bundeswehr rechtlich gewährleisten. Im Falle mangelnder Durchsetzung der Vertragsfestlegungen hat er die ursprünglichen staatlichen Vertragsziele kommerzialisiert. Wenn bei fehlender Befriedigung der im Vertrag umgesetzten staatlichen Interessen „für die Kirche auf der ‚Habenseite' weniger herauskommen" soll, erscheinen die Rechte und Pflichten beider Vertragspartner aus dem Vertrag als synallagmatisch miteinander verknüpft.

Dieser Zusammenhang drängt sich auch im Hinblick auf die stärkere Heraushebung der kirchlichen Vertragspflichten in der Rahmenvereinbarung auf, mit der in formeller Hinsicht auf die kirchlichen Widerstände gegen die Anwendung des Militärseelsorgevertrags in den neuen Ländern reagiert wird. So wird im Text anders als im Militärseelsorgevertrag wiederholt ausdrücklich betont, daß der kirchliche Vertragspartner verpflichtet ist, Gottesdienst und Seelsorge für die Soldaten zu gewährleisten[56], d.h. konkret „für alle ihr vom Bundesminister der Verteidigung benannten Standorte Pfarrer einzusetzen" hat[57]. Das Beispiel der Militärseelsorge dürfte verdeutlicht haben, wie sehr es Staat und Kirche bei dem Rückgriff auf die vertraglichen Handlungsformen darum geht, ganz konkrete eigene Interessen möglichst weitgehend in den Möglichkeiten der gewillkürten vertraglichen Rechtsetzung durchzusetzen. Dreh- und Angelpunkt der vertraglichen Vereinbarungen zwischen den Vertragspartnern sind danach die jeweiligen konkreten Vertragszwecke, eine für das Zivilrecht selbstverständliche Erkenntnis. Im Staatskirchenrecht scheinen dagegen Bedenken gegenüber einem zu starken Abstellen auf die pragmatischen Erwägungen und das „politische Kalkül" zu bestehen[58], die allerdings unbegründet sind[59]. Utilitaristisches Denken muß nicht mit plattem Gewinnstreben gleichgesetzt werden. Auch die besten politischen Ziele wollen praktisch umgesetzt und die kirchlichen Aufgaben in der Welt wahrgenommen sein. Staat und Kirche sind daher auf die Ausgestaltung ihrer Auftragserfüllung in der Rechtsordnung verwiesen. Der Streit um die

---

[56] So etwa formuliert in Nr. 4 I der Vereinbarung. Ähnlich wird auch in Nr. 1 III 1 festgehalten, daß die EKD „die evangelische Seelsorge in der Bundeswehr in den neuen Ländern ... zu gewährleisten" hat.

[57] So schließlich Nr. 3 Satz 1 der Vereinbarung.

[58] Vgl. nur *A. Hollerbach*, HdbStKirchR I, S. 253, 269f. m.N.; vgl weiter die Diskussionsbeiträge von Honecker und *D. Pirson*, EssGespr. 28, S. 106–108.

[59] Auch *D. Pirson*, EssGespr. 23, S. 4, 19f., zeigt keine Bedenken, in den konkreten staatlichen Motiven die entscheidende Grundlage für den Vertragsschluß des Militärseelsorgevertrags auszumachen.

evangelische Militärseelsorge in den neuen Ländern hat gezeigt, daß es hier auf beiden Seiten politische Vorgaben gab, die den Vertragsschluß und das Nachgeben im Verhandlungsergebnis motivierten. Das zähe Ringen um die Durchsetzung der eigenen Vertragsziele mündete schließlich in den Ausgleich der jeweiligen Interessen in der Rahmenvereinbarung.

3. Rechtliche Grenzen vertraglicher Gestaltung der Staat-Kirche-Beziehungen

Die Umsetzung der jeweiligen Interessen im Wege vertraglicher Regelung kann freilich nur im Rahmen der rechtlichen Vorgaben erfolgen. Auch für die Erfolgsaussichten, die staatskirchenvertraglichen Gestaltungsanliegen bei der Militärseelsorge durchzusetzen, ist danach der rechtliche Spielraum zur vertraglichen Ordnung der entscheidende Maßstab und damit der Anknüpfungspunkt für die juristischen Auseinandersetzungen. Die zentrale Bedeutung der Vertragszwecke für die staatskirchenvertragliche Rechtsgestaltung bringt es nun aber mit sich, daß die rechtliche Kritik am Militärseelsorgevertrag und an der Rahmenvereinbarung bereits bei den einschlägigen Zielsetzungen einsetzt. So ist nach den rechtlichen Grenzen staatlicher wie kirchlicher Vertragsziele gefragt worden. Etliche Stimmen haben eine unzulässige Vereinnahmung kirchlichen Wirkens durch den Staat (Instrumentalisierung als Mißbrauch und Verstoß gegen die Kirchenfreiheit, gegen Säkularität und Neutralität sowie gegen kirchenrechtliche Gebote) bzw. eine unzulässige besondere Förderung nur einzelner Religionsgemeinschaften (als Verstoß gegen das Gebot der Parität und der Nichtidentifikation) im Militärseelsorgevertrag[60] bzw. bei der Rahmenvereinbarung[61] ausgemacht. Die Gegenansichten kommen unter Anwendung der gleichen Kriterien zu gegenteiligen Ergebnissen[62]. Auf einer nächsten Ebene wird die vertragsrechtliche Umsetzung der Vertragsziele in den konkreten Vertragsbindungen auf ihre Rechtskonformität hin entsprechend unter den genannten Kriterien der staatlichen und kirchenrechtlichen Vorgaben untersucht und kontrovers bewertet[63].

---

[60] *M. Kleine* (1993), S. 184–187; *W. Huber* (1973 / 1991), S. 259ff.; *E. Fischer*, 4. Aufl., S. 147ff.

[61] *W. Bock*, EvKomm 1996, S. 284, 285.

[62] *J. Ennuschat* (1996), S. 260f., 100f., und 256; *W. Loschelder*, Hengsbach-FS, S. 783, 788f.; *V. Kruk*, NZWehrr 1997, S. 1, 16 und 18, mit Ausnahme für den Lebenskundlichen Unterricht auf S. 20; vermittelnd: *D. Pirson*, EssGespr. 23, S. 4, 16ff.

[63] Vgl. nur einerseits *A. v. Campenhausen*, 3. Aufl., S. 232f., und andererseits *M. Kleine* (1993), S. 179ff., jeweils mit Nachweisen.

Im Ergebnis zeigt sich allein am punktuellen und damit übersichtlichen Beispiel der Militärseelsorge, wie diskussionswürdig die Aufnahme der staatskirchenvertraglichen Handlungsformen als Instrument zur Gestaltung der Staat-Kirche-Beziehungen in den neuen Bundesländern unter rechtlichen Gesichtspunkten ist. Denn jeder Vertragsschluß bedarf als selbständige rechtliche Ordnung der Überprüfung, welche Regelungsanliegen mit dem Vertrag verbunden sind und ob und inwieweit diese mit den getroffenen Vereinbarungen erreicht werden können. In Anbetracht der rechtlichen und tatsächlichen Umwälzungen für das Staat-Kirche-Verhältnis im Beitrittsgebiet erscheint eine gründlichere Untersuchung der Vertragsschlüsse daher angezeigt.

B. Die Aufgabenstellung

Für die weitere Arbeit läßt sich aus dieser Aufbereitung der vertragsrechtlichen Problematik der Militärseelsorge im Beitrittsgebiet ein Programm für die Untersuchung des Vertragsinstruments als Mittel zur Neugestaltung des Staat-Kirche-Verhältnisses in den neuen Bundesländern entwickeln. Eine Präzisierung der Aufgabenstellung erscheint schließlich erforderlich, steht doch die Aufarbeitung der Staatskirchenverträge in den neuen Ländern angesichts der Vielzahl und inhaltlichen Dichte der Vereinbarungen zwischen staatlichen Stellen und Vertretern von Religionsgemeinschaften vor dem Problem der Materialfülle. Dazu kommt noch, daß die vertragliche Begegnung von Staat und Kirchen auf der Schnittstelle juristischer, politikwissenschaftlicher und theologischer Disziplinen liegt.

I. Eingrenzung der Fragestellung

Zunächst sollen mit dem Ansatzpunkt des „Staat-Kirche-Verhältnisses" in dieser Arbeit nur die staatskirchenrechtlichen Fragestellungen angesprochen werden. Ausgeblendet bleiben daher weitgehend die kirchenrechtlichen und theologischen sowie die politikwissenschaftlichen Aspekte, soweit sie nicht unumgänglich für die Behandlung der juristischen Fragen nach der staatlichen Rechtsordnung sind. Eine Gesamtdarstellung des Staatskirchenrechts der neuen Länder anhand der Regelungsziele in den Verträgen kann und muß hier nicht erfolgen[1]. Der enge zeitliche Zusammenhang und die Ähnlichkeit der Ausgangsbedingungen drängen zu einer vergleichenden Betrachtung des Einsatzes vertraglicher Handlungsformen im Staatskirchenrecht der neuen Länder. In dieser Arbeit soll daher der Blick auf die vertragsrechtlichen Besonderheiten der

[1] Es sind bereits etliche Grundrisse des Staat-Kirche-Verhältnisses in den neuen Bundesländern erschienen, die umfassend und zuverlässig einen Überblick über die staatskirchenrechtlichen Entwicklungen nach der Wiedervereinigung bieten, vgl.: *A. v. Campenhausen*, HStR IX, § 207; *J. Listl*, GesSchr., S. 355ff.; *R. Tillmanns*, in: *P. Neumann / R. Tillmanns* (Hrsg.), S. 161ff.; zu den Anfängen vgl. *R. Scholz* und *W. Rüfner*, EssGespr. 26, S. 7ff. bzw. S. 60ff.

staatskirchenrechtlichen Entwicklung in allen neuen Bundesländern zusammen gelenkt werden, ohne daß dabei alle Verträge und Vereinbarungen in sämtlichen Einzelheiten gewürdigt werden können. Wie am Beispiel der Militärseelsorge gezeigt, haben dabei die Vertragszwecke im Mittelpunkt der Überlegungen zu stehen. Es gilt anhand der für die Militärseelsorge herausgearbeiteten Problemstellungen, der rechtlichen Zulässigkeit und der Durchsetzbarkeit der festgelegten Vertragsbindungen zu prüfen, ob die (politischen) Regelungsziele und Gestaltungsanliegen rechtlich mit den staatskirchenvertraglichen Mitteln erreicht werden können[2]. Die Umsetzung der jeweiligen Zielvorstellungen hängt in rechtlicher Hinsicht aber ganz von der Reichweite der vereinbarten rechtlichen Wirkungen ab, d.h. von den Vertragsfunktionen. Die danach erforderliche Auseinandersetzung mit den Vertragsbestimmungen bietet zugleich Gelegenheit, die Inhalte der neuen Staatskirchenverträge in vergleichender Zusammenschau zu präsentieren. Zwar sind bereits einige Aufsätze zu dieser Fragestellung erschienen, doch fehlt es auch insoweit an einer umfassenden und übergreifenden Aufarbeitung[3].

Ausgehend vom Vertrag als Mittel zur Rechtsgestaltung zwischen Rechtssubjekten erscheint es dabei angezeigt, auf den Vertragszweck als typen- und rechtsfolgenbestimmendes Kriterium abzustellen. Der intendierte Vertragszweck als Ansatzpunkt für die Systematisierung ist im Zivilrecht selbstverständlich[4], aber auch dem Staatskirchenrecht nicht fremd[5]. So ist auch bei Typologien der Staatskirchenverträge der Vertragszweck als Ansatzpunkt erkennbar, wenn z.B. Hollerbach bei der Suche nach Unterscheidungskriterien auf einen „Willen" der Verträge abhebt (die Verträge „streben ... an", haben ein „oberstes Ziel", „wollen ... regeln, ... ordnen, ... die Norm bilden", „verstehen sich ... als Mittel")[6].

---

[2] Wegen der (staats- bzw. kirchenpolitischen) Gestaltungsspielräume der Vertragspartner fehlt es an objektiven juristischen Qualitätsmaßstäben für die Bewertung von Vertragsregelungen. Deshalb soll möglichst auf eigene politische Wertungen verzichtet werden, wie sie z.B. vorkommen in der Ablehnung eines heutigen Sinnes von Kirchenverträgen bei *K. Walf*, in: *R. Puza / A.P. Kustermann* (Hrsg.), S. 121ff., oder bei dem Bedauern H. Webers, NVwZ 1994, S. 759, 765, über das durch Art. 3 II KVSA einschließlich des Schlußprotokolls bewirkte „Stück Rekatholisierung der Grundverfassung evangelisch-theologischer Universitätsfakultäten".

[3] *H. Weber*, NVwZ 1994, S. 759, 765 Fn. 43, hat sich freilich eine „Darstellung der Übereinstimmungen und Divergenzen in den bereits vorliegenden Staatskirchenverträgen der [...] neuen Bundesländer" vorgenommen.

[4] Vgl. nur *G. Langenfeld*, Vertragsgestaltung, Rn. 43, 10–13.

[5] Dies zeigt in der historischen Perspektive *D. Pirson*, in: *R. Puza / A.P. Kustermann* (Hrsg.), S. 31ff., auf.

[6] *A. Hollerbach* (1965), S. 74–82; vgl. auch *A. Hollerbach* (1994), S. 285–287; v. Man-

Ansatzpunkt für die Systematisierung, auf deren Grundlage die weitere Prüfung erfolgen soll, bilden deshalb die Vertragsfunktionen nach den Zielvorstellungen der Vertragspartner. Da der Vertrag als zweiseitige Regelung durch das entsprechende Zusammenwirken beider Vertragsseiten zustande kommt, sind die einzelnen intendierten Vertragswirkungen bzw. Vertragsfunktionen nur dann rechtlich relevant in der Vertragsordnung verankert, wenn sie entweder dem gemeinsamen Willen von Staat und Kirche entsprechen oder wenn sich die jeweils andere Seite erkennbar auf einseitige Begehren eingelassen hat. Dafür müssen sie sich aus dem in den Vertragsregelungen zum Ausdruck kommenden Einigungswillen ergeben, d.h. auf Festlegungen im Vertragswerk selbst zurückführen lassen. Geeignete Ansatzpunkte geben dazu insbesondere die Präambeln[7]. Denn diese geben einen Überblick über die den Vertragsschluß leitenden gemeinsamen Grundsätze[8], legen die wesentlichen Motivationen offen und benennen Zielvorstellungen[9].

Juristische Grenzen können der Zweckerreichung der Staatskirchenverträge zum einen von außen gesetzt sein, etwa im Hinblick auf widersprechendes höherrangiges Recht. Damit sind Fragen der Rechtmäßigkeit und Wirksamkeit des Vertragsstaatskirchenrechts aufgeworfen. Zum anderen kann das Vertragsinstrument selbst in seinen rechtlichen Wirkungsmöglichkeiten begrenzter sein, als es die Vertragspartner bei ihren Zielvorstellungen voraussetzten. Für die rechtliche Ordnung ihrer Beziehungen durch jeweils einseitige Regelungen von Staat und Kirchen sind für den Staat die Verfassung[10] und für die Kirchen ihre Ordnungen[11] – selbst-

---

goldt / Klein / *A. v. Campenhausen*, GG, Art. 140 GG Rn. 53; *E.R. Huber* (1930), S. 112–117; *J. Listl* (1987), S. 9f.

[7] Kritisch gegenüber der „unseligen Neigung, zur Würdigung der Kirchenverträge den Blick auf die Formulierungen der Präambeln zu lenken", allerdings: *D. Pirson*, in: *R. Puza / A.P. Kustermann* (Hrsg.), S. 31, 41ff., der gleichwohl ihre Bedeutung anerkennt, vertragliche Motivierungen zu veranschaulichen.

[8] Vgl. allgemein: *P. Häberle*, Zeidler-FS, S. 3ff.; *E. Ruppel*, S. 134, 130f.; Nachweise bei *A. Hollerbach* KuR-120, S. 1, 4 Fn. 19; vgl. weiter *H. Johnsen*, ZevKR 43 (1998), S. 182, 194, und Regierungsbegründung zum SachsenKKV, LT-Drs. Sachsen 2 / 3612, Vertragsbegründung, S. 3. Dies gerät bei manchen Darlegungen der Präambeln, wie etwa bei *G. Burger*, LKV 1997, S. 317, 318, zum SachsenKKV, z.T. arg in den Hintergrund.

[9] Regierungsbegründung zum evKVBBG, LT-Drs. BBG 2 / 3442, Vertragsbegründung, S. 2; Kirchliche Begründung, KPS Anlage zu Drs. 32 / 93, S. 3; *A. Vulpius*, LKV 1994, S. 277, 278; *A. Hollerbach* KuR-120, S. 1, 4; Landesbischof *C. Stier*, Einbringung, S. 3; vgl. auch Ministerpräsident *B. Seite*, PlenProt. M.-V., 1 / 97, S. 5861.

[10] Vgl. nur *P. Badura*, HdbStKirchR I, S. 211, 212ff.; *J. Müller-Volbehr*, HdbStKirchR I, S. 289, 301; *A. Hollerbach* (1994), S. 253, 266.

[11] Vgl. für die Evangelische Kirche: *M. Heckel*, HdbStKirchR I, S. 157ff.; vgl. für die Katholische Kirche: *P. Mikat*, HdbStKirchR I, S. 111ff.; *J. Listl*, GesSchr., S. 989ff und 1032ff.; *ders.* HdbKathKR, S. 1021ff.; allgemeiner noch *A. Albrecht* (1965), S. 104ff.

verständlich – als maßgebliche Rechtsgrundlage festzuhalten. Da auch der Abschluß von Staatskirchenverträgen jeweils auf rechtlich relevantem Handeln von Staat und Kirche beruht, kann für die gemeinsame rechtliche Gestaltung des Staat-Kirche-Verhältnisses nichts anderes gelten. Staatliches Handeln wird auch bei dem Abschluß von Staatskirchenverträgen durch die Verfassung bestimmt, zugelassen und eingeschränkt[12]. Legitimation und Grenzen kirchlichen Vorgehens beim Vertragsschluß richten sich nach den Kirchenordnungen[13]. Für die Herausarbeitung der rechtlichen Grenzen staatskirchenvertraglicher Gestaltungsfreiheit ist deshalb auf staatliches Verfassungsrecht und die Kirchenordnungen abzustellen. Sie bilden den Prüfungsmaßstab für die Rechtmäßigkeitskontrolle des Staatskirchenvertragsrechts[14]. Dabei liegt in dieser staatskirchenrechtlichen Arbeit das Augenmerk wegen des praktischen Interesses und wegen der nur schwer zu bewältigenden Vielfalt der kirchlichen Vorgaben fast ausschließlich auf den Bestimmungen staatlichen Rechts. Zusammengefaßt geht es danach in dieser Arbeit in einem ersten Schritt um die vergleichende Aufarbeitung der intendierten Vertragsfunktionen bei der staatskirchenrechtlichen Neuordnung im Beitrittsgebiet (II. Teil, vor allem B.). In einem zweiten Schritt sollen diese einer Prüfung auf ihre rechtlichen Grenzen hin unterzogen werden (III. Teil).

II. Beschränkung auf die Staatsverträge

Eine rechtsvergleichende Betrachtung, wie sie bei der Aufarbeitung der vertragsrechtlichen Gestaltung des Staatskirchenrechts der neuen Länder in Angriff zu nehmen ist, zeigt sich umso ergiebiger, je näher sich die herangezogenen Regelwerke in ihren Grundlagen, ihrer Struktur und ihren Regelungsgegenständen sind[15]. Dabei ist vom Zweck der vergleichenden Betrachtung auszugehen. Steht wie hier die Wahrnehmung von rechtlichen Gestaltungsspielräumen in den Beziehungen des Staates zu Religionsgemeinschaften auf dem Gebiet der neuen Länder im Vordergrund,

---

[12] *A. Hollerbach* (1994), S. 253, 276f.; *J. Müller-Volbehr*, HdbStKirchR I, S. 289, 296f.; *H. Lecheler*, HdbStKirchR II, S. 415, 426; vgl. auch *P. Badura*, HdbStKirchR I, S. 211, 214, 222f.

[13] *A. Hollerbach* (1965), S. 83, 106ff.; vgl. auch *D. Pirson*, EvStL II, Sp. 3814, 3826, sowie für die Katholische Kirche: *J. Listl*, GesSchr., S. 522ff.

[14] *A. Hollerbach* (1965), S. 83, 131ff.

[15] *J.H. Kaiser*, ZaöRV 24 (1964), S. 391, 397; *J.M. Mössner*, AöR 99 (1974), S. 193, 214; *R. Bernhardt*, ZaöRV 24 (1964), S. 431, 437.

so erscheint eine gegenständliche Eingrenzung der Vergleichsmaterialien auf die Vereinbarungen naheliegend, mit denen die maßgebliche rechtliche Gestaltung durch die kompetenten Vertragspartner angestrebt wird. Den Länderparlamenten kommt im Rahmen der Verfassung ein weitgehender Regelungs- und Gestaltungsauftrag im Staatskirchenrecht zu[16]. Die unter ihrer Beteiligung zustandegekommenen Verträge beanspruchen, die Grundlage für zahlreiche weitere ausführende Vereinbarungen auf der Verwaltungsebene zu bilden. In ihnen äußert sich damit der maßgebliche politische Gestaltungswille zur vertraglichen Ordnung, von dem die anderen Abreden sich ableiten lassen. Sie haben zudem den Vorteil der Dauerhaftigkeit für sich, während die ausgestaltenden Einzelabreden häufigen Änderungen unterliegen. Deshalb sollen hier alle Verträge mit parlamentarischer Zustimmung und damit nach der weitgehend anerkannten Terminologie[17] alle „Staatskirchenverträge" berücksichtigt werden, die in der Verantwortung eines oder mehrerer der fünf neuen Länder abgeschlossen wurden. Die unzähligen Einzel- und Ausführungsabreden, wie beispielsweise die Polizeiseelsorgevereinbarungen oder die Gestellungsverträge, werden nur herangezogen, sofern sie wichtige Besonderheiten aufweisen und für das Verständnis des dazugehörigen Staatskirchenvertrags von Bedeutung sind. Auch Vereinbarungen mit dem Bund bleiben außer Betracht.

Mit Zustimmung der Parlamente sind in den neuen Ländern bislang fünf Staatskirchenverträge mit der Evangelischen Kirche, vier mit der Katholischen Kirche und vier Bistumserrichtungsverträge sowie vier Verträge mit den Jüdischen Gemeinschaften zustandegekommen[18]. Auf diese 17 Staatskirchenverträge beschränkt sich die Arbeit. Bei den Verträgen, die das Verhältnis zwischen Staat und Kirche insgesamt und grundlegend zum Vertragsgegenstand haben, hat die Entwicklung mit den Evangelischen Kirchenverträgen ihren Anfang genommen[19]:

---

[16] Vgl. *P. Badura*, HdbStKirchR I, S. 211, 249.

[17] Vgl. nur *A. Hollerbach* (1994), S. 253, 254; *D. Pirson*, EvStL II, Sp. 3814f.; vgl. auch *A. v. Campenhausen*, 3. Aufl., S. 155. Die unkonventionelle Bezeichnung als „Kirchenstaatsverträge" in der Regierungsbegründung für den Evangelischen Kirchenvertrag von Mecklenburg-Vorpommern, LT-Drs. M.-V. 1/4126, S. 2, sowie bei MdL *Schiemann*, CDU, PlenProt. Sachsen, 2/48, S. 3483, in der Debatte zum Katholischen Kirchenvertrag Sachsen, könnte freilich einen Ansatzpunkt dafür bilden, die allgemeinen Begrifflichkeiten für die anderen, d.h. nicht zu den christlichen Großkirchen zählenden vertragsschließenden Religionsgemeinschaften zu öffnen und etwa von einem „Religionsstaatsvertrag" zu sprechen.

[18] Das Land Berlin bleibt hier mit dem Staatsvertrag über die Beziehungen des Landes Berlin zur Jüdischen Gemeinde in Berlin vom 19.11.1993, GVBl. 1994, S. 67ff. ausgeklammert.

[19] Zur Entstehungsgeschichte ausführlich: *H. Johnsen*, ZevKR 43 (1998), S. 182ff.

- Am 15. September 1993 wurde in Wittenberg der Vertrag zwischen dem Land Sachsen-Anhalt und den Evangelischen Landeskirchen in Sachsen-Anhalt (hier: evKVLSA) geschlossen, wobei auf kirchlicher Seite die Evangelische Landeskirche Anhalts, die Evangelisch-Lutherische Landeskirche in Braunschweig, die Evangelische Kirche der Kirchenprovinz Sachsen sowie die Evangelische Kirche in Berlin-Brandenburg, die Evangelisch-Lutherische Landeskirche Sachsens und die Evangelisch-Lutherische Kirche in Thüringen beteiligt sind.
  Dem folgten:
- der Vertrag vom 20. Januar 1994 zwischen dem Land Mecklenburg-Vorpommern einerseits sowie der Evangelisch-Lutherischen Landeskirche Mecklenburgs und der Pommerschen Evangelischen Kirche andererseits (evKVMV).
- der Vertrag des Freistaats Thüringen vom 15. März 1994 mit den Evangelischen Kirchen in Thüringen (evKVTh), d.h. der Evangelisch-Lutherischen Kirche in Thüringen, der Evangelischen Kirche der Kirchenprovinz Sachsen, der Evangelischen Kirche von Kurhessen-Waldeck und der Evangelisch-Lutherischen Landeskirche Sachsens,
- der Vertrag des Freistaates Sachsen mit den evangelischen Landeskirchen im Freistaat Sachsen vom 24. März 1994 (evKVSachsen), Vertragspartner auf kirchlicher Seite sind: die Evangelisch-Lutherische Landeskirche Sachsens, die Evangelische Kirche der schlesischen Oberlausitz, die Evangelische Kirche der Kirchenprovinz Sachsen, die Evangelische Kirche in Berlin-Brandenburg, die Evangelisch-Lutherische Kirche in Thüringen
- sowie schließlich der Vertrag vom 8. November 1996 (evKVBBG) zwischen dem Land Brandenburg und den evangelischen Landeskirchen in Brandenburg., d.h. der Evangelischen Kirche in Berlin-Brandenburg, sowie der Evangelischen Kirche der Kirchenprovinz Sachsen, der Evangelischen Kirche der schlesischen Oberlausitz, der Evangelisch-Lutherischen Landeskirche Mecklenburgs, der Evangelisch-Lutherischen Landeskirche Sachsens, der Pommerschen Evangelischen Kirche und der Evangelischen Kirche der Union.

Für die Katholische Kirche standen trotz alsbaldiger und zum Teil zu den evangelischen Staatskirchenverträgen parallel laufender Bemühungen um umfassende Katholische Staatskirchenverträge zunächst die Bistumserrichtungsverträge zur Neugliederung der Bistümer im Vordergrund[20].

---

[20] Vgl. *A. Hollerbach*, KuR-120, S. 1, 7.

Der Heilige Stuhl strebte eine Neuordnung der Diözesanstrukturen auf dem Territorium der neuen Länder an[21]. Diese wurde schließlich mit mehreren Staatskirchenverträgen zur Errichtung neuer Bistümer rechtlich umgesetzt, nämlich mit

- dem Vertrag zwischen dem Hl. Stuhl und den Ländern Sachsen-Anhalt, Brandenburg und dem Freistaat Sachsen über die Errichtung des Bistums Magdeburg vom 13. April 1994 (BistVMD),
- mit dem Vertrag zwischen dem Hl. Stuhl und dem Land Brandenburg sowie dem Freistaat Sachsen über die Errichtung des Bistums Görlitz vom 4. Mai 1994 (BistVGörlitz),
- mit dem Vertrag zwischen dem Hl. Stuhl und dem Freistaat Thüringen über die Errichtung des Bistums Erfurt vom 14. Juni 1994 (BistVEF)
- und schließlich mit dem Vertrag zwischen dem Hl. Stuhl und der Freien und Hansestadt Hamburg, dem Land Mecklenburg-Vorpommern und dem Land Schleswig-Holstein über die Errichtung von Erzbistum und Kirchenprovinz Hamburg vom 22. September 1994 (BistVHH).

Erst mit deutlichem zeitlichen Abstand, gut zwei Jahre später, konnte im Freistaat Sachen der erste umfassende und grundlegende Vertrag eines der neuen Länder mit dem Hl. Stuhl zur Regelung der Beziehungen zwischen Staat und Katholischer Kirche abgeschlossen werden, auf den alsbald die anderen Länder mit Ausnahme Brandenburgs folgten: Es handelt sich um

- den Vertrag zwischen dem Heiligen Stuhl und dem Freistaat Sachen vom 2. Juli 1996, Katholischen Kirchenvertrag Sachsen, (SachsenKKV),
- den Vertrag zwischen dem Heiligen Stuhl und dem Freistaat Thüringen vom 11. Juni 1997 (ThKKV),
- den Vertrag zwischen dem Heiligen Stuhl und dem Land Mecklenburg-Vorpommern vom 15. September 1997 (MVKKV)
- und den Vertrag zwischen dem Heiligen Stuhl und dem Land Sachsen-Anhalt vom 15. Januar 1998 (LSAKKV)

Von den kleineren Religionsgemeinschaften ist auf dem Gebiet der neuen Länder bislang nur die Jüdische Gemeinschaft in den Genuß von Vertragsregelungen mit parlamentarischer Zustimmung gekommen. Die Vertragsschlüsse zwischen Staat und Jüdischer Gemeinschaft setzten freilich zeitlich schon früh ein.

---

[21] Vgl. *J. Listl*, GesSchr., S. 842ff. und 863ff.

- Der Vertrag zwischen dem Freistaat Thüringen und der Jüdischen Landesgemeinde Thüringen (JüdVTh) datiert vom 1. November 1993.

  Es folgten
- der Vertrag des Landes Sachsen-Anhalt mit der Jüdischen Gemeinschaft in Sachsen-Anhalt vertreten durch den Landesverband Jüdischer Gemeinden Sachsen-Anhalt, Mecklenburg-Vorpommern und Brandenburg vom 23. März 1994 (JüdVLSA),
- der Vertrag des Freistaats Sachsen mit dem Landesverband der Jüdischen Gemeinden, der Gemeinden von Chemnitz, Dresden und Leipzig, vom 7. Juni 1994 (JüdVSachsen),
- sowie der Vertrag des Landes Mecklenburg-Vorpommern mit dem Landesverband der Jüdischen Gemeinden in Mecklenburg-Vorpommern vom 14. Juni 1996 (JüdVMV)[22].

[22] Die Verträge sollen der Übersichtlichkeit zusammen in folgender Tabellenform nachgewiesen werden:

Vertrag (Abk.)	vom (Datum)	staatl. ZustG mit Fundstelle nach GVBl. des Jahres und jeweiligen Landes	amtl. (staatl.) Begründung LT-Drs. des jeweiligen Landes
evKVBBG	8.11.1996	v. 10.3.1997, S. 4	2/3442
evKVLSA	15.9.1993	v. 3.2.1994, S. 172	1/3087
evKVMV	20.1.1994	v. 3.5.1994, S. 559	1/4126
evKVSachsen	24.3.1994	v. 24.6.1994, S. 1252	1/4649
evKVTh	15.3.1994	v. 17.5.1994, S. 509	1/3273
LSAKKV	15.1.1998	v. 31.3.1998, S. 160	2/4475
MVKKV	15.9.1997	v. 18.12.1997,-1998, S. 2	2/3100
SachsenKKV	2.7.1996	v. 24.1.1997, S. 17	2/3612
ThKKV	11.6.1997	v. 18.7.1997, S. 266	2/2100
BistVMD	13.4.1994	LSA: 29.6.1994, S. 770 BBG: 15.6.1994, S. 202 Sachsen: 1994, S. 1045	LSA: 1/3636 BBG: 1/2908 Sachsen: 1/4648
BistVGörlitz	4.5.1994	Sachsen: 23.6.94,S. 1058 BBG: 15.6.94, S. 214	Sachsen: 1/4788 BBG: 1/2973
BistVEF	14.6.1994	v. 28.6.19946, S. 790	1/3481
ErzBistVHH	22.9.1994	v. 8.11.1994, S. 1026	1/4449
JüdVLSA	23.3.1994	v. 5.7.1994, S. 794	1/3629
JüdVMV	14.6.1996	v. 5.10.1996, S. 556	2/1718
JüdVSachsen	7.6.1994	v. 8.7.1994, S. 1346	1/4855
JüdVTh	1.11.1993	v. 7.12.1993, S. 758	1/2850

zu weiteren Nachweisen vgl. nur: *H. Weber*, Kriele-FS, S. 1009, 1010ff.

C. Gang der Arbeit

Eine eingehende Untersuchung der aufgeführten Verträge unter der Fragestellung, ob die gesetzten Vertragsziele über die staatskirchenvertragsrechtliche Ordnung realisiert werden können, muß von den konkreten staatskirchenvertraglichen Gestaltungsanliegen ausgehen (II. Teil). Zunächst ist dazu die Voraussetzung zu klären, daß das Vertragsinstrument als Handlungsform für die Regelung der Staat-Kirche-Beziehungen überhaupt grundsätzlich zulässig ist. Weiter darf der Vertrag aber auch nicht als die einzig zulässige staatskirchenrechtliche Regelungsform vorgegeben sein. Denn nur wenn in formeller Hinsicht Spielräume für eine Entscheidung zugunsten der vertragsrechtlichen Ausgestaltung des Staat-Kirche-Verhältnisses bestehen, können die mit dieser Arbeit in den Blick genommenen inhaltlichen Zielvorstellungen der Vertragspartner Einfluß auf die rechtliche Gestaltung gewinnen. Deshalb sind zunächst die Wahlmöglichkeiten beim Rückgriff auf die vertraglichen Handlungsformen für Staat und Kirche in den neuen Bundesländern zu klären (A.). Anschließend sind der Aufgabenstellung nach die Vertragsziele der Vertragspartner herauszuarbeiten, die mit der Wahl des Vertragsinstruments verfolgt werden. Die Untersuchung soll sich zunächst nur auf die grundsätzlichen Positionen der Vertragspartner beschränken, um das Material für eine nähere juristische Prüfung zu strukturieren (B.). Im folgenden III. Teil soll dann die rechtliche Zulässigkeit der jeweiligen Vertragszwecke eingehend untersucht werden. Dafür muß angesichts der kargen Materiallage zu den Vertragsmotiven hauptsächlich mit den jeweiligen konkreten Vertragsinhalten selbst gearbeitet werden. Dies bietet, wie bei der Präsentation der Aufgabenstellung bereits ausgeführt, gleichzeitig Gelegenheit, einen nach Vertragsfunktionen systematisierten Überblick über die Inhalte des Vertragsstaatskirchenrechts in den neuen Ländern zu geben.

II. Teil

Die staatskirchenvertraglichen Gestaltungsanliegen in den neuen Ländern

Vor der Aufarbeitung der konkreten Vertragsziele (B.) gilt es zunächst nachzuweisen, inwieweit Staat und Religionsgemeinschaften ein Spielraum bei der Entscheidung zugunsten des Vertragsinstruments zur Regelung ihrer Beziehungen zukommt (A.).

A. Formaler Gestaltungsspielraum zur Regelung der Staat-Kirche-Beziehungen

Formenwahlfreiheiten im Staatskirchenrecht sind im Schrifttum gerade mit Blick auf das Vertragsinstrument hinterfragt, teilweise sogar grundsätzlich bestritten worden. Die Spannbreite der zu dieser Frage vertretenen Positionen läßt sich prägnant an der vehementen Diskussion[1] um ein obiter dictum des Bundesverfassungsgerichts[2] abstecken, wonach es „völlig im Belieben des Staates steht, ob und mit welchen Kirchen er Verträge abschließen will". Einschränkungen staatlicher Wahlmöglichkeiten sind sowohl im Hinblick auf die Zulässigkeit des Staatskirchenvertrags (I.) als auch in Richtung auf eine grundsätzliche Vertragsabschlußpflicht oder einen Vorrang der vertraglichen Handlungsform (II.) zu überlegen. Bei der Erörterung der Grenzen für Staat und Kirche, vertragsrechtliche Formen zur Regelung staatskirchenrechtlicher Fragen zu wählen, geht es zunächst nur um den Vertrag als Gestaltungsmittel insgesamt. Grenzen, die

---

[1] Zustimmend beispielsweise: *P. Mikat*, HdbVerfR, § 29 Rn. 33; ablehnend: *A. Hollerbach*, JZ 1965, S. 613 Fn. 14; *ders.* (1994), S. 253, 268; *H. Weber* (1970), S. 51; *M. Haedrich*, LKV 1997, S. 85, 86 Fn. 7.

[2] BVerfGE 19, 1 [12].

sich aus konkreten inhaltlichen Vorgaben für einzelne Regelungsmaterien ergeben, sind bei der Erörterung der Vertragsziele und ihrer rechtlichen Umsetzungsmöglichkeiten dann im III. Teil aufzunehmen.

I. Verfassungskonformität der staatskirchenvertraglichen Handlungsformen in den neuen Ländern

Grundsätzliche Zweifel an der Zulässigkeit, staatskirchenrechtliche Fragen im Vertragswege zu regeln, können zum einem unmittelbar bei dem Vertragsinstrument ansetzen (1.). Zum anderen bleiben jedenfalls die Vorgaben der Kompetenzverteilung im Bundesstaat nach dem Grundgesetz zu beachten, wenn die Länder bei Gestaltung der Beziehungen zu Religionsgemeinschaften auf den Staatskirchenvertrag zurückgreifen (2.).

1. Grundsätzliche Zulässigkeit des Vertragsinstruments im Staatskirchenrecht

Eine ausdrückliche Ermächtigung, das Vertragsinstrument als zulässige Handlungsform des Staates bei der Gestaltung der Staat-Kirche-Beziehungen zu nutzen, enthält das Grundgesetz nicht. Ebensowenig findet sich jedoch ein Verbot. Allgemein geht man von der verfassungsrechtlichen Zulässigkeit aus[3], wobei allerdings die Begründungen im einzelnen uneinheitlich sind. Am überzeugendsten erscheint es darauf abzustellen, daß sich die generelle Übernahme des Staatskirchenrechts der Weimarer Reichsverfassung durch Art. 140 GG auch auf das vorkonstitutionell bewährte Vertragsinstrument erstreckt[4]. Auch positivrechtlich findet die Zulässigkeit des Vertragsinstruments Bestätigung mit Art. 123 II GG, der mit Blick auf die von den Verfassungsgebern intendierte Fortgeltung des Reichskonkordats in das Grundgesetz aufgenommen wurde[5]. Die grundsätzliche Zulässigkeit der Vertragsform zur Ausgestaltung des Staat-Kirche-Verhältnisses wird auch von den Verfassungen der neuen Länder be-

[3] Statt aller *D. Ehlers*, in: *M. Sachs* (Hrsg.), GG, Art. 140 GG Rn. 6; *K. Obermayer*, BoK, Art. 140 GG Rn. 89; *H. Weber* (1970), S. 48; mit eigenem Ansatz auch *D. Pirson* (1964), S. 177, 189f.

[4] Dazu *A. Hollerbach* (1965), S. 85f.

[5] Zum ganzen: *A. Hollerbach* (1994), S. 267; *A. Hollerbach* (1965), S. 84f.; *G. Robbers*, in: *R. Puza / A.P. Kustermann* (Hrsg.), S. 51, 55f.; zweifelnd an diesem Begründungsansatz dagegen *L. Renck*, ThürVBl 1995, S. 31, 32.

kräftigt[6]. So ermächtigen die Verfassungen von Mecklenburg-Vorpommern, Sachsen-Anhalt und Sachsen den Staat ausdrücklich zum Abschluß von Verträgen mit Religionsgemeinschaften zur Regelung von „Fragen von gemeinsamen Belangen" (Art. 9 II Verf.M.-V. und Art. 32 IV Verf.LSA) bzw. zur Regelung ihrer Beziehungen „im übrigen" (Art. 109 II 3 Sächs.Verf.). Auch die Brandenburger und die Thüringer Verfassung sehen im Zusammenhang mit staatskirchenrechtlichen Einzelfragen ausdrücklich den Vertrag als Regelungsinstrument vor, Art. 37 II Verf.BBG bezogen auf die Ablösung der Staatsleistungen und Art. 28 II Verf.Th. (wie Art. 111 II Säch.Verf. und Art. 9 III Verf.M.-V.) bei den Bestimmungen zu den theologischen Fakultäten. Im übrigen übernehmen alle Landesverfassungen die Regelungen des Grundgesetzes entweder direkt (Art. 40 Verf.Thür.) oder indirekt, indem sie selbst wie Art. 140 GG die staatskirchenrechtlichen Bestimmungen der Weimarer Reichsverfassung inkorporieren (Art. 9 I Verf.M.-V.; Art. 109 IV Sächs.Verf.; Art. 32 V Verf.LSA) bzw. inhaltlich entsprechend wiedergeben (Art. 36ff. Verf. BBG). In jedem Fall aber erfolgt die Übernahme ohne einschlägige Modifikationen[7] und damit ohne Einschränkung der Zulässigkeit der vertragsrechtlichen Form.

Wenn gleichwohl gegen das Vertragsinstrument polemisiert wird, so geschieht dies entweder in rechtspolitischer, nicht rechtsdogmatischer Perspektive[8]. Oder aber dem Vertragsinstrument werden bestimmte Funktionen abgesprochen, die ihm nach anderer Ansicht zugemessen werden[9]. Während ein eigenständiges Hinterfragen der politischen Zweckmäßigkeit oder Sinnhaftigkeit aus der Aufgabenstellung dieser Arbeit gänzlich herausfällt, weil die Zielsetzungen der Vertragsparteien als maßgeblich vorausgesetzt werden, ist auf die rechtlichen Grenzen der Leistungsfähigkeit des Staatskirchenvertrags zur Umsetzung der Vertragsziele ausführlich im III. Teil der Arbeit einzugehen. Auch soweit einzelne Autoren mit Blick auf das Demokratieprinzip Bedenken gegen das Vertragsinstrument erheben, beschränkt sich der Aussagegehalt darauf, „Präferenzen" aufzuzeigen, ohne daraus die verfassungsrechtliche Unzulässigkeit oder auch nur deren verbindliche Nachrangigkeit gegenüber anderen Gestaltungs-

---

[6] *A. Hollerbach*, KuR-120, S. 1, 3; *A. v. Campenhausen*, 3. Aufl., S. 57.

[7] Vgl. im Überblick zur „Linientreue" der staatskirchenrechtlichen Verfassungsbestimmungen in den neuen Ländern: *P. Badura*, HdbStKirchR I, S. 211, 248f.; *J. Listl*, GesSchr., S. 355, 377; und, mit leichtem Bedauern: *P. Häberle*, JöR 41 (1993), S. 84, 87.

[8] Vgl. die erste These der Humanistischen Union in: Humanistische Union, Trennung von Staat und Kirche, 1995 (S. 11ff.), abgedr. in NVwZ 1996, S. 464.

[9] *L. Renck*, ThürVBl 1995, S. 31, 32, 35f.

mitteln zu folgern[10]. Im Gegenteil wird ausdrücklich das staatliche Ermessen bei der Wahl zwischen vertraglicher und gesetzlicher Regelung des Staat-Kirche-Verhältnisses festgehalten[11]. Für die hier allein zu entscheidende Frage nach der Formenwahlfreiheit zur Regelung staatskirchenrechtlicher Fragen ist aber die Feststellung „tendenzieller" Rangverhältnisse im Verfassungsrecht nicht von Belang. Als Zwischenergebnis kann daher zunächst festgehalten werden, daß die bisherige Staatspraxis, unter der Geltung des Grundgesetzes sich in großem Umfang der Vertragsform zur Regelung staatskirchenrechtlicher Fragen zu bedienen, verfassungsrechtlich gedeckt ist.

2. Staatskirchenvertragsrechtliche Kompetenzgrenzen der Länder

Darf danach der Staat grundsätzlich staatskirchenvertragliche Handlungsformen nutzen, so kann dies freilich nur im Rahmen der jeweiligen Verbandszuständigkeiten geschehen. Die Vertragskompetenz der neuen Länder erscheint gegenüber der des Bundes klärungsbedürftig, erheben doch Staatskirchenverträge zumeist als sog. Voll-, Status- oder kodifikatorische Verträge[12] einen Anspruch auf umfassende Regelung aller „Fragen von gemeinsamen Belangen". Die landesverfassungsrechtlichen Ermächtigungen zum Abschluß von Staatskirchenverträgen berechtigen die Länder aber nur im Rahmen der Kompetenzverteilung im Bundesstaat zur staatskirchenvertraglichen Regelung der Beziehungen zu den Religionsgemeinschaften. Die Aufteilung der staatlichen Kompetenzen zwischen Bund und Ländern bestimmt sich nach den Vorschriften des Grundgesetzes, das keine ausdrückliche Kompetenzregelung für den Abschluß von Verträgen mit den Kirchen trifft. Allerdings könnte zugunsten einer umfassenden Vertragskompetenz des Bundes etwa im Hinblick auf die Staatsverträge mit dem Hl. Stuhl an die Kompetenzzuweisung für auswärtige Angelegenheiten nach Art. 32 GG zu denken sein, hat dieser Vertragspartner seinen Sitz doch außerhalb des Bundesgebietes. Art. 32 I GG gibt die Pflege der Beziehungen zu „auswärtigen Staaten" in die Hände des Bundes. Zum Anwendungsbereich der Norm gehören jedenfalls die

---

[10] *H. Weber* (1970), S. 49f.; *J. Müller-Volbehr*, HdbStKirchR I, S. 289, 296.

[11] *H. Weber* (1970), S. 49.

[12] Vgl. nur *A. Hollerbach* (1994), S. 253, 285f.

rechtsverbindlichen Akte im Völkerrechtsverkehr[13] und damit auch Vertragsschlüsse zur Regelung der „Fragen von gemeinsamen Belangen". Unabhängig von der Frage der Völkerrechtssubjektivität sind aber die staatlichen Kontakte zu den Religionsgemeinschaften nicht von Art. 32 GG erfaßt, weil sie nicht als „auswärtiger Staat" im Sinne der Vorschrift anzusehen sind[14]. Zwar ist der Begriff mit Blick auf die zunehmende Zahl völkerrechtlicher Organisationen und staatsähnlicher Völkerrechtssubjekte erheblich erweiternd auszulegen[15]. Doch sprechen gegen eine Einbeziehung der Religionsgemeinschaften neben dem Wortlaut auch entstehungsgeschichtliche Argumente[16]. Selbst der Hl. Stuhl, zu dem allein die Beziehungen sich staatsgrenzüberschreitend gestalten, wurde bei der Verfassungsgebung nicht zu den „auswärtigen Staaten" nach Art. 32 GG gezählt[17], zumal dies auch für die verfassungsgeschichtliche Vorläuferbestimmung (Art. 78 WRV) galt[18].

Die staatlichen Vertragskompetenzen im Verhältnis zu den Religionsgemeinschaften folgen daher der sachlichen Kompetenzverteilung zwischen Bund und Ländern in den staatskirchenrechtlichen Fragen nach dem Grundgesetz[19]. Kompetenzen des Bundes für die Regelung der Beziehungen zu den Religionsgemeinschaften ergeben sich vor allem aus Art. 140 GG / Art. 138 I 2 WRV für die Grundsätze der Ablösung von Staatsleistungen[20], aus Art. 140 GG / Art. 141 WRV i.V.m. Art. 73 Nr. 1 GG bzw. Art. 73 Nr. 5 GG und Art. 87 I 2 GG z.B. für die Anstaltsseelsorge in der Bundeswehr und beim Bundesgrenzschutz sowie aus einer weiteren Anzahl von Bundeskompetenzen, die nur mittelbar einen Bezug zu staatskirchenrechtlichen Fragen aufwerfen, wie beispielsweise beim strafrechtlichen Schutz der Religionsgemeinschaften, beim Personen-

---

[13] im Überblick: *W. Grewe*, HStR III, § 77 Rn. 82; enges Verständnis bei *U. Fastenrath* (1986), S. 83ff.; weitergehend dagegen noch: *M. Zuleeg*, *AK-GG*, Art. 32 Rn. 6.

[14] Ganz h.M., vgl. nur BVerfGE 6, 309 (362); *H.-G. Franzke*, NWVBl. 1991, S. 345ff.; *U. Fastenrath* (1986), S. 93f.; *R. Bernhardt*, HStR VII, § 174 Rn. 19f.; *A. Hollerbach* (1994), S. 253, 278; *ders.* (1965), S. 177ff.; *P. Badura*, L Rn. 43; a.A. aber *M. Zuleeg*, *AK-GG*, Art. 32 Rn. 14.

[15] Allgemeine Meinung; vgl. nur *R. Streinz*, in: *M. Sachs* (Hrsg.), GG, Art. 32 Rn. 14.

[16] Zur Argumentation näher: *H.-G. Franzke*, NWVBl. 1992, S. 345, 346f.; *A. Hollerbach* (1965), S. 84, 177ff.

[17] JöR n.F. 1 (1951), S. 301.

[18] Vgl. *E.R. Huber* (1930), S. 91.

[19] *A. Hollerbach* (1994), S. 253, 278; *A. Hollerbach* (1965), S. 177 und 180; vgl. auch BVerfGE 6, 309, 362.

[20] Vgl. dazu *H.-W. Rengeling*, HStR IV, § 100 Rn. 297f.; *J. Isensee*, HdbStKirchR I, S. 1009, 1039.

stands- und Meldewesen oder in prozeßrechtlichen Sonderfragen[21]. Im übrigen kommen den Ländern nach Art. 30, 70 GG die Kompetenzen für das Staatskirchenrecht[22] und damit auch für das Staatskirchenvertragsrechts zu[23]. Im Ergebnis sind im Grundsatz keine Bedenken gegen einen umfassenden staatskirchenrechtlichen Regelungsanspruch der Länder beim Rückgriff auf das Instrument des Staatskirchenvertrags zu erheben. Der Vertrag ist daher grundsätzlich als zulässiges Mittel zur Gestaltung des Staat-Kirche-Verhältnisses einsetzbar, sofern die einzelnen besonderen Kompetenzen des Bundes im Staatskirchenrecht respektiert werden.

II. Kein verbindlicher Vorrang der Vertragsform

Weniger einheitlich stellt sich das Meinungsbild zu der staatskirchenrechtlichen Formenwahlfreiheit bei der Frage nach etwaigen Vertragsabschlußpflichten dar. Zwar hatte sich im Schrifttum weitgehend die Auffassung durchgesetzt, daß der Abschluß von Staatskirchenverträgen im Gestaltungsermessen der Vertragspartner liege[24]. Doch hat die Gegenansicht, die in der Staatskirchenrechtslehre der 50er und 60er Jahre im Rahmen der „Koordinationslehre" staatliche Wahlmöglichkeiten hinsichtlich der Gestaltungsmittel für das Staat-Kirche-Verhältnis verneinte und ein rechtliches Gebot zu vertraglicher Einigung annahm[25], in der jüngeren Diskussion wieder Auftrieb bekommen (1.). Die Positionen sind daher erneut rechtlich zu hinterfragen (2.).

---

[21] Vgl. zum Ganzen: *A. Hollerbach* (1965), S. 183–188; *J. Müller-Volbehr*, HdbStKirchR I, S. 289, 303ff.

[22] *D. Ehlers*, in: *M. Sachs* (Hrsg.), GG, Art. 140 GG / Art. 137 WRV Rn. 26; *J. Müller-Volbehr*, HdbStKirchR I, S. 289, 303; *P. Badura*, HdbStKirchR I, S. 211, 249.

[23] *A. Hollerbach* (1994), S. 253, 278; *ders.* (1965), S. 188; *G. May*, ArchKathKR 132 (1963), S. 61, 68; *U. Scheuner*, ZevKR 6 (1957/58), S. 1, 36.

[24] Früh schon deutlich BVerfGE 19, 1 [12]; *D. Pirson* (1964), S. 177, 189f.; vgl. im übrigen nur *H. Weber* (1970), S. 49; *P. Mikat*, HdbVerfR § 29 Rn. 33. Zur Entwicklung der Auseinandersetzung in der Staatskirchenrechtslehre zwischen den Schlagworten der Koordination und der Souveränität und zu ihrer Überwindung vgl. die ausführliche Darstellung bei *K. G. Meyer-Teschendorf* (1979), S. 3ff., sowie den Überblick bei *K.-H. Kästner*, JöR n.F. 27 (1978), S. 239, 270–272, auch S. 243 und 261f., jeweils mit umfassenden Nachweisen; vgl. auch *W. Bock* (1996), S. 73ff., und *M. Heckel*, in: Nörr, S. 1, 21f.

[25] Statt aller *A. Hollerbach* (1965), S. 127–129; *G. May*, ArchKathKR 132 (1963), S. 61, 63; vgl. BGHZ 34, 372 [373].

1. Renaissance der Koordinationslehre nach der Wiedervereinigung?

So häufen sich im staatskirchenrechtlichen Schrifttum der neunziger Jahre wieder die Versuche, den staatlichen Ermessensspielraum bei der Wahl der staatskirchenrechtlichen Gestaltungsmittel von vornherein und grundsätzlich erheblich zugunsten des Rückgriffs auf Vertragsformen einzuschränken. Abgesehen von der Würdigung der eindrucksvollen Durchsetzung des Vertragsinstruments in den neuen Ländern[26] finden sich Äußerungen, die den Vertrag als „*das* geeignete Regelungsinstrument", als „das notwendige Korrelat" zum verfassungsrechtlichen Trennungsprinzip kennzeichnen[27]. Listl sieht gar „eine im deutschen Verfassungsrecht begründete Notwendigkeit, daß sich die Vertragspartner zu einer koordinationsrechtlichen Ordnung zusammenfinden"[28]. Landau vertritt mit Begründung über Gewohnheitsrecht, daß neben einem allgemeinen die Verfassung beherrschenden Prinzip der Kooperation auch der „Grundsatz einer Priorität der Regelung gemeinsamer Angelegenheiten von Staat und Kirche auf vertraglichem Wege" bestehe[29]. Für Puza und Kustermann „zeigt die neueste Entwicklung, daß ... vertragliche Regelung ... inzwischen sogar verpflichtend sein kann"[30]. Schließlich findet sich im Schrifttum ganz einfach die Annahme einer „Pflicht, Verträge mit den Kirchen abzuschließen, wenn es erforderlich ist"[31]. Diese Tendenz zu einer Begrenzung der formellen Gestaltungsspielräume im Sinne eines Vorrangs des staatskirchenrechtlichen Vertragsintruments scheint die staatliche Verhandlungsposition zumindest bei den Staatskirchenverträgen in Sachsen und bei dem evangelischen Kirchenvertrag in Mecklenburg-Vorpommern erheblich beeinflußt zu haben. So wird in den amtlichen Begründungen zu diesen Staatskirchenverträgen festgehalten, daß „zum Abschluß eines Kirchenstaatsvertrags ... keine Alternative" bestehe[32]. Der Freistaat Sachsen erfülle durch den Rückgriff auf das Vertragsin-

---

[26] Vgl. dazu die auf S. 2 Fn. 8–10 nachgewiesenen Stellungnahmen von *A. Hollerbach*, *J. Listl*, *S. Heitmann* und *A. v. Campenhausen*.

[27] *S. Heitmann*, ZevKR 39 (1994), S. 402, 409f.; vgl. ähnlich wohl auch *H. Lecheler*, HdbStKirchR II, S. 415, 425, bezogen auf die Wahrnehmung der gemeinsamen Angelegenheiten am Beispiel des Schulwesens.

[28] *J. Listl*, GesSchr., S. 355, 384.

[29] *P. Landau*, HdbStKirchR I, S. 333, 341f.

[30] *R. Puza / A.P. Kustermann*, in: *R. Puza / A.P. Kustermann* (Hrsg.), S. 7, 8.

[31] *M. Haedrich*, LKV 1997, S. 85, 86.

[32] So LT-Drs. M.-V. 1/4126, S. 2, für den Evangelischen Kirchenvertrag von Mecklenburg-Vorpommern mit Hinweis auf die „Gepflogenheiten" und die landesverfassungs-

strument die ihm aus Art. 109 II 3 Sächs.Verf. „obliegende Pflicht, seine Rechtsbeziehungen zu Kirchen und Religionsgemeinschaften partnerschaftlich auf der Ebene der Gleichordnung zu regeln“[33].

Nach diesen Äußerungen stellt sich der Staatskirchenvertrag nicht nur als zulässiges und „allgemein übliches“, sondern gar als einzig mögliches Instrument zur Regelung des Verhältnisses von Staat und Kirche dar[34]. In dem maßgeblichen Bericht des Verfassungs- und Rechtsausschusses zum Ausschußentwurf der Verfassung des Freistaates Sachsen vom 18. Mai 1992 ist immerhin von einer Sollbestimmung die Rede[35]. Im Schrifttum wurde gar von einem „Verfassungsgebot“ ausgegangen[36]. Ähnlich muten Äußerungen bei den parlamentarischen Debatten der genannten Staatskirchenverträge an, in denen Parlamentarier quer durch die Fraktionen mit Ausnahme von FDP und SED von einer verfassungsrechtlichen Pflicht bzw. einem verfassungsrechtlichen Auftrag des Staates zur staatskirchenvertraglichen Regelung der Beziehungen zu den Kirchen ausgehen. So soll mit dem Abschluß von Staatskirchenverträgen ein „Auftrag der Weimarer Verfassung“[37] bzw. ein in der Landesverfassung (hier: Art. 109 II 3 Sächs.Verf). aufgestellter Verfassungsauftrag[38] bzw. ein Verfassungsgebot[39] erfüllt werden. Art. 109 II 3 Sächs.Verf. enthalte ein Verfassungsgebot, eine Verpflichtung des Freistaats zu vertraglichen Beziehungen mit den Kirchen, so daß die Kirchen nicht wie andere Verbände einem Gesetz unterstellt werden, sondern dem Staat als gleichberechtigte Partnerinnen gegenüberstehen sollten[40]. Desweiteren wird in den Parla-

---

rechtliche Vertragsermächtigung in Art. 9 II Verf.M.-V. Ganz ähnlich halten dies für die Verträge des Freistaats Sachsen jeweils unter Hervorhebung der verfassungsrechtlichen Vorgaben des Art. 109 II 3 Sächs.Verf. fest: LT-Drs. Sachsen 1/4649, Vorblatt, S. 2; LT-Drs. Sachsen 1/4855, Vorblatt, S. 2; LT-Drs. Sachsen 2/3612, Vorblatt S. 2. Dies wandelt den im übrigen in Regierungsbegründungen üblichen formelhaften Hinweis auf fehlende Alternativvorschläge in auffälliger Wendung ab und deutet im Zusammenhang mit den nachfolgend aufgeführten Anhaltspunkten auf eine angenommene normative Bedeutung hin.

[33] LT-Drs. Sachsen 1/4855, Vertragsbegründung, S. 3.

[34] Dieses Verständnis der Formulierungen in den Regierungsbegründungen scheint auch der vehementen Kritik von *G. Czermak*, Grundsätzliche Anmerkungen (1994), S. 3, zugrunde zu liegen.

[35] Abgedruckt in *R. Stober* (Hrsg.) (1993), S. 384, 402.

[36] *G. Burger*, LKV 1997, S. 317f.

[37] MdL *Timm*, SPD, PlenProt. M.-V. 1/97, S. 5862.

[38] Staatsminister der Justiz *S. Heitmann*, PlenProt. Sachsen 1/95, S. 6571; *S. Heitmann*, NJW 1997, S. 1420.

[39] So weiterhin Staatsminister *S. Heitmann* auch noch bei der Einbringung des Gesetzentwurfs der Staatsregierung zum Katholischen Kirchenvertrag Sachsen, PlenProt. 2/41, S. 2908.

[40] MdL *Böttger*, Bündnis 90/Grüne, PlenProt. Sachsen 1/97, S. 6764.

menten vertreten, daß den Kirchen „selbstverständlich ein Anspruch auf ein vertraglich geregeltes Verhältnis“ zum Staat zustehe[41]. Mit der vertraglichen Regelung sei eine unmittelbare Folgerung aus der Landesverfassung gezogen worden, da für die Regelung des Staat-Kirche-Verhältnisses „nur die Form eines im gegenseitigen Einverständnis abgeschlossenen Vertrages in Frage kommt“[42].

2. *Das Koordinationsprinzip nurmehr als politisches Prinzip*

Die Klärung der Grenzen staatlicher Handlungsspielräume beim Rückgriff auf das Vertragsinstrument hat bei den staatlichen Verfassungsbestimmungen anzusetzen.

a) Kein rechtlicher Zwang zu Koordination

Für Beschränkungen der staatlichen Gestaltungsfreiheit nach Art der wiedergegebenen Ansichten lassen sich im Grundgesetz zunächst keine ausdrücklichen Anhaltspunkte finden[43]. So standen ursprünglich auch weniger positiv-rechtliche Aussagen staatlicher Verfassungen oder der kirchlichen Grundordnungen im Mittelpunkt der Diskussion um die Koordinationslehre. Ausschlaggebend war vielmehr das verfassungsrechtliche Vorverständnis des Staat-Kirche-Verhältnisses[44] als Begegnung zweier gleichgestellter und aufeinander angewiesener Mächte auf der Ebene der Koordination[45]. Die Wesensverschiedenheit staatlichen und kirchlichen Rechts sollte einer einseitigen staatlichen Regelungskompetenz entgegenstehen[46]. Nach dieser Lehre stellte sich für die Ausgestaltung der Beziehungen von Staat und Kirche überspitzt formuliert nur die Alternative „Einigung oder Kulturkampf“[47]. Die Grundlagen dieser Lehre gehen auf historische Erfahrungen, vor allem auf die kirchliche Behauptung gegenüber staatlicher Unterdrückung zurück[48], die nicht der

---

41 MdL *Timm*, SPD, PlenProt. M.-V. 1 / 101, S. 6104.

42 MdL *N. Buske*, CDU, PlenProt. M.-V., 1 / 97, S. 5864f.

43 Vgl. *K.-H. Kästner*, JöR n.F. 27 (1978), S. 239, 272.

44 Vgl. nur *A. Hollerbach* (1965), S. 119f. Fn. 1, S. 162 und S. 3f.

45 Vgl. *P. Mikat*, in: Grundrechte (1960), S. 111, 145f.

46 *K. Hesse*, JöR n.F. 10 (1962), S. 3, 32f.

47 In Anlehnung an *K. Hesse* etwa *A. Hollerbach* (1965), S. 170; zustimmend *J. A. Frowein*, ZaöRV 26 (1966), S. 184, 187.

48 Vgl. die Hinweise bei *K. G. Meyer-Teschendorf* (1979), S. 4f.; *K.-H. Kästner*, JöR n.F. 27 (1978), S. 239, 243 und 261.

aktuellen Lage im Verfassungsstaat nach dem Grundgesetz entsprechen. Ein Zwang zur Koordination aus übergeordneten, nicht auf die Verfassung rückführbaren Rechtsprinzipien ist unvereinbar mit der staatlichen Souveränität nach den Vorgaben des Grundgesetzes[49]. Die staatliche Gewalt, die sich als zuhöchst versteht, kann nicht in den von ihr beanspruchten Ordnungsbefugnissen einer anderen gleichgeordneten Gewalt ausgesetzt sein. Volkssouveränität und Demokratieprinzip sind insoweit heranzuziehen, als das Verfassungsgebot des Art. 20 II GG, wonach alle Staatsgewalt vom Volke ausgeht, eine ursprüngliche Abhängigkeit von anderen Kräften als den demokratisch legitimierten nicht duldet[50]. Die zuständigen, nach Art. 20 II 2 GG demokratisch legitimierten Organe des souveränen Staates müssen im Zweifelsfall mittels einseitigem und letztverbindlichem Handeln ihre staatlichen Ordnungsaufgaben ausüben können. Deshalb darf das staatliche Recht insoweit nicht staatskirchenvertraglich den Religionsgemeinschaften zur Disposition stehen[51]. Auch aus den Aspekten etwaiger höherer Effizienz und Legitimität vertraglicher Regelung[52] können keine normativen Vorgaben erwachsen. Denn es kommt allein den zuständigen staatlichen Entscheidungsträgern zu, über die Angemessenheit der jeweiligen Handlungsformen zu befinden[53].

Nach der Überwindung der Koordinationslehre[54] befand sich auch die Lehre, die einen verbindlichen Vorrang der Vertragsform zur Ausgestaltung des Staat-Kirche-Verhältnisses propagierte, auf dem Rückzug[55]. Die Bestimmungen in den Verfassungen der neuen Länder bieten wenig Anlaß, über ein Wiederaufleben solcher Theorien nachzusinnen. Die Leistung der Kirchen, als letzte gesellschaftliche Gruppe den Anspruch auf Selbstbestimmung gegenüber dem Regime der DDR behauptet zu haben, mag zwar ähnlich wie die Erfahrungen der Evangelischen Kirche aus dem Kirchenkampf die kirchliche Eigenständigkeit und Stärke zu verdeutlichen helfen. Staatliche Souveränität und Demokratieprinzip sind aber auch gegenüber den Kirchen in den neuen Ländern schon wegen Art. 28

---

[49] *H. Weber* (1970), S. 48, 24f.; *H. Quaritsch*, Der Staat 4 (1966), S. 451, 462f.; ausführlich: *ders.*, Der Staat 1 (1962), S. 175ff.

[50] BVerfGE 83, 60 [71ff.]; 93, 37 [66ff.].

[51] Vgl. *M. Heckel*, in: Nörr, S. 22f. Dem schließt sich *P. Badura*, HdbStKirchR I, S. 211, 222f. an.

[52] So noch *A. Hollerbach* (1965), S. 164.

[53] *H. Quaritsch*, Schack-FS, S. 125, 135.

[54] Zur Darstellung der Entwicklung unter ausführlicher Herausarbeitung der konträren Positionen: *K.G. Meyer-Teschendorf* (1979), S. 3ff.; vgl. auch *W. Bock* (1996), S. 62ff.

[55] Vgl. *A. Hollerbach* (1994), S. 253, 268f.; *K.G. Meyer-Teschendorf* (1979), S. 11ff.; *K.-H. Kästner*, JöR n.F. 27 (1978), S. 239, 261f.

II GG nicht zur Disposition des Landesverfassungsgebers gestellt. Sofern die Verfassungen der neuen Länder auf den Staatskirchenvertrag als staatskirchenrechtliches Gestaltungsmittel eingehen, sehen sie die Vertragsform lediglich im Zusammenhang mit der Regelung einzelner staatskirchenrechtlicher Sonderprobleme vor, wie bei der Ablösung von Staatsleistungen (Art. 37 II Verf.BBG) oder bei den theologischen Fakultäten (Art. 28 II Verf.Th., Art. 111 II Säch.Verf. und Art. 9 III Verf.M.-V.). Oder sie beschränken sich darauf, die staatlichen Stellen mit einer „Kann-Bestimmung" zum Abschluß von staatskirchenrechtlichen Verträgen zur Regelung von „Fragen von gemeinsamen Belangen" zu ermächtigen, ohne weitere, konkrete Vorgaben für den Einsatz des Vertragsinstruments aufzustellen (so Art. 9 II Verf.M.-V. und Art. 32 IV Verf. LSA). Auf diese Weise kommt der weite politische Ermessensspielraum bei der Wahl staatlicher Handlungsformen im Verhältnis zu den Religionsgemeinschaften deutlich zum Ausdruck.

Lediglich Art. 109 II 3 Sächs.Verf. scheint einen Verfassungsauftrag anzudeuten[56], wenn festgehalten wird, daß die „Beziehungen des Landes zu den Kirchen ... im übrigen durch Vertrag geregelt" werden[57]. Doch erscheint sehr fraglich, ob sich daraus ein Zwang zum Vertragsschluß oder auch nur die Annahme einer „Soll-Vorschrift"[58] ableiten läßt. Dies könnte allein der Fall sein, wenn die staatlichen Alternativen zur einseitigen Regelung, insbesondere die staatlichen Gesetzgebungsbefugnisse, durch diese Vorschrift beschränkt werden sollen. Darauf deuten jedoch außer vagen, wenig präzisierten Materialien aus der Verfassungsentstehung[59] weder der Wortlaut noch der systematische Zusammenhang dieser Vorschrift hin.

---

[56] *S. Heitmann*, LKV 1995, S. 93; ähnlich *ders.*, ZevKR 39 (1994), S. 402, 409; *G. Burger*, LKV 1997, S. 317, 318; vgl. weiter die bereits aufgeführten Äußerungen in den parlamentarischen Debatten (Staatsminister *S. Heitmann*, PlenProt. Sachsen 1 / 95, S. 6571; MdL *Böttger*, Bündnis 90 / Grüne, PlenProt. Sachsen 1 / 97, S. 6764) und den amtlichen Begründungen zu den Sächsischen Staatskirchenverträgen (LT-Drs. Sachsen 1 / 4855, Vertragsbegründung, S. 3).

[57] Diese Bestimmung scheint in abgeschwächter Form einen Vorschlag der DP-Fraktion im Parlamentarischen Rat zur verfassungsrechtlichen Festschreibung eines Koordinationsgebotes („Die Beziehungen zwischen dem Staat und den Kirchen sind durch Vertrag zu regeln."; vgl. dazu mit Nachweisen: *K. G. Meyer-Teschendorf* [1979], S. 3f. Fn. 4) aufzugreifen.

[58] In diesem Sinne für den Sächsischen Evangelischen Kirchenvertrag: LT-Drs. 1 / 4649, Vorblatt, S. 1; für den Vertrag mit dem Landesverband der Jüdischen Gemeinden in Sachsen: LT-Drs. 1 / 4855, Vorblatt, S. 1; für den Katholischen Kirchenvertrag Sachen ähnlich LT-Drs. 2 / 3612, Vorblatt, S. 1.

[59] Hier ist allenfalls der Bericht des Verfassungs- und Rechtsausschusses zum Ausschußentwurf der Verfassung des Freistaates Sachsen vom 18.5.1992 (abgedruckt in *R. Stober* (Hrsg.) (1993), S. 384, 402) anzuführen.

Denn mit der adverbialen Bestimmung „im übrigen“ weist Art. 109 II 3 Sächs.Verf. auf die insoweit nicht zu beeinträchtigende vorhergehende Verfassungsaussage von Art. 109 II 2 Sächs.Verf. hin. Dort wird die Bindung der Kirchen an „das für alle geltende Gesetz“ festgehalten und damit die grundsätzliche Befugnis des Staates bestätigt, auch im Verhältnis zu den Kirchen einseitig Regelungen zu treffen. Wenn gem. Art. 109 II 3 Sächs. Verf. „im übrigen“ die Beziehungen zwischen Staat und Religionsgemeinschaften durch Vertrag geregelt werden, ist damit in der Verfassung selbst ausdrücklich das Nebeneinander von Vertrag und Gesetz angelegt. Den beiden Instrumenten des Staatskirchenrechts kommt jeweils unterschiedliche Bedeutung zu, auf die im einzelnen noch einzugehen sein wird. Aus dem systematischen Regelungszusammenhang ergibt sich deshalb, daß Art. 109 II 3 Sächs.Verf. mitnichten einen allgemeinen Vorrang des Vertragsinstruments für die staatlichen Ordnungsbefugnisse gegenüber Religionsgemeinschaften aufstellt. Von einer Renaissance des überwundenen Koordinationsprinzips im Sinne eines Einigungsgebotes kann in den neuen Ländern daher keine Rede sein.

b) Die verbleibende politische Dimension der Koordinationslehren

Die aufgeführten jüngeren Versuche, einen Vorrang der vertraglichen Regelung im Staatskirchenrecht auszuweisen, bleiben denn auch dort, wo es um die Herausarbeitung verbindlicher Vorgaben für die staatlichen Regelungsformen geht, zurückhaltend. Es ist lediglich von einem „aus der Geschichte der Kooperation von Staat und Kirche“ abgeleiteten Grundsatz vorrangig vertraglicher Regelung die Rede[60]. Ähnlich offen bleibt die konkrete Umsetzung der „im deutschen Verfassungsrecht begründeten Notwendigkeit ... einer koordinationsrechtlichen Ordnung“[61]. Auch Heitmann präzisiert nicht, inwiefern aus dem Verständnis des Staatskirchenvertrags als notwendiges Korrelat zum Trennungsprinzip ein rechtssatzmäßiger Vorrang des Vertragsinstruments hergeleitet werden soll[62]. Nach den aufgezeigten verfassungsrechtlichen Vorgaben ist aber die Annahme eines grundsätzlichen Abschlußzwanges nur zu akzeptieren, wenn darunter zu verstehen sein soll, daß die umfassende Durchsetzung aller staatlichen Regelungsziele nur mithilfe des Vertragsinstruments gelingen

---

[60] *P. Landau*, HdbStKirchR I, S. 333, 342.
[61] *J. Listl*, GesSchr., S. 355, 384.
[62] ZevKR 39 (1994), S. 402, 409f.

kann. Zutreffend wird im Schrifttum darauf hingewiesen, daß bestimmte staatliche Interessen gegenüber dem kirchlichen Wirken nicht mit einseitigen hoheitlichen Mitteln, sondern nur im Wege der – insoweit dann unter der Prämisse staatlicher Interessendurchsetzung unvermeidlichen – Koordination erreicht werden können[63]. Dies gilt vornehmlich für die durch notwendige Zusammenarbeit von Staat und Kirche gekennzeichneten[64] gemeinsamen Angelegenheiten, wie beispielsweise die Theologie an staatlichen Hochschulen[65]. Überwiegend wird daher ein Vorrang des Staatskirchenvertragsinstruments vor einseitig gesetztem staatlichen Recht mit den besonderen Vorzügen der Vertragsform, ihrer spezifischen Eignung und Angemessenheit für die staatliche Aufgabenerfüllung, insbesondere bei den gemeinsamen Angelegenheiten, begründet[66]. Solche Erwägungen der Sachgerechtigkeit aber sind wie schon die vorgelagerte Entscheidung über die konkreten staatlichen Zielvorstellungen bei der Wahrnehmung der gemeinsamen Angelegenheiten gerade eine Frage des politischen Ermessens[67].

Auch soweit Präferenzen des Vertragsinstruments aus einer größeren Legitimität vereinbarter Regelungen gegenüber einseitiger Festlegung in Gesetzesform abgeleitet werden[68], beziehen sich diese nicht auf rechtlich zwingende Vorgaben. Sie werden vielmehr auf der Ebene der Vertragsziele und ihrer Durchsetzung, also wiederum im Rahmen politischer Ermessensentscheidungen, relevant. Im übrigen haben sich einige Ausläufer koordinationsrechtlicher Ideen auf der deskriptiven Ebene fortgesetzt, z.B. in der Beschreibung eines „tendenziellen Vorrangs" vertraglicher Einigung vor anderen staatlichen Gestaltungsformen[69]. Auch die eingangs dieser Arbeit aufgeführte Würdigung der Entwicklung des Staatskirchenvertragsrechts in den neuen Bundesländern als „fast zwangsläufig"[70] bzw.

---

[63] *D. Pirson*, EvStL II, Sp. 3814, 3825.

[64] *F.-G. v. Busse* (1978), S. 15ff.

[65] Vgl. *A. Hollerbach* (1994), S. 253, 268f. m.N.; *R. Puza*, NVwZ 1995, S. 460, 461.

[66] *S. Heitmann*, ZevKR 39 (1994), S. 402, 409f.; *J. Listl*, GesSchr., S. 355, 384; *H. Lecheler*, HdbStKirchR II, S. 415, 425; vgl. weiter *A. Hollerbach* (1994), S. 253, 269–272; *A. v. Campenhausen*, 3. Aufl., S. 154f.

[67] *H. Lecheler*, HdbStKirchR II, S. 415, 425, mahnt unter Berufung auf *M. Heckel*, Mikat-FS, S. 545, 556, an, daß der Staat die vornehmliche Eignung des Vertragsinstruments zur Wahrnehmung der staatskirchenrechtlichen Ordnungsbefugnisse als Lehre aus dem Kulturkampf gezogen haben sollte. Verfassungsrechtlich zu zwingen ist der Staat dazu aber jedenfalls nicht.

[68] *A. Hollerbach* (1994), S. 253, 269f.; vgl. kritisch dagegen *H. Quaritsch*, Der Staat 1966, S. 451, 470, und *H. Weber* (1970), S. 49.

[69] *A. Hollerbach* (1994), S. 253, 269.

[70] *J. Listl*, GesSchr., S. 355, 384f.; *A. Hollerbach* (1994), S. 253, 265.

als „das Gegebene“[71] u.ä.[72] ist vor diesem Hintergrund zu sehen und nicht normativ zu verstehen. Ein „tendenzieller Vorrang“ begrenzt nun mangels Verbindlichkeit nicht die staatskirchenrechtliche Formenwahlfreiheit für den Staat und ist deshalb für die Fragestellung hier ohne Interesse. Dies festzuhalten erscheint angezeigt, um Mißverständnisse zu vermeiden, die sich aus einer nicht immer klaren Trennung zwischen der Beschreibung des vertragsstaatskirchenrechtlichen Bestandes und der Aufarbeitung normativer Vorgaben ergeben können[73]. Danach hat sich auch in heutiger Zeit das Prinzip der Koordination im Verhältnis von Staat und Kirche keineswegs erübrigt. Doch ist es als „politisches Prinzip“ zu verstehen[74], so daß auch in den neuen Ländern der Rückgriff auf das Instrument des Staatskirchenvertrags grundsätzlich in freiem Ermessen des Staates nach politischen Zielvorstellungen steht[75].

Die sich in den staatlichen Vertragsmotiven zu den Staatskirchenverträgen des Freistaats Sachsen und von Mecklenburg-Vorpommern widerspiegelnde Annahme, daß zum Vertragsschluß keine Alternative bestehe, ist deshalb im Sinne einer politischen „Notwendigkeit“ einer staatskirchenvertraglichen Regelung zu verstehen[76]. Diese Ausrichtung der für die

---

[71] *A. v. Campenhausen*, NVwZ 1995, S. 757, 762.

[72] Vgl. *A. Hollerbach*, HK 1995, S. 536, 538; ähnlich *ders.*, KuR-120, S. 1, 3; *S. Heitmann*, LKV 1995, S. 93.

[73] *K. Hesse* mahnte schon 1967 (VVDStRL 26, S. 137f. – Diskussionsbeitrag) allgemein für das Staatskirchenrecht eine deutliche Unterscheidung zwischen der staatskirchenrechtlichen und der „staatskirchenpolitischen“ Lage an. Diese Forderung ist insbesondere gegenüber den jüngeren Stellungnahmen in den Parlamenten, die einen Vorrang des Vertragsinstruments anzudeuten scheinen, in Erinnerung zu rufen.

[74] *P. Mikat*, HdbVerfR, § 29 Rn. 22.

[75] *P. Mikat*, HdbVerfR, § 29 Rn. 33.

[76] So ist denn wohl auch die etwas dunkel formulierte Anerkennung der „Notwendigkeit und ... Vorteile vertraglicher Regelungen zwischen dem Heiligen Stuhl und dem Freistaat Sachsen für alle beteiligten Seiten aus grundsätzlichen Erwägungen, das heißt ... aus historisch-rechtlichen und aus politischen Erwägungen“ von MdL Bramke, PDS, PlenProt. Sachsen, 2/48, S. 3482, zu verstehen. In der Tat finden sich denn in den Vertragsmaterialien zu den Staatskirchenverträgen der neuen Länder auch keine weitergehenden Hinweise darauf, daß die staatliche Seite glaubte, losgelöst von den eigenen Gestaltungsanliegen zum Vertragschluß verpflichtet zu sein. Schließlich lassen sich die oben aufgeführten Äußerungen in den parlamentarischen Debatten nur reduziert auf politische Ermessenserwägungen ohne Verfassungsverstoß aufrechterhalten. Die Verlautbarungen von MdL *N. Buske* (CDU, PlenProt. M.-V. 1/97, S. 5865) über ein Gebot zum Vertragschluß lassen sich in diesem Sinne auf die Ausnutzung der kirchlichen Entfaltungsspielräume zum Wohle der Allgemeinheit im Wege der Vertragsbindung beziehen. Und MdL *Timm* (SPD, PlenProt. M.-V. 1/101, S. 6104f.) präzisierte seine Ansicht über „den Anspruch der Kirchen auf ein vertraglich geregeltes Verhältnis“ dahingehend, daß die Kirchen „ein auf einen gesellschaftlichen und parlamentarischen Konsens abzielendes Vertragswerk verdient“ hätten.

Staatskirchenverträge Mecklenburg-Vorpommerns und Sachsens behaupteten Ermessensreduzierung auf die politischen Dimensionen trifft den Kern der weiteren hier vorzunehmenden Untersuchung. Denn das Nebeneinander von gesetzlicher Rahmenziehung und vertraglicher Regelung befähigt den Staat jedenfalls, bei der Wahrnehmung seiner staatskirchenrechtlichen Ordnungsbefugnisse auf die jeweiligen Besonderheiten der zu regelnden Sachverhalte einzugehen. Im Ergebnis ist auch in den neuen Bundesländern grundsätzlich weder der Staat[77] und schon gar nicht die Kirche[78] rechtlich zum Abschluß von Staatskirchenverträgen gezwungen[79].

III. Zusammenfassung

Der Staatskirchenvertrag ist danach ein zulässiges staatskirchenrechtliches Instrument, dem jedoch bei der Gestaltung des Staat-Kirche-Verhältnisses nicht ein grundsätzlicher, verbindlicher Vorrang gegenüber anderen Gestaltungsformen zukommt. Staat und Kirche steht es grundsätzlich offen, bei der Regelung ihrer Beziehungen den Staatskirchenvertrag als Gestaltungsmittel zu wählen oder anderen Formen den Vorzug zu geben. Mit der Wahl der Vertragsform können sich Regelungsmöglichkeiten eröffnen, die dem Staat bei Beschränkung auf einseitiges Handeln verschlossen blieben. Ist dem Staat nicht an solchen weitergehenden Beziehungen gelegen, kann er sich auf seine eigenen Rechtsetzungsbefugnisse zur Regelung des Staat-Kirche-Verhältnisses zurückziehen. Auf diese Weise weitet sich der politische Gestaltungsspielraum des Staates in den Beziehungen zur Kirche, der bei dem Abschluß der Staatskirchenverträge realisiert wird und der Aufgabenstellung gemäß im Mittelpunkt der wei-

---

[77] BVerfGE 19, 1 (12); *J. Müller-Volbehr*, HdbStKirchR I, S. 289, 294; *D. Pirson* (1964), S. 177, 188f.

[78] Ähnliches, wie hier für den Staat erfolgt, wäre auch für die kirchlichen Vertragspartner nachzuweisen. Zwar finden sich etwa bei den evangelischen Kirchen besondere „Verfassungsaufträge" zu vertraglicher Regelung des Verhältnisses zum Staat (vgl. z.B. Art. 3 II GO EKD). Doch muß dies keinesfalls als zwingende Vorgabe zu ausnahmslos vertraglichen Rechtsbeziehungen zum Staat verstanden werden; vgl. zum Ganzen: *A. Hollerbach* (1965), S. 87f., 117f. Die Diskussion in der evangelischen Kirche um die Rechtsform der staatskirchenrechtlichen Regelungen zur Militärseelsorge Anfang der 50er Jahre zeigt neben den Kompetenzfragen zwischen den Landeskirchen und der EKD auch den Spielraum für kirchenpolitische Ermessenserwägungen beim Rückgriff auf das Instrument des Staaskirchenvertrages auf; vgl. dazu mit Nachweisen *W. Huber* (1973/1991), S. 254f.

[79] Vgl. im Ergebnis auch v. Mangoldt/Klein/*A. v. Campenhausen*, GG, Art. 140 GG Rn. 45; *A. Hollerbach* (1994), S. 253, 267–269.

teren Überlegungen stehen soll. Damit wird der Blick frei für die Darlegung und Prüfung der Motive von Staat und Kirche, bei der Neubestimmung ihres Verhältnisses in den neuen Ländern zu dem Instrument des Staatskirchenvertrages zu greifen.

B. Die grundlegenden Vertragsfunktionen nach den Zielvorstellungen der Vertragspartner[1]

Vor dem Hintergrund der Vielfalt von Erwartungen, die mit dem Rückgriff auf das Vertragsinstrument im einzelnen verbunden wurden, bedarf es einer systematisierten Zusammenschau der staats- bzw. kirchenpolitischer Zielsetzungen, um die rechtlichen Realisierungsmöglichkeiten und -grenzen der den Verträgen zukommenden Funktionen überprüfen zu können. Dazu soll zunächst die grundsätzliche Motivation der staatlichen und kirchlichen Vertragspartner zum Vertragsschluß als Grundlage für die Darlegung der Vertragsfunktionen herausgestellt werden (I.). Mit der Wahl des staatskirchenrechtlich bewährten Vertragsinstruments knüpfen die Vertragsvorstellungen der Partner in den neuen Ländern an ältere Vertragsvorbilder an. Ihre Rezeption in den neuen Verträgen (II.) ist ebenso aufzuzeigen wie die Fortentwicklung der vertragsrechtlichen Gestaltungsmöglichkeiten (III.) zur Umsetzung der jeweiligen staatskirchenrechtlichen Interessen. Besondere Aufmerksamkeit ist dabei denjenigen Vertragsmotiven zu widmen, die in besonderer Weise durch die aktuelle Situation in den neuen Ländern geprägt scheinen.

I. Die staatskirchenvertraglichen Grundanliegen von Staat und Kirche

Trotz unterschiedlicher Akzentsetzungen steht bei den Motiven aller neuen Staatskirchenverträge das gemeinsame Anliegen im Vordergrund, das freie religiöse Wirken des kirchlichen Partners in vertraglicher Ausgestaltung der verfassungsrechtlichen Freiräume zu gewährleisten. Auf das

[1] Dieser Abschnitt ist um die umfassende Darstellung der Vertragsmotive erleichtert worden, die zwar von dokumentarischem Interesse für die Vertragssituation der neuen Länder sein mag, für die dogmatische Bearbeitung der gestellten Aufgabe aber entbehrlich ist. Die verbliebenen Nachweise haben nurmehr exemplarischen Charakter. Zur Veranschaulichung der einzelnen Vertragsfunktionen wird aber auch bei deren inhaltlicher Aufbereitung im Dritten Teil beispielhaft auf die Motivlage zurückgegriffen.

übergreifende Vertragsziel, dem freien Wirken der Kirchen eine gesicherte und fördernde Grundlage zu schaffen[2], sind die meisten Vertragsregelungen bezogen. Dies wird für die kodifikatorischen Staatskirchenverträge bereits unmittelbar aus den Darlegungen der einzelnen Vertragszwecke wie der übergreifenden Vertragsgrundsätze in den Präambeln deutlich. Bei den Bistumserrichtungsverträgen erscheint der Zusammenhang zwar zunächst weniger naheliegend, weil der Vertragsgegenstand sich überwiegend auf Fragen der Kirchenorganisation beschränkt. Doch gestaltet sich die staatliche Beteiligung an der Bistumserrichtung als Bestandteil einer übergreifenden partnerschaftlichen Zusammenarbeit von Staat und Kirche[3]. Insbesondere mit der Motivation, Vorgaben aus älteren Verträgen wie dem Reichskonkordat zu entsprechen, wird die beiderseitige unbedingte Respektierung aller bestehenden staatskirchenrechtlichen Bestimmungen zum Ausdruck gebracht[4]. Auch die Bistumserrichtungsverträge sollen auf diese Weise die Wahrnehmung des kirchlichen Auftrags befördern[5]. Hinter diesem gemeinsamen Grundanliegen werden allerdings zwischen Staat und Kirchen grundverschiedene Vertragsmotive bzw. Interessen deutlich. Den kirchlichen Vertragspartnern geht es darum, für die Wahrnehmung ihres Auftrags umfassende Freiräume und gleichzeitig staatliche Unterstützung zu erreichen, um sich für die religiöse Wahrheit nach ihren Bedürfnissen optimal einsetzen zu können[6]. Demgegenüber motiviert sich das staatliche Eintreten für die Förderung kirchlichen Wir-

[2] Vgl. für den evKVTh: Kirchenamtliche Begründung der Ev. Kirche von Kurhessen-Waldeck, Protokollband der Landessynode vom April 1994, S. 453, 455 einerseits und MdL *Schuchardt*, SPD, PlenProt. 1/113, S. 8725f. andererseits; vgl. weiter beispielhaft nur für den evKVLSA: MdL *Schuster*, PDS, PlenProt. LSA 1/53, S. 6313; Kultusminister *Sobetzko*, Ansprache, Manuskript, S. 3f.; für den ThKKV MdL *Arenhövel*, CDU, PlenProt. Th 2/62, S. 5357.

[3] Vgl. nur die Inaussichtnahme umfassender Vertragsregelungen für „noch offene Grundfragen" im Staat-Kirche-Verhältnis, die jeweils in dem Vorspruch zum Schlußprotokoll der Bistumsverträge festgehalten wurde; *S. Heitmann*, NJW 1997, S. 1420, 1421f.; vgl. weiter stellvertretend für alle Bistumsverträge nur zur Errichtung des Bistums Magdeburg die Regierungsbegründung des Freistaats Sachsen, LT-Drs. Sachsen 1/4648, Vertragsbegründung, S. 4; Regierungsbegründung LSA, LT-Drs. 1/3636, S. 117; Ministerpräsident *C. Bergner*, Ansprache, Manuskript, S. 5; Regierungsbegründung BBG, LT-Drs. 1/2908, Vertragsbegründung, S. 2f.; vgl. auch Ministerpräsident *M. Stolpe*, PlenProt. BBG 1/92, S. 7501f.

[4] Vgl. wiederum beispielhaft nur zur Errichtung des Bistums Magdeburg: Regierungsbegründung des Freistaats Sachsen, LT-Drs. Sachsen 1/4648, Vorblatt, S. 1 sowie Vertragsbegründung, aaO, S. 1f.; Regierungsbegründung LSA, LT-Drs. 1/3636, S. 15; Kultusminister *Schomburg*, PlenProt. LSA 1/61, S. 7254, und PlenProt. LSA 1/62, S. 7389; Regierungsbegründung BBG, LT-Drs. 1/2908, Vorblatt und Vertragsbegründung, S. 2.

[5] MdL *N. Buske*, CDU, PlenProt. M.-V. 1/105, S. 6331 zum BistVHH.

[6] Vgl. nur Bischof *Demke*, Ansprache, Manuskript S. 1f. (zum evKVLSA).

kens entgegen manchen anderslautenden Stimmen[7] nicht aus selbstlosen oder kirchentreuen, sondern handfesten eigenständig staatlich begründeten Anliegen[8]. Denn von staatlicher Seite wird das kirchliche Wirken für den Fortbestand des Gemeinwesens als notwendig erachtet[9]. Der Staat hat im Rahmen des Verfahrens zum Abschluß der Verträge seine Interessen am kirchlichen Wirken im gesellschaftlichen Raum immer wieder herausgestellt und damit seine ureigenen Anliegen bei der Gewährleistung kirchlicher Entfaltung in den Staatskirchenverträgen offengelegt, mit teilweise unterschiedlichen Gründen für die einzelnen Religionsgemeinschaften. Hierbei haben sich die Länder auf eine ganze Reihe z.T. unterschiedlicher Gemeinwohlaspekte bezogen, die dann in jeweiligen Besonderheiten der einzelnen Verträge ihren Ausdruck finden.

Kennzeichnende Unterschiede sind aber auch zwischen den einzelnen Verträgen bei den Ansatzpunkten zu verzeichnen, diese übereinstimmend ins Zentrum gerückten Vertragsanliegen umzusetzen. Bei den Staatsverträgen mit den Evangelischen Kirchen fällt auf, daß in den Zielsetzungen von kirchlicher Seite besonders die Unabhängigkeit und Eigenständigkeit gegenüber dem Staat betont wurde[10], was sich insbesondere auch in den Präambeln[11] niedergeschlagen hat. Dagegen hat die staatliche Seite einen Schwerpunkt auf die gemeinwohlbezogene Verantwortung der Kirchen bei der Wahrnehmung ihres Auftrags gesetzt. Dieser kommt etwa in dem Leitmotiv der Vertragspartner zum Ausdruck, „zu einer Vereinbarung über die Wahrnehmung des Auftrags der Kirche ... zu kommen" und die „bildungs-, und kulturpolitische sowie die diakonische Tätigkeit der Kirchen" zu fördern (2. Spiegelstrich Präambel evKVTh, ähnlich 2. Spiegelstrich Präambel evKVLSA) bzw. in dem Bekenntnis zu der „gemeinsamen Verantwortung für das Wohl des Landes"[12]. Besonders bei den Evangeli-

---

[7] Beispielsweise MdL *Bluhm*, PDS, PlenProt. M.-V. 1/101, S. 6108, und MdL *Hoppe*, SPD, PlenProt. M.-V. 1/101, S. 6112f., zum evKVMV oder MdL *Bluhm*, LL/PDS, PlenProt. M.-V. 1/105, S. 6332 zum BistVHH.

[8] Vgl. dazu nur MdL *Böttger*, Bündnis 90/Grüne, PlenProt. Sachsen, 1/97, S. 6764 f!

[9] Vgl. MdL *Scharf*, CDU, PlenProt LSA, 1/53, S. 6315 (zum evKVLSA); MdL *Richter*, SPD, und MdL *Porsch*, PDS, PlenProt. Sachsen, 2/48, S. 3484 bzw. S. 3485 (zum SachsenKKV); Ministerpräsident *B. Seite*, Ansprache, in: N. Buske, S. 31.; *ders.*, PlenProt. M.-V., 1/97, S. 5861, sowie PlenProt. M.-V. 1/101, S. 6103; vgl. auch MdL *Timm*, SPD, PlenProt. M.-V., 1/97, S. 5863 (alle zum evKVMV).

[10] Vgl. nur Bischof *Demke*, Ansprache, Manuskript S. 3f. (zum evKVLSA), sowie im Überblick: *H. Johnsen*, ZevKR 43 (1998), S. 182, 188, 194.

[11] Jeweils 1. Spiegelstrich Präambel evKVLSA und evKVTh, 3.–5. Spiegelstrich Präambel evKVMV, jeweils 4. Spiegelstrich Präambel evKVSachsen und evKVBBG.

[12] 1. Spiegelstrich Präambel evKVSachsen; die Bedeutung des kirchlichen Wirkens für den Staat wird weiter in den Präambeln zum evKVMV, 6. Spiegelstrich, und zum evKVBBG, 3. Spiegelstrich, anerkannt. Ministerpräsident *B. Seite*, PlenProt. M.-V. 1/101,

schen Kirchenverträgen Sachsens und Mecklenburg-Vorpommerns finden sich Vertragsmotive, die auf eine verstärkte Einbindung des kirchlichen Wirkens in staatliche Aufgabenwahrnehmung ausgerichtet sind und damit anstreben, vertragliche Rechte und Pflichten in einem angemessenen Verhältnis zu verteilen[13]. Aber auch für die Evangelischen Kirchenverträge von Thüringen und Sachsen-Anhalt lassen einige Ansätze auf entsprechende Motive schließen.

Demgegenüber wurden bei den Verträgen mit den Jüdischen Gemeinden die Vertragszwecke in erster Linie auf die fortwirkenden Folgen der Judenvernichtung im Nationalsozialismus bezogen[14]. Hauptanliegen der Vertragspartner ist es, mit der Vereinbarung von staatlicher Unterstützung, insbesondere finanziellen Zuwendungen, einen Beitrag dazu zu leisten, daß jüdisches Leben sich in den neuen Bundesländern wieder entfaltet (vgl. dazu 4. Spiegelstrich der Präambel JüdVLSA und 5. Spiegelstrich des JüdVMV,)[15]. Doch gehen diese Verträge, mit Ausnahme der Thüringer Vereinbarung, zunehmend über bloße Leistungsabsprachen hinaus. Sie nähern sich mit einem umfassenden Regelungsansatz den Staatsverträgen mit den christlichen Kirchen an, wobei die kulturellen Aspekte von staatlicher Seite besonders hervorgehoben wurden (3. bzw. 2. bzw. 4. Spiegelstrich der Präambel JüdVLSA bzw. JüdVSachsen bzw. JüdVMV)[16]. Wie bei den Jüdischen Verträgen werden auch gegenüber der Katholischen Kirche staatliche Erwartungen an das kirchliche Wirken, die gleichwohl bestehen und zum Vertragsschluß motivierten[17], im Vertragstext selbst

---

S. 6102f., spricht in diesem Sinne u.a. von einer gemeinsamen Verantwortung für die „Zukunft unserer Gesellschaft".

[13] MdL *Gomolka*, CDU, PlenProt. M.-V. 1 / 101, S. 6108.

[14] Vgl. die Präambeln des JüdVLSA 1.–3. Spiegelstrich, des JüdVSachsen, 1. Spiegelstrich, des JüdVMV, 1.–3. Spiegelstrich, sowie den Einleitungssatz von Art. 1 JüdVTh.

[15] Vgl. Regierungsbegründung zum JüdVLSA, LT-Drs. LSA 1 / 3629, S. 16f.; Kultusminister *Schomburg*, PlenProt. LSA 1 / 61, S. 7253, und PlenProt. LSA 1 / 62, S. 7391; MdL *Buchholz*, PlenProt. LSA 1 / 62, S. 7390.

[16] Dies ist jedenfalls für die Staatsverträge mit den Jüdischen Gemeinden in Sachsen-Anhalt sowie eingeschränkt in Sachsen festzustellen: vgl. Regierungsbegründung zum JüdV LSA, LT-Drs. LSA 1 / 3629, S. 16; MdL *Buchholz*, PlenProt. LSA 1 / 62, S. 7390; Regierungsbegründung zum JüdVSachsen, LT-Drs. 1 / 4855, Vorblatt, S. 1 und Vertragsbegründung, S. 1f.; vgl. weiter *A. Vulpius*, NVwZ 1996, S. 759, 765.

[17] Vgl. nur zum SachsenKKV: Regierungsbegründung zum SachsenKKV, LT-Drs. 2 / 3612, Vertragsbegründung, S. 4; MdL *Richter*, SPD, MdL *Schiemann*, CDU, und MdL *Porsch*, PDS, alle PlenProt. Sachsen, 2 / 48, S. 3483–3485; vgl. weiter *S. Heitmann*, NJW 1997, S. 1420, 1424; zu den Bistumserrichtungsverträgen: Kultusminister *Schomburg*, PlenProt. LSA 1 / 61, S. 7254, und PlenProt. LSA 1 / 62, S. 7389; Ministerpräsident *B. Seite*, PlenProt. M.-V. 1 / 105, S. 6330f.; MdL *Richter*, SPD, und MdL *Müller*, CDU, PlenProt. Sachsen 1 / 99, S. 6911f.; zu den Jüdischen Verträgen: Regierungsbegründung zum JüdVLSA, LT-Drs. LSA 1 / 3629, S. 16f., und MdL *Buchholz*, PlenProt. LSA 1 / 62, S. 7390.

nicht thematisiert. Deutlich zeigt dies ein Vergleich der Verträge im Freistaat Sachsen: Die in der Präambel zum Evangelischen Kirchenvertrag gleich an erster Stelle hervorgehobene „gemeinsame Verantwortung für das Wohl des Landes" beschränkt sich im Staatsvertrag mit den Jüdischen Gemeinden auf die Verantwortung „für das jüdische Leben in diesem Lande" und findet sich in der Präambel zum Katholischen Kirchenvertrag nicht einmal andeutungsweise. So zeichnen sich die Staatskirchenverträge mit der Katholischen Kirche ganz generell durch ein herausgehobenes Interesse an staatskirchenrechtlicher Kontinuität jedenfalls der kirchlichen Seite aus[18], dem die staatliche Seite entspricht[19]. Diese Verträge erscheinen insoweit vergleichsweise „traditionell"[20], was schon die Präambeln verdeutlichen, die sämtlich auf die Anknüpfung der neu vereinbarten Vertragsregelungen an die älteren vertraglichen Grundlagen des Staat-Kirche-Verhältnisses ausgerichtet sind.

II. Anknüpfung an bewährte vertragliche Gestaltungsansätze

Der Überblick über die staatskirchenvertraglichen Grundanliegen hat gezeigt, daß die Vertragspartner aus unterschiedlichen Interessen heraus eine solide staatskirchenrechtliche Grundlage für die Entfaltung des kirchlichen Wirkens und die Zusammenarbeit schaffen wollen. Für dahingehende rechtliche Gestaltungsmöglichkeiten konnten die Vertragsparteien auf ein reichhaltiges Reservoir aus den älteren Vertragsvorbildern zurückgreifen. Da sich die Grundmotive für den Vertragsschluß in den neuen Ländern nicht grundsätzlich anders darstellten, haben sich die Vertragsparteien in weitem Umfang an älteren Vertragsgestaltungen unter der Geltung des Grundgesetzes orientiert[21]. Dies hat den Nebeneffekt, daß sich die Vertragspartner ebenso wie mit der Anknüpfung an die histori-

---

[18] Vgl. *H. Johnsen*, ZevKR 43 (1998), S. 182, 193 und 200, sowie die Nachweise in der Regierungsbegründung, LT-Drs. Sachsen 2/2100, S. 22, und in HK 1996, S. 388.

[19] MdL *Kröber*, FDP, PlenProt. Sachsen 1/97, S. 6762; MdL *Richter*, FDP, PlenProt. Sachsen 1/99, S. 6913.

[20] *R. Puza/A.P. Kustermann*, in: *R. Puza/A.P. Kustermann* (Hrsg.), S. 7, 8f.; *K. Hartel*, in: *R. Puza/A.P. Kustermann* (Hrsg.), S. 57, 72.

[21] *E.-L. Solte*, in: *R. Puza/A.P. Kustermann* (Hrsg.), S. 79, 97. *A. v. Campenhausen*, NVwZ 1995, S. 757, 758, sowie *A. Hollerbach*, KuR-120, S. 1, 4, stellen für die Evangelischen Kirchenverträge eine Orientierung am Loccumer Vertrag fest; vgl. auch *H. Weber*, NVwZ 1994, S. 759, 761; *ders.*, Kriele-FS, S. 1009, 1017, 1034; für den evKVMV vgl. MdL *Rehberg*, CDU, PlenProt. M.-V. 1/101, S. 6116; *A. v. Campenhausen*, LKV 1995, S. 233, 233f.; *A. Vulpius*, NVwZ 1996, S. 759, 761ff., führt die Jüdischen Verträge der neuen Länder auf Vorbilder aus den Altländern zurück. Nach *R. Puza*, NVwZ 1995, S. 459, 460, sind

schen Grundlagen ihrer jeweiligen Vertragsbeziehungen der Kontinuität in den Staat-Kirche-Beziehungen verpflichtet zeigen konnten. So haben die Staatskirchenverträge in den neuen Ländern den älteren Vorbildern entsprechend zumeist den Anspruch, das Verhältnis des Staates zu der jeweiligen Religionsgemeinschaft umfassend zu regeln[22]. Dabei greifen die neuen Verträge zur Absicherung kirchlicher Wirkungsmöglichkeiten in großem Umfang Garantien kirchlicher Freiheit auf, die der Staat bereits einseitig in Verfassungen oder Gesetzen des Bundes oder der Länder eingeräumt hat[23]. Allerdings haben die früher bei den älteren Verträgen angeführten Motive für die vertragliche Aufnahme bestehender Gewährleistungen, etwa die Geltung und gemeinsame Vollziehung der Regelungen zu verabreden, heute an Bedeutung verloren[24]. Das Bedürfnis nach solch allgemeiner Koordinierung ist mit der Anerkennung staatlich souveräner Rechtsetzungsbefugnisse im Rahmen der staatlichen Ordnungsaufgaben auch im Verhältnis zu den Kirchen entfallen[25].

Statt dessen geht es den Vertragspartnern, wenn die vertragliche Verankerung der bereits durch Verfassung oder Gesetz eingeräumten Rechte ohne inhaltliche Modifkationen erfolgt, darum, deren Schutzwirkung zugunsten der Kirchen zu bekräftigen und abzusichern sowie einen besseren Überblick über alle einschlägigen Rechtsfragen zu ermöglichen[26]. An einer solchen vertraglichen Verfestigung hatten insbesondere die Kirchen Interesse gezeigt, dem der Staat mit der Eingehung der zusätzlichen, vertraglichen Bindung an die zugesicherten kirchlichen Rechtspositionen

---

die Bistumserrichtungsverträge der neuen Länder in Anlehnung an das Vorbild der Errichtung des Bistums Essen gestaltet.

[22] Mit ausdrücklichem Niederschlag in den Präambeln evKVLSA und evKVTh, jeweils 4. Spiegelstrich; vgl. weiter: *K. Hartel*, in: *R. Puza / A.P. Kustermann* (Hrsg.), S. 57, 72; zum evKVSachsen: Staatsminister *S. Heitmann*, PlenProt. Sachsen 1/95, S. 6571; zum JüdVLSA: MdL *Buchholz*, PlenProt. LSA 1/ 62, S. 7390, weitergehend freilich Regierungsbegründung, LT-Drs. LSA 1/3629, S. 16, mit der Einbeziehung nicht am Vertrag beteiligter zukünftig entstehender eigenständiger Jüdischer Gemeinden.

[23] *H. Weber*, Kriele-FS, S. 1009, 1017.

[24] Vgl. aber noch in Anlehnung an *R. Smend*: *J. Depenbrock*, ZevKR 38 (1993), S. 413, 420; dagegen *L. Renck*, ThürVBl. 1995, S. 31, 35 Fn. 66, der auf S. 32, im übrigen nach wie vor die Verabredung der Geltung staatlichen Rechts als von den Parteien beabsichtigten Vertragsgegenstand ansieht, freilich ohne dies anhand der neuen Staatskirchenverträge nachzuweisen.

[25] Zur Überwindung der Koordinationslehre vgl. mit Nachweisen: oben II. Teil A. II. 2. a) (= S. 31f.).

[26] Dieser dezidierte Vertragswille wird geleugnet, wenn eine Aufnahme bereits bestehender staatskirchenrechtlicher Gewährleistungen schlicht als überflüssig abgetan wird, so aber: *K. Walf*, in: *R. Puza / A.P. Kustermann*(Hrsg.), S. 121, 126ff., und *D. Pirson*, in: *R. Puza / A.P. Kustermann* (Hrsg.), S. 31, 43ff.

entsprechen wollte[27]. Bei der Aufnahme bundesrechtlicher Rechtspositionen in die Länderverträge wird freilich mit Rücksicht auf die Kompetenzverteilung im Bundesstaat das redaktionelle Bemühen um übersichtliche Zusammenfassung aller einschlägigen Rechtsgrundlagen im Vordergrund stehen und darüber hinaus allenfalls eine Absicherung nach den beschränkten Möglichkeiten der Länder, etwa im Rahmen der Mitwirkungsrechte beim Bund, verpflichtend festgelegt sein[28]. Die Absicherungsfunktion ist eines der Hauptanliegen der älteren Staatskirchenverträge[29] und auch in den Verträgen der neuen Länder von einigem Gewicht[30], wie noch ausführlich zu zeigen sein wird[31]. Soweit die bestehenden Gewährleistungen aber in den neuen Verträgen näher konkretisiert werden, ist zwischen einer bloß deklaratorischen und einer konstitutiv ausgestaltenden Vertragsfunktion zu unterscheiden. Die klarstellende Funktion bezieht sich auf die Voraussetzungen bzw. den Umfang bereits eingeräumter Rechtspositionen, die zwischen Staat und Kirche streitig sind oder jedenfalls genauerer Klärung bedürfen. Hier soll durch einvernehmliche Auslegung der erläuterungsbedürftigen staatlichen Normen deren Bedeutung und Gewährleistungsgehalt außer Streit gestellt werden[32]. Dagegen kommt dem Vertrag eine ausgestaltende Funktion zu, soweit staatliche Normen, die das Staat-Kirche-Verhältnis bewußt offen regeln und Gestaltungsspielräume lassen, durch die Vereinbarungen mit konkretem Inhalt gefüllt werden[33].

Vielfach nehmen die Vertragsparteien bei der Formulierung ihrer Zielvorstellungen allerdings ihre Anliegen zur Klärung und zur näheren Aus-

---

[27] Beispielhaft etwa die Begründungen zum Evangelischen Kirchenvertrag Sachsen: vgl. Regierungsbegründung, LT-Drs. 1/4649, Vertragsbegründung, S. 2; Kirchenamtliche Begründung der KPS auf der 1. Tagung der XII. Synode vom 17.–19.6.1994, S. 1f.

[28] Vgl. nur zum evKVTh die kirchenamtliche Begründung der Ev. Kirche von Kurhessen-Waldeck, Protokollband der Landessynode vom April 1994, S. 453, 454f.; zum evKVLSA Regierungsbegründung LSA, S. 2; Kultusminister *Sobetzko*, PlenProt LSA, 1/53, S. 6311; *A. Vulpius*, LKV 1994, S. 277, 280.

[29] Vgl. einerseits v. Mangoldt/Klein/*A. v. Campenhausen*, GG, Art. 140 GG Rn. 53, und andererseits *L. Renck*, DÖV 1997, S. 929, 935f.

[30] *L. Renck*, ThürVBl. 1995, S. 31, 32 und 35; *A. Hollerbach*, KuR-120, S. 1, 11.

[31] Siehe sogleich unter II. Teil B III. 1. (= S. 50f.) und dann im einzelnen anhand der konkreten Regelungen unter III. Teil B. (= S. 68ff.); vgl. auch *H. Weber*, NVwZ 1994, S. 749, 751f., mit beispielhafter Zusammenstellung der vertraglichen Bekräftigungen bestehender Gewährleistungen für den Evangelischen Kirchenvertrag Sachsen-Anhalt.

[32] Vgl. für den evKVLSA *A. Vulpius*, LKV 1994, S. 277, 280.

[33] Vgl. dazu im Hinblick auf den evKVSachsen: Regierungsbegründung, LT-Drs. Sachsen 1/4649, Vertragsbegründung, S. 1; MdL *Franke*, CDU, PlenProt. Sachsen 1/97, S. 6765; zum evKVTh: MdL *Schuchardt*, SPD, PlenProt. Th. 1/113, S. 8725; vgl. weiter *H. Weber*, NVwZ 1994, S. 749, 751f., am Beispiel des evKVLSA, sowie MdL *Höppner*, SPD, PlenProt. LSA, 1/53, S. 6311f.

gestaltung ihrer rechtlichen Beziehungen zusammen und stellen schlicht auf die inhaltliche Regelung ihres Zusammenwirkens im Rahmen der vertragsleitenden Vorgaben ab. Die Beschränkung des säkularen Staates auf die weltlichen Aufgaben und die mit der Trennung von Staat und Kirche vorgegebene gegenseitige Unabhängigkeit und Eigenständigkeit, die in den Präambeln vieler Staatskirchenverträge hervorgehoben wird[34], verlangen nach einer konsequenten Zuordnung staatlicher und kirchlicher Kompetenzen. Diese ist mit der fortschreitenden Ausdehnung staatlicher Aufgabenstellungen in den Bereichen der Wohlfahrt und Kultur dringender und komplizierter geworden, weil sich staatliches und kirchliches Wirken zunehmend überlagern[35]. Diese Aufgabe, der in den neuen Verträgen wie in ihren Vorläufern zentrale Bedeutung für die Schaffung gesicherter Rechtsgrundlagen freien kirchlichen Wirkens zugemessen wird, gewinnt vor dem Hintergrund der bewußt flexibel gehaltenen Handhabung in der DDR noch an Gewicht. So dient der Staatskirchenvertrag dazu, die Überschneidungsbereiche staatlichen und kirchlichen Handelns zu regeln[36]. Mit der einvernehmlichen Scheidung staatlicher von kirchlicher Verantwortung durch Vertrag soll den Schwierigkeiten aus einer einseitigen Abgrenzung vorgebeugt, juristischen Streitigkeiten aus dem Wege gegangen, eine höhere Akzeptanz gewährleistet und dabei dem Subsidiaritätsprinzip zugunsten des kirchlichen Wirkens Rechnung getragen werden[37]. Zu dieser Funktion kann auch die vermögensrechtliche Zuordnung zum Zwecke der Klärung und Vereinfachung der finanziellen Leistungsbeziehungen gerechnet werden. Sie ist auf die vertragliche Zusammenfassung der historischen Leistungsansprüche der Kirchen gegenüber dem Staat[38] und ihre Abwicklung im Rahmen rechtsgeschäftlicher Verpflichtungen gerichtet[39].

---

[34] Vgl.: evKVTh, evKVLSA und LSAKKV jeweils 1. Spiegelstrich, evKVSachsen und evKVBBG jeweils 4. Spiegelstrich, evKVMV im 3.–5. Spiegelstrich, MVKKV 2. Spiegelstrich.

[35] Regierungsbegründung zum evKVBBG, LT-Drs. 2/3442, Vertragsbgründung, S. 1.

[36] Zum evKVMV MdL *Timm*, SPD, PlenProt. M-V. 1/101, S. 6105; zum evKVSachsen vgl. Regierungsbegründung, LT-Drs. Sachsen 1/4649, Vorblatt, S. 1, und Staatsminister *S. Heitmann*, PlenProt. Sachsen 1/95, S. 6571.

[37] MdL *Gomolka*, CDU, PlenProt. M.-V. 1/101, S. 6107, zum evKVMV; vgl. weiter zum evKVLSA *A. Vulpius*, LKV 1994, S. 277, 280. Ministerpräsident *B. Vogel*, PlenProt. Th. 1/113, S. 8724, hebt im Rahmen des evKVTh den Gewinn an Transparenz der rechtlichen Beziehungen zwischen Staat und Kirche in der Öffentlichkeit durch die staatskirchenvertragliche Ausgestaltung hervor.

[38] Vgl. dazu nur zur Kompromißlösung der Pauschalierung der Staatsleistungen im evKVSachsen: Staatsminister *S. Heitmann*, PlenProt. Sachsen 1/95, S. 6571f.; MdL *Böttger*, Bündnis 90/Grüne, und MdL *Franke*, CDU, PlenProt. Sachsen 1/97, S. 6764 bzw. S. 6766; zum SachsenKKV Staatsminister *S. Heitmann*, PlenProt. Sachsen 2/41, S. 2908; zum evKVMV Ministerpräsident *B. Seite*, PlenProt. M.-V. 1/97, S. 5862; zum evKVTh:

Mit den sich häufenden Berührungspunkten staatlichen und kirchlichen Wirkens ergeben sich nicht nur Abgrenzungsprobleme, sondern auch eine Vielzahl von Ansatzpunkten für ein „gedeihliches“ Zusammenwirken, also für den Willen von Staat und Kirche zu einem konstruktiven Miteinander[40]. Die Präambeln zum evKVMV und ähnlich zum evKVBBG, 5. bzw. 4. Spiegelstrich, kennzeichnen diesen Zusammenhang mit der Formel, daß „die Trennung von Staat und Kirche gleichermaßen Distanz und Kooperation gebietet“. Danach liegt in der Lösung der Zuordnungsprobleme zwischen Zusammenwirken und betonter Eigenständigkeit eine zentrale Funktion der vertraglichen Einigung[41]. Das Vertragsstaatskirchenrecht ist in allen neuen Verträgen wie auch bisher auf eine übergreifende Zusammenarbeit angelegt, um das jeweilige Wirken der Vertragspartner aufeinander zu beziehen[42] und um sich gegenseitig bei der Wahrnehmung der Aufgaben bzw. des Auftrags zu unterstützen und zu ergänzen. In vielen Staatskirchenverträgen wird demzufolge eine breit angelegte Kooperation von Staat und Kirche als leitendes Vertragsmotiv ausgewiesen. Das zeigt sich auch in der Einbindung der Bistumsverträge in die übergreifende Staatskirchenvertragspolitik zwischen den neuen Ländern und dem Heiligen Stuhl. Danach sollen die vertraglichen Beziehungen zwischen Staat und Kirche im Geiste freiheitlicher Partnerschaft fortentwickelt werden (vgl. nur die Präambel BistVHH, und ähnlich SachsenKKV und LSAKKV, jeweils unter dem 2. Spiegelstrich der Präambel)[43]. Im einzelnen finden sich in den Vertragswerken viele Bestimmun-

---

Ministerpräsident *B. Vogel*, PlenProt. Th. 1/113, S. 8724; Kirchenamtliche Begründung der KPS auf der 1. Tagung der XII. Synode vom 17.–19.6.1994, S. 1.

[39] Dazu allgemein *A. Hollerbach* (1965), S. 81f.

[40] Zum evKVSachsen: Regierungsbegründung, LT-Drs. Sachsen 1/4649, S. 3; MdL *Franke*, CDU, PlenProt. Sachsen, 1/97, S. 6765; Ministerpräsident *K. Biedenkopf*, Ansprache, Manuskript, S. 3; Bischof *Hempel*, Ansprache, Manuskript, S. 2; zum JüdVSachsen Regierungsbegründung, LT-Drs. Sachsen 1/4855, Vertragsbegründung, S. 3; zum JüdVLSA Kultusminister *Schomburg*, Ansprache, Manuskript, S. 1, PlenProt. LSA 1/61, S. 7252f., und PlenProt. LSA 1/62, S. 7390f.; zum evKVTh Ministerpräsident *B. Vogel*, MdL *Schuchardt*, SPD, und MdL *Wien*, Bündnis 90/Die Grünen, PlenProt. Th. 1/113, S. 8724 bzw. 8725 bzw. 8729; zum evKVMV: MdL *Gomolka*, CDU, PlenProt. M.-V. 1/101, S. 6107; weiter Ministerpräsident *B. Seite* und MdL *Rehberg*, CDU, PlenProt. M.-V. 1/101, S. 6103 bzw. 6115f.; MdL *Timm*, SPD, PlenProt. M.-V., 1/97, S. 5863.

[41] Vgl. ähnlich zum evKVLSA die Übersicht bei *A. Vulpius*, JöR n.F. 43 (1995), S. 327, 328 und 330–332, und Bischof *Demke*, Ansprache, Manuskript S. 3f.; zum evKVTh MdL *Wien*, Bündnis 90/Die Grünen, PlenProt. Th. 1/113, S. 8729, unter Berufung auf Landesbischof Hoffmann von der Evangelisch-Lutherischen Kirche in Thüringen.

[42] Vgl. nur zum evKVLSA: MdL *Scharf*, CDU, PlenProt. LSA, 1/53, S. 6315.

[43] Vgl. weiter die Regierungsbegründung zum SachsenKKV, LT-Drs. Sachsen 2/3612, Vertragsbegründung, S. 2; ähnlich auch für evKVSachsen: MdL *Kröber*, FDP, PlenProt. Sachsen, 1/97, S. 6765.

gen, die das Miteinander von Staat und Kirche in konkreten Bereichen regeln. Neben der Festlegung von Anwendungsfeldern des gemeinsamen Vorgehens steht dabei die Ausgestaltung des Verfahrens der Zusammenarbeit im Vordergrund. Hier sind freilich die Übergänge fließend[44]. Das soll im III. Teil anhand der konkreten Vertragsregelungen systematisiert nach den hier hervorgehobenen Vertragsfunktionen der Absicherung, Förderung und Einbindung kirchlichen Wirkens sowie der Zuordnung staatlicher und kirchlicher Aufgabenerfüllung einschließlich der Kooperationsabsprachen näher aufgearbeitet werden.

Die Aufstellung der Erwartungen von Staat und Kirche an das Vertragsinstrument zur Regelung ihrer Beziehungen deckt sich bisher zum großen Teil mit den im Schrifttum herausgearbeiteten Typenbildungen der staatskirchenvertraglichen Vereinbarungen[45]. Das erklärt sich daraus, daß die meisten Regelungsbedürfnisse und Vertragsmotive in den Staat-Kirche-Beziehungen weniger auf lokale, aktuelle oder sonstige Besonderheiten als auf die grundsätzlichen Probleme ihres Wirkens in gleichen Aufgabenbereichen und in der Sorge um dieselben Menschen zurückgehen[46]. Wie aus inhaltlicher Sicht die Palette der Fragen von gemeinsamem Interesse ist das vertragliche Regelungsinstrumentarium auch in formeller Hinsicht in dem mit dem Grundgesetz übernommenen ausdifferenzierten Verhältnis von Staat und Kirchen im Grundsatz angelegt und steht nicht beliebig offen für Innovationen. Dennoch finden Besonderheiten der geschichtlichen Ausgangssituation, die Erfahrungen der Kirchen gegenüber dem DDR-Regime ebenso wie die Anfangsphase der neuen Staatswesen sowie die derzeitigen Legitimationsprobleme kirchlichen Wirkens und staatskirchenrechtlicher Gewährleistungen, in den wesentlichen Vertragsgrundsätzen der neuen Staatskirchenverträge ihren Niederschlag. Für den Staat war die vielschichtige Entwicklung seit dem Abschluß der im übrigen heranziehbaren vertraglichen Regelungen von vor über 60 Jahren ja

[44] Besonders deutlich wird dies an Kooperationsbestimmungen wie etwa im Denkmalrecht oder zu den theologischen Fakultäten, wo teilweise zugleich bestehende Gewährleistungen vertraglich aufgegriffen, unbestimmte Rechtsbegriffe der staatlichen Normen klargestellt, kirchliche und staatliche Kompetenzen abgegrenzt und die Zusammenarbeit von Staat und Kirche im Rahmen der bestehenden Handlungsspielräume näher ausgestaltet werden.

[45] Vgl. *A. Hollerbach* (1965), S. 74–82; vgl. auch *ders.* (1994), S. 285–287; v. Mangoldt / Klein / *A. v. Campenhausen*, GG, Art. 140 GG Rn. 53; *E.R. Huber* (1930), S. 112–117; *J. Listl* (1987), S. 9f.; *D. Pirson*, in: *R. Puza / A.P. Kustermann* (Hrsg.), S. 31, 41ff.

[46] *A. v. Campenhausen*, NVwZ 1995, S. 757, 762; *K. Hartel*, in: *R. Puza / A.P. Kustermann* (Hrsg.), S. 57, 72; vgl. etwa die Regierungsbegründung zum evKVBBG, LT-Drs. 2/3442, Vertragsbegründung, S. 1, oder Ministerpräsident *B. Vogel*, PlenProt. 1/113, Th. S. 8723f.

geradezu der ausschlaggebende Grund, gegenüber dem Heiligen Stuhl auf einer umfassenden Neugestaltung der Staat-Kirche-Beziehungen in einem grundlegenden Staatskirchenvertrag zu beharren[47]. Die Berücksichtigung der vielfältigen Veränderungen im Staat-Kirche-Verhältnis mag zwar nicht zur umwälzenden Neukonzeption des Vertragsinstruments, sondern eher im Gegenteil zu einer Bestätigung der bewährten Gestaltungsmöglichkeiten geführt haben[48]. Diese werden aber z.T. mit neuen Aspekten angereichert, etwa wenn sich in ihnen Bemühen des Staates[49] oder die Forderung der Kirchen[50] niederschlägt, unter den neuen rechtlichen Rahmenbedingungen den Ergebnissen kirchenfeindlicher NS- und SED-Politik Rechnung zu tragen.

III. Die Entwicklungstendenzen in den neuen Staatskirchenverträgen

Im zusammenfassenden Überblick über die Vertragsfunktionen nach den Zielvorstellungen der Vertragspartner bleibt es daher noch, nach den besonderen Entwicklungstendenzen im Staatskirchenvertragsrecht der neuen Länder zu fragen. Dabei kann der aus den Materialien erkennbare Erörtungsbedarf einzelner Vertragsvorstellungen Aufschluß darüber geben, wo und wie sich die aktuellen und örtlichen Besonderheiten des Staat-Kirche-Verhältnisses auf die wesentlichen Vertragsmotive ausgewirkt haben. Denn mit dem Anknüpfen an bewährte staatskirchenvertragliche Gestaltungsfunktionen aus älteren Vertragsvorbildern sahen sich Staat und Kirche in vielen Fragen der Notwendigkeit enthoben, grundsätzlich ihre Vertragsvorstellungen offenzulegen und gegenüber dem jeweils anderen Vertragspartner durchzusetzen. In der Darlegung der grundsätzlichen Vertragspositionen sind einzelne Aspekte des Staat-Kirche-Verhältnisses in den neuen Ländern wiederholt und eingehend aufgegriffen worden, die über die Anknüpfung an bewährte Vertragsgestaltungsmöglichkeiten hinaus eine Schwerpunktsetzung in der Staatskirchenvertragspolitik erkennen lassen. Besondere Berücksichtigung bei den vertragsleitenden Grundsätzen haben in diesem Sinne die Erfahrungen

---

[47] *S. Heitmann*, NJW 1997, S. 1420, 1421f.

[48] Vgl. nur *A. Hollerbach*, HdbStKirchR I, S. 253, 265f.; *ders.*, KuR-120, S. 1, 11.

[49] Vgl. nur für Sachsen: *S. Heitmann*, NJW 1997, S. 1420, 1421f. und 1424, sowie Regierungsbegründung zum SachsenKKV, LT-Drs. Sachsen 2/3612, Vertragsbegründung, S. 1.

[50] Vgl. nur zum evKVLSA *A. Vulpius*, KuR-120, S. 13, 16, 24; *A. Vulpius*, JöR n.F. 43 (1995), S. 327, 328.

mit der willkürlichen Kirchenpolitik der DDR [1.], die Bedeutung religiösen Wirkens für das säkulare Gemeinwesen [2.] und schließlich die gesellschaftlichen Verständigungsbedürfnisse beim staatlichen Neuanfang in den neuen Ländern [3.] gefunden.

1. Rechtssicherheit für kirchliche Wirkungsmöglichkeiten

Die Überwindung des kirchenfeindlichen Regimes der DDR und die Hoffnungen auf eine rechtliche Neuorientierung der Staat-Kirche-Beziehungen, die in die neuen, durch Verfassung und gesellschaftliche Wirklichkeit garantierten freiheitlichen Rahmenbedingungen für das kirchliche Wirken in den neuen Ländern gesetzt wurden, haben die Verträge wesentlich geprägt[51]. Alle Evangelischen und Katholischen Kirchenverträge mit Ausnahme des Katholischen Kirchenvertrags von Thüringen heben den staatskirchenvertraglichen Neuanfang, der erst nach der politischen Wende und der staatlichen Wiedervereinigung in der freiheitlichen Rechtsordnung möglich wurde, als zentralen Vertragsgrundsatz hervor[52]. Besonders auffällig ist in diesem Zusammenhang die Begeisterung, ja fast Euphorie, mit der jedenfalls bei den Evangelischen Kirchenverträgen Aspekte des „Rechts" im allgemeinen und der Rechtsstaatlichkeit und Rechtssicherheit[53] aus dem Gesamtkomplex der staatskirchenvertraglichen Einigung herausgestellt werden[54]. Amtliche Vertragsbegründungen wie Festtagsreden anläßlich der Vertragsunterzeichnungen waren sich darin einig, daß die historische Bedeutung der Unterzeichnung eines Staatskirchenvertrags in den neuen Ländern ganz besonders auch in der neuen rechtsstaatlichen Qualität des Staat-Kirche-Verhältnisses begründet ist. Dies greift zwar keineswegs eine neue staatskirchenvertragliche Funktion auf. In Gegenüberstellung zu der Lage in der DDR, die allen Vertragsbeteiligten noch deutlich vor Augen stand, erklärt sich aber, warum gerade die Erwartungen an Dauerhaftigkeit, Verläßlichkeit, Verbindlichkeit und Rechtssicherheit so in den Vordergrund der Vertrags-

---

[51] Dazu: *H. Johnsen*, ZevKR 43 (1998), S. 182, 183, 188.

[52] Präambel evKVLSA und evKVTh jeweils 4. Spiegelstrich; Präambel evKVSachsen 2. Spiegelstrich; Präambel evKVMV, evKVBBG, LSAKKV und MVKKV jeweils 1. Spiegelstrich; Präambel SachsenKKV 2. Spiegelstrich.

[53] Vgl. zum evKVMV: MdL *Gomolka*, CDU, PlenProt. M.-V. 1 / 101, S. 6108; zum JüdVSachsen Regierungsbegründung, LT-Drs. Sachsen 1 / 4855, Vertragsbegründung, S. 1; zum evKVSachsen Regierungsbegründung, LT-Drs. Sachsen 1 / 4649, Vorblatt, S. 1.

[54] Vgl. weiter für den evKVSachsen: Landesbischof *Hempel*, Ansprache bei der Unterzeichnung am 24. März 1994, Manuskript, S. 1; *Baier*, SynProt. S. 232.

zwecke gerückt sind[55]. So konnte als eines der wichtigsten Anliegen der Vertragspartner die Absicht festgehalten werden, die Staat-Kirche-Beziehungen einem verläßlichen und dauerhaften Regime zu unterstellen[56]. Beispielhaft sei hier an den Evangelischen Kirchenvertrag von Sachsen erinnert, bei dem die staatliche Seite dezidiert darauf bestanden hat, „nur das in den Vertrag hinein [-zunehmen], was durchsetzbar ist, was konkrete Rechte und Pflichten regelt“[57].

Der Grundsatz der Dauerhaftigkeit ist weiter häufig ausdrücklich in den Präambeln der Staatskirchenverträge als wesentliche Vertragsmotivation aufgenommen worden[58]. Auch im übrigen ist er immer wieder von kirchlicher wie staatlicher Seite als maßgeblicher Grundsatz für den Vertragsschluß hervorgehoben worden[59]. Für den Rückgriff auf das Vertragsinstrument sprach dabei, daß hier nach den Vorstellungen der Vertragspartner der rechtlichen Gestaltung der Staat-Kirche-Beziehungen durch die Staatskirchenvertragsform Beständigkeit „über die momentanen politischen Mehrheitsverhältnisse hinaus“ verliehen wird[60], indem für die inhaltlichen Festlegungen Bindungen eingegangen werden, von denen sich weder Staat noch Kirche einseitig sollten lösen können[61]. Diese Dimen-

---

[55] Dies betonen etwa für den evKVSachsen: Landesbischof *Hempel*, Ansprache bei der Unterzeichnung am 24. März 1994, Manuskript, S. 1; Synodaler *Baier*, SynProt. S. 232; für den evKVTh: MdL *Häfner*, CDU PlenProt. Th. 1/113, S. 8730, unter Berufung auf Landesbischof Hoffmann von der Evangelisch-Lutherischen Kirche in Thüringen; Ministerpräsident *B. Vogel*, PlenProt. Th. 1/113, S. 8724; vgl auch die kirchenamtliche Begründung der Ev. Kirche von Kurhessen-Waldeck, Protokollband der Landessynode vom April 1994, S. 453, 454; zum evKVMV Regierungsbegründung, LT-Drs. M.-V. 1/4126, S. 2; Beschlußempfehlung des Rechtsausschusses, LT-Drs. 1/4373, S. 2; Ministerpräsident *B. Seite* und MdL *Timm*, SPD, PlenProt. M.-V. 1/97, S. 5861 bzw. 5862; zum evKVLSA Bischof *Demke*, Ansprache, Manuskript S. 1f.

[56] Vgl. zum evKVMV *J. Harder*, Einbringung, S. 3; Bischof *E. Berger*, Pommersche Evangelische Kirche, Ansprache, in: N. Buske, S. 38; Landesbischof *C. Stier*, Ansprache, in: N. Buske, S. 34f.; zum evKVLSA MdL *Höppner*, SPD, PlenProt LSA, 1/53, S. 6312; zum evKVSachsen: 23. Sächs. Landessynode, Vorlage Nr. 69 vom 24. März 1994, S. 1; Synodaler *Baier*, SynProt., S. 236; zum SachsenKKV Regierungsbegründung, LT-Drs. Sachsen 2/3612, Vertragsbegründung, S. 2.

[57] So jedenfalls, mit einigem Bedauern aus kirchlicher Perspektive, *Zweynert*, EssGespr. 29, S. 210 (Diskussionsbeitrag).

[58] Präambel ThKKV a.E.; jeweils 4. Spiegelstrich der Präambel evKVLSA, evKVTh, evKVBBG und LSAKKV.

[59] Zum evKVLSA: Regierungsbegründung, LT-Drs. LSA 1/3087, S. 3; Kirchenbegründung Anlage zu Drs. 32/93, S. 4; Kultusminister *Sobetzko*, Ansprache, Manuskript, S. 7.

[60] Regierungsbegründung evKVSachsen, LT-Drs. Sachsen 1/4649, Vertragsbegründung, S. 2.

[61] Vgl. hier nur Regierungsbegründung SachsenKKV, LT-Drs. 2/3612, Vertragsbegründung, S. 2; Vorlage Nr. 69 an die 23. Landessynode der Ev.-Luth. Landeskirche Sach-

sion rechtsstaatlicher, verläßlicher und dauerhafter Gestaltung wird besonders deutlich an der bekräftigenden Aufnahme bestehender staatskirchenrechtlicher Garantien in die Verträge[62]. Sie kommt im Verhältnis zur Katholischen Kirche ebenso anschaulich in der Respektierung der altvertraglichen Bestimmungen zur staatlichen Mitwirkung an Veränderungen der Diözesanorganisation in den Bistumserrichtungsverträgen zum Ausdruck. Die Grundsätze betreffen freilich nicht nur die Gewährleistung konkreter Rechtspositionen der Kirchen, sondern erstrecken sich auf die gesamte vertragliche Einigung. Auch bei der Regelung des partnerschaftlichen Zusammenwirkens gewinnt vor dem Hintergrund der besonderen DDR-Erfahrungen der Aspekt der Rechtssicherheit für die Kirchen besondere Bedeutung[63]. Eng mit dieser Akzentsetzung zugunsten der rechtlich qualifizierten Gestaltungsform der Staat-Kirche-Beziehungen hängen die dem Vertrag zugeschriebenen Durchsetzungsmöglichkeiten zusammen. In einigen Zielvorstellungen, insbesondere bezogen auf die Evangelischen Kirchenverträge in Sachsen und Mecklenburg-Vorpommern, wird ausdrücklich die gerichtliche Klagbarkeit im Konfliktfall hervorgehoben[64]. Zwar stellt dieser Aspekt des gerichtlichen Rechtsschutzes für staatskirchenvertragliche Bestimmungen ebenfalls keine wirkliche Neuerung im Vertragsstaatskirchenrecht der Bundesrepublik dar[65]. Er verdient aber vor dem Hintergrund der willkürlichen Staatspraxis der DDR gegenüber den Kirchen besondere Aufmerksamkeit, wie schon der rechtlich bindende Vetragsschluß selbst als ein Zeichen der Normalisierung und Rückkehr zu rechtsstaatlichen und freiheitlichen Verhältnissen zu würdigen ist[66].

---

sens vom 18. März 1994, S. 1; Synodaler *Baier*, SynProt., S. 236, sowie die nachfolgenden Nachweise!

[62] Vgl. zum evKV Sachsen: Regierungsbegründung, LT-Drs. Sachsen 1/4649, Vertragsbegründung, S. 2; kirchenamtliche Begründung der KPS auf der 1. Tagung der XII. Synode vom 17.–19.6.1994, S. 1f.; für den evKVTh: Kirchenamtliche Begründung der KPS auf der 1. Tagung der XII. Synode vom 17.–19.6.1994, S. 1f.

[63] Vgl. MdL *Franke*, CDU, PlenProt. Sachsen 1/97, S. 6765f.

[64] Für den evKVMV OKR *Flade*, Einbringung, S. 1; für den evKVSachsen: Landesbischof *Hempel*, Ansprache bei der Unterzeichnung am 24. März 1994, Manuskript, S. 1; Synodaler *Baier*, SynProt. S. 232.

[65] Vgl. *A. Hollerbach* (1965), S. 253 (m.N.).

[66] *A. v. Campenhausen*, NVwZ 1995, S. 757, 759; *ders.*, LKV 1995, S. 233, 234.

2. *Interessenausgleich durch gemeinwohlorientierte Bindung kirchlicher Auftragswahrnehmung*

Ein weiterer Schwerpunkt der vertraglichen Zielvorstellungen wurde besonders von staatlicher Seite bei der Bedeutung von Religion und kirchlichem Wirken für die gesamte Gesellschaft und das säkulare Staatswesen gesetzt. Ausgangspunkt dieser staatlichen Interessenwahrnehmung ist, daß Staat und Kirche mit dem Rückgriff auf das Vertragsinstrument zur Regelung ihres Verhältnisses einen umfassenden und „gerechten Interessenausgleich" anstreben[67]. Der besondere Wert der vertraglichen Gestaltung des Staatskirchenrechts wird neben der Verläßlichkeit und Dauerhaftigkeit u.a. auch darin gesehen, daß der Vertrag zugleich eine Bindung des Staates wie auch der Kirchen ermögliche[68]. So stehen sich beim Vertragsschluß „gleichberechtigte Partner auf der Grundlage gleichberechtigter Positionen" gegenüber, die sich ausdrücklich gegenseitig als eigenständig anerkennen[69]. Diese dürfen voneinander für Vertragsleistungen auch vertragliche „Gegenleistungen" erwarten. Für den Staat aber heißt das, bei der staatskirchenvertraglichen „Vereinbarung über die Wahrnehmung des Auftrags der Kirche"[70] losgelöst von den Interessen der Kirchen ganz eigenständige politische, an dem säkularen Gemeinwohl orientierte Zwecke zu begründen und zu verfolgen. Im Vordergrund haben daher nach staatlicher Vertragsmotivation die Leistungen und die Bedeutung der Kirchen für die Bereiche staatlicher Aufgabenverantwortung zu stehen[71].

Im Ansatzpunkt bringt allerdings die vertragliche Bindung kirchlicher Auftragswahrnehmung keine grundsätzliche Neuerung im Staatskirchenrecht. Schon weit vor den neuen Verträgen hat der Staat eigene Erwartungen an das kirchliche Wirken und deren Einbindung in die staatliche Ver-

---

[67] Vgl. zum evKVMV den Bericht über die Darlegung der kirchlichen Vertragspositionen in der öffentlichen Anhörung, LT-Drs. M.-V. 1/4373, sowie MdL *Gomolka*, CDU, PlenProt. M.-V. 1/101, S. 6108; zum evKVTh Ministerpräsident *B. Vogel*, PlenProt. Th. 1/113, S. 8724.

[68] Regierungsbegründung zum SachsenKKV, LT-Drs. Sachsen 2/3612, Vertragsbegründung, S. 2.

[69] MdL *Kröber*, FDP, PlenProt. Sachsen 1/97, S. 6765.

[70] So faßt die Präambel zum Evangelischen Kirchenvertrag Thüringen unter dem 2. Spiegelstrich allgemein treffend die grundsätzliche Motiviation der Vertragsparteien zum Vertragsschluß zusammen.

[71] Vgl. MdL *Böttger*, Bündnis 90/Grüne, PlenProt. Sachsen 1/97, S. 6764f.

antwortung für das Gemeinwohl in Verfassungen[72] und Verträgen[73] positiviert. Auch haben sich entsprechende staatliche Vertragsmotive stets in konkreten staatskirchenvertraglichen Bindungen der Kirche, die das kirchliche Selbstbestimmungsrecht betreffen, niedergeschlagen[74]. So ist in der staatskirchenrechtlichen Literatur schon früh ein inneres Gleichgewicht der jeweiligen Vertragsrechte und -pflichten ausgemacht worden[75]. Jedoch standen bislang vor allem formelle Aspekte im Vordergrund, die allenfalls indirekte Bindungen des kirchlichen Wirkens an die Zwecke des Staates begründen. Zumeist beschränken sich die Festlegungen auf Fragen der Kirchengliederung und -organisation, der Vermögensverwaltung sowie auf Personalfragen im Ämterwesen[76]. Der Staat hat an solchen Vertragsbindungen kein primäres eigenes Interesse. Er nimmt sie vielmehr als geschichtlich gewachsene verfahrensbezogene Verbindungen mit den Kirchen und allenfalls zur flankierenden Absicherung seines eigentlichen Interesses an der Wahrnehmung des kirchlichen Auftrags in die Staatskirchenverträge auf. Nur in diesem Sinne kann man sie als „Loyalitätspflichten" der Kirche gegenüber dem Staat[77] ansehen. Trotz ihrer rechtlichen Problematik[78] wurden die Bindungen der Kirche in der Freiheit ihrer Ämterbesetzung und Kirchenorganisation auch weiterhin in den Staatskirchenverträgen der neuen Länder, vor allem in denen mit der Katholischen Kirche, festgeschrieben. Sie knüpfen insoweit an die herkömmliche staatskirchenvertragliche Gestaltung des Staat-Kirche-Verhältnisses an. In den neuen Staatskirchenverträgen sind sie aber wesentlich reduziert worden, um der in den Vertragsmotiven immer wieder hervorgehobenen Eigenständigkeit und Unabhängigkeit von Staat und Kirche Rechnung zu tragen. Dies gilt in besonderer Weise für die Evangelischen Kirchenver-

---

[72] Vgl. Art. 41 I 1 Verf. Rh.-Pf. und Art. 4 II Verf. B.-W., die die Bedeutung des kirchlichen Wirkens für das Gemeinwohl anerkennen, sowie nun auch Art. 109 I Sächs.Verf.

[73] Vgl. z.B. die Präambel zum Loccumer Vertrag, in der die kirchliche Verantwortung für den evangelischen Teil der Bevölkerung festgehalten wird.

[74] Vgl. *K. Hesse* (1994), S. 521, 543 bei Fn. 71, mit Beispielen auf S. 535–537.

[75] *A. Hollerbach* (1965), S. 175.

[76] Vgl. *H. Maser* (1983), S. 78, 95, für den Bayerischen Kirchenvertrag von 1924.

[77] Vgl. etwa *A. Hollerbach* (1965), S. 129 bei und in Fn. 2, allgemein zu den Vertragsbindungen der Kirche; *H. Johnsen*, ZevKR 43 (1998), S. 182, 204, sieht etwa in der politischen Klausel der älteren Verträge das staatliche Bestreben verankert, eine loyale Haltung der leitenden Amtsinhaber zum Weimarer Staat vertraglich zu sichern.

[78] Zu den verfassungsrechtlichen Bedenken im Hinblick auf ihre Zulässigkeit und die Reichweite der Durchsetzungsmöglichkeiten: vgl. etwa *A. Hollerbach* (1965), S. 259f., und *H. Quaritsch*, Schack-FS, S. 125, 137f. Fn. 64, sowie im einzelnen unten III. Teil E. II. 2. a) (= S. 372ff.)!

träge[79]. Der Eigenständigkeit von Staat und Kirche wird aber auch in den Katholischen Kirchenverträgen, nicht nur in den Leitmotiven[80], sondern auch in den Bindungen bei der Ämterbesetzung Ausdruck verliehen, die Folge eines langsam sich durchsetzenden Umdenkens sind[81].

In den Präambeln älterer Staatskirchenverträge ist aber die in den neuen Evangelischen Kirchenverträgen als wesenliches Vertragsmotiv betonte[82] Gemeinwohlbedeutung kirchlichen Wirkens weitgehend nur in der Übereinstimmung der Vertragspartner über den Öffentlichkeitsauftrag der Kirchen bzw. seiner ausdrücklichen Anerkennung durch den Staat festgemacht worden[83]. Die inhaltliche Reichweite des Öffentlichkeitsauftrags ergibt sich aber ganz allein aus kirchlichem Recht [84]. Damit wurden in den früheren Verträgen keine Bindungen der Kirche im Interesse des Gemeinwohls vertraglich festzuschreiben versucht, die nicht vom kirchlichen Auftrag her begründet sind. Sie ergeben sich allein aus dem kirchlichen Auftrag selbst[85]. Gemeinwohlaspekte sind dann allenfalls in den staatlichen Motiven bei Vertragsschluß vorausgesetzt[86] und dienen nur dazu, die Gewährleistung des freien Wirkens der Kirche auch insoweit zu untermauern[87]. Wenn in den älteren Staatskirchenverträgen überhaupt von einer übergreifenden gemeinsamen Verantwortung von Staat und Kirche die Rede ist, so beschränkt sie sich auf die Bevölkerungsteile, die der vertragsschließenden Kirche angehören[88]. Auch hierin kommt zum Ausdruck, daß die vom Vertrag in Bezug genommene öffentliche Wirksamkeit in den vertraglich geregelten Tätigkeitsfeldern ganz auf den Auftrag der jeweiligen Kirche abgestellt ist, nicht aber ausdrückliche Erwartungen oder gar Vorgaben von außen an das religiöse Wirken im Wege vertraglicher Vereinbarungen herangetragen werden. Der Unterschied zu den

---

[79] Im Überblick: *A. Vulpius*, KuR-120, S. 13, 16ff.; *H. Johnsen*, EssGespr. 29, S. 193ff. (Diskussionsbeitrag); ausführlich für den evKVLSA: *A. Vulpius*, JöR N.F. 43 (1995), S. 327, 330ff.; für den evKVTh: *H. Weber*, Kriele-FS, S. 1009, 1013f. und 1034.

[80] Vgl. nur Präambel MVKKV, 2. Spiegelstrich, Präambel LSAKKV, 1. Spiegelstrich.

[81] Zu diesem Prozeß bei den Katholischen Kirchenverträgen vgl. *J. Listl*, EssGespr. 29, S. 196f. (Diskussionsbeitrag).

[82] Vgl. *H. Johnsen*, ZevKR 43 (1998), S. 182, 195f.

[83] Ausführlich *R. Schwarz* (1970), S. 56–59 m.N. zum Evangelischen Kirchenvertrag von Rheinland-Pfalz; *H.-U. Klose* (1966), S. 87f. zum Evangelischen Kirchenvertrag von Hessen.

[84] *K. Schlaich*, HdbStKirchR II, S. 131, 160ff., 134ff.

[85] Vgl. *E. Ruppel*, S. 135.

[86] Vgl. etwa Walz, LT-Drs. Hessen 4 / III, S. 969, aufgenommen von *H.-U. Klose*, S. 88.

[87] *R. Schwarz* (1970), S. 57f. für den evKVRhPf; für den Bayerischen Kirchenvertrag von 1924 vgl. *H. Maser* (1983), S. 78, 95.

[88] So in der Präambel zum Loccumer Vertrag mit der Verantwortung für den evangelischen Teil der Bevölkerung.

neueren Evangelischen Kirchenverträgen wird dadurch besonders deutlich, daß diese selbst neben der Gemeinwohlbedeutung auch die Eigenständigkeit der Kirche und ihren Öffentlichkeitsauftrag ausdrücklich in den Präambeln zu den zentralen Grundlagen der Verträge zählen[89]. Das hebt die säkulare Ausrichtung bei der Darlegung der gemeinwohlorientierten Dimension kirchlichen Wirkens aus der Sicht staatlicher Interessen hervor[90]. Die Tendenz der staatlichen Vertragspolitik, zunehmend den eigenen Nutzen vertraglicher Gewährleistung kirchlichen Wirkens zu fixieren, kommt weiter in dem Streit um die vertragliche Festlegung von Kontrollrechten der staatlichen Rechnungshöfe bei der kirchlichen Verwendung staatlicher Finanzmittel zum Ausdruck[91]. Scharf formulierte utilitaristische Überlegungen der Art, „wozu wir die Kirchen noch brauchen"[92], finden sich nur in den Vertragsmaterialien zu den Evangelischen Kirchenverträgen, die dann in umfangreiche Erörterungen der zu beanspruchenden kirchlichen „Leistungen" münden. Hinzuweisen ist weiter auf die fraktionsübergreifend in der parlamentarischen Debatte in Thüringen ausgeführten staatlichen Erwartungen an kirchliches Wirken zum Wohle des Landes, die in der Rechtfertigung staatlicher Finanzleistungen für kirchliches Wirken durch die „Gemeinwohl- und Wertorientierungsaufgaben der Kirchen" gipfelten[93].

---

[89] 1. Spiegelstrich der Präambeln von evKVLSA und evKVTh, 3. und 4. Spiegelstrich der Präambeln zum evKVMV und zum evKVBBG sowie 4. Spiegelstrich Präambel evKVSachsen

[90] Vgl. 1. Spiegelstrich Präambel evKVSachsen , 2. Spiegelstrich der Präambeln von evKVLSA und evKVTh, 6. Spiegelstrich Präambel evKVMV, 3. Spiegelstrich Präambel evKVBBG.

[91] Vgl. nur im Überblick für Sachsen: *S. Heitmann*, ZevKR 39 (1994), S. 402, 416f.: Massiv wurde nicht nur die Prüfungskompetenz der Rechnungshöfe für den Einsatz der konkret zweckgebundenen staatlichen Kirchenförderung angemahnt. Vielmehr sollte der kirchliche Umgang mit allen Kirchenfinanzen staatlichen Ursprungs, einschließlich der Staatsleistungen i.e.S., der staatlichen Kontrolle zugänglich sein. Das hat sich freilich letztlich nur bei der Begründung der neuen umfassenden staatlichen Förderungspflicht zugunsten der jüdischen Gemeinschaft im Freistaat Sachsen durch die Festlegung einer Zweckbindung auf Förderung des jüdischen Religions- und Kulturlebens nach Art. 4 I nebst Schlußprotokoll JüdVSachsen und deren Kontrollmöglichkeiten durchgesetzt (vgl. Regierungsbegründung zum JüdVSachsen, LT-Drs. 1 / 4855, Vertragsbegründung, S. 5f.). Für die anderen Staatskirchenverträge wurde bei den Regelungen zu den Staatsleistungen ausdrücklich an der freien Mittelverwendung ohne staatliche Rechnungsprüfung festgehalten (vgl. Absatz 2 des Schlußprotokolls zu Art. 13 V evKVLSA, Satz 1 und 2 des Schlußprotokolls zu Art. 14 II evKVSachsen, lit. b) Schlußprotokoll zu Art. 20 SachsenKKV, Schlußprotokoll zu Art. 13 VI evKVTh, Schlußprotokoll zu Art. 23 VI ThKKV).

[92] In diesem Sinne etwa MdL *Timm*, SPD, PlenProt. M.-V. 1 / 101, S. 6105; MdL *Goldbeck*, FDP, PlenProt. M.-V. 1 / 97, S. 5868.

[93] Ministerpräsident *B. Vogel*, PlenProt. Th. 1 / 113, S. 8724 (zum evKVTh).

Entsprechende Gestaltungsanliegen sind demgegenüber wie bei den älteren Staatskirchenverträgen auch bei den neuen Katholischen Kirchen- und Bistumserrichtungsverträgen im wesentlichen nicht oder allenfalls zurückhaltend in den Vertragstext aufgenommen. Statt auf die gemeinsame Gemeinwohlverantwortung bzw. -bedeutung abzuheben, knüpfen deren Präambeln vornehmlich an die gemeinsamen rechtlichen Grundlagen und damit an die rechtliche Kontinuität im Staat-Kirche-Verhältnis an[94]. Allein die Erwägung unter dem 5. Spiegelstrich des MVKKV bildet da eine Ausnahme. Kennzeichnend für die staatliche Position im Hinblick auf die Gemeinwohlorientierung der Vertragsgewährleistungen erscheint daher die Anerkennung bisheriger Dienste am Menschen und das ausdrücklich entgegengebrachte Vertrauen in die Kontinuität kirchlicher Auftragswahrnehmung. Dies dient letztlich beiden Seiten dazu, die ihnen wichtigen Anliegen gegenüber dem Vertragspartner festzuschreiben. So wird beispielsweise in Sachsen der Vertragsschluß mit einem Lob des bisherigen Wirkens der Kirche und mit der eindringlichen Aufforderung an die Kirchen verbunden, das Wirken im Sozial- und Bildungsbereich kontinuierlich fortzusetzen und dabei nicht nachzulassen[95]. Bei den Jüdischen Verträgen stehen schließlich die geschichtliche Verantwortung des Staates und die aus ihr folgenden aktuellen Aufgaben im Zentrum der staatlichen Vertragsmotive, so daß auch hier eigenständig begründete staatliche Forderungen oder Erwartungen an das religiöse Wirken allenfalls eine untergeordnete Rolle spielen. Im wesentlichen wird insoweit gegenüber den Jüdischen Gemeinden allein die Hoffnung auf eine Wiederbelebung jüdischer Religionsausübung und Kulturpflege durch die weitgehenden staatlichen Förderangebote zum Ausdruck gebracht.

Der traditionellen Zurückhaltung bei der vertraglichen Aufnahme staatlicher Interessen am religiösen Wirken stehen nunmehr intendierte Bindungswirkungen in den neuen Evangelischen Kirchenverträgen gegenüber[96], wie schon das Beispiel der Militärseelsorge eine Tendenz zu weitergehenden Vertragsbindungen der Evangelischen Kirchen in signifikantem Unterschied zur Vertragslage mit der Katholischen Kirche aufgezeigt hat[97].

---

[94] Präambeln zum ThKKV, zum SachsenKKV, 1. und 3. Spiegelstrich, und zum LSAKKV, 3. Spiegelstrich.

[95] MdL *Schiemann*, CDU, PlenProt. Sachsen, 2/48, S. 3483.

[96] Weiterhin im wesentlichen abgestritten von *D. Pirson*, in: *R. Puza/A.P. Kustermann* (Hrsg.), S. 31, 47f.: „Die evangelischen Kirchenverträge der Gegenwart begründen überhaupt kaum Pflichten für die Kirchen".

[97] Vgl. zum Ganzen: I. Teil A. II. und III. (= S. 4–12)!

In gleicher Richtung beziehen sich bei den Evangelischen Kirchenverträgen der neuen Länder einige neue staatskirchenvertragliche Bindungen direkt auf konkrete Erwartungen des Staates an gemeinwohlförderndes Wirken der Kirchen. So drängte der Staat die Kirchen beharrlich, vermeintlich kirchliche Rechtspositionen gegen den zunächst deutlichen Unwillen der Kirche in den Staatskirchenvertrag aufzunehmen oder jedenfalls anfängliches kirchliches Desinteresse zu überwinden. Beispielhaft hierfür ist auf das Ringen um die Bestimmungen über den evangelischen Religionsunterricht an staatlichen Schulen im Rahmen der Vertragsverhandlungen insbesondere zum Güstrower Vertrag zu verweisen[98]. Während die Evangelische Kirche dem Religionsunterricht skeptisch gegenüberstand[99], hat das Land auf einer staatskirchenvertraglichen Regelung bestanden. Dem Land ging es darum, entsprechend staatlichen Erziehungsvorstellungen religiöse Momente in der Schule sicherzustellen und dem Bedürfnis von Eltern und Schulkindern nach Orientierung am evangelischen Glauben nachzukommen. Aber auch die ausdrückliche Inanspruchnahme der Kirchen als Träger der freien Jugendhilfe ist in diesem Zusammenhang zu nennen[100]. Diese geht auf die Initiative des Staates zurück[101]. Das beharrliche Festhalten des Staates an bislang für den Geltungsbereich des Grundgesetzes gängigen vertraglichen Regelungen des Zusammenwirkens von Staat und Kirchen gegenüber einer auf Distanz bedachten Evangelischen Kirche in den neuen Ländern bringt eine staatliche Grundhaltung gegenüber den Kirchen zum Ausdruck, die einem Rückzug der Kirchen aus der Kooperation mit dem Staat konsequent entgegen- und für staatskirchenrechtliche Kontinuität auch in den vertraglichen Beziehungen eintritt[102]. Dies gilt insbesondere in den heiklen Fragen

---

[98] Vgl. auch die ähnliche Beschreibung der Ausgangslage im Verhältnis des Freistaates Sachsen zu den ortsansässigen Evangelischen Landeskirchen bei *S. Heitmann*, ZevKR 39 (1994), S. 402, 404ff., 407ff., sowie allgemein: *E.-L. Solte*, in: *R. Puza / A.P. Kustermann* (Hrsg.), S. 79, 82ff.

[99] Zu den „Ängsten und Befürchtungen" auf kirchlicher Seite auch in den anderen Ländern: *A. v. Campenhausen*, HStR IX, § 207 Rn. 53.

[100] Ministerpräsident *B. Seite*, PlenProt. M.-V., 1 / 97, S. 5861, und Ansprache, in: N. Buske, S. 31f., wonach der freiheitliche Staat den Willen verfolgt, „daß unsere Kinder nicht nur in staatlichen Organisationen erzogen werden. Deshalb sieht unser Kirchenvertrag vor, daß die Kirchen im Rahmen ihres Auftrags auch Aufgaben als Träger der freien Jugendhilfe wahrnehmen".

[101] Vgl. *J. Harder*, Einbringung, S. 24.

[102] Vgl. für Sachsen-Anhalt: *A. Vulpius*, JöR n.F. 43 (1995), S. 327, 328 und 330–332; *A. Vulpius*, KuR-120, S. 13, 16f.; vgl. ähnlich für den Freistaat Sachsen: *S. Heitmann*, ZevKR 39 (1994), S. 402, 404ff., 407ff.

des Religionsunterrichts, der Anstaltsseelsorge, aber auch des Kirchensteuerrechts[103].

Allein die Vertragsform erlaubt nach den Vorstellungen der Vertragspartner die Bindung der Kirchen an Kooperationsverpflichtungen, mit denen der Staat in inhaltlicher Ausrichtung die Ausnutzung kirchlicher Entfaltungsspielräume zum Vorteil der Allgemeinheit sicherstellen könne[104]. Dies bliebe ihm im Wege einseitiger Anordnungen versperrt, weil „der Staat den Kirchen keine Weisungen geben kann ..., um die Seelsorge in öffentlichen Krankenhäusern zu sichern" oder anderweitig die Wahrnehmung ihres Auftrags, etwa im Hinblick auf Aufgaben als Träger der freien Jugendhilfe u.ä., zu gewährleisten[105]. Insbesondere der Evangelische Kirchenvertrag von Mecklenburg-Vorpommern legt danach, ganz im Sinne der angestrebten angemessenen Verteilung zwischen Rechten und Pflichten, in diesen Bereichen mit besonderem staatlichen Interesse am kirchlichen Wirken die Mitverantwortung der Kirchen für das Gemeinwohl fest und geht damit weit über vergleichbare Staatskirchenverträge hinaus[106]. Wo in anderen Verträgen lediglich kirchliche Berechtigungen zur Wahrnehmung ihres Auftrags etwa bei der Anstaltsseelsorge, im Rahmen der freien Jugendhilfe oder für die gemeinsame Verantwortung von Staat und Kirche für kirchliche Denkmale geregelt seien, gingen die Kirchen in dem Kirchenvertrag von Mecklenburg-Vorpommern entsprechende Verpflichtungen zur Wahrnehmung ihres Auftrags ein[107]. Das schon für frühere Verträge festgestellte innere Gleichgewicht zwischen Rechten und Pflichten verschiebt sich auf diese Weise weg von den Bindungen in organisatorischen Angelegenheiten hin zu inhaltlichen Festlegungen kirchlicher Mitverantwortung für das Gemeinwohl in Bereichen mit besonderem staatlichen Interesse am kirchlichen Wirken.

Mit den kirchlichen Verpflichtungen und der Betonung der gemeinsamen Verantwortung anstelle einseitiger Gewährleistungen zugunsten der Kirche werden auf diese Weise nach Ansicht des staatlichen Vertragspartners bewußt neue Akzente gegenüber den anderen Staatskirchenverträgen gesetzt[108]. Selbst wo ausdrückliche Vertragsverpflichtungen der Kirche für

---

[103] Vgl. für die Beziehungen des Freistaates Sachsen zu den Evangelischen Kirchen wiederum *S. Heitmann*, ZevKR 39 (1994), S. 402, 407f.

[104] MdL *N. Buske*, CDU, PlenProt. M.-V. 1/97, S. 5865.

[105] Ministerpräsident *B. Seite*, PlenProt. M.-V. 1/97, S. 5861; *ders.*, Ansprache, in: N. Buske, S. 31f.

[106] *N. Buske*, in: N. Buske, S. 8.

[107] MdL *Gomolka* bzw. MdL *Rehberg*, beide CDU, PlenProt. M.-V. 1/101, S. 6107 bzw. S. 6116.

[108] Ministerpräsident *B. Seite*, PlenProt. M.-V. 1/97, S. 5861; *ders.*, Ansprache in:

die Auftragswahrnehmung fehlen, werden über deren grundsätzliche Festlegung in den Staatskirchenverträgen Durchsetzungsmöglichkeiten für staatliche Erwartungen an das kirchliche Wirken gesehen[109]. Gegenüber kirchlichen Rückzugstendenzen aus öffentlich wirksamen und gemeinwohlbezogenen Wirkungsfeldern wird mit dem Vertragsinstrument die Funktion verbunden, den kirchlichen Gebrauch verfassungsrechtlicher Freiheiten inhaltlich auf die bisher in den alten Ländern bewährten und von daher als verfassungsgemäß vorgegeben angesehenen Standards auszurichten. So sollen die einzelnen Vertragsregelungen mit dazu beitragen, das von staatlicher Seite inhaltlich in dieser Richtung erwartete Zusammenspiel von Staat und Kirche „einzuüben"[110] und die Realisierung vorgegebener oder erwarteter Zusammenarbeit von Staat und Kirche dadurch zu befördern. Ähnliche Vertragserwartungen sind, soweit ersichtlich, weder bei den älteren Staatskirchenverträgen noch bei den neueren Verträgen mit der Katholischen Kirche verzeichnet worden, vielleicht weil angesichts beiderseitigen Strebens nach kontinuierlicher Fortführung der bewährten Vertragsstrukturen keine der Vertragsseiten „Übungsbedarf" feststellte[111].

3. Der Staatskirchenvertrag und die Konsolidierung der jungen Bundesländer

Als weitere Vertragsfunktion wurde in den Motiven wiederholt der mit dem Vertragsschluß verbundene Verständigungsprozeß hervorgehoben. Staat und Kirche gehen bei den Vertragsverhandlungen aufeinander zu. Anders als bei einseitigem Handeln sind sie durch die Verhandlungssituation dazu aufgerufen, sich um gegenseitiges Verständnis zu bemühen, die Eigengeartetheit des Vertragspartners aufzunehmen sowie sich jeweils verbindlich über die eigene Position gegenüber dem anderen Vertragsteil klarzuwerden und zu erklären. Auf diese Weise kann das Vertragsinstrument das Mißtrauen der Kirchen gegenüber dem Staat überwinden helfen, das nach den Erfahrungen mit dem Staatsapparat der DDR noch in gro-

---

N. Buske, S. 32; MdL *Rehberg* und MdL *Gomolka*, beide CDU, PlenProt. M.-V. 1/101, S. 6116 bzw. S. 6107; *N. Buske*, in: N. Buske, S. 8.

[109] Vgl. etwa MdL *Schwäblein*, CDU, PlenProt. Th. 1/113, S. 8728.

[110] *A. v. Campenhausen*, am Beispiel der Vereinbarungen über die kirchliche Mitwirkung bei der Besetzung von Theologieprofessuren, in: Schmitz-FS, S. 441, 443, bzw. der Regelung des Theologischen Fakultätsexamens, in: Lerche-FS, S. 179, 179–181.

[111] Vgl. *A. Vulpius*, KuR-120, S. 13, 22 und 24.

ßem Maß besteht[112]. Der Staatskirchenvertrag soll als „vertrauensbildende Maßnahme" in den Beziehungen zwischen Staat und Kirche auf eine übergreifende Verständigung hinwirken, die durch die einzelnen Kooperationsbestimmungen jeweils konkretisiert, ausgebaut und auf Dauerhaftigkeit ausgerichtet wird[113]. Von den Vertragswerken wurde darüber hinaus erwartet, daß von ihnen Impulse für einen weitergehenden gesellschaftlichen Verständigungsprozeß ausgehen. Dieser bezieht sich zum einen auf ein gedeihliches Miteinander aller Bürger in den neuen Ländern unter Respektierung der unterschiedlichen Glaubens- und Weltanschauungsrichtungen[114], aber zum anderen auch auf ein Aufeinanderzugehen zwischen Ost und West. Denn bei den Vertragsentwicklungen wurde mit der Hinzuziehung von Fachleuten aus den alten Bundesländern auf eine Aufarbeitung der Erfahrungen zwischen Ost und West gesetzt[115]. Und schließlich sind auch innerkirchlich gemeinschaftsfördernde Wirkungen zu berücksichtigen[116].

Weitergehend erhoffen sich Kräfte auf der staatlichen Seite einen Beitrag zur Identitätsfindung und Stabilisierung der noch jungen Bundesländer[117]. Zu diesem Zweck war man bei Vertragsschluß bemüht, den regionalen Besonderheiten, unterschiedlichen Rechtstraditionen und landsmannschaftlichen Bedürfnissen der einzelnen Landesteile insbesondere bei organisationsrechtlichen Fragen in den Staat-Kirche-Beziehungen Rechnung zu tragen[118]. Für die Katholische Kirche sind hier insbesondere die Bistumserrichtungsverträge von Bedeutung. Denn sie verwirklichen

---

[112] Ministerpräsident *B. Vogel* und MdL *Wien*, Bündnis 90 / Die Grünen, PlenProt. Th. 1 / 113, S. 8724 bzw. S. 8729 (zum evKVTh), die dabei den Kooperationsbestimmungen als Ausdruck des den Vertrag prägenden Willens beider Seiten zur partnerschaftlichen Zusammenarbeit besondere Bedeutung zumessen.

[113] Vgl. anschaulich und ausführlich zum evKVLSA: einerseits Bischof *Demke*, Ansprache, Manuskript S. 2 und 5, und andererseits *A. Vulpius*, KuR-120, S. 13, 14–16, mit Hinweisen zu den unterschiedlichen Einstellungen der einzelnen Landeskirchen; vgl. auch *A. Vulpius*, JöR N.F. Bd. 43 (1995), S. 327, 330 u. 332.

[114] Vgl. etwa für den JüdVLSA Kultusminister *Schomburg*, Ansprache, Manuskript, S. 2f.; vgl. allgemeiner noch Ministerpräsident *B. Seite*, PlenProt. M.-V. 1 / 97, S. 5861 (zum evKVMV).

[115] Bischof *Demke*, Ansprache, Manuskript S. 2 (zum evKVLSA).

[116] *H. Johnsen*, ZevKR 43 (1998), S. 182, 188f.

[117] *N. Buske*, in: N. Buske, S. 9f., zum evKVMV, unter besonderem Hinweis auf das erwartete und im Vertrag verankerte Zusammenwirken der beiden Landeskirchen, die auf unterschiedliche Traditionen der Landesteile Mecklenburgs und Vorpommern aufbauen; vgl. auch: *H. Johnsen*, ZevKR 43 (1998), S. 182, 189; *A. Hollerbach*, KuR-120, S. 1, 11.

[118] Vgl. zum evKVSachsen: Regierungsbegründung, LT-Drs. Sachsen 1 / 4649, Vertragsbegründung, S. 2; zum BistV Görlitz: MdL *Müller*, CDU, PlenProt. Sachsen 1 / 99, S. 6911f., unter besonderer Berücksichtigung der Schlesier; zum BistVHH Ministerpräsident *B. Seite*, PlenProt. M.-V. 1 / 105, S. 6330f.

für den Bereich der Katholischen Kirche organisatorisch die deutsche Einheit[119] unter Anerkennung der in der DDR gewachsenen Identität der katholischen Christen[120]. Eine weitere Stärkung der wiedergegründeten Staatsgebilde erwächst aus der Behauptung der staatskirchenrechtlichen Kompetenzen gegenüber Zugriffsversuchen des Bundes insbesondere im Streit um die Verhandlungs- und Vertragsabschlußbefugnisse bei den länderübergreifenden Bistumserrichtungsverträgen nach Art. 11 I 3 und 4 RK[121]. Darüber hinaus nahmen die neuen Länder für sich in Anspruch, mit den zumeist ersten völkerrechtlichen Verträgen in ihrer jungen Geschichte ihre völkerrechtliche Handlungsfähigkeit zu aktualisieren und auf diese Weise die mit ihrer Staatlichkeit verbundenen Kompetenzen eindrucksvoll unter Beweis zu stellen[122]. Freilich sind solche Erwägungen der Konsolidierung der staatlichen Eigenständigkeit und der Länderidentität mittels des Staatskirchenvertragsschlusses auch schon bei Verträgen aus den alten Bundesländern aufgegriffen worden[123].

IV. Zusammenfassung

Zur Realisierung ihrer Anliegen im Wege von Staatskirchenverträgen knüpfen Staat und Kirchen an Vertragsfunktionen an, die sich bereits in älteren Vertragswerken bewährt haben. Die Vertragspartner in den neuen Ländern bedienen sich des Vertragsinstruments für die gemeinsame Klärung und Konkretisierung einseitig gesetzter staatskirchenrechtlicher Bestimmungen, die einvernehmliche Zuordnung von Kompetenzen, die

---

[119] Vgl. zum BistV Görlitz: MdL *Müller*, CDU, PlenProt. Sachsen 1 / 99, S. 6911 f.; Regierungsbegründung des Freistaats Sachsen, LT-Drs. Sachsen 1 / 4788, Vertragsbegründung, S. 1.

[120] MdL *Richter*, SPD, PlenProt. Sachsen 1 / 99, S. 6912 (zum BistV Görlitz).

[121] Vgl. Ministerpräsident *B. Seite*, PlenProt. M.-V. 1 / 105, S. 6330f. (zum BistVHH); Regierungsbegründung des Freistaats Sachsen, LT-Drs. Sachsen 1 / 4788, Vertragsbegründung, S. 2; Regierungsbegründung BBG, LT-Drs. BBG 1 / 2973, Vertragsbegründung, S. 2 (jeweils zum BistV Görlitz); zum BistVMD: Regierungsbegründung des Freistaats Sachsen, LT-Drs. Sachsen 1 / 4648, Vertragsbegründung, S. 2; Regierungsbegründung LSA, LT-Drs. LSA 1 / 3636, S. 15f.; Kultusminister *Schomburg*, PlenProt. LSA 1 / 61, S. 7254, und PlenProt. LSA 1 / 62, S. 7389; Regierungsbegründung BBG, LT-Drs. BBG 1 / 2908, Vertragsbegründung, S. 2.

[122] *J. Listl*, GesSchr., S. 355, 385; vgl. beispielhaft weiter MdL *N. Buske*, CDU, PlenProt. M.-V. 1 / 105, S. 6331 (zum BistVHH).

[123] Einen Beitrag zur „Festigung der Landeseinheit" sahen in dem Instrument des Staatskirchenvertrages bereits: *K. Müller*, DÖV 1955, S. 421, und *R. Smend*, JZ 1956, S. 50, 52, zum Loccumer Vertrag; *G. May*, ArchKathKR 132 (1963), S. 61, 79, zum Vertrag des Landes Rheinland-Pfalz mit den Evangelischen Landeskirchen.

Vereinbarung der Zusammenarbeit allgemein und in den sog. gemeinsamen Angelegenheiten sowie für die Regelung vermögensrechtlicher Austauschverhältnisse kaum anders als bisher in den anderen Verträgen unter der Geltung des Grundgesetzes. Sie werden hier als Zuordnungs- und Kooperationsfunktionen zusammengefaßt und vor der hier sogenannten Förderfunktion behandelt, die dem übergreifenden Vertragsanliegen der Kirchenförderung dient. Interessanter für die nun zu leistende Überprüfung der rechtlichen Gestaltungsmöglichkeiten sind allerdings die besondere Akzentsetzungen in den neuen Verträgen, die sich aus den aktuellen staatskirchenrechtlichen Ordnungsbedürfnissen zwischen den Vertragspartnern ergeben haben. Vor dem Hintergrund der Erfahrungen aus der DDR-Zeit ist zum einen dem Vertrag die Funktion zugemessen worden, staatliche Garantien für kirchliches Wirken abzusichern und sonstige Regelungen für die Kirchen verläßlich und dauerhaft festzulegen (Absicherungsfunktion). Zum anderen ist das Augenmerk auf die Wahrnehmung eigenständiger staatlicher Interessen am Wirken der Kirchen zu richten. Bei dieser, hier sog. Verpflichtungs-bzw. Einbindungsfunktion ergeben sich, wie gezeigt, erhebliche Unterschiede zwischen den einzelnen Staatskirchenverträgen.

III. Teil

Die Realisierungsmöglichkeiten der Vertragsziele: Rechtliche Grenzen der intendierten Vertragsfunktionen

Nachdem der grundsätzliche staatskirchenrechtliche Spielraum für den Rückgriff auf die vertragliche Handlungsform sowie die Motive der Vertragspartner in den neuen Ländern dargelegt wurden, sind nun die rechtlichen Realisierungsmöglichkeiten der aufgezeigten Vertragszwecke zu untersuchen. Sie werden im folgenden anhand der soeben zusammenfassend aufgezeigten Vertragsfunktionen systematisiert aufgearbeitet, dh. nach den Vertragswirkungen geordnet und benannt, die nach den Intentionen der Vertragspartner die staatskirchenvertragliche Regelung gegenüber einseitiger staatlicher Regelung auszeichnet. Stets mit kritischer Rückbindung an die jeweils einschlägigen konkreten Vertragsbestimmungen sind danach die hier sog. „Absicherungsfunktion" (dazu unter B.), die Kooperationsfunktionen (C.), die Förderfunktion (D.) und die Vertragsfunktion, die Wahrnehmung des kirchlichen Auftrags im staatlichen Interesse vertraglich zu binden (die Verpflichtungsfunktion, dazu unter E.), zu untersuchen. Bei der Prüfung sollen die Aspekte, die durch die aktuellen staatskirchenrechtlichen Probleme in den neuen Ländern geprägt und entsprechend in den gemeinsamen Zielvorstellungen der Vertragspartner besonders betont worden sind, entschieden im Vordergrund stehen. Zuvor sollen allerdings einige kurze Hinweise auf die bestehende Streitlage zu den rechtlichen Wirkungsmöglichkeiten der Staatskirchenverträge in die Problematik einführen (A.).

A. Offene Fragen bei der Vertypung und Einordnung der staatskirchenvertraglichen Vereinbarungen in die staatlichen Handlungsformen

Die Frage nach den vertraglichen Realisierungsmöglichkeiten der staatlich-kirchlichen Gestaltungsanliegen führt direkt in das Zentrum der juristischen Auseinandersetzung um die vertragliche Handlungsform im Staatskirchenrecht. Denn die Streitpunkte beziehen sich, sofern nicht auf der (staats- bzw. kirchen-) politischen Ebene argumentiert wird, auf die Grenzen der rechtlichen Wirkungskraft von Staatskirchenverträgen[1] und damit auf die einzelnen Vertragsfunktionen. Die Behandlung und Entscheidung der damit zusammenhängenden Streitfragen gestaltet sich besonders schwierig, weil im Gegensatz zu anderen Handlungsformen des Staates sich bislang eine „Vertypung" der Voraussetzungen und rechtlichen Wirkungen von Staatskirchenverträgen noch nicht umfassend durchsetzen konnte. Die staatlichen Handlungsformen sind „Zweckschöpfungen mit jeweils ganz bestimmten Funktionen": „Die Rechtsordnung vertypt die Vielfalt denkbarer Handlungsformen zu bestimmten rechtlichen Handlungsformen und bestimmt dabei deren juristische Relevanz. Mit einer bestimmten rechtlichen Handlungsform sind zugleich bestimmte rechtliche Folgen ‚gespeichert'"[2]. Was ein Gesetz ist und wie es wirkt, ergibt sich aus den reichhaltig für Bund wie für die Länder vorhandenen, das Gesetz thematisierenden Verfassungsnormen, die von der Dogmatik durchdrungen und zu einem jedenfalls in den Kernaussagen unbestrittenem Rechtsbegriff des „Gesetzes" gebildet wurden. Ähnlich verhält es sich mit anderen staatlichen Handlungsformen. Für den Vertrag als rechtliches Gestaltungsmittel des Staates finden sich in den Verfassungen Bestimmungen zum Staatsvertragsrecht, zu denen für den internationalen öffentlichen Rechtsverkehr zwischen Völkerrechtssubjekten neben den staatsrechtlichen noch die völkerrechtlichen Rechtssätze kommen. Auf der verwaltungsrechtlichen Ebene hat die Vertragsform ihre Grund-

---

[1] Vgl. jüngst nur *L. Renck*, ThürVBl. 1995, S. 31, 32, 35f.

[2] Am Beispiel des Verwaltungsrechts: *H. Schulze-Fielitz*, DVBl. 1994, S. 657, 661, in Anlehnung an *E. Schmidt-Aßmann*, DVBl. 1989, 533.

lage in einer Vielzahl gesetzlicher Vorgaben, wie z.B. §§ 54ff. VwVfG[3]. In diese Systematik des öffentlichen Vertragsrechts läßt sich der Staatskirchenvertrag nicht ohne Probleme einordnen, ist er doch auf der einen Seite in den Formen des völkerrechtlichen Vertrages oder zumindest des Staatsvertrages geschlossenen und regelt auf der anderen Seite das öffentlichrechtliche Verhältnis zwischen Staat und einem grundrechtsberechtigten, in der Gesellschaft wirkenden Verband.

Die Sonderstellung des Staatskirchenvertrags unter den Handlungsformen des Staates kann auch nicht ohne weiteres aus ausdrücklichen positiven Aussagen des staatlichen Rechts erschlossen werden. Entweder fehlt es für den Vertrag als Instrument des Staatskirchenrechts völlig an verfassungsrechtlichen Normen, oder aber das Verfassungsrecht beschränkt sich auf den bloßen Hinweis der Zulässigkeit der Vertragsform im Staatskirchenrecht[4]. Mit einer solchen Offenheit des positiven Rechts sind bei den erforderlichen Auslegungsbemühungen Unsicherheiten vorprogrammiert. Besonders eindrucksvoll bezeugt der Streit um die Rechtsnatur der Staatskirchenverträge das dogmatische Dilemma, typbildende Merkmale mit allen Konsequenzen für die Rechtsschutz- und Steuerungsfragen aus systematischen und sonstigen übergreifenden Aspekten zu entwickeln. Als anschauliches historisches Lehrbeispiel sei auf die Evangelischen Staatskirchenverträge unter der Geltung der Weimarer Reichsverfassung hingewiesen, die in Anlehnung an die damalige Konkordatspraxis abgeschlossen wurden, ohne daß konkrete Vorstellungen über die normativen Grundlagen entwickelt wären[5]. Ähnliche Unsicherheiten zwischen den Vertragspartnern sogar beim Vertragsschluß sind auch für Staatskirchenverträge verzeichnet worden, die unter der Geltung des Grundgesetzes geschlossen wurden[6]. Bis heute erscheint führenden Staatskirchenrechtslehrern zweifelhaft, „wie die rechtliche Bindung der Vertragspartner an den Vertrag selbst begründet werden kann“[7].

So bestehen nach wie erhebliche Unterschiede und Unsicherheiten bei der Behandlung des Vertragsinstruments im Staatskirchenrecht. Viele Darstellungen der staatlichen Handlungsformen entziehen sich ganz der Aufgabe einer dogmatischen Einordnung oder stellen ohne übergreifende

---

[3] Zu den auch hier gleichwohl bestehenden systematischen Defiziten vgl. nur Stelkens / Bonk / *M. Sachs,* § 54 Rn. 1 und 58 m.N., und *H. Maurer*, DVBl. 1989, S. 798ff.

[4] Für die neuen Länder vgl. oben unter II. Teil A. I. 1. (= S. 24–26)!

[5] *H. Maser* (1983), S. 155, 145ff., am Beispiel des Bayerischen Evangelischen Kirchenvertrages.

[6] *D. Pirson* (1964), S. 177, 178.

[7] *D. Pirson*, EvStL, Sp. 3814, 3822; vgl. auch *A. Hollerbach* (1994), S. 253, 273.

Einordnung pauschal allein auf die Besonderheiten des Staat-Kirche-Verhältnisses ab. Im übrigen wird im Schrifttum die Zuordnung zu den völkerrechtlichen Verträgen, zu den „koordinationsrechtlichen" oder „subordinationsrechtlichen" öffentlich-rechtlichen Verträgen mit oder ohne Staatsvertragscharakter vertreten[8]. Da die mit dem Staatskirchenvertrag verbundenen rechtlichen Gestaltungsmöglichkeiten von der Entscheidung der grundsätzlichen Einordnungsfragen abhängen, muß zu den andauernden Streitdiskussionen Stellung bezogen werden. Doch ist die Aufgabenstellung im Hinblick auf die weiter bestehenden grundsätzlichen Probleme nun weniger ambitioniert als etwa bei den grundlegenden Arbeiten von Hollerbach oder Albrecht aus der Mitte der 60er Jahre. Denn mit der Einschränkung des hiesigen Untersuchungsgegenstandes auf die Vertragsziele und ihre Realisierungsmöglichkeiten in den Staatskirchenverträgen der neuen Länder sind nicht abstrakte Entwürfe eines allgemeinen staatskirchenrechtlichen Vertragsrechts gefragt. Es geht lediglich darum, die rechtlichen Grenzen der dem Vertragsinstrument nach den gemeinsamen Vertragsmotiven von Staat und Kirche beigelegten Funktionen aufzuzeigen.

[8] Vgl. dazu im einzelnen unten III. Teil B. II. 1. Einleitung zu d) (= S. 122f.)!

B. Vertragliche Absicherung bestehender Gewährleistungen: die Absicherungs- bzw. Perpetuierungsfunktion

Einer der zentralen Ansätze der Vertragspartner, das übergreifende Gestaltungsanliegen der Beförderung kirchlicher Freiräume staatskirchenvertraglich umzusetzen, hat die Schaffung einer verläßlichen und dauerhaften Rechtsgrundlage für die gemeinsamen Beziehungen und damit die rechtliche Absicherung der staatliche Gewährleistung kirchlichen Wirkens zum Gegenstand. Ausgehend von den einschlägigen konkreten Vertragsbestimmungen und den mit ihnen von den Vertragspartnern gemeinsam nach Art und Ausmaß intendierten rechtlichen Bindungswirkungen (I.) sollen Zulässigkeit und rechtliche Grenzen solchermaßen avisierter vertraglicher Verfestigungen untersucht werden (II.).

I. Bestandsaufnahme der Vertragsbestimmungen mit ausschließlich absichernder Funktion

Der übereinstimmende Wille von Staat und Kirche, im Staatskirchenvertrag zu einer dauerhaften und zuverlässigen Ordnung aller wesentlichen Rechtsfragen in ihrem Verhältnis zu gelangen, bezieht sich grundsätzlich umfassend auf die gesamten Vertragsregelungen. Lediglich in wenigen, vereinzelten Punkten sind mit besonderen Revisionsklauseln für die Regelung finanzieller Fragen zu den Staatsleistungen und staatlichen Patronatspflichten[1] ausdrückliche Ausnahmen von der im übrigen die Verträge durchgehend prägenden Absicherungsabsicht vereinbart worden. Die Funktion, die kirchlichen Rechtspositionen vertraglich zu verfestigen, soll danach von allen Vertragsbestimmungen erfüllt werden, auch wo im übrigen die Ausgestaltung und Zuordnung der Verantwortlichkeiten, die Verabredung von Kooperation oder die rechtsgeschäftliche Berei-

[1] Art. 13 II 3 und 4 evKVMV, Art. 13 I 5, II 3, III 3 evKVBBG; Schlußprotokoll zu Art. 4 I JüdVSachsen, Zusatzprotokoll zu Art. 10 II JüdVMV.

nigung der Vermögensbeziehungen im Vordergrund steht. Das bringt einerseits Überschneidungen der einzelnen Vertragsfunktionen bei den einschlägigen Regelungen mit sich, erübrigt aber andererseits hier insoweit eine explizite Bestandsaufnahme aller Klauseln, die der Absicherung von Rechten der Kirchen gegenüber dem Staat dienen sollen. Freilich lassen sich die Realisierungsmöglichkeiten und -grenzen dieses Gestaltungsanliegens besonders anschaulich an den Vertragsnormierungen untersuchen und nachweisen, die im wesentlichen allein zu dem Zweck der Absicherung kirchlicher Rechtspositionen Aufnahme in die Staatskirchenverträge gefunden haben, weil sie bestehende Garantien aufgreifen.

Es handelt sich dabei zum einen um die textlich unmodifizierte und damit bestätigende bzw. bekräftigende Verankerung bereits einseitig vom Staat durch Verfassung oder Gesetz eingeräumter Gewährleistungen kirchlichen Wirkens. Zum anderen geht es um die klarstellende Bestätigung von kirchlichen Rechtspositionen im Vertrage, die zwar nicht ausdrücklich im Wortlaut wiederholt werden, die sich aber gleichwohl inhaltlich bereits aus verfassungsrechtlichen oder einfachgesetzlichen Bestimmungen ergeben. Bleibt die vertragliche Aufnahme bereits einseitig garantierter Positionen der Kirche in diesem Sinne beschränkt, so kann man den vorliegenden Erklärungswillen der Vertragspartner nicht einfach mit dem Hinweis abtun, solche Wiederholungen seien überflüssig bzw. obsolet[2]. Vielmehr drängt sich die Frage auf, welche eigenständigen Rechtswirkungen vertraglich vereinbart sein können, die neuartig sind und über die im übrigen identischen einseitigen staatlichen Regelungen durch zusätzliche Bindungen des Staates gegenüber der Kirche hinausreichen. Die für diese Vertragsbestimmungen herausgearbeiteten Ergebnisse zur rechtlichen Reichweite der vertraglichen Absicherungsfunktion gelten für alle übrigen vertraglichen Festlegungen kirchlicher Rechte entsprechend, mit Ausnahme der ausdrücklich mit Revisionsvorbehalten, Befristungen oder dynamischen Verweisungen versehenen Gewährleistungen.

---

[2] So aber *K. Walf*, in: *R. Puza / A. P. Kustermann* (Hrsg.), S. 121, 126ff., und *D. Pirson*, in: *R. Puza / A. P. Kustermann* (Hrsg.), S. 31, 43ff. Die damit vorgebrachte Kritik wird den Besonderheiten des vertraglichen Regelungsansatzes nicht gerecht.

1. Der verfassungsrechtliche Grundstatus der Religionsgemeinschaften

Gleich zu Beginn aller Verträge sichert der Staat wie in den Vorbildern der älteren westdeutschen Kirchenverträge den verfassungsrechtlich garantierten Schutz des freien religiösen Bekenntnisses und der Religionsausübungsfreiheit[3] zumeist ausdrücklich konkret auf den Glauben des Vertragspartners bezogen vertraglich ab[4]. Die vertraglichen Paritätsklauseln[5] nehmen mit spezieller Ausrichtung auf das jeweilige staatskirchenvertragliche Verhältnis zwischen den Vertragspartnern die verfassungsrechtlichen Garantien für die Gleichbehandlung von Religionsgemeinschaften gem Art. 3 I, III GG bzw. dem entsprechenden Landesverfassungsrecht[6] ohne eigenständige weitergehende Gewährleistungsinhalte auf[7]. Sie legen dabei insbesondere keine automatische Angleichung der betroffenen Vertragsklauseln, sondern nur eine Nachverhandlungspflicht zum Zwecke einer gemeinsamen Prüfung dahingehend fest, ob aus Gründen der Gleichbehandlung Vertragsänderungen notwendig sind. Weiter haben in den Verträgen etliche Ausprägungen des Gleichheitssatzes gesonderte Aufnahme gefunden, mit denen einer Diskriminierung der vertragschließenden Religionsgemeinschaften in ihrem religiösen Wirken entgegengewirkt werden soll[8]. Mit Art. 1 II der Evangelischen Kirchen-

---

[3] Art. 4 I, II GG, Art. 13 I Verf.BBG, Art. 9 I, II Verf.LSA, Art. 5 III Verf.M.-V. i.V.m. Art. 4 I, II GG, Art. 19 I, II Sächs.Verf. und Art. 39 I, II 1 Verf. Th.; zu den verfassungsrechtlichen Grundlagen vgl. nur *K.-H. Kästner*, JZ 1998, S. 974ff., und *ders.*, AöR 123 (1998), S. 408ff.

[4] Art. 1 MVKKV, JüdVSachsen und JüdVLSA sowie Art. 1 I aller Evangelischen Kirchenverträge, der übrigen Katholischen Kirchenverträge und des JüdVMV; vgl. aus den Motiven nur: Regierungsbegründung evKVSachsen, LT-Drs. Sachsen 1/4649, Vertragsbegründung, S. 4; in der Rechtspraxis beispielsweise herangezogen von VG Magdeburg, LKV 1996, S. 341.

[5] Art. 25 evKVLSA, Art. 23 LSAKKV, Art. 15 JüdVLSA, Art. 26 evKVMV, Art. 23 MVKKV, Art. 25 evKVSachsen, Art. 26 SachsenKKV, Schlußprotokoll zu Art. 26 evKVTh, Schlußprotokoll zu Art. 31 ThKKV und Art. 23 evKVBBG.

[6] Art. 12 Verf.BBG, Art. 5 III Verf.M.-V., Art. 18 I, III Sächs.Verf., Art. 7 I, III Verf.LSA, Art. 2 I, III Verf.Th.

[7] So übereinstimmend die Regierungsbegründungen zum evKVLSA, LT-Drs. LSA 1/3087, Vertragsbegründung, S. 18; zum evKVBBG, LT-Drs. BBG 2/3442, Vertragsbegründung, S. 21; zum Regierungsbegründungen zum evKVSachsen, LT-Drs. Sachsen 1/4649, Vertragsbegründung, S. 38, und zum SachsenKKV, LT-Drs. Sachsen 2/3612, Vertragsbegründung, S. 41.

[8] Die einzelnen Regelungen, die auf die Gleichbehandlung der Kirchen gegenüber anderen Berechtigten bei der Förderung etwa im Denkmalrecht, im Bildungswesen und im Sozialsektor drängen oder die Gleichwertigkeit kirchlicher Bildungsgänge absichern helfen, werden bei den jeweils einschlägigen Sachbereichen aufgeführt.

verträge, mit Art. 1 II ThKKV, LSAKKV, JüdVLSA und JüdVMV, mit Art. 1 III SachsenKKV sowie mit Art. 2 LSAKKV wird die Garantie des religiösen Selbstbestimmungsrechts bei der Ordnung und Verwaltung der eigenen Angelegenheiten innerhalb der Schranken des für alle geltenden Gesetzes aus dem Grundgesetz (Art. 140 GG / Art. 137 III WRV) und den Landesverfassungen[9] ausdrücklich aufgegriffen und inhaltsgleich bekräftigt[10]. Vor dem Hintergrund altvertraglicher Regelungen aus dem Reichskonkordat wird in den Katholischen Kirchenverträgen[11] zudem ausdrücklich klargestellt, daß in Abweichung zu Art. 15 II, III und 31 RK Orden und religiöse Vereinigungen für die Bestimmung ihres Tätigkeitsbereichs, ihre Gründung und Niederlassung keinen anderen Beschränkungen unterliegen als den Grenzen des für alle geltenden Gesetzes[12]. Nur zum Teil wird wie in Art. 1 II SachsenKKV gesondert auch das Recht zur Bildung von Vereinigungen mit kirchlicher, auch karitativer Zielsetzung, in den Vertragstexten bekräftigt. Da dieses aber notwendiger Bestandteil der Glaubensfreiheit ist[13], dient die ausdrückliche Erwähnung lediglich zur Klarstellung des Umfangs der vertraglichen Absicherung der verfassungsrechtlichen Grundlagen religiöser Freiheitsbetätigung[14].

Weiter treffen fast alle Staatskirchenverträge der neuen Länder vertragsrechtliche Absicherungen im Hinblick auf den öffentlich-rechtlichen Körperschaftsstatus von Religionsgemeinschaften. Dieser ist den Verbän-

---

[9] Art. 36 II Verf.BBG, Art. 9 I Verf.M.-V. / Art. 137 III WRV, Art. 109 II, IV Sächs.Verf. / Art. 137 III WRV, Art. 32 II, V Verf.LSA / Art. 137 III WRV, Art. 40 Verf.Th. / Art. 140 GG / Art. 137 III WRV.

[10] Vgl. nur Regierungsbegründung SachsenKKV, LT-Drs. Sachsen 2 / 3612, Vertragsbegründung, S. 5, und aus dem Schrifttum: *K. Hesse*, HdbStKirchR I, S. 521, 527f., 558. Zudem stellt die Regierungsbegründung JüdVSachsen, LT-Drs. Sachsen 1 / 4855, Vertragsbegründung, S. 3, für den JüdVSachsen klar, daß das verfassungsrechtlich geschützte Selbstbestimmungsrecht als notwendiger Bestandteil der Glaubens- und Religionsfreiheit auch in der vertraglichen Garantie nach Art. 1 JüdVSachsen gesichert sei. Nur in Art. 1 II ThKKV und evKVTh sowie in Art. 15 I MVKKV wird ausdrücklich auch der vertragliche Schutz der Ämterbesetzungsfreiheit für die vertragsschließenden Religionsgemeinschaften festgehalten, der freilich nur aus historischen Gründen zur Klarstellung in der verfassungsrechtlichen Garantie religiöser Selbstbestimmung nach Art. 137 III WRV gesondert ausgewiesen ist (v. Mangoldt / Klein / *A. v. Campenhausen*, GG, Art. 140 GG / Art. 137 WRV Rn. 29, 33).

[11] Mit dem Schlußprotokoll zu Art. 1 II SachsenKKV, mit Art. 14 SachsenKKV, mit Art. 13 LSAKKV sowie mit dem Schlußprotokoll zu Art. 1 I ThKKV.

[12] Vgl. nur Regierungsbegründung SachsenKKV, LT-Drs. Sachsen 2 / 3612, Vertragsbegründung, S. 5, 22f.; Regierungsbegründung ThKKV, LT. Drs. Th. 2 / 2100, S. 24; Regierungsbegründung LSAKKV, LT-Drs. LSA 2 / 4475, 48.

[13] BVerfGE 83, 341 (354f., 363); v. Mangoldt / Klein / *A. v. Campenhausen*, GG, Art. 140 GG / Art. 137 WRV Rn 17.

[14] Regierungsbegründung SachsenKKV, LT-Drs. Sachsen 2 / 3612, Vertragsbegründung, S. 5.

den der Evangelischen und Katholischen Kirche als sog. altkorporierten Religionsgemeinschaften verfassungsrechtlich über Art. 140 GG / Art. 137 V 1 WRV[15] verbürgt. Für die neuen Ländern ist zwar nach der Wiedervereinigung der Fortbestand der besonderen öffentlich-rechtlichen Rechtsstellung der altkorporierten Religionsgemeinschaften unter Hinweis auf die Systemwidrigkeit des kirchlichen Körperschaftsstatus in der Rechtsordnung der DDR[16] angezweifelt worden[17]. Mangels systematischer Teilung zwischen öffentlichem und privatem Recht könne eine in Ansätzen selbst in der DDR tolerierte Anknüpfung an das Selbstverständnis der traditionellen Religionskörperschaften lediglich im Sinne einer Anerkennung als juristische Person verstanden werden[18]. Dabei wird freilich übersehen, daß den Kirchen der überkommene Status nie formell entzogen[19], ihre Rechtsfähigkeit gleichwohl staatlicherseits stets anerkannt war, ohne daß die ursprünglich öffentlich-rechtliche Rechtsfähigkeit durch einen anders konzipierten Status ersetzt wurde[20]. Die besonderen kirchenrechtlichen Organisationsformen, die sich durchgehend an dem überkommenen öffentlich-rechtlichen Status orientierten, wurden auch von der staatlichen Rechtspraxis z.B. im Sozialrecht, für die kirchlichen Dienstverhältnisse oder im Zivilrecht akzeptiert und berücksichtigt[21]. Die staatliche Rechtsordnung verhielt sich insofern gegenüber der kirchenrechtlichen Fortschreibung der vom öffentlichen Recht geprägten Organisationsformen im wesentlichen indifferent[22], zumal die rechtlichen Regelungen im Hinblick auf den Status der Kirche bewußt offen gehalten wurden.

---

[15] Landesverfassungsrechtlich: Art. 36 III 2 Verf.BBG, Art. 40 Verf.Th. / Art. 140 GG / Art. 137 V 1 WRV sowie Art. 9 I Verf.M.-V., Art. 109 IV Sächs.Verf. und Art. 32 V Verf.LSA jeweils i.V.m. Art. 137 V 1 WRV.

[16] *L. Renck*, LKV 1993, S. 374, 375; *ders.*, ThürVBl. 1993, S. 184, 186; vgl weiter *W. Meinecke* (1962), S. 103; ähnlich auch VG Berlin, NVwZ 1994, S. 609f.

[17] Weiter wurde hierfür angeführt, daß schon frühzeitig die einzelnen Körperschaftsrechte, insbesondere das kirchliche Besteuerungsrecht, seitens der DDR-Regierung beschnitten wurden (vgl. dazu OVG Berlin, NVwZ 1997, S. 396, 400; vgl. auch *H. Weber*, ZevKR 41 (1996), S. 172, 176f.) und daß schließlich mit der DDR-Verfassung von 1968 auch die formelle Verankerung der Körperschaftsgarantie im Verfassungstext nach Art. 43 III DDR-Verfassung von 1949 wegfiel (dazu näher: VG Berlin, NVwZ 1994, S. 609f.; *H. Weidemann*, DVBl. 1969, S. 10, 12; *H. Weber*, ZevKR 41 (1996), S. 172, 178f.; relativierend: *H. Kremser* (1993), S. 52–55).

[18] OVG Berlin, NVwZ 1997, S. 396, 400f.; vgl. *S. Mampel*, Die sozialistische Verfassung der DDR, 2. Aufl., 1982, Art. 39 Rn. 30; *H. Weber*, ZevKR 41 (1996), S. 172, 177–179.

[19] *H. Kremser* (1993), S. 52; *U. v. Heyl*, LKV 1994, S. 139.

[20] *J. Listl*, EssGespr. 26 (Diskussionsbeitrag), S. 96; *C. Fuchs*, ThürVBl. 1995, S. 145, 147.

[21] *J.E. Christoph* und *Luchterhandt*, EssGespr. 26 (Diskussionsbeitrag), S. 97f.; *P. Kirchhof*, HdbStKirchR I, S. 651, 679; *H. Kremser* (1993), S. 54.

[22] *C. Fuchs*, ThürVBl. 1995, S. 145, 147.

Danach haben die altkorporierten Kirchen den noch von Art. 43 III DDR-Verf. von 1949 anerkannten öffentlich-rechtlichen Status über die gesamte Zeit der DDR beibehalten und nur im Hinblick auf besondere Anforderungen des jeweils geltenden Rechts teilweise modifizieren müssen. Im übrigen hat auch der Gesetzgeber bei der Einführung der Kirchensteuer im Beitrittsgebiet den dafür erforderlichen öffentlich-rechtlichen Körperschaftsstatus für die altkorporierten Religionsgemeinschaften genauso wie für ihre von § 2 KiStG-DDR ausdrücklich mit aufgezählten Untergliederungen, die Kirchengemeinden und Kirchenkreise sowie die Verbände, bestätigt und nicht erst begründet[23]. In jedem Fall aber sollte mit § 2 KiStG-DDR die öffentlich-rechtliche Körperschaftsstellung der aufgeführten Religionsgemeinschaften nach Art. 140 GG / Art. 137 V WRV außer Streit gestellt werden[24]. Im Ergebnis verbleibt daher allein wiederum die absichernde Funktion für die staatskirchenvertragliche Bestätigung, daß die Kirchen und ihre jeweils in Betracht kommenden Untergliederungen und Verbände Körperschaften des öffentlichen Rechts sind[25]. Weitere klarstellende Hinweise zur Erlangung der Rechtsfähigkeit kirchlicher Verbände in der weltlichen Rechtsordnung sind in Art. 6 II nebst Schlußprotokoll ThKKV festgehalten. Im Hinblick auf die Respek-

---

[23] Für eine bloß klarstellende Funktion: OVG Berlin, NVwZ 1996, S. 478, 479; *H. Engelhardt* (1991), S. 21ff.; *P. Kirchhof*, HdbStKirchR I, 2. Aufl., S. 651, 679; *C. Fuchs*, ThürVBl. 1995, S. 145, 147, sowie *Schmitz*, *Schlief*, *J. Listl*, *J.E. Christoph*, *Luchterhandt*, allesamt mit Diskussionsbeiträgen in: EssGespr. 26, S. 91 und 95–98; vgl. ähnlich *S. Heitmann*, LKV 1995, S. 93, 96; vgl. auch *H. Kremser* (1993), S. 55, der allerdings von einer „Quasi-Korporationsstellung" ausgeht und die Frage unentschieden läßt (S. 217); offen auch *W. Rüfner*, Ess Gespr. 26, S. 60, 61 (Fn. 2) und 94f.; a.A. *H. Weber*, ZevKR 41 (1996), S. 172, 177f., 182f.; Regierungsbegründung zum evKVLSA, LT-Drs. 1 / 3087 LSA, Vertragsbegründung, S. 8, mit Annahme einer konstitutiven Wirkung von § 2 KiStG-DDR.

[24] OVG Berlin, NVwZ 1996, S. 478, 479; *H. Weber*, ZevKR 41 (1996), S. 172, 181f.; *Schlief*, EssGespr. 26, S. 95 (Diskussionsbeitrag); *C. Fuchs*, ThürVBl. 1995, S. 145, 147; *A. v. Campenhausen*, HStR IX, § 207 Rn. 47.

[25] Art. 8 I Hs. 1 evKVLSA, Art. 1 III evKVMV, Art. 7 I Hs. 1 evKVTh, Art. 9 I Hs. 1 evKVSachsen, Art. 7 I Hs. 1 evKVBBG; im Zusammenhang mit den neuerrichteten Bistümern: Art. 1 II 1 BistVMD, Art. 1 II 1 BistVEF, Art. 1 II 2 BistVGörlitz, Art. 1 III ErzBistVHH, wiederum bestätigt in Art. 6 I Hs. 1 ThKKV, Art. 13 I MVKKV, Art. 14 I Hs. 1 LSAKKV und Art. 15 I Hs. 1 SachsenKKV unter Einschluß des Bistums Dresden-Meißen, der Pfarreien und Kirchengemeinden sowie deren Gesamtverbände; aus den Motiven: Regierungsbegründung evKVLSA, LT-Drs. LSA 1 / 3087, Vertragsbegründung, S. 8; Regierungsbegründung evKVSachsen, LT-Drs. Sachsen 1 / 4649, Vertragsbegründung Sachsen, S. 13; bei den neuerrichteten Bistümern wird für die Körperschaftsrechte des bischöflichen bzw. erzbischöflichen Stuhls und des Kathedral- bzw. Metropolitalkapitels eine konstitutive Regelungswirkung angenommen (vgl. nur Regierungsbegründung Sachsen zum BistVMD, LT-Drs. 1 / 4648, Vertragsbegründung, S. 5f.), die sich allerdings im Rahmen der umfassenden Bestätigung des Körperschaftsstatus für den Bereich der Katholischen Kirche hält.

tierung des kirchlichen Selbstbestimmungsrechts bei der Bestimmung über die kirchlichen Organisationsformen werden die Orden und religiösen Gemeinschaften, die kirchlichen Anstalten und Stiftungen in ihrer kirchlichen Rechtsstellung anerkannt. Eine vormals bestehende öffentlich-rechtliche Körperschaftsstellung wird Orden und anderen religiösen Gemeinschaften wieder eingeräumt. Im übrigen richtet sich der Erwerb der Rechtsfähigkeit außerhalb des öffentlich-rechtlichen Organisationsrechts nach den Bestimmungen des bürgerlichen Rechts.

Mit der verfassungsrechtlichen Garantie des öffentlich-rechtlichen Körperschaftsstatus sind besondere öffentlich-rechtliche Gestaltungsbefugnisse verbunden[26]. Von diesen sogenannten Korporationsrechten finden einzelne auch in den Staatskirchenverträgen der neuen Länder ihre vertragliche Absicherung. Alle Evangelischen und Katholischen Kirchenverträge weisen den kirchlichen Dienst als öffentlichen Dienst aus[27] und nehmen damit die verfassungsrechtlich über Art. 140 GG / Art. 137 V WRV und entsprechendes Landesverfassungsrecht garantierte Dienstherrnfähigkeit der Religionskörperschaften öffentlichen Rechts[28] auf. Die dogmatischen Unstimmigkeiten bei der Einordnung des kirchlichen Dienstes als öffentlicher Dienst[29] finden ihren Niederschlag in den Erläuterungen zum Verhältnis zwischen staatlichem und kirchlichem öffentlichen Dienst. So sahen sich die Vertragspartner jeweils bei Absatz 1 des Schlußprotokolls zu Art. 8 I evKVLSA, zu Art. 14 I LSAKKV bzw. zu Art. 7 I evKVBBG genötigt, sich der verfassungsrechtlich nach Art. 4 I, II, 140 GG / Art. 137 I, III, V WRV selbstverständlichen prinzipiellen Eigen-

[26] Ein Überblick über die Korporationsrechte findet sich bei *P. Kirchhof*, HdbStKirchR I, S. 651, 670–675, *A. Hollerbach*, HStR VI, § 138 Rn. 133f., und *A. v. Campenhausen*, 3. Aufl., S. 288.

[27] Art. 8 I Hs. 2 evKVLSA, Art. 1 IV evKVMV, Art. 7 I Hs. 2 evKVTh, Art. 9 I Hs. 2 evKVSachsen, Art. 7 I Hs. 2 evKVBBG, Art. 15 II 1 MVKKV, Art. 6 I Hs. 2 ThKKV, Art. 14 I Hs. LSAKKV und Art. 15 I Hs. 2 SachsenKKV.

[28] Die wohl h.M. greift als Rechtsgrundlage für die öffentlich-rechtliche Dienstherrenfähigkeit der Kirchen unmittelbar auf den Körperschaftsstatus nach Art. 140 GG / Art. 137 V WRV zurück (vgl. die umfassenden Literaturnachweise bei *K.-H. Kästner*[1991], S. 121f. Fn. 25–27), anders dagegen *W. Bock* (1996), S. 260ff., mit Grundlegung in Art. 140 GG / Art. 137 III WRV, und *D. Pirson*, HdbStKirchR II, S. 845, 858, mit Berufung auf Gewohnheitsrecht; kritischer noch *W. Bock*, in: Rau / Reuter / K. Schlaich III, S. 531, 547ff.

[29] Vgl. nur den eindrucksvollen Überblick bei *P. v. Tiling*, ZevKR 36 (1991), S. 276, über die grundsätzlichen Verständnisschwierigkeiten selbst leitender staatlicher und kirchlicher Stellen mit der kirchlichen Dienstherrnfähigkeit; ablehnend zu Art. 1 IV evKVMV: *J. Neumann*, Gutachten zum evKVMV, S. 3f.

geartetheit des kirchlichen öffentlichen Dienstrechts[30] ausführlich und geradezu umständlich zu versichern[31]. Eine Klarstellung für die Lösung der praktischen Probleme im einzelnen ist damit nicht erreicht[32]. Die absichernde Funktion der Vertragsbestimmungen für die grundsätzliche Gewährleistung öffentlich-rechtlicher Gestaltungsbefugnisse im kirchlichen Dienstrecht wird damit freilich nicht angetastet. In engem Zusammenhang mit den öffentlich-rechtlichen Handlungsmöglichkeiten der Religionsgemeinschaften nach Art. 140 GG / Art. 137 V WRV für die Ausgestaltung ihres Dienstrechts steht die kirchliche Berechtigung, in förmlichen Disziplinarverfahren gegen kirchliche Bedienstete und in Verfahren vor den kircheneigenen Gerichten den Eid mit Wirkung auch für den staatlichen Rechtskreis abzunehmen[33]. Art. 24 S. 1 Nr. 1 evKVLSA und Art. 25 I evKVTh sichern das Vereidigungsrecht ausdrücklich staatskirchenvertraglich ab und erstrecken es auf die kirchliche Berechtigung, Zeugen und Sachverständige zu vereidigen[34].

2. *Die vermögensbezogenen Verfassungsverbürgungen und ihre einfachgesetzliche Ausgestaltung*

Bekräftigende Aufnahme in die neuen Staatskirchenverträge finden bestehende vermögensbezogene Gewährleistungen des kirchlichen Wirkens im Bereich der Korporationsrechte [a)], der Kirchensteuer-, [b)] Staatsleistungs- [c)] und der Kirchengutsgarantie [d)].

---

[30] Vgl. nur *K.-H. Kästner* (1991), S. 116ff., insbesondere 123ff.; *P. v. Tiling*, ZevKR 37 (1992), S. 113, 125; BGH ZevKR 36 (1991), S. 299, 300f.

[31] Zurückhaltender demgegenüber die bekräftigende Absage an eine umfassende Bindung der Kirchen an das staatliche Beamtenrecht in jeweils Satz 1 des Schlußprotokolls zu Art. 9 I evKVSachsen und zu Art. 15 I SachsenKKV.

[32] *D. Pirson*, HdbStKirchR II, S. 845, 870f.; vgl. nur OLG Zweibrücken, FamRZ 1995, S. 679, mit der Annahme des Erfordernisses einer Aussagegenehmigung nach § 376 I ZPO für eine Eheberaterin im Dienste einer Diözese mit dem unproblematisierten und vor dem Hintergrund der Eigenständigkeit des kirchlichen öffentlichen Dienstes problematischen Hinweis, daß kirchlicher Dienst staatskirchenvertraglich als öffentlicher Dienst festgelegt sei; ähnlich, freilich mit Diskussion: *T. Barth*, ZevKR 37 (1992), S. 263, 265ff.

[33] Dazu *P. Kirchhof*, HdbStKirchR I, S. 651, 671; *A. v. Campenhausen*, 3. Aufl., S. 294f.; ausführlicher: *ders.*, Münchener Gutachten, 1983, S. 121, 127ff.

[34] Für außenstehende Zeugen und Sachverständige mit Rücksicht auf deren grundrechtliche Rechtspositionen u.a. aus Art. 4 I, II und 140 GG / Art. 136 IV WRV zurückhaltend *D. Ehlers*, HdbStKirchR II, S. 1117, 1132; ablehnend: *K. Obermayer*, BoK, Art. 140 GG Rn. 95.

a) Vermögenswerte Rechtspositionen im Zusammenhang mit dem öffentlich-rechtlichen Körperschaftsstatus

Im Rahmen der vertraglichen Bekräftigung des verfassungsrechtlich garantierten öffentlich-rechtlichen Körperschaftsstatus ist unter dem Gesichtspunkt der vermögensbezogenen einfachgesetzlichen Ausgestaltung noch Art. 7 I 2 evKVLSA zu nennen. Danach halten die Vertragspartner die Anerkennung der Kirchen als gemeinnützig im Sinne des Steuerrechts[35] grundsätzlich fest und bestärken sie vertraglich, verweisen freilich für die konkrete Reichweite dynamisch auf die „Maßgabe des geltenden Rechts". Auch die vielfältigen Befreiungen von Abgaben[36] und Gebühren[37], mit denen in den Landesgebühren-, Justizkosten- und Steuerordnungen dem öffentlich-rechtlichen Körperschaftsstatus der Religionsgemeinschaften Rechnung getragen wird[38], haben in fast allen Staatskirchenverträgen der neuen Länder eine vertragliche Aufnahme mit ausdrücklich absichernder Funktion im Sinne eines „Schutzes vor einseitiger Entziehung"[39] erfahren. Nach Art. 19 evKVSachsen und Art. 25 SachsenKKV bleiben den Kirchen sowie ihren öffentlich-rechtlichen Gliederungen, Anstalten und Stiftungen die auf Landesrecht beruhenden Gebührenbefreiungen erhalten. In Sachsen ist dies die gesetzliche Befreiung von den Verwaltungsgebühren nach § 4 I Nr. 5 SächsVerwKostG, eine Befreiung von Gerichtsgebühren ist nicht geregelt. Im Evangelischen Kirchenvertrag von Brandenburg werden etwas weitergehende Gebührenbefreiun-

---

[35] v. Mangoldt/Klein/*A. v. Campenhausen*, GG, Art. 140 GG/Art. 138 WRV Rn. 14, *P. Axer*, ArchKathKR 156 (1987), S. 460, 475ff., und zurückhaltender *J. Isensee*, HdbStKirchR I, S. 1009, 1026, sehen die steuerlichen Spendenbegünstigungen als negative Staatsleistungen verfassungsrechtlich gem. Art. 140 GG/Art. 138 I WRV geschützt an; dagegen: *D. Ehlers*, in: *M. Sachs* (Hrsg.), GG, Art. 140 GG/Art. 138 WRV Rn. 3.

[36] Hierbei handelt es sich allerdings um einen etwas anders gelagerten Gegenstand der staatskirchenvertraglichen Absicherung, weil die Steuerbefreiungen auch durch Art. 140 GG/Art. 138 I WRV geschützte negative Staatsleistungen darstellen können (vgl. *G. Hammer*, HdbStKirchR I, S. 1065, 1096, m.v.w.N.); zur Absicherung der Staatsleistungen sogleich weiter im Text.

[37] Für eine Form der Ausgestaltung der Staatsleistungsgarantie nach Art. 138 I WRV: Regierungsbegründung evKVMV, LT-Drs. M.-V. 1/4126, S. 24; *A. Hollerbach*, JZ 1965, S. 613, 614; offener, mit Abstellen auf eine Einzelfallprüfung: *J. Isensee*, HdbStKirchR I S. 1009, 1025f.; *A. v. Campenhausen*, 2. Aufl., S. 196; ablehnende Entscheidungen aus der Rechtsprechung: BVerfGE 19, 1 [13ff.]; BVerwG KirchE 16, 140, 141f.; BFH NVwZ 1998, S. 882f.

[38] *G. Hammer*, HdbStKirchR I, S. 1065, 1067f., mit anschließendem Überblick über die einschlägigen Vorschriften; *A. v. Campenhausen*, 3. Auflage, S. 307.

[39] So Regierungsbegründung evKVBBG, LT-Drs. BBG 2/3442, Vertragsbegründung, S. 18; allgemein und zu den Regelungen in früheren Staatskirchenverträgen vgl.: *G. Hammer*, HdbStKirchR I, S. 1065, 1097f. m.N.

gen des Landesrechts festgeschrieben, so mit der Einbeziehung von § 6 I Nr. 1 und II JustizKostG BBG in Art. 17 II 1 und 2 neben der Bestätigung von § 8 I Nr. 5 GebührenG BBG in Art. 17 I evKVBBG. Demgegenüber beziehen die Verträge von Thüringen und Sachsen-Anhalt[40] die vertragliche Gewährleistung der Gebührenbefreiung auf die landesgesetzlichen Gebührenbefreiungen für den Staat und formulieren sie insoweit gegenüber den landesgesetzlichen Grundlagen eigenständiger[41]. Noch umfassender erstrecken Art. 16 evKVMV, Art. 21 MVKKV und Art. 11 JüdVMV die entsprechende vertragliche Gewährleistung auf die für das Land geltenden Befreiungen von Steuern und Gebühren.

Darüber hinaus werden den Kirchen weitere Gewährleistungen von Gebührenfreiheit für Amtshandlungen ausdrücklich zugesichert, die sich bereits aus dem geltenden staatlichen Recht über die Regelungen zur Amtshilfe ergeben sollen[42]. So wird mit Ausnahme von Thüringen den vertragschließenden Kirchen unter Bezugnahme auf den Grundsatz der Amtshilfe[43] ausdrücklich eingeräumt, daß keine Gebühren für die melde- und kirchensteuerrechtliche Übermittlung von religionsbezogenen Daten erhoben werden[44]. Weiter bleibt hier die mit Art. 12 ErzBistVHH zugesagte, laut dazugehörigem Schlußprotokoll aber auf nur fünf Jahre begrenzte Gebührenfreiheit für Maßnahmen, insbesondere in Fragen der Vermögenszuordnung, aufzuführen, mit denen die Errichtung des Erz-

---

[40] Art. 17 evKVLSA, Art. 21 LSAKKV, Art. 14 JüdVLSA, Art. 17 evKVTh und Art. 24 ThKKV.

[41] So ist die Befreiung nach § 2 I Nr. 2 VerwKostG LSA erst der staatskirchenvertraglichen Regelung nach Art. 17 evKVLSA zu verdanken; vgl. Art. 2 II des Zustimmungsgesetzes zum evKVLSA. Dagegen bestanden die landesrechtlichen Gebührenbefreiungen im übrigen für die Religionsgemeinschaften wie für den Staat bereits vor Vertragsschluß, einschließlich des § 7 I 1 JustizKostG LSA.

[42] Zu Vorsicht beim Umgang mit dem Begriff der Amtshilfe mahnt allerdings *D. Ehlers*, HdbStKirchR II, S. 1117, 1119f., mit Blick auf den Einzelfall- und Ausnahmecharakter des Instituts, der überdies weitgehend eine übergreifende verfassungsrechtliche Verpflichtung des Staates zur Amtshilfe ablehnt (S. 1120ff., 1134ff.); weitergehend allerdings *W. Rüfner*, HdbStKirchR II¹, S. 839, 842f., und *K. G. Meyer-Teschendorf*, EssGespr. 15, S. 9, 28f., 57, als systemgerechte Ergänzung staatlich verliehener Hoheitsbefugnisse in eigenen wie in übertragenen staatlichen Aufgaben; vgl. auch *B. Schlink*, EvStL I³, Sp. 54, 55.

[43] Vgl. Regierungsbegründung LSAKKV, LT-Drs. LSA 2/4475, S. 55; sowie jeweils mit Hinweis auf § 1 SächsVwVfG i.V.m. § 8 I 1 VwVfG: Regierungsbegründung evKVSachsen, LT-Drs. Sachsen 1/4649, Vertragsbegründung, S. 27f., und Regierungsbegründung SachsenKKV, LT-Drs. Sachsen 2/3612, Vertragsbegründung, S. 39f.; gegen die Qualifzierung dieser Form staatlicher Informationshilfe als Amtshilfe aber mit guten Gründen: *D. Ehlers*, HdbStKirchR II, S. 1117, 1119f., näher zu den Grundlagen der staatlichen Informationspflichten bei der Kirchensteuererhebung sogleich unten, S. 79f., unter III. Teil B. I. 2. b)!

[44] Art. 22 IV evKVBBG, Art. 18 II 4 evKVMV, Art. 22 II 2 MVKKV, Art. 15 II evKVSachsen, Art. 23 II SachsenKKV sowie jeweils Absatz 2 des Schlußprotokolls zu Art. 23 evKVLSA und zu Art. 20 LSAKKV.

bistums Hamburg durchgeführt werden soll[45]. Auch die Unterstützung bei der Beitreibung von Friedhofsgebühren im kirchlichen Friedhofswesen auf Antrag des Friedhofsträgers[46] ist nach den Vertragsmotiven aus dem Gesichtspunkt der Amtshilfe wegen der Entlastung der Kommunen von gemeindlichen Pflichtaufgaben durch die Aufgabenerfüllung der Kirchen begründet[47]. Dementsprechend bleibt das Angebot auf den Bereich der „hoheitlichen", die Kommunen entlastenden Aufgabenwahrnehmung unter Ausschluß der Gebühren für religiöse Amtshandlungen, wie etwa die Beerdigungsfeierlichkeiten u.ä., beschränkt[48].

b) Die Rechtspositionen im Zusammenhang mit der Kirchensteuerberechtigung

Weitgehend einheitlich ist in allen Evangelischen und den umfassenden Katholischen Kirchenverträgen das kirchliche Besteuerungsrechts zum Zwecke der „zusätzlichen Stärkung und Sicherung"[49] festgehalten worden. Verfassungsrechtlich ist es über die Verweisungen auf Art. 137 VI WRV[50] sowie über Art. 36 IV Verf.BBG garantiert und in den neuen Ländern durch das KiStG-DDR landesgesetzlich ausgeformt, das im Beitrittsgebiet gem. Art. 9 V Einigungsvertrag gilt. Im einzelnen variiert die vertragliche Festschreibung dieser Kirchensteuergarantie lediglich leicht

---

45 Die Regierungsbegründung M.-V. zum ErzBistVHH, LT-Drs. M.-V. 1/4449, S. 17, führt die Rechtfertigung der Gebührenbefreiung jedenfalls allein auf den öffentlich-rechtlichen Körperschaftsstatus zurück.

46 So in: Art. 20 IV 1 evKVBBG, Art. 21 II 2 evKVLSA,Satz 2 des Schlußprotokolls zu Art. 16 LSAKKV, Art. 22 III 2 evKVTh, Art. 17 III 2 ThKKV, Art. 22 III evKVSachsen und Satz 1 des Schlußprotokolls zu Art. 18 II SachsenKKV.

47 Regierungsbegründung evKVLSA, LT-Drs. LSA 1/3087, Vertragsbegründung, S. 16; Regierungsbegründung evKVBBG, LT-Drs. BBG 2/3442, Vertragsbegründung, S. 19, sowie die in der folgenden Fußnote genannten Motive; ablehnend dagegen *D. Ehlers*, HdbStKirchR II, S. 1117, 1124f., mit dem Hinweis auf die originäre Eigenzuständigkeit der Kirchen für das kirchliche Friedhofswesen, die freilich ihrerseits nicht unumstritten ist, vgl. dazu nur einerseits *A. v. Campenhausen*, 3. Aufl., S. 207ff., und andererseits *K.-H. Kästner* (1991), S. 117f., jeweils m.w.N.

48 Vgl. ausdrücklich Schlußprotokoll zu Art. 22 III evKVSachsen und Satz 2 und 3 des Schlußprotokolls zu Art. 18 II SachsenKKV; dazu: Regierungsbegründung evKVSachsen, LT-Drs. Sachsen 1/4649, Vertragsbegründung, S. 35; Regierungsbegründung SachsenKKV, LT-Drs. Sachsen 2/3612, Vertragsbegründung, S. 27f.; vgl. ähnlich auch Regierungsbegründung LSAKKV, LT-Drs. LSA 2/4475, S. 51.

49 Aus dem Schrifttum so auch allgemein zu der staatskirchenvertraglichen Übernahme der Kirchensteuergarantie: *H. Marré*, HdbStKirchR I, S. 1101, 1113, auch schon S. 1112; v. Mangoldt/Klein/*A. v. Campenhausen*, GG, Art. 140GG/137 WRV Rn. 192.

50 Durch Art. 140 GG, Art. 9 I Verf.M.-V., Art. 109 IV Sächs.Verf., Art. 32 V Verf.LSA und Art. 40 Verf.Th./Art. 140 GG.

bei einzelnen Konkretisierungen, weil im ganzen das Kirchensteuergesetz der DDR als befriedigende Lösung angesehen war[51]. Die Abweichungen sind aber allesamt von dem Bemühen getragen, die nach Verfassungsrecht und dem Kirchensteuergesetz der DDR bestehenden weiten Spielräume für die Kirchensteuererhebung vor allem im Hinblick auf die Kirchensteuergläubiger und die Kirchensteuerarten[52] in den Verträgen zu fixieren. Während die einschlägigen kürzeren Vertragsklauseln nur von einer beispielhaften Aufzählung der von der Kirchensteuergarantie umfaßten kirchlichen Abgabeformen ausgehen[53], wird in Art. 16 I evKVSachsen und Art. 21 I SachsenKKV jeweils nebst Schlußprotokoll das kirchliche Steuererhebungsrecht abschließend[54] und detailliert in Anlehnung an die in § 6 KiStG-DDR eingeräumten Möglichkeiten vertraglich festgehalten. Dem entsprechen aber inhaltlich die offeneren Formulierungen in den anderen Verträgen[55], die allesamt zumindest auch das Kirchgeld ausdrücklich als Kirchensteuerart festschreiben[56].

Mit dem Verweis auf die mittlerweile überholten „bürgerlichen Steuerlisten" verpflichtet die verfassungsrechtliche Kirchensteuergarantie den Staat dazu, die Möglichkeit geordneter Kirchensteuerverwaltung durch die Religionsgemeinschaften mittels Übermittlung geeigneter Informationen u.a. sicherzustellen[57]. Auch dieser Aspekt wird in den Staatskirchenverträgen der vertraglichen Absicherung zugeführt, indem kirchliche Auskunfts- und Einsichtsrechte gegenüber der staatlichen Finanzverwaltung festgehalten werden. Die Ausgestaltung dieser Bekräftigung weist in den einzelnen Verträgen zwar leichte Unterschiede in der Formulierung der einzelnen Vorbehalte und Einschränkungen im Hinblick auf den Verwaltungsaufwand und den erforderlichen kirchlichen Datenschutz auf. Im Kern wird aber in allen Verträgen der nach der Verfassung gebotene

---

[51] Vgl. beispielhaft die Regierungsbegründung zum evKVSachsen, LT-Drs. Sachsen 1 / 4649, Vertragsbegründung, S. 28.

[52] v. Mangoldt / Klein / *A. v. Campenhausen*, GG, Art. 140 GG / 137 WRV Rn. 199; *H. Engelhardt* (1991), S. 50–59.

[53] Regierungsbegründung evKVLSA, LT-Drs. LSA 1 / 3087, Vertragsbegründung, S. 14.

[54] Regierungsbegründung evKVSachsen, LT-Drs. Sachsen 1 / 4649, Vertragsbegründung, S. 28.

[55] Art. 14 I evKVBBG, Art. 14 I evKVLSA, Art. 19 I LSAKKV, Art. 17 I evKVMV, Art. 18 I MVKKV, Art. 25 I 1 ThKKV und Art. 14 I 1 evKVTh.

[56] Eine neue Ausformung ist immerhin mit der Mindestbetragskirchensteuer ausdrücklich in Art. 14 I evKVLSA und Art. 14 II evKVTh aufgeführt; vgl. Regierungsbegründung evKVTh, LT-Drs. Th 1 / 3273, S. 13.

[57] BVerfGE 44, 37 [57]; *K. G. Meyer-Teschendorf*, EssGespr. 15, S. 9, 22ff.; *W. Schatzschneider*, NJW 1983, S. 2554, 2555; *H. Marré*, HdbStKirchR I, S. 1101, 1112f.

und in § 9 I KistG-DDR bzw. in den Meldegesetzen landesrechtlich umgesetzte Anspruch[58] bestätigt, die für die kirchliche Besteuerung erforderlichen Unterlagen zur Verfügung zu stellen[59]. Mit diesen vertraglichen Absicherungen der Versorgung mit den kirchensteuerrelevanten Daten durch die staatlichen Behörden hängt die Bekräftigung weitergehender staatlicher Zusagen zusammen, die Kirchen bei der Ordnung des kirchlichen Mitgliedschaftswesens durch die Übermittlung von Meldedaten zu unterstützen. Freilich halten alle einschlägigen Vertragsbestimmungen selbst den kirchlichen Anspruch ausdrücklich nur im Grundsatz fest und verweisen für die Festlegung des näheren Umfangs wie der Modalitäten auf die Meldegesetze[60]. Bei den Landesmeldegesetzen ist zumeist von der Ermächtigung zur Übermittlung von Daten an die Kirchen nach § 19 MRRG Gebrauch gemacht worden. Die Nutzung dieser Übertragungsmöglichkeit wird den Kirchen für alle „zur Erfüllung ihrer Aufgaben erforderlichen Daten aus dem Melderegister" vertraglich festgeschrieben[61]. Dabei sichert der Freistaat Thüringen in Art. 24 I 2 evKVTh und Art. 28 I 2 ThKKV ausdrücklich zu, sich beim Bund um die Erhaltung der rahmenrechtlichen Grundlagen zu bemühen. Im übrigen wird das jeweilige Landesmelderecht als maßgeblich ausgewiesen[62]. Nur Absatz 3 des Schlußprotokolls zu Art. 15 I evKV-Sachsen und Abs. 2 des Schlußprotokolls zu Art. 23 I SachsenKKV zielen auf eine ausdrückliche statische Verweisung ab.

[58] *D. Ehlers*, HdbStKirchR II, S. 1117, 1136, hebt zu Recht hervor, daß die einschlägigen Landesgesetze zur Informationshilfe, hier insbesondere § 9 I KiStG-DDR, nicht deklaratorisch, sondern notwendige Ausgestaltung des verfassungsrechtlichen Anspruchs sind.

[59] Besonders prägnant: Art. 17 V 2 evKVMV, Art. 18 V 2 MVKKV und Art. 15 III evKVBBG; weiter: Art. 15 II 3 evKVLSA, Absatz 2 Satz 4 des Schlußprotokolls zu Art. 19 I LSAKKV, Art. 15 II 3 evKVTh und Art. 26 II 3 ThKKV mit ausdrücklicher Beschränkung „im Rahmen der vorhandenen Unterlagen und eines vertretbaren Verwaltungsaufwandes", ähnlich auch Art. 17 II 3 nebst Schlußprotokoll evKVSachsen und lit. b) Satz 3–5 des Schlußprotokolls zu Art. 22 SachsenKKV zusätzlich unter Betonung, daß damit nicht auch „die Aufbereitung des Datenmaterials nach bestimmten Ordnungsgesichtspunkten" umfaßt ist; vgl. dazu nur Regierungsbegründung SachsenKKV, LT-Drs. Sachsen 2/3612, Vertragsbegründung, S. 39.

[60] Zu den weiteren verfassungsrechtlichen Grundlagen der Informationshilfe vgl. *T. Hoeren* (1986), S. 86ff.; *K.G. Meyer-Teschendorf*, EssGespr. 15, S. 9, 17ff.; *W. Schatzschneider*, NJW 1983, S. 2554ff.

[61] Art. 23 S. 1 evKVLSA, Art. 20 S. 1 LSAKKV, Art. 15 I 1 evKVSachsen, Art. 23 I 1 SachsenKKV, Art. 22 I evKVBBG, Art. 18 I evKVMV, Art. 22 I MVKKV, Art. 24 I 1 evKVTh, Art. 28 I 1 ThKKV; vgl. dazu nur Regierungsbegründung evKVBBG, LT-Drs. BBG 2/3442, Vertragsbegründung, S. 20; Regierungsbegründung evKVSachsen, LT-Drs. Sachsen 1/4649, Vertragsbegründung, S. 26.

[62] Art. 18 II 1 evKVMV, Art. 22 I, II 1 MVKKV, Art. 15 I 2 evKVSachsen, Art. 23 I 2 SachsenKKV, Art. 24 I 1 evKVTh, Art. 28 I 1 ThKKV und Schlußprotokoll zu Art. 22 I evKVBBG.

Darüber hinaus schreiben die Staatskirchenverträge ebenfalls geschlossen das kirchliche Recht auf die staatliche Kirchensteuerverwaltung fest. Dieses ist zwar nicht zwingend unmittelbar in der verfassungsrechtlichen Kirchensteuergarantie nach Art. 140 GG / Art. 137 VI WRV enthalten[63]. Denn das soeben angesprochene verfassungsrechtliche Gebot verlangt vom Staat lediglich die Sicherstellung der geordneten kirchlichen Steuererhebung[64]. Aber in der landesrechtlichen Ausgestaltung, auf die Art. 140 GG / Art. 137 VI WRV verweist, räumen die neuen Länder mit § 10 KiStG-DDR den steuerberechtigten öffentlich-rechtlichen Religionskörperschaften einen Anspruch auf staatliche Kirchensteuerverwaltung ein, freilich unter Ausschluß der Kirchgelderhebung. Die staatskirchenvertragliche Bekräftigung dieser Übertragungsmöglichkeiten der Kirchensteuerverwaltung auf die staatlichen Finanzämter ist zumeist ganz in Anlehnung an § 10 KiStG-DDR als Recht der Kirchen auf Antrag ausgestaltet[65]. Bei den anderen Formulierungen dieser Gewährleistung fällt das Antragserfordernis weg: Nach Art. 22 S. 1 SachsenKKV kann die Kirchensteuerverwaltung den staatlichen Finanzämtern übertragen werden, nach Art. 17 I 1 evKVSachsen wird dies erfolgen, und nach Art. 17 IV 1 evKVMV und Art. 18 IV 1 MVKKV sind die Festsetzung und Erhebung der Kirchensteuer den Finanzsämtern zu übertragen. Auch die staatliche Vollstreckung der Kirchensteuer wird im wesentlichen einheitlich in den Staatskirchenverträgen der neuen Länder ausdrücklich festgeschrieben[66]. Unterschiede ergeben sich aber bei der Fixierung der verbleibenden kirchlichen Einflußmöglichkeiten auf die Festsetzung, Erhebung und Beitreibung der Kirchensteuern im Einzelfall. In den meisten Verträgen ist lediglich vorgesehen, daß die kirchlichen Vertragspartner die Übertragung der Vollstreckung auf die staatlichen Finanzbehörden in der Hand behalten[67] bzw. auf die Vollstreckung der Kirchensteuern verzichten können[68]. Die Verzichtsmöglichkeiten auf eine staatliche Vollstreckung werden in Art. 15 III 2 evKVLSA und Art. 15 IV 2 evKVBBG ausdrücklich auf „besonders begründete Einzelfälle“ beschränkt. Für die Staatskirchenverträge des Freistaats Sachsen und für Art. 19 V LSAKKV werden

---

[63] Vgl. nur *J. Neumann*, Gutachten zum evKVMV, S. 3.

[64] *D. Ehlers*, in: *M. Sachs* (Hrsg.), GG, Art. 140 GG / Art. 137 WRV Rn. 21, 24.

[65] Art. 15 I evKVBBG, Art. 15 I 1 evKVLSA, Art. 19 IV 1 LSAKKV, Art. 15 I 1 evKVTh, Art. 26 I 1 ThKKV.

[66] Art. 15 IV 1 evKVBBG, Art. 15 III 1 evKVLSA, Art. 19 V LSAKKV, Art. 17 VI 1 evKVMV, Art. 18 VI 1 MVKKV, Art. 17 IV evKVSachsen, Art. 22 S. 3 SachsenKKV, Art. 26 III ThKKV, Art. 15 III evKVTh.

[67] Art. 15 III evKVTh, Art. 26 III ThKKV.

[68] Art. 17 VI 2 evKVMV, Art. 18 VI 2 MVKKV.

sie dagegen insgesamt abgelehnt[69]. Demgegenüber halten Art. 17 III 2 evKVSachsen und lit. c) Satz 2 des Schlußprotokolls zu Art. 22 SachsenKKV in der Formulierung des § 12 II 2 KiStG-DDR ausdrücklich das Recht der Kirchen fest, im Einzelfall aus Billigkeitsgründen besondere Maßnahmen der abweichenden Festsetzung, Stundung, Niederschlagung oder des Erlasses zu ergreifen.

c) Die Garantie der Staatsleistungen nach Art. 140 GG / Art. 138 I WRV

Art. 140 GG / Art. 138 I WRV und das darauf aufbauende Landesverfassungsrecht[70] enthalten über das Ablösungsgebot nach den vom „Reich" aufzustellenden „Grundsätzen" eine mit deren Umsetzung bedingte Verbürgung des Fortbestands der auf Gesetz, Vertrag oder besonderen Rechtstiteln beruhenden Staatsleistungen an die Religionsgemeinschaften[71]. Ausdrücklich wird die Geltung dieser mit dem Ablösungsgebot verbundenen Garantie nur nach Art. 13 VI evKVLSA, Art. 13 VII evKVTh, Art. 23 VII ThKKV sowie nach Absatz 4 des Schlußprotokolls zu Art. 18 III LSAKKV festgestellt. Die übrigen Staatskirchenverträge nehmen die verfassungsrechtliche Gewährleistung aber immerhin im Grundsatz auf. Denn sie gelten die gesamten Ansprüche auf Staatsleistungen ausdrücklich mit Bezug auf die Verpflichtungen aus Art. 140 GG / Art. 138 I WRV und entsprechendem Landesverfassungsrecht pauschal ab und sichern sie damit auf neuer vertraglicher Grundlage ausgestaltet ab[72]. Bei diesen Verpflichtungen zur Zahlung von pauschalierten Gesamtzuschüssen als bereinigte Zusammenfassung der Altverbindlichkeiten setzt sich das verfassungsrechtliche Gebot zur Ablösung und die zwischenzeit-

---

[69] Regierungsbegründung evKVSachsen, LT-Drs. Sachsen 1 / 4649, Vertragsbegründung, S. 32; Regierungsbegründung SachsenKKV, LT-Drs. Sachsen 2 / 3612, Vertragsbegründung, S. 38; Regierungsbegründung LSAKKV, LT-Drs. LSA 2 / 4475, S. 55.

[70] Art. 37 II 1 Verf.BBG, Art. 40 Verf.Th, Art. 9 I Verf.M.-V., Art. 109 IV und 112 I Sächs.Verf. sowie Art. 32 V Verf.LSA.

[71] Ausführlich: *J. Isensee*, HdbStKirchR I, S. 1009, 1015ff., 1043ff.

[72] Art. 13 I 1 evKVBBG, Art. 12 I evKVMV, Art. 20 I MVKKV, Art. 14 I evKVSachsen mit Schlußprotokoll Satz 1 und 2, Art. 20 Satz 1 SachsenKKV mit Schlußprotokoll lit. a) Satz 1, 2; im übrigen dann Art. 13 I evKVLSA, Art. 18 I LSAKKV, Art. 13 I evKVTh, Art. 23 I ThKKV; vgl.: Regierungsbegründung evKVSachsen, LT-Drs. Sachsen 1 / 4649, Vertragsbegründung, S. 19; Regierungsbegründung evKVBBG, LT-Drs. BBG 2 / 3442, Vertragsbegründung, S. 12f.; Regierungsbegründung evKVMV, LT-Drs. M.-V. 1 / 4126, S. 23; zu den Einzelheiten der Ausgestaltung vgl. bei den Darlegungen zur rechtsgeschäftlichen Funktion der Staatskirchenverträge: unten III. Teil C. III. 2 c) (= S. 296ff.)!

liche Garantie der Staatsleistungen fort[73]. Art. 13 VI evKVLSA, Absatz 4 des Schlußprotokolls zu Art. 18 III LSAKKV, Art. 13 VII evKVTh und Art. 23 VII ThKKV stellen das ausdrücklich klar. In negativer Hinsicht ist im Schlußprotokoll zu Art. 7 BistVEF festgehalten, daß durch die Errichtung des Bistums Erfurt keine neuen Staatsleistungen begründet werden. Schließlich ist im Zusammenhang mit der vertraglichen Bekräftigung der verfassungsrechtlichen Verbürgungen für die Staatsleistungen an die Religionsgemeinschaften noch auf die ausdrückliche Klarstellung hinzuweisen, daß die Verwendung der Mittel aus Staatsleistungen ohne staatliche Prüfung frei durch die Kirchen erfolgt[74]. Dies ist eine verfassungsrechtlich zwingend vorgegebene Konsequenz aus der Rechtsnatur der Staatsleistungen als rechtsverbindliche Leistungsverpflichtungen des Staates gegenüber den Kirchen zur Bestreitung der kirchlichen Unterhaltsbedürfnisse in Kompensation für die Vermögenseinbußen aus staatlichen Säkularisierungsmaßnahmen[75]. Deshalb gilt auch ohne ausdrückliche Erwähnung die gleiche Rechtslage für die Staatskirchenverträge von Brandenburg und Mecklenburg-Vorpommern.

d) Die Gewährleistung des Kirchenguts nach Art. 140 GG / Art. 138 II WRV

Die Verfassungsgarantie kirchlichen Vermögens nach Art. 138 II WRV, in das geltende Verfassungsrecht inkorporiert mit Art. 140 GG, Art. 9 I Verf.M.-V., Art. 109 IV Sächs.Verf., Art. 32 V Verf.LSA und Art. 40 Verf.Th. / Art. 140 GG, sowie nach Art. 37 I Verf.BBG, hat in allen Evangelischen und Katholischen Kirchenverträgen, aber nicht in den Jüdischen Verträgen eine vertragliche Verfestigung gefunden. Leichte Unterschiede ergeben sich bei der Formulierung des Bezugs der vertragsrechtlichen auf die verfassungsrechtliche Gewährleistung. Art. 8 I evKVSachsen, Art. 16 I nebst Schlußprotokoll SachsenKKV und Art. 6 I evKVBBG gewährlei-

---

[73] Vgl. Regierungsbegründung evKVMV, LT-Drs. M.-V. 1 / 4126, S. 23; *J. Isensee*, HdbStKirchR I, S. 1009, 1049f.; vgl. für den schleswig-holsteinischen Evangelischen Kirchenvertrag: *I.-M. Matthiesen*, S. 101f.

[74] Satz 1 und 2 des Schlußprotokolls zu Art. 14 II evKVSachsen, lit. b) Satz 1 und 3 des Schlußprotokoll zu Art. 20 SachsenKKV, Schlußprotokoll zu Art. 13 VI evKVTh, Schlußprotokoll zu Art. 23 VI ThKKV, sowie jeweils Absatz 2 des Schlußprotokolls zu Art. 13 V evKVLSA bzw. zu Art. 18 I LSAKKV.

[75] *J. Isensee*, HdbStKirchR I, S. 1009, 1020f.; vgl. dazu weiter: Regierungsbegründung evKVSachsen, LT-Drs. Sachsen 1 / 4649, Vertragsbegründung, S. 25; *A. v. Campenhausen*, NVwZ 1995, S. 757, 761; unglückliche Formulierung daher bei Ministerpräsident *B. Vogel*, Einbringung zum ThKKV, PlenProt. Th 2 / 62, S. 5353: Staatsleistungen als „freiwillige Leistungen des Landes zur Erfüllung der Aufgaben der ... Kirche“.

sten das Eigentum und andere Vermögensrechte den Kirchen „in dem Umfang des Art. 138 II" WRV (ähnlich auch Art. 15 I nebst Schlußprotokoll LSAKKV). Nach Art. 7 I 1 evKVLSA, Art. 7 I evKVMV sowie Art. 16 I MVKKV erfolgt der Schutz des Kirchenguts „gemäß" Art. 138 I WRV i.V.m. den verfassungsrechtlichen Inkorporationsbestimmungen. Art. 8 I evKVTh und Art. 19 I ThKKV schließlich schützen das kirchliche Vermögen „nach Maßgabe von Art. 140 des Grundgesetzes" i.V.m. Art. 138 II WRV. Einige Stimmen in der Literatur folgern aus den abweichenden Formulierungen auf einen unterschiedlichen Gewährleistungsgehalt: Nur die vertragliche Schutzzusage „in dem Umfange" der verfassungsrechtlichen Kirchengutsgarantie, insbesondere des nicht mehr veränderbaren Art. 138 II WRV, sichere den verfassungsrechtlichen status quo vertraglich ab[76]. Die geringen Abweichungen des Wortsinnes deuten aber nicht auf solch weitgehende Folgen hin. Ganz im Gegenteil lassen sie sich schlicht historisch mit bloßen Formulierungsunterschieden schon bei älteren westdeutschen Staatskirchenverträgen erklären[77]. Schließlich sind unterschiedliche Intentionen der Vertragspartner im Rückgriff auf die zugänglichen Vertragsmotive auszuschließen[78]. Auch die Betonung des besonderen Schutzes des Kirchengutes in Art. 7 I 1 evKVLSA bezieht sich nicht auf den spezifisch vertragsrechtlichen Gehalt der Zusage. Sie gründet allein auf der „über den normalen Schutz von Vermögensrechten" (Art. 14 GG) hinausgehenden verfassungsrechtlichen Gewährleistung des Kirchenvermögens[79]. Damit folgen alle einschlägigen staatskirchenvertraglichen Regelungen im Schutzumfang der verfassungsrechtlichen Kirchengutsgarantie. Sie sollen aber in ihrer Geltung als vertragliche Vereinbarung vom Bestand der Verfassungsgarantie unabhängig sein[80].

---

[76] *I.-M. Matthiesen*, S. 91f.; *G. Lenz*, S. 181; wohl auch *H.-U. Klose*, S. 116, und *K. Hesse*, JöR N.F. 10 (1961), S. 3, 57.

[77] Vgl. *E. Ruppel*, S. 401–403.

[78] Trotz der abweichenden Formulierung sehen sowohl die Regierungsbegründung evKVBBG, LT-Drs. BBG 2/3442, Vertragsbegründung, S. 5, als auch die Regierungsbegründung evKVMV, LT-Drs. M.-V. 1/4126, S. 21, mit der vertragsrechtlichen Klausel die verfassungsrechtliche Kirchengutsgarantie „wiederholt"; ähnlich auch Regierungsbegründung evKVSachsen, LT-Drs. Sachsen 1/4649, Vertragsbegründung, S. 12 („übernommen"), und Regierungsbegründung evKVTh, LT-Drs. Th 1/3273, S. 12. Danach ergeben sich weder aus den Vertragstexten noch aus den Motiven Anhaltspunkte für die Annahme einer dynamischen Verweisung auf den jeweils aktuellen verfassungsrechtlichen Kirchengutsschutz anstelle einer Festschreibung des status quo.

[79] Regierungsbegründung evKVLSA, LT-Drs. LSA 1/3087, Vertragsbegründung, S. 7, *A. Vulpius*, LKV 1994, S. 277, 279, und *A. Vulpius*, JöR n.F., 43 (1995), S. 327, 338, unter Bezugnahmen auf BVerwGE 87, 115.

[80] *C. Meyer*, HdbStKirchR I, S. 907, 917f.

Einzelne Ausprägungen der Kirchengutsgarantie haben in den Staatskirchenverträgen eine gesonderte Bekräftigung erfahren. An erster Stelle ist hier der Schutz bei staatlichen Enteignungsmaßnahmen zu nennen, der zwar auch schon in älteren Staatskirchenverträgen ausdrücklich hervorgehoben wurde[81]. Vor dem geschichtlichen Hintergrund der staatlichen Übergriffe auf das Vermögen von Religionsgemeinschaften in der NS-Zeit und in der DDR entstand auf Seiten der Religionsgemeinschaften aber das Bedürfnis nach besonderen Schutzvorkehrungen gegen staatliche Enteignungsvorhaben[82]. Freilich konnten die Religionsgemeinschaften in allen umfassenden neuen Staatskirchenverträgen einschließlich des Jüdischen Vertrages LSA weitgehend[83] nur die staatliche Zusicherung durchsetzen, daß bei der Anwendung der enteignungsrechtlichen Vorschriften auf ihre Belange Rücksicht genommen wird[84]. Da die Kirchengutsgarantie nach Art. 138 II WRV als Abwehrrecht besonderen Schutz gegenüber direkten staatlichen Zugriffen auf das Eigentum der Kirchen entfaltet[85] und die Vertragsbestimmungen sich nur auf die Berücksichtigung der religiösen Belange im Rahmen staatlicher Abwägungsentscheidungen und Ermessensbetätigung beziehen[86], stellen sie sich lediglich als vertragsrechtliche Bekräftigung der ohnehin nach der Kirchengutsgarantie gebotenen Ermessenserwägungen dar[87]. Im Schlußprotokoll zu Art. 19 I ThKKV ist weiter ein besonderer Hinweis auf das grundsätzliche Erfordernis des kirchlichen Einvernehmens beim Abbruch eines gottesdienstlichen Gebäudes festgehalten[88]. Dieser sieht in Abweichung von Art. 17 II RK Ausnahmen aus zwingenden Gründen der Gefahrenabwehr vor, wie auch die anderen Ver-

---

[81] Art. 18 I, II evKVNds, Art 23 II evKVSchlH, Art. 18 II evKVHess.

[82] *A. Vulpius*, LKV 1994, S. 277, 279.

[83] Zu den weitergehenden Ansätzen, insbesondere in den Schlußprotokollen jeweils zu Art. 7 II evKVLSA, zu Art. 15 II LSAKKV sowie ebenso zu Art. 5 JüdVLSA: vgl. unten bei der Darstellung der besonderen Rechtsgewährleistungen im Rahmen der Förderfunktion unter III. Teil D. I. (= S. 319f. sowie S. 337)!

[84] Art. 8 II evKVTh, Art. 19 II ThKKV, Art. 8 II evKVSachsen, Art. 16 II SachsenKKV, Art. 7 II evKVLSA, Art. 15 II LSAKKV, Art. 7 II evKVMV, Art. 16 II MVKKV, Art. 6 II evKVBBG.

[85] *K.-H. Kästner*, HdbStKirchR I, S. 891, 895 u. 900f.; *D. Ehlers*, in: *M. Sachs* (Hrsg.), GG, Art. 140 GG / 138 WRV Rn. 6.

[86] So selbst zu den vergleichsweise weitgehenden Regelungen in LSA die Regierungsbegründungen: LT-Drs. LSA 1 / 3087, Vertragsbegründung, S. 7f., sowie LT-Drs. LSA 2 / 4475, S. 50; vgl. weiter Regierungsbegründung evKVBBG, LT-Drs. BBG 2 / 3442, Vertragsbegründung, S. 5; Regierungsbegründung evKVMV, LT-Drs. M.-V. 1 / 4126, S. 21.

[87] Mit etwas anderer, erweiternder Deutung *R. Mainusch* (1995), S. 184, im Hinblick auf die Schutzobjekte; kritisch zu diesem Ansatz von *R. Mainusch*: *K.-H. Kästner*, AöR 123 (1998), S. 333, 334.

[88] *R. Mainusch* (1995), S. 278, sieht darin nun wiederum keinen über Art. 140 GG / Art. 138 II WRV hinausgehenden Schutzgehalt.

träge keinen absoluten Schutz vor staatlichen Enteignungen statuieren[89]. Bei staatlichen Kompensationsmaßnahmen für frühere vermögensrechtliche Eingriffe wird schließlich in fast allen Staatskirchenverträgen einer Sonderbehandlung der vertragsschließenden Religionsgemeinschaften eine klare Abage erteilt[90], indem auf die einschlägigen gesetzlichen Bestimmungen verwiesen wird[91]. Eine Besonderheit ist im Schlußprotokoll zu Art. 7 I evKVLSA mit der staatlichen Zusage festgelegt, die kirchliche Waldbewirtschaftung „im Rahmen der gesetzlichen Möglichkeiten" zu unterstützen. Damit sind in Übereinstimmung mit der allgemeinen Förderregelung zugunsten privater Waldbesitzer in § 24 LWaldG LSA u.a. eine kostenlose Beratung und eine entgeltliche Betreuung gemeint[92].

Die Kirchengutsgarantie soll die materielle Basis für das Wirken der Kirchen sicherstellen und schützt von daher alle vermögenswerten Rechte in ihrer widmungsgemäßen religionsbezogenen Funktion als materielle Grundlage für die religiöse Auftragswahrnehmung[93]. Zum Gegenstand der Garantie zählen deshalb auch die Nutzungsbefugnisse der Religionsgemeinschaften an fremdem Eigentum, das im Rahmen der Nutzungsrechte zu religiösen oder diakonischen Zwecken gewidmet ist. Die meisten der Staatskirchenverträge in den neuen Ländern nehmen die Gewährleistung solch bestehender Widmungszwecke bei staatlichen Gebäuden im Grundsatz auf[94]. Gekoppelt ist diese Absicherung der

---

[89] Regierungsbegründung evKVMV, LT-Drs. M.-V. 1/4126, S. 21; Regierungsbegründung MVKKV, LT-Drs. M.-V. 2/3100, S. 22; Regierungsbegründung evKVLSA, LT-Drs. LSA 1/3087, Vertragsbegründung, S. 7; Regierungsbegründung SachsenKKV, LT-Drs. Sachsen 2/3612, Vertragsbegründung, S. 25; für die Zulässigkeit staatlicher Enteignungsmaßnahmen auch gegenüber gottesdienstlichen Gebäuden im Rahmen der Bindung der Kirchen an das für alle geltende Gesetz: *D. Ehlers*, in: *M. Sachs* (Hrsg.), GG, Art. 140 GG/138 WRV Rn. 10; *R. Mainusch* (1995), S. 185f.; zweifelnd dagegen: *K.-H. Kästner*, HdbStKirchR I, S. 891, 895, 900f.; *A. Hollerbach*, HStR VI, § 139 Rn. 65; v. Mangoldt/Klein/*A. v. Campenhausen*, GG, Art. 140 GG/Art. 138 WRV Rn. 32f.; *G. Lenz*, S. 181f. mit Fn. 19.

[90] In den Vertragsmotiven ausdrücklich betont: vgl. Regierungsbegründungen zum evKVMV, LT-Drs. M.-V. 1/4126, S. 21, und zum MVKKV, LT-Drs. M.-V. 2/3100, S. 22.

[91] Art. 7 III evKVMV, Art. 16 III MVKKV, Schlußprotokoll zu Art. 8 II evKVTh, Schlußprotokoll zu Art. 19 II ThKKV, im Grundsatz auch Art. 6 III evKVBBG und Art. 7 III 1 evKVLSA; zu den weitergehenden Ansätzen, insbesondere in Art. 7 III 2, 3 und Schlußprotokoll evKVLSA sowie im Schlußprotokoll zu Art. 6 III evKVBBG: vgl. unten die Darstellung der besonderen Rechtsgewährleistungen im Zusammenhang mit der Förderfunktion: III. Teil D. I. (= S. 320 sowie S. 337)!

[92] Regierungsbegründung evKVLSA, LT-Drs. LSA 1/3087, Vertragsbegründung, S. 7.

[93] *K.-H. Kästner*, HdbStKirchR I, S. 891, 892–894; *D. Ehlers*, in: *M. Sachs* (Hrsg.), GG, Art. 140 GG/138 WRV Rn. 6, 8.

[94] Art. 10 I evKVTh, Art. 20 I ThKKV, Art. 11 I 1 evKVSachsen, Art. 17 I 1 SachsenKKV, Art. 15 III 1 LSAKKV sowie mit klärenden Hinweisen für einzelne Objekte: ausführlich Art. 9 nebst Schlußprotokoll zu Art. 9 I evKVLSA.

Widmungsgarantie mit einer Bestätigung der bestehenden Baulastpflichten für die betroffenen Gebäude[95]. Diese sind bei entsprechendem Herkommen als Staatsleistungen verfassungsrechtlich bereits über Art 138 I WRV i.V.m. den jeweiligen Inkorporationsbestimmungen gewährleistet[96]. Zur Entflechtung der Vermögensbeziehungen und in Anknüpfung an das Ablösungsgebot für Staatsleistungen halten die Vertragspartner in diesem Zusammenhang freilich im Vertragstext ausdrücklich ihr Bestreben fest, einvernehmliche Regelungen der einschlägigen Fälle zu erzielen[97].

3. Die Sonn- und Feiertagsgarantie sowie die Gewährleistung der Anstaltsseelsorge

Weitgehend einheitliche Aufnahme in den neuen Staatskirchenverträgen haben weiter die verfassungsrechtliche Garantie des Sonn- und Feiertagsschutzes nach Art. 140 GG / Art. 139 WRV[98] sowie deren Umsetzung in den Feiertagsgesetzen der Länder gefunden[99]. Alle einschlägigen Bestimmungen der Katholischen und Evangelischen Kirchenverträge bestätigen zunächst den staatlichen Schutz der Sonntage und der kirchlichen Feiertage. Aufgrund der allgemein gehaltenen Formulierung wurde im Schrifttum überlegt, ob die vertraglichen Gewährleistungen auf einen Bestandsschutz der derzeitigen Feiertage abzielen[100]. Dafür bietet der offene

---

[95] Art. 10 I evKVTh, Art. 20 I ThKKV, Art. 15 III 2 LSAKKV, weiter mit Einzelfallbezug Art. 11 I 1 evKVSachsen und Art. 17 I 1 SachsenKKV, beide mit Schlußprotokoll, und wiederum ausführlich Art. 9 nebst Schlußprotokoll zu Art. 9 I evKVLSA. Der Freistaat Sachsen erkennt in diesem Zusammenhang nach Satz 1 des Schlußprotokoll zu Art. 11 I evKVSachsen bereits die Baulastpflicht für die Schloßkapellen Augustusburg und Schloß Weesenstein sowie nach Satz 1 des Schlußprotokoll zu Art. 17 I SachsenKKV die Baulastpflicht für die Kathedrale in Dresden und für die Schloßkapellen Hubertusburg, Pillnitz und Moritzburg vertraglich an. Dabei handelt es sich um eine nicht abschließende Aufzählung nach dem Erkenntnisstand im Zeitpunkt des Vertragsschlusses.

[96] Regierungsbegründung SachsenKKV, LT-Drs. Sachsen 2 / 3612, Vertragsbegründung, S. 26; Regierungsbegründung LSAKKV, LT-Drs. LSA 2 / 4475, S. 50.

[97] Vgl. dazu unten bei der Darstellung der rechtsgeschäftlichen Vermögensentflechtung im Rahmen der staatskirchenvertraglichen Kooperationsformen III. Teil C. III. 2. a) (= S. 288ff.)!

[98] Bzw. Art. 14 Verf.BBG, Art. 9 I Verf.M.-V., Art. 109 IV Sächs.Verf., Art. 32 V Verf.LSA und Art. 40 Verf.Th.

[99] Zu der abweichenden Formulierung in Art. 20 evKVTh: *H. Weber*, Kriele-FS, S. 1009, 1017.

[100] *D. Pirson*, in: *R. Puza / A.P. Kustermann* (Hrsg.), S. 31, 44, und *H. Weber*, NVwZ 1994, S. 759, 761f., am Beispiel des Art. 19 evKVLSA, im Ergebnis allerdings unentschieden.

Wortlaut freilich wenig Anhaltspunkte. Zudem verweisen einige Bestimmungen[101] auf die unangetastete Kompetenz des Landesgesetzgebers zur Festlegung der gesetzlichen und Anerkennung der kirchlichen Feiertage. Aber auch den Klauseln der anderen Staatskirchenverträge[102] läßt sich eine Vertragsabsicht auf Festschreibung der bestehenden Rechtslage nicht entnehmen. Die Vertragsbegründungen bestätigen diese Motivlage, indem sie die vereinbarten Vertragsbestimmungen zum Sonn- und Feiertagsschutz als dem verfassungsrechtlichen Vorbild entsprechend[103] und die Aufnahme eines Durchführungsschutzes als intendierte Regelung ausweisen[104]. Damit wird im Grundsatz die verfassungsrechtliche Feiertagsgarantie vertraglich abgesichert, ohne die Ausgestaltungsspielräume bei der Bestimmung der geschützten Tage zu beschneiden[105].

Darüber hinaus wird in den Kirchenverträgen von Thüringen, Sachsen und Brandenburg die staatliche Verpflichtung festgehalten, auch bei den kirchlichen Feiertagen ohne staatliche Anerkennung den Schutz der Gottesdienste insbesondere durch die Sicherstellung von Besuchsmöglichkeiten in den Feiertagsgesetzen der Länder zu gewährleisten[106]. Auch die Jüdischen Verträge sichern mit Ausnahme von Thüringen diesen Schutz ausdrücklich ab[107]. Sie nehmen dabei weitergehend das jeweilige Landesfeiertagsgesetz nach dem im Zeitpunkt des Vertragsschlusses geltenden Stand hinsichtlich der festgeschriebenen Besuchsmöglichkeiten für reli-

[101] Mit jeweils Satz 1 des Schlußprotokolls zu Art. 21 evKVSachsen bzw. zu Art. 8 SachsenKKV und in Satz 1 des Schlußprotokolls zu Art. 18 evKVBBG.

[102] Art. 3 LSAKKV, Art. 19 evKVLSA, Art. 7 MVKKV, Art. 23 evKVMV, Art. 3 ThKKV, Art. 20 evKVTh.

[103] Regierungsbegründung evKVMV, LT-Drs. M.-V. 1/4126, S. 26; Regierungsbegründung evKVBBG, LT-Drs. BBG 2/3442, Vertragsbegründung, S. 18; Regierungsbegründung evKVTh, LT-Drs. Th 1/3273, S. 14 (ebenso zum ThKKV); Regierungsbegründung evKVSachsen, LT-Drs. Sachsen 1/4649, Vertragsbegründung, S. 34, mit Hinweis auf BVerwGE 79, 118 [122] sowie 236 [241] (ebenso zum SachsenKKV).

[104] Vgl. eingehend bei Sachsen-Anhalt einerseits für die staatliche Seite Regierungsbegründungen zum LSAKKV, LT-Drs. LSA 2/4475, S. 41, und zum evKVLSA, LT-Drs. LSA 1/3087, Vertragsbegründung, S. 16, sowie *A. Vulpius*, JöR N.F. Bd. 43 (1995), S. 327, 341, andererseits für die kirchlichen Vertragspartner die Begründung für das Zustimmungsgesetz der Synode der Kirchenprovinz Sachsen, Anlage zu Drs. 32/93 vom 25.10.1993, S. 15.

[105] Dies heben die Regierungsbegründungen zum evKVSachsen, LT-Drs. Sachsen 1/4649, Vertragsbegründung, S. 34, und zum SachsenKKV, LT-Drs. Sachsen 2/3612, Vertragsbegründung, S. 17, auch für den nachfolgenden Aspekt hervor.

[106] Jeweils das Schlußprotokoll zu Art. 20 evKVTh und Art. 3 ThKKV, jeweils Satz 2 des Schlußprotokolls zu Art. 21 evKVSachsen bzw. zu Art. 8 SachsenKKV, Sätze 2 und 3 des Schlußprotokolls zu Art. 18 evKVBBG.

[107] Art. 3 I nebst Schlußprotokoll JüdVSachsen, Art. 4 nebst Schlußprotokoll JüdVLSA, Art. 2 JüdVMV.

giöse Veranstaltungen mit statischer Verweisung in Bezug[108] und ergänzen es um einen Katalog der konkret zu schützenden jüdischen Feiertage. Der staatliche Schutz der Gottesdienstbesuche an kirchlichen Feiertagen ist zwar weder zwingend allein Art. 139 WRV zu entnehmen[109], noch ergibt er sich direkt aus dessen Zusammenspiel mit dem verfassungsrechtlichen Schutz der Glaubensfreiheit[110]. Aber die Feiertagsgesetze der Länder tragen den insoweit gleichwohl verfassungsrechtlich geschützten religiösen Bedürfnissen zur Teilnahme an Gottesdiensten Rechnung, die die aufgeführten Bestimmungen in den Schlußprotokollen im Grundsatz bestätigend aufgreifen. Dieser Schutz ist auch in den im Ansatz offeneren vertraglichen Feiertagsgarantien nach Art. 19 evKVLSA, Art. 3 LSAKKV, Art. 3 MVKKV und Art. 23 evKVMV enthalten. Im Gegensatz etwa zu den Thüringer und Brandenburger Regelungen gewährleisten diese über dic allgemeine Aufnahme der verfassungsrechtlichen Feiertagsgarantie nicht bloß den an der Formulierung von Art. 139 WRV orientierten Schutz der staatlich bzw. gesetzlich anerkannten Feiertage, sondern insgesamt den Schutz der kirchlichen Feiertage[111].

Als letzte der über Art. 140 in das Grundgesetz inkorporierten Bestimmungen der Weimarer Reichsverfassung hat auch die Gewährleistung der Anstaltsseelsorge nach Art. 141 WRV[112] Bestätigung in den umfassenden Evangelischen und Katholischen Kirchenverträgen erfahren[113]. Sämtliche Verträge sichern die eigenständig über Art. 141 WRV verbürgten[114] kirchlichen Zugangsrechte zu Gottesdienst und Seelsorge zumindest in staatlichen Einrichtungen ab[115]. Besonders wird das Bedürfnis als maßgebliches Kriterium für die Zulassung der Kirchen zur Anstaltsseelsorge in Art. 12 I 1 evKVBBG nebst Schlußprotokoll sowie im Schlußprotokoll zu Art. 8 II

[108] FeiertagsG Sachsen vom 10.11.1992, GVBl., S. 536; FeiertagsG LSA vom 22.5.1992, GVBl., S. 356; FeiertagsG MV vom 18.6.1992, GVOBl., S. 342.

[109] Vgl. *K.-H. Kästner*, HdbStKirchR II, S. 337, 365.

[110] v. Mangoldt / Klein / *A. v. Campenhausen*, GG, Art. 140 GG / Art. 139 WRV Rn. 17–19.

[111] Für die gleichwohl ähnliche Rechtslage in Thüringen: *H. Weber*, Kriele-FS, S. 1009, 1017f.

[112] Landesverfassungsrechtlich über Art. 9 I Verf.M.-V., Art. 109 IV Sächs.Verf., Art. 32 V Verf.LSA und Art. 40 Verf.Th. / Art. 140 GG sowie in Art. 38 Verf.BBG aufgenommen.

[113] Zur Absicherungsfunktion insoweit auch: *S. Eick-Wildgans*, HdbStKirchR II, S. 995, 998.

[114] v. Mangoldt / Klein / *A. v. Campenhausen*, GG, Art. 140 GG / Art. 141 WRV Rn. 4, 10.

[115] Jeweils Art. 12 I 1 evKVBBG, evKVLSA, evKVTh und SachsenKKV sowie Art. 13 I 1 evKVSachsen, Art. 14 I 1 ThKKV und Art. 10 I 1 LSAKKV; weitergehend noch Art. 20 I 2, 1 evKVMV und Art. 8 I MVKKV, die in Anlehnung an den Wortlaut des Art. 141 WRV auf „öffentliche“ Einrichtungen abstellen.

MVKKV betont. Während es aber den Vertragspartnern in Mecklenburg-Vorpommern darauf ankam, durch weitgehenden Informationsaustausch über das kirchliche Angebot und das Bedürfnis der Anstaltsnutzer die seelsorgerliche Betreuung in großem Umfang zu gewährleisten, ist die Brandenburger Regelung tendenziell restriktiv ausgerichtet. Zwar wird in Absatz 3 des Schlußprotokolls zu Art. 12 I evKVBBG gar eine konkrete Prüfung des Seelsorgebedürfnisses nach dem Willen der Patienten vorgesehen, während die übrigen Verträge von der grundsätzlichen Zulassung der Seelsorge in den aufgeführten Anstalten ausgehen. Eine substantiell unterschiedliche Rechtslage gegenüber den Bestimmungen der anderen Verträge ergibt sich daraus freilich nicht. Denn auf der einen Seite gewährleisten auch diese in Übereinstimmung mit der Verfassungsgarantie nur die Möglichkeit der Seelsorge, ohne einen Teilnahmezwang zu begründen. Auf der anderen Seite sichert auch die Brandenburger Regelung durch die klarstellende Festschreibung von Informationsrechten über die Seelsorge und die Regelung zur Bedürfnisermittlung im Schlußprotokoll zu Art. 12 evKVBBG, insbesondere in Absatz 1, daß die Kirchen mit der Möglichkeit zur Anstaltsseelsorge in den staatlichen Einrichtungen präsent sind. Deshalb und mangels ausdrücklicher Überantwortung der Bedürfnisbestimmung ausschließlich auf die staatlichen Einrichtungen[116] treffen auch die im Schrifttum geäußerten Bedenken gegen Bestrebungen, die kirchlichen Zutrittsrechte von einem durch die Anstalt selbst festzustellendem Verlangen nach kirchlicher Seelsorge abhängig zu machen[117], nicht die Brandenburger Regelungen.

4. Rechtspositionen im Bildungswesen und Kulturbereich

Vertraglich bestärkt werden auch bestehende Rechte der vertragschließenden Religionsgemeinschaften im Kultursektor, insbesondere im Bildungswesen.

---

[116] Von einer ausschließlichen Bestimmungskompetenz der Anstaltsnutzer bzw. -insassen ist weder im Vertragstext noch im Schlußprotokoll die Rede. Lediglich die Regierungsbegründung evKVBBG, LT-Drs. BBG 2/3442, Vertragsbegründung, S. 11, interpretiert die Regelungen im Sinne einer solchen Prüfung der Bedürfnisse, ohne jedoch einer kirchlichen Bewertungskompetenz eine Absage zu erteilen.

[117] v. Mangoldt/Klein/*A. v. Campenhausen*, GG, Art. 140 GG/Art. 141 WRV Rn. 8, 21. Ein großzügiger Umgang mit dem Kriterium des Bedürfnisses wird weiter bei *D. Pirson*, EssGespr. 23, S. 4, 12, und *S. Eick-Wildgans*, HdbStKirchR II, S. 995, 1002, vertreten.

a) Konfessioneller Religionsunterricht an öffentlichen Schulen

Die verfassungsrechtliche Garantie des bekenntnisgebundenen Religionsunterrichts als ordentliches Lehrfach an öffentlichen Schulen[118] findet mit einer Ausnahme in allen Evangelischen und Katholischen Kirchenverträgen[119] ihre vertragliche Absicherung[120]. Lediglich im Lande Brandenburg konnten sich die Vertragsparteien angesichts der andauernden und im Schlußprotokoll zu Art. 5 evKVBBG zum Ausdruck kommenden Rechtsstreitigkeiten im Zusammenhang mit dem Unterrichtsfach LER[121] nicht auf eine vertragliche Übernahme der bundesrechtlichen Grundsätze zum Religionsunterricht einigen[122], die auch in der Landesverfassung Brandenburg keine Berücksichtigung gefunden haben[123]. Im übrigen ist aber mit der Aufnahme des konfessionell ausgerichteten Religionsunterrichts in den Staatskirchenverträgen die kirchliche Verantwortung für die religiösen Inhalte zwingend verbunden. Die konfessionelle Prägung des Religionsunterrichts ist verfassungsrechtlich ausdrücklich dadurch gewährleistet, daß Art. 7 III 2 GG für die Erteilung des Religionsunterrichts die „Übereinstimmung mit den Grundsätzen der Religionsgemeinschaften" und damit die Verantwortung der Kirchen für die religiösen Inhalte festschreibt[124]. Die Maßgeblichkeit der kirchlichen Grundsätze in den religiösen Fragen des Religionsunterrichts wird in einigen Staatskirchenverträgen gesondert hervorgehoben[125]. Die Zuord-

---

[118] Art. 7 III 1 GG, Art. 105 I Sächs.Verf., Art. 27 III, 9 III Verf.LSA und Art. 25 I Verf.Th.

[119] Art. 6 I evKVMV, Art. 4 I 1 MVKKV, Art. 5 I evKVSachsen, Art. 3 I SachsenKKV, Art. 5 I evKVLSA, Art. 4 I LSAKKV, Art. 5 I evKVTh, und Art. 12 I ThKKV.

[120] Vgl. zu dieser staatskirchenvertraglichen Funktion im Zusammenhang mit dem Religionsunterricht allgemein: *C. Link*, HdbStKirchR II, S. 439, 446; zu den Hintergründen der einschlägigen Vertragsregelungen in den neuen Ländern: *H. Johnsen*, ZevKR 43 (1998), S. 182, 213ff.

[121] Zum Verfassungsstreit um den Religionsunterricht in Brandenburg, vgl. nur: *H.K. Walf*, ZevKR 42 (1997), S. 353ff.; *R. Tillmanns*, in: *P. Neumann / R. Tillmanns* (Hrsg.), S. 161ff., einerseits und *H. Goerlich*, NVwZ 1998, S. 819ff., andererseits.

[122] Statt dessen wurde „unter Wahrung der unterschiedlichen Rechtsauffassungen und daraus abgeleiteter Positionen" am 8.11.1996 eine Vereinbarung zwischen der Evangelischen Kirche in Berlin-Brandenburg und dem Ministerium für Bildung, Jugend und Sport über die Durchführung des Evangelischen Religionsunterrichts im Land Brandenburg gem. § 9 II, III SchulGBBG getroffen, abgedruckt in LKV, 1997, S. 323ff.

[123] Lediglich in § 9 II SchulGBBG ist das schlichte Recht für die Kirchen niedergelegt, Religionsunterricht in den Brandenburger Schulen zu erteilen.

[124] Vgl. dazu eingehend *C. Link*, HdbStKirchR II, S. 439, 489ff.; mit Blick auf die Vertragsregelungen in den neuen Ländern: *E.-L. Solte*, in: *R. Puza / A.P. Kustermann* (Hrsg.), S. 79, 84f.

[125] So in Art. 6 II 1 evKVMV und Art. 4 II 1 MVKKV mit Bezug auf die vertragschließenden Landeskirchen sowie ausführlicher und mit klarstellender, von Art. 21 RK abwei-

nung der jeweiligen Kompetenzen von Staat und Kirche und damit die weitere Ausgestaltung der grundsätzlichen Gewährleistung des konfessionellen Religionsunterrichts nach den ausführlichen vertraglichen Verfahrensbestimmungen werden im Rahmen der weiteren Vertragsfunktionen zu erörtern sein[126]. Allerdings ist in den Staatskirchenverträgen des Freistaats Sachsen die Ausgestaltung schon weitgehend durch das Landesverfassungsrecht vorgezeichnet, in anderen Ländern durch die Schulgesetze[127].

So bestätigen Art. 5 II 2 evKVSachsen und Art. 3 II 4 SachsenKKV für die Beteiligung der Kirchen an der Aufsicht und für das Erfordernis einer kirchlichen Lehrbevollmächtigung lediglich die bereits nach Art. 105 II 2, 3 Sächs.Verf. und § 18 II 1 Sächs.SG zur Wahrung der Konfessionalität gewährleisteten kirchlichen Einflußrechte auf den Religionsunterricht[128]. Die einfachgesetzliche Gewährleistung kirchlicher Aufsichts- und Visitationsrechte nach § 20 SGLSA sichern Art. 5 IV evKVLSA und Art. 4 IV LSAKKV ab, das Erfordernis kirchlicher Beauftragung für kirchliches Lehrpersonal gem. § 46 II 3 SGTh findet in Art. 5 V 1 evKVTh und Art. 12 IV 1 ThKKV seine vertragliche Bekräftigung. Das nach § 19 III 2 SGLSA und § 43 IV SGTh vorgesehene Einvernehmen zwischen Staat und Kirchen bzw. offener nach § 8 III 2 SGM.-V. die Beteiligung der Kirchen bei den staatlichen Entscheidungen über Richtlinien und über die Zulassung von Lehrbüchern für den Religionsunterricht nehmen Art. 5 II evKVLSA, Art. 4 II LSAKKV, Art. 5 III evKVTh, Art. 12 III ThKKV, Art. 4 II 2, 3 MVKKV und Art. 6 II 2, 3 evKVMV auf. Als besondere Klarstellung für die vertragliche Übernahme der verfassungsrechtlichen Garantie im Hinblick auf die Sondersituation beim Neuaufbau des Religionsunterrichts in den neuen Ländern ist auf die ausführlichen Schlußprotokolle zu Art. 5 I evKVSachsen und zu Art. 3 I SachsenKKV hinzuweisen. Dort wird neben den an anderer Stelle zu behandelnden besonderen kirchlichen Rechten und Pflichten jeweils in den Sätzen 4–7 insbesondere auch das Verfahren zur Durchführung des Religionsunterrichts in Abhängigkeit

---

chender Darstellung des Gegenstandes und Zwecks des Religionsunterrichts als bekenntnisgebundene Vermittlung katholischer Glaubens- und Sittenlehre in Art. 3 II 1 und 2 SachsenKKV.

[126] Vgl. unten III. Teil C. II. 2. a) aa) (= S. 243ff.)!

[127] Zu den landesrechtlichen Normierungen im Überblick: *A. v. Campenhausen*, HStR IX, § 207 Rn. 54ff.

[128] Vgl. Regierungsbegründung evKVSachsen, LT-Drs. Sachsen 1 / 4649, Vertragsbegründung, S. 10; ähnlich im übrigen aber auch die Schulgesetze der Länder, etwa § 19f. SGLSA, § 46 ThSG.

von der Nachfrage an den Schulen aufgezeigt. Dabei sind die zwischenzeitliche Einrichtung von Stellen für Pfarrer im Schuldienst und im Extremfall selbst ein Entfallen der staatlichen Pflicht vorgesehen, umfassend Unterrrichtsmöglichkeiten vorzuhalten[129].

b) Bekenntnisgebundene Theologie an staatlichen Hochschulen

Die Pflege der bekenntnisgebundenen Theologie gehört zum Auftrag der staatlichen wissenschaftlichen Hochschulen[130]. Dieser ist als zentraler Bestandteil der staatlichen Kulturverantwortung[131] in den Verfassungen der neuen Länder neben der Gewährleistung der Wissenschaftsfreiheit[132] vielfach durch einen ausdrücklichen Förderungsauftrag festgelegt[133]. Die Theologie stellt dabei als bedeutender Faktor des gesellschaftlichen Lebens und der geschichtlichen Entwicklung ebenso wie als anerkannte Disziplin im traditionellen Fächerkanon der Universität einen auch für den interdisziplinären Austausch wichtigen Forschungsgegenstand von großem Interesse dar[134]. Etwaige Bedenken, nach denen die bekenntnisgebundene Forschung und Lehre als private Glaubensbetätigung aus dem Kanon der universitären Ausbildungsfächer auszukoppeln sei, weil die Gewährleistung staatlicher theologischer Fakultäten gem. Art. 149 III WRV nicht ausdrücklich in das Grundgesetz übernommen wurde[135], greifen nicht durch. Mit dem Regelungsverzicht im Grundgesetz sollte der

---

[129] Zur Erläuterung vgl. im einzelnen Regierungsbegründung evKVSachsen, LT-Drs. Sachsen 1/4649, Vertragsbegründung, S. 8f.; Regierungsbegründung SachsenKKV, LT-Drs. Sachsen 2/3612, Vertragsbegründung, S. 7f.; eingehende Erörterungen der Anfangsprobleme für den Aufbau des Religionsunterrichts in den neuen Ländern bei *A. v. Campenhausen*, NVwZ 1995, S. 757, 759, *S. Heitmann*, LKV 1995, S. 93, 95, und *A. Hollerbach*, KuR-110, S 1,5.

[130] Ganz überwiegende Meinung, vgl. neben den folgenden Hinweisen nur *A. v. Campenhausen*, 3. Aufl., S. 248, *E.-L. Solte* (1971), S. 19ff., und *A. Hollerbach*, HdbStKirchR II, S. 549, 555f., jeweils mit umfassenden Nachweisen; *D. Dehnen/K. Winterhoff*, ZevKR 30 (1985), S. 29, 34.

[131] *M. Heckel* (1986), S. 17f.; vgl. auch mit Bezug auf die Theologie: *M. Frisch*, DÖV 1995, S. 636.

[132] Gem. Art. 5 III GG, 31 I Verf.BBG, Art. 7 I Verf.M.-V., Art. 21, 107 Sächs.Verf., Art. 10 III Verf.LSA und Art. 28 I Verf.Th.

[133] So in Art. 16 I, III Verf.M.-V., Art. 11 I, II Sächs.Verf. und Art. 31 I Verf.LSA.

[134] *M. Heckel* (1986), S. 19–23; *J. Kriewitz* (1992), S. 43–47; *A. Hollerbach*, HdbStKirchR II, S. 549, 560f.; *H. Lecheler*, NJW 1997, S. 439, 440; vgl. auch BVerwG NJW 1996, S. 3287, 3288f.; VGH Kassel, NVwZ 1995, S. 505, 507.

[135] *U.K. Preuß*, AK-GG, Art. 140 GG, Rdn. 43; *E. Fischer*, 4. Aufl., S. 131; *L. Renck*, NVwZ 1996, S. 333, 335, bezweifelt die staatliche Kompetenz, berechtigte eigenständige Interessen an der wissenschaftlichen Pflege der bekenntnisgebundenen Theologie zu entwickeln.

gliedstaatlichen Kompetenzverteilung Rechnung getragen, nicht aber die Verfassungswidrigkeit der Theologie an staatlichen Hochschulen begründet werden[136]. Entgegen der Ansicht, daß die Bestimmungen der Landesverfassungen grundrechtlichen Gewährleistungen des Grundgesetzes wegen Art. 31, 142 GG nicht entgegengehalten werden könnten[137], vermögen auch landesverfassungsrechtliche Sonderregelungen sehr wohl ein besonderes Zusammenwirken von Staat und Kirchen zu legitimieren[138]. Über die grundgesetzliche Kompetenzverteilung im Bundesstaat bildet die den Ländern überlassene Kulturhoheit eine auch auf Bundesverfassungsebene relevante Verfassungsposition. Diese erlaubt etwa als widerstreitender Verfassungsbelang auch vorbehaltlos gewährleistete Grundrechte einzuschränken und begründet weiter besondere Differenzierungserlaubnisse, beispielsweise im Hinblick auf konfessionelle Staatsämter[139]. Denn sie ist auf das Bundesstaatsprinzip selbst zurückzuführen, das den Grundrechten gleichgeordnet ist[140], und wird durch die landesverfassungsrechtlichen Entscheidungen zugunsten der bekenntnisgebundenen Hochschultheologie aktualisiert.

Unmittelbar und konkret verfassungsrechtlich garantiert ist die Pflege der Theologie an staatlichen Hochschulen nur mit der Bestandsgarantie für die theologischen Fakultäten an den Landesuniversitäten nach Art. 9 III 1 Verf.M.-V. Eine mittelbare Gewährleistung ergibt sich aber für sie auch als Voraussetzung der Verfassungsgarantien zu Mitwirkungsrechten der Kirchen bei der Besetzung von Lehrstühlen an theologischen Fakultäten[141]. Mit dieser Zusicherung der kirchlichen Mitverantwortung für die Auswahl des Lehrkörpers ist die konfessionelle, an den Grundsätzen der kirchlichen Lehre orientierte Ausrichtung der wissenschaftli-

---

136 *A. Hollerbach*, HdbStKirchR II, S. 549, 552; *M. Heckel* (1986), S. 20f.; ähnlich selbst *L. Renck*, NVwZ 1996, S. 333, 337, der dabei eher von einer Übernahme des staatskirchenrechtlichen Regimes der WRV ausgeht.

137 *M. Sachs*, HStR V, § 126 Rn. 133; *ders.*, NJW 1994, S. 3278, 3279; *ders.* ZBR 1994, S. 133, 136; vgl. *U.K. Preuß*, AK-GG, Art. 140 GG Rn. 37, 71; vgl. weiter die ähnlich angelegten Überlegungen *C. Links*, JZ 1980, S. 564, 566.

138 So *M. Heckel* (1993), S. 71, 85, Fn. 45.

139 So im Ergebnis jedenfalls für die Zulässigkeit an den nicht bundesverfassungsrechtlich gewährleisteten theologischen Fakultäten an staatlichen Universitäten die ganz h.M.: vgl. nur v. Mangoldt / Klein / *C. Starck*, GG, Art. 3 Rn. 282; *A. Hollerbach*, HStR VI, § 140 Rn. 44ff., 48.

140 Vgl. *M.-E. Geis*, RdJB 1995, S. 373, 385f. m.N.

141 Art. 32 IV 3 Verf.BBG, Art. 111 II Sächs.Verf., Art. 28 III 2 Verf.Th.; vgl.: *C. Fuchs*, ThürVBl. 1995, S. 145, 148; ablehnend: *H. Weber*, Kriele-FS, S. 1009, 1028, der somit zu einer konstitutiven Vertragswirkung kommt, die in der Systematik dieser Arbeit unter der Förderfunktion (S. 316ff.) einzuordnen wäre.

chen Theologie an staatlichen Hochschulen im Verfassungstext ausdrücklich verankert. Sie ist unabhängig davon schon allgemein mit den Verfassungsgarantien freien kirchlichen Wirkens gewährleistet. Denn über den theologischen Gegenstand kann der säkulare Staat keine inhaltlichen Bestimmungen treffen. Zwar finden sich auch insoweit verfassungsrechtliche Zweifel an der Vereinbarkeit der bekenntnisgebundenen Theologie mit der Freiheit der Wissenschaft nach Art. 5 III GG[142], da der kirchliche Einfluß der gebotenen wissenschaftlichen Autonomie und vorbehaltlosen Eigenständigkeit widerspreche[143]. Diese Auffassung verkennt jedoch, daß die Wissenschaft die Bezugspunkte ihrer Arbeit, die Gegenstände der Forschung und Lehre, nicht selbst schafft, sondern sie sich nur als Arbeitsfelder sucht. Das christliche Bekenntnis stellt als komplexer Teil der Lebenswelt einen möglichen Gegenstand des Strebens nach Wahrheit dar. Um das Erkenntnisobjekt zu erfassen, muß das Bekenntnis als Grundlage der Forschung und Lehre angenommen werden, will man nicht von vornherein seinen Gegenstand verfehlen. Auch insoweit greifen die Bedenken gegenüber der staatlichen Sorge um die Theologie an staatlichen Hochschulen und den dahingehenden landesverfassungsrechtlichen Gewährleistungen nicht durch. Auch die Aus- und Vorbildung der Geistlichen, auf die sich vornehmlich die Theologischen Fakultäten richten, unterfällt als eigene Angelegenheit der Kirchen dem Selbstbestimmungsrecht nach Art. 140 GG / Art. 137 III 1 WRV[144]. Schließlich ergibt sich auch für die universitäre Ausbildung der Religionslehrer eine verfassungsrechtliche Garantie, da die verfassungsrechtliche Verbürgung bekenntnisgebundenen Religionsunterrichts die „staatliche Vorsorge für geeignete Ausbildungsstätten" zum Erwerb der Lehrbefähigung einschließt[145].

Diese verfassungsrechtlichen Gewährleistungen haben in den jeweiligen Staatskirchenverträgen ihre vertragsrechtliche Absicherung erfahren[146], so in der grundsätzlichen Aufnahme des nihil obstats[147]. Weiter zählt hierzu die Übernahme der Fakultätsgarantie nach Art. 9 III 1 Verf.M.-V. einschließlich des ausdrücklichen Bekenntnisses zur traditionsverpflichteten Wahrnehmung des staatlichen Kulturaufrags in der

---

142 MdL *Bluhm*, PDS, PlenProt. M.-V. 1 / 97, S. 5867.

143 *L. Renck*, NVwZ 1996, S. 333, 335; *J. Neumann*, Gutachtliche Stellungnahme, S. 5.

144 *A. v. Campenhausen*, Lerche-FS, S. 179, 185.

145 *C. Link*, HdbStKirchR II, S. 439, 473.

146 *A. v. Campenhausen*, 3. Aufl., S. 250.

147 Art. 3 II evKVBBG, Art. 3 II evKVSachsen, Art. 5 II SachsenKKV, Art. 5 II LSAKKV, Art. 3 II evKVTh, alle jeweils nebst Schlußprotokoll.

wissenschaftlichen Pflege bekenntnisgebundener Theologie in Art. 4 I evKVMV[148]. Mit Art. 13 I ThKKV verpflichtet sich der Freistaat Thüringen zwar gesondert, die wissenschaftliche Vorbildung für das Lehramt in Katholischer Theologie zu gewährleisten. Derzeit, d.h. bis zur Gründung einer staatlichen Fakultät an der Universität Erfurt[149], nimmt diese Aufgaben im wesentlichen jedoch das kirchliche Philosophisch-Theologische Studium Erfurt im Rahmen von Kooperationsvereinbarungen mit den staatlichen Hochschulen wahr (Schlußprotokoll zu Art. 13 I ThKKV). Art. 5 VI evKVTh sichert wie Art. 5 I 1 LSAKKV und Art. 5 I 1 SachsenKKV ausdrücklich den Fortbestand theologischer Ausbildungsmöglichkeiten für Religionspädagogen, der im übrigen allgemein auch mit den weiteren Fakultätsgarantien nach Art. 3 I evKVLSA, Art. 3 I 1 evKVTh und Art. 3 I 1 evKVSachsen bestätigt ist. Darüber hinaus sichern diese jedoch den Erhalt konkreter staatlicher Einrichtungen zu, wie er sich nicht unmittelbar aus bereits bestehendem staatlichem Recht ergibt[150]. In den Katholischen Kirchenverträgen findet mit Art. 5 I 2 SachsenKKV, mit Art. 5 I 2 LSAKKV und mit dem Satz 3 des Schlußprotokolls zu Art. 13 I ThKKV die Bindung der theologischen Hochschulausbildung an die Lehre und die Grundsätze der Katholischen Kirche immerhin eine besondere ausdrückliche Betonung. Zu diesem Zwecke stellen die Vertragspartner im Schlußprotokoll zu Art. 5 SachsenKKV sowie, beschränkt für die Lehramtsausbildung, in Absatz 2 des Schlußprotokolls zu Art. 5 I LSAKKV und in Absatz 3 des Schlußprotokolls zu Art. 13 V ThKKV fest, daß die einschlägigen kirchlichen Vorgaben, wie die Apostolische Konstitution „Sapientia Christiana“ vom 15.4.1979 nebst dazu erlassenen Verordnungen sowie die Dekrete der Kongregation für das katholische Bildungswesen vom 1.1.1983, für die katholische Theologie an den staatlichen Fakultäten gelten[151].

---

[148] Ähnlich bereits Art. 1 NRWK vom 18.9.1984 und Art. 1 evKVNRW vom 18.9.1984; vgl. weiter die entsprechenden Motive bei Regierungsbegründung evKVSachsen, LT-Drs. Sachsen 1/4649, Vertragsbegründung, S. 5; Synodaler *Kühn*, Ev.Luth.Kirche Sachsen, 1. Lesung 1994, Vorl. Nr. 69, S. 242–245; vgl. auch die öffentlichen Anhörung, Ausschußbericht, LT-Drs. M.-V. 1/4373, S. 5.

[149] Regierungsbegründung ThKKV, LT-Drs. Th 2/2100, S. 27.

[150] Vgl. *A. Hollerbach*, HdbStKirchR II, S. 549, 555f. Sie sind daher an anderer Stelle, im Rahmen der eigenständigen vertragsrechtlichen Zusicherungen [unten III. Teil D. I. S. 317f.], zu behandeln sind. Auch die genaue Ausgestaltung der Pflege bekenntnisgebundener Theologie mit koordinierender Zuordnung der jeweiligen Verantwortungsbereiche verdient genauere Würdigung an anderer Stelle, nämlich bei den zuordnenden Kooperationsfunktionen unter III. Teil C. II. 2. a) bb) (= S. 246ff.)!

[151] Dazu näher: *K. Hartel*, in: *R. Puza/A.P. Kustermann* (Hrsg.), S. 57, 73f.

c) Kircheneigene Bildungseinrichtungen und Prüfungen

Einen weiteren großen Anwendungsbereich der staatskirchenvertraglichen Absicherungsfunktion bilden die landesverfassungsrechtlichen und -gesetzlichen Gewährleistungen der Errichtung und des Betriebs privater Bildungsstätten der Religionsgemeinschaften[152]. Für die Hochschulen ist neben der Gewährleistung des kirchlichen Selbstbestimmungsrechts[153] die Zulässigkeit privater Trägerschaft im Landesverfassungsrecht der neuen Länder ausdrücklich niedergelegt[154]. Das Recht, eigene Hochschulen zu errichten und zu betreiben, wird den Kirchen vertraglich in bislang jedenfalls für die Evangelischen Kirchenverträge ungekanntem Umfang ausdrücklich zugesichert[155]. Die sächsischen Bestimmungen nehmen jeweils in Satz 2 auch die verfassungsrechtliche Zusicherung der Gleichstellung mit staatlichen Lehreinrichtungen bei Übereinstimmung mit den hochschulrechtlichen Bestimmungen nach Art. 111 I 2 Sächs.Verf. auf. Das kirchliche Recht zur Errichtung von Hochschulen hat weiter Eingang in die Bistumserrichtungsverträge gefunden. Art. 6 I BistVMD, Art. 6 I BistVEF[156] und Art. 8 S. 1 ErzBistVHH halten die staatliche Anerkennungsmöglichkeit ausdrücklich für die bischöflichen bzw. erzbischöflichen Seminare zur wissenschaftlichen Vorbildung der Geistlichen fest.

Konkret bleibt die Ausgestaltung der staatlichen Anerkennung und der Fördermöglichkeiten jedoch auch nach den staatskirchenvertraglichen Bekräftigungen den jeweiligen einseitig gesetzten landesrechtlichen Bestimmungen überlassen. Dies gilt gem. Art. 11 III, 10 II ThKKV, Art. 6 II BistVEF, Art. 6 II BistVMD und Art. 8 S. 2 ErzBistVHH[157] auch für die Anerkennung der Diözesanseminare zur wissenschaftlichen Vorbildung

---

[152] Vgl. *E.-L. Solte*, in: *R. Puza / A. P. Kustermann* (Hrsg.), S. 79, 89f.

[153] Dazu im Überblick: *M. Baldus*, HdbStKirchR II, S. 601, 613ff.; *M. Heckel* (1986), S. 268f., 364ff.

[154] Art. 32 II, IV 1, 2 Verf.BBG, Art. 16 III Verf.M.-V., Art. 107 IV, 111 I Sächs.Verf., Art. 31 I 2 Verf.LSA und Art. 28 II, III 1 Verf.Th.

[155] Art. 5 I evKVMV, Art. 5 I MVKKV, Art. 4 I evKVLSA; Art. 7 I LSAKKV, Art. 4 I b) evKVBBG, Art. 10 I ThKKV und mittelbar auch in Art. 4 evKVTh sowie in Art. 4 I 1 evKVSachsen und Art. 6 I 1 SachsenKKV; vgl. die Regierungsbegründung evKVMV, LT-Drs. M.-V. 1 / 4126, S. 21, die die entsprechende verfassungsrechtlichen Rechtspositionen der Kirchen wiederholt sieht. Für die Evangelischen Kirchenverträge ist dies bemerkenswert, weil bislang die Vereinbarungen zwischen Staat und Evangelischer Kirche nur ausnahmsweise Bestimmungen zu den kirchlichen Hochschulen enthielten (Art. 11 Abs. / Nr. 6 evKVLip und Abschn. IV / § 1 I Berliner Vereinbarung); vgl. im Überblick: *M. Heckel* (1986), S. 368f.; *M. Baldus*, HdbStKirchR II, S. 601, 617.

[156] Laut Satz 1 des Schlußprotokolls auch für mehrere Träger.

[157] Im BistVGörlitz fehlt eine entsprechende Regelung.

der Geistlichen, die sich im einzelnen nach dem Landesrecht am Ort der Einrichtung richtet. Immerhin wird durch Satz 2 des Schlußprotokolls zu Art. 6 II BistVEF die Anerkennung der Einrichtung in Erfurt bestätigt. Bei der Bezugnahme auf die einschlägigen Landesgesetze, die im Schlußprotokoll zu Art 4 evKVTh besonders ausführlich unter Aufzählung der derzeitig maßgeblichen Bestimmungen erfolgt, handelt es sich um eine dynamische Verweisung auf die jeweils geltende Fassung[158]. Im Zusammenhang mit den Gewährleistungen für die Kirchen bei der Hochschulausbildung ihrer Geistlichen ist noch die Bekräftigung des kirchlichen Rechts zur Abnahme eigener kirchlicher Erster Theologischer Prüfungen zu nennen. Diese sind einerseits Studienabschlußprüfungen, andererseits aber Berufseingangsprüfungen für ein kirchliches Amt, so daß sie als eigene Angelegenheiten dem kirchlichen Selbstbestimmungsrecht nach Art. 140 GG / 137 III 1 WRV unterfallen[159]. Die Evangelischen Kirchenverträge bestätigen die eigenständige Prüfungsberechtigung der Kirchen[160], wie sie schon einfachgesetzlich in § 15 I 1 HRG Anerkennung gefunden hat, der für das Studium an einer staatlichen Hochschule im Fach Theologie neben den üblichen Universitäts- Staatsprüfungen auch einen kircheneigenen Abschluß nach staatlichem Recht zuläßt[161]. Darüber hinaus wird dabei zumeist die Gleichstellung der kirchlichen Prüfungen mit den entsprechenden staatlichen Theologie-Examina bei kirchlicher Gewährleistung der Gleichwertigkeit grundsätzlich vertraglich in Übereinstimmung mit dem einschlägigen Hochschulrecht abgesichert[162].

Der zweite zentrale Bereich der kirchlichen Betätigung als Freie Träger im Bildungssektor gründet auf der verfassungsrechtlich verbürgten Privatschulfreiheit[163], die die Verfassungsgewährleistungen kirchlichen Wirkens im Hinblick auf die Verwirklichung des Bildungsauftrags der Kir-

---

158 Regierungsbegründung ThKKV, LT-Drs. Th. 2 / 2100, S. 27.

159 Waldeyer in Hailbronner, HRG, § 15 Rn. 9; vgl. auch VG Ansbach, BayVBl 1984, S. 120f. BVerfG, BayVBl. 1987, S. 177, dort auch ablehnend zur Frage des staatlichen Rechtsschutzes bei kirchlichen Prüfungsentscheidungen.

160 Art. 3 IV evKVLSA, Art. 4 V 1 evKVMV, Art. 3 IV evKVTh, Art. 3 IV 2 evKVSachsen und Art. 3 IV evKVBBG; näher: Regierungsbegründung evKVSachsen, LT-Drs. Sachsen 1 / 4649, Vertragsbegründung, S. 7; Regierungsbegründung zum evKVLSA, LT-Drs. LSA 1 / 3087, Vertragsbegründung, S. 5; ähnlich Regierungsbegründung evKVMV, LT-Drs. M.-V. 1 / 4126, S. 20.

161 Vgl. *D. Dehnen / K. Winterhoff*, ZevKR 30 (1985), S. 29, 40f.

162 Art. 4 V 2 evKVMV, Art. 3 IV 2 nebst Schlußprotokoll evKVSachsen und Schlußprotokoll zu Art. 3 IV evKVBBG.

163 Art. 7 IV, V GG, Art. 30 VI Verf.BBG, Art. 102 III Sächs.Verf., Art. 28 Verf.LSA und Art. 26 Verf.Th.

chen ergänzt[164]. Entsprechende Absicherungen der Errichtungs- und Betreiberfreiheit wie der Anerkennungs- und Fördermöglichkeiten für allgemeinbildende Schulen auf konfessioneller Grundlage nach den Verfassungen und den Landesschulgesetzen sind in den neuen Staatskirchenverträgen im Grundsatz festgehalten[165]. Für die nähere Ausgestaltung der Genehmigungs- und Anerkennungsvoraussetzungen sowie der Förderung verweisen sämtliche Verträge aber auf das jeweilige Landesrecht[166]. In Satz 1 des Schlußprotokolls zu Art. 4 SachsenKKV wird zudem in Abweichung zu den Festlegungen von Art. 23f. RK klargestellt, daß der Freistaat mit Rücksicht auf die gegebenen konfessionellen Verhältnisse[167] „selbst keine Schulen auf konfessioneller Grundlage anbietet". Ganz ähnlich wie die staatskirchenvertragliche Aufnahme der Privatschulfreiheit für die allgemeinbildenden Schulen erfolgt die Absicherung bestehender Rechtspositionen im Hinblick auf kirchliche Einrichtungen zur Berufsbildung und im weiteren Bereich der Erwachsenenbildung in den neuen Staatskirchenverträgen: So erkennen die Vertragspartner überwiegend ausdrücklich das Recht zur Aus-, Fort- und Weiterbildung eigener Mitarbeiter an[168], das in Sachsen landesverfassungsrechtlich gem. Art. 111 I Sächs.Verf. unter ausdrücklichem Bezug auf die Kirchen gewährleistet wird. Die konkreten Regelungen zur Genehmigung, Anerkennung und Förderung bleiben dabei wiederum den Bestimmungen der Landesgesetze vorbehalten. Immerhin wird mit Art. 18 II 2 evKVLSA, Art. 8 II 2 LSAKKV und mit dem Schlußprotokoll zu Art. 20 II evKVSachsen die staatliche Anerkennungspflicht der kirchlichen Abschlüsse festgeschrieben, sofern diese den staatlichen Ausbildungsgängen entsprechen. Die Erwachsenenbildung über den eigenen Mitarbeiterkreis hinaus ist verfassungsrechtlich mit dem kirchlichen Selbstbestimmungsrecht und daneben

---

164 Vgl. dazu den Überblick bei *W. Loschelder*, HdbStKirchR II, S. 511ff.

165 Art. 6 I evKVLSA, Art. 6 I LSAKKV, Art. 8 I JüdVLSA, Art. 5 I evKVMV, Art. 5 I MVKKV, Art. 8 I 1 JüdVMV, Art. 6 I, II evKVTh, Art. 8 I ThKKV, Art. 6 evKVSachsen, Art. 4 SachsenKKV und Art. 4 I lit b) evKVBBG. Auch hier ist in den Regierungsbegründungen wiederum von „Wiederholung" der verfassungsrechtlichen Garantien die Rede; vgl. LT-Drs. M.-V. 1/4126, S. 21, und LT-Drs. Th 1/3273, S. 13; vgl. weiter *W. Loschelder*, HdbStKirchR II, S. 511, 524.

166 Art. 6 II evKVLSA, Art. 6 II LSAKKV, Art. 8 II JüdVLSA, Art. 5 II evKVMV, Art. 5 II MVKKV, Art. 8 I 2 JüdVMV, Art. 6 II evKVTh, Art. 8 II ThKKV, Satz 2 des Schlußprotokolls zu Art. 4 SachsenKKV und Art. 4 II evKVBBG.

167 Regierungsbegründung SachsenKKV, LT-Drs. Sachsen 2/3612, Vertragsbegründung, S. 10f.

168 Art. 18 II evKVLSA, Art. 8 II LSAKKV, Art. 4 I c) evKVBBG, Art. 5 I evKVMV, Art. 5 I MVKKV, Art. 20 II evKVSachsen und Art. 9 II SachsenKKV.

auch durch Art. 108 Sächs.Verf.[169] sowie durch Art. 33 Verf.BBG, Art. 30 Verf.LSA und Art. 29 Verf.Th verbürgt[170]. Sie wird staatskirchenvertraglich unter Einschluß der staatlichen Förderung nach Maßgabe der jeweiligen Gesetze bestätigt[171].

d) Gewährleistungen kirchlichen Wirkens im Denkmal- und Rundfunkrecht

Eine grundsätzlich bestätigende Aufnahme haben auch weitere Förderzusagen in Verfassungen und Landesgesetzen für das kirchliche Wirken im Denkmalschutz erfahren. Für deren konkrete Gestaltung wird zu einem guten Teil wiederum auf das jeweilige Landesrecht verwiesen, so vor allem für Sachsen, oder aber denkmalschutzgesetzliche Regelungen entsprechend in die neuen Verträge selbst aufgenommen[172]. Zunächst bekennen sich die Vertragspartner in Art. 9 I evKVMV, Art. 17 I MVKKV, Art. 7 I JüdVMV, Art. 10 I evKVSachsen, Art. 19 I SachsenKKV und Art. 10 I evKVBBG ausdrücklich zu der gemeinsamen Verantwortung von Staat und Kirche für den Schutz und Erhalt der kirchlichen bzw. jüdischen Kulturdenkmale[173]. Aber auch in den anderen Staatskirchenverträgen wird die denkmalpflegerische Verantwortung der Kirchen festgehalten. Deren Wahrnehmung ist den Kirchen verfassungsrechtlich bereits als eine eigene Angelegenheit über die Religionsfreiheit und die Freiheit kirchlichen Wirkens garantiert[174]. Die vertragliche Bekräftigung kann vor allem vor dem Hintergrund der negativen Erfahrungen aus der DDR-Zeit einen Beitrag dazu leisten, den herausgehobenen Rang zu verdeutlichen, der dem Schutz der Glaubens- und Kirchenfreiheit auch für das staatliche

---

[169] Regierungsbegründung SachsenKKV, LT-Drs. Sachsen 2/3612, Vertragsbegründung, S. 16.

[170] Vgl. *B. Losch*, HdbStKirchR II, S. 639, 651ff.

[171] Art. 9 II LSAKKV, Art. 18 I evKVLSA, Art. 4 I c), 8 evKVBBG, Art. 5 I evKVMV, Art. 5 I MVKKV, Art. 7 II evKVSachsen, Art. 7 II SachsenKKV, Art. 18 S. 1 evKVTh und Art. 9 Satz 1 ThKKV; vgl. nur die Regierungsbegründung zum evKVLSA, LT-Drs. LSA 1/3087, Vertragsbegründung, S. 15.

[172] Vgl. nur die Regierungsbegründungen zum evKVTh, LT-Drs. Th 1/3273, S. 13, und zum ThKKV, LT-Drs. Th. 2/2100, S. 27. Auch hier sprach wiederum der Wunsch der Kirchen nach einer beständigen, von den oft notwendigen Gesetzesreformen unabhängigen Fixierung des Staat-Kirche-Verhältnisses im Denkmalschutz für eine vertragliche Absicherung der gesetzlichen Bestimmungen, vgl. *A. Vulpius*, LKV 1994, S. 277, 280; zur näheren vertraglichen Ausgestaltung des Zusammenwirkens, vgl. unten III. Teil C. II. 2 b) (= S. 276ff.)!

[173] Die Regierungsbegründung zum evKVMV, LT-Drs. M.-V. 1/4126, S. 22, betont die Fortschrittlichkeit der Formel.

[174] *B.M. Kremer*, HdbStKirchR II, S. 77, 84ff.

Denkmalschutzrecht zukommt[175]. Das Interesse und die Pflicht des säkularen Staates, für den Erhalt historisch bedeutsamer Gegenstände auch der Kirchen Sorge zu tragen, ergibt sich aus seiner kulturstaatlichen Verantwortung für den umfassenden Schutz von Kulturgütern und Denkmalen heraus[176], die auf der Ebene der Bundesverfassung an Art. 5 III GG und Art. 20 GG festgemacht werden kann[177]. In den Landesverfassungen ist die staatliche Schutz- und Förderpflicht für Kulturgüter und insbesondere Denkmale ausdrücklich verankert[178], wobei Art. 112 II 1 Sächs.Verf. die Baudenkmale der Religionsgemeinschaften explizit als Kulturgut der Allgemeinheit ausweist[179].

Zur Förderung kirchlicher Denkmalpflege halten Art. 10 III 1 evKVLSA, Art. 17 III 1 LSAKKV, Art. 7 II 1 JüdVLSA, Art. 9 III 1 evKVTh, Art. 18 III 1 ThKKV lediglich die angemessene Berücksichtigung der vertragschließenden Religionsgemeinschaften bei der Vergabe staatlicher Mittel für Denkmalpflege fest. Die entsprechenden Regelungen in Art. 9 V 1 evKVMV, Art. 17 V 1 MVKKV und Art. 7 IV 1 JüdVMV betonen in derselben Richtung bei der staatlichen Mittelverteilung die Rücksichtnahme auf die besonderen denkmalpflegerischen Aufgaben der Kirchen bzw. des Landesverbandes. Ähnlich sichert Art. 10 IV 1 evKVBBG mit haushaltsrechtlichem Vorbehalt einen staatlichen Beitrag bei der kirchlichen Denkmalpflege zu. Mangels konkreter Zusagen finanzieller Unterstützung beschränkt sich der Regelungsgehalt dieser Bestimmungen auf eine Absicherung gleichbehandelnder Beteiligung der Kirchen bei der Vergabe der staatlichen Fördermittel. Angesichts wiederholt auftretender Ansätze zu sachwidriger, gleichheitsverletzender Ausgrenzung der Kirchen aus der staatlichen Denkmalförderung besteht insoweit gleichwohl Klarstellungsbedarf[180]. Die sächsischen Regelungen überneh-

---

[175] Vgl. Regierungsbegründung zum evKVMV, LT-Drs. M.-V. 1 / 4126, S. 22; *A. v. Campenhausen*, LKV 1995, S. 233, 235.

[176] Vgl. nur *M. Heckel*, Ges. Schriften, II, S. 1075ff.

[177] Die normative Verankerung ist im einzelnen umstritten; Vgl. näher *M.-E. Geis*, S. 233ff.; Art. 5 III GG wird als grundgesetzliche Grundlage staatlicher Denkmalschutzmaßnahmen angenommen von: *M. Heckel*, Staat-Kirche-Kunst, S. 65ff., 127, und *R. Scholz*, in: M / D / H / S, GG, Art. 5 III Rn. 33.

[178] Art. 34 II, III Verf.BBG, Art. 16 I Verf. M.-V., Art. 11 Sächs.Verf., Art. 36 I, IV Verf.LSA und Art. 30 I, II Verf.Th; vgl. allgemein: *B. M. Kremer*, HdbStKirchR II, S. 77, 85.

[179] Diesen verfassungsrechtlichen Vorgaben trägt das staatskirchenvertragliche Bekenntnis zur gemeinsamen denkmalrechtlichen Verantwortung der Vertragspartner Rechnung, vgl. aus den Motiven jeweils die Regierungsbegründung zum evKVSachsen, LT-Drs. Sachsen 1 / 4649, Vertragsbegründung, S. 14, und zum SachsenKKV, LT-Drs. Sachsen 2 / 3612, Vertragsbegründung, S. 28.

[180] Vgl. zum Sachproblem näher *M. Heckel*, Dürig-FS, S. 241, 245; *B.M. Kremer*,

men in Art. 10 III 1 evKVSachsen, Art. 19 III 1 SachsenKKV und Art. 5 I 2 JüdVSachsen die weitergehende Gewährleistung aus Art. 112 II 2 Sächs.Verf. Diese räumt von der Berücksichtigung bei der Mittelvergabe ausgehend den Religionsgemeinschaften „nach Maßgabe der Gesetze" einen Anspruch auf angemessene Kostenerstattung für die Erhaltung der Kulturdenkmale ein.

Auch für die Wirkmöglichkeiten der Kirchen im Rundfunkrecht werden in den Verträgen zwar die Ausgestaltungen im einzelnen den Landesgesetzen vorbehalten. Im Grundsatz aber finden die einschlägigen bestehenden Gewährleistungen der rundfunkrechtlichen Sende- und Beteiligungsrechte der Kirchen staatskirchenvertragliche Bestätigung und Absicherung. Mit offener Formulierung ohne nähere Festlegung von Inhalt und Umfang der Gewährleistung verspricht der Staat, sich für „angemessene" bzw. „ausreichende" Sendezeiten zugunsten kirchlicher Sendungen bei den öffentlich-rechtlichen Rundfunkveranstaltern einzusetzen[181]. Art. 25 I 1 evKVMV, Art. 12 I 1 MVKKV, Art. 9 S. 1 JüdVMV, Art. 23 I, II Nr. 1 evKVTh und Art. 16 ThKKV erstrecken diese Zusage zudem auf den Bereich der privaten Rundfunkveranstalter. Und auch Absatz 2 des Schlußprotokolls zu Art. 11 I SachsenKKV hebt als besondere Verpflichtung hervor, daß der Staat zur Sicherstellung der rundfunkrechtlichen Pluralität für die Beachtung der katholischen Belange im Privaten Rundfunk Sorge zu tragen hat. Weiter wird in allen Verträgen festgehalten, daß Kirchenvertreter in den Aufsichts- und Programmorganen vertreten sein sollen[182]. Die Berücksichtigung religiöser Themen bei den Rundfunkprogrammen wie die Mitwirkung der Kirchen in den Rundfunkgremien nach den Vertragsbestimmungen ergibt sich im Grundsatz bereits aus verfassungsrechtlichen[183], rundfunkstaatsvertraglichen und landesgesetzlichen Festlegungen zu Programmauftrag und Aufsichtswesen[184]. Die Verfassungsgebote der rundfunkrechtlichen

HdbStKirchR II, S. 77, 103; zu den neuen Staatskirchenvertragsbestimmungen selbst: *A. v. Campenhausen*, LKV 1995, S. 233, 235, und *ders.*, NVwZ 1995, S. 757, 760.

[181] So: Art. 22 I 1 evKVLSA, Art. 11 I 1 LSAKKV, Art. 12 Satz 1 JüdVLSA, Art. 23 I 1 evKVSachsen, Art. 11 I 1 SachsenKKV und Art. 21 I 1 evKVBBG.

[182] Art. 22 I 2 evKVLSA, Art. 11 I 2 LSAKKV, Art. 12 Satz 2 JüdVLSA, Art. 23 I 2 evKVSachsen, Art. 11 I 2 SachsenKKV, Art. 25 I 2 evKVMV, Art. 12 I 2 MVKKV, Art. 9 S. 2 JüdVMV, Art. 23 III evKVTh, Art. 16 ThKKV und Art. 21 I 3 evKVBBG.

[183] Art. 5 I 2 GG, besonders deutlich Art. 12, 11 II 1 Verf.Th und Art. 19 II, IV Verf.BBG, weiter aber auch Art. 20 Sächs.Verf., Art. 10 I 2 Verf.LSA.

[184] Vgl. jeweils insbesondere mit Bezug auf die einschlägigen Bestimmungen aus den Staatsverträgen zum ZDF, MDR und NDR, auf das ORBG und die Landesrundfunk- und Landesprivatrundfunkgesetze die Regierungsbegründungen zum LSAKKV, LT-Drs. LSA 2/4475, S. 47; zum evKVBBG, LT-Drs. BBG 2/3442, Vertragsbegründung, S. 20; zum

Grundversorgung und Pluralität verlangen die Beachtung der relevanten gesellschaftlichen Kräfte[185], in dessen Rahmen am Wirken und Leben der Kirchen wie ihrer öffentlichen Verantwortung nicht vorbeizukommen ist.

Zum Teil wird zur näheren Klarstellung der vertraglichen Gewährleistung kirchlicher Programm- und Aufsichtspräsenz auf die bestehenden Regelungen aus den jeweiligen Rundfunkstaatsverträgen und weitere Bestimmungen aus den Landesgesetzen Bezug genommen, freilich ohne diese verbindlich festschreiben zu wollen[186]. Der Verweis dient lediglich zur Information über die geltende Rechtslage[187] und darüber, daß kein weiterer, über die bisherigen rundfunkrechtlichen Regelungen hinausgehender Handlungsbedarf besteht. Eine Bindung an die einschlägigen Bestimmungen wird gar ausdrücklich ausgeschlossen. Bei drohenden Veränderungen wird den vertragschließenden Kirchen lediglich das Bemühen um Berücksichtigung der kirchlichen Interessen[188] bzw. ein entsprechendes ein Gesprächsangebot[189] eingeräumt[190]. Das Recht, privaten Rundfunk zu betreiben, stellen die Vertragspartner in den meisten neuen Staatskirchenverträgen gesondert heraus[191]. Sie überlassen jedoch ebenfalls die konkrete Regelung den landesgesetzlichen Vorschriften, die freilich damit im Grundsatz festgeschrieben werden[192]. Zu erwähnen ist schließlich noch die ausdrückliche vertragliche Aufrechterhaltung der landesrechtlichen Grundsätze, mit denen die Beachtung der unterschiedlichen sittli-

SachsenKKV, LT-Drs. Sachsen 2/3612, Vertragsbegründung, S. 18f.; zum evKVSachsen, LT-Drs. Sachsen 1/4649, Vertragsbegründung, S. 36; zum evKVMV, LT-Drs. M.-V. 1/4126, S. 26; zum evKVTh, LT-Drs. Th 1/3273, S. 15; zum ThKKV, LT-Drs. Th. 2/2100, S. 28.

185 BVerfGE 57, 295 [325], 74, 297 [324].

186 Regierungsbegründung evKVSachsen, LT-Drs. Sachsen 1/4649, Vertragsbegründung, S. 36f.

187 Regierungsbegründung zum evKVLSA, LT-Drs. LSA 1/3087, Vertragsbegründung, S. 17.

188 Schlußprotokoll zu Art. 23 I evKVSachsen und Absatz 1 des Schlußprotokolls zu Art. 11 SachsenKKV.

189 Schlußprotokoll jeweils zu Art. 22 I evKVLSA, Art. 11 I LSAKKV und zu Art. 12 JüdVLSA.

190 Vgl. ähnlich die Herausarbeitung einer Pflicht des Staates, sich bei drohenden Rechtsänderungen für die Beibehaltung der bisherigen Rechtslage einzusetzen, in: Regierungsbegründung evKVBBG, LT-Drs. BBG 2/3442, Vertragsbegründung, S. 20.

191 Art. 22 II evKVLSA, Art. 11 II LSAKKV, Art. 25 II evKVMV, Art. 12 II 2 MVKKV, Art. 23 IV evKVTh, Art. 16 ThKKV, Art. 23 II evKVSachsen, Art. 11 II SachsenKKV und Art. 21 II evKVBBG.

192 Regierungsbegründung evKVSachsen, LT-Drs. Sachsen 1/4649, Vertragsbegründung, S. 37f.

chen und religiösen Überzeugungen durch die Rundfunkveranstalter sichergestellt werden soll[193].

5. Weitere Ausprägungen der Glaubens- und Kirchenfreiheit

Ein weiterer großer Teil der staatskirchenvertraglichen Gewährleistungen beschränkt sich auf die Heraushebung einzelner Ausprägungen der Religions- und Kirchenfreiheit, die auf diese Weise eine besondere Betonung und Absicherung erfahren. Zunächst ist hier die Aufnahme des Seelsorgegeheimnisses anzuführen. Ihm kommt entgegen vereinzelt von staatlicher Seite vertretener Ansicht[194] der verfassungsrechtliche Schutz seelsorgerlicher Aufgabenwahrnehmung von Geistlichen nach Art. 4, 140 GG / Art. 137 III 1 WRV und entsprechendem Landesverfassungsrecht zu[195]. Das staatliche Prozeßrecht trägt der Gewährleistung durch die Einräumung eines Zeugnisverweigerungsrechts für all diejenigen Begebenheiten Rechnung, die den Geistlichen in ihrer Eigenschaft als Seelsorger anvertraut sind[196]. Angesichts der Kompetenzverteilung im Bundesstaat handelt es sich dabei allerdings zumeist um Bundesrecht (§§ 53 I Nr. 1, 53a StPO, § 383 ZPO), während für das Landesrecht in erster Linie die entsprechende Übernahme des Seelsorgegeheimnisses nach der ZPO in jeweils § 65 I LVwVfG zu nennen ist. Etliche Staatskirchenverträge nehmen diesen Schutz nun auf, entweder indem sie allgemein alle einschlägigen gesetzlichen Bestimmungen als „unberührt bleibend" bestätigen und staatliches Eintreten für deren Aufrechterhaltung zusagen[197]. Oder sie halten das Zeugnisverweigerungsrecht von Geistlichen auch für alle Verfahren fest, die dem Landesrecht unterfallen[198]. Auf die allgemeinen Verfassungsgarantien religiöser Freiheit geht auch die explizite Verankerung des kirchlichen Sammlungswesens in den neuen Staatskirchenverträgen

[193] Art. 23 IV evKVTh, Art. 16 ThKKV sowie, beschränkt auf den öffentlich-rechtlichen Rundfunk, Art. 21 I 2 evKVBBG.

[194] Regierungsbegründung zum evKVLSA, LT-Drs. LSA 1 / 3087, Vertragsbegründung, S. 16.

[195] Vgl. Regierungsbegründung evKVBBG, LT-Drs. BBG 2 / 3442, Vertragsbegründung, S. 18, die die vertragliche Regelung als „Ausdruck allgemeiner rechtsstaatlicher Grundsätze" ansieht, weshalb die bisherige landesrechtliche Regelung nach § 65 I VwVfGBBG „bislang ... analog anzuwenden" war.

[196] Vgl. dazu BVerfGE 42, 312 [335], sowie den Überblick bei *A. Eser*, HdbStKirchR II, S. 1019, 1038ff.

[197] Art. 20 evKVLSA, Art. 1 III LSAKKV, Art. 21 evKVTh, Art. 2 ThKKV.

[198] Art. 24 evKVMV, Art. 9 MVKKV, Art. 19 evKVBBG.

zurück[199]. Mit ihr wird lediglich das schon mit Art. 4, 140 GG / Art. 137 III 1 WRV gewährleistete[200] Recht der Kirchen und ihrer Gliederungen bestätigt, Spenden und andere freiwillige Leistungen für kirchliche Zwecke zu erbitten. Diese einheitliche Absicherung kirchlicher Spendenaktionen weist Unterschiede nur bezüglich der ausdrücklich aufgeführten Adressaten der kirchlichen Aktionen auf[201].

Art. 10 IV evKVMV, Art. 11 IV MVKKV und Art. 20 V evKVBBG bestätigen ausdrücklich die Berechtigung der vertragschließenden Religionsgemeinschaften, Gottesdienste und Andachten auf allen öffentlichen Friedhöfen einschließlich derjenigen in kommunaler Trägerschaft zu halten. Damit soll laut Vertragsmotiven das „unbestritten" bestehende Recht der Kirchen vertraglich abgesichert werden[202]. In den Katholischen Kirchenverträgen sind vor dem Hintergrund altvertraglicher Bestimmungen noch in weiteren einzelnen Ausprägungen die verfassungsrechtlichen Garantien der Religionsfreiheit und der religiösen Selbstbestimmung aufgenommen. In Art. 1 III ThKKV wird der staatliche Schutz für die Erfüllung der Amtspflichten durch kirchliche Amtsträger bekräftigt. Problematisch stellt sich dagegen die Festlegung in Art. 1 IV ThKKV dar, wonach Kleriker und Ordensleute von der Verpflichtung zur Übernahme öffentlicher Ämter und anderer Obliegenheiten befreit sind, die nicht mit ihrer Stellung nach dem kanonischen Recht vereinbar sind. Weiter bilden die verfassungsrechtlichen Garantien religiöser und kirchlicher Freiheit auch Grundlage und Ansatzpunkt für die Vertragsgewährleistungen der Errichtung und des Betreibens von kirchlichen Einrichtungen. Breiten Raum nimmt dabei das Recht der Kirchen ein, eigene Friedhöfe im Rahmen der Gesetze zu betreiben. Dieses erwächst verfassungsrechtlich bereits aus dem Selbstbestimmungsrecht der Religionsgemeinschaften[203]. Es

---

[199] Vgl. jeweils die Vertragsbegründungen der Regierungsbegründungen evKVSachsen, LT-Drs. Sachsen 1 / 4649, S. 32; SachsenKKV, LT-Drs. Sachsen 2 / 3612, Vertragsbegründung, S. 40, evKVBBG, LT-Drs. BBG 2 / 3442, S. 17; Regierungsbegründung LSAKKV, LT-Drs. LSA 2 / 4475, S. 56.

[200] Vgl. BVerfGE 24, 236 [247ff.].

[201] Art. 16 I evKVLSA, Art. 22 I LSAKKV, Art. 16 I evKVTh und Art. 27 I ThKKV halten im Gegensatz zu Art. 18 I evKVSachsen, Art. 24 I SachsenKKV, Art. 19 I evKVMV, Art. 19 I MVKKV und Art. 16 I evKVBBG ausdrücklich fest, daß die vertragliche Gewährleistung auf das Erbitten von Spenden gegenüber Mitgliedern beschränkt ist.

[202] Regierungsbegründung zum evKVMV, LT-Drs. M.-V. 1 / 4126, S. 22.

[203] Regierungsbegründung zum JüdVSachsen, LT-Drs. Sachsen 1 / 4855, Vertragsbegründung, S. 3f. Dabei ist freilich umstritten, ob es sich insoweit um eine nur eigene kirchliche oder um eine sog. gemeinsame Angelegenheit von Kirche und Staat handelt; vgl. dazu nur einerseits *A. v. Campenhausen*, 3. Aufl., S. 207ff., und andererseits *K.-H. Kästner* (1991), S. 117f., jeweils m.w.N.

wird in offener Formulierung allgemein in den meisten Verträgen aufgenommen[204]. Dabei sagt der Staat einen Schutz wie für die kommunalen Friedhöfe zu[205]. Darüber hinaus wird in den Jüdischen Verträgen eine bereits seit Jahrzehnten in den alten Ländern vereinbarungsgemäß bestehende Verpflichtung zur Erhaltung und Pflege verwaister jüdischer Friedhöfe aufgenommen und vertraglich bekräftigt[206], der nach der Wiedervereinigung auch die neuen Länder beigetreten sind[207].

Ausführlich wird in den neuen Verträgen auch das ebenfalls bereits verfassungsrechtlich mit der Glaubens- und Kirchenfreiheit geschützte[208] sowie in Art. 109 III, 110 Sächs.Verf., Art. 32 III, 33 Verf.LSA und Art. 41 Satz 1 Verf.Th gesondert herausgehobene Recht der Kirchen abgesichert, im Bereich von Diakonie und Caritas mit eigenen Einrichtungen zu wirken[209]. Neben den bereits angesprochenen Gewährleistungen für die kirchlichen Bildungsstätten wird in den neuen Staatskirchenverträgen die Freiheit der kirchlichen Auftragswahrnehmung im Sozialwesen und im Gesundheitssektor zum Teil gesondert[210], zum Teil im Zusammenhang mit dem kirchlichen Bildungsauftrag[211] bekräftigt. Eine besondere Absicherung erfährt die kirchliche Freiheit mit der ausdrücklichen staatlichen Verpflichtung auf Beachtung der nach Verfassung oder Gesetz bestehenden Festschreibungen des Subsidiaritätsprinzips zugunsten der Aufgabenerfüllung von freien Trägern gegenüber staatlichem Handeln (Art. 22 III evKVMV und Art. 10 IV MVKKV)[212]. Die meisten Verträge bestätigen

---

[204] Art. 10 II evKVMV, Art. 11 II MVKKV, Art. 5 II JüdVMV, Art. 20 I evKVBBG , Art. 21 I evKVLSA, Art. 16 S. 2 LSAKKV, Art. 6 II 2 JüdVLSA, Art. 2 I JüdVSachsen, Art. 22 I evKVSachsen, Art. 18 I SachsenKKV, Art. 17 I ThKKV, Art. 22 I evKVTh.

[205] Art. 10 I evKVMV, Art. 11 I MVKKV, Art. 5 I JüdVMV, Art. 20 I 2 evKVBBG, Art. 21 I 1 evKVLSA, Art. 16 S. 1 LSAKKV, Art. 6 II 1 JüdVLSA, Art. 2 I 1 JüdVSachsen, Art. 22 I 1 evKVSachsen und Art. 18 I 1 SachsenKKV.

[206] Art. 2 III JüdVSachsen nebst Schlußprotokoll, Art. 5 III JüdVMV und Art. 6 III JüdVLSA.

[207] Vgl. dazu näher: Regierungsbegründung zum JüdVSachsen, LT-Drs. Sachsen 1/4855, Vertragsbegründung, S. 4.

[208] Vgl. nur BVerfGE 24, 236 [247ff.]; 46, 73 [85ff.]; 53, 366 [387, 391ff]; 57, 220 [240ff.]; ausführlicher Überblick bei *J. Isensee*, HdbStKirchR II, S. 665, 692f., 748f., 716ff., der daneben noch weitere verfassungsrechtliche Grundlagen anführt (S. 705ff.); *O. Depenheuer*, HdbStKirchR II, S. 757, 760ff.

[209] Vgl. nur Regierungsbegründung evKVSachsen, LT-Drs. Sachsen 1/4649, Vertragsbegründung, S. 33.

[210] Art. 22 I evKVMV, Art. 10 II MVKKV, Art. 8 II 1 JüdVMV, Art. 20 I 1 evKVSachsen, Art. 9 I 1 SachsenKKV, Art. 8 S. 1 evKVBBG.

[211] Art. 15 S. 1 ThKKV, Art. 19 S. 1 evKVTh, Art. 18 I evKVLSA, Art. 8 I LSAKKV, Art. 9 JüdVLSA.

[212] Zu den verfassungsrechtlichen Grundlagen vgl. *J. Isensee*, HdbStKirchR II, S. 665, 738ff.

den Kirchen im Grundsatz den zum Teil verfassungserwähnten[213] Anspruch auf Förderung des sozialen und karitativen Wirkens, ohne aber dessen konkrete Ausgestaltung gegenüber der Gesetzgebung festzulegen[214]. Art. 18 III nebst Schlußprotokoll evKVLSA, Art. 8 III und Schlußprotokoll LSAKKV, Art. 20 I 2 evKVSachsen, Art. 9 I 2 SachsenKKV sowie Art. 8 S. 2 evKVBBG begrenzen den kirchlichen Förderanspruch lediglich ausdrücklich auf die Wahrnehmung allgemeiner, gemeinwohlbezogener Aufgaben, die unabhängig von der Konfessionszugehörigkeit in Anspruch genommen werden kann. Demgegenüber wird im Schlußprotokoll zu Art. 20 I evKVSachsen, Schlußprotokoll zu Art. 9 I SachsenKKV, Art. 22 II evKVMV, Art. 10 III MVKKV, Art. 8 II 2 JüdVMV und Art. 8 S. 2 evKVBBG weitergehend festgeschrieben, daß den Kirchen bei vergleichbaren Leistungen ein Anspruch auf Förderung in derselben Höhe wie anderen, insbesondere anderen freien Trägern zusteht. Diese Zusicherung ist eine spezielle Ausprägung des Gleichheitssatzes[215], die landesverfassungsrechtlich bereits in Art. 110 II Sächs.Verf. niedergelegt ist. Die Verträge von Sachsen halten schließlich ausdrücklich noch die Gewährleistung der kirchlichen Jugendarbeit fest und sichern zu, sie bei der „allgemeinen staatlichen Förderung und innerhalb der jugendpolitischen Gremien des Freistaates angemessen“ zu berücksichtigen (Art. 7 I evKVSachsen; Art. 7 I SachsenKKV). Offener sichern Art. 21 evKVMV und Art. 10 I MVKKV das kirchliche Wirken im Rahmen der freien Jugendhilfe. In organisatorischer Hinsicht kann schließlich noch die Aufsicht der Kirchen über die kirchlichen Stiftungen aufgeführt werden, die als eigene Angelegenheit dem Selbstbestimmungsrecht der Kirchen unterfällt und als solche in Art. 8 III evKVMV, Art. 14 II MVKKV, Art. 7 IV evKVBBG ausdrücklich bestätigt wird[216].

---

[213] Art. 45 III 1 Verf.BBG, Art. 110 I Sächs.Verf., Art. 32 III, 33 Verf.LSA, Art. 41 Satz 1 Verf.Th.

[214] Art. 19 S. 2 evKVTh, Art. 15 S. 2 ThKKV, Art. 18 III evKVLSA, 8 III LSAKKV, Art. 22 II evKVMV, Art. 10 III MVKKV, Art. 8 II 2 JüdVMV, Art. 8 S. 2 evKVBBG, Art. 20 I 2 evKVSachsen, Art. 9 I 2 SachsenKKV.

[215] *A. v. Campenhausen*, NVwZ 1995, S. 757, 761, betont angesichts der geschichtlichen Erfahrungen und zunehmender gesellschaftlicher Ignoranz die Notwendigkeit, diese „Selbstverständlichkeiten“ ausdrücklich festzuhalten; vgl. weiter *J. Isensee*, HdbStKirchR II, S. 665, 714f.

[216] Regierungsbegründung zum evKVBBG, LT-Drs. BBG 2/3442, Vertragsbegründung, S. 7; Regierungsbegründung zum evKVMV, LT-Drs. M.-V. 1/4126, S. 21; Regierungsbegründung MVKKV, LT-Drs. M.-V. 2/3100, S. 22.

6. Zusammenfassung

Der Überblick über die Vielzahl derjenigen Vertragsbestimmungen, die nichts oder wenig mehr leisten, als bereits einseitig durch staatliches Recht eingeräumte Positionen der Religionsgemeinschaften bestätigend in der Vertragsform aufzugreifen, mag die Bedeutung der Absicherungsfunktion in den Staatskirchenverträgen veranschaulicht haben. Es gilt nun, ihre rechtliche Reichweite herauszuarbeiten. Die Perpetuierungsfunktion ist freilich nur für diejenigen Vertragsfestlegungen zu überprüfen, mit denen eine Absicherung bestehender Gewährleistungen kirchlichen Wirkens überhaupt angestrebt wird. Ausgenommen sind damit die Bestimmungen, die dynamisch auf das jeweils geltende staatliche Recht, insbesondere die Landesgesetze, verweisen oder anderweitig das staatsgesetzliche Regelungsregime aus der dauerhaften Bindungsabsicht der Vertragsparteien ausklammern[217]. Darüber hinaus halten die einzelnen Vertragsbekräftigungen wie die Motive freilich selbst schon unterschiedlich ausgestaltete Bindungen des Staates in Abhängigkeit von den Rechtsquellen fest, aus denen die im Vertrage bestätigten Gewährleistungen entstammen[218]. Ob und inwieweit die Staatskirchenverträge die Zielsetzungen der Absicherung bzw. Perpetuierung zu gewährleisten vermögen, ist deshalb gesondert je für Landes- und für Bundesrecht, auf der Ebene der Verfassung und der Gesetze zu untersuchen.

---

[217] Beispielhaft etwa die vergleichsweise rudimentären Festschreibungen auf dem Gebiet des Denkmalschutzrechts in den Staatskirchenverträgen des Freistaats Sachsen. Nach den Regierungsbegründungen zum SachsenKKV, LT-Drs. Sachsen 2/3612, Vertragsbegründung, S. 28, und zum evKVSachsen, LT-Drs. Sachsen 1/4649, Vertragsbegründung, S. 14, „war die kirchenvertragliche Regelung auf wenige Schwerpunkte zu beschränken", was der gesetzlichen Ausgestaltung nach dem Sächs. Denkmalschutzgesetz von 1993 im einzelnen die Flexibilität ohne vertragliche Bindungen erhält. Auch die ausdrücklichen Revisionsklauseln bei den Vertragsfestlegungen zu den Staatsleistungen und staatlichen Patronatspflichten sind in diesem Zusammenhang als Ausnahmen vom umfassenden und dauerhaften Absicherungsansatz aufzuführen: vgl. Art. 13 II 3 und 4 evKVMV, Art. 13 I 5, II 3, III 3 evKVBBG; Schlußprotokoll zu Art. 4 I JüdVSachsen.

[218] Vgl. als Beispiel nur die vertragliche Bekräftigung bundesrechtlicher Gewährleistungen, bei denen die staatlichen Vertragspartner auf das Eintreten für deren Fortbestand im Rahmen ihrer Möglichkeiten verpflichtet werden. Hier seien von den Vertragsmotiven nur Beispiele zum evKVLSA (Regierungsbegründung, LT-Drs. LSA 1/3087, Vertragsbegründung, S. 2; Kultusminister *Sobetzko*, PlenProt. LSA, 1/53, S. 6311; *A. Vulpius*, LKV 1994, S. 277, 280) und von den Vertragsbestimmungen nur Art. 24 I 2 evKVTh und Art. 28 I 2 ThKKV angeführt, die sich auf § 19 MRRG beziehen.

II. Reichweite der staatskirchenvertraglichen Absicherungsfunktion

Da die Absicherungsfunktion sich vor allem auf die Rechtsetzung bezieht und letztlich die Gesetzgebung für die Länder die Vertragsbindungen durch das Vertragsgesetz eingeht, liegt an erster Stelle die Prüfung der vertraglichen Absicherungsmöglichkeiten gegenüber den Landesgesetzen nahe (dazu unter 1.), bevor das Verhältnis der Vertragsbindungen zur Verfassungsänderung in den Ländern (2.) und zur Normsetzung auf Bundesebene (3.) behandelt wird.

1. Die Festschreibung kirchlicher Rechtspositionen gegenüber der Landesgesetzgebung

Zunächst sind nach einer Einführung in den Streitstand [a)] die Voraussetzungen zu klären, unter denen der Staat verbindlich die Beständigkeit bestehender Rechtsnormen zusichern kann [b)]. Deren Vorliegen ist sodann für die staatskirchenvertraglichen Bindungen des Staates zu prüfen [c), d)]. Schließlich soll die Reichweite der Bindungswirkungen und ihre Durchsetzungsmöglichkeiten gegenüber vertragsabweichenden Gesetzesvorhaben herausgearbeitet werden [e)].

a) Einführung in den Streitstand

Zwar weisen manche Stimmen im Schrifttum darauf hin, daß die Parteien bei den Staatskirchenverträgen unabhängig von deren Rechtsnatur und Regelungsebene jedenfalls von der rechtlichen Beständigkeit der vertraglichen Bindung ausgehen[219]. Auch das Bundesverfassungsgericht hat ohne nähere Ausführungen die vertraglich gewährleisteten Rechte der Kirchen als nicht vom Staat einseitig aufhebbar angesehen[220]. Dies könnte nahelegen, die Festlegung des Staates auf die vertraglich bekräftigten Rechte der Kirchen daraus abzuleiten, daß dem Vertragsbegriff die Verbindlichkeit der vereinbarten Pflichten immanent sei[221]. Der Rückgriff auf

---

[219] *U. Scheuner* (1968), S. 312, 320f.

[220] BVerfGE 19, 1 [12].

[221] *E.R. Huber* (1930), S. 80f.; *A. Hollerbach* (1965), S. 99f.; vgl. am Beispiel des Völkerrechts: *Buergenthal/ Doehring/ Maier/ Kokott*, S. 95, und ähnlich *J.M. Mössner*, S. 24f.; kritisch für das intraföderative Vertragsrecht: *H. Bauer*, S. 362f.

den Grundsatz „pacta sunt servanda" entbindet jedoch nicht von einer eingehenderen Darlegung der Zulässigkeit und Reichweite der Vertragsbindungen[222]. Denn unabhängig von der Streitfrage, ob die „pacta sunt servanda"-Regel überhaupt eigenständige normative Kraft entfaltet[223], setzt sie zumindest voraus, daß entsprechende Verpflichtungen von den Vertragspartnern eingegangen werden können[224]. Für die Staatskirchenverträge ist nun gerade umstritten, ob und inwieweit die Rechtsordnung inhaltliche Bindungen des staatlichen Gesetzgebers in Verträgen mit Religionsgemeinschaften zuläßt[225]. Dabei ist die Begründung staatskirchenvertraglicher Bindungswirkungen und ihre Realisierung in der Rechtspraxis mit Blick auf die Komplexität der Probleme, die zum großen Teil auf unüberbrückbare Differenzen im Vorverständnis zurückzuführen sind, als „eines der wohl nie endgültig zu lösenden Ewigkeitsprobleme des Staatskirchenrechts"[226] beschrieben worden. Angesichts solcher Charakterisierungen der Aufgabenstellung kann mit den hier anzustellenden Überlegungen lediglich versucht werden, innerhalb der umstrittenen rechtlichen Vorgaben Wege aufzuspüren, die die angestrebten Bindungen und ihre Durchsetzung zulassen.

Die Absicherungs- und Perpetuierungsfunktion der Staatskirchenverträge wird teilweise in der Literatur mit dem Argument bestritten, daß eine Vereinbarung mit einem rechtsunterworfenen Verband den verfassungsrechtlichen Auftrag der Gesetzgebung nicht beschränken und die parlamentarische Gestaltungsfreiheit nicht einengen könne. Eine „Perpetuierung" staatlicher Rechtssätze komme allenfalls bei der vertraglichen Einigung gleichberechtigter Vertragspartner im Wege der Koordination in Betracht. Für die Vertragsbindungen zwischen Staat und Kirche sehe die Rechtsordnung eine solche Gleichordnung jedoch nicht vor[227]. Weiter messen manche Stimmen im Schrifttum der staatskirchenvertraglichen

---

[222] Herausgearbeitet von *K. Stern*, VerwArch 49 (1958), S. 106, 127ff., insbesondere S. 131ff.; vgl. ferner *A. Albrecht* (1965), S. 219; *F. O. Kopp*, JZ 1970, S. 278, 279, der den Satz nur „als Teil einer für die Partner gemeinsamen Rechtsordnung" in der Lage sieht, Verbindlichkeit zu begründen.

[223] Dafür wohl *J. Kölble*, DÖV 1960, S. 650, 655; dagegen *H. Schneider*, VVDStRL 19, 1, 16 m.N.; vgl. für das Völkerrecht ausführlich: *M. Lachs*, EPIL (7), S. 364ff.

[224] *P.-M. Efstratiou*, S. 164–171; *H. Schneider*, VVDStRL 19, 1, 16f.; *H. Wagner* (1994), S. 191f., 195.

[225] Zutreffend stellt *L. Renck*, DÖV 1997, S. 929, auf die Frage nach der maßgeblichen Rechtsordnung ab.

[226] *H. Weber* (1970), S. 53.

[227] *L. Renck*, ThürVBl. 1995, S. 31, 32ff.; *ders.*, DÖV 1997, S. 929, 932ff.; skeptisch gegenüber koordinationsrechtlichen Ansätzen in den Staatskirchenverträgen auch *H. Goerlich*, SächsVBl. 1996, S. 50, 51.

Wiedergabe bereits einseitig eingeräumter Gewährleistungen lediglich deklaratorische Funktionen zu[228] bzw. halten sie für überflüssig[229] und sprechen ihnen damit ebenfalls die Wirkung ab, den Staat auf Beibehaltung zu verpflichten. Den „an sich überflüssigen" Wiederholungen einseitig gesetzten staatlichen Rechts komme allenfalls die eigenständige Funktion zu, eine „Stimmung" zu erzeugen, die „künftigen Parlamenten ... unter dem Odium der Vertragsbrüchigkeit" Änderungen der kirchlichen Positionen erschweren solle[230]. Wieder andere belassen es bei der bloßen inhaltlichen Beschreibung der im Vertrag verankerten bereits bestehenden Garantien, ohne Stellung zu den möglichen, gewollten oder zulässigen Vertragswirkungen zu beziehen[231]. Schließlich aber geht ein großer Teil des Schrifttums davon aus, daß mit einer Bestätigung in den Staatskirchenverträgen das einseitig gesetzte staatliche Recht eine höhere, von Gesetzgebungsänderungen unabhängige Bestandskraft erlange[232]. So wird die Möglichkeit bejaht, den Staat vertraglich auf Beibehaltung bestehender Rechte zu verpflichten.

Die Entscheidung in diesem Meinungsstreit gestaltet sich nicht nur wegen der grundsätzlichen Differenzen zur rechtlichen Stellung der Religionsgemeinschaften gegenüber dem Staat schwierig. Die Problemlösung trifft vielmehr auf weitere, allgemeinere staatsrechtliche Streitfragen. So ist bereits die Zulässigkeit von innerstaatlich wirkenden Bindungen des Gesetzgebers im Grundsatz problematisch und nicht abschließend geklärt[233]. Die vertragliche Gebundenheit des Gesetzgebers auch gegenüber Grundrechtsberechtigten hält eine Meinung mit Rücksicht auf den Vertrauensschutz des Vertragspartners für grundsätzlich möglich und geboten, sofern nur das Parlament dem Vertrag selbst zugestimmt hat und keine Festlegungen vertraglich getroffen wurden, für die besondere Abwägungsanforderungen angeordnet sind[234]. Demgegenüber schließt die

---

228 *D. Pirson*, EvStL Sp. 3814, 3820, der allerdings allgemein ebenfalls vom Vertragsziel ausgeht, den Staat in allen seinen Funktionen zu binden (Sp. 3822).

229 J.E.*J. Neumann*, Gutachten zum evKVMV, S. 3; MdL *Bluhm*, PDS, bei der Debatte über den JüdVMV (PlenProt. M.-V. 2/45, S. 2423) und den MVKKV (PlenProt. M.-V. 2/69, S. 4291); *K. Walf*, in: *R. Puza/A.P. Kustermann* (Hrsg.), S. 121, 126ff.

230 *G. Czermak*, Gutachtliche Stellungnahme (1994), S. 1 und 3f.

231 Z.B. *K. Hesse*, HdbStKirchR I, S. 521, 527f.

232 Vgl. hier nur *A. Hollerbach* (1994), S. 253, 276f.; *J. Listl* (1987), S. 9; v. Mangoldt/Klein/*A. v. Campenhausen*, GG, Art. 140 GG Rn. 53; *K. Hartel*, in: *R. Puza/A.P. Kustermann* (Hrsg.), S. 57, 73; aus älterer Zeit: *S. Grundmann*, EvStL, 2. Aufl., Sp. 2761; *ders.*, BayVBl. 1962, S. 33, 37.

233 Vgl. hier zunächst nur das jüngste Vorbringen *K. Vogels*, JZ 1997, S. 161ff. zum Problem der innerstaatlichen Bindungswirkungen völkerrechtlicher Verträge.

234 *J.A. Frowein*, Flume-FS I, S. 301, 314.

Gegenauffassung aus der Stellung der gesetzgebenden Gewalt in der staatlichen Rechtsordnung und der herausragenden Bedeutung der Gesetzgebung für die Rechtsgestaltung auf die grundsätzliche Unzulässigkeit einer Bindung des parlamentarischen Gesetzgebers im Sinne eines Bestandsschutzes gegenüber einem Dritten[235]. Allein für staatsrechtliche Verträge sollen wegen deren Besonderheiten ausnahmsweise bindende Festlegungen auch mit Wirkung für die Gesetzgebung zulässig sein[236]. Das Bundesverfassungsgericht[237] hat eine einseitige Selbstbindung des Gesetzgebers gegenüber den Normadressaten zumindest nicht von vornherein aus verfassungsrechtlichen Gründen ausschließen wollen[238]. In der maßgeblichen Entscheidung, in der es um die Frage ging, ob Befristungen begünstigender Gesetze als einseitige Zusagen des Gesetzgebers mit Bindungswirkung bis zum Fristablauf aufzufassen seien, wurde freilich im Rahmen einer Abwägung zwischen Vertrauensschutzgesichtspunkten und den gesetzgeberischen Zielsetzungen keine Beschränkung der gesetzgeberischen Spielräume angenommen[239]. Die Auffassungen, die die Festlegung einer den Gesetzgeber bindenden Veränderungssperre für grundsätzlich unzulässig halten, führen schließlich zu der weiteren und wiederum strittigen Frage, ob und inwieweit mit Festschreibungen gesetzlicher Gewährleistungen nicht immerhin ein Garantievertrag mit der Pflicht zu Ausgleichsleistungen für den Vertrauensschaden vereinbart werden kann[240].

b) Möglichkeit und Voraussetzungen für eine vertragliche Perpetuierung gesetzlicher Gewährleistungen

Bindungen der Gesetzgebung können auch mit dem Argument des Vertrauensschutzes nur begründet werden, wenn dazu im Rahmen der

---

[235] Schon *E. Forsthoff*, VerwR 10. Aufl., S. 278; vgl. auch *J. Kölble*, DÖV 1960, S. 650, 657.

[236] Vgl. nur *H. Wagner* (1994), S. 174, 184.

[237] BVerfGE 30, 392 [404]; anders noch RGZ 139, 177; vgl. auch BVerfGE 80, 137 [163f.].

[238] Ähnlich auch *W. Leisner*, Berber-FS, S. 273, 294; erheblich restriktiver noch: *F. Ossenbühl*, DÖV 1972, S. 25, 30–32; kritisch demgegenüber *G. Kisker*, VVDStRL 32, S. 149, 164, im Ergebnis freilich unentschieden; offen auch: *H. Maurer*, HStR III, § 60 Rn. 60; *M. Sachs*, in: *M. Sachs* (Hrsg.), GG, Art. 20 Rn. 88; *M. Böckel* (1993), S. 36f.; vgl. weiter: *V. Götz*, BVerfG und GG II, S. 421, 446; für die Vereinbarungen zwischen Universität und Staat: *R. Uerpmann*, JZ 1999, S. 644, 651.

[239] Insoweit methodisch kritisch: *H. Maurer*, HStR III, § 60 Rn. 59f.; *G. Kisker*, VVDStRL 32, S. 149, 164.

[240] Vgl. dazu zunächst nur grundsätzlich: *F. Ossenbühl*, DÖV 1972, S. 25, 35f., 30 und 27; *ders.*, JuS 1975, S. 545, 547.

Rechtsordnung eine Vertrauensgrundlage besteht. Deshalb bleibt die Prüfung der verfassungsrechtlichen Zulässigkeit die entscheidende Voraussetzung für die Bestandszusage bestehender Garantien. Den Ansatzpunkt für die verfassungsrechtlichen Bedenken gegen eine Festlegung des Gesetzgebers bilden die bundes- und landesverfassungsrechtlichen Vorgaben zu Stellung und Aufgaben der Gesetzgebung, die im Grundsatz einer verbindlichen Absicherung von Gesetzesregelungen entgegenstehen [aa)], allerdings Ausnahmen unter besonderen Bedingungen in Staatsverträgen zulassen [bb)].

aa) Grundsätzlich keine die Gesetzgebung bindenden Bestandszusicherungen

Den gesetzgebenden Körperschaften kommt als demokratisch legitimierte Sachwalter des souveränen Volkswillens eine überragende Stellung in der Staatsorganisation zu. Schon unter formellen Gesichtspunkten erscheint es der Würde des Parlaments als oberstes Repräsentationsorgan des Volkes wenig angemessen, wenn ihm beliebig Gruppen und Individuen als staatsvertragliche Partner gegenübertreten könnten. Der Rang der Gesetzgebung spricht daher dagegen, „sie als taugliche Vertragspartner von Privatpersonen zu sehen“[241]. Von größerer Bedeutung sind allerdings die inhaltlichen Bedenken gegen absichernde Bestandszusagen für Gesetzesbestimmungen. Neben Bedenken, die die vertragliche Bindung der Gesetzgebung zugunsten einzelner Grundrechtsberechtigter im Hinblick auf das Gebot der Gleichbehandlung aller Staatsbürger hervorruft, erscheint vor allem die Einengung bzw. Aufhebung des gesetzgeberischen Entscheidungsspielraums problematisch. Denn die Gesetzgebung ist auf eine ungebundene Würdigung und Abwägung aller die Allgemeinheit betreffenden Interessen angewiesen, während die Vertragsordnung dem Ausgleich staatlicher Interessen mit konkreten Einzelinteressen dient[242].

Zwar mag das Ergebnis eines individuellen Ausgleichs in den vertraglichen Bindungen mit dem gesetzgeberischen Abwägungsergebnis der Interessen für eine allgemeine Geltung im Zeitpunkt des Vertragsschlusses punktuell übereinstimmen und eine gesetzliche Ebene der Vertragsfestlegungen rechtfertigen. Die Gesetzgebung hat aber fortlaufend die sich rasch verändernden Probleme der Allgemeinheit zu bewältigen und darf

---

[241] Vgl. *R. Stettner*, AöR 102 (1977), S. 544, 561; *U. Di Fabio*, DVBl. 1990, S. 338, 343, mit Bezugnahme auf *N. Achterberg*, Parlamentsrecht, S. 94ff.

[242] *D. Birk*, NJW 1977, S. 1797 und 1799; *I. Ebsen*, JZ 1985, S. 57, 58.

nicht dem „politischen Immobilismus" ausgeliefert werden[243]. Der Gesetzgeber muß deshalb in der Lage sein, auf entsprechende Änderungen schnell reagieren zu können[244], aber auch Fehler zu korrigieren und neue Erkenntnisse politisch umzusetzen[245]. Insbesondere ist die jederzeit gegebene Möglichkeit zu bedenken, daß die für den Vertragsschluß zwischen den Vertragspartnern maßgeblichen Interessen nicht mehr den Anforderungen an die Gestaltung der allgemeinen Lebensbedingungen entsprechen. Die Bedenken aus der notwendigen Offenheit des Gesetzgebers für die Veränderungen in politischen und sozialen Fragen greifen umso stärker, je länger eine Bindung intendiert ist, inbesondere bei einer Bindung über die derzeitigen parlamentarischen Zusammensetzungen hinaus[246]. Denn die demokratische Legitimation des Parlaments ist durch die Legislaturperioden zeitlich begrenzt. Nachfolgend gewählte Volksvertretungen dürfen deshalb grundsätzlich keinen Bindungen unterworfen werden[247]. Selbst wenn man für befristete Bestandszusagen eine Selbstbindung des Gesetzgebers nach Abwägung zwischen dem Vertrauen der Adressaten und den gesetzgeberischen Gemeinwohlüberlegungen[248] oder strenger unter dem Vorbehalt des Wegfalls der Geschäftsgrundlage[249] für zulässig erachten mag, kann dies eine Bindung regelmäßig nicht rechtfertigen, die, wie bei den Staatskirchenverträgen, gänzlich ohne „irdische" Fristen auf eine „gewisse Ewigkeit"[250] gerichtet sein soll. Im Ergebnis bleibt daher festzuhalten, daß die dem Normgeber gegenüber der Allgemeinheit gestellten Aufgaben eine „Offenheit nach allen Seiten" erfordern, die einer echten Bindung des Gesetzgebers im Sinne einer Bestandssicherung grundsätzlich entgegensteht[251]. Danach bliebe allein eine Verpflichtung auf Anpassungshilfen und Entschädigungsleistungen zu überlegen.

---

[243] *F. Ossenbühl*, DÖV 1972, S. 25, 31f.; ähnlich *E. Benda*, HdbVerfR, § 17 Rn. 50f.

[244] Krüger, S. 787; Bullinger, S. 82; vgl. weiter *M. Böckel* (1993), S. 39f.; *W. Leisner*, Berber-FS, S. 273, 281f.; skeptischer dagegen: *R. Stettner*, AöR 102 (1977), S. 544, 561.

[245] *H. Maurer*, HStR III, § 60 Rn. 60, 56; *F. Ossenbühl*, DÖV 1972, S. 25, 31f., mit Hinweis auf das Tempo des gesellschaftlichen Wandels.

[246] *H. Maurer*, HStR III, § 60 Rn. 60.

[247] *U. Di Fabio*, DVBl. 1990, S. 338, 343.

[248] *F. Ossenbühl*, DÖV 1972, S. 25, 31f., und *W. Leisner*, Berber-FS, S. 273, 292ff., in Anlehnung an BVerfGE 30, 392 [404], wobei es insoweit freilich mehr um sekundäre Haftungsansprüche für den Vertrauensschaden geht (vgl. *F. Ossenbühl*, JuS 1975, S. 545, 548); ähnlich auch *A. Schwerdtfeger* (1993), S. 167f.

[249] Vgl. insoweit *H. Maurer*, HStR III, § 60 Rn. 59; *G. Kisker*, VVDStRL 32, S. 149, 164.

[250] So zum evKVLSA: Kultusminister *Sobetzko*, Ansprache, Manuskript, S. 7.

[251] *D. Birk*, NJW 1977, S. 1797, 1798 f; ähnlich *I. Ebsen*, JZ 1985, S. 57, 58.

bb) Ausnahmsweise die Gesetzgebung bindende Bestandszusicherungen in den Staatsverträgen

Allerdings lassen die verfassungsrechtlichen Vorgaben ausnahmsweise auch andere als verfassungsrechtliche Festschreibungen der Gesetzgebung in der Handlungsform des Staatsvertrags nach Art. 91 II Verf.BBG, Art. 47 II Verf.M.-V., Art. 65 II Sächs.Verf., Art. 69 II Verf.LSA, Art. 77 II Verf.Th. sowie Art. 32, 59 GG für einen eng umgrenzten Anwendungsbereich [(1)] und unter besonderen formalen Vorkehrungen [(2)] zu.

(1) Der begrenzte Anwendungsbereich für Länder-Staatsverträge

So sind vertragliche Bindungen, die auch dem Gesetzgeber gegenüber bestehen, zumindest für den völkerrechtlichen Rechtsverkehr weitgehend in Rechtsprechung und Schrifttum anerkannt[252]. Dies ist hier aber vor dem Hintergrund der aufgezeigten Vorgaben für die Bestandszusagen auf Gesetzesebene mit Blick auf die staatskirchenvertraglichen Bindungsmöglichkeiten näher zu beleuchten. Für die Vertragsschlüsse im Völkerrecht greifen weitgehend die allgemein herausgearbeiteten verfassungsrechtlichen Bedenken gegen eine Bindung der Gesetzgebung nicht. Zunächst ist in formeller Hinsicht entscheidend, daß der jeweils andere Vertragsteil der eigenen Rechtsordnung entzogen ist, so daß der Vertragsschluß nur auf der Ebene einer Gleichordnung unter Vertragspartnern gleicher „Würde" in Betracht kommt. Unter inhaltlichen Gesichtspunkten kommt hinzu, daß die Erfüllung der Vertragsinhalte auf dieser überstaatlichen Regelungsebene nur gewährleistet werden kann, wenn im Rahmen der Gegenseitigkeit die Bindung sich auf alle Organe und Funktionen des Vertragspartners erstreckt. Deshalb stellt sich eine umfassende Bindung auch des Gesetzgebers als Voraussetzung für einen Vertragsschluß auf völkerrechtlicher Ebene dar[253]. Ähnlich hat sich die Vertragslage auch für die intraföderativen Verträge herausgebildet, wobei die Eigenständigkeit der Beteiligten als entscheidender Gesichtspunkt für eine Übertragbarkeit der Bindungsmöglichkeiten angesehen wird[254]. Bei Vertragsschlüssen zwischen zwei Ländern, die jeweils für ihren Bereich nicht

---

[252] Umstritten ist freilich, ob innerstaatlich dem Gesetzgeber weiterhin Verfügungsmacht über die vertraglichen Festlegungen verbleibt (so die h.M.: BVerfGE 6, 309 [363]; *P. Badura*, StR, D Rn. 121) oder dem Vertragsrecht Vorrang vor abweichenden nachträglichen Gesetzesregelungen zukommt (so jüngst *K. Vogel*, JZ 1997, S. 161, 165–167).

[253] *H. Wagner* (1994), S. 174 und 184.

[254] *R. Steinberg*, NJW 1987, S. 2345, 2347 (m.N.).

dem Einfluß des anderen Landes unterworfen sind, können sich die Vertragspartner danach ebenfalls umfassend einschließlich ihrer Legislativorgane binden[255], da nur auf diese Weise ein Unterlaufen der Vertragspflichten durch die Gesetzgebung ausgeschlossen werden kann.

Schließlich ist sogar die Bindungsmöglichkeit des Gesetzgebers in Verträgen zwischen dem Bund und einem Gliedstaat[256] sowie bei Eingliederungsverträgen mit dem Bund als Vertragspartner[257] und bei Ländereingliederungsverträgen[258] anerkannt. Obwohl der Bund dem vertragschließenden Land grundsätzlich übergeordnet ist, wird gleichwohl die Argumentation zugunsten einer Bindung der Gesetzgebung für übertragbar gehalten. Zwei Gründe sind dafür entscheidend. Zum einen wird im Hinblick auf das Kriterium der Eigenständigkeit auf „den letzten Rest von Staatlichkeit auf der Seite des untergegangenen Landes" verwiesen[259]. Zum anderen wird darauf abgestellt, daß zentrale Bestandteile der Vereinbarungen einer einseitigen Regelung durch den Bund bzw. das eingliedernde Land nicht zugänglich sind[260], die Vertragspartner zur Gewährleistung der Vertragsbindungen daher wiederum auf eine umfassende Bindung angewiesen sind. Teilweise wird in der Literatur darüber hinaus mit Hinweis auf den Begriff des Staatsvertrages verlangt, daß beide Vertragspartner Staaten sind. Die überwiegende Meinung vermag ein solches Erfordernis allerdings mit Recht nicht zu erkennen. Die einschlägigen Verfassungsbestimmungen tragen eine Einschränkung der staatsvertraglichen Bindungsmöglichkeiten auf den Rechtsverkehr mit Staaten weder vom Wortlaut noch vom Zweck her. Die Bestimmungen sind zunächst auf die Ausgestaltung der völkerrechtlichen Beziehungen ausgerichtet[261], die nur noch zum Teil gegenüber „Staaten" bestehen. Das Aufkommen internationaler Organisationen hat zu einer erheblich erweiternden Auslegung des Begriffs bereits im Hinblick auf das Völkerrecht geführt[262]. Aber auch in innerstaatlicher Blickrichtung kommt dem Begriff des „Staates" für das Staatsvertragsrecht nicht die behauptete beschränkende Wirkung zu. Dies

---

[255] *H. Schneider*, VVDStRL 19 (1961), S. 1, 15; *W. Rudolf*, HStR IV, § 105, Rn. 55.

[256] *H. Wagner* (1994), S. 183; *J. Isensee*, HStR IV, § 95, Rn. 143; *U. Scheuner* (1968), S. 323.

[257] *J.A. Frowein*, ZaÖRV 30 (1970), S. 1, 10ff.; *C. Tomuschat*, VVDStRL 49 (1990), S. 70, 84ff., 98f.; für den Einigungsvertrag: *P. Badura*, HStR VIII, § 189, Rn. 44–46; *R. Bernhardt*, HStR VII, § 174 Rn. 35.

[258] Vgl. BVerfGE 22, 221; 34, 216; 38, 231; 42, 345.

[259] BVerfGE 22, 221 [230]; *J.A. Frowein*, Flume-FS I, S. 301, 305.

[260] *H. Wagner* (1994), S. 175 und 184.

[261] *J. Kölble*, DÖV 1960, S. 650, 660f., sieht den Anwendungsbereich des Staatsvertrags gar nur auf völkerrechtliche Beziehungen beschränkt.

[262] *R. Streinz*, in: *M. Sachs* (Hrsg.), GG, Art. 32 Rn. 14.

zeigt allein das Recht der Eingliederungsverträge, die auch nach Untergang des einen vertragsschließenden Staates weiterhin als Staatsverträge Bindungswirkungen auch gegenüber dem Gesetzgeber des aufnehmenden Staates entfalten.

(2) Parlamentarisches Zustimmungserfordernis

Allerdings sind mit der staatsvertraglichen Handlungsform besondere formelle Anforderungen verbunden, die den aufgeführten verfassungsrechtlichen Bedenken gegen eine dauerhafte Festlegung der Gesetzgebung weitergehend Rechnung tragen. Gegen die vertragliche Bindung von Rechtsetzung wurde insbesondere eingewandt, daß verfahrensmäßige Rechte Dritter[263] oder sonstige Beteiligungsvorschriften[264] nicht ausgehebelt werden dürften[265]. Für die Bindung des Gesetzgebers in Staatsverträgen greifen die vorgebrachten Bedenken nicht durch, weil auf der verfassungsrechtlichen Ebene Vorkehrungen zur Beteiligung der Parlamente getroffen sind[266]. Mit der Zustimmung trifft der Gesetzgeber selbst die Entscheidung über die Geltung der Vertragsregelungen, wobei die formellen Voraussetzungen des Gesetzgebungsverfahrens einzuhalten sind. Auf diese Weise werden weder Verfahrensrechte verkürzt noch Anforderungen der Wesentlichkeitstheorie mißachtet. Auch die mit dem Grundsatz der Gewaltenteilung und mit dem Demokratieprinzip begründeten Zweifel an der Festlegung der Gesetzgebung lassen sich für die staatsvertraglichen Bindungen über das Erfordernis der parlamentarischen Zustimmung entkräften. Zwar sind beim Staatsvertrag die Mitwirkungsmöglichkeiten des Parlaments insbesondere im Vorfeld des formellen Gesetzgebungsverfahrens im Vergleich zu anderen Gesetzgebungsgegenständen eingeschränkt[267]. Denn der Vertragsentwurf wird in zumeist mit Regierungsvertretern besetzten Verhandlungskommissionen erarbeitet und dem Parlament geschlossen zur Zustimmung zugeleitet, so daß dem Parlament weder Initiativrechte noch die üblichen Nachbesserungsmög-

---

[263] Stelkens / Bonk / *M. Sachs*, VwVfG § 54 Rn. 83ff., mit umfassenden Nachweisen, freilich wie die nachfolgenden Nachweise auf die untergesetzliche Normgebung bezogen.

[264] *U. Di Fabio*, DVBl. 1990, S. 338, 345.

[265] BVerwG NJW 1980, S. 2539; *I. Ebsen*, JZ 1985, S. 57, 58; *H.-J. Papier*, JuS 1981, S. 498, 500; *C. Degenhart*, BayVBl. 1979, S. 289, 293; *R. Stettner*, AöR 102 (1977), S. 545, 560.

[266] *W. Rudolf*, HStR IV, § 105 Rn. 54; *M. Herdegen*, HStR IV, § 97 Rn. 44f., mit Hinweisen zum Streit, ob, etwa im Hinblick auf die Wesentlichkeitstheorie, die Zustimmung des Parlaments durch formelles Gesetzes zu erfolgen hat.

[267] Vgl. *H. Wagner* (1994), S. 186.

lichkeiten offenstehen. Dabei ist es jedoch in die freie parlamentarische Entscheidung gestellt, das Vertragswerk anzunehmen oder abzulehnen. Belange des Parlaments können durch eine Ablehnung des Vertrages eingebracht werden. So kann etwa ein stärkerer eigener Gestaltungswillen umgesetzt werden, indem anstelle der Vertragslösung eigene Gesetzesinitiativen ergriffen werden. Durch ein Zustimmungserfordernis des Gesetzgebers ist deshalb die Einhaltung des Gewaltenteilungsprinzips sichergestellt[268]. Dies gilt ebenso für das Demokratieprinzip. Der Gesetzgeber selbst hat bei seiner parlamentarischen Entscheidung für oder gegen das Vertragsinstrument auch die Konsequenzen für die spezifischen rechtlichen Bindungen zu berücksichtigen und zu verantworten, die sich aus der Funktion des Vertrages als umfassende und auf Dauer angelegte Zuordnung der Vertragspartner ergeben[269]. Dabei stehen den Vorzügen der dauerhaften Verläßlichkeit Nachteile einer gewissen Starre und Abhängigkeit der Vertragspartner gegenüber. Durch die Verfahrensausgestaltung für die freie Eingehung der Verträge durch die demokratisch berufenen Organe ist sichergestellt, daß es der staatsvertraglichen Handlungsform nicht an demokratischer Legitimation mangelt[270].

cc) Zusammenfassung

Die grundsätzliche Möglichkeit einer umfassenden Bindung des Staates einschließlich der Gesetzgebung und damit einer Bestandszusage für gesetzliche Gewährleistungen ist im Instrument des Staatsvertrags angelegt. Neben Anforderungen an die Beteiligung der von der Bindung betroffenen Legislativorgane bleibt als entscheidende Voraussetzung dafür festzuhalten: Zum einen ist mit Rücksicht auf die herausgehobene Stellung des zu bindenden Legislativorgans eine annähernde formale Gleichwertigkeit, d.h. ein vergleichbarer Rang der Vertragspartner, zu fordern. Zum anderen sollen die materiellen Aufgaben der Gesetzgebung nur ausnahmsweise vertraglichen Bindungen unterworfen werden, wenn der Vertrag sich auf Fragen bezieht, bei denen das Verhältnis zwischen den Vertragspartnern aufgrund beschränkter Kompetenzen oder unterschiedlicher Regelungseben bzw. Rechtsordnungen durch eine umfassende oder zumindest punktuelle Gleichordnung gekennzeichnet ist. Diese Ansätze zur Bestimmung der „Staatsvertragswürde“ lassen sich unter dem Krite-

[268] *J. Kölble*, DÖV 1960, S. 650, 657.
[269] Vgl. nur *H. Wagner* (1994), S. 184–186.
[270] *R. Stettner*, AöR 102 (1977), S. 544, 561; *H. Wagner* (1994), S. 183f.

rium der vergleichbaren eigenständigen Entscheidungsmacht der Vertragspartner zusammenfassen[271]. Die Zulässigkeit der von den Vertragsparteien intendierten Perpetuierungsfunktion der Staatskirchenverträge hängt davon ab, ob in ihnen die an einen Staatsvertrag zu stellenden Anforderungen erfüllt sind.

c) Der Abschluß der Staatskirchenverträge als Staatsverträge mit Bindung der Legislative

Die Vertragsparteien sind von dem Vorliegen der Voraussetzungen für eine Bindung der Gesetzgebung ausgegangen, weil sie beim Abschluß der Staatskirchenverträge den verfassungsrechtlichen Vorgaben für Staatsverträge folgten und dies ausdrücklich hervorhoben[272]. Zwar wurden gegenüber den staatskirchenvertraglichen Festlegungen Bedenken im Hinblick auf das Demokratieprinzip und den Gewaltenteilungsgrundsatz erhoben[273]. Doch haben die Parlamente selbst in voller Entscheidungsfreiheit und demokratischer Verantwortung den Staatskirchenverträgen zugestimmt. Der Gesetzgeber bleibt dank des parlamentarischen Zustimmungserfordernisses in jeder Lage des Verfahrens „Herr" der Entscheidungen über den Vertragsschluß. Es ist ihm unbenommen, zur Durchsetzung abweichender Vorstellungen dem Vertrag insgesamt die Zustimmung zu verweigern und damit Nachverhandlungen zu veranlassen[274] oder den Vertrag scheitern zu lassen, um durch einseitige gesetzgeberische Maßnahmen selbst die Staat-Kirche-Beziehungen zu regeln. Bei der Zustimmung zu den neuen Staatskirchenverträgen waren sich die Parla-

---

[271] *R. Steinberg*, NJW 1987, S. 2345, 2347 (m.N.); für Konkordate ähnlich schon *A. Albrecht* (1965), S. 218f., der auf der Grundlage seiner Koordinationstheorie allgemein „das politisch-soziologische Faktum einer hinlänglichen Unabhängigkeit" bzw. Selbständigkeit verlangt; vgl. auch *U. Scheuner* (1968), S. 324, der die Anerkennung „als unabhängige, ihm mit eigener rechtlicher Befähigung entgegentretende Macht" voraussetzt.

[272] Vgl. hier nur jeweils beispielhaft zum evKVBBG Regierungsbegründung LT-Drs. BBG 2/3442, Begründung zum Vertragsgesetz, S. 1; zum evKVTh. Ministerpräsident *B. Vogel*, PlenProt. Th. 17113, S. 8723; zum SachsenKKV: Regierungsbegründung LT-Drs. Sachsen 2/3612, Begründung zum Zustimmungsgesetz, S. 1; zum JüdVTh Regierungsbegründung, LT-Drs. 1/2850, S. 5; zum BistVHH MdL *Goldbeck*, FDP, PlenProt. M.-V. 1/105, S. 6332; aus dem Schrifttum: *A. Hollerbach*, KuR-120, S. 1, 4.

[273] *L. Renck*, ThürVBl. 1995, S. 31, 32; *H. Weber*, (1970), S. 49f.; aus den Materialien zu den Verträgen vgl. zum MVKKV: MdL *Putensen*, PDS, PlenProt. M.-V. 2/73, S. 4570; zu Demokratiedefiziten in Verhandlungssystemen vgl. allgemein *A. Benz*, Antrittsvorlesung, S. 6.

[274] Im übrigen haben die vertragsverhandelnde Regierung z.T. eine Rücksprache mit den Fraktionen im Parlament angeboten und Vorschläge nachgefragt; vgl. beispielhaft MdL *Buchholz*, PlenProt. LSA 1/ 62, S. 7390.

mente der besonderen Funktionen und der daraus resultierenden angestrebten Bindungen der Verträge bewußt. Dies belegen die entsprechenden Zielsetzungen, die sowohl in den Regierungsbegründungen zur Einbringung der Verträge in die Parlamente als auch in den parlamentarischen Debatten vielfach ausdrücklich aufgegriffen wurden[275]. Die Gewährleistung beständiger Rechtspositionen wurde zielgerichtet in den gesetzgeberischen Regelungswillen aufgenommen, weil der Abschluß von umfassenden, alle wichtigen Fragen des Staat-Kirche-Verhältnisses regelnden Verträgen auf die Begründung einer grundlegenden, langlebigen und für beide Seiten verläßlichen Ordnung zwischen Staat und Kirche und angewiesen ist[276]. Gerade wegen der angestrebten Beständigkeit der Vertragsregelungen gegenüber wechselnden politischen Konstellationen in den Parlamenten haben es sich die Länderparlamente nicht leicht gemacht, mit ihren Zustimmungsgesetzen die demokratische Verantwortung für diese Vertragsordnung zu übernehmen. In den meisten Ländern konnten sich die Zustimmungsgesetze auf breite Mehrheiten stützen. Wo dies nicht gelang, sind der parlamentarischen Entscheidungsfindung ausführliche Auseinandersetzungen mit parlamentarischer Anhörung und kontroversen Debatten vorausgegangen und haben für Transparenz in den Entscheidungsprozessen gesorgt[277]. Die Staatskirchenverträge tragen den Vorkehrungen zur Gewährleistung der Verfahrens- und Beteiligungsrechte mit den Zustimmungsgesetzen Rechnung und erfüllen insoweit die Voraussetzungen für eine staatsvertragliche Regelung mit Bindung der Legislativorgane.

Darüber hinaus muß die Bekräftigung gesetzlich zugestandener kirchlicher Freiräume ein zulässiger Vertragsgegenstand sein. Deshalb ist zu klären, ob in Fragen, die der staatlichen Gesetzgebungsfunktion überanwortet sind, für den Staat noch staatsvertragliche Handlungsmöglichkeiten bestehen. Weder die Staatsvertragsbestimmungen in den Landesverfassungen noch die speziellen Ermächtigungen zum Abschluß von Staatskirchenverträgen in Art. 9 II Verf. M.-V und Art. 32 IV Verf. LSA enthalten – im Rahmen der Länderkompetenzen – einschränkende inhaltliche Vorga-

---

[275] Vgl. die ausführlichen Nachweise im II. Teil B. III. 1. (= S. 50–52); anders noch *H. Quaritsch*, Schack-FS, S. 125, 127f. Fn. 25.

[276] Vgl. neben den Darstellungen in den Vertragsmotivationen auch *J. Depenbrock*, ZevKR 38 (1993), S. 413, 428.

[277] Ein bedenklicher Sonderfall ist allerdings anzuführen. Denn bei dem insgesamt besonders heiklen und bisher einzigen umfassenden Staatskirchenvertrag von Brandenburg, dem Evangelischen Kirchenvertrag vom 8. November 1996, wurde komplett auf die parlamentarische Aussprache in 1. (PlenProt. BBG 2/49, S. 4431) und 2. Lesung (PlenProt. BBG 2/54, S. 4751f.) verzichtet.

ben. Letztere geben dem Staat ganz allgemein die staatskirchenvertragliche Handlungsform neben dem Gesetz an die Hand, um „Fragen von gemeinsamen Belangen“ zu regeln. Nicht zuletzt vor dem Hintergrund der willkürlichen Staatspraxis des DDR-Regimes gegenüber den Kirchen hat sich gezeigt, daß die Verläßlichkeit und Beständigkeit der staatlichen Gewährleistungen zugunsten der Kirchen eine wichtige Grundlage für das kirchliche Wirken in Staat und Gesellschaft und damit für das Staat-Kirche-Verhältnis insgesamt darstellt. Deshalb sind mit der vertraglichen Bekräftigung und Absicherung kirchlicher Rechte beiderseitige Interessen angesprochen, die grundsätzlich eine Regelung durch Staatskirchenvertrag nach Art. 9 II Verf. M.-V und Art. 32 IV Verf. LSA eröffnen. Allein der Wortlaut des Art. 109 II Sächs.Verf. könnte die Annahme nahe legen, daß mit der Berufung auf das für alle geltende Gesetz der Ausgleich staatlicher Ordnungsfunktionen mit der kirchlichen Selbstbestimmung durch Gesetz vorzunehmen sei (Satz 2), während nur für die übrigen Fragen das Vertragsinstrument zur Verfügung stehe (Satz 3). Eine solche, die potentiellen Vertragsgegenstände einschränkende Auslegung der adverbialen Bestimmung „im übrigen“ würde aber dem systematischen Zusammenhang in Art. 109 II Sächs.Verf. nicht gerecht. Zwar sind „Trennung“ und kirchliche Selbstbestimmung bereits mit dem über Art. 109 IV Sächs. Verf. aufgenommenen Art. 137 I, III WRV Bestandteil der Sächsischen Verfassung. Die Regelung des Art. 109 II Sächs.Verf. geht aber von den allgemeinen, auf Abgrenzung ausgerichteten Grundlagen der Trennung von Staat und Kirche (Satz 1) und der freien Entfaltung „bei der Erfüllung ihrer Aufgaben im Rahmen des für alle geltenden Gesetzes“ (Satz 2) aus, die für alle Kirchen und Religionsgemeinschaften gleichermaßen gelten und ihrem religiösen Wirken staatsunabhängige Freiräume gewährleisten. Darauf aufbauend weist er den Weg für eine an den Besonderheiten der einzelnen Religionsgemeinschaften orientierte, auf Zuwendung zielende Gestaltung von Beziehungen zwischen Staat und Kirche durch das Vertragsinstrument (Satz 3). Weil eine umfassende und auf Dauer angelegte vertragliche Ausgestaltung ihres Verhältnisses auf der Verläßlichkeit des rechtlichen Rahmens aufbaut, sind beide Vertragspartner darauf angewiesen, sich der Grundlagen ihres Verhältnisses zu versichern. So kann auch die Zusicherung beständiger Grundlagen nach Art. 109 II 3 Sächs.Verf. Teil einer solchen positiven, d.h. zuordnenden, Regelung des Staat-Kirche-Verhältnisses „im übrigen“ sein.

Die Auslegung der ausdrücklichen landesverfassungsrechtlichen Grundlagen ergibt danach ein Nebeneinander von vertraglichen und gesetzlichen Handlungsformen im Staatskirchenrecht, das insbesondere im Hinblick auf die jeweils unterschiedlichen Funktionen eine Verdrängung der Vertragsbefugnisse durch die Ausübung von Gesetzgebungskompetenzen für sich nicht zu tragen vermag. Ein Gesetz ist notwendig allgemein gehalten. Es kann sich für eine unterschiedliche inhaltliche Ausfüllung durch die Religionsgemeinschaften lediglich öffnen[278]. Im Gegensatz dazu räumt das Vertragsinstrument dem Staat die Möglichkeit ein, schon in der Regelung selbst direkt auf die besondere Situation der jeweils angesprochenen Religionsgemeinschaft einzugehen und dabei konkret staatliches und kirchliches Wirken aufeinander zu beziehen und abzustimmen. Schließlich kommt das eigenständige Nebeneinander auch beim Zusammenspiel vertraglicher und gesetzlicher Handlungsformen für die Inkraftsetzung des Vertragswerks zum Ausdruck. Denn das staatliche Zustimmungsgesetz vollzieht nach Art eines Artikelgesetzes die aus der vertragsrechtlichen Lage gebotenen Änderungen der Gesetzeslage nach[279].

d) Staatsvertragliches Verhältnis zwischen Staat und Religionsgemeinschaften

Ist danach grundsätzlich eine Koexistenz von Vertrag und Gesetz mit paralleler Regelung gleicher Materien zugelassen, so wird für die Bestimmung der Bindungsmöglichkeiten des Gesetzgebers in den Staatskirchenverträgen allein die Frage zum Dreh- und Angelpunkt, ob die für den Abschluß von Staatsverträgen vorausgesetzte Gleichrangigkeit der Vertragspartner durch zumindest partielle Eigenständigkeit im Staat-Kirche-Verhältnis gegeben ist[280]. Diese Frage ist auch im Schrifttum besonders umstritten. Dabei bringt die Begründung der kirchlichen Staatsvertragsfähigkeit gegenüber den staatlichen Vertragspartnern nach den vertretenen unterschiedlichen Lösungsansätzen zugleich die entscheidende Weichenstellung für die staatskirchenvertraglichen Bindungswirkungen mit sich. Denn die vertragliche Verbindlichkeit, Art und Umfang der rechtlichen

278 Vgl. allgemein zu dieser Problematik: *M. Heckel*, JZ 1994, S. 425, 427, 429f.; *ders.* (1993), S. 39ff., 61ff.

279 Vgl. nur Kultusminister *Schomburg*, PlenProt. LSA, 1/56, S. 6621: Das „Ratifizierungsgesetz zieht die gesetzgeberischen Konsequenzen aus zwei vertraglichen Verpflichtungen".

280 Vgl. hier nur einerseits: *L. Renck*, DÖV 1997, S. 929ff.; *ders.*, ThürVBl. 1995, S. 31, 34–36; *H. Quaritsch*, Schack-FS, S. 125, 140; vgl. auch *U.K. Preuß*, AK-GG, Art. 140 GG Rn. 35; andererseits: *R. Puza*, NVwZ 1995, S. 460, 461; v. Mangoldt/Klein/*A. v. Campenhausen*, GG, Art. 140 GG Rn. 57f.

Bindungswirkungen und die Sicherstellung ihrer Beachtung[281] werden von der verorteten rechtlichen Basis zum Staatsvertragsschluß bestimmt[282]. Das Meinungsspektrum zum Rechtsboden der staatskirchenvertraglichen Bindungen reicht von der Zuordnung zu den völkerrechtlichen Verträgen[283] bis hin zur Einstufung als öffentlich-rechtliche Verträge. Diese werden zum Teil mit dem Attribut „koordinationsrechtlich" bei über- bzw. außerstaatlicher[284] oder innerstaatlicher[285] Verankerung versehen. Zum Teil nimmt eine Meinungsgruppe aber auch eine „subordinationsrechtliche" Qualifikation an. Diese gabelt sich wiederum in Meinungen auf, die den Staatsvertragscharakter anerkennen[286], anderen, die ihn ablehnen und damit die Bindungsmöglichkeit der staatlichen Gesetzgebung in Abrede stellen[287] und schließlich solchen, die offen differenzierend eine koordinationsrechtliche Erweiterung des subordinationsrechtlichen Prinzips annehmen[288]. Der Reihe nach ist für die von den Vertragspartnern vorgesehene Absicherung kirchlicher Rechtspositionen der Schutz der Völkerrechtsordnung [aa)] und anderweitiger außer- bzw. überstaatlicher oder aber innerstaatlicher Vertragsbindungen [bb)] zu diskutieren.

aa) Völkerrechtliche Ebene

Die völkerrechtliche Ebene ist vor allem für die Katholischen Kirchenverträge und Zirkumskriptionsverträge mit dem Heiligen Stuhl [(1)] von Relevanz, weil diese im Gegensatz zu den übrigen Staatskirchenverträgen

---

281 Für *J.M. Mössner*, S. 24f., liegt darin das eigentliche Problem der Verbindlichkeit von Verträgen, das hinter dem (völkerrechtlichen, aber auf die hiesigen Fragen übertragbaren) Streit um deren dogmatische Begründung steht.

282 Vgl. einerseits *D. Pirson* (1964), S. 177, 193 bei und in Fn. 33 sowie S. 194, und andererseits *L. Renck*, DÖV 1997, S. 929.

283 Jedenfalls für die Konkordate: statt vieler hier nur *H.F. Köck* (1983), S. 21ff. m.N.

284 Vgl. im Überblick hier nur *D. Pirson*, EvStL, Sp. 3814, 3823; *A. Hollerbach*, HdbStKirchR I, S. 253, 272ff.; *U. Scheuner*, GesSchr., S. 318; freilich im einzelnen differenzierend.

285 *D. Ehlers*, ZevKR 38 (1993), S. 368, 369; zurückhaltender *ders.*, in: *M. Sachs* (Hrsg.), GG, Art. 140 GG Rn. 6; *K.-H. Kästner* (1991), S. 156.

286 *K. Obermayer*, BoK, Art. 140 GG Rn. 93; *U.K. Preuß*, AK-GG, Art. 140 Rn. 34f.

287 So besonders aus Kreisen der Humanistischen Union: *J. Neumann*, Gutachten zum evKVMV, S. 3; vgl. weiter: *L. Renck*, ThürVBl. 1995, S. 31ff.; *G. Czermak*, Gutachtliche Stellungnahme zum evKVMV, S. 1 und 3f. Aber auch aus anderen Äußerungen klingt Skepsis gegenüber einem koordinationsrechtlichen Verständnis der Staatskirchenverträge heraus: vgl. die Diskussion zwischen *H. Goerlich*, SächsVBl. 1996, S. 50, 51, und *H. de Wall*, SächsVBl. 1996, S. 230, 231.

288 *M. Heckel*, in: Nörr, S. 1, 22.

[(2)] unter teilweise ausdrücklichem Hinweis auf die Völkerrechtssubjektivität des Heiligen Stuhls als völkerrechtliche Verträge geschlossen worden sind[289].

(1) Die Staatskirchenverträge mit dem Heiligen Stuhl

Gegen die Begründung völkerrechtlicher Verpflichtungen durch die vertragliche Bekräftigung bereits bestehender kirchlicher Rechte gegenüber dem Heiligen Stuhl wird wiederholt eingewandt, daß den Staatskirchenverträgen mit dem Heiligen Stuhl keine völkerrechtliche Qualität zukomme[290]. Denn bei den Staatskirchenverträgen vertrete der Heilige Stuhl nur den im Hoheitsgebiet des vertragsschließenden Staates angesiedelten Teil der Katholischen Kirche[291]. Weiter wird angeführt, daß mit den Staatskirchenverträgen in erster Linie innerstaatliche Rechtsfragen geklärt werden sollen, wohingegen das Völkerrecht als Rechtsordnung für die internationalen Beziehungen zur Regelung des Rechtsverkehrs von Staaten und anderen Völkerrechtssubjekten untereinander bestimmt sei[292]. Demgegenüber ordnet ein Großteil der Literatur[293] und die Rechtsprechung[294] die Staatskirchenverträge mit dem Heiligen Stuhl als völkerrechtliche Verträge ein. Zur Begründung wird darauf verwiesen, daß sie

---

[289] Vgl. amtliche Begründung des Freistaats Sachsen, LT-Drs. Sachsen 1/4648, Begründung zum Zustimmungsgesetz; amtliche Begründung des Freistaats Sachsen, LT-Drs. Sachsen 1/4788, Begründung zum Zustimmungsgesetz; MdL *Müller*, CDU, PlenProt. Sachsen 1/99, S. 6911; zum BistVHH: amtliche Begründung Mecklenburg-Vorpommern, LT-Drs. 1/4449, S. 5; Ministerpräsident *B. Seite* und MdL *N. Buske*, CDU, PlenProt. M.-V. 1/105, S. 6331 bzw. S. 6332.

[290] *L. Renck*, ThürVBl. 1995, S. 31, 33; *E. Fischer*, 4. Aufl., S. 161f.; *U.K. Preuß*, AK-GG, Art. 140 GG Rn. 34; *K. Obermayer*, BoK, Art. 140 GG Rn. 93; *A. Albrecht* (1965), S. 55; *C.H. Ule*, Gutachten, S. 107; *K. Orywall*, S. 34f.; *H.-U. Klose*, S. 66f.; vgl. auch *A. Hollerbach* (1965), S. 100–106, nunmehr vermittelnd *ders.* (1994), S. 253, 274f.; für „quasi-völkerrechtliche Qualität" der Konkordate: *K. Walf*, in: *R. Puza/A.P. Kustermann* (Hrsg.), S. 121f.

[291] *U.K. Preuß*, AK-GG, Art. 140 Rn. 34; *K. Obermayer*, BoK, Art. 140 GG Rn. 93; *L. Renck*, DÖV 1997, S. 929, 931.

[292] Vgl. *L. Renck*, ThürVBl. 1995, S. 31, 33; *E. Fischer*, 4. Aufl., S. 161f.; *A. Hollerbach* (1965), S. 99; *A. Albrecht* (1965), S. 55 (mit umfassenden Nachweisen der älteren Literatur).

[293] *J. Listl* (1987), S. 6; *W. Rüfner*, Thieme-FS, S. 343, 347; *R. Lill*, TRE 19, S. 462f.; *U. Scheuner* (1968), S. 323; v. Mangoldt/Klein/*A. v. Campenhausen*, GG, Art. 140 GG Rn. 50; *J. Depenbrock*, ZevKR 38 (1993), S. 413, 415; *K. Ipsen/V. Epping*, § 8 Rn. 2; *I. Seidl-Hohenveldern*, Rn. 192; *O. Kimminich*, HdbStKirchR II, S. 216, 231ff.; *P. Mikat*, HdbKathKR, S. 296; *H.J. Pottmeyer*, StLGG IV, Sp. 283, 286; *W. Schulz*, StLGG V, Sp. 586f.; *H.F. Köck* (1983), S. 21ff., mit zustimmender Besprechung *D. Ehlers*, ZevKR 38 (1993), S. 368, 369; *S. Marx*, ZevKR 35 (1990), S. 117, 118; *C. Tomuschat*, EvStL, Sp. 3805, 3807.

[294] BVerfGE 6, 309 [320f., 330ff.]; VGH B.-W. ESVGH 17, 172 [175.]

wie auch sonst völkerrechtliche Verträge Ausdruck der vertraglichen Einigung zweier souveräner Mächte auf der Ebene der Gleichordnung seien[295]. Eine Überprüfung, ob der Bekräftigung kirchlicher Rechtspositionen in den Verträgen der neuen Länder mit dem Heiligen Stuhl völkerrechtliche Qualität zukommt, muß bei den völkerrechtlichen Maßstäben ansetzen. Nach überwiegender Meinung setzt ein völkerrechtlicher Vertrag die rechtliche Einigung zweier Völkerrechtssubjekte [(a)] zur Regelung ihrer völkerrechtlichen Beziehungen [(b)] voraus[296].

(a) Völkerrechtssubjektivität der Vertragspartner

Das Merkmal der rechtlichen Einigung, das die Absicht der Parteien nach Verbindlichkeit ihrer Abreden verlangt[297], liegt mit dem Abschluß der Staatskirchenverträge vor. Die Darlegung der Vertragsmotivationen hat den gemeinsamen Willen von Staat und Kirche zur Eingehung rechtlich verbindlicher Vertragsbeziehungen gezeigt[298]. Auf die Einhaltung besonderer Formen kommt es zur Qualifizierung eines Vertrages als völkerrechtlichen nicht an[299]. Das vertragsschließende Land müßte weiter ebenso wie der kirchliche Partner Völkerrechtssubjekt sein. Für die Katholische Kirche wird dies teilweise bezweifelt, soweit die grundsätzlich anerkannte Völkerrechtsfähigkeit des Heiligen Stuhls allein auf die internationale Vertretung der Vatikanstadt bezogen wird[300]. Demgegenüber ist aber festzuhalten, daß auch der Heilige Stuhl als geistliches Oberhaupt der Katholischen Kirche eigene Völkerrechtspersönlichkeit besitzt[301]. Diese kristallisierte sich deutlich in der Zeit von 1870–1929 heraus, als der Heilige Stuhl ohne eigenes Staatsgebiet weiter als akzeptiertes Völkerrechtssubjekt am Völkerrechtsverkehr teilnahm[302]. Nach Schaffung der Vatikanstadt durch die Lateranverträge tritt der Heilige Stuhl nunmehr sowohl bei der diplomatischen Anerkennung durch den Austausch von Nuntien bzw. Botschaftern als auch bei Internationalen Konferenzen in

---

[295] Ausführliche Zusammenfassung der Begründungen bei *H.F. Köck* (1983), S. 21ff.

[296] *W. Geiger*, Lexikon des Rechts – Völkerrecht, S. 356; ähnlich z.B. BVerfGE 90, 286 [359]; *M. Hilf*, StLGG III, Sp. 173, 174.

[297] *K. Ipsen / Heintschel von Heinegg*, § 9 Rn. 3.

[298] Vgl. oben II. Teil B. II. und III., (S. 44f., 50–52)!

[299] BVerfGE 90, 286 [359]; *R. Bernhardt*, HStR VII, § 174, Rn. 2; *Buergenthal / Doehring / Maier / Kokott*, S. 85.

[300] *U.K. Preuß*, *AK-GG*, Art. 140 Rn. 34; *E. Fischer*, 4. Aufl., S. 161f.

[301] *H.F. Köck*, StLGG II, Sp. 1229; *ders.*, Lexikon des Völkerrechts, S. 129f.; *P. Mikat*, HdbKathKR, S. 296; *H.J. Pottmeyer*, StLGG IV, Sp. 283, 286; *H. Engelhardt*, Geiger-FS II, S. 722, 732.

[302] Vgl. *A. Verdross / B. Simma*, S. 247; *U. Scheuner* (1968), S. 319.

doppelter Funktion als geistlicher Vertreter der Kirche wie auch als Repräsentant der Vatikanstadt auf[303]. Deutlich ist diese Doppelstellung schließlich bei dem Wechsel der Bezeichnung von „Vatikanstaat" auf „Heiliger Stuhl" in offiziellen UN-Dokumenten zum Ausdruck gekommen[304].

Auch den vertragsschließenden Ländern müßte völkerrechtliche Handlungsfähigkeit zukommen. Für die Bestimmung der Völkerrechtsfähigkeit von Gliedstaaten wird zunächst auf die innerstaatliche Kompetenzaufteilung verwiesen, an die die konkrete Anerkennung im internationalen Rechtsverkehr anknüpft[305]. Innerstaatlich gesteht der Bund den Ländern eingeschränkt die Befugnis zum Abschluß völkerrechtlicher Verträge in Art. 32 III GG zu. Diese Norm ist zwar für die Konkordate nicht unmittelbar heranzuziehen, weil der Heilige Stuhl nicht zu den „auswärtigen Staaten" zu zählen ist[306]. Statt dessen wird die Konkordatsbefugnis konkret durch die allgemeine Kompetenzaufteilung zwischen Bund und Ländern in staatskirchenrechtlichen Fragen bestimmt[307]. Art. 32 III GG bringt aber die grundsätzliche Berechtigung der Länder zum Abschluß internationaler Verträge zum Ausdruck[308] und schafft damit zugleich die völkerrechtliche Voraussetzung für die internationale Rechtsfähigkeit der Gliedstaaten[309]. Auch das Kriterium eines Vertragsschlusses unter Völkerrechtssubjekten erfüllen demnach die Staatskirchenverträge der neuen Länder mit dem Heiligen Stuhl.

(b) Die Regelung völkerrechtlicher Beziehungen in den Staatskirchenverträgen

Das umstrittenste Merkmal für die Annahme der Völkerrechtsqualität von Staatskirchenverträgen liegt in den inhaltlichen Anforderungen an die vertragliche Regelung. Teilweise wird in der Literatur angenommen, daß

---

303 *W. Schulz*, StLGG V, Sp. 586f.; *A. Verdross / B. Simma*, S. 248.

304 *R. Metz*, HdbKathKR, S. 252, 264.

305 Vgl. *W. Geiger*, Lexikon des Rechts – Völkerrecht, S. 356; *H. Steinberger*, HStR VII, § 173 Rn. 27; *M. Schweitzer*, Staatsrecht III, Rn. 112; *K. Ipsen / Heintschel von Heinegg*, § 9 Rn. 2 und *K. Ipsen / Gloria*, § 74 Rn. 5ff.; *I. Seidl-Hohenveldern*, Rn. 233ff.

306 BVerfGE 6, 309 [362]; *A. Hollerbach* (1994), S. 253, 278; *ders.* (1965), S. 177ff.; *P. Badura*, StR, L Rn. 43; *H.-G. Franzke*, NWVBl. 1991, S. 345ff.; *U. Fastenrath* (1986), S. 93f.; a.A. aber *M. Zuleeg*, *AK-GG*, Art. 32 Rn. 14; zweifelnd auch *M. Schweitzer* Rn. 122; vgl. näher zum Streit oben II. Teil A. I. 2. (= S. 26f.)!

307 *A. Hollerbach* (1994), S. 253, 278; *ders.* (1965), S. 177 und 180; vgl. auch BVerfGE 6, 309 [362].

308 Vgl. nur *R. Bernhardt*, HStR VII, § 174 Rn. 19.

309 *H. Steinberger*, HStR VII, § 173 Rn. 27; *M. Schweitzer*, Staatsrecht III, Rn. 118, 536.

die Begründung völkerrechtlicher Vertragsbindungen nicht auf bestimmte Vertragsgegenstände von völkerrechtlicher Relevanz beschränkt sei[310]. Demgegenüber wird zumeist ein Bezug der Vertragsregelungen zu Fragen des völkerrechtlichen Rechtsverkehrs verlangt. Insbesondere sollen die Rechtsfolgen der Willenseinigung völkerrechtlichen Charakter aufweisen[311], so daß der Vertrag zwischen zwei Völkerrechtssubjekten etwa auf die Begründung völkerrechtlicher Rechte und Pflichten gerichtet sein müsse[312]. Anzuerkennen ist zwar, daß ein umfassender oder gar abschließender Katalog zulässiger völkerrechtlicher Vertragsgegenstände nicht besteht, weshalb insoweit die Vertragsparteien nicht auf bestimmte Regelungsgegenstände beschränkt sind. Als besondere Rechtsordnung für den Verkehr von Staaten und anderen Völkerrechtssubjekten auf internationaler Ebene bleiben die völkerrechtlichen Instrumentarien jedoch der Regelung von solchen Rechtsfragen vorbehalten, die aus den internationalen Beziehungen der Völkerrechtssubjekte untereinander erwachsen[313].

An diesem Punkt setzt verstärkt die Kritik an der völkerrechtlichen Einordnung der Staatskirchenverträge mit dem Heiligen Stuhl an, die einen völkerrechtlichen Gegenstand generell und bezogen auf die vertragliche Bekräftigung verfassungs- und einfachgesetzlicher Rechte der Kirche in Abrede stellt[314]. Denn diese Vertragsregelungen seien auf das Verhältnis des Staates zu der auf seinem Staatsgebiet tätig werdenden Katholischen Kirche gerichtet. Die Vertragsfunktion weise keinerlei internationalen Bezug auf, weshalb sich diese Verträge von allen völkerrechtlichen Verträgen unterschieden[315]. Das Merkmal der für das Völkerrecht „untypischen Regelungsgegenstände“[316] allein kann jedoch angesichts grundsätzlicher völkerrechtlicher Vertragsfreiheit[317] nicht die völkerrechtliche

---

310 *G. Lenz*, S. 108, 111 und 115, in Anlehnung an den Begriff des völkerrechtlichen Vertrags von *A. Verdross / B. Simma*, S. 337f.

311 *M. Schweitzer*, Staatsrecht III, Rn. 109.

312 Vgl. *M. Hilf*, StLGG III, Sp. 173, 174; ähnlich *W. Geiger*, Lexikon des Rechts – Völkerrecht, S. 356.

313 So doch *A. Verdross / B. Simma*, S. 341, mit der Ausgrenzung etwa privatrechtlicher Verträge.

314 *L. Renck*, ThürVBl. 1995, S. 31, 33; *A. Albrecht* (1965), S. 55ff.; *E. Fischer*, 4. Aufl., S. 161f.

315 *H.-U. Klose*, S. 65f.; *A. Hollerbach* (1965), S. 99, *K. Orywall*, S. 34f., die allein den vertraglich geregelten Austausch diplomatischer Vertreter als völkerrechtlich relevante Ausnahme ansieht.

316 *D. Pirson*, EvStL, Sp. 3814, 3822; v. Mangoldt / Klein / *A. v. Campenhausen*, GG, Art. 140 Rn. 50.

317 *K. Ipsen / Heintschel von Heinegg*, § 9 Rn. 1; *C. Tomuschat*, EvStL, Sp. 3805, 3808.

Regelungsebene ausschließen[318]. Das Abgrenzungskriterium zwischen völkerrechtlichen und sonstigen Vertragsgegenständen muß vielmehr orientiert sein an den spezifischen Funktionen des internationalen Vertragsrechts. Diese wiederum sind bezogen auf die besondere Rechtsstellung der Vertragspartner als Völkerrechtssubjekte. Die Zuordnung eines Vertrags zum Völkerrecht verlangt als Vertragsgegenstand daher Festlegungen bzw. Rechtsgeschäfte, die zwischen den Beteiligten gerade in ihrer Eigenschaft als Völkerrechtssubjekte getroffen werden[319]. Deshalb ist zu prüfen, ob Staat und Heiliger Stuhl Vertragsbindungen eingehen, „bei denen es um die besondere Rolle der ... Völkerrechtssubjekte in den internationalen Beziehungen geht, also um solche Vorgänge, die mit ihrer Eigenschaft, Völkerrechtssubjekt zu sein, unmittelbar verknüpft sind"[320].

Bei der Ermittlung der besonderen Rolle des Heiligen Stuhls im völkerrechtlichen Rechtsverkehr ist die bereits angesprochene doppelte Rechtsstellung als Vertreter sowohl für das weltliche Völkerrechtssubjekt Vatikanstadt als auch als geistliches Oberhaupt der Katholischen Kirche zu berücksichtigen[321], was von den Kritikern der völkerrechtlichen Qualität der Konkordate nicht immer hinreichend beachtet wird[322]. Für die besondere Rolle des Heiligen Stuhls in den internationalen Beziehungen ist maßgeblich, daß völkerrechtliche Stellung und internationale Vertragsfähigkeit dem Papst in seiner Eigenschaft als geistliches Oberhaupt einer universalen Kirche zukommen[323] bzw. „allein zu geistlichen Zwecken der Kirche anerkannt" wurden[324]. Nicht ein Interesse an Fragen des zwischenstaatlichen Verkehrs, sondern die Funktion der „geistlichen Macht" und ihre geistlichen Kompetenzen zeichnet insoweit das Völkerrechtssubjekt Heiliger Stuhl aus[325]. Deshalb sind Beziehungen, in denen der Papst für die Kirche gegenüber Staaten und anderen Völkerrechtssubjekten in diesen geistlichen Funktionen auftritt, völkerrechtlicher Natur. Auch wenn man die Zuerkennung der Völkerrechtssubjektivität funktionellen Aspekten wie der Herauslösung des Rechtsstatus des geistlichen

---

318 Vgl. auch *H. Engelhardt*, Geiger-FS II, S. 722, 733, mit Hinweis auf eine Vielzahl von Verträgen völkerrechtlicher Natur mit staatsrechtlichem Inhalt.

319 *J.M. Mössner*, S. 32; *I. Seidl-Hohenveldern*, Rn. 190, 193.

320 *J.M. Mössner*, S. 32.

321 *J. Listl* (1987), S. 6; vgl. weiter *W. Schulz*, StLGG V, Sp. 586f.; *A. Verdross / B. Simma*, S. 248; *H. Engelhardt*, Geiger-FS II, S. 722, 732.

322 Vgl. *H.-U. Klose*, S. 66f.; *U.K. Preuß*, AK-GG, Art. 140 GG, Rn. 34.

323 *U. Scheuner* (1968), S. 319; *R. Metz*, HdbKathKR, S. 252, 263f.

324 *Rojahn*, in: *I. v. Münch* (Hrsg.), GGK, Art. 32 Rn. 12.

325 *J. Listl* (1987), S. 6; *R. Metz*, HdbKathKR, S. 252, 264.

Oberhaupts aus der Herrschaft nationaler Rechtssysteme zuschreibt[326], wird damit doch nur der Sonderstellung des Heiligen Stuhls als geistlicher Ordnungsmacht in der Völkerrechtsgemeinschaft Rechnung getragen, die sich aus seinem kirchenrechtlich fundierten universalen geistlichen Auftrag ergeben. Zentrale Frage ist damit, ob die Vertragsgegenstände der Konkordate und insbesondere die vertragliche Bekräftigung der staatlich gewährleisteten Freiheit kirchlichen Wirkens den staatlichen Kontakt mit der Kirche und dem Heiligen Stuhl in diesen Funktionen betreffen.

Dies wird in der Literatur teilweise ganz ohne Begründung[327], teilweise mit dem Hinweis auf die staatliche Gebietsherrschaft in den Angelegenheiten, die Gegenstand der Konkordate sind, verneint[328]. Teilweise wird darauf verwiesen, daß der Heilige Stuhl in den Fragen der Konkordatsmaterien in seiner kirchen- und nicht völkerrechtlich begründeten Funktion als oberster Hirte der Kirche tätig wird[329]. Diese Überlegungen greifen jedoch zu kurz. Soweit die völkerrechtlichen Befugnisse des Heiligen Stuhls sich auf seine Funktion als geistliche Ordnungsmacht beziehen, beruhen diese gerade auf seiner kirchenrechtlich fundierten Stellung als geistliches Oberhaupt einer universalen Kirche[330]. Die geistliche Potenz der Kirche hat kein eigenes territoriales Herrschaftsgebiet und konkurriert schon gar nicht mit dem Staat um die Gebietsherrschaftsmacht[331]. Wie aber soll die geistliche Potenz und moralische Autorität, um derent willen der Heilige Stuhl als Völkerrechtssubjekt anerkannt ist, wirken, wenn nicht gegenüber den Menschen in den einzelnen Herrschaftsgebieten der Staaten. Geistliche Macht und moralische Autorität der Kirche könnten sich nur höchst unvollkommen entfalten, sollte ihr Wirkungsbereich auf das diplomatische Feld beschränkt sein. Gegenüber hochabstrakten rechtlichen Gebilden wie Staaten und internationalen Organisationen kann die Kirche ihren Auftrag nicht wahrnehmen, sondern nur gegenüber den Menschen, die dahinterstehen. Damit ist auch auf völkerrechtlicher Ebene die schwer auflösbare Konkurrenzsituation zwischen Kirche und weltlichen Mächten angesprochen, die in den zwischen ihnen grundverschiedenen

---

326 Vgl. *A. Hollerbach* (1965), S. 102f.

327 *L. Renck*, ThürVBl. 1995, S. 31, 33.

328 *A. Albrecht* (1965), S. 55, 131ff.; ihm folgend *K. Orywall*, S. 34f., unter Ausnahme der Bestimmungen über den diplomatischen Verkehr.

329 *A. Hollerbach* (1965), S. 103.

330 *R. Metz*, HdbKathKR, S. 252, 264. Davon geht im Grundsatz auch *A. Hollerbach* (1965), S. 103.

331 Davon aber scheinen *A. Albrecht* (1965), S. 67, 131ff., und *K. Orywall*, S. 35, auszugehen; dagegen *H. Quaritsch*, Der Staat 5 (1966), S. 451, 464f.

Aufträgen und Ansprüchen gegenüber den Menschen begründet liegt[332]. Die Rolle des Heiligen Stuhls in der Völkerrechtsgemeinschaft ist danach insbesondere auch durch religiöse Dimensionen gekennzeichnet, die sich in den Beziehungen zu anderen Völkerrechtssubjekten vor allem in den schwierigen Fragen des Spannungsverhältnisses geistlicher und weltlicher Ordnungsfunktionen niederschlagen.

Gerade auch um die Regelung dieser Fragen, um das Bemühen um einen Ausgleich dieses Spannungsverhältnisses auf einer umfassenden Ebene zwischen der als Völkerrechtssubjekt anerkannten geistlichen Autorität des Heiligen Stuhls und der weltlichen Staatsmacht geht es in den Staatskirchenverträgen. Die Einräumung gesicherter Rechtspositionen zur Gewährleistung des Wirkens der Katholischen Kirche gegenüber und damit vor allem im Staat für und an den Menschen ist eines der zentralen, wenn nicht gar das grundsätzliche Anliegen, das das Oberhaupt der Kirche in seinen Beziehungen zu den Staaten zu verfolgen hat. Nicht anders als im völkerrechtlichen Verkehr der Staaten ergeben sich für das Völkerrechtssubjekt Heiliger Stuhl die völkerrechtlichen Regelungsmaterien aus der den eigenen Machtbereich überschreitenden Schnittmenge der nach eigenem Recht gestellten Aufgaben mit denen anderer Völkerrechtssubjekte[333]. Für den geistlichen Auftrag des Heiligen Stuhls weisen die Voraussetzungen kirchlichen Wirkens auf die Rechtssphäre der Staaten wie die staatlichen Ordnungsfunktionen auf die geistlichen Funktionen der Katholischen Kirche treffen. Kirchliches Recht ist weder dem staatlichen noch dem völkerrechtlichen Rechtsbereich zuzuordnen, sondern hat seinen eigenen Ursprung und seine eigene Qualität[334]. Die gemeinsame Ausgestaltung der Schnittstellen zwischen kirchlicher und weltlicher Rechtsordnung bedarf aber rechtlicher Begriffe und Instrumente, die für beide Ordnungen faßbar und zulässig sind. Dafür kommt es prinzipiell auch in Betracht, sich völkerrechtlicher Formen zu bedienen.

---

332 *M. Heckel*, JZ 1994, S. 425, 426ff.

333 *P. Fischer/H.F. Köck*, S. 162, heben hervor, daß „jedes Völkerrechtssubjekt nach seiner Art sui generis ist, auch der Staat", und daß deshalb die völkerrechtlichen Rechte und Pflichten des Heiligen Stuhls, seinem Wesen korrespondierend, nur teilweise jenen der Staaten analog und im übrigen verschieden sind; zu den Konkordatszielen des Heiligen Stuhls vgl. zusammenfassend *J. Listl*, (1996), S. 524ff.

334 Vgl. *A. Hollerbach* (1965), S. 97f.

(c) Vorläufiges Zwischenergebnis

Die Bekräftigung kirchlicher Freiheitsrechte durch Vertrag ist daher unmittelbar mit der Eigenschaft von Staat und Heiligem Stuhl verknüpft, Subjekt des Völkerrechts zu sein, und damit möglicher Gegenstand völkerrechtlicher Vertragsbindungen. Allerdings ist nach überwiegender Meinung als weiteres Merkmal völkerrechtlicher Verträge zu verlangen, daß die vertraglichen Beziehungen nicht einer anderen Rechtsordnung zugeordnet sind, also insbesondere nicht dem Recht eines der Vertragspartner unterstehen[335]. Hier könnten sich noch Zweifel ergeben, insbesondere weil aus den Vertragsmotivationen ein von beiden Vertragsparteien angestrebter enger Zusammenhang der vertraglichen Regelungen mit verfassungsrechtlichen und einfachgesetzlichen Bestimmungen des staatlichen Rechts ersichtlich wurde. Die völkerrechtliche Einordnung der staatskirchenvertraglichen Bindungen zwischen Staat und Katholischer Kirche soll aber erst nach der Diskussion der Rechtsnatur der Staatskirchenverträge mit den anderen Religionsgemeinschaften wieder aufgegriffen werden[336].

(2) Sonstige Staatskirchenverträge

Für die sonstigen Staatskirchenverträge könnte sich eine völkerrechtliche Qualität nur ergeben, wenn den kirchlichen Vertragspartnern Völkerrechtsfähigkeit zukommt und sie die Verträge innerhalb der völkerrechtlichen Befugnisse schließen. Doch sind weder die vertragsschließenden Evangelischen Landeskirchen noch die Jüdischen Gemeinden bzw. Gemeindeverbände anerkannte Subjekte des Völkerrechts. Damit scheidet zumindest eine direkte Einordnung der übrigen Staatskirchenverträge auf der Ebene des Völkerrechts und eine völkerrechtliche Bindung des Staates an die vertraglich abgesicherten kirchlichen Rechte aus[337].

---

[335] Vgl. nur *J.M. Mössner*, S. 32.

[336] Vgl. unten III. Teil B. II. 1. d) cc) (= S. 175ff.)!

[337] v. Mangoldt/Klein/*A. v. Campenhausen*, GG, Art. 140 Rn. 50; *H. Engelhardt*, Geiger-FS II, S. 722, 730; *L. Renck*, ThürVBl. 1995, S. 31, 33. *J. Depenbrock*, ZevKR 38 (1993), S. 413, 417ff., tritt zwar für eine umfassende rechtliche Gleichstellung der Vertragswirkungen Evangelischer Kirchenverträge mit den völkerrechtlichen Wirkungen der Konkordate ein, stellt aber das Ergebnis nicht in Frage, daß es an der Völkerrechtsqualität fehlt (S. 418); abweichend: *H.F. Köck* (1983), S. 47f.

bb) Staatskirchenvertragliche Beziehungen außerhalb des Völkerrechts

Angesichts der fehlenden völkerrechtlichen Handlungsfähigkeit des kirchlichen Vertragspartners sind für die Staatskirchenverträge mit den Evangelischen Kirchen und den Jüdischen Gemeinschaften andere rechtliche Möglichkeiten zur Begründung staatsvertraglicher Bindungen zu überlegen. Die den vielfältigen Begründungsansätzen [dazu im Überblick bei (1)] gemeinsame Annahme einer staatsvertraglichen Gleichordnungsmöglichkeit gilt es im Hinblick auf ihre rechtlichen Grundlagen zu hinterfragen [(2)] und ihre Reichweite an den verfassungsrechtlichen Vorgaben für eine Bindung der Gesetzgebung an Bestandszusagen zu messen [(3)].

(1) Begründungsansätze für eine staatsvertragliche Gleichordnung

Ein Großteil des Schrifttums geht davon aus, daß sich Staat und Kirchen im Wege der Gleichordnung auch außerhalb der völkerrechtlichen Rechtsordnung umfassenden staatsvertraglichen Bindungen unterwerfen können. Zumeist wird unter Hinweis auf den Paritätsgrundsatz eine weitgehende Gleichstellung aller Staatkirchenverträge vertreten[338]. Deshalb werden Rechtsnatur und Bindungswirkungen der staatlichen Vertragsschlüsse mit den Evangelischen Kirchen und anderen Religionsgemeinschaften in Anlehnung an die Staatskirchenverträge mit dem Heiligen Stuhl bestimmt. Das führte früh dazu, Evangelische ebenso wie Katholische Kirche und Staat als Partner von Verfassungsrang und das Vertragsstaatskirchenrecht als „materielles Verfassungsrecht" anzusehen[339]. Dies wurde insbesondere deswegen vertreten, weil eine einseitige staatliche Rechtsgestaltung gegenüber beiden Kirchen wegen ihrer grundsätzlich anerkannten Unabhängigkeit vom Staat versage[340]. Auch heute wird die u.a. in den Präambeln der Kirchenverträge anerkannte kirchliche Eigenständigkeit[341] und die daraus resultierende rechtliche Ebenbürtigkeit der Vertragspartner als unabhängige Potenzen, ihre Gleichordnung und An-

---

[338] *J. Listl* (1987), S. 8; *W. Rüfner*, Thieme-FS, S. 343, 350f.; *J. Depenbrock*, ZevKR 38 (1993), S. 413, 417ff., 420f.; *G. Robbers*, in: *R. Puza / A. P. Kustermann* (Hrsg.), S. 51, 54ff.; vgl. v. Mangoldt / Klein / *A. v. Campenhausen*, GG, Art. 140 Rn. 50f.

[339] Zu Zeiten der Koordinationslehre *S. Grundmann*, BayVBl. 1962, S. 33, 36 mit Hinweis auf *J. Heckel*, Smend-FS, 1952, S. 103, 108; ähnlich noch *S. Grundmann*, EvStL, 2. Aufl., Sp. 2758, 2761.

[340] *S. Grundmann*, EvStL, 2. Aufl., Sp. 2757.

[341] *D. Pirson*, EvStL Sp. 3814, 3823; v. Mangoldt / Klein / *A. v. Campenhausen*, Art. 140 GG Rn. 51.

dersartigkeit zum Ausgangspunkt genommen[342]. Zur Begründung wurde z.T. darauf verwiesen, daß es wie bei den Konkordaten auch bei den anderen Staatskirchenverträgen um die „Koordination zweier unabhängiger gleichstehender Rechtskreise, des staatlichen wie des kirchlichen Bereichs" gehe[343]. Konsequent soll dann aus Gründen der Parität auch kein Unterschied zwischen der Geltung der Konkordate und der übrigen Staatskirchenverträge bestehen[344]. Soweit die Verträge mit dem Heiligen Stuhl in den völkerrechtlichen Bereich hineinragten, entstehe lediglich eine „zusätzliche spezifische Wesensproblematik"[345]. Die fehlende Zugehörigkeit der übrigen Staatskirchenverträge zum internationalen Bereich[346] verwehre es allein, ihnen wie den Konkordaten als „Superadditum" mit lediglich formaler Bedeutung[347] „zusätzlich die Qualität von völkerrechtlichen Verträgen zuzuerkennen"[348].

Besonders bemerkenswert erscheint, daß nach der ganz überwiegenden Meinung die Geltungskraft auch der nicht völkerrechtlichen Verträge wie die der Konkordate sich nicht aus der staatlichen Rechtsordnung ergeben soll[349]. Denn das Vertragsstaatskirchenrecht gehöre im Unterschied zum Bundes- oder Landesverfassungsrecht einem Bereich an, der „den des staatlichen Rechts transzendiert"[350]. Selbst bei einer öffentlich-rechtli-

---

342 *J. Depenbrock*, ZevKR 38 (1993), S. 413, 414 und 419, verweist unter Berufung auf BVerfGE 42, 312 [321f., 330ff.], auf die selbständigen Rechtsgrundlagen von Staat und Kirche, die jeweils kraft eigenen Rechts bestünden. *A. Albrecht* entwickelt die Koordinationsthese aus der Koexistenz von Staat und Kirche als „Gebietsherrschaftsmächte" auf einem Territorium, vgl. nur S. 67f.; ihm folgend: *K. Orywall*, S. 35.

343 *J. Listl* (1987), S. 8; v. Mangoldt / Klein / *A. v. Campenhausen*, GG, Art. 140 GG Rn. 50; *J. Depenbrock*, ZevKR 38 (1993), S. 413, 418; ähnlich *H.-U. Klose*, S. 63. *D. Pirson*, EvStL, Sp. 3814, 3825 (ähnlich *ders.*, StLGG II, Sp. 494, 498), stellt als Grund heraus, daß der Staat die Billigung der Regeln durch die Kirchen mit Blick auf ihr Selbstverständnis erreichen will, was ihm mit seinen hoheitlichen Mitteln entzogen ist.

344 *D. Pirson*, EvStL, Sp. 3814, 3823; *J. Listl* (1987), S. 8; v. Mangoldt / Klein / *A. v. Campenhausen*, GG, Art. 140 GG Rn. 50; *W. Rüfner*, Thieme-FS, S. 343, 350f.; *J. Depenbrock*, ZevKR 38 (1993), S. 413, 418.

345 *S. Grundmann*, BayVBl. 1962, S. 33, 36.

346 *U. Scheuner*, Ges. Schriften, S. 338; *J. Listl* (1987), S. 8; v. Mangoldt / Klein / *A. v. Campenhausen*, GG, Art. 140 GG Rn. 50.

347 *A. Hollerbach*, HStR VI, § 138 Rn. 70; *G. Lenz*, S. 113, 115.

348 v. Mangoldt / Klein / *A. v. Campenhausen*, GG, Art. 140 GG Rn. 50; ähnlich *D. Pirson*, EvStL, Sp. 3814, 3823.

349 *D. Pirson*, EvStL, Sp. 3814, 3822f.; *ders.*, StLGG II, Sp. 494, 498; *W. Rüfner*, Thieme-FS, S. 343, 350f.; *C.H. Ule*, Gutachten, S. 108; *H. Wagner* (1994), S. 166, zweifelnd allerdings auf S. 195f.; *M. Böckel* (1993), S. 103; *U. Fastenrath* (1986), S. 103; *J. Depenbrock*, ZevKR 38 (1993), S. 413, 419f., der die Unabhängigkeit der Bindung von der staatlichen Rechtsordnung besonders stark betont.

350 *K. Hesse*, HdbStKirchR I, S. 521, 528.

chen[351] oder gar staatsrechtlichen[352] bzw. verfassungsrechtlichen („im materiellen Sinn")[353] Qualifizierung des Staatsvertrages wird „die Bindekraft des Vertrages" auf eine Staat und Kirche „gemeinsame, außerhalb der staatlichen Rechtsordnung begründete Rechtsbasis" zurückgeführt[354]. Maßgebliche Bedeutung wird für diese Bestimmung der Geltungsgrundlage dem Paritätsargument zugemessen[355]. Unterschiede ergeben sich zwischen den einzelnen Lehrmeinungen allerdings hinsichtlich der außerstaatlichen Geltungsgrundlage, für die nach einer „partikulären Rechtsgemeinschaft der Vertragsparteien"[356] an Stelle der Völkerrechtsordnung gesucht wird[357]. Scheuner sieht diese in „einer allgemeinen gemeinsamen Rechtsebene allen zwischenmenschlichen Rechts"[358] bzw. in einer „Zone des Öffentlichen", die das kirchliche und staatliche Recht gleichermaßen umfasse[359]. Für diese sei zu berücksichtigen, daß Staat und Kirche den Rechtsgrund der Verbindlichkeit nach den Besonderheiten der jeweils eigenen Rechtsordnung beurteilten[360] bzw. ihn gar jeweils aus ihrer eigenen Rechtsordnung entnähmen[361]. Pirson geht dagegen von einem bei Vertragsschluß vorausgesetzten Zuordnungsverhältnis aus, das von der gemeinsamen Geschichte und der gegenseitigen Anerkennung als Ordnungsfaktoren des öffentlichen Lebens geprägt sei[362]. Die Verbindlichkeit der Staatskirchenverträge wurde danach zunächst auf eine in dieser selbständigen, der staatlichen und kirchlichen Rechtsordnung gleichermaßen

---

351 *U. Scheuner*, Ges.Schriften, S. 337, 338; ihm folgend *J. Listl* (1987), S. 8, und v. Mangoldt/Klein/*A. v. Campenhausen*, GG, Art. 140 GG Rn. 49, 50 und 54 (hier sogar ausdrücklich „innerstaatlich" verstanden).

352 v. Mangoldt/Klein/*A. v. Campenhausen*, GG, Art. 140 GG Rn. 58.

353 *S. Grundmann*, EvStL, 2. Aufl., Sp. 2758, 2761; *G. Lenz*, S. 113 und 115.

354 *U. Scheuner* (1968), S. 324; ähnlich *S. Grundmann*, EvStL, 2. Aufl., Sp. 2760f.: „weder staatliches noch kirchliches Recht und damit auch nicht Staatskirchenrecht im hergebrachten Sinn, d.h. auf die Religionsgemeinschaften bezogenes Staatsrecht".

355 *D. Pirson*, EvStL, Sp. 3814, 3823.

356 *P. Badura*, HdbStKirchR I, S. 211, 214.

357 *J. Depenbrock*, ZevKR 38 (1993), S. 413, 419f., mit dem Rückzug auf quasivölkerrechtliche Bindungen. Von „quasivölkerrechtlicher Verbindlichkeit" geht auch *M. Hekel*, in: Nörr, S. 1, 22, aus.

358 *U. Scheuner* (1968), S. 322f.

359 *ders.*, ZevKR (6) 1957/58, S. 1, 19f.

360 *ders.* (1968), S. 321.

361 *S. Grundmann*, EvStL, 2. Aufl., Sp. 2760; vgl. auch *A. Albrecht*, S. 228, der allerdings für die staatliche Seite auf eine „dem Verfassungsbereich zugehörige besondere Erscheinung des öffentlich-rechtlichen Vertrages" abstellt (S. 227) und deshalb insoweit zu innerstaatlichen Wirkungen gelangt.

362 *D. Pirson*, StLGG II, Sp. 494, 498; vermittelnd: *ders.*, in: *R. Puza/A.P. Kustermann* (Hrsg.), S. 31, 48; vgl. weiter *G. Robbers*, nach Bericht von *R. Pahud de Mortanges*, ZevKR 38 (1993), S. 212.

übergeordneten Rechtsgemeinschaft[363]begründete gemeinsame Verantwortung von Staat und Kirche gestützt[364]. Aber auch ein enger an die völkerrechtliche Ordnung angelehntes Verständnis der zwischen Staat und Kirchen gewachsenen Gemeinschaft als der Ort, in dem die zwei Mächte Staat und Kirche wegen ihrer prinzipiellen Ursprünglichkeit, gegenseitigen Unabhängigkeit und schließlich Gleichrangigkeit einander zugeordnet seien[365], wird als rechtliche Grundlage der Vertragsbindungen erwogen[366]. Demgegenüber geht Hollerbach für die Bestimmung der Rechtsbindungen von der in dem Vertragsschluß positivierten Verklammerung von Staatsverfassung und Kirchenordnung aus[367], die ein selbständiges staatlich-kirchliches Zwischenrecht neben Staats-, Kirchen- und Völkerrecht und damit ein Vertragsrecht „sui generis" begründeten[368]. Danach trügen die Staatskirchenverträge als Staat-Kirche-Recht eigener Art ihren Geltungsgrund in der jeweils konkreten, von Staatsverfassung und Kirchenordnung zugelassenen gemeinsamen Willensäußerung zur vertraglichen Gleichordnung[369].

Wiederum uneinheitlich werden nach dieser Meinungsgruppe die innerstaatlichen Wirkungen der außerstaatlich begründeten Bindungen bestimmt. Während eine Richtung im Anschluß an Hollerbach aus der Eigenart der Staat-Kirche-Beziehungen die direkte Durchschlagskraft der Vertragsregeln auf das innerstaatliche und innerkirchliche Recht einschließlich ihrer Durchsetzbarkeit vor staatlichen Gerichten folgert[370], orientiert sich die stärker verbreitete Gegenmeinung mehr an völkerrechtlichen Ordnungsvorstellungen. Nach ihr sollen weder Vertragsverletzungen mit Zwangsmitteln geahndet noch Rechte aus dem Vertrag selbst gerichtlich geltend gemacht werden können, „weil die Vertragsbindung sich aus der staatlichen Rechtsordnung selbst nicht ergibt"[371]. Allein das durch staatliche

---

[363] *D. Pirson* (1964), S. 180 und 193f., sowie ähnlich *J. Depenbrock*, ZevKR 38 (1993), S. 413, 419–421.

[364] *D. Pirson* (1964), S. 193f.

[365] *J. Depenbrock*, ZevKR 38 (1993), S. 413, 421.

[366] *D. Pirson*, EvStL, Sp. 3814, 3823.

[367] *A. Hollerbach*, HStR VI, § 138 Rn. 69, und *ders.* (1965), S. 157f.

[368] *A. Hollerbach* (1965), S. 100f., u.a. im Anschluß an *E.R. Huber* (1930), S. 84f.; *A. Hollerbach* folgen: *G. Lenz*, S. 114f.; *I.-M. Matthiesen*, S. 203; *K. Orywall*, S. 35; ähnlich: *C.H. Ule*, Gutachten, S. 108.

[369] *A. Hollerbach* (1994), S. 253, 273f.; *G. Lenz*, S. 115; zustimmend auch *S. Grundmann*, EvStL, 2. Aufl., Sp. 2760, der allerdings bei der Frage nach den innerstaatlichen Wirkungen der Gegenansicht folgt und sie nur dem Transformationsgesetz zuschreibt.

[370] *A. Hollerbach* (1965), S. 157f., 262, und *ders.* (1994), S. 253, 277f., 284; *G. Lenz*, S. 114f., 248f.; wohl ähnlich, aber zurückhaltender und mit Annäherung an die Gegenmeinung: *G. Robbers*, nach Bericht von *R. Pahud de Mortanges*, ZevKR 38 (1993), S. 212f.

[371] *D. Pirson*, EvStL, Sp. 3814, 3823; *ders.*, StLGG II, Sp. 494, 498f.; v. Mangoldt/

Gesetze transformierte Vertragsrecht entfalte innerstaatliche Geltung[372], und nur die auf diese Weise begründeten subjektiven Berechtigungen könnten gerichtlich durchgesetzt werden[373]. Auf der Grundlage einer innerstaatlichen Verortung der Vertragsbindungen finden sich dagegen nur ganz ausnahmsweise Ansätze, die eine staatsvertragliche Gleichordnung und Bindung annehmen. Kästner wendet sich dabei zunächst gegen die aufgezeigte Ansicht von Pirson[374], weil „es sich beim Staatskirchenvertrag nicht um die Gestaltung eines Rechtsverhältnisses ‚des Staates zu einer seiner hoheitlichen Einwirkung entzogenen Macht' handelt"[375]. Allerdings stellte sich ihm nicht das Problem, ob und inwieweit die gesetzgebende Gewalt gebunden werden kann. Zumeist bestreiten die Anhänger einer innerstaatlichen Geltungsgrundlage der Staatskirchenverträge jedoch unter Hinweis auf den subordinationsrechtlichen Charakter der Vertragsbeziehungen zwischen Staat und Kirche dezidiert die Möglichkeit, per Staatskirchenvertrag den Gesetzgeber für die Zukunft zu binden. Dazu sind sowohl diejenigen Autoren zu zählen, die bereits ausdrücklich den Staatsvertragscharakter verneinen[376]. Aber auch Vertreter, die mit Rücksicht auf die Formen der Verträge, insbesondere die parlamentarische Zustimmung, an dem Begriff des Staatsvertrages festhalten, betonen als Besonderheit den subordinationsrechtlichen Charakter dieser Verträge[377]. Dementsprechend lehnen sie wegen der unter- bzw. nachgeordneten Stelllung der Kirchen gegenüber dem Staat Festlegungen des parla-

---

Klein/*A. v. Campenhausen*, GG, Art. 140 GG Rn. 51; *K. Hartel*, in: *R. Puza/A.P. Kustermann* (Hrsg.), S. 57, 73; ähnlich *W. Huber* (1973/1991), S. 511, der eine übergeordnete Instanz der Rechtsdurchsetzung und Rechtswahrung ablehnt.

[372] *P. Badura*, HdbStKirchR I, S. 211, 214; *S. Grundmann*, BayVBl. 1962, S. 33, 37; *ders.*, EvStL, 2. Aufl., Sp. 2762, („Innerstaatliche Rechtsordnung und Vertragsrecht klaffen dann auseinander.").

[373] *D. Pirson*, EvStL, Sp. 3814, 3823; *ders.*, StLGG II, Sp. 494, 498f.; v. Mangoldt/Klein/*A. v. Campenhausen*, GG, Art. 140 GG Rn. 51.

[374] *D. Pirson* (1964), S. 185.

[375] *K.-H. Kästner* (1991), S. 156, nach dem der Vertragsschluß „innerhalb des durch das Grundgesetz konstituierten formellen und materiellen Kompetenz- und Ordnungsgefüges" erfolgt. „Die staatliche Verfassungsordnung überlagert auch nach dem Inkrafttreten des Vertrages das durch diesen begründete Koordinationsverhältnis, ohne freilich andererseits damit die sachliche Vertragsbindung zu relativieren". Die staatskirchenvertraglichen Abmachungen können mit allgemeinen Rechtsbehelfen des staatlichen Rechts durchgesetzt werden.

[376] *L. Renck*, ThürVBl. 1995, S. 31, 34; *ders.*, DÖV 1997, S. 929, 930ff.; ähnlich schon *H. Quaritsch*, Der Staat 1 (1962), S. 300ff.; *G. Czermak*, Gutachtliche Stellungnahme zum evKVMV, S. 1 und 3f.

[377] *K. Obermayer*, BoK, Art. 140 GG Rn. 93; ihm folgend: *U.K. Preuß*, AK-GG, Art. 140 Rn. 34f.; *E. Fischer*, 4. Aufl., S. 162f.; vgl. *H. Quaritsch*, Schack-FS, S. 125, 131: „einseitiger Staatsvertrag".

mentarischen Gesetzgebers für die Zunkunft ab[378]. Lediglich D. Ehlers hält auch bei der Annahme eines (innerstaatlichen) staatsrechtlichen Charakters umfassende Bindungswirkungen der Staatskirchenverträge ausdrücklich für möglich, wobei er sie aber wiederum den völkerrechtlichen gleichstellt[379].

(2) Die Verortung der Vertragsgrundlage in der (inner-) staatlichen Rechtsordnung

Die Meinungen, die von einer staatsvertraglichen Bindung der Gesetzgebung durch die Staatskirchenverträge auch außerhalb der Völkerrechtsordnung ausgehen, nehmen sämtlich eine solche Gleichordnungsmöglichkeit mit der Herausarbeitung einer von gegenseitiger Unabhängigkeit geprägten Beziehung zwischen Staat und Religionsgemeinschaften an. Zumeist wird dabei aus der behaupteten gleichgeordneten Begegnungsmöglichkeit zwischen Staat und Kirche auf eine überstaatliche Grundlegung der staatskirchenvertraglichen Bindungen geschlossen. Dies ist allerdings keineswegs zwingend. Das Beispiel des föderativen Staatsvertragsrechts im Rahmen des Grundgesetzes zeigt, daß Staatsverträge auch auf dem Boden der (inner-) staatlichen Rechtsordnung zu Bindungen des Gesetzgebers führen, weil und soweit die Gleichordnung allein in den einschlägigen verfassungsrechtlichen Aussagen, hier zur Bundesstaatlichkeit, angelegt ist[380]. Daher erscheint bereits der Ausgangspunkt der ganz überwiegenden Meinung mit der außer- oder überstaatlichen Grundlegung der Staatskirchenvertragsbasis überdenkenswert. Da die für den Vertragsschluß maßgeblichen Grundlagen des Staat-Kirche-Verhältnisses der staatlichen bzw. der kirchlichen Rechtsgestaltung nicht unabänderlich vorgegeben sind [dazu (a)], bleiben die konkreten Vorgaben von Staatsverfassung und Kirchenordnung als bestimmende Größen für die staatsvertraglichen Begegnungsmöglichkeiten näher zu untersuchen. Dabei sind zunächst einige irreführende Argumentationsmuster aus der Diskussion auszublenden [(b)]. Sodann gilt es, die Ansätze außerstaatlicher Vertragsbindungen auf ihre dogmatische Stringenz hin zu hinterfragen [(c)], um schließlich im (inner-) staatlichen Verfassungsrecht die Basis für das postulierte Verhältnis gegenseitiger Eigenständigkeit und den Staatskir-

---

[378] *K. Obermayer*, BoK, Art. 140 GG Rn. 97; freilich nicht ganz konsequent, vgl. unten III. Teil B. II. 1. d) bb) (3) (b) (= S. 164–166).

[379] *D. Ehlers*, ZevKR 38 (1993), S. 368, 369; zurückhaltender dagegen: *ders.*, in: *M. Sachs* (Hrsg.), GG, Art. 140 GG Rn. 6.

[380] Vgl. den Überblick oben III. Teil B. II. 1. b) bb) (1) (= S. 115f.)!

chenvertragsschluß selbst herauszuarbeiten [(d)]. Dabei wird die Diskussion dadurch erschwert, daß die ohnehin nur vor dem völkerrechtlichen Hintergrund der Konkordatspraxis verständlichen Grenzen der unterschiedlichen Lehrmeinungen durch wechselseitiges Aufeinanderzugehen zu verwischen drohen[381]. Hier scheint das Bemühen um praktikable und konsensfähige Ergebnisse auf Kosten der dogmatischen Strukturen zu gehen. Denn mittlerweile schließt sich selbst die Meinungsgruppe, die weiterhin an dem Grundkonzept der „engen Verklammerung des Vertragsrechts mit Staatsverfassung und Kirchenordnung" festhält, der Unterscheidung zwischen der „Vertragsgeltung als solcher" und der innerstaatlichen Geltung jedenfalls verfassungsändernder Gesetze nach der herrschenden Lehre um Scheuner an[382]. Das soll sie aber gleichwohl nicht hindern, wiederum entgegen den Positionen der h.M. weiterhin staatlichen Rechtsschutz für vertragliche Positionen anzunehmen[383].

(a) Maßgeblichkeit der positiv-rechtlichen Ausgestaltung

Die Vertreter, die staatsvertragliche Bindungen annehmen, stellen für den Nachweis einer von gegenseitiger Unabhängigkeit geprägten Beziehung zwischen Staat und Religionsgemeinschaften auf die originäre Eigengeartetheit kirchlichen Wesens und Wirkens sowie des kirchlichen Rechts gegenüber den Erscheinungen des Staates ab. Staat und Kirche seien so grundverschieden in ihrem Ursprung, ihren Zielsetzungen, ihrer Organisation und in der Legitimation ihres Wirkens, daß sie jeweils eigene, nebeneinander bestehende Rechtskreise bildeten[384]. Auch auf die

---

[381] Vgl. die Position *S. Grundmanns*, EvStL, 2. Aufl., Sp. 2760–2762, der sich von der Konstruktion der Rechtsverbindlichkeit zunächst *A. Hollerbach* anschließt, um dann mit *U. Scheuner* innerstaatliche Wirkungen des Vertrages selbst abzulehnen. Anders herum folgt *G. Robbers*, laut Bericht von *R. Pahud de Mortanges*, ZevKR 38 (1993), S. 212f., zunächst der Auffassung *D. Pirsons*, um gleichwohl wie *A. Hollerbach* anzunehmen, daß „einzelne Vertragsverletzungen ... der verwaltungsgerichtlichen Kontrolle zugänglich" seien. *J. Depenbrock*, ZevKR 38 (1993), S. 413, 418 bei Fn. 12, wiederum ist dem Mißverständnis aufgesessen, daß die h.M. um *U. Scheuner*und *A. v. Campenhausen* die Geltungskraft dem (innerstaatlichen) „öffentlichen deutschen Recht" zurechnet. Vgl. auch den besonderen Ansatz von *A. Albrecht* (1965), S. 227f., der nur für die staatliche Seite zu einer einseitig innerstaatlichen Bindungswirkung durch den Vertrag selbst gelangt.

[382] *A. Hollerbach* (1994), S. 253, 277f., und ähnlich *ders.*, HStR VI, § 138 Rn. 73f.

[383] *A. Hollerbach* (1994), S. 253, 284; nicht ganz einsichtig auch in der Differenzierung der Bindungswirkungen für die einfache und die verfassungsändernde Gesetzgebung (aaO, S. 277f.).

[384] *J. Listl* (1987), S. 8; v. Mangoldt/Klein/*A. v. Campenhausen*, GG, Art. 140 GG Rn. 50f.; *J. Depenbrock*, ZevKR 38 (1993), S. 413, 414, 418f.; ähnlich *H.-U. Klose*, S. 63, und auch im Ansatz: *G. Robbers*, in: *R. Puza/A.P. Kustermann* (Hrsg.), S. 51, 54ff.

beschränkten Kompetenzen des säkularen Staates im Verhältnis zu den Religionsgemeinschaften wird wiederholt hingewiesen[385]. Der Staat anerkenne die sich daraus ergebende rechtliche Selbständigkeit der Kirchen im Verfassungsrecht, aber auch in den Staatskirchenverträgen selbst[386]. Danach bildet der Verweis auf die vom Staat respektierte Eigenrechtsmacht der Kirchen als Grund für die Vertragsschlüsse zwischen Staat und Kirche den gemeinsamen Ansatzpunkt im staatskirchenrechtlichen Schrifttum für die Annahme staatsvertraglicher Gleichordnung zwischen Staat und Kirche[387]. Nach einer Meinung komme in diesem Begründungsansatz die „verfassungstranszendente rechtliche Eigenexistenz der Kirchen" zur Geltung, die als „geschichtliche Wesensaussage" der staatlichen Verfassungsordnung verbindlich vorgegeben sei[388]. Andere Ansätze, nach denen sich Staat und Kirche in ihren vertraglichen Beziehungen als geschichtliche Erscheinungen der geistlichen Welt und als Ordnungsfaktoren des öffentlichen Lebens begegneten, stellen noch weitergehend auf die historisch gewachsene Dimension der Beziehungen ab[389]. Demgegenüber verneint die Gegenmeinung eine systemtranszendent begründete originäre Rechtsstellung der Kirchen gegenüber dem Staat, weil im freiheitlich-demokratischen Staat sich der kirchliche Status nicht unmittelbar aus theologischem Selbstverständnis herleiten lasse. Die Beachtung kirchlicher Eigenständigkeit sei daher auf die staatliche Anerkennung in der Verfassung angewiesen[390].

Gegen eine staatlicher Gestaltungsmacht vorgegebene gleichgeordnete Vertragsbasis zur Regelung der Fragen von gemeinsamen Belangen sprechen zunächst die Argumente, die zur Überwindung der Koordinationslehre, des vermeintlichen Zwanges zu vertraglicher Einigung zwischen Staat und Kirche, geführt haben[391]. Das geschichtliche Wesen der Staat-Kirche-Beziehungen kann zwar den tieferen Hintergrund vertraglicher Verständigung zwischen Staat und Kirche erhellen. Auch sind die staatskirchenrechtlichen Problemlagen weitgehend vorgezeichnet durch die

---

385 Vgl. *A. Hollerbach*, StLGG V, Sp. 186, 187; *S. Grundmann*, EvStL, 2. Aufl., Sp. 2757; *D. Pirson*, EvStL, Sp. 3814, 3825; *ders.*, StLGG II, Sp. 494, 498.

386 *K. Hesse*, JöR 10 (1961), S. 33; *G. Robbers*, in: *R. Puza / A.P. Kustermann* (Hrsg.), S. 51, 54ff.; unter Hinweis vor allem auf entsprechende Passagen in den Präambeln: *D. Pirson*, EvStL Sp. 3814, 3823, und v. Mangoldt / Klein / *A. v. Campenhausen*, GG, Art. 140 GG Rn. 51.

387 *A. Hollerbach* (1994), S. 253, 275; *ders.*, HStR VI, § 138 Rn. 71.

388 *ders.* (1965), S. 162.

389 *C.H. Ule*, Gutachten, S. 108; *D. Pirson* (1964), S. 177, 182ff.

390 *A. Albrecht* (1965), S. 140, 143; zustimmend: *H. Quaritsch*, Der Staat 4 (1966), S. 451, 467.

391 *L. Renck*, DÖV 1997, S. 929, 932; vgl. dazu im Überblick II. Teil A. II. (= S. 28ff.)!

systemtranszendente rechtliche Eigenexistenz, die die Religionsgemeinschaften ihrem Selbstverständnis nach in und gegenüber den jeweiligen politischen Ordnungen führen. Doch lassen sich den geschichtlichen Gegebenheiten keine konkreten Vorgaben geltenden übergeordneten Rechts zu der Frage entlocken, ob und wenn ja wie die beiden Rechtskreise und das jeweilige Wirken aufeinander abgestimmt werden müssen. Statt dessen ist die Lösung der wiederkehrenden Konfliktfälle, die Ausgestaltung der Staat-Kirche-Beziehungen und damit auch der Vertragsschlußmöglichkeiten, dem politischen Gemeinwesen und den Religionsgemeinschaften jeweils für ihre Seite immer wieder neu im Hinblick auf die konkreten Bedingungen aufgegeben[392]. Dabei ist nicht einmal den Rechtsordnungen auch nur der EU-Mitgliedstaaten eine allgemeingültige Bewertung von Staat und Religionsgemeinschaften als unabhängige Mächte und gleichberechtigte Vertragspartner gemein[393], von der früheren Situation der Kirchen in der DDR ganz zu schweigen[394]. Staatlicher Verzicht auf staatsvertragliche Gleichordnung bedeutet aber nicht zwangsläufig die totalitäre Perversion des weltlichen Wesens des Staates[395], weil die säkulare Begrenztheit staatlichen Wirkens und die notwendige Zusammenarbeit von Staat und Kirche in mehr als nur der staatsvertraglichen Form realisierbar ist[396]. Damit sind aber die jeweils konkreten rechtlichen Vorgaben von Staat und Kirche für ihr vertragliches Zusammenwirken entscheidender Maßstab für die Verortung der staatskirchenvertraglichen Geltungsgrundlage.

Dem notwendigen Rückbezug auf die jeweiligen Vorgaben von Staatsverfassung und Kirchenordnung für die rechtlichen Kommunikationsmöglichkeiten zwischen Staat und Religionsgemeinschaften tragen weitgehend selbst die Verfechter der außerstaatlichen Bindungswirkungen Rechnung[397]. Zudem stellen sie neben der originären kirchlichen Eigenrechtsmacht mit der Trennung von Kirche und Staat[398] oder gar dem

---

[392] *H. Engelhardt*, Geiger-FS II, S. 722, 743f.; vgl. auch *G. Robbers*, in: *R. Puza/ A.P. Kustermann* (Hrsg.), S. 51ff.

[393] Vgl. insoweit mit einzelnen Länderberichten: „Staat und Kirche in der Europäischen Union", hrsg. von *G. Robbers* (1995).

[394] Zu den Möglichkeiten rechtlicher Vereinbarungen zwischen Staat und Kirche in der DDR vgl. *W. Koltzenburg*, ZevKR 38 (1993), S. 429ff.; *H. Kremser*, S. 56ff., 244; *A. v. Campenhausen*, HStR IX, § 207 Rn. 17, 34 und 39f.

[395] Vgl. *A. Hollerbach* (1965), S. 162f., 168.

[396] Zu den Möglichkeiten auf der Ebene einfacher Gesetzgebung vgl. *J. Müller-Volbehr*, HdbStKirchR I, S. 289, 292f.; vgl. auch *A. Hollerbach* (1965), S. 127f. m.N.

[397] Ausführlich: *A. Hollerbach* (1965), S. 106ff., 131ff.; vgl. weiter *ders.*, HdbStKirchR I, S. 253, 266f.; *U. Scheuner* (1968), S. 327; *C.H. Ule*, Gutachten, S. 109f.

[398] *A. Vulpius*, KuR-120, S. 13, 13; *A. Albrecht*, S. 219.

„letztlich in der Religionsfreiheit wurzelnden" rechtlichen Gesamtstatus der Kirchen gegenüber dem Staat[399] weitergehend auf die verfassungsrechtliche Ausgestaltung der Staat-Kirche-Beziehungen ab. Auch das Bundesverfassungsgericht, auf das sich selbst Vertreter außerstaatlicher Bindungen berufen[400], entwickelt die These von der Eigenständigkeit des kirchlichen Rechts zwar aus einem geschichtlich begründeten „Vorverständnis". Doch ist die gesamte Argumentation bezogen auf den durch Art. 140 GG gezogenen staatskirchenrechtlichen Verfassungsrahmen[401]. Zur Begründung kirchlicher Eigenrechtsmacht gegenüber der staatlichen Gewalt stellt das Bundesverfassungsgericht auf die Eckpunkte der staatskirchenrechtlichen Ordnung des Grundgesetzes ab, nämlich auf die Säkularität und weltanschauliche Neutralität des Staates, auf das kirchliche Selbstbestimmungerecht nach Art. 140 GG i.V.m. Art. 137 III 1 WRV sowie insbesondere auf die Trennung von Staat und Kirche und ihr Zusammenspiel mit der Religionsfreiheit. Festzuhalten bleibt danach, daß Verständnis und Rechtsnatur des Staatskirchenvertragsrechts aus dem Verständnis des konkret ausgestalteten Verhältnisses von Staat und Kirche abzuleiten sind[402]. Deshalb sind die Begründungsansätze für staatsvertragliche Bindungen im folgenden daraufhin zu untersuchen, welche der vorgeschlagenen Rechtsgrundlagen nach den rechtlichen Vorgaben beider Partner, also nach Staatsverfassung[403] und Kirchenordnung[404], den Weg zum Vertragsschluß ebnen kann[405].

(b) Unerhebliche Argumente im Meinungsstreit

Eine innerstaatliche Rechtsbindung kann nicht allein daraus abgeleitet werden, daß sich der Wirkungsbereich auf das Hoheitsgebiet des staatlichen Vertragspartners beschränke[406]. Die Problematik, daß unterschiedliche Rechtsordnungen sich auf einem Territorium überschneiden und Konkurrenzprobleme aufwerfen können, ist nicht nur aus Staat-Kirche-Beziehungen, sondern etwa auch im Völkerrecht bekannt, das nur für einzelne Länder Geltung haben kann. Auch die Fragestellungen des interna-

---

[399] *A. Hollerbach*, StLGG II, Sp. 186, 187.

[400] *J. Depenbrock*, ZevKR 38 (1993), S. 413, 419.

[401] BVerfGE 42, 312 [330ff.].

[402] Vgl. auch *A. v. Campenhausen*, 3. Aufl., S. 155; *W. Huber* (1973 / 1991), S. 509.

[403] Hervorgehoben bei *H. Quaritsch*, Der Staat 4 (1966), S. 451, 462, mit Verweis auf *ders.*, Der Staat 1 (1962), S. 175, 177ff.

[404] Sie wird z.B. von *K. Orywall*, S. 35, betont.

[405] *U. Scheuner* (1968), S. 321; im Ansatz auch *A. Hollerbach* (1965), S. 106ff., 131ff.

[406] So aber *E. Fischer*, 4. Aufl., S. 162; richtig dagegen *D. Pirson*, EvStL, Sp. 3814, 3823.

tionalen und intertemporären Kollisionsrechts haben zum Ausgangspunkt, daß in einem Gebiet sich mehrere Rechtsordnungen überlappen. Aus einer räumlich beschränkten Rechtswirkung läßt sich daher nicht zwingend auf die Geltung einer einzelnen Rechtsordnung schließen. Weiter läßt sich allein mit einem Hinweis auf die landesverfassungsrechtlichen Ermächtigungen zum Abschluß von Staatskirchenverträgen und die Anwendbarkeit des Art. 123 II GG nicht das (innerstaatliche) Staatsrecht als Rechtsgrundlage und der Ausschluß einer dem staatlichen Recht übergeordneten Vertragsbasis begründen[407]. Denn sowohl Art. 123 GG als auch die staatskirchenvertraglichen Landesverfassungsbestimmungen beziehen sich u.a. auch auf die Staatskirchenverträge mit dem Heiligen Stuhl, für die gerade unter Annahme völkerrechtlicher Bindungen die innerstaatliche Grundlegung bestritten ist[408]. Schließlich ist auch noch nicht mit Hinweis auf die schlichten Staatsvertragsermächtigungen in den Verfassungen für völkerrechtliche Verträge eine innerstaatliche Geltungsgrundlage vertreten worden. So wäre, ähnlich wie für das staatsvertragliche Intraföderationsrecht vertreten[409], auch für das Staatskirchenvertragsrecht in Würdigung des „quasi-völkerrechtlichen Charakters" an die Anerkennung einer weiteren, weder völkerrechtlichen noch bundes- oder landesrechtlichen, sondern näher zu bestimmenden „3. Ebene"[410] zwischen Staat und Kirche zu denken.

Auf der anderen Seite überzeugt ebensowenig die Herleitung einer außerstaatlichen Geltungsgrundlage aus dem Paritätsprinzip zur Gleichstellung der Religionsgemeinschaften bei vertraglichen Beziehungen zum Staat[411], wie sie vielfach in den Begründungen der h.M. herangezogen wird[412]. Denn der innerhalb der staatlichen Rechtsordnung begründete Anspruch auf Gleichstellung der Kirchen gegen den Staat kann nicht weiter reichen, als innerhalb der staatlichen Rechtsordnung Handlungsmöglichkeiten des Staates zur Gleichstellung bestehen[413]. So lassen sich keine

---

[407] So aber *D. Ehlers*, ZevKR 38 (1993), S. 368, 369; noch weitergehend *L. Renck*, ThürVBl 1995, S. 31, 32, der generell die Anwendbarkeit von Art. 123 II GG auf Staatskirchenverträge bezweifelt; dagegen jedoch zu Recht: *A. Hollerbach* (1994), S. 253, 267; *ders.* (1965), S. 84f. Auch *A. v. Campenhausen* zieht zwar Art. 123 GG als Argument zur Begründung der Vertragsbindungen heran (*A. v. Campenhausen*, 3. Aufl., S. 160), gelangt aber zu dem Ergebnis eines staatsrechtlichen Vertrages mit außerstaatlichen Bindungswirkung (v. Mangoldt / Klein / *A. v. Campenhausen*, GG, Art. 140 GG Rn. 58, 51).

[408] Vgl nur *D. Ehlers*, ZevKR 38 (1993), S. 368, 369.

[409] Vgl. *F. O. Kopp*, JZ 1970, S. 278, 280, mit umgekehrten Argumentationsansatz.

[410] Vgl. *W. Rudolf*, HdStR IV, § 105 Rn. 74f.

[411] Vgl. *S. Grundmann*, BayVBl. 1962, S. 33, 35.

[412] Vgl. hier nur *D. Pirson*, EvStL, Sp. 3814, 3823.

[413] Vgl. *L. Renck*, ThürVBl. 1995, S. 31, 33; *ders.*, DÖV 1997, S. 929, 931.

Ansatzpunkte für staatliche Kompetenzen finden, die über die staatliche Rechtsordnung und die Teilnahme am Völkerrechtsverkehr hinausweisen oder gar die Befugnis einräumen, eigengeartete außerstaatliche Rechtsstrukturen zu schaffen oder im Alleingang über die völkerrechtliche Rechtsordnung zu disponieren. Vor einem Ausweichen auf staatliche Maßnahmen außer- oder überstaatlicher Kategorien läge es zur Erfüllung innerstaatlicher Ansprüche jedenfalls zunächst näher, die innerstaatlichen Gleichstellungsmöglichkeiten auszuloten[414]. Hier scheint sich der Rückgriff auf außerstaatliche Vertragsbindungen freilich teilweise dadurch zu erklären, daß die Möglichkeiten des innerstaatlichen Rechts nicht umfassend ausgeschöpft bzw. erkannt werden. So verengt Depenbrock ohne Grund die Palette öffentlich-rechtlicher Verträge auf subordinationsrechtliche und läßt die staatsvertraglichen Ansätze gänzlich unberücksichtigt[415]. Demgegenüber könnten sich auf staatsvertraglicher Ebene innerhalb der staatlichen Rechtsordnung ähnliche Bindungswirkungen ergeben, wie sie Konkordate mit einem völkerrechtlichen Charakter aufwiesen. Denn für das intraföderative Vertragsrecht lassen sich durchaus Stimmen finden, die für eine völkerrechtsanaloge oder -ähnliche Handhabung im Staatsvertragsrecht eintreten[416].

(c) Keine Überzeugungskraft der „außerstaatlichen“ Begründungsansätze

Nach einem „außerstaatlichen“ Begründungsansatz für die staatskirchenvertraglichen Bindungen steht die völkerrechtsähnlich gewachsene Gemeinschaft zwischen Staat und Kirche im Vordergrund, die ihren konkreten Inhalt in erster Linie aus der gemeinsamen Geschichte und der gegenseitigen Anerkennung der beiden Institutionen als Ordnungsfaktoren des öffentlichen Lebens beziehen soll[417]. Hier treten die rechtlichen Kategorien in den Hintergrund, was auch die Bestimmung der Vertragsfähigkeit von Staat und Kirche nach dieser Meinung deutlich zeigt: Nicht als rechtsfähige Personen trete die Kirche dem Staat gegenüber, sondern als geschichtliche Realität, als Macht des gesellschaftlichen Lebens, für die es

---

[414] *D. Ehlers*, ZevKR 38 (1993), S. 368, 369.

[415] *J. Depenbrock*, ZevKR 38 (1993), S. 413, 421.

[416] Vgl. *W. Rudolf*, HStR IV, § 105 Rn. 55; *H. Schneider*, VVDStRL 19 (1961), S. 1, 15.

[417] Vgl. *D. Pirson*, StLGG II, Sp. 494, 498; *ders.*, EvStL, Sp. 3814, 3823; *G. Robbers*, nach Bericht von *R. Pahud de Mortanges*, ZevKR 38 (1993), S. 212; vgl. auch *J. Depenbrock*, ZevKR 38 (1993), S. 413, 419–421.

auf die rechtliche Qualifikation nicht ankomme[418]. Gegen diesen Begründungsansatz sind allerdings zumindest für die neuen Staatskirchenverträge in mehrerer Hinsicht Bedenken zu erheben. Ganz grundsätzlich wird schon die Prämisse einer geschichtlich gewachsenen gleichgeordneten Gemeinschaft zwischen Staat und Evangelischen Kirchen selbst in Frage gestellt[419]. Schon früh erschien es darüber hinaus Kritikern im Schrifttum zweifelhaft, wie mit einer auf das geschichtliche Wesen der Staat-Kirche-Beziehungen abstellenden Methode die Vielfalt bestehender und in ihrem Selbstverständnis dem Staat gegenüber unterschiedlicher Religionsgemeinschaften aufgenommen sowie auf neuere Entwicklungen reagiert werden solle[420]. Dieser Einwand gewinnt vor dem aktuellen Hintergrund der Staatskirchenvertragsschlüsse der neuen Länder mit den Jüdischen Gemeinschaften erhebliches Gewicht. Denn die staatlichen Vertragspartner wählten bei den Jüdischen Verträgen die gleichen, staatsvertraglichen, Formen wie für die Evangelischen Kirchenverträge, formulierten zu guten Teilen entsprechende, teils gar identische Vertragsregelungen und strebten dabei ausdrücklich „gleichwertige Vertragswerke" an. Das geschichtlich gewachsene Verhältnis des Staates zu den Jüdischen Gemeinschaften verlief aber grundlegend anders als zu den Evangelischen Kirchen, wovon die Jüdischen Verträge mit der Herausstellung der besonderen geschichtlichen Verantwortung des Staates für den Fortbestand Jüdischer Religion und Kultur als leitendes Vertragsmotiv selbst eindrucksvoll Zeugnis ablegen.

Aber auch darüber hinaus überzeugt das Zurückdrängen der rechtlichen Dimension nicht[421]. Zwar ist der Rechtsstatus, wie zu Recht Pirson meint, nicht für das Wirken der Kirche und auch nicht für deren Respektierung durch den Staat konstitutiv[422], wohl aber für einen rechtlichen Vertragsschluß und auch für die rechtlichen Vertragsbindungen. Nach dieser Meinung stehen dagegen bei der Darlegung der Rechtsverbindlichkeit „metajuristische" Elemente im Vordergrund, wenn auf eine gemeinsame Verantwortung von Staat und Kirche zurückgegriffen wird, die sich aus einer übergeordneten Gemeinschaft ergeben soll[423]. Es fällt allerdings

---

[418] *D. Pirson* (1964), S. 183–186; auch für *C.H. Ule*, Gutachten, S. 108, handelt bei den Staatskirchenverträgen „die Kirche in ihrer Eigenschaft als geschichtliche Erscheinung der geistlichen Welt".

[419] *H. Engelhardt*, Geiger-FS II, S. 722, 730; vgl. auch: *L. Renck*, DÖV 1997, S. 929, 931.

[420] Vgl. *H. Quaritsch*, Der Staat 1966, S. 462f.

[421] *H. Engelhardt*, Geiger-FS II, S. 722, 730f.

[422] *D. Pirson* (1964), S. 183.

[423] *D. Pirson* (1964), S. 180 und 192–194.

schwer zu erklären, warum und wie aus einer, rechtshistorisch und sozialwissenschaftlich hergeleiteten, gemeinsamen Verantwortung eine Rechtsgemeinschaft entsteht und worin dann der Geltungsgrund für Verträge liegt[424]. Deutlich treten die Mängel rechtlicher Ausrichtung der Staatskirchenvertragsbindungen bei der Suche nach den Durchsetzungsmöglichkeiten zu Tage. Als einzige Sanktion für einen Vertragsverstoß von Seiten des Staates bietet der außerstaatliche Begründungsansatz die öffentliche Kritik durch die freie öffentliche Meinung an, mit der die Vertragsverletzung politisch diskreditiert würde[425]. Dies freilich kann nicht als rechtliche Sanktion ausgegeben werden[426], weil die Auslösung der Sanktionen dem freien Spiel gesellschaftlicher Diskurse überantwortet ist. Die Rechtsordnung ihrerseits kann nichts davon und erst recht nicht Einhaltung der Vertragspflichten selbst gewährleisten. So bietet eine solche Geltungsgrundlage wenig Rechtssicherheit für die Beteiligten, weil doch stets die Gefahr besteht, daß einer der Vertragspartner die Existenz einer solchen übergeordneten gemeinsamen Rechtsordnung und damit die aus ihr gegenüber dem anderen Vertragsteil erwachsenden Pflichten leugnet[427]. Dieser Begründungsansatz der Vertragsbindungen läßt demnach den vielfach und vehement vorgebrachten Willen der Vertragspartner in den neuen Ländern gänzlich unbefriedigt, zu einer rechtlichen Vertragsordnung ihrer Beziehungen zu gelangen, die sich durch rechtliche Sicherheit und Verläßlichkeit auszeichnet[428] und gar „einklagbar im Konfliktfall"[429] sein soll.

Auch die übrigen Meinungen, die auf eine überstaatliche Rechtsbasis abstellen, vermögen kaum diesen Ansatz mit Leben zu füllen[430]. Zumeist ziehen sich ihre Verfechter wiederum mit Bezugnahme auf Pirson[431], auf

---

[424] *S. Grundmann*, EvStL, 2. Aufl., Sp. 2760; *L. Renck*, DÖV 1997, S. 929, 931f.

[425] *D. Pirson*, EvStL, Sp. 3814, 3823; v. Mangoldt / Klein / *A. v. Campenhausen*, GG, Art. 140 GG Rn. 51.

[426] *H. Engelhardt*, Geiger-FS II, S. 722, 731.

[427] Vgl. *U. Scheuner* (1968), S. 325. Das muß auch *D. Pirson* (1964), S. 195, einräumen. Freilich fällt es dann mangels rechtlicher Bindungen bei staatlichem Zuwiderhandeln schwer, einen „frivolen" Vertragsbruch des Staates oder einen sonstigen Makel zu begründen, den *D. Pirson* gleichwohl annimmt.

[428] Vgl. hier nur beispielhaft erneut für den evKVMV: *J. Harder*, Einbringung, S. 3; *OKR Flade*, Einbringung, S. 1; Bischof *E. Berger*, Pommersche Evangelische Kirche, Ansprache, in: N. Buske, S. 38; Landesbischof *C. Stier*, Ansprache, in: N. Buske, S. 34f.; MdL *Timm*, SPD, PlenProt. M.-V., 1 / 97, S. 5862; MdL *Gomolka*, CDU, PlenProt. M.-V. 1 / 101, S. 6108.

[429] Vgl. erneut für den evKVSachsen: Landesbischof *Hempel*, Ansprache bei der Unterzeichnung am 24. März 1994, Manuskript, S. 1; Synodaler *Baier*, SynProt. S. 232.

[430] Kritisch wiederum auch *H. Engelhardt*, Geiger-FS II, S. 722, 730f.

[431] *U. Scheuner* (1968), S. 324f.; v. Mangoldt / Klein / *A. v. Campenhausen*, GG,

einen Begriff der „partikulären Rechtsgemeinschaft“[432] zurück, der weder in seiner Herleitung noch in seinen rechtlichen Vorgaben klare Konturen aufweist. Mit der Behauptung einer „Völkerrechtsähnlichkeit“ lassen sich ebensowenig konkrete juristische Strukturen herleiten[433] wie mit der historischen Zuordnung von Staat und Kirche als geschichtliche Größen. Die von Scheuner in die Diskussion eingebrachte „Zone des Öffentlichen“, die staatliches und kirchliches Recht gleichermaßen umfasse[434], bleibt als Rechtskategorie zunächst ebenso unbestimmt wie die ebenfalls herangezogene „allgemeine gemeinsame Rechtsebene allen zwischenmenschlichen Rechts“[435]. Auch Depenbrock gelingt schließlich keine Präzisierung des Ansatzes, wenn er die Geltungsgrundlage auf einer selbständigen, von der staatlichen Rechtsordnung unabhängigen Rechtsebene“ „zwischen Völkerrechtsebene und dem innerstaatlichen öffentlichen Recht“ ansiedelt[436]. Darüber hinaus teilen diese Qualifizierungen mit Pirsons Überlegungen das Manko, daß sie nur schwer in Einklang zu bringen sind mit den Erwartungen der Vertragspartner, wie sie jedenfalls zum Teil sich in den Vertragsmotiven niederschlugen. Demgegenüber geht Hollerbach zwar zunächst ebenfalls von einer originären und unabhängigen Rechtsstellung beider Institutionen und deshalb von einer besonderen Rechtsschicht ihrer Beziehungen aus, die er als Staat-Kirche-Recht bzw. als staatlich-kirchliches Zwischenrecht benennt[437]. Den Geltungsgrund macht er aber in der engen Verklammerung von Staatsverfassung und Kirchenordnung aus, über die der rechtmäßig zustande gekommene Staatskirchenvertrag mit dem übereinstimmend erklärten Willen der Vertragspartner seine Gewähr in sich selbst trage[438]. Um aus dem Vertragsschluß zugleich seine Verbindlichkeit zu begründen, beruft sich Hollerbach auf „das rechtliche Urphänomen“ des Vertragsbegriffs, der „als apriorischer Begriff dem Rechtsbegriff immanent ist“[439]. Eines höheren Rechtssatzes bedürfe es deshalb nicht, um die Bindungswirkungen der Verträge zu be-

---

Art. 140 GG Rn. 50f.; *P. Badura*, HdbStKirchR I, S. 211, 214; vgl. auch *W. Huber* (1973/1991), S. 507ff.

[432] *P. Badura*, HdbStKirchR I, S. 214.

[433] Zutreffende Kritik bei *L. Renck*, DÖV 1997, S. 929, 931.

[434] *U. Scheuner*, ZevKR (1957/58), S. 19.

[435] *ders.* (1968), S. 322f.

[436] *J. Depenbrock*, ZevKR 38 (1993), S. 419f.

[437] *A. Hollerbach* (1965), Zusammenfassung auf S. 176, ausführliche Darlegungen etwa S. 154ff. und öfter; ebenso *C.H. Ule*, Gutachten, S. 108.

[438] *A. Hollerbach* (1994), S. 253, 273f.; *S. Grundmann*, EvStL, 2. Aufl., Sp. 2760; *C.H. Ule*, Gutachten, S. 108, und *G. Lenz*, S. 115.

[439] Vgl. *A. Hollerbach* (1965), S. 96.

stimmen, weil die Fundamentalnorm des Vertragsrechts, „pacta sunt servanda", dem Vertragsbegriff innewohne[440].

Bereits oben wurden aber Bedenken gegen ein solches Verständnis des Vertragsbegriffs geltend gemacht[441]. Auch empfand man die dahinterstehende Rechtskonzeption einerseits als unbefriedigend, wiederum weil deren Inhalt und rechtliche Strukturen unklar bleiben[442]. Andererseits wurden sie als zu formalistisch eingestuft, weil das einzelne Vertragswerk aus dem rechtlichen Kontext herausgelöst wird[443]. Die Verbindlichkeit nach der Abschlußfähigkeit von Verträgen zwischen zwei „in suo genere zuhöchsten" Rechtssubjekten zu bestimmen und deshalb aus zwei unterschiedlichen Rechtsordnungen zu entnehmen[444], liefe auf eine jeweilige Selbstbindung hinaus. Diese schöpfte ihre Geltungskraft jeweils aus sich selbst heraus und ließe die vertragliche Regelung als gemeinsam verbindliche Rechtsquelle in den Hintergrund treten. Auf diese Weise stellt sich die Rechtsgestaltung nurmehr als parallele Rechtssetzung mit unterschiedlichen Regelungen zur Umsetzung der vertraglichen Absprache dar[445]. Der erklärte Wille jeweils unabhängiger Rechtssubjekte kann aber wegen ihrer Autonomie zur Willensänderung nicht allein durch sich selbst, sondern nur durch eine beiden übergeordnete Norm gebunden werden[446]. Vor allem blieben aber wiederum die konkreten zulässigen Möglichkeiten vertraglicher Bindung des Gesetzgebers offen. Aus diesem Grunde ist versucht worden, den Ansatz von Hollerbach mit einem genau auf das staatlich-kirchliche Zwischenrecht abgestellten höherrangigen Normensystem zu unterlegen, das jeweils aus den einzelnen Verträgen selbst entwikelt werden sollte[447]. Wie allerdings die Verträge gleichzeitig Quelle und Anwendungsobjekt sein können, bleibt dabei ungeklärt[448]. Schließlich ist nicht dargelegt worden, wie sich für „staatlich-kirchliches Zwischenrecht" der von der Meinungsgruppe um Hollerbach angenommene Rechtsschutz durch staatliche Gerichte[449], der doch grundsätzlich auf die staatliche Rechtsordnung beschränkt ist, ergeben soll.

---

440 Vgl. *A. Hollerbach* (1965), S. 99f. mit Hinweis auf *E.R. Huber* (1930), S. 80f.
441 (= S. 108–110)???
442 Vgl. nur *H. Engelhardt*, Geiger-FS II, S. 722, 730f.
443 Vgl. *U. Scheuner* (1968), S. 323; *C.H. Ule*, Gutachten, S. 108.
444 *A. Albrecht*, S. 222 und 227f.
445 Vgl. auch ähnlich die Kritik von *F.O. Kopp*, JZ 1970, S. 278, 279.
446 Vgl. *F.O. Kopp*, JZ 1970, S. 278f. Fn. 7f.; vgl. auch *A. Albrecht*, S. 219–223.
447 *C.H. Ule*, Gutachten, S. 108.
448 *H. Engelhardt*, Geiger-FS II, S. 722, 731, lehnt den Ansatz als petitio principii ab.
449 *A. Hollerbach* (1965), S. 261f.; *ders.* (1994), S. 253, 284.

(d) Verortung der Vertragsgrundlage kirchlicher Eigenständigkeit

Allein die mangelnde Überzeugungskraft der überstaatlichen Begründung der Geltungsgrundlage und Bindungswirkungen weist allerdings nicht die innerstaatliche Verankerung der Staatskirchenverträge nach. So bleibt weiter die oben aufgezeigte Aufgabe gestellt, eine Rechtsgrundlage herauszuarbeiten, die zugleich den Vertragszielen wie den rechtlichen Vorgaben von Staatsverfassung und Kirchenordnung gerecht wird. Aus dem weichenstellenden Verständnis des konkret ausgestalteten Verhältnisses von Staat und Kirche kann allerdings die innerstaatliche Grundlegung als im Folgenden zu verifizierende Hypothese formuliert werden. Zum einen spricht als Indiz für die Rückführung der Vertragsbeziehungen auf die staatliche Rechtsordnung, daß sich die staatskirchenrechtlichen Verfassungsgrundsätze verkürzend, aber treffend auf die Formel der kirchlichen Freiheit im und nicht vom Staat bringen lassen[450]. Zum anderen kommen außerhalb der Völkerrechtsebene nur innerstaatlich begründete Vertragsbindungen zwischen Staat und Kirche in Betracht, weil Rechtsakte des säkularen Staates nicht die weltlichen Rechtsordnungen transzendieren können [dazu unter (aa)]. Die staatliche Rechtsordnung vermag sich aber als säkulares Rahmenrecht auch religionsbezogenen Inhalten zu öffnen und erlaubt auf diese Weise eine vertragsrechtliche Kommunikation zwischen kirchlichem und staatlichem Rechtskreis [(bb)]. Schließlich läßt sich die Grundlegung der Vertragsbindungen in der innerstaatlichen Rechtsordnung auch konkret an den Staatskirchenvertragsschlüssen der neuen Länder nachweisen [dazu: (cc)].

(aa) Ausschluß staatsvertraglicher Bindungen überweltlicher Natur

Den Verfechtern einer überstaatlichen Begründung für die staatskirchenvertraglichen Bindungen mag es zwar nur in Umrissen gelungen sein, den systematischen Ort und die juristische Tragweite einer überstaatlichen, aber nichtvölkerrechtlichen Rechtsgrundlage für die Staatskirchenverträge zu veranschaulichen. Sie haben aber allesamt eine Rechtsbasis ausgemacht, die über die für staatliche Rechtsakte bereitstehenden weltlichen Rechtsordnungen, das Völkerrecht und das staatliche Recht[451], hin-

---

[450] *K.-H. Kästner* (1991), S. 254; mit zustimmender Besprechung von *S. Muckel*, AöR 119 (1994), S. 506, 508; vgl. weiter *M. Heckel*, Lerche-FS, S. 213, 218–222, 226f., 232f.

[451] Andere Rechtsebenen, wie beispielsweise das zwischenstaatliche Recht der NATO oder der EU, sind hier von vornherein nicht einschlägig.

ausweist[452], sei es in Form eines „selbständigen staatlich-kirchlichen Zwischenrechts“[453], einer allgemeinen Rechtsebene, die das gesamte zwischenmenschliche, kirchliche und staatliche Recht gleichermaßen umfasse[454], oder einer von der gemeinsamen Geschichte und Verantwortung als Ordnungsfaktoren des öffentlichen Lebens geprägten Rechtsgemeinschaft[455]. Klar herausgearbeitet ist dabei insbesondere, daß das kennzeichnende Moment der die staatliche Rechtsordnung transzendierenden Dimension vom kirchlichen Rechtskreis bestimmt sein soll, damit die Grundlegung der Vertragsbasis nicht „nur der staatlichen Seite gerecht würde und die kirchliche Seite unberücksichtigt bliebe“[456]. Bei den außerstaatlichen Begründungsansätzen geht es danach um eine auch dezidiert konfessionell-religiös geprägte Ebene gemeinsamen staatlich-kirchlichen Rechts, wie auch immer sie im einzelnen geartet sein mag. Schon aus der Sicht der Religionsgemeinschaften dürfte eine vermischt kirchlich-staatliche Rechtsgemeinschaft auf erhebliche Widerstände stoßen, nimmt man einerseits den intendierten rechtsverbindlichen Charakter der Staatskirchenverträge und andererseits die theologische Verantwortlichkeit für das Kirchenrecht ernst. In den geistlichen Angelegenheiten des kirchlichen Rechts erscheint ein Einfluß außerkirchlicher Kräfte, erst recht des Staates, wie er sich über Vertragsbindungen im Rahmen einer Staats- und Kirchenrecht gemeinsamen Vertragsbasis ergäbe, als Fremdkörper. Eine Einbeziehung des Staates in die Sphäre des kirchlichen Rechts könnte mit religiösen Absolutheitsansprüchen in Konflikt geraten, was hier aber gemäß der auf das staatliche Recht beschränkten Aufgabenstellung nicht weiter verfolgt werden soll.

Eine religiös (mit-)fundierte Rechtsebene ist jedenfalls aus der Sicht der Staatsverfassung in Zeiten säkularer Staatlichkeit staatlichem Handeln oder auch nur staatlicher Erkenntnis nicht zugänglich[457]. Im Zuge der Säkularisierung hat der Staat seine Beschränkung auf das Immanente, auf die weltliche Dimension erfahren, die im geltenden Verfassungsrecht vor allem an der Festschreibung des Trennungsgrundsatzes von Staat und Kirche über die Aufhebung der Staatskirche gem. Art. 140 GG / Art. 137 I WRV verdeutlicht wird[458]. Zur Veranschaulichung ist vor allem auf die

---

452 *K. Hesse*, HdbStKirchR I, S. 521, 528.

453 *A. Hollerbach* (1965), S. 100f.; *G. Lenz*, S. 114f.; *I.-M. Matthiesen*, S. 203.

454 *U. Scheuner* (1968), S. 322f., 337f.

455 *D. Pirson* (1964), S. 193f.; *ders.*, StLGG II, Sp. 494, 498.

456 Vgl. beispielhaft: *K. Orywall*, S. 35.

457 Zurückhaltend skeptisch immerhin *H. Engelhardt*, Geiger-FS II, S. 722, 730f.

458 Ausführlich: *C. Link*, Thieme-FS, S. 95, 99ff.; vgl. auch *K.-H. Kästner* (1991), S. 187; *M. Heckel*, in: Nörr, S. 1, 8.

Scheidung der jeweiligen sachlichen Kompetenzen und Verantwortung von Staat und Kirche sowie der weltlichen und geistlichen Maßstäbe bei den gemeinsamen Angelegenheiten zu verweisen[459]. Da der juristische Säkularisierungsbegriff sich nur aus den konkreten normativen Festlegungen erschließt[460], wären für strittige Grenzfragen die genauen verfassungsrechtlichen Grenzen staatlichen Handelns gegenüber religiösen Erscheinungen zwar nur nach näherer Aufarbeitung der einschlägigen Verfassungsbestimmungen zu begründen[461]. Nach allgemeiner Meinung kommen dem säkularen Staat aber von vornherein keinerlei Kompetenzen noch überhaupt Kenntnisse in dem Bemühen der konkurrierenden Religionsgemeinschaften in der Wahrheitsfrage zu[462]. Dem Staat sind mit der Überwindung des christlichen Staates[463] zum einen die Sorge um das Seelenheil, die Verantwortung in religiösen Angelegenheiten bzw. jegliche über die weltlichen Belange hinausgreifenden Aufgaben entzogen worden[464]. Zum anderen wurden aber auch die Institute[465] und Formen staatlichen Rechts, soweit sie von religiösen Bezügen geprägt waren, konsequent ihrer theologischen Bedeutungen entleert und paritätisch potentiell für alle Konfessionen geöffnet[466]. Danach schlägt die „Diesseitigkeit" staatlicher Rechtsgestaltung auch bei dem Rückgriff auf die staatskirchenvertraglichen Handlungsformen durch[467]. Eine verfassungstranszendente Bindung des Staates in Dimensionen, die von der kirchlichen Rechtsordnung mitbegründet werden, scheitert an der Inkompetenz des Staates, religiöse Phänomene in ihrer spezifischen Bedeutung zu erfassen. Einem staatlichen Rechtsakt ist ein Hinausgreifen auf eine rechtliche Gemeinschaft, die von kirchlichem Recht entscheidend mitgeprägt ist, nicht zugänglich. Eine gemeinsame rechtliche Basis für das Verhältnis zwischen Staat und Kirche kann für die staatliche Seite daher nur im weltlichen

---

[459] Vgl. nur im Überblick: *M. Heckel*, in: Nörr, S. 1, 17; in dieser Arbeit aufgegriffen bei der Behandlung der Zuordnungsfunktion der Staatskirchenverträge, III. Teil C. II. (= S. 234ff.).

[460] *M. Heckel*, Ges.Schr. II, S. 773, 880ff.; *K.-H. Kästner*, ZevKR 34 (1989), S. 260, 273ff.

[461] *K.-H. Kästner* (1991), S. 191f.

[462] Vgl. nur *K.-H. Kästner*, ZevKR 34 (1989), S. 260, 273ff.

[463] Zu den geschichtlichen Aspekten vgl. *M. Heckel*, Ges.Schr., S. 773, 899ff.; *ders.*, in: Nörr, S. 1, 8f.; *C. Link*, Thieme-FS, S. 95, 100ff.

[464] *M. Heckel*, JZ 1994, S. 425, 427; *ders.* (1993), S. 103f.; *C. Link*, Thieme-FS, S. 95, 99f.; *K.-H. Kästner* (1991), S. 186ff.

[465] Ausführlich erläutert von *M. Heckel*, Ges.Schr., S. 773, 778ff., am Beispiel der ehedem heftig umstrittenen Eidesfrage.

[466] Vgl. im Überblick: *M. Heckel*, JZ 1994, S. 425, 427, 429f.; *ders.* (1993), S. 40ff.; *ders.*, Ges.Schr., S. 773, 885ff., 890ff.

[467] Insoweit zutreffend: *L. Renck*, ThürVBl. 1995, S. 31, 33f.

Recht liegen. Scheidet auch die völkerrechtliche Ebene aus, so kommt allein die staatliche Rechtsordnung als Vertragsgrundlage in Frage[468].

(bb) Das staatliche Recht als systematischer Ort gleichberechtigter, aber funktionsdifferenzierter juristischer Kommunikation zwischen Staat und Religionsgemeinschaften

Voraussetzung für eine innerstaatliche Begründung der staatskirchenvertraglichen Bindungen ist jedoch, daß das staatliche Recht auch aus der Sicht der Religionsgemeinschaften für die vertragsrechtliche Ordnung der Staat-Kirche-Beziehungen heranzuziehen ist. Dazu müßte zum einen die staatliche Rechtsordnung grundsätzlich als Rechtsgrundlage für kirchliches Handeln in Betracht kommen (aaa). Zum anderen müßte mit den staatlichen Rechtsformen gerade im Verhältnis der Religionsgemeinschaften zum Staat den besonderen religiösen Bedürfnissen Rechnung getragen werden können, die die herrschende Meinung zum Rückgriff auf die überstaatliche kirchliche-staatliche Rechtsgemeinschaft motivierten. Danach ist für das staatliche Recht nachzuweisen, daß es der außerweltlichen rechtlichen Eigenexistenz der Religionsgemeinschaften Rechnung trägt [(bbb)] und den postulierten gleichberechtigten Ausgleich des kirchlichen mit dem staatlichen Rechtskreis im Vertragswege ermöglicht [(ccc)].

(aaa) Bindungsmöglichkeiten der Kirchen in der staatlichen Rechtsordnung

Im Gegensatz zum Staat ist die Kirche nicht auf den ihr eigenen Rechtskreis des Kirchenrechts beschränkt. Denn sie kennt, anders als der Staat, zwei Ebenen ihres Wirkens: die geistliche und die weltliche. Religionsgemeinschaften haben zwar ihren Ursprung, die Quelle der Legitimation, Ziele, Aufgaben und Maßstäbe ihrer Existenz in der Transzendenz[469]. Ihr Wirken kann aber stets nur im Weltlichen, an den Menschen in ihrer konkreten gesellschaftlichen Situation ansetzen[470]. „Die Kirche ist eben beides: Sie ist in der Welt und nicht von der Welt“[471]. Dabei nehmen die Religionsgemeinschaften, die sich auf eine Existenz innerhalb der staatlichen

---

[468] So im Ergebnis auch *L. Renck*, DÖV 1997, S. 929, 932.

[469] Im Überblick zu diesen fundamentalen Unterschieden der außerweltlichen Eigenständigkeit der Religionsgemeinschaften gegenüber dem Staat: *M. Heckel*, JZ 1994, S. 425, 426.

[470] Vgl. auch *H. Engelhardt*, Geiger-FS II, S. 722, 743.

[471] *M. Heckel*, VVDStRL 26 (1968), S. 121; *P. Badura*, HdbStKirchR I, S. 211, 213.

Rechtsordnung einrichten, den religiös und weltanschaulich neutralen Staat als Garanten einer Friedensordnung und der kirchlichen Freiheit im staatlichen Recht mit den daraus resultierenden staatlichen Grenzziehungsbefugnissen an[472]. Die weltliche Seite der kirchlichen Existenz verlangt von der Kirche, sich in der jeweils konkret gegebenen weltlichen Ordnung einzurichten und die weltlichen Voraussetzungen ihres Wirkens sicherzustellen. So wird es als dem evangelischen Kirchenrecht im Hinblick auf das Verhältnis zum Staat gestellte Aufgabe angesehen, eine „auf die Bedingungen dieser Welt ausgerichtete feste und klare Vorstellungswelt" zu schaffen, die der Kirche ihr Leben in dieser Zeitlichkeit ermöglicht[473]. Der Staat kann nur offen sein für die spezifischen Merkmale kirchlichen Wesens und Wirkens, ohne aber an der Gestaltung dieser dem Vertragspartner eigenen Dimension selbst teilzunehmen. Im Unterschied dazu suchen die Kirchen den Zugang zur staatlichen Rechtsordnung[474] und sind darauf zur Durchsetzung ihres geistlichen Auftrags in der Welt auch angewiesen[475].

Von den unterschiedlichen und im einzelnen umstrittenen Formen zur Teilhabe der Kirche auch an den rechtlichen Wirkungen des staatlichen Rechtskreises und ihrer kirchenrechtlichen Realisierung[476] soll hier nur interessieren, daß auch die angestrebte Kooperation zwischen Staat und Kirchen in den Fragen von gemeinsamen Belangen einer Rechtsbasis bedarf, die das Kirchenrecht zu entwickeln hat. Soll die Positionsfindung der Kirche in dieser Welt zu einer vertraglichen Fixierung der kirchlichen Stellung gegenüber Staat und Gesellschaft und zur Eingehung rechtlicher Bindungen führen, so muß das Kirchenrecht die notwendige Handlungsfähigkeit der Kirche bereitstellen. Dabei muß zum einen die auf eine diesseitige, eine weltliche Bestimmung des Verhältnisses zum Staat ausgerichtete Position der Kirche theologisch verantwortet werden[477]. Hier stellt

---

[472] Dies zeigt nicht zuletzt die Aufnahme dieser Grenzziehungsbefugnis nach Art. 140 GG / Art. 137 III 1 WRV in den Staatskirchenverträgen; vgl. auch *A. Hollerbach* (1994), S. 253, 287.

[473] *U. Scheuner* (1968), S. 322; *E. Ruppel*, ZevKR 9 (1962/63), S. 113, 122, 141 f.

[474] Vgl. die Hinweise bei *J. Depenbrock*, ZevKR 38 (1993), S. 413, 419, zu den Kaufverträgen und Arbeitsverträgen auf privatrechtlicher Ebene und zu den schlicht öffentlich-rechtlichen Verträgen mit dem Staat.

[475] Vgl. nur das einprägsame Beispiel für die Notwendigkeit kirchlicher Teilnahme am allgemeinen Rechtsverkehr bei *M. Heckel*, Ges.Schr., S. 773, 910, wonach „im Grundbuch ... die Kirche Christi nicht als ekklesiologisches Mysterium eingetragen werden" kann.

[476] Vgl. nur die Hinweise bei *J.E. Christoph*, ZevKR 34 (1989), S. 406 m.w.N.

[477] Die Beantwortung dieser schwierigen Fragen sei hier ausgeklammert. Sie können ohne vertiefte Auseinandersetzung mit rechtstheologischen Grundfragen, für die hier nicht der Ort ist, nicht angemessen beantwortet werden. *D. Pirson* (1964), S. 195, bezwei-

sich die Aufgabe des Kirchenrechts im Prinzip nicht anders als sonst bei der kirchlichen Positionsbestimmung gegenüber dem weltlichen Recht dar, bei der es gilt, den kirchlichen Auftrag gegenüber Staat und Gesellschaft umzusetzen. Zum anderen hat das Kirchenrecht die konkrete Handlungsfähigkeit der Kirchen für den Abschluß von Staatskirchenverträgen herzustellen, wie dies bei der Annahme der Staatskirchenverträge durch die jeweiligen Religionsgemeinschaften auch erfolgt ist. Für die Religionsgemeinschaften steht die staatliche Rechtsordnung danach prinzipiell als Grundlage vertraglicher Bindungen auch gegenüber dem Staat offen.

(bbb) Die staatliche Gewährleistung der nicht untergeordneten außerweltlichen kirchlichen Eigenexistenz

Die staatliche Rechtsordnung kann allerdings nur dann als Rechtsgrundlage für die staatsvertragliche Ordnung des Staat-Kirche-Verhältnisses in Frage kommen, wenn sie Raum für die religiösen, spezifisch konfessionellen Belange läßt und der von den Kirchen beanspruchten und in der intendierten gleichberechtigten Vertragspartnerschaft vorausgesetzten rechtlichen Eigenständigkeit Rechnung trägt. Dies alles leistet das staatliche Recht, indem es die eigenständige transzendente rechtliche Existenz der Religionsgemeinschaften anerkennt und ganz konkrete Konsequenzen daraus für die staatlichen Kompetenzen zieht. Den rechtlichen Ansatzpunkt dafür bildet die verfassungsrechtliche Beschränkung des Staates auf das Weltliche in Aufgaben und Formen unter gleichzeitiger Gewährleistung des freien religiösen Wirkens. Ausdrücklichen Niederschlag hat die Anerkennung der originären Existenz und Eigenrechtsmacht von Religionsgemeinschaften in der Hervorhebung des religiösen Selbstbestimmungsrechts nach Art. 140 GG / Art. 137 III 1 WRV gefunden. Die verfassungsrechtliche Gewährleistung zugunsten der Religionsgemeinschaften, ihre eigenen Angelegenheiten selbständig zu ordnen und zu verwalten, reicht weiter als etwaige Freiheitsrechte der Verbände, insbesondere als die allgemeine Vereinigungsfreiheit[478]. Denn sie räumt nicht ein bloßes Selbstverwaltungsrecht oder Autonomie ein. Vielmehr erkennt sie die freie, staatsunabhängige Rechtsetzung und Verwaltung der Religionsgemeinschaften in ihren Angelegenheiten umfassend als nicht staats-

---

felt beispielsweise, ob es der Aufgabe der Kirche in der Welt angemessen ist, ihre Position ggü. dem Staat für alle Zukunft durch Garantien rechtlicher Art zu sichern.

[478] *G. Robbers*, in: *R. Puza / A.P. Kustermann* (Hrsg.), S. 51, 54.

abgeleitete Befugnis mit der Folge an[479], daß das kirchliche Recht eine Ordnung eigener Art gegenüber weltlichem Recht bildet. Zugleich bezieht die Gewährleistung aber auch das staatliche Wirken über die staatliche Schrankenziehungsbefugnis auf die kirchliche Auftragswahrnehmung, indem sie das staatliche für alle geltende Gesetz als Instrument des Ausgleichs zwischen weltlichem Schrankenzweck einerseits sowie kirchlicher Freiheit und originärer Eigenständigkeit andererseits vorsieht[480]. Damit kommt in der (staats-)verfassungsrechtlichen Selbstbestimmungsgarantie der Kirchen nicht nur die prinzipielle Unterscheidung zwischen weltlichen Aufgaben und geistlichem Auftrag, sondern ebenso das Gebot der Zuordnung weltlicher und geistlicher Aspekte im Sinne einer Konkordanz zwischen staatlicher und kirchlicher Ordnung[481] zum Ausdruck[482].

Die Zuordnung baut mit diesem Gebot klarer Differenzierung zwischen staatlichen und kirchlichen Angelegenheiten grundlegend auf dem Trennungsprinzip und der Säkularität des Staates auf, wonach der Staat die Letztverantwortung für die Wahrnehmung der weltlichen Aufgaben für sich in Anspruch nimmt, die Bestimmung über religiöse Aspekte aber ausschließlich den Religionsgemeinschaften zu überlassen hat[483]. Auf diese Weise fügt sich auch das Gebot strikter Trennung der weltlichen und geistlichen Aufgaben und Kompetenzen, das aus Art. 140 GG / Art. 137 I WRV abzuleiten ist, in die Gewährleistung der originären kirchlichen Eigenständigkeit innerhalb der staatlichen Rechtsordnung ein. Staatlicher und kirchlicher Rechtskreis stehen danach unter der Geltung des Grundgesetzes zueinander nicht in einem Über- und Unterordnungsverhältnis. Sie sind vielmehr gleichrangig aufeinander bezogen, jede Seite jeweils mit der alleinigen Entscheidungsmacht für ihre, geistliche oder weltliche, Verantwortung. Auch aus kirchlicher Sicht sind im Grundsatz die weltlichen Ordnungsfunktionen des Staates und die daraus erwachsenden Kompetenzen auch gegenüber den Religionsgemeinschaft im Interesse der Friedenswahrung und weltlichen Absicherung der kirchlichen Wirkungs-

---

[479] BVerfGE 18, 385 [386]; *A. Hollerbach*, HStR VI, § 138 Rn. 115.

[480] So die h.M., vgl. m.w.N.: *K.-H. Kästner*, JuS 1977, S. 715, 716f.; *A. v. Campenhausen*, 3. Aufl., S. 114ff.; *D. Ehlers*, in: *M. Sachs* (Hrsg.), GG, Art. 140 / Art. 137 WRV Rn. 10ff.; *P. Badura*, StR, L 55ff.; *M. Heckel*, in: Nörr, S. 1, 13ff.; vgl. schon: *W. Weber*, E.R. Huber-FS, S. 181, 188ff.; a.A. *J. Wieland*, Der Staat 25 (1986), S. 321, 344ff.; dagegen etwa jüngst *S. Muckel* (1997), S. 186.

[481] BVerfGE 42, 312 [340].

[482] *K. Hesse*, HdbStKirchR I, S. 521, 531f.

[483] Zu den diffizilen Zuordnungsfragen vgl. im Überblick *K. Hesse*, HdbStKirchR I, S. 521, 541ff.; vgl. weiter BVerfGE 18, 385 [387]; 42, 312 [334].

möglichkeiten anerkannt. Dagegen halten die Religionsgemeinschaften auch bei ihrer Zusammenarbeit mit dem Staat zur Ordnung der säkularen Dimension ihres Wirkens in der Welt an ihrer ausschließlichen Bestimmungskompetenz für die geistlichen Aspekte fest. Fazit bleibt danach, daß die staatliche Rechtsordnung bereits selbst Möglichkeiten einräumt bzw. gar vorschreibt, im weltlichen öffentlich-rechtlichen Rechtsverkehr die Eigengeartetheit der Religionsgemeinschaften und ihre eigene Rechtsmacht gegenüber den staatlichen Kompetenzen als prinzipiell gleichberechtigt zu respektieren.

(ccc) Das staatliche Recht als Basis gleichrangiger Zuordnung staatlichen und kirchlichen Rechts nach den jeweiligen Kompetenzen

Schwierig erscheint bei alledem allerdings, wie sich hier auf der Ebene der Gleichrangigkeit die nach geistlichen und weltlichen Belangen funktionsdifferenzierte juristische Kommunikation zwischen kirchlichem und staatlichem Rechtskreis innerhalb der staatlichen Rechtsordnung vollziehen kann[484]. Um den Ausgangspunkt für das Zusammenwirken staatlichen und kirchlichen Rechts im Rahmen weltlicher Rechtsanwendung herauszuarbeiten, ist wiederum auf den Säkularisierungsprozeß des staatlichen Rechts zurückzukommen. Mit der Beschränkung des Staates auf das Weltliche bei gleichzeitiger Gewährleistung von Religionsfreiheit und kirchlicher Selbstbestimmung ist die Öffnung der staatlichen Normen mit Religionsbezug für die unterschiedlichen religiösen Bedürfnisse einhergegangen[485]. Das staatliche Recht bildet für die rechtliche Ordnung religiösen Wirkens nurmehr den säkularen Rahmen, der von den einzelnen Religionsgemeinschaften nach ihren jeweiligen Lebensprinzipien ausgefüllt wird[486]. Die Berücksichtigung kirchlichen Rechts bei der Anwendung staatlichen Rechts erscheint dabei zunächst wenig problematisch, soweit das staatliche Recht über säkulare Rahmenbestimmungen auf religiöse Gehalte ausdrücklich Bezug nimmt. Dies ist etwa bei unbestimmten Rechtsbegriffen des staatlichen Rechts mit direktem Religionsbezug der Fall, die im Rahmen des für alle geltenden Gesetzes, d.h. der beschränkten staatlichen Kompetenzen, freigegeben werden für die Bestim-

---

[484] Das Problem stellt sich allerdings beim völkerrechtlichen Verkehr ähnlich, ist dieser doch auch auf die „diesseitigen“ weltlichen Bindungen ausgerichtet. Gleichwohl wird hier die Einbindung der geistlichen Dimension in die vertragliche Ordnung weniger als konkordatsrechtliches Problem gesehen; anders aber etwa *A. Hollerbach* (1965), S. 97f.

[485] Ausführlich: *M. Heckel*, Ges.Schr., S. 773, 885ff.

[486] Vgl. im Überblick: *ders.*, JZ 1994, S. 425, 429f.

mung durch die jeweils betroffenen Religionsgemeinschaften[487]. Auf diese Weise verweist das staatliche Recht den Rechtsanwender auf die rechtliche Ordnung der Religionsgemeinschaften und räumt ihr Relevanz im staatlichen Recht ein[488], freilich nur für die weltlichen Wirkungen.

Im Grundsatz stellt sich das Zusammenspiel kirchlichen und staatlichen Rechts im Sinne einer sauberen Verantwortungsverteilung zwischen der kirchlichen Verantwortung für die geistlichen Angelegenheiten und den staatlichen Kompetenzen für die Ordnung der Fragen von gemeinsamen Belangen aber auch dort nicht anders dar, wo es im staatlichen Recht an konkreten ausdrücklichen Bezugnahmen auf den kirchlichen Rechtskreis fehlt. Allerdings ist dabei die Berücksichtigung kirchlich gesetzten Rechts in der staatlichen Rechtsordnung im einzelnen umstritten. Sie wird von Teilen der Literatur u.a. unter Hinweis auf die Inkommensurabilität staatlicher und kirchlicher Rechtsordnung, ihrer Ordnungsvorstellungen und ihrer Vollzugsvorgaben weitgehend angezweifelt[489]. Andere Stimmen verlangen jedenfalls nach einem übergreifenden staatlichen Rechtssatz, der die Wirksamkeit kirchlicher Ordnungen nach außen und damit ihre Berücksichtigung im staatlichen Rechtsverkehr begründet[490]. Ein solcher Anwendungsbefehl soll sich beispielsweise aus der mit der Gewährleistung des öffentlich-rechtlichen Körperschaftsstatus nach Art. 140 GG / Art. 137 V WRV verbundenen Einräumung bzw. Anerkennung einer öffentlich-rechtlichen Regelungsbefugnis für die „innere Ordnung" („Autonomie") ergeben[491]. Diese Ansätze werden aber der verfassungsrechtlichen Zuordnungsregelung des Art. 140 GG / Art. 137 III 1 WRV ebensowenig gerecht wie der Gewährleistung des öffentlich-rechtlichen Körperschaftsstatus. Die Eigenständigkeit und Unabhängigkeit kirchlicher Normgebung ist als zentraler Bestandteil des kirchlichen Selbstbestimmungsrechts nach Art. 140 GG / Art. 137 III 1 WRV verfassungs-

---

[487] Als Beispiele seien hier nur angeführt: Der Verweis in Art. 7 III 2 GG auf die „Grundsätze der Religionsgemeinschaften" (dazu: *K.-H. Kästner*, EssGespr. 32, S. 61, 76ff.), oder in §§ 4ff. KistG-DDR auf die „Angehörigen der Evangelischen Kirche und der Katholischen Kirche", von denen Kirchensteuern erhoben werden können.

[488] Vgl. *K.-H. Kästner* (1991), S. 176 m.N.

[489] *D. Pirson*, HdbStKirchR II, S. 845, 861–864.

[490] *W. Rüfner*, HdbStKirchR II, S. 877, 879, unter Berufung auf *D. Pirson* (1964) , S. 277, 288.

[491] v. Mangoldt / Klein / *A. v. Campenhausen*, GG, Art. 140 GG / Art. 137 WRV Rn. 175f.; *A. v. Campenhausen*, 3. Aufl., S. 306; vgl. auch *W. Rüfner*, HdbStKirchR II, S. 877, 879, der zumindest im Amtsrecht auf die staatliche Anerkennung der kirchlichen „Dienstherrenfähigkeit samt der Gesetzgebungshoheit für das öffentlich-rechtliche Dienstrecht der Kirchenbeamten und Geistlichen" abstellt; kritisch *D. Pirson*, ZevKR 38 (1993), S. 372, 376f.

rechtlich anerkannt und geschützt[492]. Die Rechtsetzungsbefugnis der Kirchen aber leitet sich wie die Organisationsgewalt oder das Amtsrecht nicht aus der staatlichen, sondern allein aus originärer kirchlicher Gewalt ab und geht auf das theologische Fundament zurück. Der Staat hat diese Rechtsgewalt nur „vorgefunden“ und als solche durch die Eigenständigkeitsgarantie gem. Art. 140 GG / Art. 137 III 1 WRV auch nur „anerkannt“ und eben nicht wie etwa bei der Autonomie der kommunalen Gebietskörperschaften staatlich verliehen[493].

Die staatliche Anerkennung kirchlicher Eigenständigkeit in Normsetzung und Organisation kann zwingend schon mangels religiöser Kompetenzen des säkularen Staates nicht im Sinne einer Übertragung von Befugnissen aufgefaßt werden[494]. Die staatliche Garantie des öffentlich-rechtlichen Körperschaftsstatus kann in diesem Zusammenhang lediglich eine Erweiterung kirchlicher Handlungsmöglichkeiten in formeller Hinsicht bringen, ohne die kircheneigene Grundlegung kirchlichen Rechts in Frage zu stellen. Für Religionsgemeinschaften, die sich in privatrechtlicher Vereinsform organisieren, steht die Ableitung der Befugnis zur Regelung der eigenen Angelegenheiten aus dem religiösen Selbstbestimmungsrecht und dem kirchlichen Auftrag anstelle der entsprechenden zivilrechtlichen Einräumung der Satzungsgewalt nach § 25 BGB im übrigen selbst für die Gegenansicht außer Frage[495]. Vor diesem Hintergrund würde es dem Gewährleistungszweck des Selbstbestimmungsrechts nach Art. 140 GG / Art. 137 III 1 WRV zuwiderlaufen, der kirchlichen Normsetzung weniger Relevanz im weltlichen Recht zuzugestehen als weltlichem Satzungsrecht im Rahmen der staatlich eingeräumten Vereinsautonomie. Dies gilt zumindest in den Fragen des weltlichen Rechts, in denen es wegen einschlägiger religiöser Aspekte auf die Bestimmung durch die Religionsgemeinschaften ankommt. Gegen die Annahme einer prinzipiellen Konfrontation zwischen kirchlichem und staatlichem Recht, die die Anwendung kirchlichen Rechts innerhalb der weltlichen Rechtsordnung verhindere, sind weitere Einwände anzubringen[496]. So kommen schließlich auch ab-

---

[492] BVerfGE 42, 312 [322, 332]; 53, 366 [401]; 66, 1 [20]; 70 138 [164]; 72, 278 [289].

[493] Vgl. *M. Heckel*, JZ 1994, S. 425, 426, *K. Hesse*, HdbStKirchR I, S. 521 Fn. 1.

[494] *K.-H. Kästner* (1991), S. 122ff., 141; *D. Pirson*, HdbStKirchR II, S. 845, 860, 861f.; *W. Bock*, in: *G. Rau / H.-R. Reuter / K. Schlaich* (Hrsg.) III, S. 531, 547f.; *ders.* (1996), S. 268f.

[495] So jedenfalls *A. v. Campenhausen*, 3. Aufl.., S. 130f., und v. Mangoldt / Klein / *A. v. Campenhausen*, GG, Art. 140 GG / Art. 137 WRV Rn. 140 selbst; zu weiterer Kritik an dem Ansatz der Autonomie vgl. *D. Pirson*, ZevKR 38 (1993), S. 372, 376f.; *K.-H. Kästner* (1991), S. 177 Fn. 13.

[496] Vgl. weiter *K.-H. Kästner* (1991), S. 130, 176.

weichende Auffassungen nicht umhin, zumindest mittelbar einzelne Vorschriften des Kirchenrechts auch in der staatlichen Rechtsordnung heranzuziehen[497], ohne daß dabei klare Kriterien für eine saubere Abgrenzung zwischen berücksichtigungsfähigen und nicht anwendbaren kirchlichen Normen aufgezeigt würden.

Aus der staatlichen Anerkennung originärer kirchlicher Rechtsordnung durch die Gewährleistung kirchlicher Selbstbestimmung ergibt sich daher die Pflicht staatlicher Stellen, unter Wahrung der staatlichen Kompetenzen im Rahmen des für alle geltenden Gesetzes die einschlägigen kircheneigenen Vorschriften anzuwenden[498]. Über die Zuordnungsregelung des Art. 140 GG / Art. 137 I, III 1 WRV schreibt die staatskirchenrechtliche Ordnung des Grundgesetzes damit bei der Anwendung staatlichen Rechts die Verweisung auf das kirchliche Recht fest, soweit es für weltliche Sachverhalte wegen der religiösen Kompetenzen auf die Bestimmung durch die Kirchen ankommt. Auf diese Weise werden kirchlich-rechtliche Vorstellungen mit religiösem Bezug in weltlich-rechtlicher Form dem Staat als verbindliches, das eigene religiöse Selbstverständnis berücksichtigende Recht zugänglich gemacht. Zwar transzendiert die Rechtsgrundlage für die Ordnung des Staat-Kirche-Verhältnisses nicht selbst die staatliche Rechtsordnung. Durch die säkularstaatliche Öffnung für und die Verweisung auf theologische Inhalte in kirchlicher Verantwortung erfüllt sie aber gleichwohl die Anforderungen an eine gleichberechtigte juristische Kommunikation zwischen Staat und Kirche, wie sie im übrigen für die Staatskirchenverträge nur auf außerstaatlicher Grundlage angenommen wurden. Sie ist auch für die vertragliche Rechtsform heranzuziehen[499], bei der die Kirche in ihrer weltlichen Erscheinung im Wissen um und in Bezug auf ihr transzendentes Eigenleben dem Staat als Vertragspartner gegenübertritt. Auch bei der vertraglichen Regelung verweist der staatliche Rechtsboden auf die rechtliche Eigenexistenz der Religionsgemeinschaften, nach deren Ordnungsprinzipien sich die entsprechenden religionsbezogenen Begriffe, die kirchenrechtlichen Voraussetzungen für die vordergründig nur weltlichen Bindungen und ihre Umsetzung für die

---

[497] Vgl. *D. Pirson*, HdbStKirchR II, S. 845, 866f.

[498] *K.-H. Kästner* (1991), S. 128–130, 140ff.; 174ff.; vgl. weiter *M. Heckel*, Lerche-FS, 1993, S. 213, 227f.

[499] *K. Hesse*, HdbStKirchR I, S. 521, 532, geht sogar davon aus, daß diese Zuordnung nach Art. 137 III WRV „häufig, wenn nicht in erster Linie, Sache der Kooperation zwischen Staat, Kirchen und Religionsgemeinschaften" auch in Form der Staatskirchenverträge ist; vgl. auch *M. Baldus*, NVwZ 1999, S. 716, 718.

Kirche bestimmen[500]. Denn auch in den Staatskirchenverträgen geht es um einen Ausgleich zwischen den säkularen Belangen des Staates und den religiösen Belangen. Das von den jeweiligen unterschiedlichen Kompetenzen bestimmte Zusammenwirken des staatlichen und kirchlichen Rechtskreises ermöglicht auf diese Weise die gleichberechtigte staatskirchenvertragsrechtliche Begegnung auf der Grundlage des religiös offenen säkularstaatlichen Rahmenrechts. Die Grundlage staatskirchenvertraglicher Einigung, die in einer Staat und Kirche übergeordneten Rechtsgemeinschaft gesucht wird, ist in der Verfassung selbst an- und festgelegt.

(cc) Die Vertragsbindungen nach dem Selbstverständnis der Vertragspartner

Der Einwand, daß die Kirchen die Staatskirchenverträge gar nicht als innerhalb der staatlichen Rechtsordnung verfaßte Religionsgemeinschaften, sondern in der Eigenschaft als geschichtliche Ordnungsmacht oder überterritoriale Heilsanstalt abschlössen, wurde im wesentlichen bereits mit dem Hinweis ausgeräumt, daß dies den rechtlichen Kategorien nicht hinreichend Rechnung trägt, von den besonderen an Rechtssicherheit und -verläßlichkeit orientierten Vertragszielen in den neuen Ländern ganz zu schweigen[501]. Zudem erscheint es nicht zutreffend, für die vertragliche Ordnung des Verhältnisses der Kirche zum Staat nur auf ihre geistlichen Funktionen abzustellen und ihre weltlich-rechtliche Stellung auszuschließen, die doch gerade in und gegenüber dem Staat ihr freies selbstbestimmtes Wirken gewährleistet. In den Staatskirchenverträgen geht es den Religionsgemeinschaften, auch wenn sie sich dabei als geschichtliche Ordnungsmacht oder überterritoriale Heilsanstalt verstehen, um die Regelung ihrer Wirkungsmöglichkeiten im staatlich verfaßten Gesellschaftsverband. Die Vertragsgegenstände sind gegenüber dem staatlichen Vertragspartner auf die Fragen von gemeinsamen Belangen (Art. 9 II Verf.M.V.; Art. 32 IV Verf. LSA) beschränkt, die nach beiderseitigem Verständnis nur die rein weltlichen Aspekte des kirchlichen Wirkens und der Ordnung ihres Verhältnisses zum Staat umfassen[502]. Der Staat kann immer nur vertragliche Bindungen eingehen, die auf seine weltlichen Funktionen bezogen sind und die er daher kraft seiner begrenzten Kompetenzen fassen kann. Geistliche Aspekte, Fragen des Glaubens und der

---

[500] A.A. *L. Renck*, ThürVBl. 1995, S. 31, 34 bei und in Fn. 46, allerdings ohne Begründung für eine Sonderbehandlung des Vertragsrechts.
[501] Dazu bereits oben III. Teil B. II. 1. d) bb) (2) (c) (= S. 145f.)!
[502] Vgl. oben III. Teil B. II. 1. d) bb) (2) (d) (aa) (= S. 148–150)!

Lehre, werden indes in ihrer theologischen Dimension und kirchenrechtlichen Bestimmung vorausgesetzt bzw. in Bezug genommen, schlagen sich im übrigen im Vertrag nur in ihrem für das weltliche säkulare Recht greifbaren und bedeutsamen Gehalt nieder. Verpflichtungen der Kirche etwa kann der Staat nur entgegennehmen, soweit sie Bezug zu der Erfüllung seiner weltlichen Aufgaben haben, was bei „rein innerkirchlichen Rechtsverhältnissen“ nicht der Fall ist[503]. Soweit innerkirchliche Rechtsverhältnisse in den Verträgen angesprochen sind, beziehen sie sich auf ihren säkularen Gehalt, etwa wenn es um die Regelung der Kooperation oder um Organisationsabsprachen geht, die innerkirchliche Maßnahmen voraussetzen[504].

Schließlich kommt in etlichen Staatskirchenverträgen der neuen Länder der feste Wille beider Vertragspartner deutlich zum Ausdruck, die vertraglichen Bindungen innerhalb und auf der Grundlage der staatlichen Rechtsordnung einzugehen. Für den Evangelischen Kirchenvertrag von Mecklenburg-Vorpommern kann dies anhand der Präambel und der Vertragsmotive nachgewiesen werden. Denn gleich unter dem 1. Spiegelstrich der Präambel heben die Vertragspartner die allein bundes- wie landesverfassungsrechtlich gewährleistete Stellung der Kirchen im freiheitlichen und demokratischen Staat als die Grundlage des Vertragsschlusses zwischen Staat und Kirche hervor. Bei der Einbringung des Vertrages in der Pommerschen Synode wurde die verfassungsrechtliche Stellung der Kirche als in der Präambel festgehaltene rechtliche Grundlage des Vertrags bestätigt und daraus die Einbindung des Staatskirchenvertrags in das staatliche Recht gefolgert[505]. Auch in der Mecklenburgischen Landeskirche sieht man mit der verfassungsrechtlichen Stellung der Kirche den für den Staatskirchenvertrag vorgegebenen rechtlichen Rahmen abgesteckt[506]. Ganz entsprechend wird im Staatsvertrag des Landes Mecklenburg-Vorpommern mit dem Landesverband der Jüdischen Gemeinden eingangs der Präambel die verfassungsrechtliche Stellung der korporierten Religionsgemeinschaften zur Rechtsgrundlage des Vertragsschlusses

---

503 *L. Renck*, ThürVBl. 1995, S. 31, 33f.; vgl. auch *D. Pirson*, in: *R. Puza / A.P. Kustermann* (Hrsg.), S. 31, 47.

504 Deshalb ist die Ansicht *D. Pirsons* (1964), S. 179 Fn. 8, unter Bezugnahme auf *E.R. Huber* (1930), S. 112f., dahingehend einzuschränken, daß mit den „Rechtsverhältnissen, die Angelegenheiten des innerkirchlichen Lebens betreffen“, nur die innerkirchliche Umsetzung von Bindungen der Kirche gemeint ist, die auf weltliche Funktionen bezogen ist; vgl. in dieser Arbeit im einzelnen die Darstellung der staatskirchenvertraglichen Verpflichtungs- und Koordinierungsfunktion.

505 *J. Harder*, Einbringung, S. 3.

506 *C. Stier*, Einbringung S. 2.

genommen[507]. Schließlich kommt auch in den Verträgen des Freistaats Sachsen mit den Evangelischen Landeskirchen und mit den Jüdischen Gemeinden ebenfalls jeweils in der Präambel deutlich zum Ausdruck, daß die Vertragspartner den Vertrag auf der Grundlage des staatlichen Verfassungsrechts und nicht auf einer außerstaatlichen Rechtsebene geschlossen haben. Denn Staat und Religionsgemeinschaften halten dort als für beide gemeinsam geltende Rechtsgrundlage nichts anderes als die staatliche Verfassungsnorm des Art. 109 II 3 Sächs.Verf. fest. Ähnlich kann für den Evangelischen Kirchenvertrag von Sachsen-Anhalt immerhin aus den Vertragsmotiven der staatlichen Seite auf die innerstaatliche Grundlegung der Vertragsbindung geschlossen werden, wenn die vertragliche Kooperation auf grundrechtlich gesicherte Fundamente[508] oder das Trennungsprinzip als „Baustein des Ausgleichs“[509] zurückgeführt wird.

(3) Staatsvertragliche Bindungen auf der Grundlage der verfassungsrechtlichen Stellung der Religionsgemeinschaften

Durch die Grundlegung der staatskirchenvertraglichen Ordnung in der verfassungsrechtlichen Stellung der Religionsgemeinschaften ist im Grundsatz der Weg für einen gleichrangigen Vertragsschluß vorgezeichnet. Die Bindungsmöglichkeiten der staatlichen Gesetzgebung in den Staatskirchenverträgen auf dieser Grundlage sind aber gleichwohl genauer anhand der oben herausgearbeiteten verfassungsrechtlichen Vorgaben darzulegen. Danach sind die Voraussetzungen über die nach Art. 140 GG / Art. 137 I, III 1 WRV anerkannte originäre Eigenrechtsmacht der Religiongsgemeinschaften gegenüber dem Staat zwar grundsätzlich erfüllt [dazu (a)]. Doch bleibt auf der Grundlage der staatlichen Rechtsordnung auch gegenüber der gewährleisteten kirchlichen Selbstbestimmung ein unaufgebbarer Vorbehalt staatlicher Ordnungsfunktionen mit der Schrankenziehungsbefugnis durch das „für alle geltende Gesetz“ [(b)]. Dieser läßt sich stets nur im Hinblick auf die jeweilige Problemkonstellation über eine Zuordnung von Schrankenzweck und vertraglich abgesicherter Kirchenfreiheit ermitteln [(c)], wobei in der Güterabwägung die besonderen verfassungsrechtlichen Konkretisierungen des kirchlichen Status gegenüber dem Staat zu berücksichtigen sind [(d)].

---

[507] Bekräftigt in der Regierungsbegründung zum JüdVMV, LT-Drs. M.-V. 2 / 1718, S. 13.

[508] MdL *Scharf*, CDU, PlenProt. LSA, 1 / 53, S. 6314.

[509] *A. Vulpius*, KuR-120, S. 13, 13, in Anlehnung an *M. Heckel* und BVerfGE 42, 312 [330].

(a) Grundsätzliches Vorliegen der staatsvertraglichen Bindungsvoraussetzungen

An Einwänden gegen eine staatsvertragliche Bindung der Gesetzgebung durch die Staatskirchenverträge auf der Grundlage des staatlichen Rechts war vor allem festzuhalten, daß sich die Rechtsbeziehungen zwischen Staat und Religionsgemeinschaften nicht grundsätzlich anders darstellten als die Beziehungen zwischen Staat und gesellschaftlichen Verbänden. Bei diesem Ansatz wird zwar der Transzendenzbezug religiösen Handelns, der nach der überwiegenden Meinung einer nivellierenden Einbeziehung der Kirchen in ein allgemeines Verbandsrecht entgegensteht[510], nicht gänzlich geleugnet. Wohl aber sollen sich daraus für die rechtlichen Beziehungen zwischen Staat und Kirchen keine erheblichen Unterschiede im Vergleich zu den gesellschaftlichen Verbänden ergeben, weil es dem säkularen Staat an der Kompetenz fehle, auf spezifisch kirchliche Gesichtspunkte einzugehen[511]. Dieses Verständnis wird aber der besonderen Ausgestaltung des staatlichen Verhältnisses zu den Religionsgemeinschaften nicht im Ansatz gerecht[512]. Der verfassungsrechtliche Normbestand widerspricht der These, daß für die staatliche Aufgabenwahrnehmung keine besonderen Berücksichtigungserfordernisse aus dem religiösen Auftrag des kirchlichen Wirkens erwachsen. Ausführlicher wurde bereits gezeigt, daß sich aus der staatlichen Anerkennung der originären kirchlichen Eigenexistenz nach Art. 140 GG / Art. 137 I, III 1 WRV weitreichende innerstaatliche Rechtswirkungen ergeben[513]. Die unabhängige Rechtsstellung der Kirchen gegenüber dem Staat nach Art. 140 GG / Art. 137, 138 WRV, die gerade aus Respektierung des Transzendenzbezuges resultiert, unterscheidet sich grundlegend von den rechtlichen Freiräumen der gesellschaftlichen Verbände, die auf staatlicher Verleihung beruhen. Daneben trägt auch das Landesverfassungsrecht der Eigenrechtsstellung der Kirchen in weitem Umfang Rechnung: Nur für die Religionsgemeinschaften finden sich Vorschriften, die das Wirken in der Gesellschaft durch Anerkennung des Öffentlichkeitsauftrags (Art. 32 I 2 Verf. LSA; Art. 36 III 1 Verf.BBG) oder ihrer „Bedeutung … für die Bewahrung und Festigung der religiösen und sittlichen Grundlagen des

---

510 Statt vieler: *C. Link*, Thieme-FS, S. 114 m.N.; vgl. auch *W. Bock* (1996), S. 238ff.; *G. Robbers*, in: *R. Puza / A.P. Kustermann* (Hrsg.), S. 51, 54f.

511 *L. Renck*, ThürVBl. 1995, S. 31, 33f.

512 Vehemente Kritik etwa bei *A. v. Campenhausen*, NVwZ 1995, S. 757, 761f.; vgl. auch BVerfGE 42, 312 [333].

513 Als Überblick vgl. BVerfGE 42, 312 [330ff.] mit Beispielen; *K. Hesse*, HdbStKirchR I, S. 521, 529ff.

menschlichen Lebens" (Art. 109 I Sächs.Verf.) würdigen[514]. Auch besondere Vertragsschlußermächtigungen der Länder halten die Verfassungen nur für das Verhältnis zu den Religionsgemeinschaften bereit.

Diese Rechtsstellung erlaubt Bindungen der staatlichen Legislativorgane jedoch nur, wenn und soweit, ähnlich wie beim intraföderativen Staatsvertragsrecht, nicht die oben allgemein dargelegten Bedenken[515] durchgreifen. Voraussetzung einer ausnahmsweise zulässigen Bindung der Gesetzgebung ist danach zunächst, daß eine verläßliche Regelung wegen der jeweils beschränkten Kompetenzen der mit unabhängiger Eigenrechtsmacht ausgestatteten Vertragspartner nur auf Grundlage umfassender gegenseitiger Bindungen und ihrer Umsetzung auf unterschiedlichen Regelungsebenen gewährleistet ist. In den bisherigen Ausführungen konnten diese verfassungsrechtlichen Vorgaben bereits als von den Staatskirchenverträgen erfüllt nachgewiesen werden. Bei den Staatskirchenverträgen handelt es sich um Vertragsrecht, das zwischen zwei unabhängigen Vertragspartnern geschlossen wird und des Inkraftsetzens in unterschiedlichen Rechtsordnungen bedarf. Zwar beschränken sich, wie dargelegt, die Bindungswirkungen auf das staatliche Recht. Doch muß wegen der Öffnung des Vertragsrechts für die religiöse Dimension und der Verweisung auf die kirchenrechtliche Bestimmung neben dem staatlichen Rechtssetzungsverfahren auch das kirchliche durchlaufen werden, damit das Vertragsrecht für den kirchlichen Rechtskreis umgesetzt wird. Auch zielen die Bindungen in den Staatskirchenverträgen nicht nur auf Regelungsgegenstände in staatlicher Kompetenz, die dem einseitigen kirchlichen Zugriff verschlossen sind. Vielmehr konnten in den Vertragsmotiven auch etliche Vertragsanliegen zur Festlegung des religiösen Wirkens herausgearbeitet werden, für deren Um- und Durchsetzung der Staat mangels eigener Regelungskompetenz auf eine vertragliche Bindung der Religionsgemeinschaften angewiesen ist[516]. So eröffnen sich dem Staat im Wege der vertraglichen Einigung säkular motivierte Gestaltungsmöglichkeiten, die auf einem Wirken der Kirche im eigenständigen Rechtskreis aufbauen und deshalb zwingend der kirchlichen Bestimmung bedürfen. Die rechtliche Eigenständigkeit der Kirche gegenüber dem Staat ist dem-

---

[514] Eine Vielzahl weiterer Bestimmungen trägt den Besonderheiten des kirchlichen Wirkens Rechnung, wie etwa im Bereich des Bildungswesens oder im Sozialsektor.

[515] Oben III. Teil B. II. 1. b) (= S. 113–118)!

[516] Dazu wiederholte Ausführungen, vgl. den Überblick über die einschlägigen Vertragsmotive bei II. Teil B. III. 2. (= S. 53ff.); vgl. auch I. Teil A II. (= S. 5ff.). Im einzelnen ist auf diese Seite der Vertragsbindungen bei der Darlegung der hier sogenannten Verpflichtungsfunktion einzugehen, dazu unten III. Teil E. (= S. 353ff.)!

nach bei den staatskirchenvertraglichen Regelungen relevant, weil säkulare Vertragsregelungen ihre Voraussetzungen in der kircheneigenen Verantwortung und im kirchlichen Rechtskreis haben und damit spezifisch kirchliche Funktionen angesprochen sind[517].

(b) Das „für alle geltende Gesetz" als unaufgebbarer staatlicher Kompetenzvorbehalt

Das Vorliegen dieser Voraussetzungen allein reicht aber noch nicht aus, ausnahmsweise eine staatsvertragliche Bindung der Gesetzgebung auch gegenüber den Religionsgemeinschaften zu rechtfertigen. Vielmehr ist als letzter und entscheidender Gesichtspunkt noch auf die verfassungsrechtliche Besonderheit einzugehen, daß die im Grundsatz anerkannte Stellung der Religionsgemeinschaften gegenüber dem Staat als unabhängige und mit Eigenrechtsmacht ausgestattete Vertragspartner nur unter dem Vorbehalt staatlicher Letztverantwortung für den weltlichen Ordnungsrahmen des gesellschaftlichen Lebens besteht. Hier wird ein zentraler Unterschied zwischen den umfassend staatsvertragsfähigen gliedstaatlichen und den staatskirchenrechtlichen Vertragsbeziehungen relevant, der sich auf unverzichtbare Bedingungen gesetzgeberischer Tätigkeit im freiheitlich-demokratischen Staat des Grundgesetzes bezieht: Bei der staatsvertraglichen Regelung im Gliedstaatsverhältnis geht es ausschließlich um gemeinschaftlich verantwortete Festlegungen zur Ausübung staatlicher öffentlicher Gewalt im Gemeinwohlinteresse von mehreren Hoheitsträgern mit je eigener Kompetenz. Einzelne staatseingegliederte gesellschaftliche Verbände sind in die staatsvertraglichen Bindungen auf Gegenseitigkeit dagegen nicht einzubeziehen, weil sich der Staat seiner dem allgemeinen Wohl zugeordneten Legislativbefugnisse nicht im Interesse einer bestimmten Gruppe begeben darf[518]. Dem stehen die oben herausgearbeiteten verfassungsrechtlichen Vorgaben für die aus der Gemeinwohlverpflichtung ge-

[517] *J. Depenbrock*, ZevKR 38 (1993), S. 413, 419 und 421, der allerdings bei seinen Beispielen in etwas engem Verständnis z.B. Verträge über Subventionen kirchlicher Einrichtungen davon ausnimmt. Dies ist nicht angezeigt, soll den kirchlichen Einrichtungen auch bei staatlicher Subventionierung ihr spezifisch kirchlicher Charakter gesichert werden. Noch enger demgegenüber: *H. Quaritsch*, Schack-FS, S. 125, 140, mit Beschränkung auf Materien, für die ausschließlich die Kirchen eine originäre Zuständigkeit besitzen, wobei die kirchliche Verantwortung in geistlichen Aspekten bei den praktisch bedeutsamen sog. gemeinsamen Angelegenheiten, wie etwa bei der Berufung von Hochschullehrern oder die Ernennung von Religionslehrern, ausgeblendet bleibt; vgl. in diesem Zusammenhang allgemein die Kritik von *W. Bock* (1996), S. 97f., an dem restriktiven Verständnis der kircheneigenen Angelegenheiten bei *H. Quaritsch*.

[518] *K. Obermayer*, BoK, GG, Art. 140 Rn. 97.

botene „Offenheit nach allen Seiten“ der staatlichen Gesetzgebung[519], das Demokratieprinzip und die grundrechtliche Gleichheit und Freiheit aller Bürger und Gruppen im Staat[520] entgegen. Die Religionsgemeinschaften nehmen in ihren Vertragsbeziehungen zum Staat eine Doppelstellung ein. Sie treten dem Staat einerseits als den staatlichen Friedens- und Ordnungsfunktionen unterworfene gesellschaftliche Verbände und andererseits als verfassungsrechtlich anerkannte vom Staat unabhängige Subjekte mit originär eigenem Verantwortungsbereich gegenüber.

Es gilt daher, ein Vertragsverhältnis zwischen Staat und Kirche zu entfalten, das auf der einen Seite den dargelegten Anforderungen an die Wahrnehmung der Rechtsetzungsaufgaben im demokratischen Staat gerecht wird und andererseits die aufgezeigten Besonderheiten der Staatskirchenverträge berücksichtigt, die nicht einfach bloßen Verwaltungsvereinbarungen gleichgestellt werden können[521]. Im Schrifttum finden sich unterschiedliche Vorschläge zur Lösung dieses Spannungsverhältnis zwischen der gleichgeordneten Begegnungsmöglichkeit von Staat und Kirche auf der einen und der staatlichen Verantwortung für die Allgemeinheit und Gleichheit der Gesetze auch gegenüber den Interessen der Kirche als staatseingegliederter Gruppe auf der anderen Seite[522]. Der von Albrecht vorgeschlagene allgemeine Vorbehalt demokratischer Legitimität[523] hat mit seiner Basis in einer allgemeinen Koordinationstheorie schon einen grundsätzlich anderen Ansatzpunkt als die hier begründete innerstaatliche Vertragsgrundlage. Er erscheint aber auch darüber hinaus für die Lösung des aufgezeigten Spannungsverhältnisses nicht heranziehbar, weil mit dem Abstellen auf die „demokratische Illegitimität“ eine Lösung staatlicher Bindung nur in extremen Ausnahmefällen nach den Regeln des Wegfalls der Geschäftsgrundlage angenommen wird[524]. Nach Grundmann sollen zur Wahrung der staatlichen Zuständigkeiten und Belange anderer Verbände die staatsvertraglichen Bindungsmöglichkeiten auf diejenigen Regelungen zu beschränken sein, die mit dem kirchlichen Verkündigungsauftrag unmittelbar in Zusammenhang stehen[525]. Dieses Konzept geht aber wiederum an dem zentralen Zuordnungsproblem zwischen staatlichen und kirchlichen Kompetenzen vorbei, bei dem sich die not-

---

519 *D. Birk*, NJW 1977, S. 1797, 1798f.; Dazu oben III. Teil B. II. 1. b) (= S. 114 und 118)!

520 *M. Heckel*, in: Nörr, S. 1, 22f.; *P. Badura*, HdbStKirchR I, S. 211, 222f.

521 Vgl. *K.-H. Kästner*, Die Verwaltung 10 (1977), S. 67, 72.

522 Zur Kritik älterer Lösungsvorschläge vgl. weiter *A. Hollerbach* (1965), S. 151f.

523 *A. Albrecht* (1965), S. 275ff., 163ff.

524 Vgl. auch die im übrigen aber wohlwollende Kritik bei *H. Quaritsch*, Der Staat 1966, S. 451, 472f.: „interessanter Kompromiss zwischen Souveränität und Koordination“.

525 *S. Grundmann*, EvStL, 2. Aufl., Sp. 2759.

wendige, nicht aufgebbare staatliche Letztverantwortung für den weltlichen Ordnungsrahmen gerade bei Betroffenheit auch kirchlicher Belange zu bewähren hat.

Zu Recht geht es daher in den Überlegungen von Obermayer und Preuß darum, einen Vorbehalt unabdingbarer staatlicher Funktionswahrnehmung auch gegenüber der vertragsgesicherten religiösen Selbstbestbestimmung sicherzustellen. Ihr Vorschlag, dem Gesetzgeber beabsichtigte Änderungen der Rechtslage nach dem Staatskirchenvertrag durch die jederzeitige Lösung vom Vertrag unter Berufung auf die clausula rebus sic stantibus zu ermöglichen[526], kann jedoch aus mehreren Gründen nicht überzeugen: Die clausula rebus sic stantibus ist ein auch im Öffentlichen Recht mit bestimmtem Tatbestand und bestimmter Rechtsfolge eingeführtes Rechtsinstitut[527]. Eine Aufweichung der strengen Anwendungsvoraussetzungen[528] hin zu der vorgeschlagenen weitgehenden, praktisch unbegrenzten Lösungsmöglichkeit des Gesetzgebers von staatskirchenvertraglichen Bindungen bedürfte einer eingehenden Begründung aus den Besonderheiten des Staatskirchenvertragsrechts. Dabei wären auch die kirchlichen Belange hinsichtlich einer Einhaltung der Bindungen nach dem konkreten Konfliktfall mehr zu berücksichtigen, als dies bei Obermayer und Preuß geschieht. Vor allem aber setzte die Anwendung der clausula rebus sic stantibus bestehende Vertragsbindungen der Legislativorgane voraus, die ja gerade mit Blick auf die auch staatseingegliederte Stellung der vertragsschließenden Kirchen problematisch sind[529]. Die Lösung hat daher die durch das verfassungsrechtliche Sonderverhältnis zwischen Staat und Kirchen bestimmten Grenzen der staatsvertraglichen Kommunikations- und Bindungsmöglichkeiten selbst herauszuarbeiten[530]. Ansatzpunkt muß danach die Grundlage für die Zuordnung von staatlicher und kirchlicher Verantwortung sein. Sie ergibt sich, wie ge-

---

[526] *K. Obermayer*, in: BoK, GG, Art. 140 Rn. 97, und ähnlich: *U.K. Preuß*, AK-GG, Art. 140 Rn. 35.

[527] BVerfGE 34, 216 [230]; 42, 345; ausführlich: *K. Stern*, Mikat-FS, S. 775, 778ff.; *R. Köbler*, S. 6ff., 171ff.

[528] BVerfGE 34, 216 [232]; 42, 345 [358f.]; vgl. *T. Höch*, S. 166ff.; *D. Lorenz*, DVBl. 1997, S. 865, 866ff., unter dem gleichbehandelten „Wegfall der Geschäftsgrundlage".

[529] *K. Obermayer*, in: BoK, GG, Art. 140 Rn. 97, und *U.K. Preuß*, AK-GG, Art. 140 Rn. 35, lehnen unmittelbar vor der Entfaltung des hier kritisierten Vorschlags ausdrücklich selbst die Bindung des Gesetzgebers zugunsten einer Kirche für die Zukunft ab. Dann aber bleibt kein Raum mehr für die Anwendung der clausula rebus sic stantibus.

[530] In einzelnen Aspekten ergeben sich Übereinstimmungen mit dem Ansatz von *A. Hollerbach* (1965), S. 162ff., der allerdings in weiten Teilen von der abzulehnenden Koordinationslehre geprägt und deshalb in der verfassungsrechtlichen Grundlegung und innerstaatlichen Entfaltung erheblich offener ist.

zeigt, aus der staatlichen Anerkennung kirchlicher Selbstbestimmung in nicht abgeleiteter Eigenrechtsmacht nach Art. 140 GG / Art. 137 I, III WRV und gilt sowohl für das allgemeine als auch für das staatsvertraglich verabredete Zusammenwirken des staatlichen und des kirchlichen Rechtskreises.

Dieses verfassungsrechtliche Zuordnungsverhältnis bildet nicht nur die Grundlage gleichrangiger Kommunikation zwischen Staat und Kirche, sondern zugleich auch ihre Grenzen. Denn es behält zwingend dem Staat die Letztverantwortung für die Wahrung der weltlichen Friedens-, Ordnungs- und Ausgleichsfunktionen im Verhältnis zu den Religionsgemeinschaften durch die Befugnis zur Begrenzung originärer kirchlicher Selbstbestimmung vor[531]. Die Schranke des für alle geltenden Gesetzes nach Art. 140 GG / Art. 137 III 1 WRV bringt gegenüber der im übrigen gewährleisteten selbstbestimmten religiösen Auftragswahrnehmung die dem Staat auferlegte Verantwortung für das Gemeinwohl und seine Garantenstellung für alle innerhalb der staatlichen Rechtsordnung in Konflikt stehenden Rechtsgüter zur Geltung[532]. Dann aber sind nach dieser Zuordnungsregel auch die staatskirchenvertraglichen Beziehungen nur unter Wahrung einerseits der kirchlichen Verantwortung für die geistlichen Fragen und andererseits der staatlichen Friedens- und Ordnungsfunktion möglich. Diese letzten, unabdingbaren Kompetenzvorbehalte setzen den Rahmen für die staatsvertraglichen Bindungsmöglichkeiten zwischen Staat und Kirche. In Art. 109 II 2, 3 Sächs.Verf. kommt diese Begrenzung anschaulich zum Ausdruck, indem der Vorbehalt einseitiger Grenzziehungsbefugnis des Staates mittels „des für alle geltenden Gesetzes" nach Satz 2 auch gegenüber der nach Satz 3 vorgesehenen vertragsrechtlichen Regelung der Beziehungen durch die nähere Bestimmung „im übrigen" ausdrücklich verankert wird. Vertragsbindungen, die die jeweilige letztverbindliche Bestimmungsmacht überspielten, trägt die innerstaatliche Vertragsgrundlage danach nicht. Im übrigen erlaubt sie aber umfassende staatsvertragliche Bindungen beider Vertragspartner einschließlich der Legislativorgane. Die Begründung der staatsvertraglichen Bindungen aus dem verfassungsrechtlichen Staat-Kirche-Verhältnis nach Art. 140 GG / Art. 137 I, III 1 WRV gewährleistet einerseits weitgehend die in den Beziehungen zweier unabhängiger Mächte üblichen vertraglichen Gestaltungsmöglichkeiten. Sie trägt aber andererseits den aufgezeigten verfassungsrechtlichen Vorgaben aus dem Demokratieprinzip, der

531 *K. Hesse*, HdbStKirchR I, S. 521, 532; *C. Link*, Thieme-FS, S. 116 bei Fn. 118.
532 *C. Link*, Thieme-FS, S. 112f., 116.

staatlichen Souveränität sowie der Freiheit und Gleichheit der Verbände und Bürger Rechnung, nach denen die letztverbindliche gesetzliche Grenzziehungsbefugnis des Staates in allen weltlichen Angelegenheiten der staatlichen Rechtsordnung auch im Verhältnis zu den Religionsgemeinschaften unabdingbar ist[533].

(c) Konkrete Bestimmung des Kompetenzvorbehalts

Mit dem Abstellen auf die einseitige staatliche Zuordnungsbefugnis durch das „für alle geltende Gesetz" als verfassungsrechtliche Grenze staatskirchenvertraglicher Bindungsmöglichkeiten der Gesetzgebung ist kein von vornherein für alle Vertragsbestimmungen fester Rahmen vorgegeben. Denn die Schrankenformel des Art. 140 GG / Art. 137 III 1 WRV begründet die einseitige staatliche Regelungskompetenz nur nach den besonderen Umständen des jeweiligen Einzelfalls, nach den betroffenen Rechtsgütern kirchlicher Selbstbestimmung und den damit in Konflikt stehenden, von staatlicher Seite zu schützenden Rechtspositionen[534]. Trotz ganz unterschiedlicher Auffassungen zum grundsätzlichen Verständnis[535] stimmen die Ansätze der Zuordnungslehre und der Bereichsscheidungslehre zumindest weitgehend darin überein, daß die Schrankenziehung nach Art. 140 GG / Art. 137 III 1 WRV durch die Wechselwirkung zwischen Schrankenzweck und Kirchenfreiheit bestimmt wird, sich also in einer entsprechenden Abwägung konkretisiert[536]. Jedenfalls kommt außerhalb eines ggf. ohnehin unantastbaren Freiheitsbereichs der Religionsgemeinschaften eine einseitige Begrenzung des freien kirchlichen Wirkens durch das „für alle geltende Gesetz" nur zur Durchsetzung „zwingender Erfordernisse des friedlichen Zusammenlebens von Staat und Kirche in einem religiös und weltanschaulich neutralen politischen

---

533 Vgl. schon ansatzweise: *S. Grundmann*, BayVBl. 1962, S. 33, 34: „Das ‚für alle geltende Gesetz' wiederum bewahrt das Vertragskirchenrecht davor, zu einem Mittel der Paralysierung der inneren Souveränität des Staates zu werden."

534 *K. Hesse*, HdbStKirchR I, S. 521, 533.

535 Vgl. die Übersichten bei *K. Hesse*, HdbStKirchR I, S. 521, 545ff., und *D. Ehlers*, in: *M. Sachs* (Hrsg.), GG, Art. 140 / Art. 137 WRV Rn. 10f.; gegen eine Überbewertung der dogmatischen Differenzen bei dem Verständnis der Schrankenklausel: *A. v. Campenhausen*, 3. Aufl., S. 115.

536 Vgl. BVerfGE 70, 138 [167]; *K. Hesse*, HdbStKirchR I, S. 521, 552ff. [insbesondere Fn. 112]; *A. Hollerbach*, HStR VI, § 138 Rn. 119; *D. Ehlers*, in: *M. Sachs* (Hrsg.), GG, Art. 140 / Art. 137 WRV Rn. 10f.; v. Mangoldt / Klein / *A. v. Campenhausen*, GG, Art. 140 GG / Art. 137 WRV Rn. 123, 127, 132; *M. Heckel*, VVDStRL 26 (1968) S. 43f.; *G. Robbers*, ZevKR 38 (1993), S. 177, 181 und Fn. 9; *C. Link / H. de Wall*, JZ 1992, S. 1152, 1153; *H. Weber*, HdbStKirchR I, S. 573, 576f. und Fn. 9.

Gemeinwesen“ in Betracht[537]. Für die Bestimmung des „für alle geltenden Gesetzes“ ist danach nicht auf eine allgemeine Formel[538], sondern auf die konkrete Zuordnung der im einzelnen widerstreitenden Belange im Sinne praktischer Konkordanz abzustellen[539]. Damit verbietet es sich auch für die Staatskirchenverträge, im Vorhinein diejenigen Vertragsregelungen zu bestimmen, bei denen mit Rücksicht auf den staatlichen Kompetenzvorbehalt zur Durchsetzung der Ordnungs- und Ausgleichsfunktionen eine Bindung der Gesetzgebung auszuschließen ist. Welche unter staatlichem Schutz stehenden Rechtsgüter einen Rückgriff des Staates auf die Schrankenziehungsbefugnis nach Art. 140 GG / Art. 137 III 1 WRV erfordern, kann immer erst im Hinblick auf die jeweils konkrete Problemkonstellation ermittelt werden[540].

Danach binden grundsätzlich alle Bestimmungen der Staatskirchenverträge auch den staatlichen Gesetzgeber. Der staatliche Kompetenzvorbehalt gegenüber den staatskirchenvertraglichen Bindungen greift erst, wenn im konkreten Konfliktfall die vertraglich abgesicherte kirchliche Selbstbestimmung hinter den anderen staatlichem Schutz anvertrauten Belangen zurücktreten muß. Die Bestimmung der konkreten Reichweite staatskirchenvertraglicher Absicherungen gegenüber der staatlichen Schrankenziehungsbefugnis erfolgt wie auch sonst bei der Ermittlung des für alle geltenden Gesetzes über eine Güterabwägung von Schrankenzweck einerseits und der – hier vertraglich bekräftigten – kirchlichen Freiheit andererseits. Zugunsten der kirchlichen Position sind dabei allerdings über die ohnehin einschlägigen Belange der religiösen Selbstbestimmung noch Vertrauensschutzgesichtspunkte zu berücksichtigen, die sich aus der bereits staatskirchenvertraglich vorgenommenen Zuordnung ergeben. Mit der Vertragsordnung selbst hat sich der Staat ja bereits auf einen Ausgleich zwischen der Gewährleistung freien kirchlichen Wirkens und den übrigen vom Staat zu schützenden Rechtsgütern festgelegt. Freilich sind für das dem Vertrauen der Religionsgemeinschaften auf die staatliche Vertragstreue bei der Güterabwägung zukommende Gewicht einige grundsätzliche Differenzierungen nach den einzelnen Vertragsgegenständen anzubringen: Soweit die staatskirchenvertraglichen Bestimmungen ganz

---

[537] *A. Hollerbach*, HStR VI, § 138 Rn. 118; *A. v. Campenhausen*, 3. Aufl., S. 117ff.; vgl. auch BVerfGE 53, 366 [401].

[538] *M. Heckel*, VVDStRL 26 (1968), S. 47f.; *K. Hesse*, HdbStKirchR I, S. 521, 533, 549ff.; *A. Hollerbach*, HStR VI, § 138 Rn. 116: „keine einfache Zauberformel“.

[539] Im Ansatz auch BVerfGE 42, 312 [332, 340].

[540] Vgl. *M. Heckel*, VVDStRL 26 (1968), S. 40, 47, allgemein zur Bestimmung der Schrankenformel nach Art. 140 GG / Art. 137 III WRV.

ohne Bezug zu den eigenen Angelegenheiten, zum kirchlichen Auftrag blieben, entfiele schon von vornherein eine Bindungsmöglichkeit der Gesetzgebung. Denn insoweit wären die Religionsgemeinschaften dem staatlichen Recht nicht anders als jeder andere Verband unterworfen[541], weil die staatliche Anerkennung einer staatsvertraglichen Beziehung aufgrund originärer religiöser Selbstbestimmung nach Art. 140 GG / Art. 137 III 1 WRV nur für die „eigenen Angelegenheiten" greift. Die Regelungen in den Staatskirchenverträgen stehen aber fast ausnahmslos in Zusammenhang mit dem besonderen Status nach Art. 140 GG / Art. 137 III 1 WRV[542]. Lediglich manche Klarstellungen und einige wenige staatliche Bemühenszusagen und Absichtserklärungen sind hiervon auszunehmen[543]. Im übrigen gehen die Bestimmungen aber über die schlicht verwaltungsrechtlichen Aspekte des Staat-Kirche-Verhältnisses hinaus und ebnen daher der staatsvertraglichen Bindungsmöglichkeit auch der Legislativorgane den Weg.

Regelungen, die Religionsgemeinschaften nur in ihren Beziehungen zum Staat und seinen Organen erfassen, begründen einen erheblich weitergehenden Vertrauenstatbestand als Bestimmungen, die auch ihr Verhältnis zu anderen gesellschaftlichen Rechtssubjekten betreffen. Denn bei einer entsprechenden staatsvertraglichen Bindung des Staates sind auch die Rechte Dritter zu berücksichtigen. Zudem müssen die Vertragspartner umso eher damit rechnen, daß durch gesellschaftliche Entwicklungen neue Anforderungen an die staatlichen Ordnungs- und Ausgleichsfunktionen herangetragen werden, je mehr die Kirchen in ihrer gesellschaftlichen Rolle in Konkurrenz mit anderen Gruppen und Individuen um Förderung und Schutz durch den Staat angesprochen sind[544]. Dagegen dürfte

---

[541] Vgl. *K. Hesse*, HdbStKirchR I, S. 521, 556.

[542] Die Kritik *H. Quaritschs*, Schack-FS, S. 125, 140, geht von einem zu engen Begriff der eigenen Angelegenheiten, insbesondere bei den sog. „gemeinsamen Angelegenheiten", aus.

[543] Sie unterfallen freilich mangels Bindungsintention ohnehin von vornherein nicht der hier zu behandelnden staatskirchenvertraglichen Absicherungsfunktion (dazu: oben III. Teil B. I. 6. = S. 108); vgl. nur die staatskirchenvertraglichen Verweise auf die jeweiligen landesgesetzlichen Bestimmungen. Bei den vermögensbezogenen Regelungen ist im einzelnen zu differenzieren zwischen dem allgemeinen und dem religionsbezogenen Schutz. Konkret sind auszunehmen: jeweils das Schlußprotokoll zu Art. 17 evKVLSA, Art. 17 evKVTh und Art. 24 ThKKV; Schlußprotokoll zu Art. 7 I evKVLSA.

[544] Hier behalten die Verträge allerdings zumeist ohnehin ausdrücklich den Fortbestand staatlicher Ausgleichsbefugnisse vor, indem die Konfliktentscheidungen auch nach staatskirchenvertraglicher Absprache weiterhin „nach Maßgabe der Landesgesetze" o.ä. erfolgen sollen. So beschränkt sich beispielsweise die vertragliche Zusage, die Kirchen finanziell bei Denkmalpflegemaßnahmen zu unterstützen, nach allen Verträgen auf eine gleichheitswahrende Einbeziehung der Kirchen in die Verteilung der allgemeinen staatli-

staatlicher Handlungsbedarf bei Regelungen, die nicht über das institutionelle Zusammenwirken beider Partner hinausgreifen, erheblich seltener auftreten und im übrigen als voraussehbar zu Lasten des Staates in die vertragliche Risikoverteilung eingehen. Dazu sind insbesondere organisationsrechtliche Fragen zu zählen, die keine gesetzliche Konfliktlösung gegenüber widerstreitenden Positionen durch das für alle geltende Gesetz erfordern, wie die Gewährleistung der Anstaltsseelsorge, das Zusammenwirken im Denkmalschutz, die Pauschalierung von Staatsleistungen und ihre technische Abwicklung, die Zusicherung der staatlichen Kirchensteuerverwaltung, die nicht in Rechte anderer eingreift[545], korporationsrechtliche Fragen, soweit sie nicht die Sicherheit des allgemeinen Rechtsverkehrs berühren, aber auch die Absicherung der Bestandsgarantie für die theologischen Fakultäten an den Landesuniversitäten nach Art. 9 III 1 Verf.M.-V. Damit schwächt sich nun zwar in allen Konstellationen, in denen mit kirchlichem Wirken Rechte Dritter in Konflikt geraten, die Möglichkeit erheblich ab, bestehenden staatlichen Gesetzen zugunsten der Kirchen durch staatskirchenvertragliche Verankerung höhere Bestandskraft zu verleihen[546]. Wo es dagegen lediglich um Absprachen zwischen Staat und Kirche in ihren Beziehungen als unabhängige, für ihren jeweiligen Bereich gleichermaßen eigenverantwortliche Subjekte geht, dürften kaum zwingende Gründe des Gemeinwohls einer umfassenden Bindung der staatlichen Gesetzgebung entgegenstehen.

(d) Abwägungsrelevante Verfassungskonkretisierungen der Vertragspositionen

Neben der grundlegenden Zuordnungsregel nach Art. 140 GG/Art. 137 III 1 WRV wird die verfassungsrechtliche Rechtsstellung der Religionsgemeinschaften, die Grundlage der Vertragsbindungen ist, durch weitere Verfassungsbestimmungen konkretisiert. Auch diese sind in der Abwägung zur Ermittlung des „für alle geltenden Gesetzes" auf Seiten der vertraglich gesicherten Kirchenfreiheit zu berücksichtigen, sofern die

---

chen Mittel zur Denkmalpflege nach Maßgabe der Gesetze (Art. 10 III 1 evKVSachsen, Art. 19 III 1 SachsenKKV, Art. 5 I 2 JüdVSachsen, Art. 10 III 1 evKVLSA, Art. 7 II 1 JüdVLSA, Art. 9 V 1 evKVMV, Art. 9 III 1 evKVTh, Art. 18 III 1 ThKKV, Art. 10 IV 1 evKVBBG).

[545] Vgl. BVerfGE 44, 103 [104]; *H. Marré*, HdbStKirchR I, S. 1101, 1136.

[546] Vgl. als Beispiel etwa die Einbeziehung der Arbeitgeber bei der Kirchensteuererhebung durch Abzug vom Arbeitslohn nach Art. 15 I 2 evKVLSA, Art. 17 IV 2 evKVMV, Art. 15 I 2 evKVTh, Art. 26 I 2 ThKKV, Art. 22 S. 2 SachsenKKV, Art. 17 I 2 evKVSachsen.

Vertragsbestimmungen ihrem besonderen Schutz unterstehen. Insbesondere für die vermögensrechtliche Stellung ergibt sich die staatliche Gewährleistung der kirchlichen Selbstbestimmung aus der näheren verfassungsrechtlichen Ausgestaltung, die kirchliche Rechtspositionen vor staatlicher Entziehung auch gegenüber dem Gesetzgeber besonders schützt. So hält Art. 140 GG / Art. 138 WRV in Absatz 2 eine allgemeine Garantie des Kirchenguts und in Absatz 1 eine Bestandsgarantie für die Staatsleistungen an die Religionsgesellschaften fest. Die Staatsleistungsgarantie erlaubt einen einseitigen Zugriff des Staates auf die geschützten Rechte, wenn überhaupt, ausschließlich in der gem. Art. 140 GG / Art. 138 I WRV vorgesehenen Form der landesgesetzlichen Ablösung nach vom Bund aufgestellten Grundsätzen bei wertgerechter Abgeltung[547]. Im übrigen sind die Staatsleistungen verfassungsrechtlich bestandskräftig[548], also vor einseitiger Entziehung durch staatliche Legislativakte umfassend geschützt. Dieser Schutz kommt auch den pauschalierten Zusammenfassungen der Staatsleistungen in den Staatskirchenverträgen zugute, weil sie die bisherige Vielzahl einzelner auf Gesetz, Vertrag oder anderen auf besonderen Rechtstiteln beruhender Schutzgüter vereinfachend erneuern und an deren Stelle treten[549]. Soweit die Staatskirchenverträge die Staatsleistungen in erneuerter Form aufnehmen, gewährleistet die Staatsleistungsgarantie nach Art. 140 GG / Art. 138 I WRV die umfassende Bindung auch des Landesgesetzgebers unter der auflösenden Bedingung der Ablösung nach den vom Bund aufzustellenden Grundsätzen. Einer Bestimmung der konkreten staatskirchenvertraglichen Absicherungswirkungen im Einzelfall nach Art. 140 GG / Art. 137 III 1 WRV mittels Güterabwägung mit dem einschlägigen Schrankenzweck bedarf es insoweit erst gar nicht.

Für die übrigen vermögensbezogenen staatskirchenvertraglichen Bindungen ist der besondere Schutz des Kirchenguts nach Art. 140 GG / Art. 138 II WRV zu berücksichtigen. Denn dieser ergänzt das kirchliche Selbstbestimmungsrecht nach Art. 140 GG / Art. 137 III 1 WRV, so daß auch die Schrankenformel des „für alle geltenden Gesetzes“ Anwendung findet[550]. Die Gewährleistung des Kirchenvermögens greift für alle reli-

---

[547] Ausführlich: *J. Isensee*, HdbStKirchR I, S. 1009, 1015ff., 1034ff., 1043ff.; *A. v. Campenhausen*, 3. Aufl., S. 329ff.

[548] *A. Hollerbach*, HStR VI, § 139 Rn. 58.

[549] Vgl. v. Mangoldt / Klein / *A. v. Campenhausen*, Art. 140 GG / Art. 138 WRV Rn. 9; *A. Hollerbach*, HStR VI, § 139 Rn. 59; *J. Isensee*, HdbStKirchR I, S. 1009, 1050; *I.-M. Matthiesen*, S. 101f.; direkt zu den neuen Staatskirchenverträgen: vgl. Art. 13 VI evKVLSA, Art. 13 VII evKVTh und Art. 23 VII ThKKV sowie Regierungsbegründung evKVMV, LT-Drs. M.-V. 1 / 4126, S. 23.

[550] BVerwGE 87, 115 [121ff.]; *A. v. Campenhausen*, 3. Aufl., S. 311; *D. Ehlers*, in:

gionsbezogenen Vermögensbestandteile der Religionsgemeinschaften unabhängig von ihrer Rechtsgestalt, so daß vertraglich gewährte Berechtigungen erfaßt sind[551]. Dem Schutzbereich unterfallen die in den Staatskirchenverträgen eingeräumten vermögenswerten Rechte daher als „andere Rechte der Religionsgesellschaften", sofern sie eine religiöse Zweckbestimmung aufweisen und damit zu „ihrem für Kultus-, Unterrichts- und Wohltätigkeitszwecke bestimmten ... Vermögen" zu zählen sind. Aus dem Zweck des Art. 140 GG / Art. 138 II WRV, das kirchliche Vermögen in seiner religiösen Funktion zu schützen, ergibt sich ein abgestufter Schutz für die einzelnen Berechtigungen in Abhängigkeit von der Nähe zum kirchlichen Auftrag, der im übrigen durch die allgemeine grundrechtliche Gewährleistung des Eigentums nach Art. 14 GG ergänzt wird[552]. Danach kommen die unmittelbar religiösen Zwecken zu dienen bestimmten Berechtigungen in den umfassenden Genuß der Schutzwirkungen aus Art. 140 GG / Art. 138 II WRV[553], während bei abnehmendem Religionsbezug sich die Gewährleistung immer mehr auf den allgemeinen Eigentums- und Vermögensschutz verlagert[554]. Zum Teil sind die vermögensrelevanten Regelungen in den neuen Staatskirchenverträgen, wie der enteignungsrechtliche Schutz, entsprechend allgemein formuliert und ermöglichen eine konkrete Zuordnung der Schutzwirkungen erst nach den im Einzelfall betroffenen kirchlichen Vermögensgütern. Andere sind dagegen von vornherein auf die religiösen Funktionen festgelegt, so die Gewährleistung der kirchlichen Rechte an zu gottesdienstlichen oder diakonischen Zwecken genutzten Gebäuden mit der Garantie der Widmung oder von Nutzungsbefugnissen, aber auch der Baulasten. Und schließlich finden sich auch negative Klarstellungen, die, wie beispielsweise bei der Behandlung früherer vermögensrechtlicher Eingriffe, einem besonderen Schutz von Vermögenswerten der Religionsgemeinschaften eine Absage erteilen.

M. Sachs (Hrsg.), GG, Art. 140 GG/ Art. 138 WRV Rn. 6, 10; *K.-H. Kästner*, HdbStKirchR I, S. 891, 893, 903.

[551] *K.-H. Kästner*, HdbStKirchR I, S. 891, 895f.

[552] *A. v. Campenhausen*, 3. Aufl., S. 316f.; *K.-H. Kästner*, HdbStKirchR I, S. 891, 898f., 894f.; *A. Hollerbach*, HStR VI, § 139 Rn. 64f.

[553] *D. Ehlers*, in: *M. Sachs* (Hrsg.), GG, Art. 140 GG / Art. 138 WRV Rn. 8; *C. Meyer*, HdbStKirchR I, S. 907, 915: „res sacrae praktisch unantastbar"; *A. Hollerbach*, HStR VI, § 139 Rn. 65: „res sacrae ... sind der Enteignung schlechthin entzogen"; mit zutreffenden Einschränkungen im Überblick: *R. Mainusch* (1995), S. 184ff., 277ff.; kritisch gegenüber dem Ansatz von *R. Mainusch*: *K.-H. Kästner*, AöR 123 (1998), S. 333, 334.

[554] *K.-H. Kästner*, HdbStKirchR I, S. 891, 894f., 899ff.

Der auf die religiöse Funktion kirchlichen Vermögens bezogene Schutzzweck führt dazu, daß der besondere Schutzgehalt des Art. 140 GG / Art. 138 II WRV in dem Verbot von staatlichen Eingriffen liegt, die sich gegen das Kirchengut als solches richten, also (Säkularisierungen oder säkularisationsähnliche Akte)[555]. Im übrigen sind bei der Bestimmung des für alle geltenden Gesetzes gegenüber den vermögenswerten Bindungen der Staatskirchenverträge in die Abwägung zwischen Kirchenfreiheit und Schrankenzweck nach Art. 140 GG / Art. 137 III 1 WRV immerhin noch die Vorgaben des Art. 14 GG für eine zulässige Inhalts- und Schrankenbestimmung oder gegebenenfalls für eine Enteignung gegen Entschädigung einzubeziehen[556]. So genießen die vermögenswerten Festlegungen in den Staatskirchenverträgen über Art. 14, 140 GG / Art. 138 II WRV einen im Vergleich zu den herausgearbeiteten allgemeinen Vertragsbindungen besonderen, im einzelnen aber „nach dem Intensitätsgrad der Funktionsbezogenheit"[557] zu differenzierenden Bestandsschutz gegenüber dem staatlichen Gesetzgeber. Dieser ist allerdings im Vergleich zu den nach Art. 140 GG / Art. 138 I WRV gesicherten staatskirchenvertraglichen Staatsleistungsbestimmungen abgeschwächt[558]. Schließlich kann sich auch aus einzelnen landesverfassungsrechtlichen Vorschriften eine weitergehende Absicherung der Staatskirchenvertragsbindungen ergeben. So wird die vertragliche Ausgestaltung der Bestandsgarantie für die Einrichtungen der Theologischen Fakultäten an den Landesuniversitäten (Art. 4 I evKVMV) über Art. 9 III 1 Verf.M.-V. und der kirchlichen Mitwirkungsrechte bei der Besetzung von theologischen Lehrstühlen an staatlichen Fakultäten[559] über Art. 111 II Sächs.Verf. und offener über Art. 28 II 2 Verf.Th. verfassungsrechtlich gewährleistet.

---

[555] BVerwGE 87, 115 [121]; *D. Ehlers*, in: *M. Sachs* (Hrsg.), GG, Art. 140 GG / Art. 138 WRV Rn. 6, 10; *C. Meyer*, HdbStKirchR I, S. 907, 914f.; v. Mangoldt / Klein / *A. v. Campenhausen*, Art. 140 GG / Art. 138 WRV Rn. 30ff.

[556] Hierzu kann auf die Überlegungen zur Bindung der Gesetzgebung über den Eigentumsschutz im Rahmen der Diskussion über den Plangewährleistungsanspruch verwiesen werden; vgl. dazu im Überblick: *V. Götz*, BVerfG und GG II, S. 421, 445f.; *A. Schwerdtfeger*, S. 160ff.; zum Schutz des Art. 5 III GG vor legislativen Eingriffen in Verträge zwischen Universität und Staat: *R. Uerpmann*, JZ 1999, S. 644, 651.

[557] *A. v. Campenhausen*, 3. Aufl., S. 316.

[558] Vgl. dazu näher im Überblick: *J. Isensee*, HdbStKirchR I, S. 1009, 1051; ausführlicher: *P. Axer*, ArchKathKR 156 (1987), S. 460, 481ff.

[559] Art. 3 II evKVSachsen, Art. 5 II SachsenKKV, Art. 3 II evKVTh.

(4) Zwischenergebnis

Die rechtliche Grundlage für die Staatskirchenverträge mit den Evangelischen Kirchen und den Jüdischen Gemeinden bildet das innerstaatliche Recht. Die verfassungsrechtlich respektierte rechtliche Eigenständigkeit der Kirchen gegenüber dem Staat ermöglicht einen Vertragsschluß zwischen Staat und Kirche auf der Ebene des Staatsvertrages. Bindungen des Gesetzgebers können jedoch nur begründet werden, soweit nicht die auch den Kirchen gegenüber unverzichtbaren staatlichen Ordnungsfunktionen betroffen sind. Deshalb kann der Gesetzgeber überall dort durch Staatskirchenvertrag gebunden werden, wo er nicht zur Durchsetzung seiner Gemeinwohlverantwortung auf die Schrankenziehung kirchlicher Freiheit durch das „für alle geltende Gesetz" angewiesen ist. Damit aber läßt die verfassungsrechtliche Rechtsgrundlage der staatskirchenvertraglichen Einigung ein von vertraglichen Festlegungen abweichendes Staatsgesetz nicht zu, solange nicht im konkreten Konfliktfall nach einer Güterabwägung zwischen Schrankenzweck und den vertraglichen Absicherungen des selbstbestimmten Wirkens der Religionsgemeinschaften ein Einschreiten des staatlichen Gesetzgebers erforderlich ist.

cc) Konkordate zwischen staatsrechtlichem und völkerrechtlichem Vertragsrecht

Die innerstaatliche Verankerung der staatsvertraglichen Bindungen des Staates gegenüber den Evangelischen Landeskirchen und den Jüdischen Gemeinschaften wirft auch für die Staatskirchenverträge mit dem Heiligen Stuhl die Frage auf, ob deren oben dargelegte Einordnung in das überstaatliche Rechtsregime des Völkerrechts mit den Vorgaben von Staatsverfassung und Kirchenordnung vereinbar ist[560]. Aus den landesverfassungsrechtlichen Bestimmungen zu den Staatskirchenverträgen selbst ergibt sich direkt zunächst nichts für ein Gebot innerstaatlicher Vertragsbindungen, weil diese, wenn überhaupt, zum Vertragsschluß nur allgemein und ohne Stellungnahme zur Rechtsnatur und Regelungsebene ermächtigen. Eine überstaatliche Grundlegung der Vertragsbindungen war für die Evangelischen Kirchenverträge und die Jüdischen Staatskirchenverträge lediglich deswegen abzulehnen, weil es an einem Ort juristischer Kommunikation außerhalb der staatlichen Rechtsordnung fehlte, der beiden Vertragspartnern zugänglich ist: Staatliches Handeln bleibt auf den

[560] Die Frage wurde oben III. Teil B. II. 1. d) aa) (1) (= S. 131) ausdrücklich offengelassen.

weltlichen Rechtsverkehr beschränkt, an deren überstaatlichen Formen die Evangelischen Kirchen und Jüdischen Verbände nicht teilhaben können. Dies stellt sich für das Verhältnis zwischen den Ländern und dem Heiligen Stuhl wie gezeigt grundsätzlich anders dar, weil beide Seiten als Völkerrechtssubjekte Verträge schließen können, die dem Völkerrecht unterfallen. Von staatlicher Seite sind darüber hinaus noch die grundlegenden Vorgaben für das Staat-Kirche-Verhältnis zu beachten. Diese erkennen aber die kirchliche Selbstbestimmung im Rahmen des „für alle geltenden Gesetzes" nach Art. 140 GG/Art. 137 III 1 WRV als maßgeblich auch für das staatliche Recht an und ermöglichen damit eine Öffnung für die religiös motivierte Eigengeartetheit der Kirche auch bei den Vertragsbeziehungen zum Staat. Danach hat die Kirche in dem vom weltlichen Recht gezogenen säkularen Rahmen für ihren Verantwortungsbereich zu entscheiden, ob und in welcher Form das kirchliche Recht eine Vertragsbeziehung in Fragen des kirchlichen Wirkens mit dem staatlichen Recht zuläßt.

Die Katholische Kirche sieht sich selbst als geistliche Macht mit universaler Grundlegung, die in ihren geistlichen Kompetenzen zumindest mit der weltlichen Souveränität der Staaten gleichzuachten und deren Oberhaupt nicht staatlicher Herrschaftsgewalt untergeordnet ist. Der von ihr beanspruchte Rang wird durch das weltliche Recht bestätigt, indem das Völkerrecht dem Heiligen Stuhl für die universale Kirche Völkerrechtssubjektivität zuerkennt. Aus der rechtlichen Ordnung der Katholischen Kirche jedenfalls lassen sich keine Argumente gegen die Zuordnung der Staatskirchenverträge zum Völkerrecht ableiten[561]. Dies wird auch von einigen Kritikern der völkerrechtlichen Einordnung nicht in Abrede gestellt, wenn diese lediglich bemerken, daß für die Katholische Kirche die völkerrechtliche Ebene des Vertragsschlusses nicht zwingend vorgeschrieben ist[562] bzw. „nicht mehr erforderlich, ... um die Gleichrangigkeit von Staat und Kirche zu dokumentieren"[563]. Auch das staatliche Recht schränkt für seinen Umgang mit dem Heiligen Stuhl diese Rechtsstellung nicht weiter ein. Der unaufgebbare staatliche Kompetenzvorbehalt zugunsten der weltlichen Friedens- und Ordnungsfunktionen gegenüber dem kirchlichen Wirken bleibt innerstaatlich unangetastet. Denn völkerrechtliche Vertragsbindungen beeinträchtigen nach ganz herrschender

[561] Im Gegenteil tritt die Kanonistik mit Nachdruck für die völkerrechtliche Einordnung der Staatskirchenverträge mit dem Heiligen Stuhl ein; vgl. nur *K. Mörsdorf*. LThK Bd. 6, Sp. 454; *J. Listl*, HdbKathKR, S. 1021, 1035f., und *ders.*, aaO., S. 1050, 1061.

[562] *A. Hollerbach* (1965), S. 103.

[563] *G. Lenz*, S. 112.

Meinung in der innerstaatlichen Kompetenzwahrung des Staates die Grenzziehungsbefugnis mittels des „für alle geltenden Gesetzes" nicht[564]. Von staatlicher Seite ist daher der Weg für eine vertragliche Einigung auf völkerrechtlicher Ebene frei.

Ebenso bleibt aber nach Art. 140 GG/Art. 137 III 1 WRV auch ein Staatsvertragsschluß auf der Basis der innerstaatlichen Rechtsstellung möglich. Staat und Katholische Kirche sind anerkannte Rechtssubjekte auf der völkerrechtlichen wie der staatsrechtlichen Ebene. Beide Rechtsordnungen sehen für die Regelung von Vertragsinhalten, die auf transzendente Aspekte im Rechtskreis der Kirche verweisen, säkulare Vertragsbindungen vor. Es bleibt danach der Entscheidung der Vertragspartner überlassen, auf welcher weltlichen Rechtsgrundlage die staatskirchenvertraglichen Bindungen begründet werden. Dabei weisen beide Regelungsebenen vor allem im Hinblick auf die Rechtswirkungen Unterschiede auf. Sie erscheinen im übrigen aber wegen der gleichen staatskirchenrechtlichen Ausgangslage, bei der der staatlichem Recht entzogene Heilige Stuhl in seiner Verantwortung für die territorial verhafteten und staatseingegliederten katholischen Ortskirchen deren rechtliche Stellung zum und im Staatswesen gegenüber den Ländern vereinbart[565], weitgehend austauschbar bzw. gar miteinander verknüpfbar[566].

Im Schrifttum wird zur Lösung des Spannungsfeldes zwischen völkerrechtlichem Abschlußwillen einerseits sowie innerstaatlichen Fragestellungen und beabsichtigten Rechtswirkungen andererseits eine lediglich formale Zuordnung der Konkordate zum Völkerrecht vorgeschlagen. Danach stellte sich die völkerrechtliche Qualität als „Superadditum" dar, das den Konkordaten einen Doppelstatus verschaffte[567]. Für das Konkordatsrecht erscheint in der Tat ein Verständnis angemessen, das kirchliches und Völker- wie staatliches Recht integriert. Zwar ist für völkerrechtliche Vertragsbindungen grundsätzlich Voraussetzung, daß sie nicht dem Recht

---

[564] BVerfGE 6, 309 [362f.]; vgl. allgemein zur innerstaatlichen Bindung völkerrechtlicher Verträge nur: *R. Bernhardt*, HStR VII, § 174 Rn. 28f.; *C. Tomuschat*, HStR VII, § 172 Rn. 21ff.; *H. Steinberger*, HStR VII, § 173 Rn. 9; *J.A. Frowein*, HStR VII, § 180 Rn. 6; jünst kritisch aber: *K. Vogel*, JZ 1997, S. 161ff.; *K. Heidenstecker-Menke*, S. 121ff.

[565] Vgl. *A. Hollerbach* (1965), S. 103.

[566] Vgl. für die Verhandlungsposition in NRW: *J. Depenbrock*, ZevKR 38 (1993), S. 413, 418f., 422.

[567] *A. Hollerbach*, HStR VI, § 138 Rn. 70; *G. Lenz*, S. 113, 115; *J. Depenbrock*, ZevKR 38 (1993), S. 413, 418ff.; vgl. weiter v. Mangoldt/Klein/*A. v. Campenhausen*, GG, Art. 140 GG Rn. 50; ähnlich: *D. Pirson*, EvStL, Sp. 3814, 3823; *S. Grundmann*, BayVBl. 1962, S. 33, 36; *U. Scheuner*, Ges.Schriften, S. 338; *J. Listl* (1987), S. 8; kritisch: *L. Renck*, DÖV 1997, S. 929, 931.

eines der Vertragspartner unterfallen[568]. In der Lehre ist aber auch weitgehend anerkannt, daß das Instrument des Konkordats einen sinnvariierenden Rechtscharakter aufweist[569]. Dieser wird je von den rechtlichen und politischen Verhältnissen des staatlichen Vertragspartners und der Situation der Katholischen Kirche vor Ort geprägt[570]. Das Völkerrecht und das Recht der Bundesrepublik Deutschland öffnen sich nun in besonderer Weise für die religiöse Selbstbestimmung des kirchlichen Vertragspartners. Sie können daher und wegen des engen Regelungszusammenhangs die Grundlage für die Staatskirchenverträge im Zusammenwirken bilden[571]. Dabei lassen sich die einzelnen Vertragsbestimmungen trotz der engen Verbindung zwischen völkerrechtlichen und staatsrechtlichen Fragestellungen von ihrer Regelungsintention her zumeist mehr der einen oder der anderen Ebene der Vertragsbindungen zuordnen[572]. Für die weitere Darlegung der Reichweite der staatskirchenvertraglichen Absicherungsfunktion sollen aber die Bindungswirkungen aufgrund der innerstaatlichen Rechtsstellung im Vordergrund stehen, die jedenfalls für die Evangelischen Kirchenverträge und die Verträge mit den Jüdischen Verbänden ausschließlich in Betracht kommen. Denn diese bedürfen nach dem mit dieser Arbeit verfolgten Ansatz im Gegensatz zu den im Schrifttum ausführlich diskutierten völkerrechtlichen Bindungen noch der Klarstellung.

e) Die Bindungswirkungen gegenüber widerstreitenden späteren Gesetzen

Der bisherige Nachweis, daß die Staatskirchenverträge als Staatsverträge mit begrenzter Bindung auch der staatlichen Gesetzgebung geschlossen werden, klärt die hier herauszuarbeitende Reichweite der Absi-

---

568 *J. M. Mössner*, S. 32; *I. Seidl-Hohenveldern*, Rn. 190.

569 *A. Hollerbach*, JöR n.F. 17 (1968), S. 117, 119 und 155f., mit rechtsvergleichender Herleitung.

570 *J.A. Frowein*, ZaÖRV 26 (1966), S. 184, 185 [„die Möglichkeit unterschiedlicher Einordnung der Konkordate je nach dem betroffenen Land"]; *R. Puza*, in: *R. Puza/A.P. Kustermann* (Hrsg.) 1996, S. 13, 24ff.

571 Zudem ist zu bemerken, daß gegenüber der starken Betonung der societas-perfecta-Lehre nach älterer Meinung, die einer Zuordnung der Konkordate zum Staatsrecht entgegensteht, sich in der Diskussion zunehmend eine Annäherung an innerstaatliche Positionen zeigt; vgl. etwa *P. Mikat*, HdbStKirchR I, S. 111, 139f., unter Berufung auf die Positionen des II. Vatikanischen Konzils. Auch der Kirche gehe es damit mehr um funktionelle Zuordnung; vgl. ähnlich: *R. Puza* (NVwZ 1995, S. 460, 461, und in: *R. Puza/A.P. Kustermann* (Hrsg.) 1996, S. 13, 22ff.), der vom Zurücktreten der Lehre von der societas perfecta spricht.

572 Eine nähere Bestimmung kann nur konkret jeweils für die einzelnen Vertragsgegenstände anhand der Vertragsmotive der beiden Partner vorgenommen werden, was hier mangels Einblickes in die Vertragsmotive nicht geleistet werden kann.

cherungsfunktion nur im Grundsatz. Die Wirkungen dieser Festlegung des Staates auf bestehendes Recht zeigen sich aber vor allem im Streitfall, wo die vertraglichen Bindungen sich gegenüber widerstreitenden Maßnahmen des Gesetzgebers zu bewähren haben. Deshalb steht im Zentrum der Auseinandersetzung um die Bindungswirkungen der Staatskirchenverträge die Frage nach den Vertragsfolgen für die Kompetenz des Gesetzgebers zu jederzeitiger Änderung vorhergehender gesetzlicher Regeln, wie sie in der „lex-posterior derogat legi priori"-Regel zum Ausdruck kommt. Dabei ist freilich zwischen der vertraglichen Einigung einerseits und dem staatlichen Zustimmungsgesetz andererseits zu unterscheiden. Die mit dem Zustimmungsgesetz zu den Staatskirchenverträgen begründeten gesetzlichen Wirkungen weichen mit Rücksicht auf die permanente Änderungskompetenz des Gesetzgebers nicht anders als sonst gemäß der lex posterior-Regel den nachfolgenden Gesetzen. Demgegenüber ist umstritten, welche Wirkungen die durch den Staatskirchenvertrag selbst begründeten Bindungen gegenüber der staatlichen Gesetzgebungsfunktion und der Änderungskompetenz des Gesetzgebers entfalten. Dieser Streit wird freilich erst relevant, wenn nicht im Vorfeld andere in der Verfassung angelegte Kollisionsnormen oder -lösungen greifen [dazu sogleich aa)]. Im übrigen unterscheiden sich nach der hier vertretenen Lösung im direkten Konfliktfall mit einem widerstreitenden Gesetz die staatskirchenvertraglichen Bindungswirkungen danach, ob zugunsten des staatlichen Gesetzgebers der Kompetenzvorbehalt des für alle geltenden Gesetzes greift [cc)] oder nicht [bb)].

aa) Lösung vermeintlicher Normkollisionen durch Auslegung

Zunächst könnte der Konfliktfall zwischen Vertragsbindung und widerstreitenden Gesetzesvorhaben durch Kollisionsnormen gelöst sein, die die Vertragsbindungen von gesetzlichen Änderungen gesondert und ausdrücklich ausnehmen. Solche sog. „Unberührtheits-Klauseln" können eine Lösung von Kollisionen zwischen Vertrag und späterem Gesetz nur dann wirksam anordnen, wenn sie von höherem Rang, also von Verfassungsrang sind. Denn gesetzliche Festlegungen können ihrerseits wiederum durch ein späteres ranggleiches Gesetz aufgehoben werden. In den neuen Ländern finden sich aber anders als in einigen westlichen Bundesländern (vgl. Art. 8 Verf.B.-W.; Art. 67 S. 2 Hess.Verf.)[573] keine

---

[573] *A. Hollerbach* (1994), S. 253, 276, der zudem noch Art. 23 II Verf.NRW zu diesen Normen zählt; dagegen etwa *E. Fischer*, 4. Aufl., S 162f.; vgl. weiter *K. Obermayer*, in:

Verfassungsbestimmungen, die dem Vertragsrecht einen allgemeinen Vorrang vor dem Gesetzesrecht einräumen. Lediglich für Einzelfragen im Zusammenhang mit der Theologie an staatlichen Fakultäten sind die bereits ausgewiesenen punktuellen landesverfassungsrechtlichen Absicherungen der staatskirchenvertraglichen Festlegungen (Art. 111 II Sächs.Verf.; Art. 28 II 2 Verf.Th; Art. 9 III 1 Verf.M.-V.) anzuführen. Dies führt in der praktischen Anwendung freilich nur selten zu einem direkten Aufeinandertreffen von Vertragsbindungen und entgegenstehendem Gesetzesrecht. Ein Großteil vermeintlicher Konfliktlagen zwischen Vertragsbestimmungen und später gesetztem Gesetzesrecht läßt sich schon mit einfachen Mitteln der Auslegung im Hinblick auf das staatliche Zustimmungsgesetz ausräumen, ohne daß auf das umstrittene Verhältnis von Vertrag und Gesetz eingegangen werden müßte. So kommt einer später erlassenen Norm gegenüber früheren Bestimmungen gleichen Ranges eine verdrängende Wirkung nach dem Grundsatz „lex posterior derogat legi priori“ nur zu, weil und soweit der Gesetzgeber an Stelle des älteren ein neues zeitgerechteres Recht schaffen will[574]. Deshalb geht die ältere Vorschrift späteren Gesetzen weiterhin vor, wenn sie, insbesondere als die speziellere Regelung, einen eigenständigen, von dem verdrängenden Novellierungswillen nicht erfaßten Anwendungsbereich hat. Die Staatskirchenverträge und die staatlichen Zustimmungsgesetze regeln nun aber die Vielzahl der „Fragen von gemeinsamen Belangen“, die aus den unterschiedlichsten Rechtsgebieten des staatlichen Rechts stammen, speziell für das Verhältnis des Staates zu dem jeweiligen Vertragspartner. Lassen spätere allgemeine Gesetzesänderungen nicht erkennen, daß auch das Verhältnis zu den vertragschließenden Religionsgemeinschaften erfaßt sein soll, so bleibt es bei dem Vorrang der staatskirchenvertraglichen Sonderregelungen nach dem Grundsatz der Spezialität.

Die Bestimmungen der Staatskirchenverträge und ihrer staatlichen Zustimmungsgesetze genießen daher im Zweifelsfall gegenüber nachfolgenden allgemeineren Gesetzesvorhaben als leges speciales Vorrang. Dabei ergibt sich aus der vom staatlichen Gesetzgeber mitverantworte-

---

BoK, GG, Art. 140 Rn. 97. Die mit dem Hinweis auf die staatliche Souveränität und das Demokratieprinzip begründeten Bedenken gegen solche Vorrangregelungen (vgl. *J. Müller-Volbehr*, HdbStKirchR I, S. 289, 297f.) greifen nicht durch, weil es sich um eine einseitig getroffene und wieder aufhebbare verfassungspolitische Entscheidung des demokratisch legitimierten staatlichen Organs handelt (vgl. *U. Scheuner* (1968), S. 313, 325).

[574] Vgl. *M. Böckel* (1993), S. 25ff.; *H.-W. Laubinger*, VerwArch 76 (1985), S. 201, 208ff.; vgl. auch mit Blick auf völkerrechtliche Verträge: *K. Heidenstecker-Menke*, S. 23; aus dem älterem Schrifttum: *Dr. Schröcker*, DVBl. 1958, S. 369, 376f.

ten umfassenden Bindung des Staates an die Vertragsfestlegungen eine Vermutung, daß sich die staatlichen Organe einschließlich der Gesetzgebung im Zweifel vertragstreu verhalten und nicht gegen die Vertragsbestimmungen verstoßen wollen. Soweit dies vom Wortlaut und dem in den Gesetzesmaterialien erklärten Willen des Gesetzgebers her möglich ist, sind spätere Gesetzesvorschriften in der Weise auszulegen, daß sie nicht den Vertragsfestlegungen zuwiderlaufen. Dieser Grundsatz der vertragsfreundlichen Auslegung hat für völkerrechtliche Bindungen[575] und gliedstaatliche Staatsverträge[576] aufgrund unterschiedlicher Überlegungen Anerkennung gefunden[577]: Das Rechtsstaatsprinzip nach Art. 20 III GG gebietet den Respekt rechtlicher Bindungen des Staates[578]. Die verfassungsrechtliche Entscheidung für eine vertragsrechtliche Koordinierung gilt es gegenüber einseitiger staatlicher Gesetzgebung jedenfalls dort zu behaupten, wo dafür Auslegungsspielräume bestehen[579]. Und schließlich ist der Wille des Gesetzgebers selbst zu nennen, der in systematischer Auslegung eine Aufrechterhaltung des einmal gegebenen Bindungsversprechens bis zur erklärten Aufhebung begründet[580]. Diese Gründe greifen auch für die staatskirchenvertraglichen Bindungen[581], nur daß die verfassungsrechtliche Grundlage der staatsvertraglichen Koordinierungsentscheidung statt in dem Bundesstaatsprinzip und der Bundestreue[582] bzw. in dem Grundsatz der offenen Staatlichkeit[583] hier in der besonderen verfassungsrechtlichen Stellung der Religionsgemeinschaften gegenüber dem Staat begründet ist. Nach dem Grundsatz der vertragsfreundlichen Auslegung sind daher die staatskirchenvertraglichen Bindungen bei der Anwendung im Einzelfall auch ge-

---

575 BVerfGE 74, 358 [370]; *J.A. Frowein*, HStR VII, § 180 Rn. 6; *C. Tomuschat*, HStR VII, § 172 Rn. 27.

576 *H.H. Walter*, NJW 1975, S. 1857, 1859f.

577 *Dr. Schröcker*, DVBl. 1958, S. 369, 370ff.

578 Vgl. *K. Vogel*, JZ 1997, S. 161, 165.

579 Zum auslegungssteuernden verfassungsrechtlichen „Grundsatz der Völkerrechtsfreundlichkeit" vgl. im Überblick: *K. Heidenstecker-Menke*, S. 22ff.; *C. Tomuschat*, HStR VII, § 172 Rn. 27.

580 Vgl. *H. Quaritsch*, Schack-FS, S. 125, 137f., der konsequent auch vornehmlich auf das staatliche Zustimmungsgesetz abstellt.

581 *K. Obermayer*, in: BoK, GG, Art. 140 Rn. 96; ähnlich *A. Hollerbach* (1994), S. 253, 280f.; mit dem dargelegten eigenen Ansatz auch *H. Quaritsch*, Schack-FS, S. 125, 137f.

582 Vgl. zur Grundlegung der gliedstaatlichen Koordinierungsmöglichkeiten im Grundsatz der Bundestreue: *H. Bauer* (1992), S. 359ff.; zur Verankerung des Grundsatzes vertragsfreundlicher Auslegung: *H. Walter*, NJW 1975, S. 1857, 1859f.

583 Bezeichnung der „Verfassungsentscheidung für eine internationale Zusammenarbeit" nach *K. Vogel*, JZ 1997, S. 161, 163.

genüber nachfolgenden Gesetzen aufrechtzuerhalten, sofern diese sich nicht direkt gegen die Geltung der Vertragsbestimmungen richten[584].

Diese auslegungsbezogenen Bindungswirkungen der Staatskirchenverträge können vor den staatlichen Gerichten durchgesetzt werden, weil und soweit sie subjektive Rechtspositionen nach der staatlichen Rechtsordnung begründen[585]. Der Staat hat die staatskirchenvertraglichen Zusagen, die einzelnen bekräftigten kirchlichen Freiheiten auch weiterhin zu gewährleisten, nicht bloß als objektive Verpflichtung, sondern auch und vor allem im Interesse der kirchlichen Vertragspartner gegeben, die sich ihm gegenüber darauf sollen berufen können. Denn der kirchliche Wunsch nach Verläßlichkeit und Verbindlichkeit sowie teilweise sogar ausdrücklich die gerichtliche Kontrolle dieser Vertragspflichten waren maßgebliche Motive für diese Regelungen. Daraus ergibt sich, daß es sich bei den vertraglichen Festlegungen um subjektive Berechtigungen der Kirche gegenüber dem Staat auf Einhaltung der bekräftigten Gewährleistungen kirchlicher Freiheiten handelt. Sie gehören sowohl als innerstaatliche Staatsvertragspositionen als auch in der zustimmungsgesetzlichen Umsetzung, die dann in jedem Fall auch für die Katholischen Kirchenverträge subjektive öffentliche Rechte der Kirche begründet, dem staatlichen öffentlichen Recht an. Daher sind sie nach § 40 I 1 VwGO vor den Verwaltungsgerichten durchzusetzen[586]. Sofern staatliches Handeln die in den Verträgen festgehaltenen Verpflichtungen beeinträchtigt, kann danach verwaltungsgerichtlicher Rechtsschutz gewährt werden[587]. Soweit die Beeinträchtigung staatskirchenvertraglicher Rechte lediglich auf Einzelmaßnahmen der Verwaltung zurückgeht, geht es um einfache Auslegungsstreitigkeiten zwischen konkurrierenden gesetzlichen Regelungen. Diese sind gerichtlich im Rahmen der einschlägigen Klagen, zumeist der allgemeinen Leistungsklage, überprüfbar[588] und führen gegebenenfalls

---

[584] Nach BVerfGE 74, 358 [370], greift die Vermutung zugunsten der Respektierung (völkerrechtlicher) vertraglicher Bindungen in nachfolgenden Gesetzen, solange nicht der Gesetzgeber „klar bekundet hat, von völkerrechtlichen Verpflichtungen abweichen" zu wollen.

[585] Die Rechtslage bei den Staatskirchenverträgen stellt sich insoweit nicht anders als bei anderen vertraglich eingegangenen Verpflichtungen des Staates dar, vgl. *K.-H. Kästner* (1991), S. 156.

[586] Aus den Vertragsmotiven vgl. die beispielhaften Hinweise in Regierungsbegründung SachsenKKV, LT-Drs. Sachsen 2/3612, Vertragsbegründung, S. 25; Regierungsbegründung evKVSachsen, LT-Drs. Sachsen 1/4649, Vertragsbegründung, S. 14.

[587] Vgl. im Überblick: *A. Hollerbach*, HdbStKirchR I, S. 253, 284; *H. Weber*, HdbStKirchR II, S. 1047, 1065.

[588] Zum Vorliegen der staatlichen Gerichtsbarkeit als problematischer Sachentscheidungsvoraussetzung für die vertraglichen Rechtspositionen angesichts von staatskirchen-

zur Rechtswidrigkeit der Maßnahme sowie zur Begründetheit des Rechtsbehelfs. Als Besonderheit ist allein darauf hinzuweisen, daß wie bei jeder Streitigkeit zwischen Staat und Kirchen aus oder im Zusammenhang mit den Festlegungen der Staatskirchenverträge die Verpflichtung aus der Freundschaftsklausel[589] zu einer gütlichen Einigung zwischen den Vertragsparteien drängt. Dieses Vertragsgebot zu partnerschaftlicher Konfliktbereinigung kann sich unter prozessualen Gesichtspunkten als Prozeßvoraussetzung darstellen, so daß eine gerichtliche Sachentscheidung erst nach dem außergerichtlichen Schlichtungsbemühen im Sinne der Freundschaftsklausel eröffnet ist[590].

bb) Die Kollisionslösung zugunsten der Vertragsbindung außerhalb des staatlichen Kompetenzvorbehalts

Lassen der Wortlaut oder der erklärte Wille des Gesetzgebers keinen Spielraum für eine vertragsfreundliche Auslegung, sondern ergeben im Gegenteil, daß ein nachfolgendes Gesetz direkt gegen die vertraglichen Festlegungen gerichtet ist, so ist, wie dargelegt, die Reichweite der Vertragsbindungen durch eine Abwägung zwischen Schrankenzweck und vertraglich gesicherter Kirchenfreiheit zu ermitteln. Fehlt es an Gründen, die eine staatliche Schrankenziehung durch das „für alle geltende Gesetz" zwingend erfordern, so vermag auch das widerstreitende nachfolgende Gesetz nach der hier aufgezeigten Lösung die Bindungen des Staates an die Staatskirchenvertragsbestimmungen nicht aufzuheben noch einzuschränken. Dann aber stellt sich für die praktische Rechtsanwendung das Problem, wie der Konflikt zwischen Gesetzes- und Vertragsrecht aufzulösen ist. Zu der Frage, ob die Verpflichtung des staatlichen Gesetzgebers auf die Vertragsinhalte einen Vertragsbruch zwar verbietet, nicht aber verhindert noch sonst rechtlich sanktioniert, oder aber Konsequenzen für abweichende Gesetzesvorhaben mit sich bringt, werden diverse Meinungen vertreten [dazu der Überblick unter (1)]. Im Kern unterscheiden sie sich in der Annahme einer möglichen und notwendigen einheitlichen Entscheidung des Norm-

---

vertraglichen Schiedsabreden und Freundschaftsklauseln, vgl. sogleich unten III. Teil B. II. 1. e) bb) (3) (c) (aa) (= S. 197–200)!

[589] Vgl. statt aller nur Art. 26 evKVLSA; Art. 31 ThKKV; Art. 7 I JüdVSachsen, Art. 13 ErzBistVHH.

[590] Zu der insoweit vergleichbaren prozessualen Problematik bei der Vertragsanpassung von Verwaltungsverträgen nach § 60 I 1 VwVfG: *D. Lorenz*, DVBl. 1997, S. 865, 870f.; vgl. wiederum Regierungsbegründung SachsenKKV, LT-Drs. Sachsen 2/3612, Vertragsbegründung, S. 25; Regierungsbegründung evKVSachsen, LT-Drs. Sachsen 1/4649, Vertragsbegründung, S. 14.

widerspruchs [dazu (2)]. Von ihr hängt weiter die Durchsetzbarkeit etwaiger Vertragsbindungen ab, die anschließend diskutiert werden soll [(3)].

(1) Der Streit über die innerstaatlichen Bindungswirkungen der Verträge

Die ganz überwiegende Meinung im staatskirchenrechtlichen Schrifttum orientiert sich bei der Beschreibung der staatskirchenvertraglichen Bindungswirkungen eng an den Rechtswirkungen völkerrechtlicher Verträge. Sie nimmt eine obligatorische Bindung des Staates einschließlich der Legislativorgane an die Vertragsvorgaben mit der Einschränkung an, daß der Staat von den vertraglichen Verpflichtungen zwar nicht abweichen dürfe, dies aber ohne weiteres könne[591]. Vertragswidrige Gesetze seien in ihrer Geltung für das staatliche Recht unbeeinträchtigt, während umgekehrt auch die Vertragsgeltung nicht einseitig durch Gesetze aufgehoben werden könne[592]. Der Kirche fehle es an wirksamen Durchsetzungsmöglichkeiten der vertraglichen Festlegungen[593]. Allein die Verpflichtung auf das Rechtsstaatsgebot halte den demokratischen Staat zur Vertragserfüllung an. Die ständig wachsame öffentliche Meinung verstärke den Druck auf den Staat[594], so daß Vertragsbruch zwar möglich, auf Dauer aber nicht durchzuhalten sei[595], weil mit dem „Odium des Vertragsbruchs" der Verlust der Glaubwürdigkeit drohe[596]. Die Rechtswirkungen des rechtlich verbindlichen Vertrages konzentrieren sich danach auf die Hinweisfunktion, daß der Unterschied zwischen Können und Dürfen eine rechtliche Schranke gegen staatliche Willkür darstelle[597]. Diese Auffassung hat nicht

---

[591] Grundlegend: *U. Scheuner* (1968), S. 325ff.; *D. Pirson* (1964), S. 195; v. Mangoldt/Klein/*A. v. Campenhausen*, GG, Art. 140 GG Rn. 57f.; *A. v. Campenhausen* (1983), S. 111f.; *K. Hartel*, in: *R. Puza/A.P. Kustermann* (Hrsg.), S. 57, 73; vgl. weiter etwa *M. Böckel* (1993), S. 103.

[592] *U. Scheuner* (1968), S. 324ff; *D. Pirson*, EvStL, Sp. 3814, 3823; *D. Pirson*, StLGG II, Sp. 494, 498; v. Mangoldt/Klein/*A. v. Campenhausen*, GG, Art. 140 GG, Rn. 51, 58; *J. Müller-Volbehr*, HdbStKirchR I, S. 289, 297; vgl. schon: *S. Grundmann*, EvStL, 2. Aufl., Sp. 2762.

[593] *D. Pirson*, in: *R. Puza/A.P. Kustermann* (Hrsg.), S. 31, 48; v. Mangoldt/Klein/*A. v. Campenhausen*, GG, Art. 140 GG, Rn. 51; *W. Huber* (1973/1991), S. 509; vgl. auch *H. Weber*, HdbStKirchR II, S. 1047, 1065.

[594] *D. Pirson*, EvStL, Sp. 3814, 3823; v. Mangoldt/Klein/*A. v. Campenhausen*, GG, Art. 140 GG, Rn. 51.

[595] *A. v. Campenhausen*, NVwZ 1995, S. 757, 759; *K. Hartel*, in: *R. Puza/A.P. Kustermann* (Hrsg.), S. 57, 73.

[596] *D. Pirson*, StLGG II, Sp. 494, 499; *G. Robbers* referiert bei *R. Pahud de Mortanges*, ZevKR 38 (1993), S. 212f.

[597] *A. v. Campenhausen*, LKV 1995, S. 233, 234.

nur unter den Autoren, die eine außerstaatliche Geltungsgrundlage der Staatskirchenverträge annehmen, sondern darüber hinaus auch bei einigen Vertretern Zustimmung gefunden, die sich für eine innerstaatliche Grundlegung der Verträge einsetzen[598]. Einen gänzlich anderen Ansatz verfolgen die Verfechter eines kirchlich-staatlichen Zwischenrechts, die mit Rücksicht auf die enge Verklammerung von Staatsverfassung und Kirchenordnung aus der gleichgeordneten Koordination im Staatskirchenvertrag auf eine Beschränkung einseitiger Regelungskompetenzen schließen. Jedenfalls gegenüber dem staatlichen Gesetzgeber sollen die fortbestehenden Bindungen aus den Staatskirchenverträgen einen Vorrang vor dem nachfolgenden Gesetzesrecht in der Rechtsanwendung genießen, der gerichtlich durchsetzbar sein soll[599]. Auch die Annahme, daß die Rechte aus den Staatskirchenverträgen einklagbar seien, hat Anhängerschaft im Schrifttum selbst für konkordatäre Regelungen gefunden[600].

Dagegen sind hier all diejenigen Überlegungen auszuschließen, die aus der innerstaatlichen Einordnung der Staatskirchenverträge nicht nur auf das weitgehend unangetastete Fortbestehen der Kompetenz des Staates zum Erlaß vertragswidriger Gesetze schließen, sondern eine Bindung der staatlichen Gesetzgebung grundsätzlich ablehnen[601]. Denn die aus dem subordinationsrechtlichen Ansatz der innerstaatlichen Vertragsgrundlegung gefolgerte Ablehnung der staatsvertraglichen Bindung auch staatlicher Legislativorgane wurde bereits widerlegt. In diesem Zusammenhang muß auch eine Einordnung derjenigen Vertreter in den Streitstand offen bleiben, die einerseits ausdrücklich eine Bindung des Gesetzgebers ablehnen und andererseits bei vertragswidrigen Gesetzen gleichwohl Bindungswirkungen über die Zuerkennung bestimmter Rechte zur Vertragsanpassung nach den Regeln der clausula rebus sic stantibus annehmen, die doch gerade Vertragsbindungen voraussetzten[602]. So reduziert sich der

---

[598] *K.-H. Kästner* (1991), S. 156; *D. Ehlers*, ZevKR 38 (1993), S. 368, 369; *ders.*, in: *M. Sachs* (Hrsg.), GG, Art. 140 GG Rn. 6.

[599] Der ursprünglich angenommene Vorrang des Staatskirchenvertragsrechts in der Rechtsanwendung vor jeglicher einseitiger staatlicher Rechtsetzung (vgl. *A. Hollerbach* (1965), S. 157ff., 262) wird nunmehr nur noch auf einen Vorrang gegenüber dem Gesetzgeber beschränkt, während die vertragswidrige Setzung von Verfassungsrecht mit der h.M. als zwar rechtswidrig, aber voll gültig angesehen wird: *A. Hollerbach* (1994), S. 253, 276ff.; *ders.*, HStR VI, § 138 Rn. 73; vgl. weiter *J.A. Frowein*, ZaÖRV 26 (1966), S. 184, 186f., sowie Mathiesen, S. 61, für den Ev. Kirchenvertrag Schleswig-Holstein.

[600] *M.H. Müller*, BayVBl. 1996, S. 644, 647.

[601] *L. Renck*, ThürVBl. 1995, S. 31, 35f.; *ders.*, DÖV 1997, S. 929, 332ff.; *H. Quaritsch*, Schack-FS, S. 125, 139; *K. Obermayer*, in: BoK, GG, Art. 140 Rn. 97; *U.K. Preuß*, AK-GG, Art. 140 Rn. 35.

[602] So *K. Obermayer*, in: BoK, GG, Art. 140 Rn. 97, und *U.K. Preuß*, AK-GG,

Meinungsstreit zur Kollision zwischen Vertrag und nachfolgendem vertragswidrigem Gesetz im wesentlichen auf zwei entgegengesetzte Lösungsvorschläge: einerseits die Entscheidung zugunsten eines innerstaatlich relevanten Vorrangs der Vertragsbindungen und andererseits die unentschiedene Aufrechterhaltung des Normwiderspruchs. Als zentraler rechtspraktischer Unterschied zwischen beiden Ansätzen kann gerade vor dem Hintergrund der anfangs herausgearbeiteten Vertragsmotive die Durchsetzbarkeit der Vertragsbindungen, d.h. vor allem ihre gerichtliche Einklagbarkeit festgehalten werden: Erst mit dieser könnten die Verträge die angestrebte Sicherheit für den Fortbestand kirchlicher Rechtspositionen gegenüber den wechselnden Mehrheiten der Parlamente verläßlich gewinnen und so die Erwartungen an die staatskirchenvertragliche Absicherungsfunktion erfüllen. Die von der h.M. aufgeführten Bindungswirkungen stellen auf das Erscheinungsbild des Staates in der öffentlichen Meinung und damit nur zum Teil auf die rechtliche Determinierung ab, wie sie nach den Motiven der Vertragspartner angestrebt wurde. Doch ergibt sich nicht allein aus diesen, sondern nur nach den Vorgaben der Vertragsgrundlagen, inwieweit die auf Durchsetzbarkeit gerichteten Regelungsintentionen mit den Vertragswerken umgesetzt werden können.

(2) Notwendigkeit einheitlicher Entscheidung des Normwiderspruchs

Vor dem Hintergrund der in dieser Arbeit abweichend von den bisherigen Meinungen begründeten staatsvertraglichen Bindungen zwischen Staat und Kirche sind auch die Lösungsvorschläge nach der herrschenden Meinung insoweit neu zu überdenken.

(a) Aufrechterhaltung des Normwiderspruchs nur bei überstaatlichen Vertragsbindungen

Der Begründungsansatz der h.M. abstrahiert die Staatskirchenvertragsfestlegungen von den unmittelbar für die staatliche Gesetzgebung zu beachtenden Vorgaben. Er ist dabei eng angelehnt an die ganz herrschende Auffassung zum Verhältnis zwischen staatlichem Recht und völkerrecht-

Art. 140 Rn. 35, die trotz subordinationsrechtlichen Ansatzes eine Pflicht zu einer einvernehmlichen Vertragsanpassung und bei Scheitern ein Kündigungsrecht der Kirchen oder einen angemessenen finanziellen Ausgleich einräumen; vgl. auch *E. Fischer*, 3. Aufl., S. 231. *H. Quaritsch*, Schack-FS, S. 125, 139, scheint immerhin die Möglichkeit eines Entschädigungsanspruchs nicht auszuschließen, worauf sein Hinweis auf die Rechtslage beim verwaltungsrechtlichen Vertrag hindeutet.

lichen Verpflichtungen[603], die das Handeln staatlicher Organe allein Bindungen der staatlichen Rechtsordnung unter Inkaufnahme etwaiger Sanktionen auf der völkervertragsrechtlichen Ebene unterwirft. Der ausschlaggebende Grund für die Aufrechterhaltung der staatlichen Kompetenz zum Vertragsbruch trotz entgegenstehender Bindungen liegt nach dieser Auffassung darin, daß die miteinander unvereinbaren Normen der Vertrags- und der widerstreitenden Gesetzesregelungen unterschiedlichen Rechtsordnungen angehörten[604]. Damit träten zwar Normkollisionen auf, die einer rechtlichen Auflösung harren. Diese könnte aber nicht nach einer gemeinsamen Rechtsregel für beide Rechtskreise zusammen[605], sondern nur in jeder Rechtsordnung gesondert nach deren jeweiligen Vorgaben erfolgen. So bliebe auf der rechtlichen Ebene der Vertragsbindungen auszumachen, wie der Vertragsbruch zu sanktionieren sei, während die für die Steuerung der staatlichen Gesetzgebung maßgebliche Ordnung eigenständig deren Vorgaben zu verantworten hätte. Dem staatlichen Gesetzgeber kann danach die Kompetenz zum Erlaß vertragswidriger Gesetze uneingeschränkt erhalten bleiben, während die Vertragspflichten ihre Geltung auch gegenüber derartigen staatlichen Vertragsbrüchen behalten. Dieser Ansatz kommt bei der Bestimmung der staatskirchenvertraglichen Bindungswirkungen nur soweit in Betracht, wie die Verträge mit dem Heiligen Stuhl völkerrechtliche Bindungen begründen[606].

Für die nicht auf völkerrechtlicher Ebene geschlossenen Vertragsbindungen kann die „dualistische Spaltung zwischen Vertragsgeltung und Gesetzesgeltung“[607] nach der in dieser Arbeit aufgezeigten Einordnung der Vertragsbeziehungen nicht schlicht übernommen werden[608]. Denn mit der innerstaatlichen Grundlegung der Vertragsbindungen entfällt seine wesentliche Voraussetzung: Ein Widerspruch zwischen Vertragsbestimmungen und gegebenenfalls widerstreitenden Gesetzesregelungen rührt nicht aus Normen zweier unterschiedlicher Rechtskreise her. Vielmehr sind beide dem staatlichen Recht zugeordnet. Deshalb ist eine Kolli-

---

[603] *J. Müller-Volbehr*, HdbStKirchR I, S. 289, 297.

[604] Deutlich wird dies beispielsweise bei *D. Pirson*, EvStL, Sp. 3814, 3823f.; v. Mangoldt/Klein/*A. v. Campenhausen*, GG, Art. 140 GG Rn. 51; ähnlich wohl auch *H. Weber*, HdbStKirchR II, S. 1047, 1065f.

[605] Zur Lösung von Normenkollisionen im Verhältnis selbständiger Rechtsquellen vgl. *M. Böckel* (1993), S. 30, 103.

[606] Eine innerstaatliche Bindung des Landesgesetzgebers aus Staatskirchenverträgen wurde in der Rechtsprechung bislang nur für die Vertragsbeziehungen mit dem Heiligen Stuhl, insbesondere für das Reichskonkordat, abgelehnt: BVerfGE 6, 309 [363]; VGH Mannheim, ESVGH, 17, 172 [175ff.]; 17, 177 [180].

[607] Kennzeichnung der h.M. nach *A. Hollerbach*, HStR VI, § 138 Rn. 73.

[608] Vgl. auch *J.A. Frowein*, ZaÖRV 26 (1966), S. 184, 186.

sion nicht durch Verweis auf die jeweiligen Regelungen der unterschiedlichen Ebenen, sondern nur innerhalb ein und derselben, der staatlichen Rechtsordnung letztverbindlich aufzulösen. Es erscheint daher zweifelhaft, wie bei innerstaatlicher Grundlegung der Vertragsbindungen das Verhältnis zwischen Vertragsbestimmungen und vertragswidrigem Gesetzesrecht im Sinne gegenseitiger Unberührtheit auszugestalten sein sollte[609]. Der einfache Hinweis, wonach „dies alles ... im Völkerrecht nicht anders“ sei[610], geht, wie gezeigt, ins Leere, weil es gerade am kennzeichnenden Zusammenspiel unterschiedlicher Rechtskreise mangelt. Zwar ist eine ergänzende Übernahme völkerrechtlicher Regelungen für staatsvertragliche Beziehungen innerhalb der staatlichen Rechtsordnung nicht von vornherein ausgeschlossen. Sie kann immerhin in Betracht kommen, wenn nicht im staatlichen Recht selbst anderweitige Regelungen angelegt sind, ein den völkerrechtlichen Vertragsverhältnissen ähnliches Regelungsbedürfnis besteht und die staatsrechtlichen Vorgaben im übrigen der Heranziehung nicht entgegenstehen[611]. Ob und gegebenenfalls welche Teile des völkerrechtlichen Sanktionensystems aber der Handhabung der Staatskirchenvertragsbindungen nach der staatlichen Rechtsordnung angemessen sind, ist erst eine gegenüber der grundsätzlichen Kollisionslösung zwischen widerstreitendem Vertrags- und Gesetzesrecht nachgeordnete Frage.

Sich gegenseitig ausschließende Vertrags- und Gesetzesbestimmungen können zwar unvermittelt nebeneinander fortbestehen, wenn sie unterschiedlichen Rechtsordnungen zugeordnet sind. Innerhalb einer einheitlichen Gesamtrechtsordnung muß der Widerspruch zwischen miteinander unvereinbaren Normen dagegen auflösbar sein. Dem staatlichen Recht würde die friedensstiftende Entscheidungsfunktion im Konfliktfall genommen, könnten Normen mit gleichem Anspruch widersprüchliche rechtliche Gebote oder Gewährleistungen aufstellen[612]. Einer verbindlichen Kollisionslösung bedürfte es nur dann nicht, wenn die Verträge gar nicht auf eine verbindliche Verpflichtung des Gesetzgebers zur Einhal-

---

[609] So aber *K.-H. Kästner* (1991), S. 156; *D. Ehlers*, ZevKR 38 (1993), S. 368, 369.

[610] *D. Ehlers*, ZevKR 38 (1993), S. 368, 369.

[611] Für das intraföderative Vertragsrecht sind daher nur diejenigen völkerrechtlichen Grundsätze ergänzend heranzuziehen, die mit der verfassungsrechtlichen Ausgestaltung der Rechtsverhältnisse im Bundesstaat zu vereinbaren sind; vgl.: ausführlich und im einzelnen differenzierend *M. Bothe*, Mosler-FS, S. 111, 117ff.; vgl. weiter *K. Stern*, Bd. I, § 19 IV 3. a) m.N.

[612] Vgl. *U.K. Preuß*, AK-GG, Art. 140 Rn. 35, und *H. Quaritsch*, Schack-FS, S. 125, 139, die zutreffend aufzeigen, daß „im demokratischen Staat keine nebengesetzliche Rechtsordnung“ bestehen bzw. nicht „Recht gegen Recht“ stehen kann.

tung der vertragsbekräftigten kirchlichen Rechte abzielten. Nur wenn der vertraglichen Aufnahme bestehender Rechtspositionen lediglich eine „appellative" Funktion zukommen sollte, fehlte es am Konfliktfall, der eine Vorrangbestimmung erforderte. Doch haben die Vertragspartner, wie wiederholt aufgezeigt wurde, bei allen Staatskirchenverträgen mehr als deutlich gemacht, daß es ihnen gerade darum geht, wieder verläßlich „Recht" zu schaffen im Verhältnis von Staat und Kirche. Diesem eindeutigen und ausdrücklichen Vertragswillen wird man nicht gerecht, wenn man den mit dem Vertrag angestrebten Wirkungsgehalt von vornherein, wie Czermak, auf „Stimmungsmache"[613] oder auf eine Hinweisfunktion reduziert. Daher brächte ein gesetzliches Abweichen von den Vertragsvorgaben sehr wohl einen Konflikt zwischen Vertragsgeltung und Gesetzesgeltung mit sich. In der staatlichen Rechtsordnung muß aber für die staatliche Rechtsanwendung bestimmt sein, was gilt, wenn der Gesetzgeber einerseits innerstaatlich über Staatskirchenvertragsfestlegungen uneingeschränkt rechtlich gebunden sein soll und andererseits aber vertragswidrige Gesetzesbestimmungen erlassen hat.

(b) Die Verfassungsentscheidung für staatsvertragliche Bindungsmöglichkeiten als Kollisionsentscheidung

Finden sich im Verfassungsrecht keine ausdrücklichen Kollisionsregeln, so sind die Entscheidungskriterien für die Kollisionsfragen aus den Verfassungsvorgaben für die aufgezeigte Koexistenz von den gesetzlichen und vertraglichen Handlungsformen im Staatskirchenrecht zu entwikeln[614]. Diese sind Ausgangspunkt der Konfliktlösung, weil auch die gesetzgebende staatliche Gewalt dem Rechtsstaatsprinzip unterworfen und nach Art. 20 III Hs. 1 GG „an die verfassungsmäßige Ordnung ... gebunden" ist, wie das Verfassungsrecht dem Abschluß der Staatskirchenverträge die Grenzen setzt. Für den Landesgesetzgeber folgt daraus unmittelbar die Verpflichtung auf alle Vorgaben des Grundgesetzes und der Landesverfassung und mittelbar die Pflicht zur Respektierung aller Normen, die aufgrund verfassungsrechtlicher Anordnung vorgehen[615]. So kann

---

[613] So: *G. Czermak*, Gutachtliche Stellungnahme (1994), S. 1, 3f., der die Vertragswirkungen darauf beschränkt, eine „Stimmung" zu erzeugen, die „künftigen Parlamenten ... unter dem Odium der Vertragsbrüchigkeit" Änderungen der kirchlichen Positionen erschweren soll.

[614] Das vernachlässigt freilich *H. Quaritsch*, Schack-FS, S. 125, 139, bei seinem Befund, daß das Verfassungsrecht keine Regeln für die Handhabung dieser Normenkollision bereithalte.

[615] *M. Sachs,* in: *M. Sachs* (Hrsg.), GG, Art. 20 Rn. 61, 63.

sich für die staatliche Gesetzgebung auch eine Bindung an bestehende staatsvertragsrechtliche Verpflichtungen ergeben, wenn und soweit dies über die verfassungsmäßige Ordnung vorgegeben ist. Für das gliedstaatliche Staatsvertragsrecht kann dabei auf das Prinzip der Bundestreue[616], jedenfalls auf die Verfassungsentscheidung zur Einräumung staatsvertraglicher Regelungsmöglichkeiten abgestellt werden, deren Bindungen überwiegend zumindest obligatorische Wirkung zugemessen wird [617]. In der Staatsverfassung sind aber auch Bindungsmöglichkeiten über innerstaatlich wirksam begründete Verpflichtungen aus den Staatskirchenverträgen vorgesehen, die, im Rahmen des „für alle geltenden Gesetzes", gerade auch im Hinblick auf die staatliche Gesetzgebung eingegangen werden. Die Entscheidung, wie die Normkollision zwischen unvereinbaren staatskirchenvertraglichen und gesetzlichen Anordnungen in der gemeinsamen Rechtsordnung zu behandeln ist, ergibt sich danach aus den staatlichen Verfassungsvorgaben für die Staat-Kirche-Beziehungen[618] und insbesondere für das Verhältnis beider staatskirchenrechtlicher Handlungsformen, die in dieser Arbeit über den Nachweis der staatsvertraglichen Bindungsmöglichkeiten schon herausgearbeitet sind:

Die staatliche Rechtsordung hat zur staatlichen Aufgabenwahrnehmung gegenüber den Religionsgemeinschaften dem Mittel des Gesetzes das Instrumentarium des Staatskirchenvertrags beiseite gestellt. Beide Handlungsmöglichkeiten zeichnen sich durch besondere Eigenschaften der staatskirchenrechtlichen Steuerung aus. Sie bilden damit in ihren Voraussetzungen und Folgen unterschiedliche, prinzipiell aber gleichwertige

---

[616] BVerwGE 50, 137 [144ff.]; vgl. im Überblick mit ausführlichen Nachweisen: *H. Bauer* (1992), S. 363, der zum Konflikt zwischen Vertrags- und widersprechendem späterem Gesetzesrecht freilich unentschieden bleibt; skeptisch dagegen *H. Schneider*, VVDStRL 19 (1961), S. 1, 15.

[617] Eine innerstaatlich wirkende Verpflichtung für den staatlichen Gesetzgeber nehmen bei staatsvertraglichen Bindungen am Beispiel des Einigungsvertrags an: *H. Wagner* (1994), S. 172ff., mit ausführlicher Begründung nebst Nachweisen, *P. Badura*, HStR VIII, § 189 Rn. 46f., und *E. Klein*, DÖV 1991, S. 569, 571; eingeschränkt selbst bei Ablehnung des staatsvertraglichen Charakters des Einigungsvertrages: *R. Anker*, DÖV 1991, S. 1062, 1066; allgemein zum Gliedstaatsvertragsrecht auch *M. Bothe*, Mosler-FS, S. 111, 132, 139–141; *J.A. Frowein*, ZaÖRV 30 (1970), S. 1, 7ff.; mit zweifelhafter weitergehender Annahme direkter Durchsetzungswirkung auch: *T. Höch*, S. 76f.; weitergehend noch *K. Vogel*, JZ 1997, S. 161, 165, der nicht nur die innerstaatlichen Bindungen, sondern darüber hinaus auch das zwischenstaatliche Völkerrecht erfaßt sieht. Freilich finden sich auch hier Gegenstimmen, die dem Gesetzgeber in Anlehnung an das Völkerrecht gegenüber Vertragsbindungen uneingeschränkt die Handlungsmöglichkeiten erhalten und ihn lediglich dem im übrigen sanktionslosen Vorwurf des Vertragsbruchs aussetzen; vgl. *W. Rudolf*, HStR IV, § 105 Rn. 55; *H. Schneider*, VVDStRL 19 (1961), S. 1, 15.

[618] Vgl. *J.A. Frowein*, Flume-FS I, S. 301, 306f.; am Beispiel der ungarischen Staat-Kirche-Vereinbarungen: *H. Engelhardt*, Geiger-FS II, S. 722, 733.

und sich ergänzende Rechtssetzungsfunktionen bei der unterverfassungsrechtlichen Ausgestaltung des Staat-Kirche-Verhältnisses innerhalb der staatlichen Rechtsordnung[619]. Sie stehen danach grundsätzlich zueinander nicht in einem Über- und Unterordnungsverhältnis, sondern stellen sich als Alternativen staatskirchenrechtlicher Handlungsformen dar. Ihre verfassungsrechtliche Zuordnung ist auf eine grundsätzlich gleichrangige funktionsbestimmte Koexistenz angelegt, die die beiden Regelungsformen in ihrer jeweiligen Eigenart möglichst unbeeinträchtigt nebeneinander zur Entfaltung bringen soll. Das schließt zwar einen absolut wirkenden Entzug der einseitigen staatlichen Regelungskompetenzen durch den Staatskirchenvertrag aus[620], nicht zuletzt um die Rechtssicherheit und den unabdingbaren Kompetenzvorbehalt des souveränen Staates nach den Grenzen des „für alle geltenden Gesetzes" zu gewährleisten. Die Bindungen durch die auch im Hinblick auf die staatliche Gesetzgebung eingegangenen vertraglichen Verpflichtungen sind nur obligatorischer Natur, zumal die nur zweiseitig bindenden staatsvertraglichen Vorgaben erst durch das staatliche Zustimmungsgesetz in umfassend verbindliches Gesetzesrecht umgesetzt werden[621]. Die verfassungsrechtliche Entscheidung, eine staatskirchenvertragliche Bindung des Gesetzgebers zuzulassen, bringt aber insoweit einen Vorrang der Vertragsbindung vor abweichenden Gesetzesregelungen mit sich. Die Einräumung staatsvertraglicher Bindungsmöglichkeiten in der Verfassung würde unterlaufen, wenn vertragswidrige Gesetze sich gegenüber vertraglichen Festlegungen durchsetzen könnten[622]. Nimmt man eine verfassungskräftige Bindungs-

---

[619] Am deutlichsten tritt die funktionale Abgrenzung zwischen vertraglichen und gesetzlichen Handlungsformen in Art. 109 II Sächs.Verf. zu Tage, wenn dort in Satz 2 die gesetzliche Funktion der allgemeinen Begrenzung des kirchlichen Selbstbestimmungsrechts zugunsten anderer Belange der Funktion der Staatskirchenverträge zur Regelung der Staat-Kirche-Beziehungen „im übrigen" nach Satz 3 gegenübergestellt wird.

[620] Letztlich führt die Argumentation *A. Hollerbachs*, den Verzicht der gesetzgeberischen Kompetenzen in den vertraglich geregelten Materien mit der „Eigenart und spezifischen Funktion des Staatskirchenvertragsrechts" zu begründen [(1994), S. 253, 277f., und (1965), S. 158f.], auf die oben bereits zurückgewiesene These zurück, daß die Verfassung die Einigung von Staat und Kirche gebiete und daß hier der Grund für die absolute Bindung des Staates an den Vertrag liege; vgl. *A. Hollerbach* (1965), S. 164.

[621] Vgl. nur Kultusminister *Schomburg*, PlenProt LSA, 1/56, S. 6621: Das „Ratifizierungsgesetz zieht die gesetzgeberischen Konsequenzen aus zwei vertraglichen Verpflichtungen", sowie *S. Heitmann*, LKV 1995, S. 93f., der gerade auch im Hinblick auf die Wirkung gegenüber anderen als den Vertragspartnern die Abstimmung zwischen Vertrags- und Gesetzesrecht hervorhebt. Ähnlich für Eingliederungsverträge: *H. Wagner* (1994), S. 172.

[622] Darin ist sich auch die h.M. einig, freilich mit dem Unterschied, daß der unangetastete Fortbestand der Vertragsbindungen selbst auf der überstaatlichen Ebene konstatiert

möglichkeit der Gesetzgebung und einen Normkonflikt auf der staatlichen Rechtsebene unterhalb der Länderverfassungen an, so kann im Rahmen zugestandener Bindungen die notwendige Kollisionsentscheidung nur zugunsten des Vertrages getroffen sein[623].

(3) Gerichtliche Durchsetzbarkeit der Vertragsbindungen

Zu klären bleibt schließlich noch die Frage, wie die kirchlichen Vertragspartner die vertraglichen Bindungen durchsetzen können, wenn die Vertragsverletzung direkt durch den Gesetzgeber erfolgt. Im Vertrag selbst sind keine Sanktionen für den Fall des Vertragsbruchs vorgesehen. Mangels anderweitiger einschlägiger Mittel kommt lediglich die gerichtliche Durchsetzung in Betracht. Auch die Motive der Vertragspartner zielten in der Frage der Durchsetzbarkeit, sofern dazu überhaupt Stellung bezogen wurde, auf die Einklagbarkeit vor staatlichen Gerichten ab, die hier nun zu überprüfen ist. Nach einer Hinführung zu den wenigen überhaupt in Betracht kommenden gerichtlichen Durchsetzungsmöglichkeiten [(a)] gilt es, sowohl die sachlichen Bedingungen [(b)] als auch anschließend die formellen, d.h. die prozessualen Sachentscheidungsvoraussetzungen [(c)], für eine etwaige gerichtliche Durchsetzung der staatskirchenvertraglichen Verpflichtungen des Gesetzgebers gegenüber den vertragsberechtigten Religionsgemeinschaften näher herauszuarbeiten.

(a) Ausschließlicher Zugriff auf förmliche Gesetze in verfassungsgerichtlichen Verfahren

Zwar wurde bereits gezeigt, daß die Vertragspositionen weitgehend vor staatlichen Gerichten durchsetzbar sind, weil und soweit sie sich bei der Anwendung im Einzelfall nach der den Grundsätzen der Spezialität und Vertragstreue verpflichteten vertragsfreundlichen Auslegung gegenüber gesetzlichen Bestimmungen behaupten. Der hier zu behandelnde Konfliktfall ist aber dadurch gekennzeichnet, daß gesetzliche Anordnungen

---

wird; vgl. nur: v. Mangoldt / Klein / *A. v. Campenhausen*, GG, Art. 140 GG, Rn. 57f.; *J. Müller-Volbehr*, HdbStKirchR I, S. 289, 297.

[623] Demgegenüber haben die Einwände, die diese innerstaatlichen Konsequenzen unter Hinweis auf die besondere Bedeutung der Gesetzgebungsfunktion als Ausdruck des Volkswillens im souveränen Staat ablehnen, nicht bei der Herausarbeitung der Reichweite staatskirchenvertraglicher Bindungswirkungen, sondern viel grundsätzlicher anzusetzen. Diese Bedenken betreffen schon die Frage nach den Bindungsmöglichkeiten der Gesetzgebung selbst, die in dieser Arbeit unter III. Teil B. II. 1. d) bb) (3) (= S. 161ff.) aufgegriffen wurde.

selbst der Gewährleistung der Vertragspositionen entgegenstehen, die mangels Auslegungsspielraum nur über eine Hintanstellung des Gesetzes aufrechterhalten werden können. Das staatliche Prozeßrecht sieht freilich in Respekt vor der Gewaltenteilung keine Rechtsbehelfe gegen förmliche Gesetze vor der Verwaltungsgerichtsbarkeit vor[624]. Die Normenkontrolle nach § 47 VwGO bezieht sich, sofern sie überhaupt vorgesehen ist, nur auf untergesetzliche Rechtsetzung. Im Falle einer echten Normenkollision zwischen Gesetz und Vertragsbindung fehlt es den Fachgerichten an der Kompetenz, die Rechtswidrigkeit förmlicher Gesetze festzustellen und ihre Anwendung auszuschließen[625]. Mit Rücksicht auf die besondere Stellung des demokratischen Gesetzgebers, zur Wahrung seiner Autorität[626] und zur Gewährleistung der einheitlichen Gültigkeit von Gesetzen[627] ist die Normverwerfungskompetenz mit der Ausgestaltung der verfassungsgerichtlichen Verfahren bei den Verfassungsgerichten konzentriert[628]. Das Normverwerfungsmonopol ist nicht nur auf die verfassungsrechtliche Überprüfung beschränkt. Wie sich aus Art. 100 I 2 2. Var. GG ergibt, dient es umfassend dem Schutz des demokratisch legitimierten nachkonstitutionellen Gesetzgebers[629]. Die Geltung parlamentsbeschlossener Gesetze soll nicht aufgrund fachgerichtlicher Vorrangfeststellung nach der Hierarchie der Normen ausgeschlossen werden[630]. Daher könnte allein die Verfassungsgerichtsbarkeit auf der Länder- wie der Bundesebene dem vertraglichen Verbot, die Rechtslage durch Gesetz zu ändern, gegenüber vertragswidrigen Gesetzen zur Durchsetzung verhelfen. Zur Geltendmachung staatskirchenvertraglicher Rechte sind freilich weder besondere Rechtsbehelfe eingerichtet worden, noch bestehen spezifisch auf das Staat-Kirche-Verhältnis zugeschnittene verfassungsgerichtliche Rechtsbehelfe[631], wie etwa die bundesstaatlichen Streitigkeiten nach Art. 93 I Nr. 3 und 4 GG bei Auseinandersetzungen über das gliedstaatliche Staatsvertragsrecht zur Anwendung kommen[632]. Auch objektive

---

624 *F. Hufen*, § 19 Rn. 3; enger noch *W.-R. Schenke*, Rn. 132.

625 *A. Hollerbach* (1965), S. 266f.; a.A. wohl *H. Weber*, HdbStKirchR II, S. 1047, 1065, nach dem eine Feststellungsklage „denkbar“, aber wegen des von ihm angenommenen Vorbehalts zugunsten der lex posterior unbegründet sei.

626 So bei *K.A. Bettermann*, in: BVerfG und GG I, S. 323, 328, besonders herausgestellt.

627 Diese Aspekte der Rechtseinheit und Rechtssicherheit betonen *K. Schlaich*, 3. Aufl, Rn. 130, und *W. Löwer*, HStR II, § 56 Rn. 66.

628 BVerfGE 1, 184 [197ff.], st. Rspr.; *E. Klein*, in: Benda / Klein, Rn. 691; *Sturm*, in: *M. Sachs* (Hrsg.), GG, Art. 100 Rn. 5.

629 Vgl. BVerfGE 2, 124 [128ff.].

630 *W. Löwer*, HStR II, § 56 Rn. 87.

631 Vgl. *A. Hollerbach* (1965), S. 264f.

632 Vgl. nur *H. Wagner* (1994), S. 268ff. m.N.

Normenkontrollverfahren scheiden mangels kirchlicher Beteiligtenfähigkeit aus[633], von der Möglichkeit der inzidenten Normenkontrolle nach Art. 100 I GG einmal abgesehen, die als Richtervorlage freilich nicht in der Hand der vertragsberechtigten Kirchen liegt. So kommt zur Ausschaltung der vertragswidrigen Gesetze für die Religionsgemeinschaften allein die Verfassungsbeschwerde in Betracht[634].

(b) Staatskirchenvertragsverletzungen als Gegenstand von Verfassungsstreitigkeiten

Die Verfassungsbeschwerde und das Vorlageverfahren nach Art. 100 I GG dienen der verfassungsgerichtlichen Prüfung von förmlichen Gesetzen auf ihre Vereinbarkeit mit Verfassungsrecht im förmlichen Sinn bzw., beim Vorlageverfahren, mit Bundesrecht insgesamt[635]. Das Vertragsrecht gestaltet die verfassungsrechtliche Stellung der Kirchen gegenüber dem Staat aber nicht auf der Ebene förmlichen Verfassungsrechts aus. Es bildet lediglich eine verfassungsrechtlich vorgesehene staatskirchenrechtliche Handlungsform mit prinzipiell gleichem Rang wie die förmlichen Gesetze. Denn es ist weder nach den Vorschriften für Verfassungsänderungen zustandegekommen, d.h. geschlossen bzw. erlassen worden, noch genügt es den Anforderungen an eine Änderung oder Ergänzung der Verfassung. Es wird insbesondere nicht dem Gebot verfassungsinterner Verfassungsänderung, dem „Verbot von Nebenverfassungen“[636], gem. Art. 79 Verf.BBG, Art. 56 I Verf.M.-V., Art. 74 I Sächs.Verf., Art. 78 I Verf.LSA und Art. 83 I Verf. Th. gerecht. Die in den Staatskirchenverträgen vereinbarten Verpflichtungen des Staates selbst sind daher kein verfassungsgerichtlich heranziehbarer Prüfungsmaßstab aus dem Verfassungsrecht. Deshalb kann allein mit der Verletzung staatskirchenvertraglicher Rechte weder eine Verfassungsbeschwerde erhoben[637] noch eine konkrete Normenkontrolle nach Art. 100 I GG begründet werden. Voraussetzung für einen verfassungsgerichtlichen Rechtsschutz wäre vielmehr, daß eine Verletzung der Vertragsbestimmungen durch den staatlichen Gesetzgeber

---

[633] Vgl. *A. Hollerbach* (1994), S. 253, 284; weitergehend noch *ders.* (1965), S. 266f. mit der Annahme einer auf Art. 19 IV GG gestützten „Möglichkeit, durch Individualklage ein Normenkontrollverfahren in Gang zu bringen“.

[634] *A. Hollerbach* (1994), S. 253, 284, und ähnlich für das Landesverfassungsrecht, S. 284f.

[635] Vgl. *W. Löwer*, HStR II, § 56 Rn. 164f., 66f., 86f.

[636] Vgl. dazu *J. Lücke*, in: *M. Sachs* (Hrsg.), GG, Art. 79 Rn. 1.

[637] *H. Weber*, HdbStKirchR II, S. 1047, 1071, für das Bundesverfassungsgericht, und S. 1073 für landesverfassungsrechtliche Verfassungsbeschwerden.

zugleich einen Verstoß gegen Verfassungsrecht begründet[638]. Ein solcher liegt jedenfalls bei einer Verletzung der staatskirchenvertraglich novellierten oder ausgestalteten Staatsleistungen an die Religionsgemeinschaften vor und kann ggf. auch für die Vertragsgewährleistungen des kirchlichen Vermögens anzunehmen sein, weil und soweit diese die verfassungsrechtlichen Garantien der Staatsleistungen und des Kirchenguts tatbestandlich konkretisieren[639]. Von erheblich größerer Bedeutung für verfassungsgerichtliche Kontrollmöglichkeiten vertragswidriger Gesetze ist freilich die allgemeine verfassungsrechtliche Grundlage der staatskirchenvertraglichen Bindungen staatlicher Gesetzgebung. Die Verfassung räumt auf Bundesebene über die Ausgestaltung der Staat-Kirche-Beziehungen als Zuordnungsverhältnis zweier getrennter, prinzipiell gleichgeordneter Verbände mit originärer Eigenrechtsmacht gem. Art. 140 GG / Art. 137 I, III WRV die Möglichkeit staatsvertraglicher Bindungen des staatlichen Gesetzgebers gegenüber Religionsgemeinschaften innerhalb der staatlichen Rechtsordnung ein.

Soweit solche mit Zustimmung des Gesetzgebers eingegangenen Bindungen innerhalb des für alle geltenden Gesetzes greifen, läßt die Verfassungsentscheidung zugunsten der staatskirchenvertraglichen Koordinierung keine abweichenden Gesetze zu. Strebt der vertragsgebundene Gesetzgeber außerhalb des staatlichen Kompetenzvorbehalts die Aufhebung oder Verdrängung vertraglich bekräftigter Gewährleistungen kirchlichen Wirkens mittels einer lex posterior an, so stellt dies eine gröbliche Mißachtung der verfassungsrechtlich gebotenen Respektierung eingegangener staatsvertraglicher Bindungen dar. Schwerwiegend ist der Verstoß deshalb, weil nur ein ausdrücklich erklärter und direkt gegen die Verbindlichkeit der Vertragspflichten gerichtetes Gesetz überhaupt die hier zu behandelnde Konfliktlage auslöste, gelänge doch im übrigen eine unumstrittene Kollisionslösung zugunsten der vertraglichen Berechtigungen schon mithilfe des Grundsatzes der vertragsfreundlichen Auslegung. Mit einem solchen offenen Vertragsbruch sind die verfassungsrechtlichen Grundlagen, die Eigenständigkeit der Kirchen und die daraus folgenden staatsvertraglichen Bindungsmöglichkeiten, selbst in Abrede gestellt[640]. Insoweit wäre spezifisches Verfassungsrecht des Grundgesetzes auch mit vertragswidrigem Handeln des Gesetzgebers verletzt, was in die Kontrollkompetenzen des Bundesverfassungsgerichts im Rahmen der Verfassungsbe-

---

[638] *H. Weber*, HdbStKirchR II, S. 1047, 1071, 1073; vgl. auch *A. Hollerbach* (1994), S. 253, 284f.

[639] Vgl. dazu oben III. Teil B. II. 1. d) bb) (3) (d) (= S. 172–174)!

[640] Vgl. insoweit auch *U. Scheuner* (1968), S. 326f.

schwerde ebenso wie bei der konkreten Normenkontrolle nach Art. 100 I GG fällt. Darüber hinaus läge weiter auch ein entsprechender Verstoß gegen Landesverfassungsrecht vor, der einer Prüfung in Verfassungsbeschwerdeverfahren vor den Landesverfassungsgerichten zugänglich wäre. Denn die Landesverfassungen sind an die Vorgaben des Grundgesetzes für die Gestaltung des Staat-Kirche-Verhältnisses gebunden[641]. Auch sie räumen daher staatsvertragliche Bindungsmöglichkeiten des Gesetzgebers gegenüber den Kirchen ein, ja unterstreichen die verfassungsrechtliche Entscheidung für eine gleichberechtigte und verbindliche Koordinierung zwischen Staat und Kirche in den Grenzen des „für alle geltenden Gesetzes" zum Teil noch mit ausdrücklichen Vertragsabschlußbestimmungen.

(c) Die prozessualen Voraussetzungen einer verfassungsgerichtlichen Durchsetzung

Steht danach fest, daß die direkte staatsgesetzliche Verletzung staatskirchenvertraglicher Verpflichtungen der Prüfung durch die Verfassungsgerichte zugänglich ist, so bleibt noch aufzuzeigen, ob und wie die vertragsberechtigten Religionsgemeinschaften eine solche gerichtliche Kontrolle der Vertragsbindungen erreichen können. Als einziger Rechtsbehelf zur eigenständigen Geltendmachung kirchlicher Rechte vor den Verfassungsgerichten kommt nur die Verfassungsbeschwerde in Betracht. Der Übersichtlichkeit halber sollen deren Erfolgsaussichten im Konfliktfall vertraglicher Rechtspositionen mit dem abweichenden nachfolgenden Gesetz nur auf der bundesrechtlichen Ebene gem. den Bestimmungen nach Art. 93 I Nr. 4 a GG i.V.m. § 13 Nr. 8 a BVerfGG i.V.m. §§ 90ff. BVerfGG näher untersucht werden[642]. Die meisten Sachentscheidungsvoraussetzungen werfen keine besonderen Schwierigkeiten auf. Die vertragsschließenden Religionsgemeinschaften sind beschwerdefähig, da sie auch als Körperschaften des öffentlichen Rechts nach Art. 140 GG/Art. 137 V WRV von der grundrechtsverpflichteten staatlichen Gewalt zu trennende juristische Personen[643] und damit Träger von Grundrechten nach Maß-

---

641 Dazu näher: *P. Badura*, HdbStKirchR I, S. 211, 249f.; vgl. am Beispiel von NRW auch: *M. Winkelmann*, DVBl. 1991, S. 791ff.

642 Die landesverfassungsgerichtlichen Verfahren sind entsprechend zu beurteilen; vgl. die Nachweise bei *H. Weber*, HdbStKirchR II, S. 1047, 1073f. (Fn. 124).

643 Vgl. BVerfGE 18, 385 [386f.] st. Rspr.; BVerfGE 30, 415 [428]; 42, 312 [321]; 55, 207 [230]; 66, 1 [19f.]; *A. Hollerbach*, HStR VI, § 138 Rn. 132; *A. v. Campenhausen*, 3. Aufl., S. 140, 142; *Hemmrich*, in: *I. v. Münch* (Hrsg.), GGK III, 3. Aufl., Rn. 22 zu Art. 140 GG;

gabe von Art. 19 III GG sind[644]. Das vertragswidrige Gesetz wäre als Akt öffentlicher Gewalt zulässiger Gegenstand einer Verfassungsbeschwerde. Das Erfordernis der Subsidiarität und Rechtswegerschöpfung nach § 90 II BVerfGG steht mangels Rechtsbehelfen gegen Gesetze der Erhebung einer Verfassungsbeschwerde direkt gegen das vertragswidrige Gesetz nicht entgegen[645]. Erläuterungsbedarf besteht für die Erhebung der Verfassungsbeschwerde aus den staatskirchenvertraglichen Beziehungen heraus aber unter den Gesichtspunkten der Zuständigkeit staatlicher Gerichtsbarkeit [(aa)] und der allein rüge- und abwehrfähigen Verletzung in Grundrechten oder grundrechtsgleichen Rechten des Beschwerdeführers, d.h. der Beschwerdebefugnis [(bb)].

(aa) Staatliche Rechtsprechungskompetenzen in den staatskirchenvertraglichen Beziehungen

Der Überblick über den Streitstand zu den staatskirchenvertraglichen Bindungswirkungen hat gezeigt, daß nach der überwiegenden Meinung die vertraglichen Festlegungen nicht der staatlichen Gerichtsbarkeit unterstellt sein sollen. Die Argumentation, mit der ein Ausschluß staatsvertraglicher Regelungen von den staatlichen Rechtsprechungskompetenzen begründet wird, ist freilich nach der hier jedenfalls für die nichtvölkerrechtlichen Vertragsverpflichtungen dargelegten Grundlegung der Vertragsbindungen im verfassungsrechtlich angelegten Zuordnungsverhältnis von Staat und Kirche nicht mehr tragfähig[646]. So kann der Annahme staatlichen Rechtsschutzes für die im Vertrag selbst vereinbarten Bindungen nicht entgegengehalten werden, daß sie sich nicht aus der staatlichen

---

K.-H. Kästner (1991), S. 118f.; *H. Weber*, ZevKR 41 (1996), S. 172, 220; *S. Muckel*, DÖV 1995, S. 311, 313; *P. Kunig / R. Uerpmann*, DVBl. 1997, S. 248, 251; *M. Kleine* (1993), S. 200f.

[644] Vgl. nur BVerfGE 19, 1 [5]; *P. Kirchhof*, HdbStKirchR I, S. 651, 676; *D. Ehlers*, in: *M. Sachs* (Hrsg.), GG, Art. 140 GG / Art. 137 WRV Rn. 19; *K. Schlaich*, 3. Aufl., Rn. 200; *E. Benda / E. Klein*, Rn. 391; vgl. auch *H. Weber*, HdbStKirchR II, S. 1047, 1068 m.N.

[645] Vgl. allgemein zur Zulässigkeit von Verfassungsbeschwerden unmittelbar gegen Gesetze: *K. Schlaich*, 3. Aufl., Rn. 244ff.

[646] Nur soweit die in den Staatskirchenverträgen mit dem Heiligen Stuhl begründeten Bindungen allein völkerrechtlicher Natur sind, greifen dagegen keine staatlichen Gerichtszuständigkeiten, aber auch keine auf der völkerrechtlichen Ebene, weil der Heilige Stuhl sich nicht der Internationalen Gerichtsbarkeit unterworfen hat; vgl.: *H. Weber*, HdbStKirchR II, S. 1047, 1080. Soweit dort hingegen Bindungen auf der Grundlage der staatlichen Rechtsordnung begründet werden, was die Vertragsgundlage des Art. 140 GG / Art. 137 I, III 1 WRV dem Vertragswillen der Parteien ohne weiteres ermöglicht, gelten auch für die Durchsetzung der Konkordatsbindungen die folgenden Erwägungen.

Rechtsordnung ergäben[647]. Die Vertragsbindungen haben ihre Grundlage, wie gezeigt, allein in der im staatlichen Recht angelegten besonderen Rechtsstellung der Kirchen gegenüber dem Staat, die als staatliches Religionsrecht grundsätzlich der staatlichen Rechtsprechungskompetenz unterfällt. Die vertragliche Koordinierung von Staat und Kirche unter dem Grundgesetz schließt die einseitige Unterstellung des nichtvölkerrechtlichen Staatskirchenvertragsrechts unter die staatlichen Gerichtszuständigkeiten keineswegs grundsätzlich gemäß dem Satz „par in parem non habet iudicium"[648] aus. Denn die Zuordnung von Staat und Kirche auf der Vertragsgrundlage des Art. 140 GG / Art. 137 III 1 WRV erfolgt zwar prinzipiell gleichrangig, aber kompetentiell differenzierend nach den jeweiligen Verantwortlichkeiten mit dem Alleinbestimmungsrecht für die jeweils eigene, weltliche oder religiöse, Aufgabenwahrnehmung.

Die staatlichen Rechtsprechungsfunktionen sind aber nach Art. 92 GG den staatlichen Richtern anvertraut und damit für alle Angelegenheiten der staatlichen Rechtsordnung grundsätzlich der staatlichen Gerichtsbarkeit mit einer Pflicht zu staatlicher Justizgewährung überantwortet[649]. Die staatliche Justizgewährung bildet geradezu ein Strukturelement der freiheitlichen Stellung der Religionsgemeinschaften im Staat[650]. Unabhängig von der Streifrage nach der staatlichen Gerichtsbarkeit in eigenen Angelegenheiten der Religionsgemeinschaften[651] obliegt jedenfalls die rechtliche Entscheidung in Streitigkeiten über säkulare innerstaatliche Rechtsbindungen auch im Verhältnis zwischen Staat und Kirche den zuständigen staatlichen Rechtsprechungsorganen nach den Maßstäben des staatlichen Rechts[652]. Bei den Bestimmungen der Staatskirchenverträge handelt es sich, auch soweit sie die Absicherung bestehender kirchlicher Rechtspositionen betreffen, um staatliches Recht. Die Einordnung der Vertragsbindungen in das von Art. 4, 140 GG geprägte Staat-Kirche-Verhältnis läßt die Staatskirchenvertragsbeziehungen daher den staatlichen Rechtsprechungskompetenzen unterfallen[653]. Ein Ausschluß oder eine Einschrän-

---

[647] So aber wiederum stellvertretend für die h.M.: *D. Pirson*, EvStL, Sp. 3814, 3823; v. Mangoldt / Klein / *A. v. Campenhausen*, GG, Art. 140 GG Rn. 51.

[648] Vgl. *H. Walter*, NJW 1975, S. 1857, 1858.

[649] Im Überblick: *E. Schmidt-Aßmann*, HStR I, § 24 Rn. 71ff.; *K.-H. Kästner* (1991), S. 99ff.; *H. Weber*, HdbStKirchR II, S. 1047, 1049f.

[650] Grundlegend: *K.-H. Kästner* (1991), S. 258ff.

[651] Dazu im Überblick einerseits: ausführlich und mit umfassenden Nachweisen *K.-H. Kästner* (1991), *M. Heckel*, Lerche-FS, S. 213ff.; andererseits: *W. Rüfner*, HdbStKirchR II, S. 1081ff.

[652] *A. Hollerbach*, HStR VI, § 138 Rn. 141ff.

[653] Vgl. *K.-H. Kästner* (1991), S. 156.

kung der Kontrolle durch staatliche Gerichte für die vertraglichen Bindungen kann sich aber aufgrund vertraglicher Absprachen zwischen den Vertragspartnern im Rahmen ihrer vertraglichen Gestaltungsfreiheit ergeben[654]. So bleibt es denkbar, bei Respektierung der Rechtsverbindlichkeit die rechtsprechende Streitschlichtung abweichend von der staatlichen Gerichtsbarkeit auszugestalten, insbesondere Schiedsklauseln, besondere Gerichtsstands- oder Rechtswegvereinbarungen zu treffen[655]. In diesem Sinne ist vereinzelt der staatskirchenvertraglichen Aufnahme einzelner Schieds- und Rechtswegsabreden oder einer allgemeinen Freundschaftsklausel zur gütlichen Einigung von Streitfällen ein Ausschluß staatsgerichtlicher Kontrolle für die Streitigkeiten aus den Staatskirchenverträgen entnommen worden[656].

Die Freundschaftsklauseln der Staatskirchenverträge verpflichten die Vertragspartner zwar auf eine friedliche Beilegung von Auseinandersetzungen über die Auslegung oder Anwendung der vereinbarten Vertragsbestimmungen im Wege des Konsenses. Sie lassen aber die grundlegende verfassungsrechtliche Zuordnung der Rechte und Pflichten im Staat-Kirche-Verhältnis, insbesondere die staatlichen Rechtsprechungsaufgaben oder die Gesetzgebungskompetenzen zur Rahmenziehung mittels des „für alle geltenden Gesetzes“, unangetastet[657]. Die Freundschaftsklausel dient lediglich der verfahrensmäßigen Sicherstellung sachbezogener staatlich-kirchlicher Zusammenarbeit und partnerschaftlicher Konfliktlösungen, indem bei Meinungsverschiedenheiten zuerst ein Versuch zu interner Streitschlichtung vorgeschrieben wird, bevor die Auseinandersetzung nach außen getragen wird[658]. Dem Gesetzgeber gibt sie die Pflicht auf, sich gegenüber den Kirchen um eine einvernehmliche Lösung zu bemühen, wenn begründeter Reformbedarf bei der vertraglich festgelegten

---

654 *A. Hollerbach* (1994), S. 253, 284, sowie *ders.* (1965), S. 257f., auch zu den verfassungsrechtlichen Grenzen.

655 Vgl. dazu im Überblick *H. Weber*, HdbStKirchR II, S. 1047, 1076 und 1066; *H. Engelhardt*, Glossner-FS, S. 95, 114ff.; *A. Hollerbach* (1965), S. 256f. Die Kirchenprovinz Sachsen weist in der Begründung zum synodalen Zustimmungsgesetz für den evKVLSA, S. 16, auf die weiteren Möglichkeiten hin, eine Schiedsinstanz zu vereinbaren.

656 *D. Pirson* (1964), S. 177, 184f.

657 Vgl. *K.-H. Kästner* (1991), S. 158f.

658 Vgl. die amtliche Begründung evKVSachsen, LT-Drs. Sachsen 1/4649, Vertragsbegründung, S. 38, zur Freundschaftsklausel: „im Sinne einer vertrauensvollen Zusammenarbeit nach einvernehmlichen Lösungen zu suchen, bevor Auseinandersetzungen in die Öffentlichkeit getragen und einseitig hoheitlich oder gerichtlich entschieden werden“; ähnlich für Mecklenburg-Vorpommern auch *J. Harder*, Einbringung, S. 25; aus dem Schrifttum nur: *A. Hollerbach* (1965), S. 262, 252ff., 165; vgl. für das Gliedstaatsvertragsrecht aus dem Grundsatz der Bundestreue: BVerwGE 50, 137 [149].

Rechtslage auftritt. Den nach staatlichem Recht Rechtschutzberechtigten hält sie, wie bereits dargelegt, ggf. im Sinne einer Prozeßvoraussetzung, zum Bemühen um eine friedlich-schiedliche Einigung an, um gerichtlichen Streitigkeiten im Vorfeld entgegenzuwirken. Ein vertraglicher Ausschluß gerichtlicher Entscheidungskompetenzen im nicht einvernehmlich zu lösenden Konfliktfall kann der Freundschaftsklausel daher nicht entnommen werden[659]. So enthalten die Motive zu den Staatskirchenverträgen neben den dargelegten Äußerungen zur Durchsetzbarkeit vor allem in Sachsen, aber auch in Mecklenburg-Vorpommern und Sachsen-Anhalt, weitere ausdrückliche Hinweise darauf, daß die Freundschaftsklausel die Rechtsschutzmöglichkeiten auch und gerade für Rechtspositionen aus dem Vertrag nicht in Frage stellen soll[660]. Ebensowenig überzeugt es, wenn im Schrifttum aus der Festlegung besonderer Rechtsbehelfsmöglichkeiten bei einzelnen Vertragsbestimmungen mit dem argumentum e contrario auf einen Ausschluß staatlicher Rechtskontrolle für alle übrigen Vertragsbestimmungen geschlossen wird[661]. Die vereinzelt getroffenen Rechtsbehelfsklauseln gestalten lediglich für konkrete Vertragsbestimmungen den Rechtsschutz besonders aus, um deren spezifische Problematik punktuell einer angemessenen prozessualen Lösung zuzuführen[662]. Soweit Schiedsvereinbarungen wirksam in den Vertrag Aufnahme gefunden haben[663], bestimmt sich die Durchsetzung der vertraglichen Pflichten allein nach ihrer Reichweite unter Ausschluß anderweitiger Rechtsbehelfe[664]. Für die Frage, ob insgesamt der allgemeine staatliche Rechtsschutz auch bei den Staatskirchenvertragsbindungen greift, können sie dagegen nicht herangezogen werden, zumal, wie dargelegt, die Motivlage bei den Vertragspartnern in den neuen Ländern sich zum Teil ausdrücklich gegenläufig darstellt. Als Zwischenergebnis bleibt festzuhalten, daß die staatskirchenvertraglichen Bindungen grundsätzlich der Rechtskontrolle staatlicher Gerichtsbarkeit unterfallen[665].

---

[659] *K.-H. Kästner* (1991), S. 158f.; *A. Hollerbach* (1965), S. 254.

[660] Regierungsbegründung evKVSachsen, LT-Drs. Sachsen 1/4649, Vertragsbegründung, S. 38; Regierungsbegründung JüdVSachsen, LT-Drs. 1/4855, Vertragsbegründung, S. 8f.; auch Regierungsbegründung SachsenKKV, LT-Drs. Sachsen 2/3612, Vertragsbegründung, S. 41; Regierungsbegründung JüdVMV, LT-Drs. MV 2/1718, S. 15; *J. Harder*, Einbringung, S. 25; Regierungsbegründung LSAKKV, LT-Drs. LSA 2/4475, S. 57.

[661] So aber *D. Pirson* (1964), S. 177, 184f.

[662] *K.-H. Kästner* (1991), S. 158 mit Fn. 73; *A. Hollerbach* (1965), S. 257.

[663] Zu den Grenzen vgl. *A. Hollerbach* (1965), S. 257–259; *H. Weber*, HdbStKirchR II, S. 1047, 1066.

[664] *K.-H. Kästner* (1991), S. 159; *H. Weber*, HdbStKirchR II, S. 1047, 1076; *A. Hollerbach* (1994), S. 253, 283; *ders.* (1965), S. 257 und 261.

[665] Vgl. beispielhaft die Regierungsbegründung SachsenKKV, LT-Drs. Sachsen 2/3612,

(bb) Die Geltendmachung unmittelbarer Verletzung in eigenen Grundrechten

Schließlich gilt es zur Erhebung der Verfassungsbeschwerde die Verletzung von eigenen Grundrechten der vertragsberechtigten Religionsgemeinschaften nachzuweisen. Denn die Geltendmachung, durch den gerügten Akt staatlicher Gewalt unmittelbar und gegenwärtig in eigenen verfassungsbeschwerdefähigen Rechtspositionen verletzt zu sein, ist zur Begründung der Beschwerdebefugnis Zulässigkeitsvoraussetzung der Verfassungsbeschwerde[666]. Auch die stattgebende Entscheidung des Verfassungsgerichts ist auf die Rechtsverletzungen der Beschwerdeführer bezogen[667]. Als Ansatzpunkt für eine verfassungsrechtliche Kollisionsentscheidung zugunsten der Staatskirchenvertragsbindungen gegenüber dem direkten Vertragsbruch durch den Landesgesetzgeber ist hier das auf der Zulassung staatsvertraglicher Koordinationsmöglichkeiten nach Art. 140 GG / Art. 137 I, III 1 WRV beruhende Gebot der Vertragstreue auch des Gesetzgebers ausgemacht worden. Diese Verfassungsentscheidung steht nicht im Grundrechtsteil und rechnet auch nicht im übrigen zu dem ausdrücklich in Art. 93 I Nr. 4 a GG abgesteckten Kreis der verfassungsbeschwerdefähigen grundrechtsgleichen Verfassungsgewährleistungen. Allerdings sind die über Art. 140 GG in das Grundgesetz inkorporierten staatskirchenrechtlichen Bestimmungen der Weimarer Reichsverfassung im Zusammenhang mit der grundrechtlichen Garantie der Glaubensfreiheit zu lesen, wie sich nicht nur aus dem inneren untrennbaren sachlichen Bezug[668], sondern auch aus der Entstehungsgeschichte ergibt[669]. Die Regelungen nach Art. 140 GG / Art. 136ff. WRV sind als besondere Ausgestaltung des religiösen Freiraums auf die grundrechtlichen Gewährleistungen nach Art. 4 I, II GG zu beziehen[670].

Für die Frage nach der Wehrfähigkeit der staatskirchenrechtlichen Festlegungen im Wege der Verfassungsbeschwerde besteht dabei trotz aller

---

Vertragsbegründung, S. 13, 25; Regierungsbegründung evKVSachsen, LT-Drs. Sachsen 1 / 4649, Vertragsbegründung, S. 14.

[666] BVerfGE 53, 30 [48]; *W. Löwer*, HStR II, § 56 Rn. 150ff.

[667] *K. Schlaich*, 3. Aufl., Rn. 270.

[668] Statt vieler: *J. Listl*, HdbStKirchR I, S. 439, 444f.; *A. Hollerbach*, HStR VI, § 138 Rn. 108; *A. v. Campenhausen*, 3. Aufl., S. 61f., 81.

[669] *A. v. Campenhausen*, 3. Aufl., S. 49f. m.N.

[670] BVerfGE 83, 341 [354f.]; *M. Morlok*, in: *H. Dreier* (Hrsg.), GG, Art. 4 Rn. 28; *H.D. Jarass*, in: *H.D. Jarras / B. Pieroth* (Hrsg.), GG, Art. 4 Rn. 2f.; v. Mangoldt / Klein / *C. Starck*, GG, Art. 4 Rn. 1f., 78ff.

Meinungsunterschiede im einzelnen[671] zumindest weitgehende Einigkeit hinsichtlich des Ergebnisses: Danach sind, wenn die grundrechtlich geschützte kollektive Freiheit zu religösem Wirken betroffen ist, „auch alle sich aus Art. 140 GG ergebenden Rechtspositionen" der verfassungsgerichtlichen Prüfung und Entscheidung zugänglich[672]. Denn im grundrechtlich geprägten Verfassungssystem bilden Art. 4 I, II GG und Art. 140 GG einen engen Ordnungszusammenhang, in dem das Grundrecht das Kernstück und die von der Weimarer Reichsverfassung übernommenen Grundlagen des Staat-Kirche-Verhältnisses sich als notwendige und rechtlich selbständige Ausprägungen und Ergänzungen des Grundrechts darstellen[673]. Dieser enge Gewährleistungszusammenhang wird im Schrifttum verfassungsprozessual teilweise unmittelbar durch die Anerkennung der inkorporierten Regelungen als selbst verfassungsbeschwerdefähige Rechte mit dem Argument umgesetzt, daß diese subjektivrechtlichen und damit grundrechtlichen, jedenfalls grundrechtsähnlichen Gehalt aufwiesen[674]. Andere lesen die über Art. 140 GG inkorporierten staatskirchenrechtlichen Bestimmungen der Weimarer Reichsverfassung direkt in den Schutzbereich von Art. 4 I, II GG hinein, jedenfalls sofern sie einen grundrechtlichen Gehalt aufweisen[675]. Und schließlich soll nach der bei weitem überwiegenden Meinung der in Art. 140 GG enthaltene Gewährleistungsgehalt als in der Begründetheitsprüfung zu berücksichtigender verfassungsrechtlicher Kontrollmaßstab für die Staat-Kirche-Beziehungen zumindest mittelbar im Rahmen einer auf die Glaubensfreiheit aus Art. 4 I, II GG gestützten Verfassungsbeschwerde einer Entscheidung des Verfassungsgerichts zugeführt werden können[676]. So können die vertragsberechtigten Religionsgemeinschaften in jedem Fall mit der Behauptung einer Verletzung in ihren nach Art. 4 I, II GG garantierten Rechten die

---

671 Knapper Überblick bei *D. Ehlers*, in: *M. Sachs* (Hrsg.), GG, Art. 140 GG Rn. 2ff. m.N.

672 *A. Hollerbach* (1994), S. 253, 284, und ähnlich für das Landesverfassungsrecht, S. 284f.

673 Für die vermittelnde h.M.: BVerfGE 72, 278 [289]; st. Rspr.!; *P. Badura* (1989), S. 16f., 21, 46f.; v. Mangoldt / Klein / *A. v. Campenhausen*, GG, Art. 140 GG / Art. 137 WRV Rn. 26f.; *A. Hollerbach*, HStR VI, § 138 Rn. 114.

674 *D. Ehlers*, in: *M. Sachs* (Hrsg.), GG, Art. 140 GG Rn. 3.

675 *J. Lücke*, EuGRZ 1995, S. 651, 652ff.

676 So für die bei weitem überwiegende, im einzelnen freilich zu differenzierende Meinung, die sich auf den Wortlaut des Art. 93 I Nr. 4 a GG stützen kann: BVerfGE 19, 129 [135]; 42, 312 [322f.]; *M. Morlok*, in: *H. Dreier* (Hrsg.), GG, Art. 4 Rn. 28; *K. Schlaich*, 3. Aufl., Rn. 216; *H. Weber*, HdbStKirchR II, S. 1047, 1069f.; *H. Weber*, ZevKR 41 (1996), S. 172, 191f.; *K. Hesse*, HdbStKirchR I, S. 521, 524ff. und Fn. 8; vgl. weiter *A. Hollerbach*, HStR VI, § 138 Rn. 93, 108; mit erweiternder Tendenz: *J. Listl*, HdbStKirchR I, S. 439, 444f.; mit einengender Tendenz: *J. Wieland*, Der Staat 25 (1986), S. 321, 323ff.

verfassungsrechtliche Überprüfung eines Vertragsbruchs durch den Gesetzgeber veranlassen.

Für den Einstieg in die Sachentscheidung ist nach ständiger Rechtsprechung des Bundesverfassungsgerichts im Rahmen der Beschwerdebefugnis die Möglichkeit einer gegenwärtigen und unmittelbaren Verletzung in eigenen Grundrechten darzulegen[677]. Bei einer Verfassungsbeschwerde gegen ein Gesetz wird besondere Aufmerksamkeit dem Nachweis der Unmittelbarkeit der Betroffenheit des Beschwerdeführers zu widmen sein, um die fehlende Filterfunktion der Rechtswegerschöpfung gem. § 90 II 1 BVerfGG zu kompensieren[678]. Ein direkt gegen die Bindungen aus Staatskirchenverträgen gerichtetes Gesetz würde aber ohne weitere Zwischenakte die verfassungsrechtliche Anerkennung kirchlicher Eigenrechtsmacht und Entscheidung für staatsvertragliche Koordinationsmöglichkeiten nach Art. 140 GG / Art. 137 III WRV in Abrede stellen. Sofern es damit weiter selbst die rechtlichen Gewährleistungen des kirchlichen Wirkens für die Zukunft und auf Dauer verkürzt, würde es unmittelbar und gegenwärtig die freie kollektive Glaubenswahrnehmung der vertragsberechtigten Religionsgemeinschaften nach Art. 4 I, II GG beeinträchtigen und die Beschwerdebefugnis eröffnen[679]. Allerdings ist je nach rechtlicher und tatsächlicher Komplexität der Fallgestaltung gleichwohl nach dem Grundsatz der Subsidiarität der Verfassungsbeschwerde im Rahmen der Zumutbarkeit für den Beschwerdeführer an eine vorrangige Prüfung vor den Verwaltungsgerichten zu denken[680]. Eine vorrangige fachrichterliche Entscheidung ist vor allem dann in Betracht zu ziehen, wenn zunächst mithilfe einer verwaltungsgerichtlichen Aufbereitung der vertraglichen Streitigkeiten über den Ausschluß vertragskonformer Auslegungsmöglichkeiten u.ä. die konkrete verfassungsrechtliche Fragestellung der Staatskirchenvertragstreue des Landesgesetzgeber herauszuarbeiten wäre.

(4) Zwischenergebnis

Im Ergebnis steht daher den kirchlichen Vertragspartnern die Durchsetzung der Staatskirchenvertragsbindungen gegenüber dem vertragsbrü-

---

[677] BVerfGE 53, 30 [48]; 60, 360 [370]; *E. Benda / E. Klein*, Rn. 481f.; *C. Pestalozza*, § 12 Rn. 40ff.

[678] *W. Löwer*, HStR II, § 56 Rn. 155; *H. Klein*, Zeidler-FS II, S. 1325ff.; *K. Schlaich*, 3. Aufl., Rn. 223ff., 244.

[679] Vgl. *A. Hollerbach* (1994), S. 253, 284.

[680] Vgl. im Überblick über die im einzelnen umstrittene Problematik: *E. Benda / E. Klein*, Rn. 415ff., 460ff.; *K. Schlaich*, 3. Aufl., Rn. 245ff.

chigen Landesgesetzgeber mittels einer verfassungsgerichtlichen Entscheidung offen. Diese kann zum einen direkt im Rahmen einer Rechtssatzverfassungsbeschwerde gegen das vertragswidrige Gesetz angegangen werden. Scheitert dies aus Gründen der Subsidiarität, so bleibt zum anderen der Weg, über den Verwaltungsrechtszug aus Anlaß eines konkreten, auf dem vertragswidrigen Gesetz beruhenden Streitfalls eine äquivalente Prüfung des zu rügenden Gesetzes vor dem Verfassungsgericht herbeizuführen. Das kann entweder über eine Richtervorlage nach Art. 100 I GG oder inzident im Rahmen einer Urteilsverfassungsbeschwerde gegen das letztinstanzliche Urteil geschehen. Die Staatskirchenverträge können danach die in sie gesetzten, mit der Absicherungsfunktion verbundenen Erwartungen der Vertragspartner jedenfalls zum Teil erfüllen. Denn sie gewährleisten verläßlich und durchsetzbar den Fortbestand von Rechtspositionen kirchlichen Wirkens gegenüber dem Landesgesetzgeber, sofern nicht der staatliche Kompetenzvorbehalt des für alle geltenden Gesetzes gegenüber der koordinierenden Zuordnung von Staat und Kirche greift.

cc) Die Bindungen bei Eingreifen des staatlichen Kompetenzvorbehalts

Schließlich bleibt noch nachzuzeichnen, welche Bindungswirkungen die Staatskirchenverträge entfalten, wenn sich der Landesgesetzgeber bei Abweichungen von den vertraglichen Festlegungen auf die ihm auch nach der staatskirchenvertraglichen Einigung verbleibende Alleinbestimmungsmacht zur Schrankenziehung mittels des „für alle geltenden Gesetzes" stützen kann. Die Konfliktlösung hat dabei systemgerecht nicht auf eine in ihren Ergebnissen wohl akzeptable, vom dogmatischen Ansatz freilich problematische[681] Anwendung des Rechtsgrundsatzes der clausula rebus sic stantibus abzuheben, sondern bei der grundlegenden Zuordnungsregel des Art. 140 GG / Art. 137 III 1 WRV anzusetzen. Der Kompetenzvorbehalt des Gesetzgebers gegenüber den Staatskirchenvertragsbindungen hat mit der aufgezeigten Abwägungsentscheidung ganz anders zu begründende Voraussetzungen als die auf dem Rechtsgrundsatz von Treu und Glauben beruhende clausula[682] oder der Wegfall der Geschäftsgrundlage[683]. Letztere greifen erst, wenn sich die Vertragsumstände so wesentlich ändern, daß dem Vertragspartner ein Festhalten an den Bindun-

[681] Vgl. dazu oben III. Teil B. II. 1. d) bb) (3) (b) (= S. 165f.)!
[682] Vgl. BVerfGE 34, 216 [229ff.]; *K. Stern*, Mikat-FS, S. 775, 784f.; 778ff.
[683] Vgl. *D. Lorenz*, DVBl. 1997, S. 865, 866ff.

gen nicht mehr zumutbar ist. Da die Staatskirchenvertragsbindungen von vornherein nur soweit angelegt sind, wie sie der notwendigen staatlichen Aufgabenwahrnehmung durch das für alle geltende Gesetz nicht entgegenstehen, bleibt für die Billigkeitslösung zur Begrenzung der staatskirchenvertraglichen Absicherungsfunktion kaum mehr Raum. Die konkrete Reichweite des staatskirchenvertraglichen Kompetenzvorbehalts zugunsten des „für alle geltenden Gesetzes" wird aber schon ihrerseits selbst über eine verhältnismäßige Zuordnung der jeweiligen Verantwortlichkeiten und Rechtsgüter ermittelt. Dabei stehen den Verfassungsentscheidungen für eine staatsvertragliche Koordinierung zwischen Staat und Kirche mit besonderem Schutz für die vermögenswerten Vertragspositionen auf der einen Seite die staatlichen Ordnungsfunktionen auf der anderen Seite gegenüber. Bei widerstreitenden Positionen staatlicher und kirchlicher Aufgabenwahrnehmung erfolgt die Zuordnung nach Art. 140 GG / Art. 137 III 1 WRV im Wege eines schonenden Ausgleichs zwischen Schrankenzweck und „Kirchenfreiheit", hier in der vertragsgebundenen Konkretisierung, unter Berücksichtigung ihrer Wechselwirkung[684]. Das aber heißt, keines der in Konflikt stehenden Rechtsgüter absolut zu setzen, sondern beide Seiten auch im Kollisionsfall zu optimaler Entfaltung zu bringen[685]. Erscheint danach ein Zugriff auf die Vertragsregelungen zur Durchsetzung staatlicher Ordnungsfunktionen unumgänglich, so muß er doch auf der anderen Seite den vertraglichen Ordnungszusammenhang wahren und den vertragsgeschützten kirchlichen Interessen möglichst weitgehend Rechnung tragen. Dies kann nur dadurch geschehen, daß die in dem ursprünglichen zwischen Staat und Kirche vereinbarten Interessenausgleich zum Ausdruck gekommenen Belange der kirchlichen Vertragspartner sich weiter in staatskirchenvertraglichen Bindungen fortsetzen, soweit dem nicht die zum staatsgesetzlichen Zugriff berechtigenden zwingenden Erfordernisse staatlicher Aufgabenwahrnehmung entgegenstehen.

Diese verfassungsgebotene Güterabwägungslösung läßt sich eingängig veranschaulichen anhand der vermögensbezogenen Vertragsgewährlei-

---

[684] Dazu III. Teil B. II. 1. d) bb) (3) (c) (= S. 168ff.) und zu den verfassungsrechtlichen Grundlagen dieser Zuordnung mithilfe der an der h.M. zu anderen Grundrechten, insbesondere zu Art. 5 GG ausgebildeten Wechselwirkungslehre: *M. Heckel*, VVDStRL 26 (1968), S. 42ff., 54; *W. Weber*, E.R.Huber-FS, S. 181, 198; *A. Hollerbach*, HStR VI, § 138 Rn. 119; *A. v. Campenhausen*, 3. Aufl., S. 115, 118ff.; *D. Ehlers*, in: *M. Sachs* (Hrsg.), GG, Art. 140 GG / Art. 137 WRV Rn. 11.

[685] So beispielhaft aufgezeigt bei *K. Hesse*, HdbStKirchR I, S. 521, 554.

stungen zugunsten der Kirche[686]. Nach ganz überwiegender Meinung beurteilt sich die Zulässigkeit eines staatlichen Zugriffs auf Kirchengut nach Art. 140 GG / Art. 138 II WRV im wesentlichen nach einer Abwägungsentscheidung auf der Grundlage der allgemeinen Zuordnung von kirchlicher Freiheit und staatlicher Funktionserfüllung gem. Art. 140 GG / Art. 137 III 1 WRV[687]. Der einseitige Entzug von Vermögenspositionen der Kirche, zu denen auch die vertraglichen Rechte der Kirche zählen, ist danach nur unter zwei Voraussetzungen gerechtfertigt: Zum einen darf er nur zugunsten überwiegender Belange staatlicher Funktionswahrnehmung erfolgen, an deren Gewichtigkeit umso größere Anforderungen zu stellen sind, je bedeutsamer sich die betroffenen Vermögensgüter für die kirchliche Auftragserfüllung darstellen[688]. Zum anderen muß im Falle notwendigen staatlichen Eingreifens im Gegenzug ein gleichwertiger Ersatz bzw., wo dies nicht möglich ist, ein voller Wertausgleich zur Wahrung der freien kirchlichen Wirkungsmöglichkeiten gewährt werden, soweit das entzogene Kirchenvermögen deren Sicherstellung dient[689]. Dies wird dann Gegenstand der vertraglichen Bindungen bzw. gegebenfalls einer einmaligen Ausgleichsleistung. In Abweichung zum allgemeinen Eigentumsschutz nach Art. 14 GG vermag allein diese streng auf Erhaltung der materiellen Basis des religiösen Wirkens ausgerichtete Abwägungslösung[690] dem besonderen verfassungsrechtlichen Schutz des vertraglich begründeten Kirchenguts Rechnung zu tragen und die Verhältnismäßigkeit des staatlichen Zugriffs zu wahren.

Auch die übrigen, nicht vermögensbezogenen staatskirchenvertraglichen Rechtspositionen der Kirche werden mit der Abwägungslösung nach Art. 140 GG / Art. 137 III 1 WRV vor dem beliebigen Zugriff der staatlichen Gesetzgebung bewahrt. Eine einseitige und unausgeglichene

---

[686] Vgl. ähnlich für das ungarische Staatskirchenvertragsrecht: *H. Engelhardt*, Geiger-FS II, S. 722, 733.

[687] Zum engen Gewährleistungszusammenhang von Kirchengut und kirchlicher Selbstbestimmung vgl. erneut im Überblick: *K.-H. Kästner*, HdbStKirchR I, S. 891, 893, 903; *D. Ehlers*, in: *M. Sachs* (Hrsg.), GG, Art. 140 GG / Art. 138 WRV Rn. 6, 10.

[688] Treffende Zusammenfassung bei *R. Mainusch* (1994), S. 184ff. m.N., 277ff.; zurückhaltender: *K.-H. Kästner*, HdbStKirchR I, S. 891, 900ff.; vgl. auch im Ansatz ähnlich, freilich mit inkonsequenter absoluter Ausnahme der res sacrae: *A. v. Campenhausen*, 3. Aufl., S. 316f., und *A. Hollerbach*, HStR VI, § 139 Rn. 65.

[689] *K.-H. Kästner*, HdbStKirchR I, S. 891, 902; *A. v. Campenhausen*, 3. Aufl., S. 317; *R. Mainusch* (1994), S. 186 m.N.; *A. Hollerbach*, HStR VI, § 139 Rn. 65. Soweit dagegen, etwa beim kirchlichen Finanzvermögen, nur der allgemeine Eigentumsschutz greift, bleibt es bei dessen Eingriffsvoraussetzungen.

[690] Zum Gewährleistungszweck vgl. nur *K.-H. Kästner*, HdbStKirchR I, S. 891, 892ff.; *D. Ehlers*, in: *M. Sachs* (Hrsg.), GG, Art. 140 GG / Art. 138 WRV Rn. 6.

Vertragsaufhebung erschütterte das von den Vertragspartnern vorausgesetzte vertragliche Gleichgewicht von gegenseitigen Rechten und Pflichten. Es gilt auch insoweit, die widerstreitenden Positionen, die notwendige gesetzgeberische Funktionswahrnehmung mit der Verfassungsentscheidung zugunsten der staatsvertraglichen Ordnungsmöglichkeiten staatskirchenrechtlicher Fragen im Kollisionsfall weitmöglichst miteinander zu versöhnen. Nach der aufgezeigten Zuordnungslösung sind die Vertragsbindungen einer Nachzeichnung durch das für alle geltende Gesetz nur unter strikter Gewährleistung des vertraglichen Ordnungszusammenhangs zugänglich, d.h. nur bei verhältnismäßiger Berücksichtigung der kirchlichen Vertragsinteressen. Zu optimaler Wirksamkeit kann ihnen mangels materieller Schadensbestimmungsmöglichkeiten zwar nicht durch einfache wertbezogene Substitution, wohl aber durch entsprechende Ersatzregelungen verholfen werden, die die kirchlichen Vertragserwartungen so weit wie möglich zufriedenstellen. Die Güterabwägung zur Sicherstellung eines fortgesetzten Vertragsgleichgewichts muß daher bei Rechtfertigung eines vertragsabweichenden Staatsgesetzes zugleich eine Anpassung der Vertragsbindungen leisten, die einen Ausgleich für die vom gesetzlichen Eingriff betroffenen Vertragspositionen schafft. Dabei ist gegebenenfalls auch an die Einräumung von Übergangsfristen, Zurückbehaltungs- und Kündigungsrechten des kirchlichen Vertragspartners zu denken, soweit die neuformulierten staatlichen Verpflichtungen allein nicht hinreichend die ursprünglichen Berechtigungen der vertragsgeschützten Kirche zu ersetzen vermögen.

Von den Ergebnissen entspricht die in dieser Arbeit vorgeschlagene Lösung weitgehend den Versuchen, über die Anwendung der Grundsätze vom Wegfall der Geschäftsgrundlage oder der clausula rebus sic stantibus im Falle staatsvertragswidriger Gesetze den Belangen der Vertragspartner Rechnung zu tragen[691]. So stimmen damit auch die Lösungsvorschläge für die entsprechenden Konfliktlagen im Gliedstaatsvertragsrecht weitgehend überein, die zur Wahrung der „Vertragsgerechtigkeit" bei staatsgesetzlichem Handlungsbedarf primär auf eine einzelfallabhängige Anpassung der Vertragspflichten, ggf. mit Ausgleichsleistungen in Geld, abstellen und erst nachrangig Kündigungsrechte zubilligen[692]. Der hier ver-

---

691 Für die Staatskirchenverträge vgl. erneut die bereits aufgezeigten Überlegungen von *K. Obermayer*, in: BoK, GG, Art. 140 Rn. 97, und *U.K. Preuß*, AK-GG, Art. 140 Rn. 35; vgl. weiter die erheblich zurückhaltenderen Ansätze bei *E. Fischer*, 3. Aufl., S. 231, und *H. Quaritsch*, Schack-FS, S. 125, 139.

692 Grundlegend für das Gliedstaatsvertragsrecht die sog. „Coburg-Rechtsprechung" des Bundesverfassungsgerichts: BVerfGE 34, 216 [230ff.]; 42, 345 [358]; *H. Bauer* (1992),

folgte Weg setzt methodisch nur bei der im Staatsrecht[693] und insbesondere im Staatskirchenrecht[694] geläufigen Konfliktentscheidung widerstreitender Verfassungspositionen nach den Grundsätzen praktischer Konkordanz an, anstatt sich auf allgemeine Zumutbarkeitserwägungen nach dem Prinzip von Treu und Glauben zu gründen[695]. Diese soll im übrigen auch bei der Behandlung der Selbstbindung des Gesetzgebers gegenüber dem Bürger nach verbreiteter Meinung Anwendung finden. Dort gilt es, das Vertrauen auf den Fortbestand der vom Gesetzgeber eingegangenen Bindungen mit den Belangen für eine gesetzliche Abweichung mittels Ersatz- und Übergangsbestimmungen sowie bei Vermögensbezug mittels finanzieller Entschädigungsansprüche (in Abhängigkeit von Art. 14 GG) in Einklang zu bringen[696].

Auf den ersten Blick scheint zwar bei der aufgrund des „für alle geltenden Gesetzes" vorzunehmenden Änderung bzw. Nachzeichnung der Vertragsbindungen wegen der objektivierenden Abwägungslösung der prägende Vertragscharakter der Regelungen als von den Vertragspartnern im Zusammenwirken autonom und gewillkürt gesetztes Recht verloren zu gehen. Doch kommt eine einseitige Konkretisierung der Vertragsgrenzen aus aktuellen Handlungserfordernissen des Gesetzgebers nach Art. 140 GG / Art. 137 III 1 WRV nur als Notlösung in Betracht. Ganz im Vordergrund steht in allen vertragsbezogenen Auseinandersetzungen zwischen den Vertragsparteien die partnerschaftliche Konfliktlösung[697], die durch die Vertragsordnung über die Freundschaftsklausel ausdrücklich geboten ist. So ist der in allen Verträgen selbst ausdrücklich vereinbar-

---

S. 364ff.; und für den Einigungsvertrag: *P. Badura*, HStR VIII, § 189 Rn. 47; *H. Wagner*, S. 201ff. m.N.; *T. Höch*, S. 171f.; vgl. auch *E. Klein*, DÖV 1991, S. 569, 571.

[693] Dazu allgemein nur: *K. Hesse*, VerfR., 20. Aufl., Rn. 72 u. 317ff.

[694] Vgl. nur *A. Hollerbach*, HStR VI, § 138 Rn. 93f., 86f.; *A. v. Campenhausen*, 3. Aufl., S. 81, 122 m.N.

[695] Dazu: *K. Stern*, Mikat-FS, S. 775, 778ff.; *R. Köbler* (1991), S. 214ff.

[696] Grundlegend: BVerfGE 30, 392 [404]. Besonders streng *H. Maurer*, HStR III, § 60 Rn. 59, und *G. Kisker*, VVDStRL 32, S. 149, 164, mit Abstellen auf die Grundsätze vom Wegfall der Geschäftsgrundlage; offener mit großzügigerer Anerkennung gesetzlicher Abweichungen nach einer Abwägung zwischen dem Vertrauen der Adressaten und den gesetzgeberischen Gemeinwohlüberlegungen *F. Ossenbühl*, DÖV 1972, S. 25, 31f., und *W. Leisner*, Berber-FS, S. 273, 292ff.; ähnlich auch *A. Schwerdtfeger* (1993), S. 167f.; vgl. weiter *M. Böckel* (1993), S. 36f.; *V. Götz*, BVerfG und GG II, S. 421, 446; näher zum Schutz des Vertragspartners bei Abweichungen der öffentlichen Hand von Vertragsbindungen der untergesetzlichen Normsetzung: für den Vertragsnaturschutz: *U. Di Fabio*, DVBl. 1994, S. 338, 344; uneinheitlich bei den Bauplanungsverträgen- bzw. bauplanungsrechtlichen Folgekostenverträgen: *R. Stettner*, AöR 102 (1977), S. 544, 552–556; *H.-J. Papier*, JuS 1981, S. 498, 501.

[697] Vgl. schon *A. Hollerbach* (1965), S. 153 und öfter.

ten Freundschaftsklausel die Pflicht des Staates zu entnehmen, sich um eine einvernehmliche Lösung des Konflikts und damit gegebenenfalls um Vertragsanpassung zu bemühen. Daraus erwachsen ganz konkrete Verhandlungspflichten, die auch die Unterbreitung von ernsthaften Lösungsvorschlägen zur Streitbeilegung, d.h. von entsprechenden Angeboten zu verhältniswahrender Vertragsanpassung mit Alternativ- und Übergangsregelungen sowie Ersatzleistungen, umfassen. Auch dies ist freilich nicht der hier vorgeschlagenen Zuordnungslösung über Art. 140 GG / Art. 137 III 1 WRV eigen, sondern wird übereinstimmend auch für eine Konfliktlösung zwischen Vertragsbindungen und Gesetzgebungsaufgaben nach der clausula rebus sic stantibus für das Staatskirchenvertragsrecht[698] wie für das Gliedstaatsvertragsrecht[699] vertreten. Danach wird bei einem Rückgriff des Staates auf den Kompetenzvorbehalt des „für alle geltenden Gesetzes" nicht nur materiell das Vertragsgleichgewicht im Sinne auch der kirchlichen Interessen gewahrt. Vielmehr bleibt über die Anleitung durch die Freundschaftsklausel im Regelfall auch die vertragsangemessene partnerschaftliche Lösung im Wege einvernehmlicher vertraglicher Anpassung der betroffenen Vertragsbindungen gewährleistet.

Wenn eine gütliche Einigung aber scheitert, ist der kirchliche Vertragspartner auf Durchsetzungsmöglichkeiten seiner vertraglichen Rechte angewiesen, wobei wiederum allein die innerstaatliche Geltendmachung vor den Gerichten in Betracht zu ziehen ist. Die Durchsetzung der kirchlichen Vertragspositionen bei gesetzgeberischen Abweichungen von der im Vertrag festgelegten Rechtslage kann im Regelfall im Wege der Leistungsklage vor den Verwaltungsgerichten erfolgen[700], soweit ihnen nicht direkt ein Verbot durch nachträgliches förmliches Gesetz entgegensteht. Schließt das Gesetz selbst eindeutig die Möglichkeit einer verhältnismäßigen Vertragsanpassung bei einseitigem Zugriff auf die staatskirchenvertraglichen Bindungen aus, so verkennt es die verfassungsrechtlichen Anforderungen, die an die Wahrnehmung des staatlichen Kompetenzvorbehalts durch ein „für alle geltendes Gesetz" nach Art. 140 GG / Art. 137 III 1 WRV zu stellen sind. Es verstößt daher gegen Verfassungsrecht und kann bei Geltendmachung einer Verletzung der kollektiven Religionsfrei-

---

[698] So von *U.K. Preuß*, AK-GG, Art. 140 Rn. 35, im Anschluß an *K. Obermayer*, in: BoK, GG, Art. 140 Rn. 97.

[699] BVerfGE 42, 345 [362]; BVerwGE 50, 137 [149]; *T. Höch*, S. 172; *P. Badura*, HStR VIII, § 189 Rn. 47; *H. Bauer* (1992), S. 365 mit Begründung aus der Bundestreue.

[700] Zu der prozessualen Einordnung vgl. die Hinweise oben unter III. Teil B. II. 1. e) aa) (= S. 182f.)!

heit nach Art. 4 I, II GG der Prüfung durch die Verfassungsgerichte zugänglich gemacht werden[701].

dd) Zusammenfassung

Anhand der Rechtsschutzfrage konnte die Reichweite der staatskirchenvertraglichen Absicherungsfunktion im Verhältnis zu einseitigen Zugriffen der Landesgesetzgebung dargelegt werden. Gegenüber nachfolgenden Gesetzen ergibt sich aus dem Vertragswerk zunächst das Gebot der vertragskonformen Auslegung. Die vertragsberechtigten Kirchen können ihre Vertragspositionen auf dieser Grundlage vor untergesetzlichen staatlichen Beschneidungen im Wege der verwaltungsgerichtlichen Klageerhebung im Konfliktfall verteidigen. Gegenüber direkten Vertragsverletzungen durch Landesgesetze bleibt den Kirchen nur der Weg der Verfassungsbeschwerde. Mit ihrer Hilfe lassen sich Vertragsbindungen nur dann ungeschmälert durchsetzen, wenn für das vertragswidrige Gesetz keine zwingenden Erfordernisse staatlicher Aufgabenwahrnehmung greifen, die im Rahmen einer Güterabwägung Vorrang vor der Verfassungsentscheidung zugunsten staatsvertraglicher Bindungsmöglichkeiten zwischen Staat und Kirche genießen. Im übrigen bleibt den Kirchen immerhin die Durchsetzung einer Vertragsanpassung, die zur Wahrung des Vertragsgleichgewichts einen möglichst umfassenden Ausgleich der dem staatlichen Handlungsbedarf zum Opfer gefallenen kirchlichen Vertragsrechte gewährleistet. In jedem Fall zwingt die Freundschaftsklausel zu gütlichem Einigungsbemühen im Sinne einer einvernehmlichen Vertragsanpassung zwischen den Vertragspartnern. Die aufgezeigten staatskirchenvertraglichen Bindungswirkungen können daher im Ergebnis weitgehend die Erwartungen der Vertragspartner an das Vertragsinstrument erfüllen, daß kirchlichen Rechtspositionen durch vertragliche Verankerung größere Verläßlichkeit und gar höhere Bestandskraft gegenüber wechselnden parlamentarischen Mehrheiten auf der Ebene der einfachen Gesetzgebung verliehen werde.

---

[701] Zu den Voraussetzungen für eine erfolgreiche verfassungsprozessuale Geltendmachung im einzelnen sei auf die Ausführungen unter III. Teil B. II. 1. e) bb) (3) (= S. 192ff.) verwiesen!

2. Die Absicherungsfunktion gegenüber Änderungen der Landesverfassungen

Gefahr für die mit den Staatskirchenverträgen angestrebte Rechtssicherheit, umfassende und dauerhafte Beständigkeit sowie Verläßlichkeit der Gewährleistungen des freien kirchlichen Wirkens droht nicht nur von der lex posterior der einfachen Landesgesetzgebung. Vielmehr sind ebenso einseitige Zugriffe auf die vertraglichen Festlegungen durch den verfassungsändernden Gesetzgeber in den Absicherungsansatz einzubeziehen, zumal einige Bestimmungen der Staatskirchenverträge direkt auf die Festschreibung von Positionen gerichtet sind, die die Landesverfassungen den Religionsgemeinschaften eingeräumt haben[702]. Daher stellt sich auch für das Verhältnis zwischen Staatskirchenvertragsrecht und Landesverfassungen die Frage nach den Entscheidungskriterien im Falle eines Normkonflikts. Soweit die Staatskirchenverträge mit dem Heiligen Stuhl völkerrechtliche Bindungen begründen, bleibt es bei der für das Verhältnis Völkervertragsrecht / staatliches Recht anerkannten unaufgelösten dualistischen Trennung zwischen den Normbefehlen auf der Vertragsebene und auf der staatlichen Rechtsebene[703]. Die vertraglichen Festlegungen sind innerstaatlich nicht durchsetzbar, unterliegen aber auch keinem Verfassungsvorbehalt. Nach der h.M. im Staatskirchenrecht soll dies zwar für das Staatskirchenvertragsrecht insgesamt gelten[704], was aber nach den dargelegten Grundsätzen und Konsequenzen der innerstaatlichen Begründung der Vertragsbindungen nicht aufrechterhalten werden kann. Der Ausgangspunkt für eine Kollisionslösung liegt statt dessen dem hier verfolgten Ansatz entsprechend in der staatsvertraglichen Bindung des Staates in den Grenzen des für alle geltenden Gesetzes nach Art. 140 GG / Art. 137 III 1 WRV i.V.m. den landesverfassungsrechtlichen Entscheidungen zugunsten der Staatskirchenverträge.

Zwar gründet die vertragliche Begegnung zwischen Staat und Kirche damit im staatlichen Verfassungsrecht und stellt sich insoweit als „verfassungsabhängig" dar[705]. Daraus läßt sich aber nicht schlicht folgern, daß sämtliche Vertragsregelungen von einem totalen Verfassungsvorbehalt

---

[702] Vgl. beispielhaft *K. Hesse*, HdbStKirchR I, S. 521, 558.

[703] Vgl. wiederum BVerfGE 6, 309 [363].

[704] Statt vieler: *P. Badura*, HdbStKirchR I, S. 211, 214 m.N.; insoweit nunmehr auch *A. Hollerbach*, HdbStKirchR I, 253, 277.

[705] Für einen umfassenden Verfassungsvorbehalt des Staatsvertragsrechts am Beispiel des Einigungsvertrages: *P. Badura*, HStR VIII, § 189 Rn. 48, gegen die weitergehend angenommenen Bindungswirkungen bei *H. Wagner* (1994), S. 204ff., 234ff.

beherrscht würden[706]. Denn die vertragliche Einigung vollzieht sich zwar auf der Grundlage des staatlichen Verfassungsrechts, aber zugleich in Zuordnung des staatlichen und des kirchlichen Rechtskreises, die sich als eigenständige Rechtsordnungen gegenüberstehen. Von der staatskirchenrechtlichen Aufgabenstellung, den notwendigen zuordnenden Ausgleich zwischen staatlicher und kirchlicher Aufgabenwahrnehmung zu schaffen, sind prinzipiell die Rechtskreise als ganze erfaßt und nicht bloß einzelne Funktionen. Daher bindet sich der Staat, wenn er anstelle einseitiger Ausfüllung der Ordnungsbefugnisse sein Verhältnis zu den Religionsgemeinschaften im Vertragswege regelt, in toto gegenüber dem mit originärer Eigenrechtsmacht ausgestatteten kirchlichen Vertragspartner. Das schließt auch eine Verpflichtung des Staates auf die Vertragsfestlegungen bei Verfassungsreformbestrebungen ein[707]. Allerdings führen, wie gezeigt, keineswegs alle Vertragspflichten zu ausnahmslos durchsetzbaren Bindungen des Staates gegenüber den Kirchen. Vielmehr ist die Reichweite der staatskirchenvertraglichen Absicherungsmöglichkeiten bestimmt von den verfassungsrechtlichen Vorgaben für die letztverantwortliche einseitige Erfüllung der staatlichen Friedens-, Ausgleichs-und Ordnungsbefugnisse. Uneingeschränkt abhängig vom Fortbestand des Verfassungsrechts sind die staatskirchenvertraglichen Gewährleistungen in der innerstaatlichen Begründung ihrer Verbindlichkeit. Denn mit der Aufhebung der Verfassungsentscheidungen zugunsten koordinationsrechtlicher Gestaltungsalternativen durch den verfassungsändernden Gesetzgeber entfielen die verfassungsrechtlichen Grundlagen der staatsvertraglichen Begegnungs- und Bindungsmöglichkeiten. Diese mögen zwar für Änderungen auf der Ebene des Grundgesetzes zur Disposition stehen, wenn sie nicht an dem besonderen Schutz der ausdrücklich aufgeführten Wesenszüge des Grundgesetzes nach Art. 79 III GG teilhaben[708]. Reformbestrebungen des hier allein zu betrachtenden verfassungsändernden Gesetzgebers auf Landesebene sind sie aber als für die Staat-Kirche-Beziehungen maßgebliches Bundesrecht[709] im Grundsatz entzogen. Ihm verbleibt allein der Zugriff auf die landesverfassungsrechtlichen Konkretisierungen.

---

[706] So aber: *E. Fischer*, 3. Aufl., S. 232, in Anlehnung an *H. Quaritsch*.

[707] Auch *A. Hollerbach* (1965), S. 164, leitet aus der „verfassungskräftigen Anerkennung des verfassungstranszendenten rechtlichen Eigenwesens der Kirche" eine Verfassungsentscheidung zugunsten staatskirchenvertraglicher Bindungsmöglichkeiten auch des verfassungsändernden Gesetzgebers ab.

[708] Entgegengesetzte Tendenz bei *A. Hollerbach* (1965), S. 162; vgl. auch *C.H. Ule*, Gutachten, S. 109f.; *A. Hollerbach*, HStR VI, § 138 Rn. 89.

[709] Vgl. wiederum *P. Badura*, HdbStKirchR I, S. 211, 249f.; v. Mangoldt/Klein/*A. v. Campenhausen*, GG, Art. 140 GG, Rn. 41ff.

Mit dieser Ausnahme kann die konkrete Bestimmung der Reichweite der staatskirchenvertraglichen Absicherungsfunktion gegenüber Änderungen der Landesverfassung wiederum nur über die grundlegende Zuordnungsregel nach Art. 140 GG / Art. 137 III 1 WRV erfolgen. Sie bringt durch das „für alle geltende Gesetz" staatliche Aufgabenerfüllung und kirchliche Auftragswahrnehmung im Rahmen der staatlichen Rechtsordnung miteinander in Einklang. Für die vertragliche Zuordnung bildet sie damit zugleich die Basis der Vertragsbindungen zwischen Staat und Kirche und steckt mit dem Vorbehalt einseitiger staatlicher Kompetenzwahrnehmung deren Grenzen ab. Auch Verfassungsrecht der Länder kann der kirchlichen Selbstbestimmung als „für alle geltendes Gesetz" Schranken ziehen. Es kommt deshalb ebenso als Grenze der staatsvertraglichen Bindungsmöglichkeiten in Betracht[710]. Für die genaue Ermittlung der Bindungsgrenzen durch die verhältnismäßige Zuordnung der Verfassungsentscheidungen zugunsten der Vertragsgewährleistungen und des staatlichen Kompetenzvorbehalts ergeben sich im Falle vertragsabweichender Verfassungsrechtsetzung freilich Besonderheiten im Vergleich zum Konfliktfall zwischen Vertrag und einfachem Gesetzesrecht. Vertrag und Gesetz stehen sich als staatskirchenrechtliche Gestaltungsalternativen prinzipiell gleichrangig gegenüber. Die einseitigen staatlichen Grenzziehungsbefugnisse können sich daher nur mit materiellen Abwägungsgesichtspunkten im Sinne zwingender Erfordernisse staatlicher Ordnungsfunktionen gegenüber den Vertragsbindungen behaupten. Dagegen stehen die Staatskirchenverträge der Länder im Range unter dem Landesverfassungsrecht. Da Verfassungsänderungen nur unter Beachtung besonderer Voraussetzungen zulässig sind[711], eine Festschreibung von landesverfassungsrechtlichen Gewährleistungen aber das bisher für Reformbestrebungen offene Verfassungsrecht ohne Einhaltung der Vorgaben modifzierte, kann dem Vertragsrecht kein Vorrang vor abweichenden nachträglichen Verfassungsänderungen eingeräumt sein[712]. Die Kollisionsentscheidung hat bei innerstaatlicher Begründung der Staatskirchenvertragsbindungen die Hierarchie der Normen nach der staatlichen Rechtsord-

---

[710] Mit dem eigenen abweichenden Ansatz über die clausula rebus sic stantibus und zum Teil ähnlichen Ergebnissen auch *K. Obermayer*, in: BoK, GG, Art. 140 Rn. 97, und *U.K. Preuß*, AK-GG, Art. 140 Rn. 35.

[711] Art. 79 Verf.BBG, Art. 56 Verf.M.-V., Art. 74 Sächs.Verf., Art. 78 Verf.LSA und Art. 83 Verf. Th.

[712] Insoweit im Ergebnis ähnlich „mit Rücksicht auf den Rang" der Verfassung und die Gemeinwohlverantwortung des verfassungsändernden Gesetzgebers auch: *A. Hollerbach*, HdbStKirchR I, S. 253, 277, und *ders.*, HStR VI, § 138 Rn. 74, in Herleitung und Konsequenzen freilich offener.

nung zu beachten und deshalb dem formellen Vorrang des Verfassungsrechts Rechnung zu tragen.

Danach verschiebt sich die Berücksichtigung der Vertragspositionen bei der Bestimmung zulässiger Vertragszugriffe des verfassungsändernden Gesetzgebers durch die Güterabwägung nach Art. 140 GG / Art. 137 III 1 WRV auf die möglichst weitgehende inhaltliche Wahrung des Vertragsgleichgewichts zwischen den gegenseitigen Rechten und Pflichten. Vertragsbezogene Verfassungsänderungen behaupten sich gegenüber den Vertragsbestimmungen „als für alle geltendes Gesetz", sofern sie nur für eine verhältnismäßige Nachzeichnung der Vertragsbindungen im Rahmen der gebotenen Vertragsanpassung Sorge tragen. Die Reichweite der Absicherungsfunktion läßt sich wiederum an den vermögensbezogenen Vertragsgewährleistungen veranschaulichen. Diese genießen auch gegenüber landesverfassungsrechtlichen Übergriffen den uneingeschränkten Schutz des Art. 140 GG / Art. 138 II WRV mit der Folge, daß deren religiöse Funktion ggf. durch gleichwertigen Ersatz zu erhalten ist[713]. Ein Zugriff des verfassungsändernden Gesetzgebers auf die vertraglich festgelegten Staatsleistungen scheidet wegen der mit Art. 140 GG / Art. 138 I WRV verbundenen Bestandsgarantie sogar gänzlich aus. Die Durchsetzung dieser Vertragspositionen erfolgt im Prinzip nicht anders als die Abwehr von vertragskollidierenden Gesetzesbestimmungen. Auch Landesverfassungsrecht kann einen Verstoß gegen die grundgesetzlich garantierte Glaubensfreiheit nach Art. 4 GG bzw. die in Art. 140 GG verankerten Verfassungsentscheidungen begründen. Dagegen steht den Kirchen der Weg der Verfassungsbeschwerde offen. Auf die beidseitig bindenden Verhandlungspflichten zu gütlicher Streitbeilegung aus der Freundschaftsklausel sei erneut hingewiesen.

3. Die Absicherungswirkungen gegenüber der Rechtsetzung auf Bundesebene

Staatskirchenvertragsbindungen können die Vertragsparteien nur für ihren Wirkungskreis eingehen. Die vertragschließenden Länder haben den Vorrang bundesrechtlicher Bestimmungen zu achten und müssen bei der vertraglichen Gestaltung des Staatskirchenrechts nicht anders als bei einseitigem Vorgehen den Rahmen ihrer Zuständigkeiten nach der Kom-

---

[713] Vgl. wiederum *K.-H. Kästner*, HdbStKirchR I, S. 891, 892ff., 898ff.

petenzaufteilung im Bundesstaat einhalten[714]. Die Festlegung staatlicher Rechtsetzung in den Staatskirchenverträgen setzt danach voraus, daß der staatliche Vertragspartner in den vertraglich gestalteten Materien die Regelungskompetenz mit Gestaltungsspielräumen besitzt. Dessen ungeachtet sind in die Staatskirchenverträge der neuen Länder etliche bundesrechtliche Gewährleistungen oft wortgleich aufgenommen, um sie auf diese Weise einer landesvertragsrechtlichen Bestätigung zuzuführen[715]. Die zwingenden Vorgaben und Kompetenzzuweisungen des Bundesrechts führen nun zwar nicht zu einem Verbot für die Länder, im Rahmen ihrer im übrigen gegebenen staatskirchenrechtlichen Zuständigkeiten auch die für eine umfassende vertragliche Gestaltung des Staat-Kirche-Verhältnisses relevanten Inhalte einzubeziehen. Sie entziehen aber in den betroffenen Materien einer eigenständigen oder gar abweichenden Gestaltung auf Länderebene den Boden. Erst recht hat eine Bindung des Bundes durch die Staatskirchenverträge der Länder auszuscheiden.

So bleibt lediglich Raum für eine inhaltsgleiche Bekräftigung des Bundesrechts durch die Länderverträge, die zum einen den Überblick über den Gesamtzusammenhang der rechtlichen Grundlagen der Staat-Kirche-Beziehungen eröffnet und damit einen leichteren Zugang ermöglicht[716]. Zum anderen kann der staatliche Vertragspartner sich entsprechend den Vertragsmotiven zu einer verläßlichen, abgesicherten Gestaltung des Staat-Kirche-Verhältnisses immerhin „landesrechtlich" auf den Fortbestand der bundesrechtlichen Regeln verpflichten. Das freilich bringt nur beschränkte Absicherungswirkungen mit sich, kann dadurch doch lediglich das vertragschließende Land darauf festgelegt werden, für den Erhalt der vertraglich bekräftigten Gewährleistungen Sorge zu tragen, und auch nur soweit dies ihm möglich ist. In einzelnen Vertragsbestimmungen sind die einschlägigen Bindungen der Staates an bundesrechtliche Gewährleistungen als Bemühensklauseln formuliert, nach denen der Staat „für die Aufrechterhaltung … eintreten"[717] oder „auf eine

---

[714] Dazu bereits oben II. Teil A. I. 2. (= S. 26–28)!

[715] Am augenfälligsten wird dies bei den grundlegenden staatskirchenrechtlichen Garantien des Grundgesetzes, die weitgehend in allen Verträgen verankert wurden; vgl. oben III. Teil B. I., insbesondere unter 1. (= S. 70ff.)!

[716] Regierungsbegründung zum evKVLSA, LT-Drs. LSA 1 / 3087, Vertragsbegründung, S. 2; Kultusminister *Sobetzko*, PlenProt LSA, 1 / 53, S. 6311.

[717] So für den Schutz des Seelsorge- und Beichtgeheimnisses im Prozeßrecht des Bundes: Art. 20 S. 2 evKVLSA, Art. 21 S. 2 evKVTh, Art. 2 Satz 2 ThKKV; ganz ähnlich für den Erhalt der bundesrechtlich geregelten Möglichkeiten für die Erhebung und Übermittlung von Daten an die Kirche (insbesondere § 19 MRRG), die für das kirchliche Wirken erforderlich sind: Art. 24 I 2 evKVTh, Art. 28 I 2 ThKKV.

Berücksichtigung" der vertraglich aufgegriffenen Gewährleistungen „hinwirken"[718] wird. Aber auch ohne diese ausdrückliche Klarstellung der Bindungswirkungen ist der vertraglichen Bestätigung bundesrechtlicher Garantien ein „klares Bekenntnis" des staatlichen Partners zugunsten ihres Erhalts und demzufolge die Pflicht zu entnehmen, die Beibehaltung der im Vertrag verankerten Rechtspositionen im Rahmen des Möglichen sicherzustellen[719]. In erster Linie verpflichtet dies das jeweilige Land, sich mittels der den Ländern über den Bundesrat offenstehenden Mitwirkungsbefugnisse an der Rechtsetzung auf der bundesrechtlichen Ebene für die optimale Rechtskontinuität im Sinne der Vertragsbestimmungen einzusetzen oder die den Ländern vom Bund belassenen Gestaltungsspielräume zu nutzen[720]. Läßt sich die unveränderte Beibehaltung nicht erreichen, so hat sich der Staat um optimale Alternativlösungen zu bemühen. Daneben ist schließlich noch an entsprechende Ausgleichsregelungen auf der landesrechtlichen Ebene zu denken.

4. *Zusammenfassung*

Die Staatskirchenverträge ermöglichen in ganz erheblichem Umfang eine von den Vertragspartnern in den neuen Ländern angestrebte Absicherung bereits einseitig vom Staat eingeräumter Rechtspositionen zugunsten der Religionsgemeinschaften. Für die staatskirchenvertraglichen Bindungen mit völkerrechtlicher Qualität bewirkt das Moment internationaler Bestandskraft die umfassende Gebundenheit des Staates. Im übrigen läßt die Grundnorm staatskirchenrechtlicher Zuordnung gem. Art. 140 GG / Art. 137 III 1 WRV eine staatsvertragliche Begegnung zwischen Staat und Kirche zu, weil und soweit es um die Ausgestaltung der besonderen verfassungsrechtlichen Stellung der Kirchen gegenüber den staatlichen Ordnungsfunktionen geht und der Staat dabei auch Bindungen des kirchlichen Wirkens erreichen will, die auf Voraussetzungen im ureigenen kirchlichen Verantwortungsbereich aufbauen. Die staatskirchenvertragliche Bekräftigung verleiht danach den bestehenden Gewähr-

---

[718] Abgeschwächte vertragliche Bindung an die länderübegreifende Gewährleistung rundfunkrechtlicher Rechtspositionen der Kirche nach Satz 3 des Schlußprotokolls zu Art. 23 I evKVSachsen und Absatz 1 Satz 3 des Schlußprotokolls zu Art. 11 I SachsenKKV; vgl. auch Satz 2 jeweils des Schlußprotokolls von Art. 22 I evKVLSA und von Art. 12 JüdVLSA.

[719] *A. Hollerbach* (1965), S. 171; vgl. auch Regierungsbegründung zum evKVBBG, LT-Drs. BBG 2 / 3442, Vertragsbegründung, S. 20.

[720] *A. Vulpius*, JöR n.F. 43 (1995), S. 327, 340.

leistungen des freien kirchlichen Wirkens Bestandskraft, die sich gegenüber dem einfachen Landesgesetzgeber durchweg und durchsetzbar behauptet, es sei denn es greift der staatliche Kompetenzvorbehalt des für alle geltenden Gesetzes gem. Art. 140 GG / Art. 137 III 1 WRV. Diesen Vorbehalt kann dagegen der landesverfassungsändernde Gesetzgeber ausnahmslos gegenüber den Vertragsbindungen für sich in Anspruch nehmen, um von den Vertragsfestlegungen abzuweichen. In jedem Fall ist aber bei dem Rückgriff auf die einseitige Letztentscheidungskompetenz des Staates zur Wahrung seiner Ordnungs-, Friedens-und Ausgleichsfunktionen das in dem umfassenden und auf Dauer angelegten staatskirchenvertraglichen Interessenausgleich vorausgesetzte Gleichgewicht der gegenseitigen Rechte und Pflichten weitestmöglich zu wahren. Die danach erforderliche Vertragsanpassung in Konfliktfällen zwischen Vertragsbindungen und einseitig gesetzten staatlichen Normen hat in erster Linie im partnerschaftlichen Einvernehmen auf der Grundlage der Freundschaftsklausel zu erfolgen. Bei einem Scheitern gütlicher Streitbeilegung ist den Vertragspartnern aber der Weg zu autoritativer Entscheidungsfindung überlassen: Dem Staat bleibt die eigenständige Normsetzung. Die Kirchen haben die Möglichkeit, eine (verfassungs-) gerichtliche Überprüfung der Einhaltung vertrags- und verfassungsrechtlicher Anforderungen zu veranlassen. Die staatskirchenvertragliche Bekräftigung bundesrechtlicher Gewährleistungen bindet nicht den Bund, verpflichtet aber das vertragsschließende Land, den bestätigten Rechtspositionen im Rahmen seiner Möglichkeiten Rechnung zu tragen.

C. Der Vertrag als Ausdruck, Grundlage und Hilfsmittel staatlich-kirchlichen Zusammenwirkens: die Kooperationsfunktionen

Neben der Gewährleistung verläßlicher Grundlagen für das Wirken der kirchlichen Vertragspartner bestimmt die Festlegung und Ausgestaltung einer fruchtbaren Zusammenarbeit zwischen Staat und Kirche einen weiteren ganz wesentlichen Teil der Vertragsanliegen. Die einvernehmliche Regelung der „Fragen von gemeinsamen Belangen" im Vertragswege ist schon „durch sich selbst Ausdruck eines partnerschaftlichen Miteinanders von Staat und Kirche"[1]. Der Vertragsschluß bringt damit zugleich Impulse für ein weiteres Zusammenwirken[2], indem er der Zusammenarbeit zwischen Staat und Kirche sowohl Form(en) gibt als auch die inhaltlichen Grundlagen legt. Grundsätzliche rechtliche Bedenken, wie sie die Absicherungsfunktion aufgeworfen hatte, sind bei den Kooperationsfunktionen nicht anzustrengen. Weder die Möglichkeit einer Zusammenarbeit zwischen Staat und Kirche noch ihre staatskirchenvertragsrechtliche Ausgestaltung werden im Grundsatz bestritten[3]. Überwiegend wird in der Lehre die Einschätzung der Vertragspartner nach den Präambeln zum evKVMV, 5. Spiegelstrich, und ähnlich zum evKVBBG, 4. Spiegelstrich, geteilt, daß „die Trennung von Staat und Kirche gleichermaßen Distanz und Kooperation gebietet"[4]. Denn die je eigenständige Sorge von Staat und Kirche um dieselben Menschen auf demselben Gebiet führt zu einer Vielzahl von Berührungen bei der oft aufeinander bezogenen Aufga-

---

[1] Regierungsbegründung zum SachsenKKV, LT-Drs. Sachsen 2/3612, Vertragsbegründung, S. 2.

[2] Für den evKVTh: Ministerpräsident *B. Vogel*, PlenProt. Th. 1/113, S. 8724; für den JüdVLSA: Kultusminister *Schomburg*, PlenProt. LSA 1/61, S. 7252f., PlenProt. LSA 1/62, S. 7390f., und Ansprache, Manuskript, S. 1.

[3] Vgl. im Überblick nur v. Mangoldt/Klein/*A. v. Campenhausen*, GG, Art. 140, Rn. 37; insoweit auch *L. Renck*, DÖV 1997, S. 929, 938.

[4] In diesem Sinne für ein Verständnis des Trennungsprinzip als Baustein des Ausgleichs mit der notwendigen Folge verständiger Kooperation: BVerfGE 42, 312 [330f.]; *M. Hekkel*, JZ 1994, S. 425, 428f.; *K.-H. Kästner*, ZevKR 41 (1996), S. 241, 249f.; *A. v. Campenhausen*, HdbStKirchR I, S. 47, 72ff.

benwahrnehmung, die nach einem Zusammenwirken verlangten[5]. Auch wer ein solches Kooperationsgebot nicht im rechtlich bindenden Sinne den Rechtsordnungen zu entnehmen vermag, kann gegen die Zulässigkeit staatlich-kirchlicher Kooperation im Grundsatz nichts einwenden. Die staatskirchenrechtlichen Prinzipien der Trennung, religiös-weltanschaulicher Neutralität und Säkularität des Staates zwingen jedenfalls nicht dazu, das Wirken der Religionsgemeinschaften bei staatlicher Aufgabenerfüllung zu ignorieren[6]. Zusammenarbeit ist zulässig, vorausgesetzt daß dabei stets die Vorgaben der Staatsverfassung und der Kirchenordnung gewahrt bleiben. Insoweit kann daher allein die konkrete Ausgestaltung des staatlich-kirchlichen Zusammenwirkens in den Staatskirchenverträgen rechtliche Fragen und etwaige Bedenken aufwerfen. Ihre Behandlung soll deshalb in die Darlegung der einschlägigen Bestimmungen für die staatskirchenvertraglichen Kooperationsfunktionen integriert werden.

Im Hinblick auf die formelle Dimension sind neben den auf das Vertragswerk selbst rückbezogenen Klauseln die weitere verfahrensmäßige Programmatik der staatlich-kirchlichen Begegnung sowie die Verabredung weiterer Einzelvereinbarungen in Detailfragen anzuführen (dazu sogleich unter I.). Die inhaltliche Koordinierung staatlichen und kirchlichen Wirkens in den Staatskirchenverträgen zeichnet sich vor allem dadurch aus, daß sie die rechtlichen Grundlagen und Voraussetzungen für ein konstruktives Miteinander in den einzelnen Sachbereichen der beiderseitigen Aufgabenerfüllung schafft. Vielfach ergeben sich Berührungspunkte und Überschneidungen der jeweiligen Wirkbereiche, die eine Vielzahl von Ansatzpunkten für ein „gedeihliches" Zusammenwirken, aber auch ein erhebliches Regelungsbedürfnis mit sich bringen[7]. Dies gilt

---

[5] Vgl. ausführlich *A. v. Campenhausen*, 3. Aufl., S. 98ff. m.N.

[6] *D. Ehlers*, in: *M. Sachs* (Hrsg.), GG, Art. 140 Rn. 7; v. Mangoldt / Klein / *A. v. Campenhausen*, GG, Art. 140, Rn. 34ff.; *C. Link*, Thieme-FS, S. 95, 114ff.; *A. Hollerbach*, HStR VI, § 138 Rn. 111ff.

[7] Zu den auf inhaltliche Kooperation und Koordinierung ausgerichteten Vertragsmotiven vgl. zum evKVSachsen: Regierungsbegründung, LT-Drs. Sachsen 1 / 4649, Vertragsbegründung, S. 3; MdL *Franke*, CDU, PlenProt. Sachsen, 1 / 97, S. 6765; Ministerpräsident *K. Biedenkopf*, Ansprache, Manuskript, S. 3; Bischof *Hempel*, Ansprache, Manuskript, S. 2; zum JüdVSachsen: Regierungsbegründung, LT-Drs. Sachsen 1 / 4855, Vertragsbegründung, S. 3; zum JüdVLSA: Kultusminister *Schomburg*, Ansprache, Manuskript, S. 1, PlenProt. LSA 1 / 61, S. 7252f., und PlenProt. LSA 1 / 62, S. 7390f.; zum evKVTh: Ministerpräsident *B. Vogel*, MdL *Schuchardt*, SPD, und MdL *Wien*, Bündnis 90 / Die Grünen, PlenProt. Th. 1 / 113, S. 8724 bzw. 8725 bzw. 8729; zum evKVMV: MdL *Gomolka*, CDU, PlenProt. M.-V. 1 / 101, S. 6107; weiter Ministerpräsident *B. Seite* und MdL *Rehberg*, CDU, PlenProt. M.-V. 1 / 101, S. 6103 bzw. 6115f.; MdL *Timm*, SPD, PlenProt. M.-V., 1 / 97, S. 5863; zum evKVBBG: Regierungsbegründung, LT-Drs. BBG 2 / 3442, Vertragsbegründung, S. 1; zum ThKKV: Ministerpräsident *B. Vogel*, PlenProt. Th 2 / 62, S. 5352f.

insbesondere für die sogenannten gemeinsamen Angelegenheiten[8], die solche Arbeitsfelder kennzeichnen, in denen Kirche und Staat jeweils eigene Zuständigkeiten beanspruchen, weil staatliche und kirchliche Aufgaben zusammenfließen[9]. Sie können per definitionem nur im Zusammenwirken von Staat und Kirchen bewältigt werden[10]. Deshalb ist das Wirken beider Seiten besonders in diesen Aufgabengebieten, aber auch bei staatlich-kirchlicher Kooperation im übrigen auf eine zuverlässige Koordinierung einschließlich einer verfahrensmäßigen Ausgestaltung angewiesen, die freilich die jeweiligen, religiösen bzw. weltlichen, Verantwortlichkeiten zu respektieren hat. So hat die hier sog. kompetenzklärende Zuordnungs- bzw. Koordinierungsfunktion die klare und verläßliche Verabredung zu leisten, welcher der beiden Vertragspartner was, wann, wo und wie bei der Wahrnehmung der gemeinsamen Angelegenheiten und bei anderweitigem Zusammenwirken übernimmt (im einzelnen unter II.). Schließlich berührt die staatskirchenrechtliche Kooperation auch die materielle Basis staatlichen und kirchlichen Wirkens. So hat sich in den vermögensrechtlichen Beziehungen zwischen Staat und den vertragschließenden Religionsgemeinschaften ein erheblicher Regelungsbedarf ergeben, der ohnehin sinnvoll nur im Wege der einvernehmlichen rechtsgeschäftlichen Lösung, d.h. im Vertragswege, zu befriedigen ist (dazu III.).

I. Die vertragsrechtliche Formgebung staatskirchenrechtlicher Kooperation

Die Staatskirchenverträge stecken für die Zusammenarbeit zwischen Staat und vertragsschließenden Kirchen einen umfassenden förmlichen Rahmen ab. Dazu bedarf die staatskirchenvertragliche Grundlage zunächst selbst näherer Ausgestaltung im Hinblick auf ihre Geltung und Anwendung zwischen den Vertragsparteien. Die einschlägigen Vertragsbestimmungen werden (dazu unter 1.). Daran schließt sich ein Überblick über diejenigen Vertragsbestimmungen an, die eine weitere vertragsrecht-

---

[8] Ministerpräsident *B. Seite*, PlenProt. M.-V. 1/101, S. 6103.

[9] Dem Begriff der gemeinsamen Angelegenheiten kommt keine eigenständige rechtliche Bedeutung, sondern lediglich eine beschreibende Funktion zu, vgl. *D. Ehlers*, ZevKR 32 (1987), S. 158, 173ff. mit Beispielen; *M. Morlok/M.H. Müller*, JZ 1997, S. 549, 552; v. Mangoldt/Klein/*A. v. Campenhausen*, GG, Art. 140 GG/Art. 137 WRV Rn. 30, 115; *A. v. Campenhausen/J.E. Christoph*, ZevKR 41 (1996), S. 159, 160); umfassend: *F.-G. v. Busse* (1978).

[10] *F.-G. v. Busse* (1978), S. 17f.; *D. Ehlers*, HdbStKirchR II, S. 1117, 1119; *J. Müller-Volbehr*, HdbStKirchR I, S. 289, 299f.

liche Gestaltung der staatlich-kirchlichen Kooperation vorgeben (dazu 2.), bevor die besonderen Verfahren zur gegenseitigen Ab- und Rücksprache im Interesse eines partnerschaftlichen Zusammenwirkens unter 3. dargelegt werden.

1. Die „reflexiven" Vertragsbestimmungen zur Geltung und Anwendung der Verträge

Etliche Vertragsbestimmungen regeln allein das Inkrafttreten, die Geltung und Anwendung der Staatskirchenverträge. Damit haben sie Anteil an der übergreifenden Funktion der staatskirchenvertraglichen Einigung als Ausdruck eines partnerschaftlichen Miteinanders zwischen Staat und Kirche, wie sie schon in den vertragsleitenden Präambelaussagen aller Verträge niedergelegt ist. Dazu zählt allgemein schon die Orientierung an überkommenen förmlichen Gepflogenheiten einer vertraglichen Koordinierung zwischen Vertragspartnern gleichen Ranges. Diese zeigt sich etwa an der Einhaltung der staatsvertraglichen Formen bei Abschluß und Inkraftsetzung der Staatskirchenverträge[11], wie sie bereits aufgezeigt wurde[12] und nach den Schlußbestimmungen der Verträge zum Inkraftreten vereinbart war. Auch die Respektierung besonderer Formen des Alternats bei Staatskirchenverträgen könnte hierbei Berücksichtigung finden, wenn und soweit sie dazu dient, „das rechte Verhältnis zwischen Staat und Kirche" zu versinnbildlichen[13]. Freilich stellt sich die Vertragspraxis ganz uneinheitlich dar[14], ohne daß in den Vertragsmaterialien eine entsprechende Motivation dafür erkennbar würde. Daher soll diesen Formfragen für die

---

[11] Vgl. nur im Überblick: *A. Hollerbach*, KuR-120, S. 1, 4; beispielhaft: Regierungsbegründung zum evKVLSA, LT-Drs. LSA 1 / 3087, Begründung zum Zustimmungsgesetz LSA, S. 1; Regierungsbegründung zum evKVMV, LT-Drs. M.-V. 1 / 4126, S. 6; zum ThKKV: Ministerpräsident *B. Vogel*, PlenProt. Th 2 / 62, S. 5351f.

[12] Vgl. dazu bereits oben III. Teil B. II. 1 c) (= S. 119–122)! Aber auch der feierliche Unterzeichnungsakt, die Bezeichnung der Vertragspartner, die Reihenfolge der Vertragsbestimmungen, der Verzicht auf ein Schlußprotokoll, der den erreichten klaren Konsens verdeutlichen mag (so zum evKVMV: *A. v. Campenhausen*, LKV 1995, S. 233, 236) usw. können den besonderen kooperativen Beziehungen zwischen Staat und Kirche Ausdruck verleihen, vgl. ausführlich zu den Formfragen: *A. Hollerbach* (1965), S. 237ff.

[13] Zu dieser Funktion des Alternats vor dem Hintergrund staatskirchenvertraglicher Traditionen und völkerrechtlicher Gepflogenheiten: *A. Hollerbach* (1965), S. 240f.; vgl. weiter *ders.*, DÖV 1989, S. 177.

[14] Vgl. nur weitgehende Berücksichtigung beim evKVTh mit Vorrang der kirchlichen Vertragspartner nach der kirchlichen Urschrift in Amtsblatt der Ev.-Luth. Kirche in Thüringen, Nr. 5 / 1994, S. 85ff., und primärer Nennung des staatlichen Vertragspartners in der staatlichen Fassung, GVBl. Th 1994, S. 509ff.; im Gegensatz dazu die völlig unterschieds-

Herausarbeitung der Vertragsfunktionen hier nicht weiter nachgegangen werden. Auch die meisten formbezogenen Vertragsbestimmungen sind hier ohne nähere Vertiefung lediglich aufzuführen, weil sie zwar für die vertragliche Partnerschaft notwendige Hilfs- und Servicefunktionen erfüllen, ihnen aber darüber hinaus kein weiterer Aussagewert oder Regelungsgehalt zukommt: Dies gilt vor allem für die abschließenden Klauseln der Verträge, die weitgehend einheitlich das Inkrafttreten der Vertragsbestimmungen nach der vereinbarten Ratifikation regeln, die amtliche Publikation vorsehen und das Schlußprotokoll, sofern vorhanden, zum „integrierenden Bestandteil" des jeweiligen Vertrages erklären[15]. Für die Verträge mit dem Heiligen Stuhl kommt in den Schlußbestimmungen[16] noch die Klarstellung hinzu, daß die Vertragstexte in deutscher und italienischer Sprache „gleiche Kraft haben", d.h. „gleichermaßen verbindlich sind"[17]. Auch die frauenemanzipatorische Arabeske[18] zur schematischen sprachlichen Gleichstellung in einigen Verträgen[19] kann hierzu gezählt werden. Mit dieser erstmalig in der Geschichte der umfassenden Staatskirchenverträge in Erscheinung tretenden Klausel soll verfassungsrechtlichen Gleichberechtigungsentscheidungen[20] Rechnung getragen werden[21]. Unter staatskirchenrechtlichen Gesichtspunkten ist sie ohne Bedeutung.

Von weittragender inhaltlicher Bedeutung ist dagegen die Klarstellung in den Schlußbestimmungen der Evangelischen Kirchenverträge, daß die Vertragsbestimmungen in den geregelten Materien abschließend sind und im Sinne einer umfassenden Novation an die Stelle der einschlägigen früheren vertraglichen oder gesetzlichen Normen treten[22]. Auf diese Weise

---

losen Fassungen beim evKVSachsen nach Amtsblatt der Ev.-Luth. Kirche in Thüringen, Nr. 6/1994, S. 101ff., und GVBl. Sachsen 1994, S. 1253ff.

[15] Art. 28 I evKVLSA, Art. 28 I evKVMV, Art. 27 evKVTh, Art. 26 I evKVSachsen, Art. 26 I evKVBBG, Art. 18 JüdVLSA, Art. 8 JüdVSachsen, Art. 7 JüdVTh, Art. 12 I JüdVMV.

[16] Art. 9 BistVMD, Art. 9 BistVEF, Art. 8 BistVGörlitz, Art. 14 ErzBistVHH, Art. 32 ThKKV, Art. 27 SachsenKKV, Art. 26 MVKKV, Art. 26 LSAKKV.

[17] Regierungsbegründung zum SachsenKKV, LT-Drs. Sachsen 2/3612, Vertragsbegründung, S. 41.

[18] *H. Weber*, NVwZ 1994, S. 759, 762: „Fußstapfen des Zeitgeistes"; *ders.*, Kriele-FS, S. 1009, 1018. Selbstverständlich beziehen sich die einschlägigen Personen- und Funktionsbezeichnungen auch in dieser Arbeit gleichermaßen auf die Frauen und die Männer.

[19] Art. 27 evKVLSA, Art. 17 JüdVLSA, Schlußprotokoll zu Art. 2 IV evKVTh und Art. 25 evKVBBG.

[20] Art. 7 II, 34, 100 Verf. LSA, Art. 2 II Verf.Th.

[21] Regierungsbegründung zum evKVLSA, LT-Drs. LSA 1/3087, Vertragsbegründung, S. 18; *A. Vulpius*, JöR N.F. Bd. 43 (1995), S. 327, 341.

[22] Art. 26 II evKVBBG, Art. 28 II evKVMV, Schlußprotokoll zu Art. 27 II evKVTh, Art. 28 II und Schlußprotokoll evKVLSA sowie Art. 26 II und Schlußprotokoll evKVSachsen; vgl. auch Art. 12 II JüdVMV für die Jüdischen Verträge.

wurde der zwischen Staat und Evangelischen Kirchen bestehende Dissens über die Fortgeltung älterer vertraglicher Grundlagen ihres Verhältnisses[23], insbesondere des Preußischen Evangelischen Kirchenvertrages vom 11. Mai 1931[24], dahingehend behoben, daß die älteren Regelungen zwar Anknüpfungspunkt der neuen Verträge sind, selbst aber keine Anwendung mehr finden sollen[25]. Der parallele Streit zwischen Staat und Katholischer Kirche über die Gültigkeit des Reichskonkordats und des Preußenkonkordats[26] ist einer ähnlichen, aber etwas komplexeren Lösung zugeführt worden. Die neuen Vereinbarungen der Katholischen Kirchenverträge sind für ihren Regelungsbereich ebenfalls allein maßgebliche Rechtsgrundlage für die Staat-Kirche-Beziehungen. Daneben hielt die Katholische Kirche aber an einer Weitergeltung der älteren Konkordate fest, was vom staatlichen Vertragspartner respektiert wurde. Im Ergebnis

---

[23] Entgegen der Rechtsauffassung der Kirchen bezweifelte die staatliche Seite die Fortgeltung, weil sich der Staat während der DDR-Zeit weder rechtlich noch moralisch an den Vertragsbestimmungen habe festhalten lassen; vgl zu diesem Streit im Überblick: *H. Johnsen*, ZevKR 43 (1998), S. 182, 196–200, die Regierungsbegründung zum evKVLSA, LT-Drs. LSA 1/3087, Vertragsbegründung, S. 1f., 18; Regierungsbegründung zum evKV-Sachsen, LT-Drs. Sachsen 1/4649, Vertragsbegründung, S. 2, 39; Regierungsbegründung zum evKVBBG, LT-Drs. BBG 2/3442, Vertragsbegründung, S. 2; kleine Anfrage Nr. 157 vom 26.2.1992, LT.-Drs. Th., 1/1235 vom 10.4.1992; *A. Vulpius*, KuR-120, S. 13, 18f.; *ders.*, JöR N.F. Bd. 43 (1995), S. 327, 332–336; *S. Heitmann*, LKV 1995, S. 93, 93; *H. Weber*, NVwZ 1994, S. 759, 761; *J. Depenbrock*, ZevKR 38 (1993), S. 413ff.; *A. v. Campenhausen*, HStR IX Rn. 32–38; *E.-L. Solte*, in: *R. Puza / A.P. Kustermann* (Hrsg.), S. 79, 81.

[24] Daneben waren noch folgende Vereinbarungen zu berücksichtigen: für Sachsen-Anhalt der Vertrag zwischen dem Freistaat Braunschweig und der Braunschweigischen Evangelisch-Lutherischen Landeskirche vom 8. August 1923 sowie der Vertrag zwischen dem Anhaltinischen Staatsministerium und dem Evangelischen Landeskirchenrat für Anhalt vom 4.10.1924 in der Fassung des am 3. Februar 1930 vor dem Oberlandesgericht Naumburg geschlossenen Vergleichs und der anschließend getroffenen Vereinbarung vom 18./20. März 1930; für die Mecklenburgischen Landesteile Mecklenburg-Vorpommerns der Mecklenburg-Schweriner-Kirchenvertrag von 1930; für Thüringen: Vertrag zwischen dem Land Thüringen und den Thüringer Evangelischen Kirchen vom 19. September/24. August 1925 und der Vertrag zwischen dem Land Thüringen und der Evangelisch-Lutherischen Kirche in Reuß ä.L. vom 19. September/14. August 1929 nebst Nachtragsvertrag vom 13. November 1929; vgl. im einzelnen die Nachweise bei *A. v. Campenhausen*, HStR IX Rn. 32 Fn. 84.

[25] *A. v. Campenhausen*, LKV 1995, S. 233 und 236; *ders.*, NVwZ 1995, S. 757, 758; für den evKVTH: *H. Weber*, Kriele-FS, S. 1009, 1015. Dies soll selbst für die wenigen noch offenen Fragen aus der Zeit zwischen 1989 und den Vertragsschlüssen, insbesondere für etwaige offene finanzielle Forderungen, gelten, vgl. neben *A. v. Campenhausen*, aaO.: Regierungsbegründung zum evKVMV, LT-Drs. M.-V. 1/4126, S. 27, *H. Weber*, NVwZ 1994, S. 759, 761.

[26] Ausführlich dazu aus dem Schrifttum einerseits: *W. Rüfner*, Thieme-FS, S. 343ff.; *ders.*, Ess.Gespr. 26, S. 62f.; *J. Listl*, Ges.Schr., S. 355, 365ff.; *J. Depenbrock*, NVwZ 1992, S. 736ff.; *K. Hartel*, in: *R. Puza / A.P. Kustermann* (Hrsg.), S. 57, 62ff.; *A. Vulpius*, NVwZ 1994, S. 40; andererseits: *L. Renck*, NVwZ 1994, S. 770f.

finden danach theoretisch das Reichskonkordat und das Preußenkonkordat auch im gegenwärtigen Verhältnis Anwendung, soweit nicht in den neuen Verträgen abweichende Regelungen getroffen sind (Präambel und Art. 25 I, IV MVKKV, 3. Abs. der Präambel und Art. 25 LSAKKV). In der Praxis der vertraglichen Beziehungen wird sich dagegen angesichts des umfassenden kodifikatorischen Charakters der neuen Staatskirchenverträge kaum je eine Möglichkeit zu subsidiärer Anwendung der altvertraglichen Grundlagen ergeben[27]. Gleichwohl ist aber dem Vertragsziel der Katholischen Kirche Rechnung getragen, das bestehende Konkordatssystem in Deutschland vor allem mit Blick auf die Länder ohne eine staatskirchenvertragliche Neuregelung nicht in Frage zu stellen. Für den Katholischen Kirchenvertrag Sachsen kommt diese Lösung des Streits um die Fortgeltung der älteren Verträge in der Präambel, 1. Spiegelstrich, zum Ausdruck[28]. Die Regelung im Vertrag zwischen dem Heiligen Stuhl und dem Freistaat Thüringen ist noch etwas komplexer, weil die staatliche Seite sich nicht zu einer grundsätzlichen Respektierung der altvertraglichen Fortgeltung durchringen konnte[29]. Die Vertragsparteien räumen jedenfalls in Art. 30 ThKKV nebst Schlußprotokoll den neuen Vereinbarungen ausdrücklichen Vorrang vor den Bestimmungen aus dem Reichskonkordat und dem Preußenkonkordat ein und schließen einige der altvertraglichen Regelungen, Art. 15 II 1, III, 23, 24 und 32 RK, aus. Im Ergebnis dürfte auch hier in der staatskirchenrechtlichen Praxis der Streit um die Fortgeltung der älteren Vertragsgrundlagen obsolet geworden sein[30].

Die übrigen Bestimmungen, die übergreifend auf die Geltung und Handhabung des Vertragswerks rückbezogenen sind, wurden in ihrer inhaltlichen Bedeutung bereits bei der Darlegung der Absicherungsfunktion behandelt. Zu ihnen sind die Paritätsklauseln[31]zu zählen, die die verfassungsrechtlichen Vorgaben für eine Gleichbehandlung der Religionsgemeinschaften durch den Staat in die Vertragswerke umsetzen[32]. Diese

---

[27] Regierungsbegründungen zum LSAKKV, LT-Drs. LSA 2/4475, S. 39 und 57, und zum MVKKV, LT-Drs. 2/3100, S. 25.

[28] Regierungsbegründung zum SachsenKKV, LT-Drs. Sachsen 2/3612, Vertragsbegründung, S. 3; *S. Heitmann*, NJW 1997, S. 1420, 1422.

[29] Regierungsbegründung, LT-Drs. Th 2/2100, S. 23.

[30] Zum ganzen ausführlich: Regierungsbegründung, LT-Drs. Th. 2/2100, S. 23f.; Ministerpräsident *B. Vogel*, PlenProt. Th 2/62, S. 5353.

[31] Art. 25 evKVLSA, Art. 23 LSAKKV, Art. 26 evKVMV, Art. 23 MVKKV, Art. 25 evKVSachsen, Art. 26 SachsenKKV, Schlußprotokoll zu Art. 26 evKVTh, Schlußprotokoll zu Art. 31 ThKKV, Art. 23 evKVBBG und Art. 15 JüdVLSA.

[32] Vgl. oben III. Teil B. I. 1. (= S. 70)!

stellen sich im Falle eines von den vertragsschließenden Kirchen befürchteten weitergehenden, ungerechtfertigt bevorzugenden Entgegenkommens des Staates gegenüber anderen vergleichbaren Religionsgemeinschaften als Revisionsklauseln dar[33]: Sie halten zu einer gemeinsamen Prüfung an, ob Gleichheitserwägungen eine Vertragsanpassung erforderlich machen. Ebenso gehören die wiederholt bei der Absicherungsfunktion als relevant aufgezeigten Freundschaftsklauseln[34] hierzu, die beide Seiten dazu verpflichten, bei Meinungsverschiedenheiten über die Auslegung oder Anwendung staatskirchenvertraglicher Bestimmungen eine gütliche Einigung zu suchen[35]. In Art. 24 II evKVBBG und Art. 7 II JüdVSachsen ist zudem eine umfassende Vertragsanpassungspflicht bei wesentlicher Veränderung maßgeblicher Vertragsverhältnisse verankert, die entgegen einzelner Vertragsmotive[36] keineswegs neu[37], sondern über den anerkannten Grundsatz der clausula rebus sic stantibus zum gesicherten Bestand der staatskirchenvertragsrechtlichen Regelungen gehört[38]. Schließlich können auch noch die einzelnen Sonderabsprachen angeführt werden, die als ausdrückliche Ausnahmen vom grundsätzlichen Anspruch unbefristeter und unbedingter Vertragsbindungen für besonders gelagerte Sachverhalte eine punktuelle einvernehmliche Vertragsrevision vorsehen[39]. Diese Regelungen zur Vertragsanpassung bauen auch nach den Vorstellungen der Vertragsparteien auf dem grundlegenden Kooperationsprinzip auf,

---

[33] So übereinstimmend die Regierungsbegründungen zum evKVLSA, LT-Drs. LSA 1 / 3087, Vertragsbegründung, S. 18; zum evKVBBG, LT-Drs. BBG 2 / 3442, Vertragsbegründung, S. 21; Regierungsbegründungen zum evKVSachsen, LT-Drs. Sachsen 1 / 4649, Vertragsbegründung, S. 38, und zum SachsenKKV, LT-Drs. Sachsen 2 / 3612, Vertragsbegründung, S. 41; vgl. weiter Regierungsbegründung zum evKVMV, LT-Drs. M.-V. 1 / 4126, S. 27; *A. Vulpius*, JöR N.F. Bd. 43 (1995), S. 327, 341.

[34] Vgl. etwa III. Teil B. II. 1. e) aa) (= S. 183), bb) (3) (c) (aa) (= S. 199f.) und cc) (3) (= S. 208f.)!

[35] Art. 26 evKVLSA, Art. 24 LSAKKV, Art. 27 evKVMV, Art. 24 MVKKV, Art. 25 evKVSachsen, Art. 26 SachsenKKV, Art. 26 evKVTh, Art. 31 ThKKV, Art. 16 JüdVLSA, Art. 6 JüdVTh, Art. 7 I JüdVSachsen, Art. 4 JüdVMV, Art. 8 BistVMD, Art. 8 BistVEF, Art. 7 BistVGörlitz, Art. 13 ErzBistVHH sowie schwächer als Bemühensklausel formuliert: Art. 24 I evKVBBG.

[36] Regierungsbegründung zum evKVBBG, LT-Drs. BBG 2 / 3442, Vertragsbegründung, S. 21.

[37] Vgl. auch schon Art. IX Abs. 2 evKVNRW, dazu *D. Dehnen / K. Winterhoff*, ZevKR 30 (1985), S. 29, 45; umfassend zu den Revisions- und Kündigungsklauseln in Staatskirchenverträgen: *A. v. Campenhausen*, Gutachten I, S. 223ff.

[38] Vgl. hier nur *R. Köbler* (1991), S. 173 m.N.; nach der hier vertretenen Ansicht freilich in der praktischen Bedeutung weitgehend durch die Grenzen der Vertragsbindungen nach dem „für alle geltenden Gesetz“ verdrängt.

[39] Art. 13 II 3 und 4 evKVMV; Art. 13 I 5, II 3, III 3 evKVBBG; Schlußprotokoll zu Art. 4 I JüdVSachsen, Zusatzprotokoll zu Art. 10 II JüdVMV.

„wonach Staat und Kirche in ihrem gegenseitigen Verhältnis von der Bereitschaft zur Verständigung leben"[40]. Die Freundschaftsklausel ist neben den Leitmotiven der Präambel der augenfälligste positivierte „Ausfluß der Partnerschaft von Staat und Kirche"[41] bzw. „Ausdruck des Bemühens um partnerschaftliches Zusammenwirken"[42], die die Vertragswerke insgesamt durchziehen und tragen. Rechtliche Bedenken oder Einschränkungen sind dieser Funktion, die Basis für ein vertrauensvolles Zusammenwirken zwischen Staat und Kirche im Interesse der beiderseitigen Aufgabenerfüllung zu legen, weder aus der Staatsverfassung noch aus der Kirchenordnung entgegenzuhalten.

2. *Wegweisung der weiteren Zusammenarbeit über Einzelvereinbarungen*

Die Fülle von Detailproblemen, die sich im konkreten Aufeinandertreffen staatlichen und kirchlichen Wirkens einstellen, lösen die Staatskirchenverträge lediglich im Grundsatz und überantworten sie weiterer partnerschaftlicher Konkretisierung. Die Regelung komplexer praktischer Sachfragen der kooperativen Aufgabenerfüllung behalten sie in vielen Fällen ausdrücklich noch zu schließenden oder bestehenden Einzelvereinbarungen vor. Diese können und sollen wegen ihrer leichteren Abänderbarkeit dem Wandel der Zeiten besser entsprechen[43]. Im übrigen tragen sie dabei dem Grundsatz einer einvernehmlichen Ausgestaltung der Vertragsbeziehungen im Sinne der Freundschaftsklausel Rechnung. Die Staatskirchenverträge bilden danach den Rahmen für eine umfassende Zusammenarbeit zwischen Staat und Kirche[44]. Auch in dieser Funktion der staatskirchenvertraglichen Wegweisung für ergänzende Vereinbarungen werfen die neuen Staatskirchenverträge keine zu klärenden Rechtsfragen auf[45]. Deshalb sollen die einschlägigen Vertragsbestimmungen hier lediglich aufgeführt werden. Zunächst sind die Weichenstellungen zugun-

---

[40] Ministerpräsident *B. Vogel*, PlenProt. Th 2/62, S. 5353; Regierungsbegründung zum evKVBBG, LT-Drs. BBG 2/3442, Vertragsbegründung, S. 21, sieht darin einen „Ausdruck des konstruktiven Verhältnisses zwischen den Vertragsparteien".

[41] Regierungsbegründung zum ThKKV, LT-Drs. Th 2/2100, S. 30; ähnlich auch Regierungsbegründung zum evKVMV, LT-Drs. M.-V. 1/4126, S. 27.

[42] Regierungsbegründung zum evKVBBG, LT-Drs. BBG 2/3442, Vertragsbegründung, S. 21.

[43] Vgl. dazu *S. Heitmann*, LKV 1995, S. 93, 94.

[44] Dazu: *H. Johnsen*, ZevKR 43 (1998), S. 182, 191f., 194.

[45] Ministerpräsident *B. Vogel*, PlenProt. Th 2/62, S. 5352.

sten einer umfassenden staatskirchenvertraglichen Regelung anzuführen, die für das Verhältnis zwischen den beteiligten Staaten und der Katholischen Kirche in den Verträgen zur Errichtung der Bistümer Magdeburg und Görlitz jeweils im Vorspruch zu den Schlußprotokollen verbindlich festgehalten werden[46] und im Land Brandenburg noch ihrer Umsetzung harren. Ähnlich wird auch für die Regelung der Staatsleistungen in den Bistumsverträgen auf die angestrebten umfassenden Katholischen Kirchenverträge in den neuen Ländern verwiesen[47]. Damit stellen sich die Bistumserrichtungsverträge als Teil und gleichzeitig besonderer Ansatzpunkt des gemeinsamen Willens beider Vertragsteile zu einer umfassenden rechtlich geregelten partnerschaftlichen Kooperation dar, die allen neuen Staatskirchenvertragsschlüssen zugrundeliegt.

Für das Zusammenwirken im Bildungsbereich wird der Abschluß etlicher Einzelabsprachen verabredet, mit denen auf der Ebene unterhalb der Staatskirchenverträge die Wahrung der kirchlichen Verantwortung für die religiösen Aspekte konkret ausgestaltet werden soll. So sind Vereinbarungen über kirchliche Visitationsrechte[48] sowie über die Beteiligung der Kirchen an der staatlichen Aus-, Fort- und Weiterbildung von Religionslehrern und bei der Aufsicht über den Religionsunterricht vorgesehen[49]. Nach fast allen neuen Staatskirchenverträgen wird zumindest für die Anlaufphase des Religionsunterrichts in den neuen Ländern kirchliches Lehrpersonal in die staatliche Unterrichtsplanung miteinbezogen. Zur praktischen Umsetzung sollen Gestellungsverträge für kirchliche Lehrkräfte an staatlichen Schulen geschlossen werden[50]. Art. 4 I 3 MVKKV ermächtigt die Vertragspartner „eine von der allgemeinen Schulorganisation abweichende Organisation des katholischen Religionsunterrichts" zu verabreden. Mit Satz 2 des Schlußprotokolls zu Art. 4 SachsenKKV wird auch in Einzelfragen der Förderung und Anerkennung von Privatschulen in kirchlicher Trägerschaft auf die Möglichkeit einvernehmlicher Regelung im Wege einfacher Vereinbarungen verwiesen. Grundsätzlicher Regelungsbedarf bei der Gewährleistung des Religionsunterrichts nach Art. 7 III GG, der über die Klärung von Detailproblemen hinausgeht, be-

---

[46] Vgl. nur *S. Heitmann*, NJW 1997, S. 1420, 1421f.

[47] Art. 7 BistVMD, Art. 7 BistVEF, Art. 6 BistVGörlitz, vgl. auch Art. 9 ErzBistVHH.

[48] Art. 5 IV evKVLSA, Art. 4 IV LSAKKV, Art. 5 II evKVTh und Art. 12 II ThKKV.

[49] Art. 5 II 2 evKVSachsen und Art. 3 II 4 SachsenKKV sowie Art. 4 VI LSAKKV.

[50] Art. 5 V evKVLSA, Art. 4 V LSAKKV, Art. 6 V evKVMV, Art. 4 IV MVKKV, Art. 5 IV 2 evKVTh, Art. 12 V 2 ThKKV, Art. 3 IV SachsenKKV, Art. 5 IV evKVSachsen; vgl. beispielhaft nur den sächsischen Vertrag vom 7.9.1994 zwischen dem Freistaat und der Evangelischen und der Katholischen Kirche, ABl. des Sächsischen Kultusministeriums, S. 581.

steht demgegenüber noch in Brandenburg. Da hier Staat und Kirchen unvereinbare Rechtsstandpunkte vertraten, mußte in dem Evangelischen Kirchenvertrag selbst auf eine Rahmenregelung verzichtet werden. Art. 5 nebst Schlußprotokoll evKVBBG verweist auf künftig zu schließende Vereinbarungen. Zwischenzeitlich haben sich die Evangelische Kirche in Berlin-Brandenburg und das Ministerium für Bildung, Jugend und Sport ungeachtet des anhängigen grundsätzlichen Rechtsstreites immerhin mit der Vereinbarung vom 8.11.1996 auf eine provisorische Regelung einigen können[51].

Im Freistaat Thüringen steht eine ausführlichere Vereinbarung noch zur Gestaltung des staatlich-kirchlichen Zusammenwirkens im Hinblick auf die beabsichtigte Neugründung einer Katholisch-Theologischen Fakultät an der Universität Erfurt aus, die mit Absatz 2 des Schlußprotokolls zu Art. 11 II ThKKV vorgezeichnet ist. Auch nach Art. 6 MVKKV und nach Absatz 1 des Schlußprotokolls zu Art. 5 I LSAKKVwerden gesonderte Vereinbarungen über dezidierte Festlegungen zu staatlichen Hochschuleinrichtungen in den Fächern der katholischen Theologie und Religionspädagogik avisiert. Dagegen betreffen Art. 5 III 3 SachsenKKV und Art. 5 III 4 LSAKKV mit der Verabredung von Verhandlungen über Art und Umfang der zu leistenden Abhilfe im Falle nachträglicher Beanstandung eines Hochschullehrers für Katholische Theologie an einer staatlichen Hochschule wiederum lediglich Einzelfragen. Gleiches gilt für Absatz 1 des Schlußprotokolls zu Art. 3 II evKVLSA, der zur Vermeidung etwaiger Streitigkeiten eine einvernehmliche Festlegung derjenigen Dozentenstellen vorsieht, auf die das staatskirchenvertragliche Beteiligungsverfahren bei Berufungsentscheidungen Anwendung finden soll[52]. Auch die Ausgestaltung der Rechtsbeziehungen zwischen Staat und Kirchen im Hinblick auf die kirchlichen Hochschulen kann bzw. soll nach Art. 4 II evKVSachsen, Art. 6 II SachsenKKV, nach Art. 4 II evKVLSA und Art. 7 II LSAKKV durch Vereinbarungen erfolgen. Die einvernehmliche Regelung der Voraussetzungen für die Anerkennung und finanzielle Förderung kann sowohl allgemein als auch jeweils für einzelne kirchliche Hochschuleinrichtungen getroffen werden (vgl. die Schlußprotokolle zu Art. 6 II SachsenKKV und zu Art. 4 II evKVSachsen). Art. 4 VII evKVMV sieht einen weiteren Vertragsschluß zwischen den Partnern vor, um die Rechtsstellung

---

[51] Abgedruckt in LKV, 1997, S. 323ff; zum Streit über die Anwendbarkeit des Art. 141 GG auf die neuen Länder, vgl. einerseits: *H. Goerlich*, NVwZ 1998, S. 819ff., und andererseits: *H. de Wall*, ZevKR 42 (1997), S. 353ff.

[52] Nach der Regierungsbegründung evKVLSA, LT-Drs. LSA 1 / 3087, Vertragsbegründung, S. 5, soll die Aufstellung „nur der Übersicht dienen".

und insbesondere Unterhaltung des Hochschulinstituts für evangelische Kirchenmusik in Greifswald zu regeln[53]. Art. 13 I 2 ThKKV nimmt einvernehmliche Absprachen zur Umsetzung der staatlichen Gewährleistungspflicht für die wissenschaftliche Vorbildung der Lehramtskandidaten in Katholischer Theologie und Religionspädagogik in Aussicht.

Art. 9 IV evKVMV und Art. 17 IV MVKKV räumen den Vertragspartnern die Möglichkeit ein, durch Vereinbarung Aufgaben des Denkmalschutzes vom Staat auf die Kirchen zu übertragen. Die nähere Ausgestaltung der Überlassung von Bodendenkmalen mit gottesdienstlicher oder anderweitiger kultischer Bedeutung, für die von den Vertragspartnern nach der abweichenden Regelung des Schatzregals gem. Art. 10 V 1 evKVBBG eine Dauerleihgabe vorgesehen ist, bleibt Einzelvereinbarungen überlassen (Art. 10 V 2 evKVBBG)[54]. Das Schlußprotokoll zu Art. 3 JüdVLSA überantwortet ihnen die Ausgestaltung und Umsetzung der staatlichen Pflichten nach Art. 3 JüdVLSA, die Einrichtungen der Jüdischen Gemeinschaft zu schützen und den Erhalt der historischen Stätten zu fördern. Zur Gewährleistung der Anstaltsseelsorge halten die meisten Verträge ausdrücklich fest, daß etliche Aspekte des Zusammenwirkens der einvernehmlichen inhaltlichen Ausfüllung durch Vereinbarungen im Einzelfall überlassen bleiben[55]. So wird klargestellt, daß die bereits bestehenden Vereinbarungen über die Sonderseelsorge in besonderen staatlichen Einrichtungen unberührt bleiben[56]. Die Vertragspartner von Thüringen legen mit einer „Kann-Bestimmung" immerhin den Abschluß solcher Abreden nahe, ohne dies jedoch verbindlich vorgeben zu wollen[57]. Im Bereich der Datenübermittlung sehen die Sächsischen Staatskirchenverträge Vereinbarungen zur Regelungen der Einzelheiten vor[58]. Nach

---

[53] Die Vereinbarung soll die staatskirchenrechtlichen Regelungserfordernisse, insbesondere in den Finanzierungsfragen, befriedigen, um eine vorläufige Vereinbarung zwischen der Ernst-Moritz-Arndt-Universität und der Pommerschen Evangelischen Kirche vom 27. Februar 1992 abzulösen.

[54] Näher dazu Regierungsbegründung zum evKVBBG, LT-Drs. BBG 2/3442, Vertragsbegründung, S. 10.

[55] Art. 12 III evKVLSA, Art. 10 III LSAKKV, Art. 20 III evKVMV, Art. 8 III 4 MVKKV, Art. 13 III evKVSachsen, Art. 12 III SachsenKKV und Art. 12 III evKVBBG.

[56] Art. 12 III 2 evKVBBG und die Schlußprotokolle der Sächsischen Staatskirchenverträge (zu Art. 13 III evKVSachsen bzw. zu Art. 12 III SachsenKKV) im Hinblick auf die Vereinbarungen zur Seelsorge in den Justizvollzugsanstalten insbesondere mit den Sonderregelungen zur Berufung und Abberufung der Anstaltsgeistlichen vom 25. Januar 1993 bzw. vom 15. Januar 1993.

[57] Jeweils Absatz 2 des Schlußprotokolls zu Art. 12 I evKVTh bzw. zu Art. 14 I ThKKV.

[58] Absatz 1 Satz 4 des Schlußprotokolls zu Art. 23 I SachsenKKV und Absatz 2 Satz 4 des Schlußprotokolls zu Art. 15 I evKVSachsen.

Art. 25 III 2 MVKKV und nach Absatz 2 des Schlußprotokolls zu Art. 5 I und II ThKKV behalten sich die Vertragspartner den Abschluß einer Vereinbarung vor, um das Verfahren bei der Besetzung der kirchlichen Leitungsämter im Erzbistum Berlin bzw. in den Bistümern Fulda und Dresden-Meißen der staatskirchenvertraglichen Entwicklung anzupassen[59]. Für den Erwerb einer eigenständigen öffentlich-rechtlichen Rechtsstellung von kirchlichen Anstalten und Stiftungen sieht Art. 6 II 2 ThKKV die Vereinbarung von Richtlinien zwischen Staat und Diözesanbischöfen vor[60].

In großem Umfang wird schließlich auf den Abschluß von Einzelabsprachen zur konkreten Ausgestaltung der vermögensrechtlichen Beziehungen verwiesen. Dies trifft Fragen des Kirchensteuerrechts wie etwa die Höhe der Entschädigung für die staatliche Kirchensteuerverwaltung[61]. Weiter sind hier die in Aussicht genommenen Vereinbarungen bei staatlichem Immobiliareigentum zu nennen, das zu kirchlichen Zwecken gewidmet ist. Dabei geht es vor allem um die Eigentumsübertragung auf die Kirchen bei gleichzeitiger Baulastablösung gegebenenfalls gegen Entschädigung[62], aber auch um besondere Einzelfälle, wie etwa nach Absatz 6 des Schlußprotokolls zu Art. 9 I evKVLSA die Widmung des Domes zu Zeitz[63]. Auch die einvernehmliche Regelung, d.h. vor allem Abgeltung der staatlichen Baulastverpflichtungen aus Kirchenpatronaten bleibt nach Art. 12 I 3 evKVSachsen ganz und nach Art. 11 III evKVBBG für einen kleinen Teil der Patronate außerhalb der Mark Brandenburg dem Abschluß gesonderter Vereinbarungen vorbehalten[64]. Dabei soll allerdings für die Bemessung der Höhe der Ablösungsleistungen berücksichtigt werden, daß die Rechte des Staates insoweit ersatzlos wegfallen[65]. Weitere Einzelvereinbarungen sind noch für einvernehmliche „Billigkeitsent-

---

[59] Näher dazu unten III. Teil E. II. 2. a) bb), cc) (= S. 374ff.)!

[60] Zu den Umsetzungsdefiziten bei den älteren Staatskirchenverträgen vgl. *W. Busch*, HdbStKirchR I, S. 947, 959 Fn. 55.

[61] Art. 15 II 2 evKVLSA, Absatz 2 Satz 2 des Schlußprotokolls zu Art. 19 IV LSAKKV, Art. 17 V 1 evKVMV, Art. 18 V 1 VKKV, Art. 17 II 2 evKVSachsen, lit. b) Satz 2 des Schlußprotokolls zu Art. 22 SachsenKKV, Art. 15 II 2 evKVTh, Art. 26 II 2 ThKKV und Art. 15 II 2 evKVBBG. Die Regierungsbegründung zum SachsenKKV, LT-Drs. Sachsen 2/3612, Vertragsbegründung, S. 37, verweist auf die mit den Kirchen am 22.6.1992 geschlossene Vereinbarung.

[62] Art. 11 II evKVSachsen, Art. 17 II SachsenKKV, Art. 10 II evKVTh, Art. 20 II ThKKV, Art. 9 II evKVBBG Art. 9 III evKVLSA, Art 15 IV LSAKKV.

[63] Vgl. dazu näher unten unter III. Teil C. III. 2. a) (= S. 288ff.)!

[64] Ausführlicher unten III. Teil C. III. 2. b) (= S. 294ff.)!

[65] Regierungsbegründung zum evKVSachsen, LT-Drs. Sachsen 1/4649, Vertragsbegründung, S. 17.

scheidungen“[66] bei Enteignungen aus der Zeit vom 30.1.1933 bis zum 2.10.1990 vorgezeichnet, für die den betroffenen Kirchen keine Entschädigungsansprüche zustehen und bei denen das Land Begünstigter des Vermögensverlustes ist[67]. Nach Absatz 1 Satz 2 des Schlußprotokolls zu Art. 6 III evKVBBG wird ausdrücklich eine einvernehmliche Klärung der Eingriffe in das Eigentum des Stiftes Marienfließ und des Klosters Stift zum Heiligen Grabe angestrebt.

3. Vertraglich institutionalisierte Kooperation

Besonderen Ausdruck hat das übergreifende Vertragsziel, bei der Neuaufnahme staatskirchenvertraglicher Beziehungen die partnerschaftliche Zusammenarbeit fortzuentwickeln, schließlich in den allgemeinen Kooperationsbestimmungen gefunden[68]. Alle neuen Staatskirchenverträge sehen regelmäßige gegenseitige Konsultationen über Fragen ihres Verhältnisses oder von beiderseitigem Interesse auf Ebene der Leitungsgremien, d.h. zwischen den staatlichen Regierungen und den Kirchenleitungen, vor[69]. Angestrebt werden damit möglichst einmal jährlich stattfindende Zusammenkünfte, wie z.T. ausdrücklich[70] in Übereinstimmung mit der übrigen Vertragspraxis festgehalten wird. Diese dienen ausweislich der Art. 2 I evKVMV und Art. 3 I MVKKV in erster Linie dazu, „die Beziehungen von Staat und Kirche zu vertiefen“ und für die Zukunft zu sichern[71]. Diesem klassischen Kooperationsansatz wird vor dem Hintergrund der kirchlichen Erfahrungen mit dem Willkürstaat der DDR besondere Bedeutung zugemessen. Denn aus dieser Zeit hat sich ein erhebliches Maß an Zurückhaltung und Mißtrauen der Kirchen gegenüber dem

---

[66] Regierungsbegründung zum evKVLSA, LT-Drs. LSA 1 / 3087, Vertragsbegründung, S. 8.

[67] Art. 7 III 2 nebst Schlußprotokoll evKVLSA und Schlußprotokoll zu Art. 6 III evKVBBG.

[68] Vgl. MdL *Wien*, Bündnis 90 / Die Grünen, PlenProt. Th 1 / 113, S. 8729; Ministerpräsident *B. Vogel*, PlenProt. Th 1 / 113, S. 8724.

[69] Art. 2 I evKVLSA, Art. 2 I evKVMV, Art. 2 I evKVTh, Art. 2 I evKVSachsen, Art. 2 I evKVBBG, Art. 2 I SachsenKKV, Art. 29 I ThKKV, Art. 3 I MVKKV, Art. 2 I LSAKKV, Art. 2 I JüdVLSA, Art. 3 I JüdMV sowie etwas zurückhaltender im Sinne eines Bemühens um regelmäßige Treffen: Art. 6 Satz 1 JüdVSachsen und Art. 5 Satz 1 JüdVTh.

[70] Absatz 1 jeweils des Schlußprotokolls zu Art. 2 I evKVLSA, zu Art. 2 I LSAKKV und zu Art. 2 I JüdVLSA sowie die Schlußprotokolle zu Art. 2 I evKVTh und zu Art. 29 I ThKKV.

[71] Vgl. auch für Sachsen: *S. Heitmann*, LKV 1995, S. 93, 94; Regierungsbegründung zum JüdVSachsen, LT-Drs. Sachsen 1 / 4855, Vertragsbegründung, S. 8.

staatlichen Wirken erhalten, so daß eine Partnerschaft von Staat und Kirche in den neuen Ländern erst noch wachsen muß[72]. Mit den Verhandlungen zu den Staatskirchenverträgen ist ein Anfang für eine gegenseitige Annäherung erreicht worden[73], den es mithilfe der in den neuen Verträgen vorgesehenen Zusammenarbeit auszubauen gilt. Dementsprechend sollen die Staatskirchenverträge als „vertrauensbildende Maßnahme“ im Staat-Kirche-Verhältnis auf eine übergreifende Verständigung hinwirken, die durch die einzelnen Kooperationsbestimmungen jeweils konkretisiert, ausgebaut und auf Dauerhaftigkeit ausgerichtet wird[74]. Neben den vertraglich institutionalisierten regelmäßigen Konsultationen sehen die aufgeführten Vertragsbestimmungen auch eine Rücksprache zwischen den Vertragspartnern aus aktuellem Anlaß, d.h. bei konkretem Bedarf vor.

Darüber hinaus sollen die Kirchen nach den Festlegungen der meisten Verträge bei allen staatlichen Maßnahmen (Gesetzgebungsvorhaben und Programmen[75]) beteiligt werden, die Belange der Kirchen berühren. Hier wie bei den vereinbarten regelmäßigen Treffen dürfte sich das Interesse des Staates abgesehen von der Stärkung der partnerschaftlichen Beziehungen auch darauf richten, den kirchlichen Sachverstand für die staatliche Entscheidungsfindung zu nutzen[76]. Die Voraussetzungen der kirchlichen Beteiligung wie deren Reichweite werden freilich in den einzelnen Verträgen unterschiedlich geregelt. Die anfangs aufgeführte allgemeine Formulierung der kirchlichen Mitwirkungsrechte hat mit der einschränkenden Voraussetzung einer unmittelbaren Betroffenheit kirchlicher Belange Eingang in Art. 2 II evKVMV, Art. 3 II MVKKV, Art. 3 II JüdVMV und auch in Art. 2 II evKVBBG gefunden. Nach dem Schlußprotokoll zu Art. 2 II evKVBBG sollen die vereinbarten Anhörungsrechte auch für „Initiativen des Landes gegenüber dem Bund und in bezug auf die Euro-

---

[72] Vgl. *A. v. Campenhausen*, NVwZ 1995, S. 757, 758; *ders.*, LKV 1995, S. 233, 234f.

[73] Ministerpräsident *B. Vogel*, PlenProt. Th 1/113, S. 8724.

[74] Vgl. anschaulich und ausführlich zum evKVLSA einerseits: Bischof *Demke*, Ansprache, Manuskript S. 2 und 5, und andererseits: *A. Vulpius*, KuR-120, S. 13, 14–16, mit Hinweisen zu den unterschiedlichen Einstellungen der einzelnen Landeskirchen; vgl. auch *A. Vulpius*, JöR N.F. Bd. 43 (1995), S. 327, 330 u. 332; vgl. weiter zum evKVTh: Ministerpräsident *B. Vogel* und MdL *Wien*, Bündnis 90/Die Grünen, PlenProt. Th. 1/113, S. 8724 bzw. S. 8729.

[75] Der Anwendungsbereich der kirchlichen Beteiligungsrechte erfaßt mit dem Begriff „Programme“ sowohl Zielvorgaben für künftige Gesetzesvorhaben und als auch generell-abstrakte Vorschriften mit normähnlicher Wirkung wie etwa Subventionsförderrichtlinien, nicht dagegen aber den Bereich, der innerhalb des Verwaltungsverfahrens nach § 9 VwVfG ergeht, für die daher nur eine Beteiligung nach §§ 28, 13 VwVfG bleibt (Regierungsbegründung zum SachsenKKV, LT-Drs. Sachsen 2/3612, Vertragsbegründung, S. 6, und *S. Heitmann*, LKV 1995, S. 93, 94).

[76] So *S. Heitmann*, LKV 1995, S. 93, 94.

päische Union“ Anwendung finden. Dieser neuartig erscheinenden Klausel kommt nur klarstellende Bedeutung zu, da die aufgeführten Vorlagen auf Bundes- oder Europaebene unter den allgemeinen Begriff der staatlichen Rechtsetzungsvorhaben zu ziehen sind[77]. In Sachsen-Anhalt wird nach Art. 2 II evKVLSA, Art. 2 II LSAKKV und Art. 2 II JüdVLSA zunächst auch eine unmittelbare Relevanz für das kirchliche Wirken verlangt und in den Schlußprotokollen die „rechtzeitige Anhörung vor der Entscheidungsfindung der Landesregierung“ über Gesetzesinitiativen als vertraglich festgelegte „angemessene Beteiligung“ präzisiert. Auch die Verträge Sachsens räumen den vertragsberechtigten Kirchen eine rechtzeitige Gelegenheit zur Stellungnahme zur Sicherung ihrer Einflußnahme und zur Einbeziehung ihres Sachverstandes ein[78], die bei Gesetzesvorlagen der Staatsregierung vor der Beschlußfassung über die Einbringung zu erfolgen hat[79]. Die Thüringer Verträge[80] und Art. 6 Satz 2 JüdVSachsen sehen vor, daß sich die Vertragspartner vor wichtigen Entscheidungen mit maßgeblicher Relevanz für die beiderseitigen Interessen rechtzeitig gegenseitig ins Benehmen setzen und zur Rücksprache bereit sind.

Für einzelne Sachbereiche sind weiter noch gesondert Mitwirkungsrechte der vertragsberechtigten Religionsgemeinschaften im Rahmen der staatlichen Entscheidungsprozesse vereinbart worden: Art. 10 IV evKVLSA sieht eine Beteiligung der Evangelischen Kirchen im Lande an der Gestaltung der nichtkirchlichen reformationsgeschichtlichen Gedenkstätten vor. Ähnlich räumen Art. 2 III JüdVLSA und Art. 6 JüdVMV dem Jüdischen Landesverband Mitwirkungsrechte bei der staatlichen Gedenkstättenarbeit ein, soweit jüdische Belange betroffen sind. Auch an die Konsultationsverpflichtungen, die zur Wahrung der kirchlichen Interessen für den Fall drohender Änderungen bei landesübergreifend bestimmten Rechtsgrundlagen kirchlicher Gewährleistungen getroffen sind, kann in diesem Zusammenhang erinnert werden[81]. Schließlich tragen etliche Vertragsbestimmungen den beiderseitigen Interessen an einer effizienten,

---

[77] Nach *S. Heitmann*, LKV 1995, S. 93, 94, sollen die vertragsberechtigten Religionsgemeinschaften darüber hinaus auch bei Entscheidungen von nachgeordneten staatlichen Behörden beteiligt werden, wenn der kirchliche Aufgaben- oder Interessenkreis nicht nur unerheblich berührt ist.

[78] Regierungsbegründung zum evKVSachsen, LT-Drs. Sachsen 1/4649, Vertragsbegründung, S. 5.

[79] Art. 2 III evKVSachsen und Art. 2 III SachsenKKV beide jeweils mit Schlußprotokoll.

[80] Art. 2 II evKVTh, Art. 29 II ThKKV und Art. 5 Satz 2 JüdVTh.

[81] Vgl. beispielhaft für das Rundfunkrecht: jeweils Satz 2 des Schlußprotokolls zu Art. 22 I evKVLSA, zu Art. 11 I LSAKKV und zu Art. 12 JüdVLSA.

möglichst reibungsfreien und zügigen Durchführung des Zusammenwirkens von Staat und Kirche Rechnung, indem die jeweils vertragsbeteiligten Partner auf Seiten der Kirchen zu einem einheitlichen Auftreten gegenüber dem Staat verpflichtet werden. Hier wird das Zusammenspiel der verschiedenen Vertragsfunktionen erneut deutlich: Die partnerschaftliche Zusammenarbeit setzt eine verläßliche Absprache zwischen den Vertragsbeteiligten voraus. Mit der Vereinbarung des Zusammenwirkens werden daher verbindliche Verpflichtungen nicht nur des Staates im Interesse der Kirchen, sondern auch der Kirchen im Interesse der staatlichen Stellen getroffen[82].

II. Die inhaltliche, kompetenzwahrende Zuordnungsfunktion

Breiten Raum bei der Regelung der Beziehungen zwischen Staat und Kirchen nimmt die inhaltliche Grundlegung des Zusammenwirkens in den Angelegenheiten ein, in denen sich staatliche und kirchliche Aufgabenwahrnehmung berühren. Rechtliche Grenzen aus Staatsverfassung und Kirchenordnung sind für die solchermaßen mit den Vertragsschlüssen angestrebte vertragliche Verabredung staatlich-kirchlicher Kooperation angesichts der Zulässigkeit im Grundsatz nur unter zwei unterschiedlichen Gesichtspunkten zu prüfen. Die rechtliche Koordinierung der staatlich-kirchlichen Zusammenarbeit in Sachfragen verlangt zum einen wiederum nach Verläßlichkeit der Absprachen für beide Seiten, die in dieser Arbeit im Rahmen der Absicherungs- bzw. Einbindungsfunktion behandelt werden. Zum anderen müssen aber auch die einzelnen getroffenen Festlegungen bei der inhaltlichen Koordinierung beiderseitiger Aufgabenerfüllung mit den rechtlichen, d.h. nach dem hiesigen Prüfungsansatz insbesondere den verfassungsrechtlichen Vorgaben (Art. 3, 4, 140 GG) übereinstimmen. Die damit aufgeworfenen Rechtsfragen betreffen aber weniger die mit dieser Arbeit in den Blick genommenen vertragsspezifischen Gestaltungsmöglichkeiten oder genauer die Grenzen des Vertragsinstruments zur Gestaltung der Staat-Kirche-Beziehungen. Sie treten vielmehr unabhängig von der Form staatskirchenrechtlicher Regelung allein aufgrund der Sachprobleme des Zusammenwirkens auf. Diese

[82] Die einschlägigen kirchlichen Kooperationsverpflichtungen werden aufzuzeigen sein im Rahmen der hier sogenannten Verpflichtungs- bzw. Einbindungsfunktion, unten III. Teil E. I. 1. b) und c) (= S. 366ff.)!

Grenzen sind für die Vertragsbeziehungen im wesentlichen nicht anders einzuhalten als bei entsprechendem je einseitigem Vorgehen, wenn der Staat die Rahmenbestimmungen erläßt und umsetzt und das Wirken der Religionsgemeinschaften diese ausfüllt. Da keine erschöpfende Kommentierung der Regelungen für das Zusammenwirken von Staat und Kirche angestrebt wird, sollen die rechtlichen Grenzen einer inhaltlichen Koordinierung im Vertragswege nur im Grundsatz angerissen werden (1.). Bei der Darlegung der im einzelnen einschlägigen Vertragsbestimmungen werden zumeist lediglich einige Überblickshinweise zu problematischen Festlegungen gegeben, die nur bei den grundlegenderen Streitpunkten vertieft werden (2.).

1. Die vertragliche Ausgestaltung von Trennung und Zuordnung beim Zusammenwirken

Die Eckpunkte der staatskirchenvertraglichen Zielsetzungen für die Zuordnungsfunktion sind bereits mit dem übergreifenden Bemühen von Staat und Kirche um partnerschaftliche Kooperation zur Beförderung der jeweils eigenen Aufgabenwahrnehmung unter Wahrung der Trennung und Eigenständigkeit aufgezeigt worden. In der Lösung der daraus resultierenden Abgrenzungs- bzw. Zuordnungsprobleme zwischen Zusammenwirken und betonter Eigenständigkeit liegt nach dem Willen der Vertragspartner eine zentrale Funktion der vertraglichen Einigung[83]. Dabei wird die Kooperation dort, wo gemeinsame Aufgaben zu erfüllen seien, als kennzeichnend für den Vertrag insgesamt herausgestellt[84], um das jeweilige Wirken aufeinander zu beziehen[85]. Die dahingehenden staatskirchenvertraglichen Gestaltungsziele bleiben freilich in den verfassungsrechtlich vorgezeichneten Rahmen des Staat-Kirche-Verhältnisses eingebunden. Nach einem Überblick über dessen Grundlagen inhaltlicher Regelung [a)] sollen kurz die dabei bestehenden verfahrensrechtlichen Gestaltungsmöglichkeiten aufgezeigt werden [b)].

---

[83] Vgl. zum evKVLSA die Übersicht bei *A. Vulpius*, JöR n.F. 43 (1995), S. 327, 328 und 330–332; Bischof *Demke*, Ansprache, Manuskript S. 3f.; zum evKVTh: MdL *Wien*, Bündnis 90/Die Grünen, PlenProt. Th. 1/113, S. 8729, unter Berufung auf Landesbischof *Hoffmann* von der Evangelisch-Lutherischen Kirche in Thüringen; vgl. auch die Regierungsbegründung evKVBBG, LT-Drs. BBG 2/3442, Vertragsbegründung, S. 1, sowie die weiteren Nachweise zu den koordinierenden Regelungsanliegen der Vertragspartner oben in der Einleitung zum III. Teil C. (= S. 218–220).

[84] Ministerpräsident *B. Seite*, PlenProt. M.-V. 1/101, S. 6103.

[85] Vgl. nur zum evKVLSA: MdL *Scharf*, CDU, PlenProt. LSA 1/53, S. 6315.

a) Die Respektierung der nichtdisponiblen Verfassungsvorgaben

Da das Zusammenwirken auch bei staatskirchenvertraglicher Gestaltung sich nur im Rahmen der verfassungsrechtlichen Vorgaben abspielen kann, bleibt für die mit den Kooperationszielen verbundenen Regelungsanliegen der Vertragspartner nur die einvernehmliche Klarstellung der übergeordneten Rechtsgrundlagen, die Ausfüllung bestehender Freiräume nach den Verfassungsvorgaben und die verfahrensrechtliche Organisation der Kooperation. Der verbindliche Vertragsrahmen von Kirchenordnung und Staatsverfassung steht dagegen weitergehenden Ansätzen, etwa zu einvernehmlichen Abweichungen oder Modifizierungen, aber auch zu einer verbindlichen oder gar authentischen Auslegung der staatskirchenrechtlichen Verfassungsbestimmungen im Wege der vertraglichen Vereinbarung[86] entgegen[87]. Es bleibt allein dem verfassungsändernden Gesetzgeber in den dafür vorgesehen Formen vorbehalten, Verfassungsrecht zu erlassen, zu ändern oder auch nur „authentisch" auszulegen, sprich klarzustellen. Eine Auslegung von Verfassungbestimmungen mit Bindungswirkung für andere kommt in engen Grenzen allein den Organen zu, die, wie die Verfassungsgerichte, über die Kompetenzverteilung in der Verfassung selbst dazu berufen sind. Dies kann nicht im Vertragswege unterlaufen werden. Soweit die Auslegung auf religiöse Wertungen und Entscheidungen hinausläuft, kommt die maßgebliche Bestimmungskompetenz auch bei der Anwendung von staatlichen Normen allein den Religionsgemeinschaften zu. Da die religiösen Wertungen staatlicher Erkenntnis verschlossen sind, kann der Staat sie nur hinnehmen, nicht aber rechtsverbindlich annehmen, so daß auch insoweit die Verträge keine verbindliche Interpretation leisten können.

Gleichwohl wird von den Vertragspartnern eine vertragliche Klarstellung, d.h. einvernehmliche Feststellung der Kooperationsgrundlagen angestrebt, um so weit wie möglich Konfliktpotentiale bei der Anwendung der einseitig gesetzten Bestimmungen auszuräumen[88]. Weiter sollen die Beziehungen zwischen Staat und Kirche auf diese Weise effizienter, aber auch transparenter gestaltet werden[89]. Diese Anliegen werfen bei Respektierung der verfassungsrechtlichen Vorgaben ebensowenig grundsätzliche

---

[86] Vgl. aber *R. Smend*, JZ 1956, S. 50f., und ihm folgend: *S. Grundmann*, BayVBl. 1962, S. 33, 37; *H.-U. Klose*, S. 173.

[87] *A. Hollerbach* (1965), S. 140f.; *K. Obermayer*, in: BoK, GG, Art. 140 Rn. 96; *D. Pirson*, in: *R. Puza / A.P. Kustermann* (Hrsg.), S. 31, 42.

[88] *A. Vulpius*, LKV 1994, S. 277, 280.

[89] Ministerpräsident *B. Vogel*, PlenProt. Th. 1 / 113, S. 8724.

Probleme auf wie die staatskirchenvertragliche Konkretisierung des verfassungsrechtlichen Rahmens, sofern dieser Handlungsspielräume für eine unterverfassungsrechtliche Ausgestaltung des Staat-Kirche-Verhältnisses eröffnet. So dient die vertragliche Ausgestaltung ausweislich der Vertragsmotive dazu, die Voraussetzungen der religiösen Grundrechtswahrnehmung und der kirchlichen Entfaltung ihrem Selbstverständnis gemäß zu gewährleisten sowie ihre Umsetzung sicherzustellen[90]. Die Konkretisierung verfassungsrechtlicher Freiheitsgarantien einschließlich der Koordination ihrer individuellen Wahrnehmung gehört als Pflichtaufgabe des Staates zu den klassischen Funktionen des staatlichen einfachen Rechts[91]. Der Staat kann dieser Aufgabe entweder einseitig durch den Erlaß von Gesetzen nachkommen. Er kann die Ausgestaltung aber auch unter Einbeziehung der Kirchen einer gemeinsam verantworteten Bestimmung in den Staatskirchenverträgen zuführen.

Im Staat-Kirche-Verhältnis stellt sich ein Bedürfnis nach näherer unterverfassungsrechtlicher Regelung vor allem bei der staatlichen Schrankenziehung gegenüber religiöser Selbstbestimmung zugunsten „zwingender Erfordernisse des friedlichen Zusammenlebens von Staat und Kirche" gem. Art. 140 GG / Art. 137 III 1 WRV[92]. Hier gilt es, die kirchliche Freiheit der Verantwortung des Staates für die Vereinbarkeit kirchlichen Wirkens mit anderen verfassungsrechtlich gewährleisteten Positionen zuzuordnen bzw., nach Verständnis der Bereichsscheidungslehre, beide voneinander abzugrenzen. Auch wenn man im kirchlichen Selbstverständnis das maßgebliche Kriterium für die Ermittlung der kircheneigenen und daher selbstbestimmten Angelegenheiten sieht[93], stellt sich die Zuordnungs- oder Abgrenzungsfrage zwischen staatlicher und kirchlicher Verantwortung in unverminderter Schärfe auf der Schrankenebene bei der Bestimmung des für alle geltenden Gesetzes[94]. Im Kern geht es deshalb unabhängig davon, ob man der Bereichsscheidungslehre folgt[95], die Art. 140 GG / Art. 137 III 1 WRV als besonders ausgestaltetes Freiheitsrecht[96] ansieht,

---

[90] Vgl. nur MdL *Schuchardt*, SPD, PlenProt. Th. 1 / 113, S. 8725; MdL *Höppner*, SPD, PlenProt. LSA, 1 / 53, S. 6312.

[91] *J. Isensee*, HStR V, § 115, Rn. 138ff.; *ders.*, HStR, III § 57 Rn. 170, 148; vgl. auch *P. Häberle*, AöR 111 (1986), S. 595, 602ff., 611.

[92] Vgl. nur *A. Hollerbach*, HStR VI, § 138 Rn. 118; *A. v. Campenhausen*, 3. Aufl., S. 117ff.

[93] Zum Streit vgl. nur insoweit kritisch *K.-H. Kästner* (1991), S. 244ff., und *S. Muckel* (1997), S. 184ff.

[94] Vgl. nur *K. Hesse*, HdbStKirchR I, S. 521, 540–544, 552–556.

[95] *H. Weber*, HdbStKirchR I, S. 573, 575f.

[96] *M. Morlok / M.H. Müller*, JZ 1997, S. 549, 550, vgl. ferner die Hinweise bei *A. v. Campenhausen*, 3. Aufl., S. 115ff.

oder das Problem als Zuordnungsfrage behandelt[97], immer um die Grenzziehung zwischen bzw. die Zuordnung von staatlicher und kirchlicher Verantwortung. Diese Aufgabe, die im konkreten, nicht weiter differenzierbaren Konfliktfall zwischen kirchlichen und staatlichen Angelegenheiten auf eine Abwägung der widerstreitenden Belange im Sinne praktischer Konkordanz hinausläuft[98], stellt sich damit nach allen Meinungen jedenfalls auf der Ebene der Schrankenziehung.

Das dafür vorgesehene Mittel des „für alle geltenden Gesetzes" nach Art. 140 GG / Art. 137 III 1 WRV ist nicht notwendig auf die einfachen Staatsgesetze beschränkt. Die Schrankenziehung kann vielmehr ebensogut, „wenn nicht in erster Linie ... und am zuverlässigsten und wirksamsten" im Wege der Kooperation zwischen Staat und Kirchen, insbesondere über die staatskirchenvertragliche Regelung erfolgen[99]. Sie steht in jedem Fall aber unter dem Vorbehalt staatlicher Letztentscheidung zugunsten der staatlichen Ordnungs- und Ausgleichsfunktionen. Gleichermaßen stellt sich die Zuordnungs- bzw. Abgrenzungsfrage bei den sogenannten gemeinsamen Angelegenheiten[100]. Denn entgegen der irreführenden Bezeichnung handelt es sich bei diesen nicht um ein Kondominium von Staat und Kirche[101], was mit der in Art. 140 GG / Art. 137 I WRV festgeschriebenen institutionellen Trennung von Staat und Kirche sowie den Gewährleistungen religiöser Freiheit unvereinbar wäre[102]. Vielmehr bleibt auch hier, spätestens im Rahmen der Schrankenziehung als Zuordnungsergebnis[103], die verfassungsvorgegebene Scheidung der Verantwortlichkeiten zwischen Staat und Religionsgemeinschaften uneingeschränkt gültig[104]. Allein bei kirchlichen Freiheitsgewährleistungen, die in vollem

---

97 *K.-H. Kästner* (1991), S. 254ff.; *D. Ehlers*, in: *M. Sachs* (Hrsg.), GG, Art. 140 GG / Art. 137 WRV Rn. 11

98 Vgl. den Überblick bei *K. Hesse*, HdbStKirchR I, S. 521, 552ff.; *A. v. Campenhausen*, 3. Aufl. S. 115ff.; aus der jüngeren Rechtsprechung: BVerwG NJW 1996, S. 3287, 3288f.

99 Vgl. *K. Hesse*, HdbStKirchR I, S. 521, 532; *M. Baldus*, NVwZ 1999, S. 716,718.

100 Grundlegend: *M. Heckel*, Staat-Kirche-Kunst, S. 10, 138ff., 173ff.

101 *J. Müller-Volbehr*, HdbStKirchR I, S. 289, 299f.

102 Vgl. *D. Ehlers*, ZevKR 32 (1987), S. 158, 180f. und 184.

103 Soweit sich im Schrifttum Auffassungen finden, nach denen es unmöglich sei, „die gemeinsamen Angelegenheiten in einen weltlichen und einen geistlichen Teil aufzuteilen" (vgl. *S. Muckel*, DVBl 1997, S. 873, 876), wird damit keinesfalls eine schrankenziehende Zuordnung ausgeschlossen.

104 Vgl. hier zunächst nur im Überblick: *E.-L. Solte*, in: *R. Puza / A.P. Kustermann* (Hrsg.), S. 79ff.; für den Religionsunterricht: BVerfGE 74, 244 [251] (Es „müssen die jeweiligen Zuständigkeiten streng voneinander geschieden werden".), und für die Theologischen Fakultäten: *M. Heckel* (1986), S. 30ff., vor allem mit Fn. 41; unklar insoweit *D. Dehnen / K. Winterhoff*, ZevKR 30 (1985), S. 29, 42; für das Friedhofswesen: *H. Weber*,

Umfang den berechtigten Religionsgemeinschaften zur Disposition stehen, sind Verzichts-, Bindungs- und Einschränkungsmöglichkeiten nach dem Grundsatz „volenti non fit iniuaria“ im Rahmen der verfassungsrechtlichen Garantien kirchlichen Wirkens zu überlegen. Hier können sich Erweiterungen der staatskirchenrechtlichen Handlungsspielräume ergeben, indem die kirchlichen Vertragspartner mit dem Vertrag in etwaige Kompetenzeinbußen einwilligen oder anderweitige Bindungen eingehen, die im Wege einseitigen staatlichen Vorgehens verschlossen blieben[105].

Soweit verfassungsrechtliche Vorschriften dagegen nicht allein im Interesse des Begünstigten bestehen, sondern auch anderen, in der Regel öffentlichen Interessen zu dienen bestimmt sind, begrenzen sie als zwingende objektivrechtliche Verfassungsvorgaben den inhaltlichen Gestaltungsspielraum für das Staat-Kirche-Verhältnis. Sie stehen daher den Vertragspartnern nicht zur staatskirchenvertraglichen Disposition. Dies wurde ausführlich bereits für den staatlichen Kompetenzvorbehalt zugunsten der letztverbindlichen Schrankenziehungsbefugnis im Rahmen seiner Ausgleichs- und Ordnungsfunktion gegenüber vertraglicher Bindung der Gesetzgebung aufgezeigt. Auch die staatskirchenrechtlichen Grundprinzipien der Trennung, Säkularität, Neutralität, Nichtidentifikation und Parität dienen nicht allein dem Schutz der jeweils vertragschließenden Religionsgemeinschaften. Sie sind vielmehr zentraler Bestandteil einer auf den Ausgleich aller widerstreitenden Interessen ausgerichteten Gesamtordnung auf verfassungsrechtlicher Ebene. Da sie im Interesse der Allgemeinheit und anderer Religionsgemeinschaften übergreifend zur Gewährleistung eines freiheitlichen staatlichen Religionsrechts in der Verfassung festgelegt sind, bleiben sie staatskirchenvertraglichen Einschränkungen nicht zugänglich. Diese objektivrechtlichen Grenzen vertraglicher Ausgestaltung des Staatskirchenrechts insbesondere aus Art. 3, 4 I, II und Art. 140 GG/Art. 137 I, III WRV zwingen daher zu strikter Scheidung der religiös-kirchlichen und der weltlich-staatlichen Verantwortlichkeiten auch bei inhaltlicher Koordinierung und sachlichem Zusammenwirken im Vertragswege. Daraus folgt, daß auch in den Staatskirchenverträgen jedenfalls keine Kompetenzanmaßungen in den sog. gemeinsamen Angelegenheiten wie auch sonst im Rahmen der Schrankenziehung gegenüber kirchlicher Selbstbestimmung nach Art. 140 GG/

ZevKR 33 (1988), S. 15, 24f.; für das Kirchensteuerwesen: *A. v. Campenhausen*, 3. Aufl., S. 260; für die Anstaltsseelsorge: *S. Eick-Wildgans* (1993), S. 72ff.

[105] Dazu zunächst nur *A. Hollerbach*, HdbStKirchR I, S. 253, 269; nähere Ausführungen im Rahmen der Einbindungsfunktion, III. Teil E. I. (= S. 354–361)!

Art. 137 III 1 WRV vereinbart werden können: Der säkulare Staat hat keine Bestimmungsmacht in kirchlichen Angelegenheiten[106] und muß sich die Bestimmung über seine Aufgaben aufrechterhalten. Maßgeblicher kirchlicher Einfluß muß aber in den spezifisch geistlichen Aspekten und darf auch nur dort zugelassen werden, während sich die staatliche Verantwortung maßgeblich bei den spezifisch weltlichen Fragen wie bei der Wahrung der grundrechtlichen Freiheitsgewährleistungen durchzusetzen hat.

b) Die verfahrensrechtlichen Gestaltungsmöglichkeiten zur Verantwortungswahrung

Die verfassungsrechtlichen Vorgaben legen zwar selbst die inhaltliche Zuordnung von staatlicher und kirchlicher Verantwortung verbindlich für die Ausgestaltung des Zusammenwirkens fest. Dagegen belassen sie in der Regel erhebliche ausfüllungsfähige und ausfüllungsbedürftige Gestaltungsspielräume bei der Auswahl der Mittel und Formen zur Aufgabenerfüllung. Zur Durchsetzung der staatlichen Ordnungs- und Ausgleichsfunktionen ist danach im Grundsatz in formeller Hinsicht nur notwendig, die staatliche Beteiligung und Letztentscheidungsbefugnis sicherzustellen, soweit dabei in materieller Hinsicht die inhaltliche Wahrung der Verfassungsvorgaben gewährleistet wird. Für die staatskirchenvertragliche Gestaltung staatlich-kirchlicher Kooperation folgt daraus, daß weite Teile der Ausführung von Aufgaben, bei denen sich staatliche Angelegenheiten und kirchlicher Auftrag überschneiden, auch den Kirchen überlassen werden können, wenn nur die aufgezeigten Anforderungen erfüllt sind. Auf diese Weise nimmt sich der Staat bei der Ausführung seiner Aufgaben in vielen Sachbereichen, im Bildungswesen etwa wie im Sozialsektor, zugunsten privaten Engagements zurück, ohne das Letztentscheidungsrecht aufzugeben noch die inhaltlichen Vorgaben zu vernachlässigen. Die staatlichen Anforderungen sind als verbindliche Vorgaben dem kirchlichen Wirken gegenüber festzusetzen, ihre Einhaltung ist zu überwachen und gegebenenfalls durchzusetzen. Mit diesen Maßgaben ist der staatskirchenvertraglichen Koordinierung des Zusammenwirkens ein weitgehender Gestaltungsspielraum in organisatorischer und verfahrensrechtlicher Hinsicht eröffnet[107].

---

[106] Vgl. nur erneut *K.-H. Kästner*, ZevKR 34 (1989), S. 260, 272ff.

[107] Zu der Wahrnehmung staatlicher Verantwortung bei der Einfügung kirchlicher Rechtssetzung in die staatliche Rechtsordnung über staatskirchenvertragliche Koordinationsbestimmungen: *D. Pirson*, in: *R. Puza / A.P. Kustermann* (Hrsg.), S. 31, 36 und 46f.

Auch in entgegengesetzter Richtung, dem möglichst weitgehenden Beharren auf eigenhändiger Ausführung der staatlichen Angelegenheiten im Überschneidungsbereich mit dem kirchlichen Wirken, bestehen unterschiedliche Gestaltungsmöglichkeiten. Zwar ist die kirchliche Aufgabenerfüllung schon im Ansatz für säkularstaatliches Handeln unzugänglich, so daß eine Übernahme kirchlicher Auftragswahrnehmung durch staatliche Stellen im eigentlichen Sinn ausscheidet. Gleichwohl kann die staatliche Aufgabenwahrnehmung, die auch kirchliche Angelegenheiten berührt, die kirchliche Beteiligung zurückdrängen oder ganz aus den staatlichen Entscheidungs- und Ausführungsprozessen heraushalten. Denn der verfassungsrechtlichen Gewährleistung kirchlicher Selbstbestimmung ist wie auch den anderen Verfassungsvorgaben in der Regel genügt, wenn die kirchlichen Positionen im Nachhinein zur Geltung gebracht werden und sich jedenfalls im Ergebnis durchzusetzen vermögen. Damit sind allerdings erhebliche Reibungsverluste in der jeweiligen Aufgabenverfolgung verbunden, dem die unterverfassungsrechtliche Verabredung von staatlich-kirchlicher Kooperation entgegenwirkt. So stellen sich die unterschiedlichen Ansätze zu einer vorherigen positiven Einbeziehung der Kirchen in die staatliche Aufgabenwahrnehmung über die Einräumung von Anhörungs- oder Zustimmungsrechten u.ä. oder eben über die Überantwortung inhaltlicher Ausführungszuständigkeiten als zulässige Gestaltungsvarianten dar, mit denen bei inhaltlich sich überschneidenden Aufgabenfeldern das Zusammenwirken von Staat und Kirche unter Wahrung der verfassungsvorgebenen Verantwortungszuordnung verbindlich koordiniert werden kann. Die positive Mitwirkung der Kirchen bei der Entscheidungsfindung kann sich aber nur aus der konkreten staatlichen, einfachgesetzlichen oder vertraglichen, Ausgestaltung der verfassungsrechtlichen Vorgaben für die Kompetenztrennung und das Zusammenwirken ergeben[108]. Insoweit kommt den staatskirchenvertraglichen Regelungen bei der Begründung von Verfahrensrechten eine erhebliche eigenständige Bedeutung für die Ausgestaltung des Zusammenwirkens von Staat und Kirche zu. Die unterschiedliche verfahrensrechtliche Gestaltung in den einzelnen Verträgen hat sich aber an die eingangs aufgezeigten nicht disponiblen verfassungsrechtlichen Vorgaben zu halten, was im folgenden für die einschlägigen Vertragsbestimmungen der koordinierenden Zuordnungsfunktion zu überprüfen ist:

---

[108] Vgl. *M. Heckel* (1986), S. 94.

2. *Die Zuordnung der Aufgabenwahrnehmung in der vertraglichen Ausgestaltung*

Der Überblick über die Kooperationsbestimmungen in den neuen Staatskirchenverträgen überschneidet sich zu einem guten Teil mit den Darlegungen zu anderen Vertragsfunktionen. Denn vielfach erfolgt die vertragliche Koordination des Zusammenwirkens über Vertragsfestlegungen, die bestehende Freiräume kirchlichen Wirkens bestätigen oder die Kirchen gegenüber dem Staat verpflichten. Sie sind in dieser Arbeit zur Veranschaulichung der Absicherungs- und der Einbindungsfunktion der Staatskirchenverträge heranzuziehen und sollen an dieser Stelle nicht wiederholend aufgegriffen werden. Dies gilt auch für die Klauseln, die im Zusammenhang mit der grundsätzlichen Bekräftigung bestehender Gewährleistungen im Sinne der Absicherungsfunktion für deren konkrete rechtliche Ausgestaltung auf das Landesrecht verweisen und damit die Verantwortung des Staates für die rechtliche Regelung des weltlichen Rahmens kirchlicher Wirkensfreiheit in den Verträgen aktualisieren. Die neuen Staatskirchenverträge leisten eine zuordnende Koordinierung des staatlichen und des kirchlichen Wirkens vornehmlich bei den sogenannten gemeinsamen Angelegenheiten [dazu a)]. Sie zeichnen darüber hinaus die jeweiligen Verantwortlichkeiten aber auch bei anderweitigem Zusammenwirken im Ausgleich zwischen freier kirchlicher Selbstbestimmung und staatlichen Friedens- und Ordnungsfunktionen nach. Dabei löst die intensive staatlich-kirchliche Kooperation im Denkmalrecht [b)] gegenüber den sonstigen verantwortungszuordnenden Vertragsbestimmungen [c)] größeren Diskussionsbedarf aus, dem deshalb in der Bearbeitung auch mehr Raum gegeben werden soll.

a) Zuordnende Koordinierung in den gemeinsamen Angelegenheiten

Ausführlich gestalten die neuen Staatskirchenverträge das Zusammenwirken von Staat und Kirche in den Angelegenheiten aus, bei denen staatliche und religiöse Aufgaben wesensnotwendig aufeinander bezogen sind und die deshalb von Staat und Kirchen nur gemeinsam wahrgenommen werden können. Der untrennbare Sachzusammenhang beiderseitigen Wirkens kann sich entweder daraus ergeben, daß das kirchliche Wirken rechtmäßig staatlich übertragene Befugnisse in Anspruch nimmt oder daß es sich in zulässiger Weise auf staatliche Einrichtungen bezieht[109]. Zu diesen sogenannten gemeinsamen Angelegenheiten zählen daher der Religionsunterricht an öffentlichen Schulen [näher dazu unter aa)], die Theologischen Fakultäten an staatlichen Universitäten, auf die wegen der vielen Streitpunkte ausführlicher eingegangen wird [bb)], sowie die Erhebung von Kirchensteuern, die Anstaltsseelsorge und das Bestattungswesen zumindest auf öffentlichen Friedhöfen [cc)].

aa) Das Zusammenwirken beim Religionsunterricht

Gemäß der staatskirchenvertraglich aufgenommenen verfassungsrechtlichen Gewährleistung des Religionsunterrichts nach Art. 7 III GG trägt der Staat für den schulorganisatorischen Rahmen des Unterrichts einschließlich der staatlichen Schulaufsicht Sorge. Demgegenüber bestimmen die Religionsgemeinschaften die religiösen Inhalte[110]. Konkrete koordinierende Umsetzung hat dieser Grundsatz der Verantwortungszuordnung in den landesrechtlichen Regelungen auf Verfassungs- und Gesetzesebene nur zum Teil gefunden[111]. Umfassend wird das Zusammenwirken von Staat und Kirchen beim Religionsunterricht in den neuen Verträgen für die Erarbeitung der Richtlinien und Lehrpläne, für die Zulassung von Schulbüchern, für die Aufsicht, für die Auswahl des Lehrpersonals und für seine Aus-, Fort- und Weiterbildung geregelt[112]. Weitgehend einheitlich[113] halten alle Evangelischen und Katholischen Kirchenverträge der neuen Länder fest, daß die Richtlinien, Lehrpläne und Lehrmittel nur im „Einvernehmen"[114] bzw. mit „Zustimmung"[115] der Kirchen bestimmt werden. Weiter räumen Art. 5 IV evKVLSA, Art. 4 IV LSAKKV, Art. 5 II evKVTh und Art. 12 II ThKKV den Kirchen über Visitationsrechte ein, im Wege eigener Einsichtnahme sicherzustellen, daß der Religionsunter-

---

[109] *F.-G. v. Busse* (1978), S. 17ff.; *D. Ehlers*, ZevKR 32 (1987), S. 158, 173ff., 184; *A. v. Campenhausen*, 3. Aufl., S. 220f.

[110] Ausführliche Darlegung der verfassungsrechtlichen Grundlagen bei *C. Link*, HdbStKirchR II, S. 439, 488ff.; *K.-H. Kästner*, EssGespr. 32, S. 61, 74ff.; *C. Fuchs*, ThürVBl. 1995, S. 145, 148.

[111] Zur darauf bezogenen staatskirchenvertraglichen Absicherungsfunktion: vgl. oben III. Teil B. I. 4 . a) (= S. 91f.)!

[112] Vgl. nur für Sachsen: Regierungsbegründung zum evKVSachsen, LT-Drs. Sachsen 1/4649, Vertragsbegründung, S. 10; *S. Heitmann*, LKV 1995, S. 93, 95; allgemeiner Überblick bei: *E.-L. Solte*, in: *R. Puza/A.P. Kustermann* (Hrsg.), S. 79, 84f.

[113] Und in Anlehnung an ältere staatskirchenvertragliche Vorbilder, vgl. Regierungsbegründung zum evKVLSA, LT-Drs. LSA 1/3087, Vertragsbegründung, S. 6.

[114] Art. 5 II evKVLSA, Art. 4 II LSAKKV, Art. 5 III evKVTh, Art. 12 III ThKKV.

[115] Art. 5 II 1 evKVSachsen, Art. 3 II 3 SachsenKKV, Art. 4 II 2 und 3 MVKKV, Art. 6 II 3 evKVMV nur für die Lernmittel, im übrigen mit „Beteiligung" der Kirchen nach Satz 2.

richt verfassungsgemäß in Übereinstimmung mit den Grundsätzen der Religionsgemeinschaften erteilt wird[116]. Die genaue Ausgestaltung der kirchlichen Kontrollen, die die staatlichen Schulaufsichtskompetenzen nicht beeinträchtigen darf, bleibt freilich weiterer Vereinbarung überantwortet. Etwas offener legen sich die Verträge des Freistaats Sachsen nur auf eine nicht näher qualifizierte Beteiligung der Kirchen bei der staatlichen Aufsicht über den Religionsunterricht fest. Sie erstrecken die kirchlichen Mitwirkungsrechte dafür zum selben Zweck der inhaltlichen Aufsicht[117] auch auf die staatliche Aus-, Fort- und Weiterbildung von Religionslehrern, überlassen die konkrete Koordinierung wiederum der Regelung durch weitere Absprachen[118].

Darüber hinaus muß der Ausrichtung des Religionsunterrichts auf die Grundsätze der Religionsgemeinschaften auch bei der Ausbildung und Auswahl der Lehrkräfte Rechnung getragen werden, weil die Vermittlung der bekenntnisgebundenen Inhalte ganz wesentlich von den lehrenden Personen abhängt[119]. Soweit nicht kirchliches Personal Lehraufgaben an den öffentlichen Schulen übernimmt, kann die kirchliche Verantwortung für die Übereinstimmung des Unterrichts mit ihren Grundsätzen nur bei der Auswahl und dem Einsatz der Lehrkräfte im staatlichen Dienst ansetzen[120]. Die Lehrbefähigung freilich erteilt für die staatlichen Lehrkräfte grundsätzlich der Staat, ohne daß es einer ausdrücklichen vertraglichen Klarstellung, wie in Art. 13 II 2 ThKKV, bedarf. Um einen konfessionsgemäßen Unterricht sicherzustellen, setzen die Vertragspartner aber für den Einsatz von Lehrern im Religionsunterricht verbindlich die Bevollmächtigung durch die Kirchen, d.h. die Vokation durch die zuständige evangelische Landeskirche bzw. die missio canonica des katholischen Diözesanbischofs, voraus[121]. Die Verträge von Sachsen-Anhalt und Sachsen regeln die näheren Einzelheiten in der Weise, daß Lehrkräfte für das Schulfach Religion vor ihrer ersten Anstellung, d.h. vor Aufnahme des Vorberei-

---

116 Vgl. Regierungsbegründung zum evKVMV, LT-Drs. M.-V. 1/4126, S. 21; Regierungsbegründung zum evKVLSA, LT-Drs. LSA 1/3087, Vertragsbegründung, S. 6.

117 Regierungsbegründung zum evKVSachsen, LT-Drs. Sachsen 1/4649, Vertragsbegründung, S. 10; Regierungsbegründung zum SachsenKKV, LT-Drs. Sachsen 2/3612, Vertragsbegründung, S. 8f.; *S. Heitmann*, LKV 1995, S. 93, 95f.

118 Art. 5 II 2 evKVSachsen, Art. 3 II 4 SachsenKKV, Art. 4 VI LSAKKV.

119 *S. Heitmann*, LKV 1995, S. 93, 95.

120 Vgl. zu den Problemen wiederum den ausführlichen Überblick bei *C. Link*, HdbStKirchR II, S. 439, 491ff.

121 Art. 6 III 1 evKVMV, Art. 4 III 1 MVKKV, Art. 5 III 1 evKVLSA, Art. 4 III 1 LSAKKV, Art. 5 III 1 evKVSachsen, Art. 3 III 1 SachsenKKV, Art. 5 V 1 evKVTh, Art. 12 IV 1 ThKKV.

tungsdienstes[122], die erforderliche kirchliche Bevollmächtigung nachzuweisen haben[123]. In Art. 6 IV evKVMV sowie in den Schlußprotokollen jeweils zu Art. 5 IV SachsenKKV und zu Art. 5 IV LSAKKV sehen die Vertragspartner vor, kirchlichen Beauftragten über entsprechende Regelungen der Prüfungsordnungen die Teilnahme an den mündlichen Abschlußprüfungen für das staatliche Lehramt in den Fachgebieten der jeweiligen Religion zu ermöglichen, um das Verfahren zur Erteilung der kirchlichen Lehrvollmacht zu optimieren[124]. Mit ähnlicher Zielrichtung differenziert Art. 13 ThKKV weitergehend, daß für die Erste Staatsprüfung ein Vertreter des zuständigen Ortsbischofs einzuladen ist (Absatz 2 Satz 1). Für das Prüfungsgespräch im Zweiten Staatsexamen wird dagegen lediglich Wert darauf gelegt, daß der Prüfende neben der Lehrbefähigung auch die kirchliche Bevollmächtigung für das Fach Katholische Religion besitzt (Art. 13 III ThKKV).

Art. 5 III 4 evKVLSA, Art. 4 III 4 LSAKKV, Art. 5 III 2 evKVSachsen und Art. 3 III 2 SachsenKKV halten ausdrücklich fest, daß die Bevollmächtigung befristet erteilt werden kann. Ein ordinierter Geistlicher gilt auch ohne Nachweis besonderer Bescheinungen als bevollmächtigt, Religionsunterricht an staatlichen Schulen zu erteilen[125]. Schließlich stellen alle Verträge klar, daß die Vokation bzw. missio canonica widerrufbar ist, was wiederum allein dazu dient, die Bekenntnisgebundenheit des Religionsunterrichts sicherzustellen. Der Entzug der Bevollmächtigung, der der staatlichen Schulaufsicht mitzuteilen ist, führt zum Verlust der Lehrbefugnis für das Fach Religion[126]. Die Voraussetzungen für den Widerruf regeln die Verträge unterschiedlich. Art. 4 III 2 MVKKV sieht keinerlei Einschränkungen für den Entzug durch den zuständigen Erzbischof vor. Nach Art. 6 III 3 evKVMV müssen Gründe vorliegen, die der Erteilung der Vokation entgegenstünden. Im übrigen verlangt man nur ganz allgemein „begründete Fälle“[127]. Ausweislich der Vertragsmotive geht das Verständnis dieses unbestimmten Rechtsbegriffs nach den einzelnen Verträ-

[122] Nach den Regierungsbegründung zum SachsenKKV, LT-Drs. Sachsen 2/3612, Vertragsbegründung, S. 9, und zum LSAKKV, LT-Drs. LSA 2/4475, S. 41.

[123] Art. 5 III 2 evKVLSA, Art. 4 III 2 LSAKKV, Art. 5 III 1 evKVSachsen, Art. 3 III 1 SachsenKKV.

[124] Vgl. Regierungsbegründung zum evKVMV, LT-Drs. M.-V. 1/4126, S. 21, mit dem Ziel, „ein sachkundiges Urteil über die Vokationsbewerber“ zu ermöglichen.

[125] Art. 6 III 2 evKVMV, Art. 5 III 3 evKVLSA, Art. 4 III 3 LSAKKV, Art. 5 III 3 evKVSachsen, Art. 3 III 3 SachsenKKV.

[126] Vgl. aus dem Schrifttum: *C. Link*, HdbStKirchR II, S. 439, 493, und zu den dienstrechtlichen Konsequenzen auch S. 470ff.

[127] Art. 5 III 4 evKVLSA, Art. 4 III 4 LSAKKV, Art. 5 III 2 evKVSachsen, Art. 3 III 2 SachsenKKV, Art. 5 V 2 evKVTh und Art. 12 IV 2 ThKKV.

gen in Detailfragen zwar auseinander[128]. Angesichts der Funktion der Bevollmächtigung, die konfessionelle Ausrichtung sicherzustellen, kann aber für alle Verträge mit Satz 1 und 2 des Schlußprotokolls zu Art. 5 III evKVLSA „die fehlende Übereinstimmung des Unterrichts mit den Grundsätzen der kirchlichen Lehre“ als maßgebliches allgemeines Kriterium festgehalten und der Austritt aus der Kirche als zwingender Erlöschensgrund hervorgehoben werden[129]. Das Schlußprotokoll zu Art. 3 III SachsenKKV weist schließlich auf die innerkirchlichen Vorgaben hin. Bemerkenswert erscheint, daß diese Regelungen in den neuen Verträgen die Verantwortung der Kirchen für die Übereinstimmung des Unterrichts mit den kirchlichen Grundsätzen auch einheitlich uneingeschränkt und unproblematisiert auf die Person der Lehrenden erstrecken. Anders als bei den entsprechenden Bestimmungen zu den Hochschullehrern[130] ziehen auch nach den Regelungen der Evangelischen Kirchenverträge einschlägige nachträgliche Bedenken ausdrücklich und im wesentlichen unumstritten den Verlust der staatlichen Lehrberechtigung für den schulischen Religionsunterricht nach sich.

bb) Das Zusammenwirken bei den theologischen Fakultäten an staatlichen Universitäten

Bei der bekenntnisgebundenen Theologie an staatlichen Hochschulen trifft die weltliche Pflege der Wissenschaft durch den Staat, zu der auch die Theologie zählt, auf die Sorge der Kirchen um die akademische Entfaltung ihres Bekenntnisses und die wissenschafltiche Vorbildung der Geistlichen[131]. Die staatlichen Fakultäten sind einerseits als Teil der Universität staatliche Einrichtungen und nehmen Aufgaben der staatlichen Wissenschaftspflege wahr. Andererseits erfüllen sie aber mit dem theologischen

[128] Nach der Regierungsbegründung zum SachsenKKV, LT-Drs. Sachsen 2/3612, Vertragsbegründung, S. 9, soll damit willkürlichen kirchlichen Entscheidungen vorgebeugt werden, ohne das „Selbstentscheidungsrecht der Kirchen in Fragen der Glaubens-und Sittenlehre“ zu beeinträchtigen. Demgegenüber betont die Regierungsbegründung zum evKVSachsen, LT-Drs. Sachsen 1/4649, Vertragsbegründung, S. 10, trotz gleichen Ausgangspunktes, daß nach Auffassung der Vertragspartner „ein Widerruf der Vokation nur bei schwerwiegenden Abweichungen von der kirchlichen Lehre in Betracht kommt“; ähnlich auch mit Beschränkung auf „schwerwiegende Abweichungen“: *S. Heitmann*, LKV 1995, S. 93, 95.

[129] Vgl. in diesem Sinne etwa auch Regierungsbegründung zum evKVSachsen, LT-Drs. Sachsen 1/4649, Vertragsbegründung, S. 10.

[130] Dazu unten III. Teil C. II. 2. a) bb) (2) (= S. 253–255, 264f.)!

[131] Zu den staatskirchenvertraglich bestätigten Grundlagen vgl. oben III. Teil B. I. 4. b) (= S. 93–96)!

Gegenstand, der kirchlichen Lehre, und mit der Ausbildung des Pfarrernachwuchses auch zentrale Aufgaben der Kirche[132]. Als staatliche Einrichtung teilt die theologische Fakultät die kompetenziellen Beschränkungen des säkularen Staates auf die weltlichen Dimensionen und ist an die Rechte der Religionsgemeinschaften gegenüber der staatlichen Gewalt gebunden. Danach ist es auch den staatlichen Theologischen Fakultäten versagt, über Fragen des Glaubens zu bestimmen, die bei der bekenntnisgebundenen Wissenschaft wesensnotwendig sind. Angesichts der vielfältigen Überschneidungen darf das aber wiederum auch nicht zu vereinfachenden Lösungen im Sinne einer radikalen Bereichsscheidung verleiten[133], sondern muß zu einer Abstimmung der kirchlichen mit den staatlichen Angelegenheiten von Forschung und Lehre führen. Maßgeblicher kirchlicher Einfluß darf nur in den spezifisch geistlichen Aspekten zugelassen werden, während sich die staatliche Verantwortung maßgeblich bei den spezifisch weltlichen, organisatorischen, allgemein-wissenschaftlichen Fragen sowie bei der Wahrung der grundrechtlichen Wissenschaftsfreiheit und des wissenschaftlichen Niveaus durchsetzen muß[134]. Um die aus Art. 4 I, II und Art. 140 GG / Art. 137 I, III WRV gebotene Übereinstimmung der Lehre und Forschung mit dem kirchlichen Bekenntnis zu gewährleisten, treffen die neuen Evangelischen und Katholischen Kirchenverträge eine Reihe von Regelungen über das Zusammenwirken im Rahmen der Hochschultheologie. Ausgangspunkt ist die Errichtung theologischer Fakultäten an staatlichen Hochschulen [(1)]. Weiter wird die Einflußnahme der Kirchen bei Personalangelegenheiten [(2)] und bei der Gestaltung des Lehr- und Prüfungsbetriebs insbesondere über die Mitwirkung an Studien- und Prüfungsordnungen ausgestaltet [(3)]. Schließlich findet auch die Wahrnehmung weiterer kirchlicher Funktionen wie die des Universitätspredigers ihre staatskirchenvertragliche Koordinierung [(4)].

---

[132] Vgl. zusammenfassend zum „Doppelcharakter" der theologischer Fakultäten aus den Vertragsmotiven: Regierungsbegründung zum evKVSachsen, LT-Drs. Sachsen 1/4669, Vertragsbegründung, S. 5; aus dem Schrifttum: *J. Kriewitz* (1992), S. 27; *E.-L. Solte* (1971), S. 121 ff.; *M. Heckel* (1986), S. 167 Fn. 336; vgl. aus dem Blickwinkel des katholischen Kirchenrechts: *G. May*, Schmitz-FS, 1994, S. 415 ff., insbesondere S. 423; *M. Morlok / M.H. Müller*, JZ 1997, S. 549, 551 f., ziehen den Begriff der Doppelfunktionalität vor, gehen aber mit BVerwG NJW 1997, S. 3287 f., in der Annahme eines untrennbaren funktionalen Zusammenhangs zwischen staatlichen und kirchlichen Angelegenheiten, also einer res mixta, konform.

[133] Vgl. *M. Heckel* (1986), S. 25 f., 31.

[134] Vgl. hier zunächst nur *M. Heckel* (1986), S. 227–229, und *J. Kriewitz* (1992), S. 165 f.

(1) Kirchliche Mitwirkung bei hochschulorganisatorischer Rahmengestaltung

Einige Verträge bekräftigen für den Fall der Neugründung oder Verlegung einer staatlichen theologischen Fakultät ausdrücklich Mitwirkungsrechte der vertragschließenden Kirchen. Das Schlußprotokoll zu Art. 11 II ThKKV verlangt in Absatz 1 allgemein und in Absatz 2 speziell für die beabsichtigte Neugründung einer Katholisch-Theologischen Fakultät an der Universität Erfurt das Einvernehmen mit der Kirche[135]. Allgemein wird auch in Art. 6 MVKKV eine gesonderte Einigung mit dem Heiligen Stuhl für den Fall vorausgesetzt, daß eine staatliche Einrichtung für katholische Theologie oder Religionspädagogik errichtet werden soll. Art. 3 I 2 evKVTh sieht demgegenüber in abgeschwächter Formulierung ein Benehmen mit den kirchlichen Vertragspartnern für eine Fakultätsneugründung vor[136]. Die in Sachsen und Brandenburg vereinbarte Einholung einer „gutachtlichen Stellungnahme" vor der Neugründung oder Verlegung einer evangelisch-theologischen Fakultät (Art. 3 I 2 evKVSachsen) bzw. der Einrichtung eines Ausbildungsganges in evangelischer Theologie nach Art. 3 I evKVBBG stellt sich zunächst noch offener dar[137]. Damit ist das Zusammenwirken von Staat und Kirche bei der Verlegung bzw. Einrichtung staatlicher theologischer Fakultäten und Studiengänge nur im Grundsatz im Sinne der Einräumung von kirchlichen Beteiligungsrechten entschieden. Die Frage nach der Verbindlichkeit kirchlicher Stellungnahmen bleibt demgegenüber vor allem für die Vertragsbeziehungen ohne jegliche ausdrückliche Regelung weitgehend ungeklärt, so daß auf die verfassungsrechtlichen Vorgaben zurückzugreifen ist. Um die Verfassungsaussagen zu kirchlichen Mitbestimmungskompetenzen bei hochschulorganisatorischen Entscheidungen hat es allerdings erhebliche Auseinandersetzungen gegeben[138], u.a. weil diese Fragen des organisatorischen

[135] Vgl. auch Regierungsbegründung zum ThKKV, LT-Drs. Th 2/2100, S. 27.

[136] Zu den Schwierigkeit im Hinblick auf die geplante Wiedergründung der Universität Erfurt, vgl. die Andeutungen von MdL *Schwäblein*, CDU, PlenProt. Th. 1/113, S. 8727, sowie *Ruh*, HK 1995, S. 293, 294f.

[137] Unsicherheiten über die Reichweite der gebotenen kirchlichen Mitwirkungsrechte zeigt etwa die Regierungsbegründung zum evKVBBG, LT-Drs. BBG 2/3442, Vertragsbegründung, S. 4, wonach dies „der Kirche ... nicht das Recht einräumt, ohne nähere Begründung ein Veto einzulegen".

[138] Die Diskussion hatte sich vor allem an dem Streit zwischen dem Land Hessen und dem Bischof von Limburg um die Einrichtung eines Diplomstudiengangs „katholische Theologie" an der Universität Frankfurt entzündet, die gegen den Wille der Katholischen Kirche vorgenommen werden sollte. Hier hat das Bundesverwaltungsgericht abschließend der klagenden Kirche Recht gegeben, daß ohne ihr Einverständnis der Studiengang nicht errichtet werden durfte, BVerwG NJW 1996, S. 3287ff., mit Bestätigung von VGH

Rahmens anders als beim Religionsunterricht als „ordentliches Lehrfach" nach Art. 7 III GG allenfalls in Umrissen verfassungsrechtlich fixiert sind[139]. Von staatlicher Seite wurde entgegen der kirchlichen Auffassung bezweifelt, daß mit den aufgeführten Maßnahmen staatlicher Hochschulorganisation, wie der Einrichtung eines neuen theologischen Studienganges, auch kirchliche Angelegenheiten berührt seien, so daß allein der Staat entscheidungsbefugt sei.

Die Frage nach der Maßgeblichkeit kirchlicher Einwendungen muß bei der bereits allgemein dargelegten verfassungsgebotenen Zuordnung der jeweiligen staatlichen und kirchlichen Aufgaben nach Art. 140 GG/ Art. 137 III 1 WRV ansetzen[140]. Der Staat hat für den organisatorischen Rahmen staatlicher Einrichtungen[141] und die Gewährleistung der grundrechtlichen Wissenschaftsfreiheit nach Art. 5 III GG gegenüber den Beteiligten auf Seiten der Universität[142] einschließlich der Aufsicht über die universitäre Selbstverwaltung zu sorgen. Demgegenüber ist der Kirche die Verantwortung für die bekenntnisgebundenen Inhalte zuzuordnen, die sie bei allen zu treffenden Entscheidungen mit Relevanz für die inhaltliche Authentizität der Theologie auch gegenüber dem Staat wahrzunehmen hat. Kirchliche Mitbestimmungsrechte können auf dieser Grundlage daher nur abgelehnt werden, wenn staatliche Organisationsakte sich nicht auf die religiösen Inhalte auswirken oder ihnen im Konfliktfall aufgrund zwingender Erfordernisse nach Abwägung der Vorrang gebührt. Dies nimmt ein Teil der Lehre für die Einrichtung von theologischen Fakultäten und Studiengängen an[143]. Für die organisatorischen Festlegungen des Neuaufbaus eines Studiengangs bzw. einer Fakultät oder deren Verlegung

---

Kassel, NVwZ 1995, S. 505ff.; vgl. dazu die Entscheidungsbesprechungen von *S. Muckel*, DVBl. 1997, S. 873; *H. Lecheler*, NJW 1997, S. 439ff.; *M. Morlok / M.H. Müller*, JZ 1997, S. 549ff.; *J. Kriewitz*, NVwZ 1995, S. 767ff.; zu den Problemen ausführlich: Kirste (1989), mit Besprechungen von *A. v. Campenhausen*, ZevKR 34 (1989), S. 481, und *H. Quaritsch*, NVwZ 1990, S. 28; *J. Kriewitz* (1992), mit Besprechungen von *G. May*, Schmitz-FS, 1994, S. 415, *H. Weber*, NJW 1993, S. 2090, *W. Rüfner*, JZ 1993, S. 510, *L. Renck*, BayVBl. 1993, S, 448, *W. Thieme*, DÖV 1993, S. 495, *E.-L. Solte*, ZevKR 42 (1997), S. 446.

139 *M. Morlok / M.H. Müller*, JZ 1997, S. 549, 550.

140 *H. Lecheler*, NJW 1997, S. 439, 440; vom verfassungsrechtlichen Ansatzpunkt her auch *S. Muckel*, DVBl 1997, S. 873, 875, für den es aber nicht möglich erscheint, „die gemeinsamen Angelegenheiten in einen weltlichen und einen geistlichen Teil aufzuteilen" (S. 876).

141 Vgl. VGH Kassel, NVwZ 1995, S. 505, 508.

142 Diese Seite betonen *H. Lecheler*, NJW 1997, S. 439, 440f., und *H. Quaritsch*, NVwZ 1990, S. 28, 31f.

143 *J. Kriewitz* (1992), S. 62, allerdings im weiteren mit strengen Anforderungen an die ausgestaltenden staatlichen Organisationsakte; zustimmend *H. Weber*, NJW 1993, S. 2090; *H. Lecheler*, NJW 1997, S. 439, 440f.

lassen sich unmittelbar in der Tat nur staatliche Kompetenzen finden[144]. Demgegenüber vermögen sicherlich nicht die Einwände zu überzeugen, die aus der Doppelfunktion der staatlichen theologischen Fakultäten auf ein allumfassendes kirchliches Mitspracherecht schließen[145]. Denn aus den aufgezeigten Gründen führt das Vorliegen von Aufgaben, die nur in gemeinsamen Zusammenwirken erfüllbar sind, nicht zu einem Kondominium von Staat und Kirche[146].

Allerdings können auch zunächst rein verwaltungstechnische Maßnahmen in erheblichem Umfang Vorgaben für die Struktur des Lehr- und Forschungsbetriebs nach sich ziehen und damit massive Konsequenzen auf die Vertretung der religiösen Inhalte zeitigen[147], die die Kirchen zu verantworten haben. So wirkt sich die Neuerrichtung von Studiengängen innerhalb bestehender Fakultäten beispielsweise einschneidend auf die Verteilung der Sach- und Personalmittel zwischen den einzelnen theologischen Disziplinen aus. Sie macht sich überhaupt in der Gewichtung der einzelnen Fachrichtungen untereinander, insbesondere auch in ihrem Zusammenspiel an der Fakultät etwa in den akademischen Selbstverwaltungsgremien, bemerkbar[148]. Soweit danach auch kirchliche Angelegenheiten durch staatliche Organisationsmaßnahmen betroffen sind, muß dem Selbstbestimmungsrecht nach Art. 140 GG / Art. 137 III 1 WRV durch Berücksichtigung der kirchlichen Belange Rechnung getragen werden. Die verfassungsgebotene Verantwortungszuordnung begründet insoweit bereits ein kirchliches Mitbestimmungsrecht bei staatlichen Organisationsakten. Auf weiterreichende haushaltsrechtliche und rechtspolitische Bedenken gegenüber einer von der für die inhaltlichen Fragen verantwortlichen Kirche abgelehnten theologischen Studienein-

---

[144] Ausführlich für das vorliegende Problem: *J. Kriewitz* (1992), S. 34ff.

[145] So aber: Kirste (1989), S. 16ff., 27; *G. May*, Schmitz-FS, 1994, S. 415, 424–429; ähnlich auch *A. Hollerbach*, HdbStKirchR II, S. 549, 566.

[146] Vgl. die Kritik bei *H. Lecheler*, NJW 1997, S. 439, 440; *J. Kriewitz*, S. 25–27; *ders.*, NVwZ 1995, S. 767 (keine staatliche Teilhabe am kirchlichen Verkündigungsauftrag); zustimmend: *E.-L. Solte*, ZevKR 42 (1997), S. 446, 447; ähnlich: *H. Quaritsch*, NVwZ 1990, S. 28f.

[147] Vgl. *A. v. Campenhausen*, ZevKR 34 (1989), S. 481.

[148] Dies gilt aber auch allgemein für die Gründung von Fakultäten oder ihre Verlegung im Hinblick auf das Verhältnis zu entsprechenden kirchlichen Einrichtungen; vgl. zu den einzelnen Aspekten: BVerwG NJW 1996, S. 3287, 3289; VGH Kassel, NVwZ 1995, S. 505, 508; *J. Kriewitz*, NVwZ 1995, S. 767; *G. May*, Schmitz-FS, 1994, S. 415, 429ff.; *E.-L. Solte*, ZevKR 42 (1997), S. 446, 448; *M. Morlok / M.H. Müller*, JZ 1997, S. 549, 551f., freilich kritisch hinsichtlich des Konkurrenzschutzes im Hinblick auf verfügbares qualifiziertes Lehrpersonal; insoweit deutlicher noch die Kritik bei *H. Lecheler*, NJW 1997, S. 439, 441; erheblich weitergehend in der Annahme kirchlicher Angelegenheiten: *S. Muckel*, DVBl. 1997, S. 873, 875f.

richtung[149] oder auf eine aus dem engen Zusammenwirken abgeleitete allgemeine Rechtspflicht zur „Kooperation statt Konfrontation“[150] muß deshalb nicht erst zurückgegriffen werden. Kirchlicher Einfluß ist auch bei allen staatlichen Organisationsakten gewährleistet, sofern diese sich auf religiös-inhaltliche Aspekte auswirken[151]. Insoweit sind die staatlichen Stellen im Rahmen der staatskirchenvertraglich vorgesehenen Beteiligung bei der Einrichtung oder Verlegung von Studieneinrichtungen an das Votum der Kirchen gebunden, das die Kirchen entsprechend zu begründen haben[152]. Das Schlußprotokoll schreibt zu Art. 5 I SachsenKKV auf dieser Linie weitergehend, d.h. vor allem unabhängig von etwaigen Einrichtungs- oder Verlegungsentscheidungen fest, daß über den Stellenplan und die Sachaustattung für die zugesicherten katholisch-theologischen Studiengänge an der TU Dresden im Benehmen mit dem örtlichen Diözesanbischof entschieden wird.

(2) Die Beteiligung der Kirchen in Personalangelegenheiten

Besondere Aufmerksamkeit hat die neue staatskirchenvertragliche Regelung der kirchlichen Mitwirkungsbefugnisse bei der Berufung von theologischen Hochschullehrern und etwaigen nachträglichen Entscheidungen über ihre Lehrberechtigung auf sich gezogen. Denn zum einen ist die kirchliche Beteiligung in Personalangelegenheiten von herausragender Bedeutung für die Wahrung des spezifisch theologischen Charakters der staatlichen Hochschuleinrichtungen[153]. Zum anderen zeichnete sich die bisherige vertragsrechtliche Lage durch signifikante Unterschiede zwischen den Bestimmungen der Konkordate und den Regelungen in den Evangelischen Kirchenverträgen aus[154], die im Schrifttum zunehmend in die Kritik geraten waren[155]. Trotz weitgehender Annäherung in den neuen Verträgen sollen die Regelungen für die katholisch-theologischen Fakultäten [(a)] und die entsprechenden Bestimmungen in den Evangelischen

[149] Ausführlich: *J. Kriewitz* (1992), S. 61–64; zustimmend: *H. Weber*, NJW 1993, S. 2090.

[150] *W. Rüfner*, JZ 1993, S. 510; ähnlich *A. Hollerbach*, HdbStKirchR II, S. 549, 565f.; *S. Muckel*, DVBl 1997, S. 873, 877f.

[151] *A. v. Campenhausen*, ZevKR 34 (1989), S. 481, 483f.

[152] Vgl. BVerwG NJW 1996, S. 3287, 3290; einschränkend dagegen *S. Muckel*, DVBl 1997, S. 873, 877f.

[153] Vgl. nur *M. Heckel* (1986), S. 47.

[154] *A. Hollerbach*, HdbStKirchR II, S. 549, 587

[155] Vgl. *A. v. Campenhausen*, LKV 1995, S. 233, 235; *ders.*, NVwZ 1995, S. 757, 759f.

Kirchenverträgen [(b)] getrennt aufgezeigt werden, um den Problemkreis anhand der Streitpunkte deutlicher herausarbeiten zu können.

(a) Die Mitwirkungsbefugnisse für die Katholische Kirche

Der Einfluß der Katholischen Kirche auf die Besetzung katholisch-theologischer Lehrstühle an staatlichen Universitäten hat sich in langjähriger konkordatärer Praxis gefestigt[156]. In einer Vielzahl von Vereinbarungen haben die betroffenen Länder dem örtlichen Diözesanbischof[157] ein verbindliches Erinnerungsrecht bei Berufungsentscheidungen (nihil obstat)[158] für sämtliche katholisch-theologische Fakultäten und für alle weiteren in die kirchliche Lehre einbezogenen, insbesondere religionspädagogischen Lehrstühle an staatlichen Hochschulen eingeräumt. Es verpflichtet den Staat dazu, vor der Berufung bzw. Anstellung eines Hochschullehrers für katholische Theologie sicherzustellen, daß von Seiten der Kirche keine Einwände gegen die betroffenen Personen im Hinblick auf die Übereinstimmung der theologischen Forschung und Lehre mit den Grundsätzen der Kirche bestehen[159]. Soweit dazu überhaupt Bedarf besteht[160], schreiben die Katholischen Kirchenverträge das kirchliche Erinnerungsrecht auch für die neuen Länder „im Hinblick auf Lehre und Lebenswandel" fest[161]. Nach Art. 5 II 1 SachsenKKV bleibt der Kreis der Personen, vor dessen Berufung oder Einstellung der Staat sich förmlich beim örtlichen Diözesanbischof des Nichtsbestehens kirchlicher Einwände im Hinblick auf Lehre und Lebenswandel zu vergewissern hat, auf Hochschullehrer nach § 48 I 1 SächsHSG beschränkt[162]. Dazu zählen neben den Professoren auch die Hochschuldozenten für katholische Theologie und katholische Religionspädagogik. Bei allen anderen amtlich mit theologischen Lehraufgaben betrauten Personen, von denen gleichermaßen Verfälschungen der kirchlichen Lehre drohen können, muß zwar ebenfalls die ordnungsgemäße Erfüllung der kirchlichen Funktionen und

---

156 Vgl. die umfassenden Nachweise bei *M. Heckel* (1986), S. 48 Fn. 82f.

157 Vgl. *M. Heckel* (1986), S. 53.

158 Zum Institut des nihil obstat vgl.: *W. Weber*, RGG IV³, 1960, Sp. 1480.

159 Vgl. *J. Kriewitz* (1992), S. 149f. Fn. 1 und 2 m.N.

160 Mangels bisher bestehender einschlägiger Lehrkapazitäten kann der Freistaat Thüringen die Einräumung des nihil obstats nur für den Abschluß zukünftiger Verträge, insbesondere im Hinblick auf die Einrichtung katholisch-theologischer Ausbildungsgänge an der Universität Erfurt in Aussicht nehmen, vgl. Regierungsbegründung ThKKV, LT-Drs. Th 2/2100, S. 27.

161 Art. 5 II SachsenKKV, Art. 5 II LSAKKV.

162 Regierungsbegründung zum SachsenKKV, LT-Drs. Sachsen 2/3612, Vertragsbegründung, S. 12.

die Wahrung der Bekenntnisbindung gewährleistet werden[163]. Dabei bleibt die Kirche jedoch mangels vertraglicher Fixierung auf eine nachträgliche Geltendmachung verfassungsrechtlicher Abwehrpositionen außerhalb der staatskirchenvertraglichen Mitwirkungsbefugnisse beschränkt. Für Hochschullehrer, die „nicht auf den priesterlichen Lebenswandel verpflichtet sind", erklären die Vertragspartner, daß an die Lebensführung der Maßstab nach den Ordnungen bzw. Grundsätzen der Katholischen Kirche zu legen ist[164]. Ausdrücklich wird für das Besetzungsverfahren in Absatz 1 des Schlußprotokolls zu Art. 5 II SachsenKKV festgehalten, daß Personalentscheidungen erst verbindlich getroffen, umgesetzt und veröffentlicht werden dürfen, wenn eine Erklärung des zuständigen Bischofs darüber vorliegt, daß Einwendungen nicht erhoben werden. Schließlich führen Art. 5 II 2 SachsenKKV und Art. 5 II 2 LSAKKV aus, daß Einwendungen des zuständigen Bischofs „gemäß den Umständen des Einzelfalles angemessen darzulegen" sind. Damit dürfte in Übereinstimmung mit dem überwiegenden Verständnis in der Lehre verlangt sein, substantiiert und mit Tatsachen belegt die dogmatischen oder ethischen Gründe für die Bedenken der Kirche offenzulegen[165], um gegebenenfalls eine gerichtliche Willkürkontrolle zu ermöglichen[166].

Im Gegensatz zur Regelung des nihil obstat weicht die Ausgestaltung des nachträglichen Beanstandungsrechts in den neuen Katholischen Kirchenverträgen in einigen Punkten von den älteren Konkordatsvorbildern[167] ab, ohne das Institut aber grundsätzlich in Frage zu stellen. Ausschlaggebend für eine restriktivere staatliche Haltung waren dabei vor allem Fragen der Abhilfe, insbesondere ihrer finanziellen Verantwortbarkeit, die mit der Abwicklung nachträglicher Beanstandungen verbunden sind[168]. Art. 5 III 1 und 2 SachsenKKV sowie Art. 5 III 1 und 2 LSAKKV knüpfen hinsichtlich der Voraussetzungen für kirchliche Einwände an die überkommenen konkordatären Regelungen an. Danach verliert ein Hoch-

---

163 *A. Hollerbach*, HdbStKirchR II, S. 549, 574f.; *M. Heckel* (1986), S. 51.

164 Absatz 2 des Schlußprotokolls zu Art. 5 II SachsenKKV und Schlußprotokoll zu Art. 5 II LSAKKV.

165 *M. Heckel* (1986), S. 52, 331f.; *M. Morlok / M.H. Müller*, JZ 1997, S. 549, 554; *J. Kriewitz* (1992), S. 156; a.A.: *G. May*, Schmitz-FS, 1994, S. 415, 424–429; *J. Listl*, EssGespr. 16, S. 157f. (Diskussionsbeitrag); vgl. dazu auch mit unterschiedlichen Ansätzen: BVerwG NJW 1997, S. 3287, 3290, und *S. Muckel*, DVBl 1997, S. 873, 877f.

166 Regierungsbegründung zum SachsenKKV, LT-Drs. Sachsen 2 / 3612, Vertragsbegründung, S. 13; vgl. auch Regierungsbegründung zum LSAKKV, LT-Drs. LSA 2 / 4475, S. 43.

167 Vgl. dazu ausführlich *U. Scheuner* (1980), S. 12ff., und *M. Heckel* (1986), S. 54ff.

168 *S. Heitmann*, ZevKR 39 (1994), S. 402, 414.

schullehrer die Berechtigung, Lehre in Fachgebieten katholischer Theologie wahrzunehmen, wenn der Diözesanbischof dem zuständigen Ministerium gegenüber anzeigt, daß der Betroffene gegen die Lehre der katholischen Kirche verstößt oder einen mit den Grundsätzen der katholischen Kirche unvereinbaren Lebenswandel führt. Gegenüber den älteren Vorbildern ist allerdings das Erfordernis einer besonders schwerwiegenden Verletzung[169] der kirchlichen Grundsätze entfallen. Wiederum ist wie bei dem anfänglichen nihil obstat eine substantielle Darlegung mit Tatsachenbelegen zu fordern[170]. Besondere Abweichungen gegenüber den älteren Konkordatsbestimmungen sind aber vor allem bei der Regelung der über den Verlust der Lehrberechtigung hinausgehenden Rechtsfolgen, insbesondere im Hinblick auf das Ausscheiden des Beanstandeten aus der Fakultät und die Möglichkeiten der Ersatzgestellung[171], zu beachten. Die Lösung dieser Abwicklungsprobleme wird in Art. 5 III 3 SachsenKKV und in Art. 5 III 4 LSAKKV noch offener gelassen als in den ohnehin schon weitgehend unbestimmten Regelungen der bisherigen Länderkonkordate[172], auf die Art. 19 S. 2 RK verweist. Selbst für die Regelungen in den alten Ländern wird insbesondere über das Ausscheiden aus der Fakultät bei Beibehaltung der weltlichen Statusrechte[173] als vertraglich vorgesehene und verfassungsrechtlich gebotene Folgen einer nachträglichen kirchlichen Beanstandung gestritten[174]. Die neuen Verträge überantworten die Problemlösung insgesamt gesonderten Verhandlungen zwischen zuständigem Staatsministerium und Diözesanbischof „über Art und Umfang der zu leistenden Abhilfe“[175], ohne daß sich aber die staatliche Seite dadurch an eine Mitbestimmung der Kirche gebunden sieht[176]. Allerdings

---

[169] Dazu *A. Hollerbach*, HdbStKirchR II, S. 549, 575f., der auf dieser Grundlage einen strengeren Maßstab für die kirchlichen Bedenken bei der nachträglichen Beanstandung als beim nihil obstat annimmt.

[170] Vgl. im einzelnen *A. Hollerbach*, HdbStKirchR II, S. 549, 576f.

[171] Dazu: *A. Hollerbach*, HdbStKirchR II, S. 549, 580.

[172] In Anknüpfung an Absatz 3 des Schlußprotokolls zu Art. 12 I 2 PreußenK war in den meisten Länderkonkordaten der zuständige staatliche Minister direkt in die Pflicht genommen, „Abhilfe [zu] leisten, insbesondere für ... entsprechenden Ersatz [zu] sorgen“.

[173] *M. Heckel* (1986), S. 66ff.; *A. Hollerbach*, HdbStKirchR II, S. 549, 582–584.

[174] Zum Streit, ob ein beanstandeter Theologe aus der Fakultät zu entfernen ist, vgl. einerseits bejahend: *M. Heckel* (1986), S. 54ff., *A. Hollerbach*, Ess.Gespr. 16, S. 69, 81ff., *A. v. Campenhausen*, 3. Aufl., S. 251f., *U. Scheuner* (1980), S. 20ff., *E.-L. Solte* (1971), S. 128ff., 166ff.; andererseits ablehnend: *H. Quaritsch*, BWVwPr. 8 (1981) S. 82, 85ff., *M. Baldus*, Hochschulen, S. 188, und *E.-W. Böckenförde*, NJW 1981, S. 2101–2103.

[175] Art. 5 III 3 SachsenKKV und Art. 5 III 4 LSAKKV; dem kommt am nächsten die Mainzer Vereinbarung, Nr. 6, abgedr. bei *J. Listl* II, S. 399.

[176] Regierungsbegründung zum SachsenKKV, LT-Drs. Sachsen 2/3612, Vertragsbegründung, S. 14.

wird in Art. 5 III 3 LSAKKV immerhin festgehalten, daß das Land „für einen zur Erfüllung der Lehrbedürfnisse erforderlichen gleichwertigen Ersatz sorgen" wird. Die ursprünglich vorgesehenen Kostenteilungsregelungen für die Ersatzgestellung, die von den örtlichen Diözesen gebilligt wurden, sind von der Deutschen Bischofskonferenz zurückgewiesen worden, u.a. wohl mit Rücksicht auf kirchliche Positionen in den alten Bundesländern[177].

Die inhaltliche Reichweite der kirchlichen Beanstandung vor wie nach der Anstellung eines Hochschullehrers muß wiederum mit Blick auf die verfassungsrechtlich gebotenene Zuordnung kirchlicher und staatlicher Verantwortung bestimmt werden. Danach dient das Errinnerungsrecht der Kirche dazu, bei der wissenschaftlichen Pflege die bekenntnisgebundene Eigenart der katholischen Theologie zu wahren. Mit Rücksicht auf die verfassungsrechtlichen Vorgaben aus Art. 4 I, II, 5 III GG und Art. 140 GG / Art. 137 I, III WRV binden den Staat daher nur die Einwände der katholischen Kirche, mit denen die besonderen geistlichen Aspekte geltend gemacht werden[178]. Diese betreffen Fragen der kirchlichen Lehre, aber auch den ausdrücklich in den Vertragsbestimmungen aufgeführten Lebenswandel der Hochschullehrer, weil die Einhaltung sittlicher Grundnormen der Lebensführung um der Glaubwürdigkeit der Lehre willen nach den Grundsätzen der Katholischen Kirche gefordert ist[179]. Die allgemeinen weltlichen Aspekte fallen dagegen in die Verantwortlichkeit des Staates bzw. der Universität. Zu ihnen sind mit der Lehrbefähigung die Bewertung der wissenschaftlichen und der pädagogischen Qualifikation, also die pädagogische Geeignetheit und die wissenschaftliche Ausgewiesenheit für bestimmte theologische Disziplinen, sowie erst recht die beamtenrechtliche Beurteilung der persönlichen Eignung und Verfassungstreue zu zählen[180]. In diesen Fragen, die allein die zuständigen staatlichen Stellen letztverantwortlich zu entscheiden haben, kommt der katholischen Kirche allenfalls ein unverbindliches Erinnerungsrecht zu[181].

---

[177] *S. Heitmann*, ZevKR 39 (1994), S. 402, 414.

[178] *M. Heckel* (1986), S. 49, 52.

[179] Vgl. Regierungsbegründung zum SachsenKKV, LT-Drs. Sachsen 2 / 3612, Vertragsbegründung, S. 13; aus dem Schrifttum: *A. Hollerbach*, HdbStKirchR II, S. 549, 572. *R. Puza*, NVwZ 1995, S. 459, 460, sieht hier einen der Hauptgründe für das zwischenzeitliche bzw. noch anhaltende Stocken der Verhandlungen zwischen den neuen Ländern und dem Heiligen Stuhl über die neuen Staatskirchenverträge.

[180] *M. Heckel* (1986), S. 49f.; vgl. auch *H. Quaritsch*, NVwZ 1990, S. 51.

[181] Regierungsbegründungen zum SachsenKKV, LT-Drs. Sachsen 2 / 3612, Vertragsbegründung, S. 13, und zum LSAKKV, LT-Drs. LSA 2 / 4475, S. 43; *E.-L. Solte* (1971), S. 157 Fn. 155; *A. Hollerbach*, HdbStKirchR II, S. 549, 572.

(b) Die Mitwirkungsbefugnisse nach den Evangelischen Kirchenverträgen

Bei den Evangelischen Kirchenverträgen stellte die Regelung des kirchlichen Einflusses auf die Berufung von Hochschullehrern einen größeren Diskussionspunkt dar[182]. Dabei ging es vor allem um die Frage der Verbindlichkeit eines ablehnenden Votums der Kirchen [(aa)]. Aber auch für die weitere Ausgestaltung des Beteiligungsverfahrens sind einige Unterschiede in den einzelnen Verträgen aufzuzeigen [(bb)].

(aa) Die Bindungswirkung des kirchlichen Votums

Im Gegensatz zur konkordatären Rechtslage bestand für das bisher mit der Evangelischen Kirche vereinbarte Gutachtenrecht[183] Streit über die Verbindlichkeit der kirchlichen Stellungnahme für die staatlichen Personalentscheidungen[184]. Bereits dem Wortlaut der einschlägigen älteren Bestimmungen nach bleiben die eingeräumten Beteiligungsrechte der Kirchen bei Personalentscheidungen mit der Möglichkeit, gutachtlich Stellung zu nehmen, hinter den Regelungen des nihil obstat in den Konkordaten zurück. Da auch in historischer Dimension unter dem landesherrlichen Kirchenregiment Stellungnahmen kirchenleitender Behörden bei der Besetzung der Hochschullehrerstellen nur beratende Funktion zugemessen wurde[185], ist von einem Teil der Literatur die Unverbindlichkeit des evangelischen Gutachtenrechts angenommen worden[186]. Demgegenüber hat sich im Schrifttum zunehmend diejenige Ansicht durchgesetzt, die unter Berufung auf den bekenntnisgebundenen Charakter und die

---

182 Besonders umstritten war die Frage bei den Verhandlungen zum evKVLSA: vgl. *A. Vulpius*, KuR-120, S. 13, 19f.; *ders.*, LKV 1994, S. 277, 278; *ders.*, JöR. N.F. 43 (1995), S. 327, 329f.; 337, 341f.; MdL *Höppner*, SPD, PlenProt. LSA 1/53, S. 6312, sowie *A. v. Campenhausen*, Schmitz-FS, S. 441, 443f.; vgl. aber auch für den evKV Sachsen: *S. Heitmann*, ZevKR 39 (1994), S. 402, 413, und Synodaler *Kühn*, 23. Ev.-Luth. Landessynode Sachsens, S. 244.

183 Vgl. den Überblick über die im wesentlichen gleichen Vereinbarungen in den geltenden Verträgen zwischen Staat und Kirche bei *J. Kriewitz* (1991), S. 157 Fn. 21f.

184 Für *A. v. Campenhausen*, NVwZ 1995, S. 757, 759f., ein spezifisch protestantisches Problem.

185 Zur verfassungsgeschichtlichen Dimension vgl. *A. v. Campenhausen*, Schmitz-FS, S. 441, 446f.; *E.-L. Solte* (1971), S. 186, 196ff.; *M. Heckel* (1986), S. 89f.

186 *H. Johnsen*, ZevKR 43 (1998), S. 182, 200f., sieht dies gar als „allgemeine Auffassung" an; weitere Vertreter: *H.C. Mahrenholz*, ZevKR 5 (1956), S. 219, 271; *K. Schlaich*, Ess.Gespr. 16, S. 116 (Diskussionsbeitrag); vgl. die Hinweise bei *A. Vulpius*, KuR-120, S. 13, 19f.; *E.-L. Solte*, in: *R. Puza/A.P. Kustermann* (Hrsg.), S. 79, 86; *H. Weber*, NVwZ 1994, S. 759, 764f.

verfassungsrechtlich gebotene Entscheidungskompetenz der Kirche in Fragen des Glaubens den Staat an die kirchliche Stellungnahme gebunden sieht, soweit theologisch begründete Bedenken gegen Bekenntnis und Lehre der zu begutachtenden Kandidaten erhoben werden[187]. Die bisherige Vertragspraxis in den alten Ländern ist jedoch bei den Formulierungen des überkommenen Gutachtenrechts verblieben[188]. Zum Konfliktfall, bei dem die Verbindlichkeit des kirchlichen Votums auf die Probe gestellt worden wäre, ist es wegen der um einvernehmliche Lösungen bemühten Zusammenarbeit noch nicht gekommen[189].

Das kirchliche Gutachtenrecht weist nach allen neuen Evangelischen Kirchenverträgen mehr oder weniger stark ausgeprägt über die bisherige Vereinbarung von Anhörungsrechten hinaus[190], ohne aber den überkommenen Ausgangspunkt aufzugeben, wonach den Kirchen vor der Besetzung von theologischen Lehrstühlen an staatlichen Fakultäten die „Gelegenheit zur Stellungnahme" eingeräumt wird[191]. Zu der entscheidenden Frage nach der Verbindlichkeit kirchlicher Einwendungen treffen die Verträge allerdings unterschiedliche Aussagen. Nach der deutlichsten und weitestgehenden Regelung wird die Anstellung eines hauptamtlichen Hochschullehrers hinsichtlich Lehre und Bekenntnis der Kandidaten an die Zustimmung der zuständigen Landeskirche gebunden (Art. 4 II 1 evKMV). Zwecks verfahrensrechtlicher Vereinfachung wird dies von der Rechtsfolgenseite her so ausgestaltet, daß gegen entsprechende Bedenken der Kirche der Staat weder eine Berufung einleiten noch einen Hochschullehrer anstellen darf (Art. 4 II 3 evKMV)[192]. Alle anderen Verträge sehen den kirchlichen Einfluß insoweit mit zurückhaltenderen, offeneren Formulierungen vor: Der Staat hat ein ablehnendes Votum der Kirchen zu

---

[187] *E.-L. Solte* (1971), S. 187; *M. Heckel* (1986), S. 94; *A. v. Campenhausen*, 3. Aufl., S. 252f.; *J. Kriewitz* (1991), S. 157f.; *A. Hollerbach*, HdbStKirchR II, S. 549, 588f.

[188] Vgl. zuletzt zum Art. III evKVNW *D. Dehnen / K. Winterhoff*, ZevKR 30 (1985), S. 29, 39f.

[189] Vgl. nur die Konfliktlösung im Fall Geldbach, dazu: *A. v. Campenhausen / J.E. Christoph*, ZevKR 41 (1996), S. 159 und 171.

[190] Vgl. im Überblick *A. v. Campenhausen*, NVwZ 1995, S. 757, 759f.; *ders.*, LKV 1995, S. 233, 235; vgl. auch *S. Heitmann*, LKV 1995, S. 93, 94f.; mit Einschränkungen: *A. Vulpius*, KuR-120, S. 13, 19f.

[191] Art. 3 II 1 evKVLSA, Art. 4 II 2 evKVMV, Art. 3 II 1 evKVTh, Art. 3 II 1 evKVSachsen und Art. 3 II 1 evKVBBG.

[192] Näher *A. v. Campenhausen*, LKV 1995, S. 233, 235; *A. Hollerbach*, KuR-120, S. 1, 5; vgl. auch als eine der wenigen Vorläuferbestimmungen im älteren Vertragsrecht schon Art. VII Abs. 3 evKVBaden nebst Schlußprotokoll, abgedr. bei *J. Listl* (Hrsg.) (1987) I, S. 218, 221; Übereinkommen über dessen Auslegung, abgedr. bei *J. Listl* (Hrsg.) (1987) II, S. 245f.; zusammenfassend dazu: *A. Hollerbach*, HdbStKirchR II, S. 549, 587f.

„beachten“[193] bzw. zu berücksichtigen[194], sofern die vorgebrachten Bedenken, die „im einzelnen“ zu begründen sind, sich auf „Lehre und Bekenntnis beziehen“[195]. Der offene Wortlaut dieser Vertragsregelungen kann sowohl im Sinne eines unverbindlichen „Berücksichtigens“ wie eines verbindlichen „ Befolgens“ aufgefaßt werden. So schlagen sich ausweislich der weiteren Erläuterungen in den Schlußprotokollen und den Vertragsmotiven auch in den einzelnen Verträgen unterschiedliche Auffassungen über Bedeutung und Rechtsfolgen des kirchlichen Gutachtenrechts nieder. Weder aus dem offenen Wortlaut noch unter Rückgriff auf die zurückhaltendere landesverfassungsrechtliche Verbürgung nach Art. 111 II Sächs.Verf. („Benehmen mit der Kirche“) läßt sich der Schluß ziehen, daß sich die sächsische Regelung in Art. 3 II evKVSachsen auf eine unveränderte Übernahme des umstrittenen traditionellen Gutachtenrechts der älteren Kirchenverträge beschränke[196]. Im Gegenteil wird in den staatlichen Motiven ausdrücklich klargestellt, daß der Staat grundsätzlich an Einwände der Kirchen gebunden ist, die unter den Gesichtspunkten der Heiligen Schrift und des Bekenntnisses vorgebracht werden. Eine Bindung des Staates an das auf geistliche Bedenken gegründete Votum der Kirchen soll nur dann entfallen, wenn es sich „als willkürlich und mit den Grundsätzen der Freiheit von Forschung und Lehre unvereinbar“ erweist[197].

Mit unterschiedlicher Vehemenz beansprucht dagegen die staatliche Seite in den Verträgen von Sachsen-Anhalt, Thüringen und Brandenburg ein umfassendes Letztentscheidungsrecht über die Berufung oder Anstellung von Theologiedozenten an staatlichen Hochschulen[198]. Immerhin sehen die Verträge noch einheitlich ein Erörterungsgespräch mit dem Ziel der Verständigung zwischen Vertretern der Landesregierung, der Fakultät und der Kirchenleitung vor, wenn der Staat entgegen kirchlicher Beden-

---

[193] So Art. 3 II 2 evKVLSA, Art. 3 II 2 evKVTh und Art. 3 II 2 evKVSachsen.

[194] Art. 3 II 2 evKVBBG.

[195] Nach Art. 3 II 2 evKVSachsen: „Heilige Schrift und Bekenntnis“.

[196] So aber *A. Hollerbach*, KuR-120, S. 1, 5; *ders.*, HdbStKirchR II, S. 549, 590.

[197] Regierungsbegründung evKVSachsen, LT-Drs. Sachsen 1 / 4649, Vertragsbegründung, S. 6; ebenso: *S. Heitmann*, LKV 1995, S. 93, 94, und *ders.*, ZevKR 39 (1994), S. 402, 413. *A. Vulpius*, der die Regelung mit dem umstrittenen staatlichen Letztentscheidungsvorbehalt nach Absatz 4 des Schlußprotokolls zu Art. 3 II evKVLSA für vergleichbar hält, übersieht, daß hier nur ein willkürliches kirchliches Veto im Interesse der Wissenschaftsfreiheit ausgeschlossen werden soll.

[198] Regierungsbegründung evKVTh., LT-Drs. Th 1 / 3273, S. 12; Regierungsbegründung evKVBBG, LT-Drs. BBG 2/ 3442, Vertragsbegründung, S. 4; Regierungsbegründung evKVLSA, LT-Drs. LSA 1 / 3087, Vertragsbegründung, S. 4f.

ken an einem Berufungsvorschlag festhalten will[199]. Nach dem Verständnis des Freistaats Thüringen handelt es sich bei dem gebotenen Bemühen um Verständigung jedoch nur um eine verfahrensrechtliche Absicherung der allgemeinen Freundschaftsklausel im Geiste der partnerschaftlichen Kooperation. Diese Klausel soll aber keinesfalls den Fortgang der Berufungsverfahren von der kirchlichen Stellungnahme abhängig machen[200], so daß sich aus dem Text der Vereinbarung unter Berücksichtigung der Vertragsmotive kein verbindliches kirchliches Vetorecht ergeben soll[201]. Allerdings ist auch nicht zwingend auf ein staatliches Letztentscheidungsrecht zu schließen, weil vielmehr offenbleibt, wie im Falle des Scheiterns der Verständigungsbemühungen mit dem Berufungsverfahren weiter zu verfahren und die kirchliche Stellungnahme zu beachten ist[202]. Demgegenüber treffen die Vertragspartner in Absatz 4 Satz 2 des Schlußprotokolls zu Art. 3 II evKVLSA[203] und in Satz 2 des Schlußprotokolls zu Art. 3 II evKVBBG eine dezidierte Konflikt- und vermeintliche „Kompromißlösung" über die „Beachtlichkeit" der kirchlichen Stellungnahme[204]: Kommt es im Gespräch über die Bedenken der Kirche zu keiner Verständigung zwischen den Beteiligten, so ist grundsätzlich den ordnungsgemäß geäußerten Einwänden der Kirche Rechnung zu tragen, also eine Berufung nicht vorzunehmen, „es sei denn, die Wissenschaftsfreiheit würde ernsthaft gefährdet". Die vorbehaltene Mißachtung begründeter kirchlicher Bedenken soll „zweifellos ein Ausnahmefall bleiben", bei dem das Land darlegungspflichtig und die geltend gemachten Gründe gegebenenfalls gerichtlicher Klärung zugänglich seien, dessen nähere Konkretisierung aber „der Praxis überlassen werden" müsse[205].

---

[199] Absatz 4 Satz 1 des Schlußprotokolls zu Art. 3 II LSA, Absatz 2 des Schlußprotokolls zu Art. 3 II 2 evKVTh, Satz 1 des Schlußprotokolls zu Art. 3 II evKVBBG.

[200] Regierungsbegründung evKVTh., LT-Drs. Th 1 / 3273, S. 12; vgl. auch *A. Hollerbach*, KuR-120, S. 1, 5; ähnlich wohl auch: *R. Puza*, NVwZ 1995, S. 459, 460.

[201] *H. Weber*, NVwZ 1994, S. 759, 766 Fn. 45; ähnlich auch *A. Hollerbach*, HdbStKirchR II, S. 549, 590; *R. Puza*, NVwZ 1995, S. 459, 460; *R. Puza / A.P. Kustermann*, in: *R. Puza / A.P. Kustermann* (Hrsg.), S. 7, 8.

[202] So auch die Auslegung bei: *H. Johnsen*, ZevKR 43 (1998), S. 182, 203 Fn. 49; für eine Bindung des Staates an das kirchliche Votum: *E.-L. Solte*, in: *R. Puza / A.P. Kustermann* (Hrsg.), S. 79, 88.

[203] Zur Entstehungsgeschichte vgl. die früheren Vorschläge, abgedr. bei: *A. v. Campenhausen*, Schmitz-FS, S. 441, 444.

[204] So Regierungsbegründung evKVLSA, LT-Drs. LSA 1 / 3087, Vertragsbegründung, S. 4, *A. Vulpius*, JöR N.F. 43 (1995), S. 327, 337, und *ders.*, KuR-120, S. 13, 19.

[205] Regierungsbegründung evKVLSA, LT-Drs. LSA 1 / 3087, Vertragsbegründung, S. 5; der Ausnahmecharakter wird auch von Regierungsbegründung evKVBBG, LT-Drs. BBG 2 / 3442, Vertragsbegründung, S. 4, betont.

Diese unterschiedlichen Regelungen werfen die Frage auf, ob sie den aufgezeigten verfassungsrechtlichen Zuordnungsgeboten insbesondere nach Art. 3, 4 und 140 GG hinreichend Rechnung tragen. Während eine Meinung das Festhalten an einem staatlichen Letztentscheidungsrecht in den Verträgen von Sachsen-Anhalt und Thüringen vor allem mit der staatlichen Veranwortung für die Wissenschaftsfreiheit rechtfertigt[206], sieht die Gegenmeinung allein in der eindeutigen Gewährleistung des kirchlichen Vetorechts im Sinne von Art. 4 II evKVMV die verfassungsrechtlichen Vorgaben für die kirchlichen Beteiligungsrechte erfüllt[207]. Nach beiden Auffassungen kann Ausgangspunkt der Zuordnungsfrage nicht anders als für die katholische Theologie nur die Respektierung der bekenntnisgebundenen Eigenart und kirchlichen Prägung auch der evangelischen Hochschultheologie sein[208]. So sprechen schon Paritätsargumente für ein dem konkordatären nihil obstat entsprechendes, also verbindliches Vetorecht der Evangelischen Kirche[209]. Aus der unterschiedlichen kirchenrechtlichen Ausgestaltung des Lehramts kann nicht darauf geschlossen werden, daß es an einer Lehrautorität und Verbindlichkeit des Bekenntnisses evangelischer Kirchen fehle[210]. Dem evangelischen Verständnis nach äußert sich das Bekenntnis als Zeugnis von der Wahrheit Gottes Wortes in dem ständigen Prozeß der Verkündigung[211], was zu einer differenzierten, aber gleichwohl verbindlichen Bestimmung des Bekenntnisses in dem geistlichen Verfahren der Konsensfindung führt[212]. Ihm kommt im säkularen staatlichen Recht, soweit dies in Bekenntnisfragen auf die kirchenrechtlichen Regelungen verweist[213], die gleiche weltliche Bedeutung zu wie den selbstbestimmten Grundsätzen anderer Konfessionen[214]. Nach den oben aufgezeigten Grundsätzen tragen daher auch die evangeli-

---

206 *A. Vulpius*, LKV 1994, S. 277, 278.

207 *A. Hollerbach*, HdbStKirchR II, S. 549, 589f.; *ders.*, KuR-120, S. 1, 5; *A. v. Campenhausen*, NVwZ 1995, S. 757, 759f.

208 Vgl. dazu *S. Heitmann*, LKV 1995, S. 93, 94, H Weber, NVwZ 1994, S. 759, 764f., *M. Frisch*, DÖV 1995, S. 636, 637f., einerseits und *A. Vulpius*, JöR N.F. 43 (1995), S. 327, 342ff. andererseits.

209 *M. Heckel* (1986), S. 90f., mit Einschränkungen auf S. 125f.; *A. v. Campenhausen*, LKV 1995, S. 233, 235. Die weitgehende inhaltliche Übereinstimmung stellt auch heraus: *S. Heitmann*, ZevKR 39 (1994), S. 402, 414.

210 Vgl. aber die Überlegungen bei *A. Vulpius*, KuR-120, S. 13, 19f.

211 Vgl. dazu ausführlich *M. Heckel* (1986), S. 124, 127–141.

212 *A. v. Campenhausen*, Schmitz-FS, S. 441f.; ausführlich *M. Heckel* (1986), S. 170–195.

213 Zum Zusammenspiel zwischen staatlichem und kirchlichem Rechtskreis vergleiche oben III. Teil B. II. 1. d) bb) (2) (d) (bb) (ccc) (= S. 155–158)!

214 Vgl. *A. v. Campenhausen*, Schmitz-FS, S. 441, 442f.; *M. Heckel* (1986), S. 125f., 151; *H. Johnsen*, ZevKR 43 (1998), S. 182, 203f.

schen Kirchen verbindlich die Verantwortung in den geistlichen Aspekten der Berufungsentscheidung, während der Staat über die weltlichen Aspekte bestimmt[215]. Die Vereinbarkeit theologischer Lehrmeinungen mit Bekenntnis und Lehre der Kirche liegt außerhalb der staatlichen Beurteilungskompetenz[216]. Deshalb steht allein der Kirche die Entscheidung darüber zu, ob Lehre und Bekenntnis einzelner Kandidaten im Hinblick auf eine Vertretung evangelischer Theologie in Forschung und Lehre mit den Grundsätzen der Kirche übereinstimmen[217].

Mit der sachlichen Verantwortung für die Geltendmachung kirchlicher Bedenken gegenüber staatlichen Personalentscheidungen fällt den Kirchen die Festlegung der internen Entscheidungsprozesse und der zuständigen kirchlichen Organe zu[218]. Deshalb ist es für den weltlichen Rechtsbereich ohne Belang, ob die Aufgabenverteilung innerkirchlich problematisch sei, etwa weil eine Rückführung von Zuständigkeiten von der Fakultät auf landeskirchliche Stellen ein Stück traditionswidrige „Rekatholisierung" bedeute[219]. Den Fakultäten stehen als staatliche Einrichtungen kirchliche Kompetenzen nicht schon aus ihrem Status nach der staatlichen Rechtsordnung zu[220]. Sie wachsen ihnen vielmehr allein durch die Einbindung in das Leben und die Ordnung der Kirche zu[221]. Schließlich vermögen auch nicht die Einwände gegen eine uneingeschränkte Bindung des Staates an das kirchliche Votum in den geistlichen Fragen zu überzeugen, die sich auf die Verantwortung des Staates für den individuellen Schutz der Wissenschaftsfreiheit zugunsten der von der Kirche abgelehnten Kandidaten stützen[222]. Denn aus der Anerkennung der bekenntnisgebunde-

---

[215] Vgl. nur *A. v. Campenhausen*, Schmitz-FS, S. 441, 451. *A. Vulpius*, JöR N.F. 43 (1995), S. 327, 343, sieht das Gebot der sachgerechten Zuordnung von Verantwortlichkeiten unzutreffend durch den Charakter der gemeinsamen Angelegenheit überlagert und aufgehoben. Bei der Frage nach Letztentscheidungsrechten handelt es sich entgegen *A. Vulpius* jedoch nicht um die Gestaltung der Modalitäten für staatlich-kirchliche Zusammenarbeit, sondern um inhaltliche Kompetenzabgrenzungen, die verfassungsrechtlich vorgegeben sind.

[216] *H. Weber*, NVwZ 1994, S. 759, 764f.

[217] Regierungsbegründung evKVMV, LT-Drs. M.-V. 1/4126, S. 20; *A. v. Campenhausen*, LKV 1995, S. 233, 235; *ders.*, NVwZ 1995, S. 757, 759f.; *S. Heitmann*, LKV 1995, S. 93, 94f.; *H. Weber*, NVwZ 1994, S. 759, 764f., mit leichten Einschränkungen bei Fn. 38.

[218] *M. Heckel* (1986), S. 151.

[219] So aber etwa *H. Weber*, NVwZ 1994, S. 759, 764f.; ausführlich in diese Richtung: *W. Huber*, in: *G. Rau / H.-R. Reuter / K. Schlaich* (Hrsg.) III, S. 118ff.

[220] *M. Frisch*, DÖV 1995, S. 636, 638.

[221] Vgl. ausführlich *M. Heckel* (1986), S. 28, 152ff., 162ff.

[222] So aber Regierungsbegründung evKVLSA, LT-Drs. LSA 1/3087, Vertragsbegründung, S. 4; *A. Vulpius*, JöR N.F. 43 (1995), S. 327, 345ff.; *ders.*, KuR-120, S. 13, 19f.; *ders.*, NVwZ 1996, S. 460, 461.

nen Eigengeartheit der Theologie folgt, daß sich wissenschaftliche Freiheit bei theologischer Forschung und Lehre wegen der kirchlichen Prägung nur entfalten kann, soweit sie in Übereinstimmung mit der Kirche ausgeübt wird. Eine Verletzung der Wissenschaftsfreiheit der Theologie durch die Bindung theologischer Wissenschaft an Lehre und Bekenntnis der Kirchen ist danach ausgeschlossen[223]. Art. 5 III GG gibt nicht dem einzelnen, sondern nur der jeweiligen kirchlichen Gemeinschaft ein Recht, den bekenntnisgebundenen Gegenstand der Theologie zu bestimmen[224], kann doch der individuelle Schutz der Grundrechte durch den Staat nicht weitergehen, als die staatlichen Kompetenzen reichen. Bei der Frage nach der Vereinbarkeit theologischer Lehrmeinungen mit Bekenntnis und Lehre der Kirche scheidet deshalb eine Kontrolle der kirchlichen Bedenken durch den säkularen Staat aus[225]. Auch für eine Kontrolle unter dem Gesichtspunkt des Verhältnismäßigkeitsprinzips, der Abwägung zwischen Belangen des Individuums und den kirchlichen Grundsätzen,[226] ist insoweit daher mangels Kollision des kirchlichen Selbstbestimmungsrechts mit schrankenrelevanten Belangen nach Art. 140 GG / Art. 137 III 1 WRV kein Platz[227]. Soweit dagegen die weltlichen Aspekte der Wissenschaftsfreiheit betroffen sind, hat der Staat sie im Rahmen seiner Garantenstellung für die Wissenschaftsfreiheit auch gegenüber den Kirchen unter Wahrung der bekenntnisgebundenen Eigenart der Theologie durchzusetzen[228]. Der staatlichen Entscheidungskompetenz unterfallen u.a. die Gesichtspunkte der allgemeinen wissenschaftlichen Qualifikation, der pädagogischen Eignung, der organisatorischen Fähigkeiten und der beamtenrechtlichen Zuverlässigkeit[229]. Dabei hat der Staat den kirchlichen Einfluß auf die Berufungsentscheidung nur im Hinblick auf Lehre und Bekenntnis zuzulassen und insoweit Mißbrauch oder Willkür auszuschließen[230], auch wenn die im Schrifttum angeführten Beispielsfälle[231] im

[223] So präzise *H. Weber*, NVwZ 1994, S. 759, 764; *A. v. Campenhausen*, NVwZ 1995, S. 757, 759; *E.-L. Solte*, in: *R. Puza / A. P. Kustermann* (Hrsg.), S. 79, 87f.

[224] Vgl. *M. Heckel* (1986), S. 169f., 93.

[225] *M. Heckel*, (1986), S. 116.

[226] So aber *A. Vulpius*, JöR N.F. 43 (1995), S. 327, 349; *ders.*, NVwZ 1996, S. 460, 461.

[227] *A. Hollerbach*, Ess. Gespr. 16 (1982), S. 69, 89, für die nachträgliche Beanstandung; *M. Heckel* (1986), S. 51f.

[228] *M. Heckel*, (1986), S. 228 i.V.m. S. 168ff.

[229] *M. Heckel*, (1986), S. 114ff.; *A. v. Campenhausen*, Schmitz-FS, S. 441, 451; vgl. auch Regierungsbegründung zum evKVSachsen, LT-Drs. Sachsen 1 / 4649, Vertragsbegründung, S. 6, *S. Heitmann*, LKV 1995, S. 93, 94.

[230] *M. Heckel* (1986), S. 119f.; *J. Kriewitz*, NVwZ 1995, S. 767, der der Annahme eines freien Verweigerungsrechts der Kirche für das nihil obstat von *G. May*, Schmitz-FS, 1994, S. 415, 424–429, widerspricht.

einzelnen wenig plausibel für tatsächlich drohenden Mißbrauch erscheinen mögen[232]. Auch die weitergehende Betonung staatlicher Letztverantwortung zugunsten der Wissenschaftsfreiheit nach Absatz 4 Satz 2 des Schlußprotokolls zu Art. 3 II evKVLSA und Satz 2 des Schlußprotokolls zu Art. 3 II evKVBBG läßt sich verfassungskonform begrenzt auf die weltlichen Aspekte und die Vermeidung von Willkür und Mißbrauch[233] auslegen und damit aufrechterhalten[234]. Im Ergebnis kommt daher nach allen Verträgen den kirchlichen Einwendungen im Hinblick auf Lehre und Bekenntnis bindende Wirkung zu.

Die Zuordnung der Verantwortlichkeiten in Personalangelegenheiten der Hochschullehrer für Evangelische Theologie bleibt allerdings noch unter zwei Gesichtspunkten zu klären, die auch nach den neuen Evangelischen Kirchenverträgen in auffälliger Abweichung gegenüber den Regelungen mit der Katholischen Kirche offengehalten sind. Zum einen geht es um Bedenken der Kirche im Hinblick auf ihre Grundsätze in Fragen des Lebenswandels und zum anderen um die nachträgliche Beanstandung. Aus dem Schweigen der Verträge zur Relevanz des Lebenswandels der Kandidaten für das kirchliche Vetorecht ist zum Teil auf einen bewußten vertraglichen Verzicht der Kirchen geschlossen worden[235]. Demgegenüber gelangt die Gegenmeinung auch in diesem Punkt über die verfassungskonforme Auslegung der kirchlichen Mitwirkungsbefugnisse zu einer für beide Kirchen gleichen Rechtslage[236]. Auch die einvernehmliche Zuordnung staatlicher und kirchlicher Angelegenheiten im Vertragswege kann sich nicht nach dem Prinzip „volenti non fit iniuria“ über die objektivrechtlichen Vorgaben des Grundgesetzes hinwegsetzen und staatliche Übergriffe in kirchliche Entscheidungsbefugnisse rechtfertigen[237]. Allerdings dient die staatskirchenvertragliche Einigung gerade der verläßlichen Koordinierung des Zusammenwirkens, so daß dem Verzicht auf die besondere Erwähnung des Lebenswandels in den Vertragstexten bei ihrer Auslegung ebenso Rechnung zu tragen ist wie dem verfassungsrechtli-

---

[231] Vgl. *A. Vulpius*, JöR N.F. 43 (1995), S. 327, 350.

[232] *A. v. Campenhausen*, NVwZ 1995, S. 757, 760; dagegen: *A. Vulpius*, NVwZ 1996, S. 460, 461.

[233] Vgl. Regierungsbegründung evKVLSA, LT-Drs. LSA 1 / 3087, Vertragsbegründung, S. 5.

[234] *M. Frisch*, DÖV 1995, S. 636, 637; a.A. *A. v. Campenhausen*, NVwZ 1995, S. 757, 759f.

[235] *H. Weber*, NVwZ 1994, S. 759, 764f.; vorsichtiger: *A. Hollerbach*, KuR-120, S. 1, 5; skeptisch auch *E.-L. Solte*, in: *R. Puza / A. P. Kustermann* (Hrsg.), S. 79, 88; zur Motivlage: *H. Johnsen*, ZevKR 43 (1998), S. 182, 202.

[236] *M. Frisch*, DÖV 1995, S. 636, 637.

[237] Vgl. nur *E.-L. Solte* (1971), S. 194; *M. Heckel* (1986), S. 96f.

chen Gebot strikter Kompetenzscheidung. Da der Zusammenhang von Lehre und Lebenswandel nicht von vornherein ausdrücklich in den Verträgen festgehalten ist, kann er zu berechtigten und von staatlicher Seite zu „beachtenden" kirchlichen Bedenken nur führen, wenn der Lebenswandel der Betroffenen etwa ein solches Ärgernis darstellt, daß er die theologische Lehre um ihre Glaubwürdigkeit bringt[238].

Ebenfalls keine Aufnahme in den neuen Evangelischen Kirchenverträgen hat das nachträgliche Beanstandungsrecht gefunden, obwohl im Schrifttum mit Vehemenz entsprechende rechtspolitische Forderungen für eine vertragliche Regelung[239] erhoben bzw. eine verfassungsunmittelbare Ableitung vertreten wurden[240]. Das Schweigen der Verträge in dieser umstrittenen Frage[241] ist wiederum unterschiedlich aufgenommen worden. Während eine Meinung darin einen Verzicht auf etwaig verfassungsrechtlich zulässige nachträgliche Einwirkungsmöglichkeiten sieht[242], hält die Gegenauffassung einen Verzicht für ausgeschlossen, weil die verfassungsrechtlichen Vorgaben die Wahrnehmung der kirchlichen Verantwortung für die Wahrung des bekenntnisgebundenen Charakters geböten und nicht disponibel seien. Allerdings erscheint schon grundsätzlich zweifelhaft, ob dem ausnahmslosen Schweigen der Verträge in diesem Punkt überhaupt ein Erklärungswert entnommen und gar konkret auf einen Verzichtswillen der Kirchen geschlossen werden kann[243]. Vielmehr spricht es dafür, daß diese streitige Frage des Zusammenwirkens bewußt aus dem -grundsätzlich umfassenden – Regelungsansatz des Vertrages herausgenommen worden ist[244], etwa wegen unüberbrückbarer Meinungsverschiedenheiten oder dogmatischer Unsicherheiten. Für den Evangelischen Kirchenvertrag Sachsen wird immerhin auf dieser Linie berichtet, daß die Frage eines nachträglichen Beanstandungsrechts aus dem Vertragswerk „ausgeklammert" sei[245]. In jedem Fall ist aber in den

---

238 *M. Heckel* (1986), S. 117f., und zustimmend: *A. Hollerbach*, HdbStKirchR II, S. 549, 590f.

239 Vgl. nur die Vorschläge *M. Heckels* (1986), S. 103 Fn. 204.

240 *M. Frisch*, DÖV 1995, S. 636, 638f., *D. Dehnen / K. Winterhoff*, ZevKR 30 (1985), S. 29, 40; *E.-L. Solte* (1971), S. 196ff.; *M. Heckel* (1986), S. 99f.; *A. v. Campenhausen*, 3. Aufl., S. 254; *S. Heitmann*, ZevKR 39 (1994), S. 402, 414; zurückhaltender: *A. Hollerbach*, HdbStKirchR II, S. 549, 589.

241 Nicht einmal die amtlichen Begründungen gehen darauf ein.

242 *H. Weber*, NVwZ 1994, S. 759, 765; vgl. auch *H. Johnsen*, ZevKR 43 (1998), S. 182, 202.

243 Ablehnend: *M. Frisch*, DÖV 1995, S. 636, 638.

244 So für die älteren Evangelischen Kirchenverträge: *M. Heckel* (1986), S. 99.

245 *S. Heitmann*, ZevKR 39 (1994), S. 402, 414. Demgegenüber sollen die Landeskirchen beim Wittenberger Vertrag keinerlei Interesse an einem nachträglichen Abberu-

neuen Verträgen auf eine positive Ausgestaltung verzichtet worden, die allein eine zuordnende Koordinierung mit der Einräumung konkreter Verfahrensrechte und etwaiger Ansprüche auf Ersatzgestellung oder sonstige Abhilfemaßnahmen erbrächte[246].

(bb) Verfahrensrechtliche Einzelheiten des kirchlichen Gutachtenrechts

Schließlich sollen noch die Details der kirchlichen Beteiligungsrechte im Überblick aufgezeigt werden. Der personelle Anwendungsbereich des Vetorechts der Kirchen wird in allen neuen Evangelischen Kirchenverträgen weitgehend einheitlich auf die Berufung von Professoren und die Anstellung von Hochschuldozenten (jeweils Art. 3 II 1 evKVLSA, evKVTh[247], evKVSachsen und evKVBBG), also auf alle hauptamtlichen habilitierten Hochschullehrer (Art. 4 II 1 evKVMV) i.S.v. §§ 42, 44, 48 c II HRG[248], festgelegt. Dabei geht es nur um die staatlichen Hochschullehrerstellen für ein evangelisch-theologisches Fachgebiet und für Religionspädagogik, die aber außer an den evangelisch-theologischen Fakultäten auch an anderen Fakultäten staatlicher Universitäten[249]sowie an Kunsthochschulen, Musikhochschulen und Fachhochschulen[250] angesiedelt sein können (enger vom Wortlaut nur Art. 4 II 1 evKVMV). Aus der Beschränkung des personellen Anwendungsbereichs folgt nicht, daß die von anderen Lehrkräften an staatlichen Hochschulen wahrgenommene theologische Lehre von den Bindungen an die kirchlichen Grundsätze freigestellt wäre. Die Kirchen bleiben lediglich auf ihre abwehrrechtlichen Positionen zum Schutz der Glaubensfreiheit und kirchlicher Selbstbestimmung aus der Verfassung verwiesen, die sie nur im Nachhinein geltend machen können[251]. Auch in

---

fungsrecht geäußert haben (so: *A. Vulpius*, JöR N.F. 43 (1995), S. 327, 352f.), was allerdings keinesfalls mit einem bewußten Verzicht gleichgesetzt werden darf.

246 Vgl. *M. Heckel* (1986), S. 102.

247 Art. 3 II 1 evKVTH überdies mit der Beschränkung bei den Hochschuldozenten auf die unbefristete Anstellung, die nur ausnahmsweise erfolgt (vgl. § 48 d II, I HRG).

248 Regierungsbegründung evKVLSA, LT-Drs. LSA 1 / 3087, Vertragsbegründung, S. 5; *S. Heitmann*, LKV 1995, S. 93, 94f.; *A. v. Campenhausen / J.E. Christoph*, ZevKR 41(1996), S. 159, 162 Fn. 14, zählen zu den „Professoren" allerdings auch die Honorarprofessoren, während Hochschulassistenten und Lehrbeauftragte nicht mit eingeschlossen sein sollen.

249 *S. Heitmann*, LKV 1995, S. 93, 94.

250 Regierungsbegründung evKVLSA, LT-Drs. LSA 1 / 3087, Vertragsbegründung, S. 5.

251 Vgl. dazu *M. Heckel* (1986), S. 104f., der rechtspolitisch für eine weitergehende Einbeziehung auch anderer Dozentenstellen in das staatskirchenvertraglich vorgesehene Be-

Fragen der Verfahrensgestaltung ergeben sich zwischen den einzelnen Verträgen kaum nennenswerte Unterschiede. Das Land, d.h. die Landesregierung, wendet sich zur Einholung der gutachtlichen Stellungnahme an die zuständige Landeskirche, d.h. an diejenige, zu deren territorialem Einzugsbereich die betroffene Hochschule gehört[252].

In zeitlicher Hinsicht wird die kirchliche Beteiligung mit der Äußerungsmöglichkeit zu „der zur Berufung vorgesehenen Person" einheitlich auf die Phase nach der Entscheidung der Hochschulgremien über einen Berufungsvorschlag und vor der abschließenden ministeriellen Entscheidung über die Berufung eines Professors gelegt[253]. Durch eine solch späte, aber noch wirksame Einbeziehung der Kirchen in den Prozeß der Entscheidungsfindung wird gewährleistet, daß die Kirchen nicht mit frühzeitigen Stellungnahmen in die hochschulautonome Durchführung des Berufungsverfahrens eingreifen, aber gleichwohl ihren Anliegen nachkommen und die Wahrung der kirchlichen Grundsätze bei der Berufung durchsetzen können[254]. Weitergehende technisch-organisatorische Details im Zusammenhang mit der kirchlichen Stellungnahme finden sich in den Schlußprotokollen zu Art. 3 II evKVLSA, Art. 3 II evKVTh und Art. 3 II evKVSachsen. So vereinbaren Staat und Kirchen eine angemessene Frist zur Stellungnahme für die Kirchen, innerhalb der es dem Staat nicht gestattet ist, die Berufung einzuleiten oder die Anstellung vorzunehmen. Das Schlußprotokoll zu Art. 3 II evKVSachsen läßt die konkrete Festlegung der Frist offen, während Absatz 3 des Schlußprotokolls zu Art. 3 II evKVLSA und Absatz 2 Satz 4 des Schlußprotokolls zu Art. 3 II evKVTh sie auf die Dauer von sechs Wochen nach Zugang des staatlichen Ersuchens um Stellungnahme festlegen. Bei Verstreichen der Frist ohne Äußerungen der Kirche greift die unwiderlegliche Vermutung, daß keine kirchlichen Bedenken vorliegen.

---

gutachtungsverfahren eintritt, um möglichst nachträgliche Abwicklungsprobleme zu vermeiden.

[252] Art. 4 II 1 evKVMV; Absatz 2 Satz 2 des Schlußprotokolls zu Art. 3 II evKVLSA, Absatz 1 Satz 2 des Schlußprotokolls zu Art. 3 II evKVTh; Satz 1 des Schlußprotokolls zu Art. 3 I evKVSachsen; Satz 3 des Schlußprotokolls zu Art. 3 II BBG i.V.m. Schlußprotokoll zu Art. 3 I evKVBBG; zum Verfahren bei mehreren beteiligten Landeskirchen, insbesondere zur innerkirchlichen Abstimmung vgl. unten III. Teil E. II. 1. b) bb) (= S. 369f.).

[253] Art. 3 II 1 nebst Absatz 2 Satz 1 des Schlußprotokolls evKVLSA; Art. 3 II nebst Absatz 1 Satz 1 des Schlußprotokolls evKVTh; Art. 3 II 1 evKVSachsen; offener: Art. 4 II 3 evKVMV und Art. 3 II evKVBBG; vgl. näher nur für den evKVSachsen: Regierungsbegründung, LT-Drs. Sachsen 1 / 4649, Vertragsbegründung, S. 6; ähnlich etwa auch schon Art. 3 II mit Schlußprotokoll evKVNds und Art. 14 II mit Absatz 2 des Schlußprotokolls zu Art. 14 II evKVRhPf.

[254] Vgl. näher *M. Heckel* (1986), S. 107.

(3) Die Mitwirkung der Kirchen bei der Gestaltung des Lehr- und Prüfungsbetriebs

Einen weiteren umfangreichen Regelungskomplex der zuordnenden Koordination bildet das Studien- und Prüfungswesen in den Theologischen Fakultäten oder Studiengängen mit dem sog. „Fakultätsexamen" bzw. den universitären Magister- und den staatlichen Lehramtsabschlüssen. Im Vordergrund steht dabei die Beteiligung der Kirchen insbesondere an der Ordnung des Prüfungswesens über die Mitwirkung bei den Studien-, Prüfungs-, Promotions- und Habilitationsordnungen. Hier gilt es wiederum, staatliche und kirchliche Belange aufeinander abzustimmen, weil es auf der einen Seite um Abschlußprüfungen eines staatlichen Studiengangs mit einer Berufsqualifizierung auch für den Arbeitsmarkt außerhalb der Kirche[255] und damit um staatliche Aufgaben geht. Auf der anderen Seite sind mit dem Fakultätsexamen als Prüfung über den Leistungsstand in einer bekenntnisgebundenen Wissenschaft und als Berufsqualifikation für den geistlichen Dienst in der Kirche auch kirchliche Angelegenheiten betroffen[256]. Die verfassungsgebotene Bestimmungsmacht der Kirchen für ihre Aufgaben bedarf auch bei der gemeinsamen Angelegenheit des theologischen Prüfungswesens der rechtlichen Ausgestaltung. Denn die verfassungsrechtlichen Grundlagen, Art. 4 I, II GG, 140 GG/137 I, III 1 WRV in Konkurrenz zum Selbstverwaltungsrecht der Universität und der staatlichen Kulturverantwortung, geben den Kirchen nur Abwehrrechte, nicht dagegen konkrete Mitwirkungsrechte an die Hand[257]. Gleichwohl sind selbst zugunsten der Katholischen Kirche nicht durchgehend im Vertragswege förmliche Zustimmungs- bzw. Vetorechte unter kirchlichen Gesichtspunkten bei der Erarbeitung der Prüfungsordnungen eingeräumt worden[258]. Dem evangelischen Staatskirchenvertragsrecht waren die Berücksichtigung kirchlicher Belange im universitären Prüfungswesen oder gar entsprechende verfahrensmäßige Absicherungen bis zu den neueren Verträgen von Nordrhein-Westfalen und vom Saar-

---

[255] So selbst für die Erste Theologische Prüfung: *A. v. Campenhausen/J.E. Christoph*, DVBl. 1986, S. 711.

[256] *A. v. Campenhausen*, Lerche-FS, 1993, S. 179, 185; *D. Dehnen/K. Winterhoff*, ZevKR 30 (1985), S. 29, 40f.; *A. Vulpius*, JöR N.F. Bd. 43 (1995), S. 327, 337; aus den Motiven vgl. beispielhaft die Regierungsbegründung evKVLSA, LT-Drs. LSA 1/3087, Vertragsbegründung, S. 5, die die Bedeutung der religiösen Belange bei der Ordnung der bekenntnisgebundenen Ausbildungsziele in theologischen Studiengängen aufzeigt.

[257] *M. Heckel* (1986), S. 230f.

[258] Vgl. *M. Heckel* (1986), S. 220–222. Hervorzuheben sind etwa Art. IX BadK, Art. V NRWK und Art. 3 SaarlK.

land[259] weitgehend fremd[260]. Die Entwicklung hin zur staatskirchenvertraglichen Begründung kirchlicher Zustimmungsrechte setzen die Verträge der neuen Länder nunmehr konsequent fort[261]. Sie sehen sämtlich eine Beteiligung der Kirchen beim Erlaß von Prüfungsordnungen in theologischen Studienfächern vor, und zwar vielfach als dezidiert verbindliches kirchliches Aufsichtsrecht in Form eines ausdrücklichen Zustimmungsrechts (Art. 3 III evKVLSA) oder einer Einvernehmensregelung mit verbindlichen Vetorechten (Art. 3 III 1 evKVSachsen; Art. 5 IV SachsenKKV). Art. 4 III 1 evKVMV und Art. 3 III 1 evKVBBG sehen mit gleichem Wortlaut eine Beteiligung der Kirchen „mit dem Ziel des Einvernehmens" vor, was sich für den Güstrower Vertrag aber als echtes Mitbestimmungsrecht darstellt[262], während mit der Brandenburger Regelung „das Letztentscheidungsrecht" des Landes unangetastet bleiben soll[263]. Ähnlich widersprüchlich erscheint die Ausgestaltung kirchlicher Mitwirkung im Freistaat Thüringen. Obwohl Art. 3 III evKVTh wie Art. 13 V ThKKV gleichermaßen nur ein „Benehmen mit den Kirchen" „mit dem Ziel einer freundschaftlichen Verständigung"[264] verlangt[265], werden lediglich für die katholische Kirche verbindliche Einwendungsrechte ausdrücklich festgehalten (Absatz 1 und 2 des Schlußprotokolls zu Art. 13 V ThKVV).

Die unterschiedlichen vertraglichen Regelungen für die rechtliche Ordnung des Studien- und Prüfungswesens bleiben aber an die verfassungsrechtlich gebotene Zuordnung der staatlichen und kirchlichen Verantwortlichkeiten, insbesondere an die unerläßliche Übereinstimmung mit dem kirchlichen Bekenntnis, gebunden[266]. Über alle Fragen des Glaubens und über die sonstigen kirchlichen Angelegenheiten hat auch bei der Regelung der bekenntnisgebundenen Ausbildungsziele in staatlichen theo-

---

[259] Art. IV des evKVNRW vom 29.3.1984, Art. 2 evKVSaarl vom 25.2.1985; zum Ganzen: *M. Heckel* (1986), S. 226, 230f. und Fn. 479.

[260] Vgl. die Übersicht bei *D. Dehnen / K. Winterhoff*, ZevKR 30 (1985), S. 29, 40.

[261] Von einer „üblichen Garantie" des kirchlichen Zustimmungsrecht (so *A. Vulpius*, LKV 1994, S. 277, 278) kann allerdings angesichts der noch jungen Entwicklung nicht ohne weiteres gesprochen werden.

[262] Regierungsbegründung zum evKVMV, LT-Drs. M.-V. 1 / 4126, S. 20.

[263] Regierungsbegründung evKVBBG, LT-Drs. BBG 2 / 3442, Vertragsbegründung, S. 4.

[264] Die Notwendigkeit „freundschaftlicher Verständigung" ergibt sich ohnehin für alle Verträge bereits aus der Freundschaftsklausel, vgl. nur die Regierungsbegründung evKVLSA, LT-Drs. LSA 1 / 3087, Vertragsbegründung, S. 5, unter Einbeziehung auch der Fakultät.

[265] Mit entsprechender Betonung der Benehmensregelung in Regierungsbegründung zum ThKKV, LT-Drs. Th 2 / 2100, S. 27.

[266] Vgl. *M. Heckel* (1986), S. 218, 226; *A. Hollerbach*, Ess. Gespr.16 (1982), S. 69, 80, 100.

logischen Studiengängen allein die Kirche zu bestimmen[267]. Die staatliche Verantwortung muß sich aber wiederum uneingeschränkt bei den spezifisch weltlichen, allgemein-wissenschaftlichen Fragen, bei den Einzelheiten des Studienaufbaus und didaktischen Zweckmäßigkeiten sowie bei der Wahrung der grundrechtlichen Wissenschaftsfreiheit[268] und des wissenschaftlichen Niveaus durchsetzen[269]. Deshalb ist der Einfluß der Kirchen auf die Gestaltung des Studien- und Prüfungswesens auf ihre Angelegenheiten, die kirchliche Lehre und das Bekenntnis sowie die akademischen Voraussetzungen des kirchlichen Amtes, zu beschränken. Die in Sachsen-Anhalt verwandte Formel, nach der der Kirche Einfluß „unter dem Gesichtspunkt des kirchlichen Amtes und der kirchlichen Lehre" zukommt, bringt genau diese Beschränkung auf die geistliche Dimension der wissenschaftlichen Ausbildung des geistlichen Nachwuchses zum Ausdruck[270]. Sie entspricht daher den verfassungsrechtlichen Vorgaben und ist als Maßstabdifferenzierung für die verbindliche Mitwirkung der Kirchen nach allen vorgesehenen Beteiligungsverfahren heranzuziehen[271]. Auf dieser Linie erscheint es konsequent, die kirchlichen Mitbestimmungsrechte bei der Entscheidung über Promotions- und Habilitationsordnungen allein auf bekenntnisbezogene Einwendungen zu reduzieren (so das Schlußprotokoll zu Art. 3 III 1 evKVSachsen), weil hier allgemeinwissenschaftliche Aspekte gegenüber der Ausbildung des kirchlichen Nachwuchses in den Vordergrund treten[272].

---

[267] *A. v. Campenhausen*, Lerche-FS, 1993, S. 179, 185f.; *A. v. Campenhausen / J.E. Christoph*, DVBl. 1986, S. 711, 712; vgl. auch *A. Vulpius*, JöR N.F. Bd. 43 (1995), S. 327, 337. Wegen der Bekenntnisbindung der wissenschaftlichen Theologie liegt auch insoweit wiederum kein rechtswidriger Eingriff in die universitäre Selbstverwaltung und Satzungsautonomie vor, vgl. *J. Kriewitz* (1992), S. 166.

[268] Die Regelung der universitären Prüfungen unterfällt als Bestandteil des Kernbereichs von Forschung und Lehre (vgl. § 64 II Nr. 4, III 1 HSG LSA) dem akademischen Selbstverwaltungsrecht (Hailbronner, in: Hailbronner, HRG, § 58 Rdn. 21; *J. Müller-Volbehr*, ZevKR 24 (1979), S. 1, 14), an dem die theologischen Fakultäten prinzipiell wie die anderen Fakultäten teilhaben (vgl. *M. Heckel* (1986), S. 216).

[269] *M. Heckel* (1986), S. 227–229, *J. Kriewitz* (1992), S. 165f.; *A. Hollerbach*, HdbStKirchR II, S. 549, 569.

[270] Vgl. *M. Heckel* (1986), S. 227ff. Die staatskirchenvertragliche Regel nach Art. 3 III evKVLSA greift die Formel von § 140 III BW Univ.G auf, die auf einen gutachtlich vorgelegten Vorschlag von *M. Heckel* zurückgeht; vgl. *M. Heckel*, aaO., Fn. 476.

[271] Außer *M. Heckel* (1986), S. 228f., zustimmend auch *A. Hollerbach*, HdbStKirchR II, S. 549, 569; *J. Kriewitz* (1992), S. 166.

[272] *S. Heitmann*, LKV 1995, S. 93, 94f.; für eine weitgehende kirchliche Beteiligung aber wohl: *D. Dehnen / K. Winterhoff*, ZevKR 30 (1985), S. 29, 41f.; vgl. ausführlicher zu den Streitfragen: *W. Weber*, Scheuner-FS, S. 591ff., und *J. Müller-Volbehr*, ZevKR 24 (1979), S. 1, 14ff.

Einige Unterschiede zwischen den einzelnen Verträgen ergeben sich bei der näheren Ausgestaltung der kirchlichen Beteiligungsrechte. So werden die Studienordnungen nur nach Art. 4 III 1 evKVMV, Art. 5 IV SachsenKKV und Art. 13 V nebst Schlußprotokoll ThKKV in das Mitbestimmungsverfahren einbezogen, während die übrigen Vertragspartner sich auf die Prüfungsordnungen einschließlich der Promotions- und Habilitationsordnungen in den theologischen Fächern beschränken[273]. Dabei werden freilich einheitlich die einschlägigen Ordnungen für alle theologischen Studiengänge, also soweit vorhanden für universitäre Diplom- und Magisterabschlüsse wie auch für das staatliche Lehramtsexamen[274], erfaßt. In verfahrenstechnischer Hinsicht setzt die Beteiligung der Kirchen regelmäßig bei den staatlichen Maßnahmen an, bei denen sicherzustellen ist, daß von kirchlicher Seite keine Bedenken gegen die Prüfungsordnungen zu erheben sind. Der Einfluß der Kirchen auf die Prüfungsordnungen im Kompetenzbereich der Universitäten erlangt Geltung erst im Rahmen der aufsichtsrechtlichen Genehmigungsentscheidungen durch das zuständige Staatsministerium, also nach Abschluß der universitären Beschlußfindungen. Eine Ausnahme bildet hier allerdings Art. 4 III 1 evKVMV, wonach die Universität selbst die Kirchen zu beteiligen haben soll[275]. Für die staatlichen Prüfungsordnungen, d.h. für die Lehramtsprüfungen, ergeben sich entsprechende Mitwirkungsrechte bei der staatlichen Entscheidungsfindung vor der Inkraftsetzung[276]. Schließlich sehen einige der neuen Staatskirchenverträge auch eine Beteiligung der Kirchen an der Durchführung der universitären Abschlußprüfungen in Theologie selbst vor[277], indem sie die Mitwirkung in den theologischen Prüfungskommissionen für die Abschlußprüfungen an den evangelisch-theologischen Fakultäten einräumen[278]. Damit soll gewährleistet werden, daß die Prüfungsordnungen in Übereinstimmung mit den Grundsätzen der Kirche auch in die theologische Prüfungspraxis umgesetzt werden[279].

---

[273] Art. 3 III evKVLSA; Art. 3 III evKVTh; Art. 3 III 1 evKVSachsen; Art. 3 III 1 evKVBBG.

[274] Ausführliche Aufzählungen in Art. 3 III evKVTh, Art. 5 IV SachsenKKV, Art. 13 V ThKKV.

[275] Regierungsbegründung evKVMV, LT-Drs. M.-V. 1 / 4126, S. 20.

[276] Regierungsbegründung evKVSachsen, LT-Drs. Sachsen 1 / 4649, Vertragsbegründung, S. 6.

[277] Zur Beteiligung an den Staatsprüfungen für das Lehramt im Fach Religion, vgl. oben III. Teil C. II. 2. a) aa) (= S. 245)!

[278] Art. 4 III 2 evKVMV; Art. 3 III 2 evKVSachsen; Art. 3 III 2 evKVBBG.

[279] Vgl. Regierungsbegründung evKVSachsen, LT-Drs. Sachsen 1 / 4649, Vertragsbegründung, S. 7.

(4) Kirchliche Sonderfunktionen an staatlichen Hochschulen

Ganz in die wiederholt aufgezeigte Tendenz der neuen Staatskirchenverträge, der Eigenständigkeit der Kirchen durch konsequente Zuordnung der jeweiligen Verantwortlichkeiten Rechnung zu tragen[280], passen sich auch die Vertragsbestimmungen zu kirchlichen Sonderfunktionen innerhalb der staatlichen theologischen Fakultäten ein. Soweit es um Fragen der Besetzung geistlicher Ämter geht, ist der säkulare Staat allein auf die Wahrnehmung der geistlichen Aufgaben durch die Kirchen angewiesen. Im Mittelpunkt dieser staatskirchenvertragsrechtlichen Entwicklung steht das Amt des Universitätspredigers, das auf die Wahrnehmung kirchlicher Aufgaben für die Universität ausgerichtet ist[281]. Obwohl mit dem repräsentativen Ehrenamt keine staatlichen Befugnisse verbunden sind, sahen die Staatskirchenverträge bisher vor, daß das geistliche Amt des Universitätspredigers von staatlicher Seite besetzt wurde, immerhin allerdings in Absprache mit den Kirchen. Nach den Staatskirchenverträgen der neuen Länder liegt die Ernennung entsprechend den verfassungsrechtlichen Vorgaben aus Art. 4 I, II GG, Art. 140 GG / Art. 137 I, III WRV für die Vergabe kirchlicher Ämter in der Verantwortung der Kirchen. So sehen alle Evangelischen Kirchenverträge vor, daß der Universitätsprediger von der örtlich zuständigen Kirchenleitung ernannt wird. Nach den meisten Verträgen wird dazu aber Einvernehmen mit der jeweiligen Theologischen Fakultät verlangt[282]. Damit bleibt mit Ausnahme von Brandenburg, wo eine Unterrichtung genügen soll (Art. 3 V evKVBBG), der Fakultät ein Vetorecht, das sich über ihre weltlichen Belange sowie die der Universität rechtfertigt[283]. Denn das Wirken des Universitätspredigers in die universitären Gliederungen hinein berührt das Recht auf autonome Verwaltung des Hochschulbetriebs. Darüber hinaus enthalten die Verträge noch nähere Bestimmungen über die persönlichen Anforderungen an den Amtsinhaber: Danach kommt für das Amt des evangelischen Universitätspredigers nur ein ordiniertes Mitglied der Universität (Art. 3 V evKVLSA und Art. 3 V evKVTh) bzw. ein ordinierter Professor der Fakultät in Betracht (Art. 3 V evKVSachsen).

---

[280] Vgl. Regierungsbegründung evKVLSA, LT-Drs. LSA 1 / 3087, Vertragsbegründung, S. 6; Regierungsbegründung evKVMV, LT-Drs. M.-V. 1 / 4126, S. 20; *A. Vulpius*, JöR. N.F. 43 (1995), S. 327, 337.

[281] Regierungsbegründung evKVSachsen, LT-Drs. Sachsen 1 / 4649, Vertragsbegründung, S. 7; Regierungsbegründung evKVLSA, LT-Drs. LSA 1 / 3087, Vertragsbegründung, S. 6.

[282] Art. 3 V evKVLSA; Art. 4 VI evKVMV; Art. 3 V evKVTh; Art. 3 V evKVSachsen.

[283] Vgl. ausführlicher zu der grundsätzlichen Problematik staatlichen Einflusses bei kirchlichen Personalentscheidungen unten im Rahmen der Einbindungsfunktion, III. Teil E. II. 2., insbesondere c) (= S. 385ff.)!

cc) Die Koordinierung bei den weiteren gemeinsamen Angelegenheiten

Für die verbleibenden Sachbereiche des staatlich-kirchlichen Zusammenwirkens in den sog. gemeinsamen Angelegenheiten stellte sich die Zuordnung der jeweiligen Verantwortlichkeiten in den neuen Staatskirchenverträgen weitgehend unproblematisch dar. So weist die Ausgestaltung der Kooperation weder erhebliche Unterschiede zwischen den einzelnen Vertragsregelungen auf, noch werden größere aktuelle Streitpunkte betroffen. Vielmehr beschränkt sich die staatskirchenvertragliche Koordination in diesen Bereichen weitgehend darauf, bestehende verfassungsrechtliche oder einfachgesetzliche Freiräume des kirchlichen Wirkens und ergänzende staatliche Garantien abzusichern sowie im Gegenzug die kirchliche Selbstbestimmung im Hinblick auf die Gewährleistung der staatlichen Belange zu binden. Für die einschlägigen Koordinationsbestimmungen bleibt hier insoweit nur eine Verweisung auf die Ausführungen an anderer Stelle, etwa für das Zusammenwirken bei der Anstaltsseelsorge mit dem Recht der Kirchen nach Art. 140 GG / Art. 141 WRV, ihrem seelsorgerlichen Auftrag auch in staatlichen Einrichtungen nachzukommen[284]. Die dafür erforderlichen materiellen Voraussetzungen hat der Staat zu schaffen, was zwischen den Vertragspartnern im Hinblick auf die gegenseitigen Rechte und Pflichten an den betroffenen Sachmitteln in den neuen Verträgen näher rechtsgeschäftlich abgesprochen wird[285]. Schließlich sehen die Verträge vor, daß die Kirchen die Anstaltsgeistlichen nur unter Beteiligung der staatlichen Stellen berufen und damit eine Bindung für ihre selbstbestimmte Ämterbesetzung eingehen[286]. Die Kooperation bei den kommunalen Friedhöfen ist im Grundsatz ebenfalls mit Art. 140 GG / Art. 141 WRV als gemeinsame Angelegenheit vorgegeben[287]. Einzig Art. 10 IV evKVMV, Art. 11 IV MVKKV und Art. 20 V evKVBBG greifen sie im Rahmen der Absicherungsfunktion auf, indem sie lediglich das kirchliche Recht bestätigen, „auf öffentlichen Friedhöfen Gottesdienste und Andachten zu halten".

---

[284] Art. 12 I 1 evKVLSA, Art. 10 I 1 LSAKKV, Art. 20 I evKVMV, Art. 8 I MVKKV, Art. 12 I 1 evKVTh, Art. 14 I 1 ThKKV, Art. 13 I 1 evKVSachsen, Art. 12 I 1 SachsenKKV, Art. 12 I 1 evKVBBG; vgl. näher III. Teil B. I. 3. (= S. 89f.)!

[285] Art. 12 I 2 evKVLSA, Art. 10 I 2 LSAKKV, Art. 8 II 1 MVKKV, Art. 20 I 3 evKVMV, Art. 12 I 2 nebst Schlußprotokoll evKVTh, Art. 14 I 2 und Schlußprotokoll ThKKV, Art. 13 I 2 und Schlußprotokoll evKVSachsen, Art. 12 I 2 nebst Schlußprotokoll SachsenKKV, Art. 12 I 2 evKVBBG; weiter dazu: III. Teil C. III. 2. d) (= S. 331f.)!

[286] Art. 12 II evKVLSA, Art. 10 II LSAKKV, Art. 8 III MVKKV, Art. 20 II evKVMV, Art. 13 II evKVSachsen, Art. 12 II SachsenKKV; näher dazu unten III. Teil E. II. 2. c) (= S. 385–387).

[287] Vgl. *A. v. Campenhausen*, 3. Aufl., S. 254f.

Auch die vertragliche Ausgestaltung des Zusammenwirkens bei der Kirchensteuererhebung stellt sich im wesentlichen als absichernde Wiederholung bestehender kirchlicher Rechte dar, deren Wahrnehmung durch die Kirchen wiederum im Interesse staatlicher Aufgabenerfüllung in den Staatskirchenverträgen gebunden wird[288]. Den Kirchen kommt als berechtigten Steuergläubigern die Festlegung der zu erhebenden Kirchensteuern in Auswahl aus den zulässigen Steuerarten[289] und, im Rahmen der staatlichen Vorgaben, die Bestimmung über die Höhe der Steuern zu, für die z.T. Einheitlichkeit innerhalb eines Landes verlangt wird[290]. Die zu diesem Zweck erlassenen Kirchensteuerordnungen und -beschlüsse der Kirchen bedürfen der staatlichen Anerkennung[291]. Weiter ist nach allen Evangelischen und Katholischen Kirchenverträgen vorgesehen, daß die staatlichen Finanzämter die Verwaltung der Kirchensteuern, d.h. die Festsetzung und Erhebung, bei der Kirchenlohnsteuer unter Einbeziehung der Arbeitgeber, übernehmen[292]. Die staatlichen Finanzämter sind den zuständigen kirchlichen Stellen zur Auskunft in allen Kirchensteuerangelegenheiten verpflichtet[293]. Ihnen obliegt auch die Vollstreckung der Kirchensteuern[294], wobei den Kirchen zum Teil eigene Einwirkungsmöglich-

[288] Vgl. deshalb oben III. Teil B. I. 2. b) (= S. 78–82) sowie unten III. Teil E. II. 1. b) und 3. c) (= S. 366–368, 392f.)!

[289] Art. 16 I und Schlußprotokoll evKVSachsen, Art. 21 I SachsenKKV nebst Schlußprotokoll, Art. 14 I evKVLSA, Art. 19 I LSAKKV, Art. 18 I MVKKV, Art. 17 I evKVMV, Art. 25 I 1 ThKKV, Art. 14 I 1 evKVTh, Art. 14 I evKVBBG.

[290] Art. 14 II evKVLSA, Art. 19 II LSAKKV, Art. 18 II MVKKV, Art. 17 II evKVMV, Art. 14 II evKVTh, Art. 25 II ThKKV, Art. 16 II evKVSachsen nebst Schlußprotokoll, Art. 21 II und Schlußprotokoll SachsenKKV, Art. 14 II evKVBBG.

[291] Art. 14 III, IV evKVLSA, Art. 19 IIII und Schlußprotokoll LSAKKV, Art. 18 III MVKKV, Art. 17 III evKVMV, Art. 14 I 2, III nebst Schlußprotokoll evKVTh, Art. 25 I 2, III nebst Schlußprotokoll ThKKV, Art. 16 III, IV nebst Schlußprotokoll evKVSachsen, Art. 21 III, IV und Schlußprotokoll SachsenKKV, Art. 14 III evKVBBG.

[292] Art. 15 I evKVTh, Art. 26 I ThKKV, Art. 22 S. 1, 2 SachsenKKV, Art. 17 I evKVSachsen, Art. 15 I evKVBBG, Art. 15 I evKVLSA, Art. 19 IV LSAKKV, Art. 18 IV MVKKV, Art. 17 IV evKVMV. Trotz Zusammenwirkens bei der „gemeinsamen Angelegenheit" Kirchensteuererhebung sollte in der regierungsamtlichen Begründung zum evKVMV, LT-Drs. M.-V. 1/4126, S. 25, allerdings angesichts von Art. 140 GG / Art. 137 I WRV der Regelungsgehalt nicht in einer „Pflicht der Arbeitgeber, diese Kirchensteuer im *staatskirchlichen* Auftrag einzubehalten und abzuführen", gesehen werden; richtig dagegen die Regierungsbegründung MVKKV, LT-Drs. M.-V. 2 / 3100, S. 23; zu diesbezüglichen Empfindlichkeiten auf Seiten der kirchlichen Vertragspartner vgl.: *H. Johnsen*, ZevKR 43 (1998), S. 182, 193f.

[293] Art. 15 II 3 evKVLSA, Absatz 2 Satz 4 des Schlußprotokolls zu Art. 19 IV LSAKKV, Art. 18 V 2, 3 MVKKV, Art. 17 V 2, 3 evKVMV, Art. 15 II 3 evKVTh und Schlußprotokoll, Art. 26 II 3 nebst Schlußprotokoll ThKKV, Art. 17 II 3 nebst Schlußprotokoll evKVSachsen, lit. b) Satz 3–5 des Schlußprotokolls zu Art. 22 SachsenKKV, Art. 15 III evKVBBG.

[294] Art. 15 III 1 evKVLSA, Art. 19 V LSAKKV, Art. 18 VI 1 MVKKV, Art. 17 VI 1

keiten auf die Steuerschuld[295] oder auf die Vollstreckung zustehen[296]. Die interne Aufteilung der Kirchensteuereinnahmen ist Angelegenheit der Kirchen[297]. Schließlich verpflichten sich die Kirchen, dem staatlichen Vertragspartner für den Verwaltungsaufwand finanzielle Entschädigung zu leisten[298].

b) Zusammenwirken von Staat und Kirche beim Denkmalschutz

Die Sorge um den Erhalt und die Pflege denkmalwürdiger Gebäude und anderer Gegenstände, die kultischen Zwecken zu dienen bestimmt sind, ist Staat und Kirche ebenfalls ein gemeinsames Anliegen, wie die Vertragspartner ausdrücklich in einigen Vertragsbestimmungen[299] herausstellen. Die staatliche Verantwortung resultiert aus den allgemeinen kulturstaatlichen und den besonderen landesverfassungsrechtlichen Schutz- und Förderverpflichtungen für historisch erhaltenswerte Kulturgüter und Denkmale[300], von denen sich ein „wertvoller Bestand ... in der Obhut der Kirchen" befindet[301]. Die enge Zweckbeziehung zum Auftrag der Kirchen ergibt sich aus der religiösen Funktion der Gegenstände, die zu erhalten im gem. Art. 140 GG / Art. 137 III 1 WRV geschützten Interesse der eigenen kirchlichen Aufgabe liegt[302]. Darüber hinaus sind bei staatlichen denkmal-

---

evKVMV, Art. 17 IV evKVSachsen, Art. 22 S. 3 SachsenKKV, Art. 26 III ThKKV, Art. 15 III evKVTh, Art. 15 IV 1 evKVBBG.

[295] Art. 17 III 2 evKVSachsen, lit. c) Satz 2 des Schlußprotokolls zu Art. 22 SachsenKKV; so auch für den LSAKKV die Regierungsbegründung, LT-Drs. LSA 2/4475, S. 55.

[296] Art. 17 VI 2 evKVMV, Art. 18 VI 2 MVKKV, Art. 15 III 2 evKVLSA, Art. 15 IV 2 evKVBBG, Art. 15 III evKVTh, Art. 26 III ThKKV.

[297] Schlußprotokoll zu Art. 15 I evKVLSA, Absatz 1 des Schlußprotokolls zu Art. 19 IV LSAKKV, Schlußprotokoll zu Art. 17 I 1 evKVSachsen, lit. a) Satz 2 des Schlußprotokolls zu Art. 22 SachsenKKV.

[298] Art. 15 II 1, 2 evKVLSA, Absatz 2 Satz 1–3 des Schlußprotokolls zu Art. 19 IV LSAKKV, Art. 18 V 1 MVKKV,Art. 17 V 1 evKVMV, Art. 17 II 1, 2 evKVSachsen, lit. b) Satz 1, 2 des Schlußprotokolls zu Art. 22 SachsenKKV, Art. 26 II 1, 2 ThKKV, Art. 15 II 1, 2 evKVTh, Art. 15 II evKVBBG.

[299] Art. 9 I evKVMV, Art. 17 I MVKKV, Art. 7 I JüdVMV, Art. 10 I evKVBBG, Art. 10 I evKVSachsen und Art. 19 I SachsenKKV.

[300] Dazu allgemein: *M. Heckel*, Ges. Schr. II, S. 1075, 1076f., 1092f.; *ders.*, Staat-Kirche-Kunst, S. 125ff.; *A. v. Campenhausen*, 3. Aufl., S. 212ff.

[301] Regierungsbegründung evKVSachsen, LT-Drs. Sachsen 1/4649, Vertragsbegründung, S. 14; vgl. auch Regierungsbegründung zum evKVMV, LT-Drs. M.-V. 1/4126, S. 22, nach der „die historischen Kirchengebäude in besonderer Weise das Bild unseres Landes bestimmen"; ähnlich weiter: Regierungsbegründung zum evKVBBG, LT-Drs. BBG 2/3442, Vertragsbegründung, S. 9.

[302] Vgl. dazu eingehender im Rahmen der Absicherungsfunktion [III. Teil B. I. 4. d)] (= S. 100–102)!

pflegerischen Maßnahmen kultische[303] und andere kirchliche Belange nach den weiteren verfassungsrechtlichen Freiheitsgewährleistungen des kirchlichen Wirkens[304] ebenso zu beachten wie die Inkompetenz des säkularen Staates in religiösen Fragen[305]. Beim Denkmalschutz an Gebäuden und anderen Kulturgütern der Kirchen können Staat und Kirchen je ihre eigenen Aufgaben zwar im Prinzip erfüllen, ohne daß sie auf das Wirken des jeweils anderen angewiesen wären. Ein Zusammenwirken von Staat und Kirche ist daher nicht wesens- oder begriffsnotwendig. Gleichwohl stellt sich beim Schutz und Erhalt der kirchlichen Kulturdenkmale ein ähnliches Regelungs-und Zuordnungsbedürfnis wie bei den sogenannten gemeinsamen Angelegenheiten ein[306]. Denn, ähnlich wie beim kirchlichen Friedhofswesen, ergibt sich hier eine Vielzahl von Berührungspunkten des jeweiligen Wirkens und von gegenseitigen Rücksichtnahmepflichten, die im Interesse einer effizienten und sachgerechten Aufgabenwahrnehmung eine verläßliche, einvernehmliche Koordinierung unter Zuordnung der Verantwortlichkeiten nahelegt[307]. Eine gemeinsame Anstrengung erschien besonders in den neuen Ländern vor allem angesichts des z.T. sehr schlechten Zustands vieler kirchlicher Kulturdenkmale angezeigt, der in erheblichem Maße auf die Defizite früherer staatlicher Denkmalpflege zurückzuführen ist[308]. Die vertraglichen Koordinationsbestimmungen sollen aufgezeigt [dazu aa)] und, mit kurzen Hinweisen, in die verfassungsrechtliche Zuordnungsproblematik eingeordnet werden [bb)].

---

303 Zur religiösen Dimension des kirchlichen Bauens und kirchlicher Denkmalpflege, vgl. die Ausführungen von *B.M. Kremer*, HdbStKirchR II, S. 77–79 mit umfassenden Nachweisen.

304 Art. 4 I, II GG, Art. 140 GG / Art. 138 II WRV.

305 Vgl. *M. Heckel*, Ges. Schriften, II, S. 1075, 1089f.; vgl. auch *B.M. Kremer*, HdbStKirchR II, S. 77, 84f. mit umfassenden Nachweisen.

306 Vgl. *F.-G. v. Busse* (1978), S. 18; aus den Vertragsmotiven Regierungsbegründung zum evKVBBG, LT-Drs. BBG 2 / 3442, Vertragsbegründung, S. 9. *J. Müller-Volbehr*, HdbStKirchR I, S. 289, 299, zählt die Denkmalspflege direkt zu den gemeinsamen Angelegenheiten.

307 Vgl. *A. v. Campenhausen*, 3. Aufl., S. 212; *M. Heckel*, Ges.Schriften, S. 1075, 1090f.

308 Die DDR hatte sich teils aus ideologischen Gründen teils wegen Mittelknappheit über Jahrzehnte hinweg auf einige wenige Prestigeobjekte konzentriert und so viele Bauten herunterkommen lassen. Insbesondere für Sakralbauten sah sich das religionsfeindliche System in keiner großen Kulturverantwortung, so daß die Kirchen die meisten Lasten allein zu tragen hatten. Dafür wurde den Kirchen das Recht zu eigener kirchlicher Denkmalschutzgesetzgebung zugestanden (vgl. eingehend *F. Hammer* [1995], S. 360ff.). Das kirchliche denkmalpflegerische Wirken konnte den Verfall von Kirchengebäuden, den der klassenkämpferische Ansatz des DDR-Regimes im Denkmalschutz begünstigte, jedoch nicht vollends aufhalten. So steht nach Angaben der Regierungsbegründung evKVLSA, LT-Drs. LSA 1 / 3087, Vertragsbegründung, S. 11, in Sachsen-Anhalt etwa die Hälfte aller Kirchen und Kapellen leer und droht zu verfallen.

aa) Die vertragliche Ausgestaltung

Alle neuen Staatskirchenverträge nehmen die denkmalschutzrechtliche Verpflichtung der Kirchen gegenüber dem Staat ausdrücklich auf, im Rahmen ihrer Möglichkeiten und des Zumutbaren für Pflege und Erhalt kirchlicher Kulturdenkmale Sorge zu tragen[309]. Einige Vertragsbindungen halten dabei zugleich fest[310], daß die Kirchen der Allgemeinheit grundsätzlich den Zugang zu den kirchlichen Denkmalen sicherzustellen haben. Demgegenüber sagt die staatliche Seite in den neuen Verträgen neben der Unterstützung bei dem Einwerben von Fördermitteln anderer Einrichtungen auch ein eigenes finanzielles Engagement zu, ohne allerdings konkrete Festlegungen zu treffen: Entweder verpflichtet sich der Staat dazu, die kirchlichen Maßnahmen zum Erhalt und zur Pflege der eigenen Denkmale bei der Verteilung denkmalpflegerischer Mittel angemessen zu berücksichtigen[311]. Oder aber die Verträge bestätigen den verfassungsrechtlich angelegten Anspruch auf angemessene Kostenerstattung für die Erhaltung der kirchlichen Kulturdenkmale „nach Maßgabe der Gesetze"[312]. Die meisten der neuen Staatskirchenverträge stellen darüber hinaus mittels verfahrensrechtlicher Vorkehrungen sicher, daß bei der Wahrnehmung der staatlichen Denkmalschutzaufgaben die kultischen und anderweitigen kirchlichen Belange berücksichtigt werden und umgekehrt auch das kirchliche Wirken der staatlichen Aufgabenstellung Rechnung trägt. Ausgangspunkt dieser Zuordnungsregelungen ist die ausdrückliche vertragliche Klarstellung[313], daß die religiösen, gottesdienstlichen und seelsorgerischen Belange bei denkmalpflegerischen Entscheidungen nach dem jeweiligen Landesdenkmalrecht Beachtung fin-

---

[309] Art. 10 II evKVSachsen, Art. 19 II SachsenKKV, Art. 5 I 1 nebst Schlußprotokoll JüdVSachsen, Art. 10 I 1, 2 evKVLSA, Art. 17 I 1, 2 LSAKKV, Art. 7 I 1 JüdVLSA, Art. 9 II 1 evKVMV, Art. 17 II 1 MVKKV, Art. 7 II 1 JüdVMV, Art. 9 I 1, 2 evKVTh, Art. 18 I 1, 2 ThKKV, Art. 10 II evKVBBG; vgl. näher III. Teil E. II. 4. b) (= S. 399f.)!

[310] Art. 10 II evKVSachsen, Art. 19 II SachsenKKV, Art. 5 I 1 JüdVSachsen, Art. 9 II 1 evKVMV, Art. 17 II 1 MVKKV, Art. 7 II 1 JüdVMV, Art. 10 II evKVBBG wie auch Absatz 4 Satz 2 des Schlußprotokolls zu Art. 9 I evKVLSA (zu dessen denkmalrechtlicher Dimension: *A. Vulpius*, LKV 1994, S. 277, 279).

[311] Art. 10 III evKVLSA, Art. 17 III LSAKKV, Art. 7 II JüdVLSA, Art. 9 III evKVTh, Art. 18 III ThKKV; ähnlich aber weitergehend auch mit Blick auf nichtfinanzielle Fördermöglichkeiten: Art. 9 V evKVMV, Art. 17 V MVKKV, Art. 7 IV JüdVMV und Art. 10 IV evKVBBG.

[312] Art. 10 III evKVSachsen, Art. 19 III SachsenKKV und Art. 5 I 2, 3 JüdVSachsen.

[313] Art. 10 I 3 evKVLSA, Art. 17 I 3 LSAKKV, Art. 7 I 2 JüdVLSA, Art. 9 III 1 evKVMV, Art. 17 III 1 MVKKV, Art. 7 III 1 JüdVMV, Art. 10 III 1 evKVBBG, Schlußprotokoll zu Art. 9 I evKVTh, Schlußprotokoll zu Art. 18 ThKKV, Schlußprotokoll zu Art. 19 II SachsenKKV.

den[314]. Für Kulturdenkmale, die dem Gottesdienst oder sonstigen kultischen Handlungen zu dienen bestimmt sind, sehen die Vertragsbestimmungen mit Ausnahme von Art. 10 III 1 evKVBBG im Konfliktfall einen Vorrang der liturgischen vor anderen, insbesondere allgemeinen denkmalpflegerischen Interessen vor.

Hinsichtlich der näheren verfahrensrechtlichen Ausgestaltung bestand bei den Vertragspartnern in den Freistaaten Sachsen und Thüringen gegenüber weiteren Verabredungen des Zusammenwirkens Zurückhaltung. In Sachsen wurde „die kirchenvertragliche Regelung auf einige wenige Schwerpunkte", d.h. im wesentlichen auf die Bekräftigung einzelner Grundaussagen beschränkt und statt der näheren vertraglichen Koordinierung der einseitigen Ausgestaltung im Sächsischen Denkmalschutzgesetz vom 16. März 1993 der Vorzug gegeben[315]. Von den sächsischen Staatskirchenverträgen enthält nur Art. 5 I 3 JüdVSachsen immerhin ein Anhörungsrecht des Jüdischen Landesverbandes bei staatlichen Denkmalschutzmaßnahmen gegenüber jüdischen Kulturdenkmalen. In Thüringen fehlen verfahrensrechtliche Absicherungen gänzlich. Demgegenüber obliegt es den Kirchen in Sachsen-Anhalt und Brandenburg[316], bei staatlichen Denkmalschutzmaßnahmen die zu berücksichtigenden religiösen Belange mit verbindlicher Wirkung für die Denkmalschutz-und Denkmalfachbehörden festzustellen. Demzufolge haben sich die Denkmalbehörden vor der Durchführung von Maßnahmen mit der zuständigen Kirchenleitung bzw. dem zuständigen Vorstand der jüdischen Gemeinde ins Benehmen zu setzen[317]. Für etwaige Streitfälle enthält Art. 10 III 2 nebst Schlußprotokoll evKVBBG zwar eine Benehmensregelung und verpflichtet damit den Staat, sich um „übereinstimmende Lösungen" „mit den zuständigen kirchlichen Stellen" zu bemühen. Dem zuständigen Ministerium soll aber das Letztentscheidungsrecht vorbehalten bleiben[318]. Genau andersherum ge-

---

314 Dabei geht es u.a. um Entscheidungen über den Standort von Altar, Kanzel o.ä., vgl. näher Regierungsbegründung zum evKVMV, LT-Drs. M.-V. 1 / 4126, S. 22; Regierungsbegründung evKVLSA, LT-Drs. LSA 1 / 3087, Vertragsbegründung, S. 11; *A. Vulpius*, JöR N.F. Bd. 43 (1995), S. 327, 340.

315 Das seinerseits „einen Ausgleich ... zwischen der generellen staatlichen Verantwortung für Kulturgüter und der häufig kirchlichen Zwecken dienenden aktuellen Funktion dieser Kulturgüter" geschaffen habe, so einhellig die Regierungsbegründungen zum evKVSachsen, LT-Drs. Sachsen 1 / 4649, Vertragsbegründung, S. 14, und zum SachsenKKV, LT-Drs. Sachsen 2 / 3612, Vertragsbegründung, S. 28.

316 Nach Art. 10 I 3 evKVLSA, Art. 17 I 3 LSAKKV, Art 7 I 2 JüdVLSA und Art. 10 III 1 evKVBBG.

317 Art. 10 I 4 evKVLSA, Art. 17 I 4 LSAKKV und Art 7 I 3 JüdVLSA.

318 Vgl. Regierungsbegründung zum evKVBBG, LT-Drs. BBG 2 / 3442, Vertragsbegründung, S. 9.

staltet die Verfahrensregel in Mecklenburg-Vorpommern[319] die Wahrnehmung der kirchlichen und staatlichen Angelegenheiten bei Entscheidungen über dem Gottesdienst gewidmete Denkmale aus. Zwar müssen auch hier sich die staatlichen Denkmalschutzbehörden zunächst mit den von der zuständigen kirchlichen Oberbehörde bzw. vom Jüdischen Landesverband festgestellten kirchlichen Belangen im Denkmalschutz auseinandersetzen. Falls die unteren staatlichen Behörden oder das fachlich zuständige Landesamt die auf diese Weise geltend gemachten kirchlichen Belange aber nicht anerkennen, geht das Entscheidungsrecht auf die kirchliche Oberbehörde selbst über, die sich ihrerseits allerdings wiederum mit der obersten Denkmalschutzbehörde ins Benehmen setzen muß. Weitergehend eröffnen Art. 9 IV evKVMV und Art. 17 IV MVKKV die Möglichkeit, durch Vereinbarung Aufgaben des Denkmalschutzes vom Staat auf die Kirchen übergehen zu lassen.[320]. In Art. 10 II evKVLSA und Art. 17 II LSAKKV sieht der Staat zugunsten des kirchlichen denkmalpflegerischen Wirkens von der Anwendung der denkmalschutzrechtlichen Bestimmungen über gefahrabwendende Maßnahmen der Denkmalbehörden im Rahmen ihrer Aufgabenerfüllung[321], über Genehmigungspflichten sowie über die Ablieferung von Funden[322] und über Enteignungen ab. Voraussetzung dafür ist freilich, daß die Kirchen im Einvernehmen mit der obersten Denkmalbehörde eigene Vorschriften zum Schutz von Kulturdenkmalen erlassen, die im kirchlichen Eigentum stehen und kultischen Zwecken zu dienen bestimmt sind[323]. Im übrigen bleibt noch eine abweichende Regelung des Schatzregals nach Art. 9 III evKVTh, Art. 18 III ThKKV und Art. 10 V 1 evKVBBG aufzuzeigen, wonach die betroffenen Boden- und Kulturdenkmäler den Kirchen auf Antrag als Dauerleihgabe überlassen werden.

---

[319] Nach Art. 9 III evKVMV, Art. 17 III MVKKV und Art. 7 III JüdVMV.

[320] Weiter sei noch aufgeführt, daß gem. Art. 9 II 2 evKVMV, Art. 17 II 2 MVKKV und Art. 7 II 2 JüdVMV die enteignungsrechtlichen Bestimmungen nicht für die kirchlichen Denkmale Anwendung finden, sofern die Kirchen denjenigen Denkmalschutzpflichten nachkommen, deren Nichterfüllung zu einer Enteignung nach dem Denkmalrecht ermächtigte; vgl. Regierungsbegründung zum evKVMV, LT-Drs. M.-V. 1/4126, S. 22; dagegen mit Annahme weitergehender denkmalschutzrechtlicher Freistellung: Droysen von Hamilton von der Ev.-Luth. Landeskirche Mecklenburgs, Vermerk zu Generalakten 707.03 vom 16.2.94, S. 3.

[321] Allgemeine Gefahrenabwehrbestimmungen bleiben unberührt, Regierungsbegründungen zum evKVLSA, LT-Drs. LSA 1/3087, Vertragsbegründung, S. 11, und zum LSAKKV, LT-Drs. 2/4475, S. 52.

[322] Diese werden jedoch ohnehin nicht als herrenlos und damit nicht als abgabepflichtig angesehen, wenn die Fundstelle zum Kirchengelände gehört, vgl. Regierungsbegründung evKVLSA, LT-Drs. LSA 1/3087, Vertragsbegründung, S. 11.

[323] Vgl. dazu näher die Erläuterungen bei *M. Heckel*, Staat-Kirche-Kunst, S. 151ff.

bb) Die verfassungsrechtliche Einordnung

Die Abweichungen zwischen den einzelnen Verträgen in der Ausgestaltung des Zusammenwirkens staatlicher und kirchlicher Denkmalpflege gehen auf einen grundsätzlichen Streit über die Stellung der Kirchen im staatlichen Denkmalrecht zurück, wie er auch Ausdruck in unterschiedlichen Regelungen der Landesdenkmalgesetze gefunden hat[324]. Eine verbreitete Ansicht geht von einer weitgehenden Freistellung der kirchlichen Denkmalpflege von denkmalschutzrechtlichen Vorschriften aus[325] und verlangt, daß die kirchlichen, zumindest die gottesdienstlichen Belange zwingend von den staatlichen Denkmalbehörden zu berücksichtigen seien[326]. Demgegenüber werden gegen eine allgemein vorrangige Berücksichtigung religiöser Belange bei der staatlichen Denkmalpflege und mehr noch gegen die Übertragung denkmalpflegerischer Aufgaben und Entscheidungskompetenzen nach den staatlichen Denkmalschutzbestimmungen auf die Kirchen erhebliche verfassungsrechtliche Bedenken geäußert[327]. Unabhängig von den Freiheitsgewährleistungen des kirchlichen Wirkens erscheint allerdings bereits aus denkmalpflegerischen Erwägungen eine herausgehobene Berücksichtigung kirchlicher Belange beim Denkmalschutz an Sakralbauten geboten. Denn die kulturstaatliche Verantwortung für den Erhalt und die Pflege von Kulturdenkmalen hebt auf eine bewußt historische, d.h. etwa im Gegensatz zur Denkmalpflegepoli-

---

[324] Für das Denkmalrecht in den alten Ländern hat *M. Heckel*, Ges.Schriften II, S. 1075, 1077ff., drei unterschiedliche, in sich wiederum uneinheitliche Grundtypen zur Regelung staatlicher Denkmalpflege bei denkmalwürdigen Sakralbauten herausgearbeitet. Bei der landesgesetzlich vorgeschriebenen Berücksichtigung kultischer Belange in den neuen Ländern räumt nur § 18 I DSchG Sachsen einen konsequenten Vorrang ein. Das Letztentscheidungsrecht verbleibt ohnehin nach den meisten Regelungen bei den staatliche Behörden, allerdings mit Verfahrensbeteiligung der kirchlichen Oberbehörde (§ 22 II DSchG BBG; § 18 II DSchG Sachsen; § 8 V DSchG LSA; § 32 DSchG Th). § 10 DSchG MV sieht aber wie in der Vertragsregelung die Entscheidung durch die kirchliche Oberbehörde im Benehmen mit der obersten Denkmalschutzbehörde vor. Auch Sonder- und Ausnahmebestimmungen bei den staatlichen Vorschriften im Falle eigener, einvernehmlich mit dem Staat erlassener kirchlicher Regelungen (etwa § 18 III DSchG Sachsen) oder die Möglichkeit einer Übertragung der Aufgabenwahrnehmung von der unteren Denkmalschutzbehörde auf die Kirchen (§ 4 IV DSchG LSA) finden sich nur zum Teil.

[325] *W. Loschelder*, Mikat-FS, S. 611, 617; *H. Maurer*, Füllkrug-Symposium, S. 82ff.; *A. v. Campenhausen*, 3. Aufl., S. 212ff.

[326] *B.M. Kremer*, HdbStKirchR II, S. 77, 88–90, 100, sowie die entsprechende Kritik und verfassungskonforme Auslegung landesgesetzlicher Denkmalschutzbestimmungen auf S. 94–101; vgl. weiter *C. Fuchs*, ThürVBl. 1995, S. 145, 149.

[327] *M. Heckel*, Ges.Schr. II. S. 1075, 1092ff.; auch schon *ders.*, Staat-Kirche-Kunst, S. 129ff.; *A. Albrecht*, HdbStKirchR II[1], S. 205ff., insbesondere 221; eine kirchliche Sonderstellung insgesamt ablehnend: *J. Neumann*, Gutachtl. Stellungnahme, S. 6, und *G. Czermak*, Gutachtl. Stellungnahme, S. 2.

tik der DDR ideologisch neutrale Bewahrung von Kulturdenkmalen ab[328]. Sollen aber Denkmale ihren historisch gewachsenen Eigenarten gemäß wirken, ist eine dem historischen Bestimmungszweck von Kirchengebäuden entsprechende, also kirchliche Nutzung angezeigt[329], zumal gerade bei den Sakralbauten „Kunstwert und Kultwert ... zu einer Sinneinheit verschmolzen" sind[330]. Staatliche und kirchliche Aufgabenerfüllung im Denkmalschutz erscheinen schon danach grundsätzlich kongruent. Davon hat nicht zuletzt das nachhaltige und kompetente Engagement der Kirchen für den Erhalt sakraler Kulturdenkmale in den schwierigen Zeiten kirchenfeindlicher Diktaturen eindrucksvoll Zeugnis abgelegt[331].

Allerdings rechtfertigt die demzufolge aus geschichtlicher Erfahrung gewachsene „Gewißheit", daß kirchliche Denkmalpflege den staatlichen Aufgabenkomplex miterfülle[332], für sich kein Abgehen von der staatlichen Verantwortung. Ungeachtet der denkmalpflegerischen Verdienste der Kirchen steht es allein dem Staat und nicht den Kirchen an, den kulturellen Wert, die historische Bedeutung oder den künstlerischen und wissenschaftlichen Gehalt von kirchlichen Gütern und Gebäuden mit Anspruch auf Verbindlichkeit für das staatliche Denkmalrecht festzusetzen[333]. Demgegenüber ist es Sache der Kirchen, über die kultischen und anderweitig kirchlichen Belange bei der überkommenen, denkmalgerechten kirchlichen Nutzung zu bestimmen. Diese sind verfassungsrechtlich über Art. 4 I, II, 140 GG / Art. 137 I, III, 138 II WRV umso weitergehend geschützt, je größer die Nähe und Bedeutung der betroffenen Kultgegenstände für die Erfüllung des kirchlichen Auftrags ist[334]. Bei den res sacrae, also Gebäuden oder Gegenständen, die unmittelbar gottesdienstlichen oder gleichbedeutsamen kirchlichen Zwecken zu dienen bestimmt sind, kann sich aus dem herausgehobenen verfassungsrechtlichen Schutz des Kirchenguts, wenn auch kein absoluter Schutz, so aber doch ein grund-

---

[328] Insoweit besteht weitgehende Übereinstimmung: *M. Heckel*, Ges.Schriften II, S. 1075, 1088f.; *A. v. Campenhausen*, 3. Aufl., S. 213ff.

[329] Regierungsbegründung zum evKVMV, LT-Drs. M.-V. 1 / 4126, S. 22; *A. v. Campenhausen*, LKV 1995, S. 233, 235.

[330] Vgl. näher *B.M. Kremer*, HdbStKirchR II, S. 77, 89 und 77–79; *H. Maurer*, S. 84; *M. Heckel*, Ges.Schriften II, S. 1075, 1089–1091; *A. v. Campenhausen*, 3. Aufl., S. 212f.

[331] *A. v. Campenhausen*, NVwZ 1995, S. 757, 760.

[332] *W. Loschelder*, Mikat-FS, S. 611, 620.

[333] Vgl. aber *W. Loschelder*, Mikat-FS, S. 611, 613ff., 618; ihm folgend: *B.M. Kremer*, HdbStKirchR II, S. 77, 90 und öfter; ähnlich auch *A. v. Campenhausen*, 3. Aufl. S. 218.

[334] *R. Mainusch* (1995), S. 320; *M. Backhaus* (1988), S. 53ff.; zu dem in Relation zur religiösen Funktion abgestuften Schutz des Kirchenguts vgl. zusammenfassend erneut: *K.-H. Kästner*, HdbStKirchR I, S. 891, 893, 898ff., 894f., 903; *A. v. Campenhausen*, 3. Aufl., S. 316f.

sätzlicher Vorrang der kultischen Belange vor anderweitigen konservatorischen Interessen ergeben[335]. Mit Recht wird den staatlichen Denkmalbehörden daher in den meisten neuen Staatskirchenverträgen die vorrangige Beachtung der gottesdienstlichen Belange aufgegeben[336], die freilich Raum für im Ausnahmefall abweichende Entscheidungen lassen. Für die übrigen kirchlichen Belange bleibt entgegen anderweitiger Forderungen[337] nur eine Einbeziehung in eine umfassende Abwägungsentscheidung aller denkmalrelevanten Belange[338], in deren Rahmen auch der verfassungsrechtliche Schutz der Glaubensfreiheit und kirchlicher Selbstbestimmung selbst für das Verwaltungsvermögen hinreichend berücksichtigt werden kann.

Die Verfassungsvorgaben für eine staatskirchenvertragliche Koordination des denkmalpflegerischen Zusammenwirkens belassen der organisatorischen Ausgestaltung aber einen weiten Spielraum[339]. Dieser ist im wesentlichen nur durch die aufgezeigten verfassungsrechtlichen Eckpunkte der religiösen Freiheitsgewährleistungen und der staatlichen Verantwortungswahrnehmung begrenzt. Im Ergebnis muß daher zum einen dem kirchlichen Selbstbestimmungsrecht, der Glaubensfreiheit und der Kirchengutsgarantie Rechnung getragen werden. Zum anderen muß sichergestellt sein, daß die Kirchen nicht letztverbindlich über staatliche Belange ohne Korrektiv entscheiden, sondern daß dem Staat in seinen Ordnungs- und Ausgleichsfunktionen das Letztbestimmungsrecht zukommt[340]. Daher besteht insoweit zwar grundsätzlich ein Unterschied, ob kirchliche statt staatlicher Ämter neben den ohnehin nur von den Kirchen festzustellenden gottesdienstlichen Belangen auch alle weiteren konservatorischen Entscheidungsgesichtspunkte umfassend zu einem Ergebnis zusammenführen[341]. Auch erscheint es problematisch, wenn staatskirchenvertraglich die Möglichkeit eingeräumt wird, den Kirchen Aufgaben des Denkmal-

---

[335] Ausführlicher zu den Schutzwirkungen des Art. 140 GG / Art. 138 II WRV bereits oben: III. Teil B. II. 1 d) bb) (3) (d), e) cc) (= S. 173f., 206); dort und bei *R. Mainusch* (1995), S. 184ff., 277ff., auch Hinweise zur Frage des herausgehobenen bzw. absoluten Schutzes der res sacrae.

[336] Für einen Vorrang der gottesdienstliche Belange auch *M. Heckel*, Ges.Schriften II, S. 1075, 1090f.

[337] *B.M. Kremer*, HdbStKirchR II, S. 77, 89–91, 100f.; ähnlich *W. Loschelder*, Mikat-FS, S. 611, 615–617.

[338] *M. Heckel*, Ges.Schriften, S. 1075, 1093f.; *R. Mainusch* (1995), S. 320.

[339] *R. Mainusch* (1995), S. 321.

[340] *M. Heckel*, Ges.Schriften II, S. 1075, 1092–1094.

[341] Ohne Bedenken freilich *W. Loschelder*, Mikat-FS, S. 611, 618; auch *A. v. Campenhausen*, LKV 1995, S. 233, 235, mit Blick auf die verfahrensrechtliche Ausgestaltung in Art. 9 III, IV evKVMV.

schutzes zu übertragen, ohne genauere inhaltliche Vorgaben oder organisatorische Vorkehrungen zur Sicherstellung der staatlichen Verantwortungswahrnehmung zu treffen. Gleichwohl bleibt selbst bei der Entscheidung eines Konfliktfalls durch kirchliche Behörden oder nach Übertragung einzelner Denkmalpflegeaufgaben auf die Kirchen stets die verfassungsrechtlich vorgegebene Verantwortungszuordnung zwischen Staat und Kirche unangetastet. Letztverbindlich können die kirchlichen Stellen nur über die religiösen, kultischen, seelsorgerischen und weiteren kirchlichen Belange befinden, denen bei unmittelbarem Bezug zum Kern des kirchlichen Auftrags grundsätzlich der Vorrang vor anderen Belangen gebührt. Im übrigen sind auch die kirchlichen Behörden an die staatlichen Wertungen und Entscheidungen gebunden, deren Einhaltung von staatlicher Seite fortlaufend zu überwachen[342] und die gegebenenfalls mit behördlichen Verfügungen bzw. im Vertragsverhältnis im Wege des verwaltungsgerichtlichen Rechtsschutzes durchzusetzen sind. Bedenken gegen eine dementsprechende staatskirchenvertragliche Lösung der Zuordnungsfragen[343] greifen nicht durch, sofern im Gegenzug für kirchliche Gestaltungsfreiräume die kircheneigene Denkmalpflege verbindlich und durchsetzbar mit Erhaltungspflichten und unter Beteiligung der staatlichen Stellen in die staatliche Aufgabenwahrnehmung eingebunden wird[344]. Nach der hier vorgeschlagenen Lösung zur rechtlichen Qualität des Staatskirchenvertragsinstruments sind die einschlägigen Vertragsabreden nicht nur nicht hinderlich für staatliches Eingreifen bei groben Verletzungen der denkmalpflegerischen Erhaltungspflichten der Kirchen[345]. Sie sind vielmehr mit der entsprechenden Einbindung der Kirchen in die staatliche Denkmalpflegeverantwortung selbst Grundlage für staatliches Einschreiten[346].

c) Weitere Verantwortungszuordnung kircheneigener Angelegenheiten und staatlicher Schrankenziehung

Die Verträge koordinieren die beiderseitige Aufgabenwahrnehmung von Staat und Kirche nicht nur in den gemeinsamen Angelegenheiten und

---

[342] Vgl. *H. Maurer*, Füllkrug-Symposium, S. 92; ablehnend *W. Loschelder*, Mikat-FS, S. 611, 620.

[343] Vgl. *A. Albrecht*, HdbStKirchR II[1], S. 204, 217; *M. Heckel*, Staat-Kirche-Kunst, S. 164ff.; *ders.*, Ges.Schriften, S. 1075, 1093f.

[344] Insoweit zutreffend herausgestellt von *A. v. Campenhausen*, 3. Aufl., S. 217f.

[345] So jedenfalls *W. Loschelder*, Mikat-FS, S. 611, 620, und *H. Maurer*, Füllkrug-Symposium, S. 88, 92.

[346] *A. v. Campenhausen*, 3. Aufl., S. 218f.; vgl. dazu näher unten III. Teil E. II. 4. b) (= S. 399f.)!

ihnen ähnlichen Bereichen des Zusammenwirkens. Auch bei der Verfolgung des kirchlichen Auftrags im übrigen ergibt sich über die staatliche Schrankenziehungsbefugnis und -pflicht nach Art. 140 GG/Art. 137 III 1 WRV ein Bedürfnis, die jeweiligen, staatlichen oder kirchlichen Verantwortlichkeiten zuzuordnen. Dies kann unvermittelt durch je einseitiges Vorgehen, insbesondere von staatlicher Seite durch Erlaß schrankenziehender für alle geltende Gesetze erfolgen. Die Zuordnung kann aber auch einvernehmlich im Wege vertraglicher Regelung zwischen Staat und Kirche vorgenommen werden, was u.a. zu verfahrensrechtlichen Vereinfachungen führt. In diesem Sinne gehen viele Bindungen des kirchlichen Wirkens in den neuen Staatskirchenverträgen auf die Aktualisierung der staatlichen Verantwortung für die Schrankenziehung gegenüber religiöser Selbstbestimmung zurück. In erster Linie sind hier die vielen vertraglich begründeten Genehmigungs- und Vorlagepflichten bei der vertragsabgesicherten selbständigen Ordnung und Verwaltung der eigenen Angelegenheiten der Kirchen einschließlich der Ämterbesetzung, beispielsweise beim kirchlichen Friedhofswesen, bei der vermögensrechtlichen Vertretung und beim Stiftungsrecht, zu nennen[347]. Gegenüber den staatskirchenvertraglich bekräftigten Freiräumen kirchlicher Selbstbestimmung bei der Errichtung und dem Betrieb eigener Bildungsstätten wird die staatliche Verantwortung für die Anerkennung und Förderung der kirchlichen Bildungsstätten und Abschlüsse ausdrücklich durch dynamische Verweisungen auf das einschlägige Landesrecht aufrechterhalten[348]. Auch im Hinblick auf die selbstbestimmte Abnahme eines Theologieexamens durch die Kirchen als Abschlußprüfung eines Theologiestudiums an einer staatlichen Fakultät halten die einschlägigen Vertragsbestimmungen über die Anerkennungsmöglichkeiten und -voraussetzungen ausdrücklich an den staatlichen Befugnissen im Berechtigungswesen für Bildungsabschlüsse fest[349]. Hier besteht freilich auch nach Abschluß der neuen Staatskirchenverträge in der praktischen Umsetzung großer Koordinie-

---

[347] Vgl. dazu im Ansatz auch *D. Pirson*, in: *R. Puza/A.P. Kustermann* (Hrsg.), S. 31, 36 und 46f., sowie ausführlich unten die Aufarbeitung der staatskirchenvertraglichen Einbindungsfunktion!

[348] Art. 5 II evKVMV, Art. 5 II MVKKV, Art. 8 I 2 JüdVMV, Art. 4 II, III evKVBBG, Art. 4 I, 6 II, Art. 18 II 2 evKVLSA, Art. 6 II, 7I, 8 II 2 LSAKKV, Art. 8 II JüdVLSA, Art. 11 III, 10 II, 8 II ThKKV, Art 4 mit Schlußprotokoll und Art. 6 II evKVTh, Art. 4 I 2 und Schlußprotokoll zu Art. 20 II evKVSachsen, Art. 6 I 2, Satz 2 des Schlußprotokolls zu Art. 4 und das Schlußprotokoll zu Art. 9 II SachsenKKV, Art. 6 II BistVMD, Art. 6 II BistVEF, Art. 8 S. 2 ErzBistVHH; vgl. näher dazu oben III. Teil B. I. 4. c) (= S. 99f.), auch schon mit ausführlicher Darlegung der staatlichen Kompetenzvorbehalte!

[349] Art. 4 V 2 evKVMV, Art. 3 IV evKVTh, Art. 4 V 2 evKVMV, Art. 3 IV 2 nebst Schlußprotokoll evKVSachsen, Schlußprotokoll zu Art. 3 IV evKVBBG.

rungsbedarf, da sich in den neuen Ländern ein kircheneigenes Prüfungswesen nicht wie im Westen hat entwickeln können[350]. Ansätze einer zuordnenden bzw. abgrenzenden Regelungsfunktion liegen auch den ausführlichen Erörterungen zu Begriff und rechtlichen Konsequenzen eines „kirchlichen öffentlichen Dienstes" in einigen Staatskirchenverträgen[351]zugrunde. Dort wird ausdrücklich auf der einen Seite die jeweils eigenständige Verantwortlichkeit von Staat und Kirchen für die Ausgestaltung ihres staatlichen bzw. kirchlichen Dienstes festgehalten, auch wenn beide unter dem gemeinsamen Oberbegriff als „öffentlicher Dienst" firmieren. Auf der anderen Seite soll sich aus der öffentlich-rechtlichen Gestaltungsform des kirchlichen Dienstes ausweislich der staatskirchenvertraglichen Absprache nach jeweils Absatz 1 Satz 4 des Schlußprotokolls zu Art. 8 I evKVLSA, zu Art. 14 I LSAKKV und zu Art. 7 I evKVBBG ergeben, daß die „staatlichen dienstrechtlichen Regelungen ... in ihren Grundsätzen von den Kirchen übernommen" werden[352]. Schließlich halten die Vertragspartner in Art. 8 III 2 evKVLSA, in Art. 14 II 3 LSAKKV und in Art. 7 III 2 evKVBBG ausdrücklich die landesgesetzlichen Bestimmungen für die Errichtung, Umwandlung und Auflösung als maßgebliche

---

[350] Zum Problem vgl. eingehend *A. v. Campenhausen*, Lerche-FS, S. 179, 181.

[351] Jeweils Absatz 1 des Schlußprotokolls zu Art. 8 I evKVLSA, zu Art. 14 I LSAKKV bzw. zu Art. 7 I evKVBBG und zurückhaltender nach jeweils Satz 1 des Schlußprotokolls zu Art. 9 I evKVSachsen und zu Art. 15 I SachsenKKV.

[352] Mit diesen bemühten Erklärungsversuchen wird das Verhältnis zwischen staatlichem und kirchlichem öffentlichen Dienstrecht wohl in den Worten *P. v. Tilings* als „gleichsam schwebende, nicht fixierbare Rechtslage" zu beschreiben sein können, die einen „gewissen ‚Typenzwang'" mit sich bringt, mit Beschränkung der kirchlichen Bindung an die Grundsätze des staatlichen Dienstrechts auf eine Orientierung „nur im großen und ganzen" (so *P. v. Tiling*, ZevKR 37 (1992), S. 113, 124f.; vgl. etwas ausführlicher noch: *ders.*, ZevKR 36 (1991), S. 276, 288–290). Für einen „Typenzwang" für das öffentliche Dienstrecht der Kirchen mit Verbindlichkeit aller Grundsätze des Berufsbeamtentums, die die Nichtanwendbarkeit des Arbeits- und Sozialrechts auf Staatsbeamte rechtfertigen: *A. v. Campenhausen*, 3. Aufl., S. 293 m. N.; *A. Schilberg*, ZevKR 34 (1991), S. 42, 44; weiter auch *M. Kleine* (1993), S. 207f.; *J. Müller-Volbehr*, ZBR 1989, S. 161, 161f.; für die Einhaltung eines „strukturprägenden Minimums" der beamtenrechtlichen Grundsätze: *C. Link*, ZevKR 40 (1995), S. 435, 441–447, insbesondere S. 446; für gewisse Mindesthomogenität: *P. Kirchhof*, HdbStKirchR I, S. 651, 678; kritisch demgegenüber, zumeist mit stärkerer Orientierung an den staatlichen Schrankenziehungsmöglichkeiten gegenüber kirchlicher Selbstbestimmung nach dem für alle geltenden Gesetz: *W. Bock*, in: *G. Rau/H.-R. Reuter/K. Schlaich* (Hrsg.) III, 1994, S. 531, 545ff., insbesondere S. 547ff. und 553f.; *ders.* (1996), S. 263ff.; *K.-H. Kästner* (1991), S. 129f.; *D. Ehlers*, in: *M. Sachs* (Hrsg.), GG, Art. 140 GG/Art. 137 WRV Rn. 18.; *H. Zwirner*, ZevKR 23 (1978), S. 429, 439; *D. Pirson*, HdbStKirchR II, S. 845, 869f.; *A. Stein*, 2. Aufl., S. 115ff. Eine weitere Koordinierung zwischen staatlichem und kirchlichem Dienstrecht wird in den aufgeführten Verträgen mit Blick auf die Wechselmöglichkeiten der Bediensteten vorgesehen.

Regelungen für die kirchlichen Stiftungen des Privatrechts fest[353]. Dagegen wird die Aufsicht über die kirchlichen Stiftungen als eigene Angelegenheit umfassend den Kirchen gemäß Art. 7 IV evKVBBG, Art. 14 II MVKKV und Art. 8 III evKVMV zugeordnet[354].

III. Vertragspartnerschaftliche Vereinfachung der Vermögensbeziehungen

Schließlich bietet sich den Vertragsparteien bei der Ordnung ihrer komplexen vermögensrechtlichen Beziehungen ein weites Feld für eine staatskirchenvertragliche Kooperation.

1. Der rechtliche Gestaltungsrahmen staatskirchenvertraglicher Vermögensordnung

Die wechselreiche Geschichte des Staat-Kirche-Verhältnisses hat sich in einer komplizierten Gemengelage aus unterschiedlichsten wechselseitigen finanziellen und anderweitigen vermögenswerten Ansprüchen und Leistungsverpflichtungen niedergeschlagen. Im Interesse einer effizienten partnerschaftlichen Kooperation streben die Vertragsparteien eine Bereinigung der Vermögensbeziehungen an, um diese transparenter und einfacher handhabbar zu gestalten. Zu diesem Zweck werden in den Staatskirchenverträgen etliche vermögensrechtliche Rechtsgeschäfte getätigt. Ähnlich wie im vorhergehenden Abschnitt zeichnen sich auch die hier zusammengefaßt darzustellenden Vertragsbestimmungen dadurch aus, daß sie eine Zuordnungsfunktion im Interesse effizienter Zusammenarbeit zwischen Staat und Kirche wahrnehmen. Nur sollen hier nicht mehr Kompetenzen der Vertragspartner, sondern vermögensrechtliche Ansprüche in ihrem Verhältnis zueinander einvernehmlich, klar, übersichtlich und verbindlich auf dem Vertragswege geregelt werden. Dabei geht es in diesem Zusammenhang grundsätzlich nur um die rechtsgeschäftliche

---

[353] Zum Stiftungsrecht der neuen Länder und der DDR vgl. näher: *C. Meyer*, HdbStKirchR I, S. 907, 935f.; zu den besonderen Vertragsbindungen bei den kirchlichen Stiftungen des öffentlichen Rechts, vgl. unten III. E. II. 3. a) (= S. 388f.)!

[354] Regierungsbegründung zum evKVBBG, LT-Drs. BBG 2/3442, Vertragsbegründung, S. 7; Regierungsbegründung zum evKVMV, LT-Drs. M.-V. 1/4126, S. 21; zu den Zuordnungsfragen bei der Aufsicht über kirchliche Stiftungen vgl. näher *C. Meyer*, HdbStKirchR I, S. 907, 938ff.; *W.A. Achilles*, S. 220ff.

Neugestaltung bestehender Leistungsverpflichtungen im Sinne einer Bereinigung der Vermögensbeziehungen[355]. Ausgenommen bleiben daher zunächst all die Regelungen über staatliche Zuwendungen, die ohne zugrundeliegende bestehende rechtliche Verbindlichkeiten auf konkrete inhaltliche Aspekte des kirchlichen Wirkens ausgerichtet sind[356]. Die zentralen Fragen zu den Realisierungsmöglichkeiten der Vertragsziele stellen sich mit den Problemen der Bindungswirkung und Durchsetzbarkeit für die rechtsgeschäftlich neugeordneten vermögensrelevanten Leistungsverpflichtungen im Prinzip nicht anders als für die bloße Absicherung bereits bestehender kirchlicher Rechtspositionen im Vertragswege. Die Vertragspartner haben in der Erfüllung bzw. Abwicklung bestehender Verbindlichkeiten ein grundlegendes Ziel der neuen staatskirchenvertraglichen Einigung gesehen. Neben der Rechtsvereinfachung und -vereinheitlichung wurde zudem eine Kompromißlösung mit den Kirchen angestrebt, die bei der Geltendmachung der kirchlichen Ansprüche Rücksicht auf die staatlichen Haushaltsengpässe nimmt[357].

Für die Vertragsregelungen im Rahmen dieser Vertragsfunktion sind keine grundsätzlich anderen Grenzen der staatskirchenvertraglichen Gestaltungsfreiheit herauszuarbeiten als die bereits wiederholt aufgezeigten allgemeinen rechtlichen Vorgaben aus Staatsverfassung und Kirchenordnung. In jedem Fall genießen die wirksam begründeten kirchlichen Vermögenspositionen aus dem Vertrag auch dann besonderen Schutz vor dem Zugriff des staatlichen Gesetzgebers, wenn zugunsten einer vertragsabweichenden staatlichen lex posterior der Kompetenzvorbehalt der staatlichen Ordnungs- und Ausgleichsfunktionen greift[358]. Rechtliche Probleme tauchen bei der staatskirchenvertraglichen Vermögensneuordnung im wesentlichen nur insoweit auf, als die Vereinbarung vermögensrechtlicher Leistungspflichten des Staates sich aus bereits bestehenden staatlichen Verbindlichkeiten gegenüber der Kirche ergeben muß bzw. im übrigen über die Förderfunktion zu rechtfertigen ist. Je nach dem rechtlichen Grund der

---

[355] Zu dieser Vertragsfunktion bereits: *A. Hollerbach* (1965), S. 81f.; vgl. weiter: *D. Pirson*, in: *R. Puza / A.P. Kustermann* (Hrsg.), S. 31, 37.

[356] Diese werden hier näher im Rahmen der staatskirchenvertraglichen Förderfunktion behandelt: siehe III. Teil D. (= S. 316ff.)!

[357] Vgl. etwa Ministerpräsident *B. Vogel*, PlenProt. Th 1/113, S. 8724; Ministerpräsident *B. Seite*, PlenProt. M.-V. 1/97, S. 5862; *S. Heitmann*, PlenProt. Sachsen 1/95, S. 6571f.; MdL *Böttger*, Bündnis 90/Grüne, PlenProt. Sachsen 1/97, S. 6764; MdL *Franke*, CDU, PlenProt. Sachsen 1/97, S. 6766; Kirchenamtliche Begründung der KPS auf der 1. Tagung der XII. Synode vom 17.–19.6.1994, S. 1f.

[358] Dazu bereits die Darlegungen bei III. Teil B. II. 1. d) bb) (3) (d) und e) cc) (= S. 173f., 206)!

Leistungen unterliegen die staatlichen Zuwendungen an die Religionsgemeinschaften besonderen Rechtfertigungsanforderungen[359]. Daher sind je nach den für die konkreten Vertragsregelungen einschlägigen Sachzusammenhängen weitere spezielle Vorgaben zu berücksichtigen, wie beispielsweise die Verfassungsbestimmungen zu den Staatsleistungen für die pauschalierte Abgeltung von staatlichen Leistungspflichten aufgrund vorkonstitutioneller Rechtstitel. Sie werden im folgenden in die Darlegung der einschlägigen vertraglichen Vereinbarungen einbezogen.

2. *Die Vertragsbestimmungen zur Entflechtung der Vermögensbeziehungen*

Staatskirchenvertragliche Vermögensentflechtung wird angestrebt bei den im staatlichen Eigentum stehenden Gebäuden, die kirchlichen oder diakonischen Zwecken gewidmet sind [dazu unter a)], bei den staatlichen Kirchenpatronaten [b)] und bei den Staatsleistungen nach Art. 140 GG / Art. 138 I WRV [c)]. Die weiteren Detailbestimmungen zur Regelung der Vermögensbeziehungen spielen eher eine untergeordnete Rolle [d)].

a) Entflechtung bei staatlichen Gebäuden mit kirchlicher Widmung

Etliche Gebäude, die kirchlichen Zwecken zu dienen bestimmt sind, stehen in staatlichem Eigentum. Die kirchlichen Nutzungsmöglichkeiten sind wie die damit verbundenen Bauunterhaltungspflichten des staatlichen Eigentümers über die verfassungsrechtlichen und staatskirchenvertraglichen Kirchenguts-, Widmungs- und Staatsleistungsgarantien abgesichert[360]. Danach stehen dem Staat nur sehr eingeschränkt Eigentümerbefugnisse zu, während er auf Dauer erheblichen Eigentümerpflichten nachzukommen hat, die in der Praxis überdies ein hohes Konfliktpotential bergen. Die Kirchen bleiben ihrerseits bei der Nutzung und Umgestaltung der Gebäude durch die Rückbindung an den Eigentümer eingeschränkt[361]. Die Schwierigkeiten, die durch das Auseinandertreten von

---

[359] Dazu zunächst nur im Überblick: *G. Robbers*, HdbStKirchR I, S. 867, 873ff.

[360] Vgl. nur Regierungsbegründung zum evKVLSA, LT-Drs. LSA 1/3087, Vertragsbegründung, S. 9; Regierungsbegründung zum evKVSachsen, LT-Drs. Sachsen 1/4649, Vertragsbegründung, S. 15, sowie oben III. Teil B. I. 2. d) (= S. 86f.)!

[361] Regierungsbegründungen zum SachsenKKV, LT-Drs. Sachsen 2/3612, Vertragsbegründung, S. 26, und zum LSAKKV, LT-Drs. LSA 2/4475, S., S. 50.

staatlichem Eigentum und umfassender, zumeist ausschließlich kirchlicher Nutzung im Rahmen des Widmungszwecks im Staat-Kirche-Verhältnis auftreten, wollen die Vertragspartner ausräumen. In älteren Verträgen war zu diesem Zweck zum Teil schlicht vorgesehen, die komplexen Schuldverhältnisse zu vereinfachen, indem Eigentümerstellung und widmungsgemäße Nutzungsbefugnisse durch eine Übertragung der Eigentümerrechte und -pflichten vom Staat auf die Kirchen ggf. gegen Entschädigung zusammengeführt werden[362]. Einer solchen Bereinigung der Vermögensbeziehungen standen allerdings in den neuen Ländern die allgemeinen Schwierigkeiten bei der Vermögenszuordnung im Wege. Vielfach ließ sich bis zum Vertragsschluß weder die Eigentumslage noch gar die konkrete Verteilung der Befugnisse und Pflichten zwischen staatlichem Eigentümer und kirchlichem Nutzer bei den einzelnen Objekten klären. Auch war der zu erwartende Bau- und Unterhaltungsbedarf der Objekte kaum absehbar, weshalb eine Übernahme der Eigentümerstellung gegen Ablösung ggf. unter pauschaler Abgeltung der Baulasten für die Kirchen ein schwer kalkulierbares Risiko bedeutete. So sind die einschlägigen Vertragsbestimmungen zu einem guten Teil als Übergangsregelungen vereinbart[363], die überdies mit konkreten Klarstellungen für einzelne Objekte den Bedürfnissen nach Rechtssicherheit im Einzelfall Rechnung tragen, aber doch in fast allen Ländern auf allgemeine Grundregeln zurückgehen.

Art. 10 evKVTh und Art. 20 ThKKV sehen gänzlich von einzelfallbezogenen Bestimmungen zur Klärung oder Entflechtung der Vermögensbeziehungen ab. Die Vertragspartner halten nur allgemein in jeweils Absatz 1 der Vorschriften an der Widmungsgarantie und der staatlichen Bauunterhaltungspflicht für Gebäude des Freistaates mit kirchlicher Widmung fest. In jeweils Absatz 2 verabreden sie lediglich möglichst baldige Verhandlungen über die Eigentumsübertragung und die endgültige Regelung der Baulast und verweisen insoweit auf weitere Detailvereinbarungen. Grundsätzlich stimmt damit das Vorgehen nach Art. 9 evKVBBG überein. Hier haben die Vertragspartner allerdings auf ältere bereits geregelte Lösungsansätze zur Vermögensauseinandersetzung und Übertragung des kirchlich genutzten staatlichen Eigentums auf die Kirchen zurückgreifen können[364]. Art. 9 I evKVBBG stellt dazu ausdrücklich klar,

---

[362] Vgl. etwa Art. 17 evKVNds, Art. 19 evKVSchlH; dazu näher: *E. Ruppel*, S. 449ff.

[363] Vgl. Regierungsbegründungen zum evKVTh, S. 13, und zum ThKKV, LT-Drs. Th 2/2100, S. 28.

[364] Nach Art. 9 I nebst Abs. 1 des Schlußprotokolls evKVBBG: Art. IV und Art. II 1 der Brandenburger Verordnung über das Kirchenpatronatswesen u.a., vom 9. Februar 1946 sowie das preuß. Gesetz vom 7. September 1938.

daß mit Übergang des Eigentums nach den angeführten Regelungen der Untergang „etwa bestehender Baulasten der früheren Eigentümer“ verbunden ist[365]. Für alle Grundstücke oder Gebäude, die von dieser Verordnung erfaßt sind, bleibt den Vertragsparteien nunmehr allein die Abwicklung der Eigentumsübertragungen nach der Verordnung, d.h. vor allem die Grundbuchberichtigung, die im Schlußprotokoll zu Art. 9 I evKVBBG betont zugesichert wird[366]. Für die übrigen, nicht von diesen älteren Regelungen erfaßten staatlichen Immobilien mit Widmung zu kirchlichen oder diakonischen Zwecken, macht es Art. 9 II evKVBBG dem Staat gar zur Pflicht, auf Antrag der Kirchen das Eigentum bei gleichzeitiger Vereinbarung der Baulastablösung zu übertragen. Da aber zumeist früheres staatliches oder kommunales Eigentum an kirchlich gewidmeten Gebäuden auf die kirchlichen Nutzer kraft Gesetzes übergegangen ist, wird diese Übertragungspflicht nach Ansicht der Vertragsparteien nurmehr für wenige Objekte gelten[367].

Nach Art. 11 evKVSachsen, Art. 17 SachsenKKV und Art. 15 III, IV LSAKKV wird der Abschluß von Vereinbarungen zum Erwerb der betroffenen Grundstücke durch die Kirche und zu „der Ablösung der Baulast, gegebenenfalls gegen Entschädigung“ als Regelfall bzw. Modellverfahren zur weiteren Vermögensentflechtung in Aussicht genommen[368]. Darüber hinaus erkennt der Freistaat Sachsen im Rahmen von nicht abschließenden Aufzählungen nach dem Erkenntnisstand im Zeitpunkt des Vertragsschlusses die Baulastpflicht für einige Gebäude ausdrücklich an[369]. Nach Satz 1 des Schlußprotokolls zu Art. 11 I evKVSachsen sind dies die Baulastpflichten für die Schloßkappellen Augustusburg und Schloß Weesenstein sowie nach Satz 1 des Schlußprotokolls zu Art. 17 I 1 SachsenKKV die Baulastpflichten für die Kathedrale in Dresden und für die Schloßkapellen Hubertusburg, Pillnitz und Moritzburg. In jeweils Satz 2 der sächsischen Schlußprotokolle sichern die Kirchen bei der Geltendmachung der Baulastansprüche zu, „auf die wirtschaftliche Lage des

[365] Zum Ganzen: Regierungsbegründung zum evKVBBG, LT-Drs. BBG 2/3442, Vertragsbegründung, S. 8.

[366] Regierungsbegründung zum evKVBBG, LT-Drs. BBG 2/3442, Vertragsbegründung, S. 8.

[367] Im übrigen werden im Rahmen der Pauschalierung der Staatsleistungen besondere Regelungen getroffen, um mittels staatlicher Unterstützung die betroffenen Kirchengebäude zu erhalten vgl. dazu Regierungsbegründung zum evKVBBG, LT-Drs. BBG 2/3442, Vertragsbegründung, S. 14.

[368] Regierungsbegründungen zum evKVSachsen, LT-Drs. Sachsen 1/4649, Vertragsbegründung, S. 16, und zum LSAKKV, LT-Drs. LSA 2 /4475, S. 50.

[369] Regierungsbegründung zum evKVSachsen, LT-Drs. Sachsen 1/4649, Vertragsbegründung, S. 15.

Freistaates Rücksicht zu nehmen" (ähnlich auch für den LSAKKV das Schlußprotokoll zu Art. 15 III). Damit soll eine schrittweise Erfüllung der Verpflichtungen ermöglicht werden, um den Staat mit dem erheblichen Bauunterhaltungsbedarf nicht zu überfordern[370]. Mit dem Festhalten an den Widmungsgarantien und den staatlichen Baulastverpflichtungen bis zum Abschluß der Übertragungs- und Ablöseverträge ist in Thüringen und Sachsen[371] ein zentraler Bereich aus dem übergreifenden staatskirchenvertraglichen Anliegen herausgenommen, die Vermögensbeziehungen zwischen Staat und Kirche zu entflechten[372].

Schließlich haben die Vertragspartner auch für den Wittenberger Vertrag zunächst ähnliche Regelungen zur Widmungsgarantie, Bauunterhaltungspflicht und zur Eigentumsübertragung bei Grundstücken und Gebäuden des Landes mit kirchlicher Widmung getroffen. Auch hier überantworten Staat und Kirche durchgreifende Maßnahmen zur Vermögensentflechtung für etliche Objekte zukünftigen Vereinbarungen, nämlich für alle die nicht im übrigen gesondert behandelt werden: Für diese Gebäude sagen sich die Vertragspartner innerhalb eines Zeitraums von zehn Jahren[373] die Aufnahme von Verhandlungen über Eigentumsübertragungen und definitive Baulastregelungen zu, nicht ohne dabei die herausgehobene Bedeutung der rechtsgeschichtlichen Zusammenhänge ausdrücklich zu betonen (Art. 9 III evKVLSA). Zwischenzeitlich bleibt den kirchlichen Nutzern nicht nur die Widmung der Gebäude zu kirchlichen oder diakonischen Zwecken, sondern auch die mit dem Eigentum zusammenhängende bauliche Unterhaltungspflicht des Staates zur Sicherung der kirchlichen oder diakonischen Nutzung garantiert. Dies stellt wiederum eine Ausnahme zu der regelmäßigen Abgeltung altrechtlicher staatlicher Leistungsverpflichtungen in der pauschalierten Gesamtzuwendung, hier

---

[370] Regierungsbegründungen zum evKVSachsen, LT-Drs. Sachsen 1/4649, Vertragsbegründung, S. 16, und zum SachsenKKV, LT-Drs. Sachsen 2/3612, Vertragsbegründung, S. 26; vgl. ähnlich auch zum LSAKKV, LT-Drs. LSA 2/4475, S. 50.

[371] Satz 3 des Schlußprotokolls zu Art. 14 I evKVSachsen, lit. a) Satz 3 des Schlußprotokolls zu Art. 20 SachsenKKV, Art. 13 I 3 evKVTh und Art. 23 I 3 ThKKV; insoweit müssen die Erläuterungen in den Regierungsbegründungen zum evKVTh, LT-Drs. Th 1/3273, S. 13, und zum ThKKV, LT-Drs. Th 2/2100, S. 29, dahingehend richtiggestellt werden, daß eben doch noch nicht „eine Freistellung von allen Verpflichtungen zu Geld- und Sachleistungen, insbesondere aus Baulasten erzielt werden" konnte.

[372] Regierungsbegründungen zum evKVSachsen, LT-Drs. Sachsen 1/4649, Vertragsbegründung, S. 20, und zum SachsenKKV, LT-Drs. Sachsen 2/3612, Vertragsbegründung, S. 30.

[373] Der weite Zeitraum für den Verhandlungseintritt von zehn Jahren wird in der Regierungsbegründung zum evKVLSA, LT-Drs. LSA 1/3087, Vertragsbegründung, S. 11, mit der langwierigen Prozedur der Klärung von Eigentumsfragen erläutert.

gem. Art. 13 I 2 evKVLSA, dar[374]. Der Wittenberger Vertrag enthält aber neben dieser allgemeinen Auffangvorschrift eine Vielzahl von Bestimmungen, die detailliert bereits auf einzelne in Betracht kommende Gebäude, insbesondere die Domgebäude in Magdeburg, Havelberg, Halberstadt und Halle sowie die Stiftskirche in Quedlinburg, bezogen sind. Die Lösung der Nutzungs- und Bauunterhaltungsfragen für diese Gebäude steht sogar in der Reihenfolge wie von der Menge her im Zentrum der Regelungen in Art. 9 evKVLSA. Freilich ging es den Vertragspartnern auch hier zunächst darum, vorläufige Regelungen zu treffen, da im Zeitpunkt des Vertragsschlusses die Vermögenszuordnungsverfahren für diese noch unter „Volkseigentum" geführten Gebäude nicht abgeschlossen waren[375]. Beiden Vertragspartnern erschien eine Zuordnung zum Land begrüßenswert, um die Schwierigkeiten bei der Klärung der eigentumsunabhängigen Bauunterhaltungspflichten des Landes an diesen besonders kostenträchtigen Gebäuden zu umgehen[376]. Gleichwohl werden diese staatlichen Baulastverpflichtungen aber ausdrücklich in Absatz 2 des Schlußprotokolls zu Art. 9 I evKVLSA als fortbestehend ausgewiesen und aus der übergreifenden Abgeltung aller Leistungsverpflichtungen des Staates gegenüber den Kirchen durch die pauschalierte Gesamtzuwendung gem. Art. 13 I 2 evKVLSA herausgenommen[377]. Die in Art. 9 I 2 evKVLSA festgehaltenen umfassenden Bauunterhaltungspflichten des Landes für die genannten Gebäude sollten nur für den Fall greifen, daß das Land in den dafür gem. Art. 21 Einigungsvertrag vorgesehenen Verfahren als Eigentümer ermittelt wird[378]. Für die Zeit bis zur Klärung der Eigentumsfrage hatte das Land gem. Absatz 1 Satz 3 des Schlußprotokolls zu Art. 9 I evKVLSA die zur Sicherung des Widmungszwecks notwendigen Maßnahmen der Bauunterhaltung im Rahmen der durch den Landeshaushalt zur Verfügung gestellten Mittel übernommen. Mit Rücksicht auf die ungeklärte Eigentumslage blieb die Widmungsgarantie zu kirchlichen oder diakonischen Zwecken für die Domgebäude nach Art. 9 I 1 evKVLSA zu-

[374] Dazu: *H. Weber*, NVwZ 1994, S. 759, 763.

[375] Vgl. *A. Vulpius*, JöR n.F. 43 (1995), S. 327, 338; Regierungsbegründung zum evKVLSA, LT-Drs. LSA 1/3087, Vertragsbegründung, S. 10.

[376] *A. Vulpius*, JöR n.F. 43 (1995), S. 327, 338. Beispiele aus den Altbundesländern, wie die langwierigen und schwierigen Verhandlungen zur Übernahme des Schleswiger Domes durch die Kirchen gegen Ablösung der Baulastverpflichtungen nach Art. 19 I evKVSchlH (vgl. dazu *I.-M. Matthiesen*, S. 103f.) haben gezeigt, welch erheblicher Aufwand zur Ermittlung der konkreten Verpflichtungen zu treiben ist. Dieser war in der kurzen Zeit der in den neuen Ländern ohnehin komplizierteren Vertragsverhandlungen nicht zu leisten.

[377] Vgl. wiederum *H. Weber*, NVwZ 1994, S. 759, 763.

[378] Näher dazu: *A. Vulpius*, LKV 1994, S. 277, 279.

nächst auf das dem Land Mögliche beschränkt. Mittlerweile ist die Vermögenszuordnung „zugunsten" des Landes erfolgt, so daß vor allem die hierfür weiter vorgesehenen Vertragsbestimmungen und ihre bisherige Umsetzung von bleibendem Interesse sind:

Statt in Übereinstimmung mit den allgemeinen Anliegen zur Vermögensentflechtung eine vollständige Übernahme der Gebäude in kirchliches Eigentum unter Ablösung der Baulasten zumindest auf lange Sicht anzustreben, behält sich das Land in Absatz 3 des Schlußprotokolls zu Art. 9 I evKVLSA die eigene, zentrale staatliche Verwaltung der Dome vor. Im Gegenzug zu der weiter gewährleisteten staatlichen Bauunterhaltung übernehmen es die Kirchen nach Art. 9 I 3 evKVLSA, die Verkehrssicherungspflichten für die betroffenen Gebäude zu tragen[379]. Dies wird allerdings ausdrücklich beschränkt auf die Nutzung „im Rahmen der Widmung". Daher bleibt es im übrigen nach den staatskirchenvertraglichen Abreden bei der gesetzlichen Haftungsverteilung, die für die Gebäude nach § 836 BGB bei dem Eigenbesitzer, also nicht bei der jeweiligen Kirchengemeinde liegt, die bloß vom staatlichen Eigentümer abgeleiteten Besitz ausübt. Ganz wie bereits in den Vertragsmotiven angedeutet[380] hat die Landesregierung mit Beschluß vom 7. Mai 1996[381] eine „Stiftung zum Erhalt und zur Nutzung der Dome, Kirchen und Klöster in Landeseigentum (Domstiftung)" errichtet, um die betreffenden Domgebäude unter Beachtung der kirchlichen Widmungszwecke zu verwalten (vgl. §§ 1 I, 2 I Satzung der Domstiftung). Allerdings können auch dabei nur kirchliche Stellen über die Nutzung der staatlichen Gebäude innerhalb der kirchlichen Widmung zu entscheiden haben. Absatz 4 des Schlußprotokolls zu Art. 9 I evKVLSA hält die ausschließliche Bestimmungsmacht der zuständigen Kirchengemeinde über die Nutzung der betroffenen Gebäude fest, verlangt aber zugleich, daß der denkmalrechtlich begründete Zugang der Allgemeinheit zu den Kirchengebäuden „in angemessener Weise"[382] gewährleistet wird. Die weitere partnerschaftliche Kooperation bei dieser Verwaltung staatlicher Kloster- und Kirchengebäude ist in Absatz 3 des Schlußprotokolls zu Art. 9 I evKVLSA angelegt, der bereits bei der Planung einer zentralen Verwaltung die Beteiligung der Kirchen vorsieht. In

---

[379] So auch Art. 15 III 3 LSAKKV.

[380] Regierungsbegründung zum evKVLSA, LT-Drs. LSA 1 / 3087, Vertragsbegründung, S. 10, und ähnlich: *A. Vulpius*, LKV 1994, S. 277, 279.

[381] MBl. LSA Nr. 33 / 1996, S. 1388.

[382] Laut Regierungsbegründung zum evKVLSA, LT-Drs. LSA 1 / 3087, Vertragsbegründung, S. 10, und *A. Vulpius*, LKV 1994, S. 277, 279, sind damit möglichst einheitliche Öffnungszeiten angestrebt, die auch nach § 1 IV DenkSchG LSA und aus der sonstigen öffentlichen Bezuschussung der Bauunterhaltung heraus geboten seien.

der Ausgestaltung der Domstiftung scheint dieser kooperative Ansatz allerdings zeitweise etwas zu kurz gekommen zu sein[383]. Dies zeigt sich schon in Defiziten bei der Einbeziehung der Kirchen in den Entscheidungsprozeß zur Errichtung der Domstiftung. Auch bleibt die kirchliche Einflußnahme auf die Stiftungsverwaltung weitgehend auf die Mitwirkung im Kuratorium durch drei Mitglieder für die Evangelische und ein Mitglied für die Katholische Kirche neben fünf Vertretern der Landesregierung beschränkt (§ 6 I Satzung der Domstiftung). Sie wird zudem dadurch relativiert, daß die Stiftungsverwaltung der Domstiftung mit derjenigen der Stiftung „Schlösser, Burgen und Gärten des Landes Sachsen-Anhalt", gerade auch in dem wichtigen Amt des Stiftungsvorstands, nach §§ 8f. der Satzung verknüpft ist. Hier drohen die spezifischen Belange der verfassungs- wie staatskirchenvertragsrechtlich geschützten kirchlichen Nutzungsinteressen entgegen den auch in der staatlichen Vertragsmotivation aufgestellten Vorgaben[384] gegenüber anderweitigen Interessen des staatlichen Eigentümers zurückzutreten. Dies kling auch schon in der Formulierung des Stiftungszwecks nach § 2 I der Domstiftungssatzung an. Zudem scheinen das Stiftungsvermögen wie die Stiftungsmittel recht knapp bemessen zu sein für eine kontinuierliche, von politischen oder finanziellen Zwängen bzw. Umschwüngen unabhängige Verfolgung des Stiftungszwecks. Hinsichtlich der Widmung des Domes zu Zeitz, der Eigentum der Stadt Zeitz ist, sieht wiederum der Wittenberger Vertrag selbst ausdrücklich in Absatz 6 des Schlußprotokolls zu Art. 9 I noch weitere Nutzungsabsprachen wohl auch mit der katholischen Kirche vor[385]. Bei der Nutzung des Domgebäudes zu Havelberg sollen gem. Absatz 5 des Schlußprotokolls zu Art. 9 I evKVLSA althergebrachte Rechte angemessen berücksichtigt werden, womit in erster Linie auf die bisher vertraglich vereinbarte Nutzung durch das Prignitz-Museum des Landkreises abgehoben sein soll[386]. Darüber hinaus gewährleistet das Land gem. Art. 9 II evKVLSA auch die Widmung der Kirchengebäude der Vereinigten Domstifter zu Merseburg und Naumburg und des Kollegialstifts Zeitz zu kirchlichen und diakonischen Zwecken, allerdings angesichts der Eigentümerrechte der Vereinigten Domstifter nur in abgeschwächter Form[387].

---

383 Mit scharfer Kritik am Verhalten des staatlichen Vertragspartners: *H. Johnsen*, ZevKR 43 (1998), S. 182, 220.

384 Vgl. Regierungsbegründung zum evKVLSA, LT-Drs. LSA 1/3087, Vertragsbegründung, S. 10.

385 Dazu Regierungsbegründung zum evKVLSA, LT-Drs. LSA 1/3087, Vertragsbegründung, S. 9.

386 Vgl. *A. Vulpius*, LKV 1994, S. 277, 279.

387 *A. Vulpius*, JöR n.F. 43 (1995), S. 327, 338.

b) Vermögensentflechtung bei staatlichen Kirchenpatronaten

Konsequenter und weitergehend konnten die Vertragspartner die Vermögensentflechtung bei den staatlichen Kirchenpatronaten vorantreiben. Denn zwischen Staat und Kirche besteht schon seit geraumer Zeit grundsätzlich Einigkeit dahingehend, keine neuen Patronate zu begründen und bestehende patronatsrechtliche Beziehungen nach Möglichkeit abzuwikkeln[388]. Insbesondere die mit dem Patronat verbundene kirchliche Verleihung einer besonderen Rechtsstellung, eines Privilegs, mit Einflußrechten auf die kirchengemeindliche Verwaltung außerhalb der kirchlichen Ämterstruktur[389], ist nicht nur kirchenrechtlich problematisch, sondern unter staatskirchenrechtlichen Aspekten bei staatlichen Patronaten nicht aufrechtzuerhalten. Diese verfassungsrechtliche Problematik wurde bereits früh gesehen und aus diesem Grund weitgehend auf die Ausübung staatlicher Rechte aus Kirchenpatronaten verzichtet[390]. Dagegen können die mit den Patronaten verbundenen besonderen Lasten des Patrons, wie insbesondere seine Bauunterhaltungspflichten, für die betroffene Kirchengemeinde nach wie vor eine wichtige, zum Teil notwendige Finanzierungsfunktion abdecken[391]. Soweit der Staat aus den Kirchenpatronaten belastet ist, unterfallen die patronatsrechtlichen Baulasten der Kirchengutsgarantie[392]. Für eine Ablösung bzw. Entflechtung drängt sich daher der Weg über eine einvernehmliche Vereinbarung mit den Kirchen auf. In einigen

---

[388] Vgl. nur *A. Albrecht*, HdbStKirchR II, S. 47, 50, 56; aus den Vertragsmotiven: Regierungsbegründung zum evKVLSA, LT-Drs. LSA 1/3087, Vertragsbegründung, S. 12.

[389] Zu den Patronatsrechten: *A. Albrecht*, HdbStKirchR II, S. 47, 56f.; vgl. weiter den Überblick über das Patronatswesen auf dem Gebiet der DDR bei *E. Meyer*, ZevKR 6 (1956), S. 84ff; 404ff.

[390] Vgl. nur Regierungsbegründung zum evKVSachsen, LT-Drs. Sachsen 1/4649, Vertragsbegründung, S. 17; zu den Regelungen im evKVSchlH und im Loccumer Vertrag: *I.-M. Matthiesen*, S. 193f.

[391] *A. v. Campenhausen*, 3. Aufl., S. 312; *A. Albrecht*, HdbStKirchR II, S. 47, 48, zur näheren rechtlichen Ausgestaltung der Patronatsbaulast auch: *ders.*, aaO, S. 61ff.

[392] *K.-H. Kästner*, HdbStKirchR I, S. 891, 898; *E. Ruppel*, S. 513; *A. Albrecht*, HdbStKirchR II, S. 47, 56. Die Regierungsbegründung zum evKVSachsen, LT-Drs. Sachsen 1/4649, Vertragsbegründung, S. 17 (ähnlich wohl auch Regierungsbegründung zum evKVMV, LT-Drs. M.-V. 1/4126, S. 23), sieht die Baulastverpflichtungen aus den Patronaten über die Garantie der Staatsleistungen geschützt. Dies kann aber allein auf Leistungsverpflichtungen zutreffen, die aus der Besonderheit des vorkonstitutionellen Staat-Kirche-Verhältnisses herrühren. Der Schutz greift dagegen nicht für Lasten, die, wie bei den Patronaten, den Staat nicht anders als Private verpflichten (*J. Isensee*, HdbStKirchR I, S. 1009, 1018; *A. v. Campenhausen*, 3. Aufl., S. 328; *T. Lindner* (1995), S. 195f.; *J. Harder*, ArchKathKR 127 (1955), S. 6, 67 m.N. zum älteren Schrifttum; zur Unterscheidung zwischen den „echten", hier zu behandelnden, auf kirchlicher Verleihung beruhenden Patronaten und den auf obrigkeitlichen Hoheitsakt gegründeten ähnlichen Rechtsverhältnissen: vgl. *A. Albrecht*, HdbStKirchR II, S. 47, 48 und 63f.).

Staatskirchenverträgen der Altländer ist eine grundsätzliche Aufhebung der Patronate „als staatliche Normen“ vereinbart worden. Für lastenpflichtige Patronate ist allerdings dann zumeist lediglich die Ablösung der Pflichten, insbesondere der Baulasten, durch weitere Vereinbarungen unter den Beteiligten, landesgesetzliche Regelungen oder einseitige Freistellung durch den Berechtigten vorgesehen worden[393].

Im Grundsatz ist auch in den Verträgen der neuen Länder die Aufhebung der staatlichen Patronatsrechte festgelegt[394]. Für den Großteil des Brandenburger Gebietes wird lediglich in Art. 11 I evKVBBG unter Hinweis auf die bereits genannte VO BBG über das Kirchenpatronatsrecht aus 1946 (Art. I Abs. I) der längst durch „revolutionären Akt“[395] eingetretene Untergang bestätigt[396]. Für die übrigen, dazumal nicht dem Anwendungsbereich der VO BBG aus 1946 unterfallenden staatlichen Kirchenpatronate[397] sieht Art. 11 III evKVBBG wie Art. 12 I 3 evKVSachsen für den ganzen Freistaat Sachsen vor, daß die mit den Patronaten verbundenen Baulastverpflichtungen durch gesonderte Vereinbarungen abgelöst werden. Demgegenüber integrieren die Staatskirchenverträge Sachsen-Anhalts und Thüringens die Ablösung der Bauunterhaltungsverpflichtungen aus staatlichen Patronaten in die pauschale Gesamtabgeltung staatlicher Leistungsverpflichtungen durch Zahlung eines jährlichen Gesamtzuschusses[398]. Mangels anderweitiger ausdrücklicher Vertragsfestlegungen sind die Lasten staatlicher Kirchenpatrone nach Art. 13 I evKVLSA, nach Art. 18 I LSAKKV und auch nach Art. 13 I evKVTh und 23 I ThKVV mit dem jährlichen Gesamtzuschuß an die betroffenen Kirchen abgegolten[399]. Dabei sieht Art. 13 IV evKVTh vor, daß dieser Gesamtzuschuß von 1.100.000,00 DM für die Abgeltung von Baulasten im Jahre 1994, in die auch die Bauunterhaltungspflichten aus staatlichen Kir-

---

[393] Dazu *A. Albrecht*, HdbStKirchR II, S. 47, 54, und *E. Ruppel*, S. 510ff. sowie S. 497ff. zu den landesrechtlichen Grundlagen.

[394] Art. 11 I nebst Schlußprotokoll evKVLSA, Art. 18 I 3 LSAKKV, Art. 13 I evKVMV, Art. 11 I evKVTh, Art. 22 I ThKKV, Art. 12 I 1 evKVSachsen; weiter im Überblick: *A. Albrecht*, HdbStKirchR II, S. 47, 64f.

[395] *A. Albrecht*, HdbStKirchR II, S. 47, 54.

[396] Regierungsbegründung zum evKVBBG, LT-Drs. BBG 2 / 3442, Vertragsbegründung, S. 8 und 10.

[397] Die Regierungsbegründung zum evKVBBG, LT-Drs. BBG 2 / 3442, Vertragsbegründung, S. 11, geht von noch 60–70 staatlichen Patronaten aus.

[398] Regierungsbegründung zum evKVLSA, LT-Drs. LSA 1 / 3087, Vertragsbegründung, S. 12 und 13.

[399] Vgl. auch *H. Weber*, NVwZ 1994, S. 759, 763; zur staatskirchenvertraglichen Abgeltung der Staatsleistungen im Rahmen des pauschalierten Gesamtzuschusses sogleich näher unter III. Teil C. III. 2. c) (= S. 296ff.)!

chenpatronaten eingegangen sein dürften, in den Jahren 1995–1998 um jährlich 275.000,00 DM gesondert erhöht wird. Der entsprechenden Pauschsumme für die Katholische Kirche von 998.000,00 DM für 1997 wird gemäß Art. 23 IV ThKKV von 1998–2001 eine jährliche Erhöhung von 225.000,00 DM hinzugefügt.

Auch in Mecklenburg-Vorpommern erfolgt die einvernehmliche Ablösung der staatlichen Patronatslasten gegenüber den Kirchen im Rahmen der Neuordnung, d.h. vor allem Vereinfachung der Staatsleistungen gem. Art. 12ff. evKVMV, allerdings auf einem Sonderweg: Im Zentrum der staatskirchenvertraglichen Ablösungsregelung für Patronatslasten steht eine pauschale Bestimmung aller staatlichen Patronatsverpflichtungen in zwei Schritten: Zunächst wird vereinbart, daß sich der Staat zur Hälfte an den Baulasten der zu den bisherigen Patronaten zählenden Kirchengebäude beteiligt (Art. 13 I evKVMV), während sich die Kirchen gem. Art. 13 III evKVMV mit mindestens dem gleichen Betrag wie das Land engagieren. In einem zweiten Schritt werden diese Bauunterhaltungsverpflichtungen aber wiederum durch eine pauschale Abgeltung im Zusammenhang mit den jährlichen Gesamtzuschüssen ersetzt, die zunächst auf nur fünf Jahre beschränkt den Staat dazu verpflichtet, von 1994 an jährlich 7 Millionen DM in monatlichen Raten zu zahlen. Die anschließende gemeinsame Überprüfung der Pauschalbeträge durch die Vertragspartner hat sowohl auf den kirchlichen Bedarf als auch auf die staatliche Haushaltslage Rücksicht zu nehmen. Im Schlußprotokoll zu Art. 11 I evKVLSA werden in Absatz 2 und 3 schließlich noch einige Sonderbestimmungen im Hinblick auf einzelne staatliche Patronate, insbesondere im Verhältnis zu den Vereinigten Domstiftern zu Merseburg und Naumburg, getroffen[400].

c) Vertragliche Pauschalierung der Staatsleistungen

Erheblichen Raum sowohl bei den Vertragsbestimmungen wie vor allem bei den Vertragsverhandlungen haben die Bemühungen um eine Neuordnung der bestehenden Staatsleistungen beansprucht. Unstreitig war dabei, daß der Staat überhaupt zu Staatsleistungen an die Kirchen verpflichtet ist, soweit diese über die allgemeinen staatskirchenvertraglichen und verfassungsrechtlichen Garantien nach Art. 140 GG / Art. 138 I WRV

---

[400] Nähere Hinweise zu diesen Sonderfällen bei *A. Vulpius*, LKV 1994, S. 277, 279, sowie bei der Regierungsbegründung zum evKVLSA, LT-Drs. LSA 1 / 3087, Vertragsbegründung, S. 12.

geschützt sind[401]. Über die konkrete Höhe der staatlichen Verpflichtungen kam es dagegen zu erheblichen Auseinandersetzungen. Auf die einzelnen Verhandlungsergebnisse über die zu leistenden Zahlungen aus den unterschiedlichsten Rechtstiteln wird ausführlicher einzugehen sein [dazu dann unter bb)]. Zunächst soll jedoch der rechtliche Rahmen der staatskirchenvertraglichen Neugestaltung und Entflechtung erörtert werden [aa)]. Besonderheiten sind bei den Regelungen zu staatlichen Finanzleistungen zu beachten, soweit diese sich, wie insbesondere in den Jüdischen Verträgen der neuen Länder, auf neu begründete Leistungsverpflichtungen beziehen [cc)]. Schließlich wird auf die vertraglichen Regelungen zur Anpassung der Staatsleistungen an die wirtschaftliche Entwicklung eingegangen [dd)].

aa) Vereinfachung bestehender Verbindlichkeiten auf neuer vertraglicher Grundlage

Aus den langjährigen komplizierten Beziehungen zwischen Staat und Kirche sind vielfältige Leistungsverpflichtungen des Staates gegenüber den Kirchen erwachsen, die zumeist auf Rechtstiteln aus der Zeit vor der definitiven Trennung von Staat und Kirche durch die Regelungen der Weimarer Reichsverfassung beruhen. Die Vielzahl und Unterschiedlichkeit der einzelnen Finanzierungslasten[402], die der Staat gegenüber der Kirche zu bedienen hat, bringt für beide Seiten einen erheblichen Verwaltungsaufwand mit sich[403]. Deshalb erschien es den Vertragspartnern im Interesse einer effektiven partnerschaftlichen Zusammenarbeit angezeigt, diese Seite ihrer Beziehungen möglichst weitgehend zu vereinfachen, also auf einer leicht handhabbaren und übersichtlichen Rechtsgrundlage einheitlich abzuwickeln[404]. Diese Tendenz zur Entflechtung der vermögensrechtlichen und finanziellen Beziehungen ist u.a. im verfassungsrechtlichen Trennungsgrundsatz und im Gebot zur Ablösung der Staatsleistungen nach Art. 140 GG / Art. 137 I, 138 I WRV angelegt[405]. Sie wird in An-

---

[401] *A. v. Campenhausen*, LKV 1995, S. 233, 236; *ders.*, NVwZ 1995, S. 757, 761; *A. Vulpius*, JöR N.F. 43 (1995), S. 327, 339; vgl. auch bereits ausführlich bereits oben III. Teil B. I. 2. c) (= S. 82f.)!

[402] Gute Übersicht bei *G. Robbers*, HdbStKirchR I, S. 867, 868f., und *J. Isensee*, HdbStKirchR I, S. 1009, 1021ff.

[403] Aus den Motiven vgl. nur Regierungsbegründung zum evKVBBG, LT-Drs. BBG 2/3442, Vertragsbegründung, S. 13.

[404] *A. v. Campenhausen*, NVwZ 1995, S. 757, 761.

[405] *A. Hollerbach*, HStR VI, § 139 Rn. 59; *J. Isensee*, HdbStKirchR I, S. 1009, 1016, 1050; *T. Lindner* (1995), S. 200f.

lehnung an die entsprechenden Regelungen in den älteren Staatskirchenverträgen auch von den neuen Ländern fortgesetzt[406]. Eine Vielzahl einzelner, zumeist älterer staatlicher Kirchenfinanzierungslasten wird pauschaliert mit der Zahlung eines jährlichen Gesamtzuschusses abgegolten. Auch bei einer Ablösung nach dem in Art. 140 GG / Art. 138 I WRV vorgesehenen Verfahren läge ein solches Vorgehen zwischen Staat und Kirche nahe[407]. Denn eine definitive Beendigung sämtlicher regelmäßiger staatlicher Kirchenfinanzierungsverbindlichkeiten mithilfe einer einmaligen Kapitalisierung aller Ansprüche entspräche weder den Bedürfnissen der Kirchen noch erscheint sie angesichts knapper öffentlicher Haushaltskassen und der immensen Höhe der Verpflichtungen sinnvoll realisierbar[408].

Ein weiterer Aspekt dieser Pauschalierung tritt in den neuen Verträgen schärfer noch als in den westlichen Ländern hervor, nämlich die einvernehmliche Verständigung zwischen den Vertragspartnern über den Bestand bzw. Fortbestand einzelner staatlicher Verpflichtungen nach Grund und Höhe. Mehr noch als in den alten Ländern ist auf dem Gebiet der DDR einige Unsicherheit über das rechtliche Schicksal von Staatsleistungen aufgetreten[409]. Zum Teil ließen sich bei den Vertragsverhandlungen nicht einmal die ursprünglichen Rechtstitel selbst in befriedigender Weise zusammenstellen. Hinzu kam noch erschwerend, daß die Leistungsverpflichtungen, an die angeknüpft werden sollte, während der DDR-Zeit keine bruchlose Kontinuität erfahren haben. Weiter noch hat die erheblich veränderte gesellschaftliche Stellung der Kirchen Zweifel an ihrem Fortbestand entstehen lassen[410]. Allerdings sind weder rechtsgültige Vereinbarungen über einen Verzicht oder eine Abänderung der staatlichen Finanzierungslasten geschlossen worden, noch sind die Staatsleistungen aus anderen Gründen während der DDR-Zeit allgemein untergegangen[411]. Denn auch in der DDR wurden Staatsleistungen nie grundsätzlich angezweifelt, sondern stets, wenn auch oft nur rudimentär und ohne rechtliche

---

[406] *A. Hollerbach*, KuR-120, S. 1, 6.

[407] Zusammenfassend: *J. Isensee*, HdbStKirchR I, S. 1009, 1036f., *A. v. Campenhausen*, 3. Aufl., S. 334f., und *T. Lindner* (1995), S. 200f., gegen *U.K. Preuß*, *AK-GG*, Art. 140 Rn. 62.

[408] *G. Robbers*, HdbStKirchR I, S. 867, 875; *A. Vulpius*, JöR N.F. 43 (1995), S. 327, 339; *W. Clement*, EssGespr. 28, S. 41, 47; abw. aber *D. Ehlers*, in: *M. Sachs* (Hrsg.), GG, Art. 140 GG / Art. 138 WRV Rn. 4.

[409] Überblick bei *J. Isensee*, HdbStKirchR I, S. 1009, 1052ff.

[410] *H. Weber*, NVwZ 1994, S. 759, 763.

[411] *J. Isensee*, HdbStKirchR I, S. 1009, 1054, 1056; *W. Rüfner*, EssGespr. 26, S. 60, 73f.; ausführlich zum Fortbestand der Baulasten auf dem Gebiet der DDR: *T. Lindner* (1995), S. 274–303.

Sicherheit erbracht[412]. Mit der einvernehmlichen pauschalen Abgeltung der staatlichen Verbindlichkeiten soll nun in den neuen Ländern mehr Rechtsklarheit und Planungssicherheit geschaffen[413] und zukünftigen Auseinandersetzungen um die alten Rechtstitel vorgebeugt werden[414]. Zudem werden die Vertragsparteien der Notwendigkeit enthoben, für jede einzelne angenommene Leistungsverpflichtung den Nachweis des Fortbestehens bis ins letzte Detail zu erbringen.

Gleichwohl muß für die vertragliche Pauschalierung der Bestand an abzugeltenden staatlichen Finanzierungslasten zugunsten der Kirche aus mehreren Gründen so weit wie möglich in tatsächlicher Hinsicht aufgearbeitet und in rechtlicher Hinsicht systematisiert werden. Denn zum einen bedürfen finanzielle Leistungen des Staates an die Religionsgemeinschaften einer verfassungsrechtlichen Rechtfertigung[415]. Geht es um eine Abgeltung bestehender Zahlungsverpflichtungen, so muß gewährleistet sein, daß die Pauschalierung nicht zu einer verdeckten Subventionierung der vertragschließenden Religionsgemeinschaft etwa durch überzogene Überschlagsrechnungen führt. Wie auch sonst ist bei der vertraglichen Abgeltung der Staatsleistungen das aus Art. 140 GG / Art. 138 I WRV resultierende Gebot der „Wertgerechtigkeit"[416] einzuhalten, also auch zu Lasten der Kirchen[417]. Zum anderen können die Kirchen für den pauschalierten jährlichen Gesamtzuschuß nur in dem Rahmen einen weiterrei-

---

[412] Insoweit übereinstimmend: *A. v. Campenhausen*, LKV 1995, S. 233, 236, und NVwZ 1995, S. 757, 761, sowie *H. Weber*, NVwZ 1994, S. 759, 763, auch *J. Listl*, in EssGespr. 26, S. 107.

[413] Kirchenamtliche Begründung der KPS auf der 1. Tagung der XII. Synode vom 17.–19.6.1994, S. 2; Regierungsbegründung zum evKVBBG, LT-Drs. BBG 2 / 3442, Vertragsbegründung, S. 13.

[414] Regierungsbegründung zum SachsenKKV, LT-Drs. Sachsen 2 / 3612, Vertragsbegründung, S. 29; vgl. auch *W. Rüfner*, EssGespr. 26, S. 60, 74.

[415] Näher dazu mit Blick auf die Kirchenbaulasten: *T. Lindner* (1995), S. 178ff.; allgemein für die Staatsleistungen in Abgrenzung zur Subvention: *J. Isensee*, HdbStKirchR I, S. 1009, 1020f.; *D. Ehlers*, in: *M. Sachs* (Hrsg.), GG, Art. 140 GG / Art. 138 WRV Rn. 5; vgl. weiter *G. Robbers*, HdbStKirchR I, S. 867, 879ff.

[416] Nach abw. Meinung soll eine „angemessene Entschädigung" ausreichen, vgl. *D. Ehlers*, in: *M. Sachs* (Hrsg.), GG, Art. 140 GG / Art. 138 WRV Rn. 4; *U.K. Preuß*, *AK-GG*, Art. 140 Rn. 61.

[417] *J. Isensee*, HdbStKirchR I, S. 1009, 1050, 1035f. Freilich ist eine Vergleichslösung für nicht aufklärbare Verbindlichkeiten ebenso zulässig wie die einvernehmliche Rücksichtnahme der Vertragspartner auf die knapper werdenden staatlichen Haushaltsmittel, vgl. dazu nur Regierungsbegründungen zum evKVSachsen, LT-Drs. Sachsen 1 / 4649, Vertragsbegründung, S. 25, und zum SachsenKKV, LT-Drs. Sachsen 2 / 3612, Vertragsbegründung, S. 33; *A. v. Campenhausen*, LKV 1995, S. 233, 236; *ders.*, NVwZ 1995, S. 757, 761; vgl. auch Regierungsbegründung zum evKVBBG, LT-Drs. BBG 2 / 3442, Vertragsbegründung, S. 13f.

chenden Schutz der Staatsleistungsgarantie bis zur endgültigen Ablösung nach den in Art. 140 GG / Art. 138 I WRV niedergelegten Grundsätzen in Anspruch nehmen, soweit die der vertraglichen Abgeltung zugrundegelegten Leistungstitel selbst als vorkonstitutionelle Staatsleistungen geschützt sind[418]. Die in den Staatskirchenverträgen „neu" eingegangenen Verpflichtungen zur Zahlung von Gesamtzuschüssen müssen sich daher als bereinigte Zusammenfassung der Altverbindlichkeiten i.S.v. Art. 140 GG / Art. 138 I WRV darstellen, um ihrerseits, wie in einigen Verträgen ausdrücklich postuliert[419], den verfassungsrechtlichen Ablösungsregelungen für Staatsleistungen zu unterfallen. Soweit andere bestehende Verbindlichkeiten des Staates gegenüber den Kirchen mit in die pauschale Abgeltung einbezogen werden, bleibt für diesen Teil allein mehr der allgemeine Schutz des Kirchenvermögens nach Art. 14, 140 GG / Art. 138 II WRV.

Die vertraglich vereinbarten Ansprüche auf den jeweiligen jährlichen Gesamtzuschuß treten an die Stelle der bisherigen staatlichen Einzelverbindlichkeiten. Nach dem ausdrücklichen Willen der Vertragspartner sind damit alle bis dahin bestehenden vermögensrechtlichen Leistungsverpflichtungen des Staates gegenüber den Kirchen abgedeckt, soweit diese nicht ausdrücklich in dem jeweiligen „Vertrag oder den allgemeinen Gesetzen vorgesehen sind"[420]. Darüber hinaus werden in die pauschale Abgeltung der Staatsleistungen auch die entsprechenden staatlichen Verpflichtungen gegenüber den Kirchengemeinden einbezogen, für die die Vertragspartner nach Art. 13 I 2 evKVTh und Art. 23 I 2 ThKKV eine Freistellung des Freistaates durch die vertragschließenden Kirchen ausdrücklich festhalten. Schließlich legen alle neuen Vertragsschlüsse im Grundsatz übereinstimmende Modalitäten für die Abwicklung des jährlich geschuldeten pauschalen Gesamtzuschusses fest[421]: Der Betrag ist in

---

[418] Weitergehende, allgemeine Bedenken gegenüber einer Pauschalierung der Staatsleistungen durch Zahlung von Gesamtzuschüssen noch bei *R. Puza*, NVwZ 1995, S. 459, 460; vgl. auch *R. Puza / A. P. Kustermann*, in: *R. Puza / A. P. Kustermann* (Hrsg.), S. 7, 9.

[419] Art. 13 VI evKVLSA, Absatz 4 des Schlußprotokolls zu Art. 18 III LSAKKV, Art. 13 VII evKVTh und Art. 23 VII ThKKV; vgl. näher Regierungsbegründung zum evKVLSA, LT-Drs. LSA 1/3087, Vertragsbegründung, S. 14.

[420] Art. 13 I evKVLSA, Art. 18 I LSAKKV, Art. 13 I evKVTh, Art. 23 I ThKKV, Art. 12ff. evKVMV, Art. 20 I, II, V MVKKV, Art. 13 I 1 evKVBBG, Art. 14 I nebst Schlußprotokoll evKVSachsen, Art. 20 S. 1 nebst lit. a) des Schlußprotokolls SachsenKKV; aus den Motiven vgl. nur Regierungsbegründung zum SachsenKKV, LT-Drs. Sachsen 2/3612, Vertragsbegründung, S. 29f.; aus dem Schrifttum: *J. Isensee*, HdbStKirchR I, S. 1009, 1050.

[421] Zu den staatskirchenvertraglich festgelegten verfahrensrechtlichen Pflichten der Kirchen bei der Zahlung des jährlichen Gesamtzuschusses vgl. näher unten im Rahmen der Einbindungsfunktion: III. Teil E. II. 1. b), S. 366f.!

gleichen monatlichen Raten im voraus vom Jahr 1992[422], 1993[423], 1994[424], 1996[425] bzw. 1997[426] zu zahlen. Allein Art. 13 I 2 evKVBBG sieht eine jährlich einmalige Zahlung der gesamten Staatsleistungssumme jeweils zum 31. März, erstmals im Jahr 1997, vor. Die Befriedigung von im Zeitpunkt des Vertragsschlusses etwa noch bestehenden Ansprüchen der Kirchen aus den davor liegenden Jahren ist in den einzelnen Verträgen unterschiedlichen Lösungen zugeführt worden. Diese sollen hier mit Art. 13 II evKVLSA, Sätze 3–5 des Schlußprotokolls zu Art. 14 II evKVSachsen und lit. d) des Schlußprotokolls zu Art. 20 SachsenKKV sowie der Protokollnotiz der Kirchen zum evKVMV[427] nur nachgewiesen sein.

bb) Die unterschiedlichen Abgeltungskompromisse

Ganz unterschiedlich stellen sich die Ergebnisse der Verhandlungen über die Höhe der Staatsleistungen und die mit ihnen abgedeckten staatlichen Verbindlichkeiten in den einzelnen Verträgen dar. Für größtmögliche Transparenz sorgt der Verhandlungsansatz der Vertragspartner im Freistaat Sachsen, die staatlichen Finanzierungsverpflichtungen zunächst akribisch „betragsmäßig" aufzuarbeiten[428] und den auf dieses Weise ermittelten Gesamtbetrag sodann auf eine neue einheitliche Schuldgrundlage zu stellen. Ausführlich und plausibel werden jeweils in den Vertragsbegründungen die altrechtlichen Grundlagen und ihre pauschalierte Umsetzung in die Berechnung der jährlichen Gesamtzuschüsse von 25 Millionen DM nach Art. 14 II evKVSachsen und 1 Million DM nach Art. 20 Satz 1 SachsenKKV dargelegt[429]. Dabei beschränken sich die Verträge

---

[422] Art. 13 II, V evKVLSA, Art. 18 III LSAKKV nebst Absatz des I, III des dazugehörigen Schlußprotokolls.

[423] Art. 14 II, IV evKVSachsen, Art. 20 nebst Satz 1 lit. c) des Schlußprotokolls SachsenKKV.

[424] Art. 13 II 2, 14 II evKVMV, Art. 13 II, V evKVTh.

[425] Art. 20 III MVKKV.

[426] Art. 23 II, VI ThKKV.

[427] Abgedruckt u.a. in der Regierungsbegründung zum evKVMV, LT-Drs. M.-V. 1/4126, S. 27. Nicht abgedruckt ist dazu die Protokollnotiz mit der zustimmenden Kenntnisnahme durch den staatlichen Vertreter. Die Vorstellungen der Vertragspartner über etwaige Nachzahlungen liefen nach Vertragsschluß noch erheblich auseinander.

[428] So die Regierungsbegründungen zum evKVSachsen, LT-Drs. Sachsen 1/4649, Vertragsbegründung, S. 19, und zum SachsenKKV, LT-Drs. Sachsen 2/3612, Vertragsbegründung, S. 29, die weiter selbst von einer „ausführlichen und eingehenden Neuberechnung" sprechen.

[429] Regierungsbegründung zum evKVSachsen, LT-Drs. Sachsen 1/4649, Vertragsbegründung, S. 20ff., und Regierungsbegründung zum SachsenKKV, LT-Drs. Sachsen 2/3612, Vertragsbegründung, S. 30ff.

zudem konsequent ausschließlich auf die Staatsleistungen im Sinne von Art. 140 GG / Art. 138 I WRV. Sie sparen gem. Satz 3 des Schlußprotokolls zu Art. 14 I evKVSachsen sowie gem. lit. a) Satz 3 des Schlußprotokolls zu Art. 20 SachsenKKV ausdrücklich die staatlichen Baulastverpflichtungen von der pauschalen Abgeltung zugunsten der Sonderregelungen nach Art. 11 I 2 evKVSachsen und Art. 17 SachsenKKV aus[430].

Auch die Ermittlung der vom Land Mecklenburg-Vorpommern zu erbringenden Staatsleistungen war von dem Bemühen der Vertragspartner getragen, zunächst die einzelnen einschlägigen Posten möglichst genau zusammenzustellen und auf die heutigen Verhältnisse umzurechnen[431]. Die Aufarbeitung der älteren Rechtsgrundlagen, die in den Vertragsverhandlungen erheblichen Raum in Anspruch nahm, macht die in den Staatskirchenverträgen festgelegten Beträge plausibel, zumal sie differenziert ausgewiesen werden. Für den Güstrower Vertrag regelt Art. 14 I evKVMV die Abgeltung der Dotationen für kirchenregimentliche und Besoldungszwecke, die vor allem der Pommerschen Evangelischen Kirche zustehen. In Art. 13 evKVMV werden die Patronatslasten neubestimmt, die überwiegend Rechtstitel zugunsten der Evangelisch-Lutherischen Landeskirche Mecklenburgs betreffen[432]. Und Art. 15 evKVMV normiert die Abfindung für alle weiteren vermögenswerten Ansprüche der Kirchen. Während aber die Pauschalierung der Verbindlichkeiten aus staatlichen Kirchenpatronaten nicht unter die Staatsleistungsbestimmungen fällt[433], greift Art. 140 GG / Art. 138 I WRV für die Vereinbarung des pauschalierten jährlichen Gesamtzuschusses nach Art. 14 evKVMV in Höhe von 13 Millionen DM. Bei der Abgeltung der übrigen vermögensrechtlichen Ansprüche nach Art. 15 evKVMV handelt es sich um eine auf fünf Jahresraten verteilte endgültige Abfindungszahlung in Höhe von 13 Millionen DM für ganz unterschiedliche Ansprüche wie u.a. Holzrechte und Predigerwitwen-Mietentschädigung[434]. Schon mangels Fortlaufens

---

[430] Die Regierungsbegründungen zum evKVSachsen, LT-Drs. Sachsen 1 / 4649, Vertragsbegründung, S. 20, und zum SachsenKKV, LT-Drs. Sachsen 2 / 3612, Vertragsbegründung, S. 30, geben als Grund dafür u.a. an, daß diese „bislang nur bruchstückhaft erfaßt" seien.

[431] Die Regierungsbegründung zum evKVMV, LT-Drs. M.-V. 1 / 4126, selbst dokumentiert diese zwar nicht. Aber das gute Dutzend einschlägiger Akten des Kultusministeriums von Mecklenburg-Vorpommern unter Az. VII-170, 3411–05 zu den „Ergebnissen AG ‚Historische Staatsleistungsanprüche" und den darauf aufbauenden Vertragsverhandlungen legt eindrucksvoll Zeugnis von der rechtlichen Aufarbeitung durch die Vertragspartner ab.

[432] Näher dazu *A. v. Campenhausen*, LKV 1995, S. 233, 236.

[433] Sie ist auch bereits gesondert behandelt oben unter III. Teil C. III. 2. b) (= S. 295f.)!

[434] Regierungsbegründung zum evKVMV, LT-Drs. M.-V. 1 / 4126, S. 24.

der Verbindlichkeiten scheiden diese ebenfalls aus dem Anwendungsbereich der Staatsleistungsbestimmungen aus[435]. Gleiches gilt für die pauschale Abgeltung durch Einmalzahlung von 2 Millionen DM in vier Jahresraten von 1998 an „zur Abgeltung aller sonstigen vermögenswerten Ansprüche" der Katholischen Kirche nach Art. 20 V MVKKV[436]. Dagegen bleibt für die Katholische Kirche der Gesamtzuschuß nach Art. 20 III MVKKV in Höhe von jährlich 750.000,00 DM im Anwendungsbereich des Art. 140 GG / Art. 138 I WRV, weil er gem. Art. 20 II MVKKV „anstelle aller ... auf besonderen Rechtstiteln beruhenden Zahlungen"[437] tritt.

Ausgangspunkt der einvernehmlichen Festlegung einer neuen Rechtsgrundlage bilden auch bei den Thüringer und Brandenburger Verträgen wiederum die altrechtlichen Grundlagen der Staatsleistungen. Diese werden allerdings nur knapp in den amtlichen Begründungen ausgewiesen[438]. Entgegen den allgemeinen Zielsetzungen[439] ist vergleichsweise weniger Bemühen der Vertragspartner zu erkennen, die Ermittlung der Staatsleistungsbeträge transparent zu gestalten. In den Motiven zu den Thüringer Verträgen heißt es insoweit lediglich, daß „der Umfang der Bindungswirkung" der angedeuteten Rechtsgrundlagen „nicht abschließend geklärt sei"[440]. Daher bleibt hier nur die Höhe der jährlichen Gesamtzuschüsse aufzuzeigen: 1.100.000,00 DM für die Abgeltung von Baulasten und 18.240.000,00 DM für die Abgeltung aller anderen Titel nach Art. 13 II evKVTh bzw. entsprechend 998.000,00 DM und 5.056.000,00 DM nach Art. 23 ThKKV sowie insgesamt 17 Millionen DM nach Art. 13 I 2 evKVBBG. Die verfassungsrechtlichen Ablösungsbestimmungen nach Art. 140 GG / Art. 138 I WRV können jedenfalls entgegen der ausdrücklichen Beteuerung in Art. 13 VII evKVTh und Art. 23 VII ThKKV zumindest für die Thüringer Baulastenpauschalierungen nicht in voller Höhe der Verbindlichkeiten gelten. Denn in diese Abgeltung sind auch andere als Staatsleistungen, etwa die staatlichen Kirchenpatronatslasten, einbe-

---

[435] Vgl. nur *J. Isensee*, HdbStKirchR I, S. 1009, 1019.

[436] Dazu näher Regierungsbegründung MVKKV, LT-Drs. M.-V. 2 / 3100, S. 24.

[437] Insbesondere „anstelle aller früher gewährten Dotationen für Kirchenleitungen, Pfarrbesoldung und Pfarrerversorgung"; vgl. weiter: Regierungsbegründung MVKKV, LT-Drs. M.-V. 2 / 3100, S. 24.

[438] Regierungsbegründung zum evKVBBG, LT-Drs. BBG 2 / 3442, Vertragsbegründung, S. 13; Regierungsbegründung evKVTh, LT-Drs. Th 1 / 3273, S. 13; Regierungsbegründung zum ThKKV, LT-Drs. Th 2 / 2100, S. 29; vgl. weiter: *H. Weber*, Kriele-FS, S. 1009, 1022f.

[439] Den Transparenzgedanken hebt etwa Ministerpräsident *B. Vogel*, PlenProt. Th. 1 / 113, S. 8724, hervor.

[440] Regierungsbegründung evKVTh, LT-Drs. Th 1 / 3273, S. 13; Regierungsbegründung zum ThKKV, LT-Drs. Th 2 / 2100, S. 29.

zogen worden, da diese jedenfalls nach Art. 13 I 2, 3 / Art. 11 I evKVTh und Art. 23 I 2, 3 / Art. 22 I ThKKV ohne Vereinbarung anderweitiger Abfindungszahlungen aufgehoben sind[441]. Die Brandenburger Regelung konzentriert sich zwar weitgehend auf die Pauschalierung von kirchenregimentlichen Dotationen und Pfarrbesoldungszuschüssen nach Art. 140 GG / Art. 138 I WRV. Über Satz 1 des Schlußprotokolls zu Art. 13 I evKVBBG werden in die Berechnung des jährlichen Gesamtzuschusses aber auch die Versorgungslasten der verbeamteten Seelsorger in den Justizvollzugsanstalten einbezogen. Diese Lasten sind ihrerseits keine Staatsleistungen im Sinne des verfassungsrechtlichen Begriffs. Auf diese Weise werden die Staatsleistungen mit anderen staatlichen Verbindlichkeiten vermischt.

Ähnliche Bedenken sind auch für die pauschale Abgeltung staatlicher Verbindlichkeiten durch den jährlichen Gesamtzuschuß nach Art. 13 I i.V.m. Art. 11 I evKVLSA zu erheben: Die Vertragsmotive bezeugen insoweit ausdrücklich, daß die „Ablösung" der Baulasten aus staatlichen Patronaten bei der Bemessung des Pauschbetrages berücksichtigt wurde [442]. Darüber hinaus fehlt der Berechnung der nach Art. 13 II evKVLSA neufestgelegten „Staatsleistung" aber überhaupt jeder nachvollziehbare Bezug zu den von Art. 140 GG / Art. 138 I WRV erfaßten rechtlichen Verbindlichkeiten des Landes Sachsen-Anhalt gegenüber den Kirchen[443]. Die in Art. 13 II evKVLSA ausgeworfenen Summen, für 1991 18.500.000,00 DM und für 1992 25.750.000,00 DM, sind ausweislich der Vertragsmotive „nicht aus Einzelberechnungen" hergeleitet, „sondern ... das Ergebnis von Verhandlungen zwischen den Kirchen und der Landesregierung"[444]. Alle Bezugsdaten seien beiseite gelassen und ein Pauschalbetrag frei auf der Grundlage des geschätzten kirchlichen Gesamtbedarfs (unter Beachtung der überdurchschnittlich großen Zahl reparaturbedürftiger Kirchen) und der voraussichtlichen staatlichen Leistungsfähigkeit ausgehandelt worden[445]. Demgegenüber betonen die Vertragspartner in Sachsen-An-

---

[441] Vgl. auch Regierungsbegründung evKVTh, LT-Drs. Th 1 / 3273, S. 13; Regierungsbegründung zum ThKKV, LT-Drs. Th 2 / 2100, S. 29.

[442] Regierungsbegründung zum evKVLSA, LT-Drs. LSA 1 / 3087, Vertragsbegründung, S. 12 u. 13; vgl. auch *H. Weber*, NVwZ 1994, S. 759, 763.

[443] Und dies obwohl offensichtlich von Seiten der Kirchen viel Material zusammengetragen wurde, so jedenfalls: *H. Johnsen*, ZevKR 43 (1998), S. 182, 209.

[444] Regierungsbegründung zum evKVLSA, LT-Drs. LSA 1 / 3087, Vertragsbegründung, S. 13.

[445] *A. Vulpius*, JöR N.F. Bd. 43 (1995), S. 327, 339, mit der Begründung, daß die Hochrechnung der altvertraglich verbrieften Forderungen sich als unerfüllbar für den Staat erwiesen und die Berechnung auf der Grundlage von Pfarrgehältern und Pensionen erhebliche Unklarheiten aufgezeigt habe; *ders.*, KuR-120, S. 13, 17.

halt bei der Abgeltung der Staatsleistungen der Katholischen Kirche nach Art. 18 I LSAKKV zunächst wie bei den Verträgen des Freistaates Sachsen, daß „eine ausführliche und eingehende Neuberechnung erforderlich geworden" sei[446]. Bei der Begründung der konkreten Höhe des Gesamtzuschusses von 4.200.000,00 DM für 1991 und von 5.300.000,00 DM für 1992 nach Art. 18 III LSAKKV wird jedoch wiederum wie beim Wittenberger Vertrag eingeräumt, daß sich die Beträge „nicht aus Einzelberechtigungen herleiten, sondern das Ergebnis von Verhandlungen" sind[447]. Dieses Vorgehen in Sachsen-Anhalt hat mit einer Pauschalierung bestehender staatlicher Verbindlichkeiten im Rahmen von Art. 140 GG / Art. 138 I WRV nur noch wenig zu tun. Die weitgehende Außerachtlassung der geschichtlichen und rechtlichen Grundlagen birgt die Gefahr staatlicher Willkür. Der von den Vertragspartnern im Wittenberger Vertrag eingeschlagene Weg gewährleistet nicht nachvollziehbar, daß den eingangs aufgezeigten Vorgaben für eine Abgeltung der Staatsleistungen, die Beachtung der Wertgerechtigkeit wie des Rechtsgrundes für die staatlichen Leistungen an die Kirchen, Rechnung getragen wird. Insoweit sind sowohl Zweifel an der Legitimation der staatlichen Leistungen im Hinblick auf die Verfassungsgebote der staatlichen Neutralität und der Parität anzubringen als auch die Bedenken gegenüber der Neuordnung der Staatsleistungen als berechtigt anzusehen, die den Verlust der verfassungsrechtlichen Absicherung nach Art. 140 GG / Art. 138 I WRV befürchten[448]. Schließlich sei noch die Kritik an der Vermögensentflechtung nach dem Wittenberger Vertrag angeführt, daß zumindest die Regelungen zu den Baulasten entgegen den eigenen Zielvorgaben, die Vermögensbeziehungen zu vereinfachen, ziemlich unübersichtlich geraten sind[449].

cc) Besonderheiten bei den neubegründeten Staatsleistungen

Besonderheiten gelten für die in einigen neuen Staatskirchenverträgen, insbesondere in den Jüdischen Verträgen, vereinbarten jährlichen Pauschalzuwendungen, die grundsätzlich nicht auf zuvor bestehende Leistungsverpflichtungen des Staates zurückzuführen sind. Als besondere Bauunterhaltungsverpflichtung gewährt das Land Brandenburg zugun-

---

446 Regierungsbegründung zum LSAKKV, LT-Drs. LSA 2 / 4475, S. 52, die sich auch im übrigen zunächst an die entsprechenden Begründungen des Freistaates Sachsen anschließt.

447 Regierungsbegründung zum LSAKKV, LT-Drs. LSA 2 / 4475, S. 53.

448 *R. Puza,* NVwZ 1995, S. 459, 460.

449 *H. Weber,* NVwZ 1994, S. 759, 763.

sten der Evangelischen Kirchen nach Art. 13 II evKVBBG von 1997 an jährlich Zahlungen in Höhe von 2.000.000,00 DM, die den Bestand des Domstiftes Brandenburg, die Erhaltung der Gebäude und bedeutenden Gegenstände, sichern helfen sollen[450]. Zudem werden gem. Art. 13 III evKVBBG allgemein für die Sicherung der Bausubstanz kirchlicher Gebäude jährlich 3.000.000,00 DM bereitgestellt, die nach den Grundsätzen der Projektförderung durch das für Kirchenangelegenheiten zuständige Ministerium ausgegeben werden. Diese neuen staatlichen Verpflichtungen werden in den Vertragsmotiven als staatliche Ausgleichsbemühungen im Hinblick auf die staatliche Mitverantwortung am Verfall der Kirchengebäude während der DDR, aber auch über die positive Religionspflege gerechtfertigt[451]. Die in den Jüdischen Verträgen eingeräumten jährlichen Gesamtzuwendungen[452], die auch Landes-[453] oder Staatsleistung[454] genannt werden, beruhen ihrerseits im wesentlichen[455] „auf einer frewilligen Leistung" des Staates[456]. Das gegenüber neuen regelmäßigen staatlichen Zuwendungsverpflichtungen vorgebrachte verfassungsrechtliche Bedenken, daß Art. 140 GG / Art. 138 I WRV eine „Institutsliquidation" und damit ein Verbot der Neubegründung von Staatsleistungen festlege[457], trägt dabei nicht weit[458]. Denn mit den verfassungsrechtlichen Ablösungsbestimmungen ist lediglich die Abwicklung der komplexen vorkonstitutionellen Verbindlichkeiten des Staates gegenüber den Kirchen aufgegeben. Für ein Verbot gleichartiger, dauerhafter und regelmäßiger Lei-

---

450 Die Leistung wird mit der besonderen geschichtlichen Bedeutung des Domstifts Brandenburg als „Wiege der Mark" begründet, vgl. Regierungsbegründung zum evKVBBG, LT-Drs. BBG 2 / 3442, Vertragsbegründung, S. 14.

451 Regierungsbegründung zum evKVBBG, LT-Drs. BBG 2 / 3442, Vertragsbegründung, S. 14; dazu näher unten im Rahmen der staatskirchenvertraglichen Förderfunktion: III. Teil D. II. 2. b) aa) (1) und bb) (= S. 333ff. und 339ff.)!

452 Art. 1ff. JüdVTh, Art. 4 JüdVSachsen, Art. 13 JüdVLSA und Art. 10 JüdVMV.

453 In Thüringen.

454 In Sachsen-Anhalt.

455 Vgl. aber für Art. 10 JüdVMV die Hinweise auf frühere Besoldungszuschüsse für den Landesrabbiner und auf Zuschüsse für den Religionsunterricht, dazu: Regierungsbegründung zum JüdVMV, LT-Drs. M.-V. 2 / 1718, S. 16.

456 Dazu die Regierungsbegründungen zum JüdVSachsen, LT-Drs. Sachsen 1 / 4855, Vertragsbegründung, S. 5, und zum JüdVTh, LT-Drs. Th 1 / 2850, S. 5, sowie Art. 1 II JüdVTh selbst; zurückhaltender die Regierungsbegründung zum JüdVLSA, LT-Drs. LSA 1 / 3629, S. 22.

457 *H.-J. Brauns* (1970), S. 82ff., 91ff., 131ff.; auch *H. Weber*, ZevKR 36 (1991), S. 253, 263; *U.K. Preuß*, *AK-GG*, Art. 140 Rn. 62f., 68.

458 Ablehnend etwa *P. Mikat*, HdbVerfR, § 29 Rn. 31; *D. Ehlers*, in: *M. Sachs* (Hrsg.), GG, Art. 140 GG / Art. 138 WRV Rn. 5; *U. Scheuner*, Flatten-FS, S. 381, 384f.; *A. v. Campenhausen*, 3. Aufl., S. 336; *W. Clement*, EssGespr. 28, S. 41, 46.

stungsverpflichtungen gibt die Norm selbst dagegen nichts her[459]. Allerdings bedürfen die staatlichen Zuwendungen eines rechtlichen Grundes, der mit den verfassungsrechtlichen Vorgaben der Staat-Kirche-Beziehungen, insbesondere der religiös-weltanschaulichen Neutralität des Staates, seiner Nichtidentifikation und der Parität aller Religionsgemeinschaften, vereinbar sein muß[460].

Statt der vermögensentflechtenden Abgeltung von bestehenden rechtlichen Verbindlichkeiten greift für die Pauschalleistungen nach den Jüdischen Verträgen die Begründung, daß sie eine „gewisse finanzielle Grundausstattung" zur Sicherung des Überlebens der verarmten jüdischen Gemeinden und Verbände in Kompensation für ihre Aufreibung in der NS-Zeit schaffen sollen [461]. Wie Art. 1 I JüdVTh und Art. 4 I JüdVSachsen ausdrücklich festhalten, handelt es sich bei den Leistungen um Zuwendungen an die Landesverbände einschließlich der landeszugehörigen Jüdischen Gemeinden „für ... religiöse und kulturelle Bedürfnisse sowie für deren Verwaltung" (ähnlich auch Art. 10 I JüdVMV). Als rechtfertigender Grund für neue Unterhaltszuwendungen kommt ein Ausgleich für historisch entstandene Benachteiligungen und massive Schädigungen durch staatliche Gewalt ebenso in Betracht wie das staatliche Bestreben, nach Gleichheitsgrundsätzen die aufgrund alter Verpflichtungen zu erbringenden Leistungen auch anderen Religionsgemeinschaften als den ursprünglichen Destinatären zukommen zu lassen[462]. Die Höhe der Leistung wie die gegebenenfalls damit verbundene Nichtberücksichtigung anderer Religionsgemeinschaften bedürfen einer strengen Überprüfung anhand der jeweiligen verfassungslegitimen Zuwendungskriterien[463], was hier mangels Materialien unterbleiben muß[464]. Immerhin zeigen die Vertragsmo-

---

[459] *U. Scheuner*, Flatten-FS, S. 381, 384f.; *J. Isensee*, HdbStKirchR I, S. 1009, 1057.

[460] Hier nur *T. Lindner* (1995), S. 201, 178ff., mit Blick auf die Baulasten, sowie allgemeiner *D. Ehlers*, in: *M. Sachs* (Hrsg.), GG, Art. 140 GG / Art. 138 WRV Rn. 5; *G. Robbers*, HdbStKirchR I, S. 867, 879ff., mit Überblick über die einschlägigen verfassungsrechtlichen Begründungen auf S. 873ff.

[461] So die Regierungsbegründungen zum JüdVSachsen, LT-Drs. Sachsen 1/4855, Vertragsbegründung, S. 5f., zum JüdVLSA, LT-Drs. LSA 1/3629, S. 22, und zum JüdVMV, LT.-Drs. M.-V. 2/1718, S. 16; vgl. weiter die diesbezüglichen ausführlichen Leitmotive der Präambeln aller Jüdischen Verträge sowie die ausdrücklichen Hinweise in Art. 1 I JüdVTh.

[462] Dazu *J. Isensee*, HdbStKirchR I, S. 1009, 1058; vgl. weiter *U. Scheuner*, Flatten-FS, S. 381, 384f.; *W. Clement*, EssGespr. 28, S. 41, 47; zurückhaltender: *T. Lindner* (1995), S. 201.

[463] Damit ist eine Problematik angesprochen, auf die ausführlicher im Rahmen der staatskirchenvertraglichen Förderfunktion zurückzukommen sein wird; dazu unten III. Teil D. (= S. 316ff.)!

[464] Auch *A. Vulpius*, NVwZ 1996, S. 759, 763f., bemängelt zumindest für den JüdVLSA

tive an, daß für den ausgehandelten Betrag der Staatsleistungen ausgehend von der besonderen geschichtlichen Verantwortung des Staates der aktuelle Bedarf der Jüdischen Gemeinden und Verbände sowie die staatliche Haushaltslage maßgeblich waren[465]. Mit dem jährlichen Gesamtzuschuß sind unter Beachtung der ausdrücklichen Ausnahmen alle bisherigen Zuwendungen an die Landesverbände und die einzelnen Jüdischen Gemeinden, unabhängig von deren Zugehörigkeit zum jeweiligen Landesverband[466], abgedeckt[467]. Für eventuelle Konfliktfälle bei der Einbeziehung neu gegründeter Jüdischer Gemeinden in die staatlichen Leistungen sieht Art. 12 III 3 JüdVMV eine schiedsrichterliche Entscheidung durch den Zentralrat der Juden in Deutschland vor, sofern die hinzutretenden Gemeinden diesem angeschlossen sind. Im Ergebnis wurde nach Art. 1 I JüdVTh ein jährlicher Gesamtzuschuß von 300.000,00 DM vereinbart, nach Art. 4 I JüdVSachsen von 1994 an 900.000,00 DM, nach Art. 13 II JüdVLSA[468] ab dem Jahr 1994 1.500.000,00 DM und nach Art. 10 II JüdVMV vom Jahr 1996 an 480.000,00 DM.

Der jährliche Gesamtzuschuß wird nach Art. 2 JüdVTh, Art. 10 II JüdVMV und Art. 4 III JüdVSachsen vom Staat auf vier und nach Art. 13 IV JüdVLSA auf 12, also monatliche, Teilleistungen über das Jahr verteilt erbracht. Er unterfällt mangels einschlägiger vorkonstitutioneller Grundlage nicht der Staatsleistungsgarantie nach Art. 140 GG / Art. 138 I WRV, sondern dem allgemeinen Schutz des Kirchengutes nach Art. 14, 140 GG / Art. 138 II WRV[469]. Als Zuwendung mit „grob vorgegebener Zweckbindung"[470] ist im Unterschied zu den pauschalierten Staatsleistungen die grundsätzliche Möglichkeit staatlicher Rechnungsprüfung eröffnet[471]. Allerdings verzichtet das Land Sachsen-Anhalt gemäß dem Schlußproto-

---

das Fehlen transparenter Begründungen der neuen Staatsleistungen vor allem im Hinblick auf ihre Höhe und ihren Zweck.

[465] Regierungsbegründung zum JüdVLSA, LT-Drs. LSA 1 / 3629, S. 22; Regierungsbegründung zum JüdVSachsen, LT-Drs. Sachsen 1 / 4855, Vertragsbegründung, S. 6.

[466] Näher dazu: *A. Vulpius*, NVwZ 1996, S. 759, 763. Dies wird im JüdVLSA nach Satz 2 des Schlußprotokolls zu Art. 13 I und in Art. 12 III JüdVMV für nach Art. 140 GG / Art. 137 V WRV körperschaftsfähige Gemeinden ausdrücklich betont.

[467] Art. 1 II, 3 II, 4 JüdVTh, Art. 4 II und Satz 3 des Schlußprotokolls zu Art. 4 JüdVSachsen, Art. 13 I nebst Schlußprotokoll JüdVLSA, Art. 10 I 2 JüdVMV.

[468] Auf die Regelung der Zuwendungen von 1991–1993 in Art. 13 II JüdVLSA sei hingewiesen.

[469] *J. Isensee*, HdbStKirchR I, S. 1009, 1059; *D. Ehlers*, in: *M. Sachs* (Hrsg.), GG, Art. 140 GG / Art. 138 WRV Rn. 5.

[470] Regierungsbegründung zum JüdVSachsen, LT-Drs. Sachsen 1 / 4855, Vertragsbegründung, S. 6.

[471] Dazu: Regierungsbegründung zum JüdVSachsen, LT-Drs. Sachsen 1 / 4855, Vertragsbegründung, S. 6.

koll zu Art. 13 IV JüdVLSA auf eine staatliche Prüfung der Mittelverwendung, unter der Voraussetzung daß der Landesverband Jüdischer Gemeinden die Jahresrechnung durch eine unabhängige Prüfungseinrichtung prüfen läßt[472]. Demgegenüber wird nach Satz 1 des Schlußprotokolls zu Art. 4 JüdVSachsen unbeschadet der staatlichen Prüfungsmöglichkeiten und insoweit strenger verlangt, daß der Landesverband den Nachweis der zweckentsprechenden Verwendung der Zuwendungen durch einen unabhängigen Wirtschaftsprüfer erbringt. Als Besonderheit staatlicher Unterstützung ist schließlich noch die neue subsidiäre Baulast nach Art. 5 II JüdVSachsen zu nennen. Danach verpflichtet sich der Freistaat, „im Rahmen seiner haushaltsmäßigen Möglichkeiten" Zuschüsse bei größeren Baumaßnahmen an zu Kultuszwecken gewidmeten Gebäuden zu gewähren, die über die denkmalpflegerischen Fördermaßnahmen hinausgehen. Voraussetzung dafür ist, daß der erforderliche Aufwand die finanziellen Potenzen des Landesverbandes und der betroffenen Gemeinde übersteigt[473].

dd) Anpassung der Staatsleistungen an die wirtschaftliche Entwicklung

Um die herkömmlichen Finanzierungsfunktionen der Staatsleistungen sicherzustellen, ist ihre pauschale Abgeltung durch den eingeräumten jährlichen Gesamtzuschuß in allen neuen Staatskirchenverträgen mit einer Werterhaltungsklausel versehen worden. Die Anpassung an die wirtschaftliche Entwicklung erfolgt weitgehend einheitlich über die Koppelung des Zuschußbetrages an die staatliche Beamtenbesoldung. Zur Bezugsgröße wird grundsätzlich in allen Verträgen mit Ausnahme des JüdVSachsen die Besoldung für das Eingangsamt für den höheren nichttechnischen allgemeinen Verwaltungsdienst nach A 13 BBesO, 7. Dienstalterstufe, verheiratet, zwei Kinder erhoben[474]. Unabhängig davon, ob mit dieser, aus früheren Verträgen schon geläufigen Anknüpfung der durchschnittliche Pfarrhaushalt in ostdeutschen Landeskirchen erfaßt werden sollte, erscheint die Verknüpfung der Staatsleistungen mit der Entwick-

---

[472] Vgl. Regierungsbegründung zum JüdVLSA, LT-Drs. LSA 1 / 3629, S. 22.

[473] Einzelheiten dazu bei Regierungsbegründung zum JüdVSachsen, LT-Drs. Sachsen 1 / 4855, Vertragsbegründung, S. 8.

[474] Art. 13 III nebst Schlußprotokoll evKVLSA, Absatz 1 und 2 des Schlußprotokolls zu Art. 18 III LSAKKV, Art. 14 III evKVMV, Art. 20 IV MVKKV, Art. 13 III evKVTh, Art. 23 ThKKV, Art. 14 III nebst Schlußprotokoll evKVSachsen, Art. 20 Satz 2 mit Schlußprotokoll lit. e) SachsenKKV, Art. 13 I 3, 4 evKVBBG, Art. 1 III JüdVTh, Art. 13 III nebst Schlußprotokoll JüdVLSA.

lung der Beamtenbesoldung allerdings nur dort unmittelbar einsichtig, wo, wie in Sachsen[475], Dotationen zu kirchenregimentlichen Zwecken und Pfarrbesoldungszuschüsse den Hauptanteil der Staatsleistungen ausmachen. Schwierigkeiten ergeben sich auch für diese Staatsleistungen allerdings dann, wenn die Bezugsgrößen für die Berechnung, die frühere wie aktuelle seelsorgerische Versorgung und der landeskirchliche Aufwand, nach Vertragsschluß im Rahmen allgemeiner Sparmaßnahmen drastisch gekürzt werden. Hier kommt die Anwendung der Grundsätze vom Wegfall der Geschäftsgrundlage in Betracht[476]. Bei der Abgeltung von Baulastverpflichtungen durch pauschalierte Gesamtzuschüsse, wie sie in Art. 13 II evKVTh und Art. 23 II ThKKV gesondert ausgewiesen sowie auch in die Festlegung des Betrags nach Art. 13 II evKVLSA eingegangen ist, bietet sich die Besoldungsentwicklung dagegen von vornherein nicht als naheliegendes Anpassungskriterium an. Wenn dies auch für vergleichbare Verträge der alten Bundesländer nicht hinterfragt worden ist[477], erscheint eine unterschiedslose Anwendung der besoldungsorientierten Gleitklausel auf die Abgeltung der Baulastverpflichtungen in den neuen Ländern wegen der damit erfaßten Sonderproblematik der Besoldungsanpassung an die westliche Besoldung[478] nicht vermittelbar. Dazu kommt noch, daß die Thüringer Verträge für die pauschalierte Abgeltung der Baulasten noch zusätzliche Steigerungen der Zuwendungsbeträge vorsehen, nämlich nach Art. 13 IV evKVTh jährlich 275.000,00 DM in den Jahren 1995–1998 und nach Art. 23 IV ThKKV von 1998–2001 eine Erhöhung um jährlich 225.000,00 DM. Die Vereinbarung der Gleitklausel zur Werterhaltung der Staatsleistung nach Art. 1 III 2 Hs. 2 JüdVTh hat der Problematik insoweit Rechnung getragen, als die Angleichung der Besoldung an die Besoldung in den alten Ländern für die besoldungsorientierte Steigerung der Staatsleistung keine Berücksichtigung findet. Einen neuen staatskirchenvertraglichen Weg schlägt Art. 13 I 5 evKVBBG ein: Mit Rücksicht auf ihre enttäuschten Erwartungen an die Höhe des Gesamtzuschusses wird den Kirchen eine Überprüfung von weiteren Steigerungs-

---

475 Vgl. die Regierungsbegründungen zum evKVSachsen, LT-Drs. Sachsen 1/4649, Vertragsbegründung, S. 25, und zum SachsenKKV, LT-Drs. Sachsen 2/3612, Vertragsbegründung, S. 34; sowie zum evKVBBG, LT-Drs. BBG 2/3442, Vertragsbegründung, S. 14.

476 *J. Isensee*, HdbStKirchR I, S. 1009, 1056.

477 Vgl. nur *I.-M. Matthiesen*, S. 100f., für den evKVSchlH.

478 Dazu näher: Regierungsbegründung zum evKVSachsen, LT-Drs. Sachsen 1/4649, Vertragsbegründung, S. 24f., und Regierungsbegründung zum SachsenKKV, LT-Drs. Sachsen 2/3612, Vertragsbegründung, S. 33f. Die Berücksichtigung der Besoldungsanpassung in den neuen Ländern hat im übrigen zum Teil zu Unsicherheiten bei der Berechnung geführt.

möglichkeiten der Staatsleistungen unabhängig von der Anwendung der Gleitklausel nach Ablauf von fünf Jahren zugesagt[479]. Eine Überprüfung nach ebenfalls fünf Jahren ist ohne zwischenzeitliche Steigerungen für die besonderen Bauunterhaltungsverpflichtungen des Landes Brandenburg nach Art. 13 II, III evKVBBG vorgesehen. Ganz ohne fortlaufende automatische Anpassung mithilfe einer Gleitklausel kommen schließlich die Vertragspartner des JüdVSachsen aus, die in Satz 1 des Schlußprotokolls zu Art. 4 I JüdVSachsen lediglich eine Überprüfung und Neubestimmung des jährlichen Gesamtzuschusses nach dem Ablauf von jeweils zehn Jahren festlegen. Für den Gesamtzuschuß nach Art. 10 II JüdVMV sagen sich die Vertragspartner im Zusatzprotokoll zu, nach Ablauf von fünf Jahren den Betrag zu überprüfen.

d) Weitere Detailregelungen zu den Vermögensbeziehungen

Weiterer Regelungsbedarf in finanzieller Hinsicht ergibt sich schließlich noch in einigen Bereichen aus der engen inhaltlichen Zusammenarbeit, insbesondere bei den sog. gemeinsamen Angelegenheiten. Da die Religionsgemeinschaften bei ihrem Wirken mit „Gottesdienst und Seelsorge" in den öffentlichen Anstalten nach der Garantie der Anstaltsseelsorge auf Räumlichkeiten angewiesen sind, sie sich ihrer aber nicht eigenmächtig bemächtigen dürfen, erstreckt sich der Anspruch auf „Zulassung" nach Art. 140 GG / Art. 141 WRV auch auf das Einstehen des Anstaltsträgers für den erforderlichen materiellen Rahmen[480]. Den Kirchen sind geeignete Räumlichkeiten bereitzustellen, für deren Unterhaltung der öffentliche Träger Sorge zu tragen hat[481]. In allen neuen Staatskirchenverträgen, die die Gewährleistung der Anstaltsseelsorge aufgreifen, sichert das Land jeweils ausdrücklich zu, daß der verpflichtete Träger die für die Anstaltsseelsorge notwendigen Räume zur Verfügung stellt[482]. In den Schlußprotokollen der Sächsischen Staatskirchenverträge wird die staatliche Bau- und Unterhaltungspflicht für diese Räume sowie die Abhängigkeit der kirchlichen Rechte von dem Fortbestand der anstaltlichen

---

479 Regierungsbegründung zum evKVBBG, LT-Drs. BBG 2 / 3442, Vertragsbegründung, S. 14.

480 Die Regierungsbegründungen zum evKVSachsen, LT-Drs. Sachsen 1 / 4649, Vertragsbegründung, S. 18, und zum SachsenKKV, LT-Drs. Sachsen 2 / 3612, Vertragsbegründung, S. 20, sehen die Bereitstellung der Räumlichkeiten als „notwendige Voraussetzung für eine zweckentsprechende Durchführung der Anstaltsseelsorge".

481 S. *Eick-Wildgans*, HdbStKirchR II, S. 995, 1012.

482 Art. 12 I 2 evKVLSA, Art. 10 I 2 LSAKKV, Art. 20 I 3 evKVMV, Art. 8 II 1 MVKKV, Art. 13 I 2 evKVSachsen, Art. 12 I 2 SachsenKKV und Art. 12 I 2 evKVBBG.

Gebäudewidmung festgehalten. Etwas zurückhaltender garantiert der Freistaat Thüringen in Art. 12 I 2 evKVTh und Art. 14 I 2 ThKKV, jeweils nebst Schlußprotokoll, die Nutzungsmöglichkeit von geeignetem Raum, der auch ein Mehrzweckraum sein kann[483], „im Rahmen der vorhandenen Gebäude", unter der Voraussetzung, daß ein „Bedürfnis nach regelmäßigem Gottesdienst und Seelsorge" besteht. Für die zugesagte Kirchensteuerverwaltung durch die staatlichen Finanzämter wird dem Staat nach allen Verträgen im Gegenzug ein Anspruch auf eine kostendeckende Entschädigung eingeräumt[484], deren Höhe sich nach einem noch auszuhandelnden Prozentsatz vom vereinnahmten Kirchensteueraufkommen bemißt[485]. Ein Kostenersatz für staatliche Verwaltungstätigkeit im Interesse des kirchlichen Wirkens ist weiter im Zusammenhang mit der den Kirchen zugesagten Beitreibung von Friedhofsgebühren vereinbart worden. So haben die kirchlichen Friedhofsträger nach einigen neuen Staatskirchenverträgen[486] die durch Vollstreckungsmaßnahmen entstehenden und nicht beitreibbaren Vollstreckungskosten der Vollstreckungsbehörde zu erstatten[487]. Unabhängig von der Zuordnung des Ausfallrisikos wird nach Art. 20 IV 2 evKVBBG ein Kostenbeitrag, der der Vollstreckungsbehörde zu überlassen ist, mit 7,5 % von jeder beigetriebenen Forderung festgehalten[488]. Schließlich wird für einige weitere Aspekte der einvernehmlichen Vermögensneuordnung im Vertrag nur auf den Abschluß gesonderter Detailvereinbarungen hingewiesen[489].

Weiter strebten die Vertragspartner die Überwindung überholter vermögensrechtlicher Rechtsverhältnisse der Kirchen insbesondere auch gegenüber den kommunalen Gebietskörperschaften und anderen Körper-

---

[483] So auch für Art. 12 I 2 evKVLSA die Regierungsbegründung zum evKVLSA, LT-Drs. LSA 1/3087, Vertragsbegründung, S. 12.

[484] Vgl. Regierungsbegründung evKVMV, LT-Drs. MV 1/4126, S. 25.

[485] Art. 15 II 1 und 2 nebst Schlußprotokoll evKVLSA, Absatz 2 Satz 1–3 des Schlußprotokolls zu Art. 19 IV LSAKKV, Art. 17 V 1 evKVMV, Art. 18 V 1 MVKKV, Art. 17 II 1 und 2 evKVSachsen, lit. b) Satz 1 und 2 des Schlußprotokolls zu Art. 22 SachsenKKV, Art. 15 II 1 und 2 evKVTh, Art. 26 II 1 und 2 ThKKV und Art. 15 II evKVBBG.

[486] Nach Art. 21 II 3 evKVLSA, Satz 3 des Schlußprotokolls zu Art. 16 LSAKKV, Art. 22 III 4 evKVTH, Absatz 2 Satz 2 des Schlußprotokolls zu Art. 17 III ThKKV und Art. 20 IV 3 evKVBBG.

[487] *A. Vulpius*, JöR N.F. 43 (1995), S. 327, 341, weist dies als staatskirchenvertragsrechtliche Neuerung aus.

[488] Dazu näher Regierungsbegründung zum evKVBBG, LT-Drs. BBG 2/3442, Vertragsbegründung, S. 19.

[489] Dazu gehören beispielsweise die staatliche Beteiligung an Kosten der kirchlichen Bildungsarbeit oder die Abgeltung des Einsatzes kirchlichen Personals etwa im Rahmen des Religionsunterrichts oder bei der Anstaltsseelsorge; vgl. oben III. Teil C. I. 2. (= S. 226–231)!

schaften des öffentlichen Rechts an. Einer der Ansatzpunkte ist das zu kirchlichen und diakonischen Zwecken gewidmete kirchenfremde Immobiliareigentum, für das sich ähnliche Rechtsprobleme stellen wie im Falle der staatlichen Eigentümerschaft[490]. Soweit hier anderen nichtkirchlichen öffentlich-rechtlichen Rechtsträgern das Eigentum zusteht, will sich das Land nach Art. 9 IV evKVLSA, Art. 15 III 4 LSAKKV und Art. 9 III evKVBBG ihnen gegenüber für Verhandlungen zum Zwecke der Eigentumsübertragung mit abschließender Regelung der Baulast verwenden. In ähnlicher Absicht legen Art. 11 II evKVSachsen und Art. 17 II SachsenKKV die einvernehmliche Vereinbarung der Eigentumsübertragung „unter Ablösung der Baulast, gegebenenfalls gegen Entschädigung," den betroffenen Eigentümern als Modell zur Bereinigung der Vermögensbeziehungen zu den nutzungsberechtigten Kirchen nahe[491]. Darüber hinaus sagt das Land in Absatz 2 des Schlußprotokolls zu Art. 9 I evKVBBG zu, sich für einvernehmliche Lösungen bei der Abwicklung der Ansprüche aus der bereits erfolgten gesetzlichen Vermögensauseinandersetzung nach Art. IV der KirchenpatronatsVO BBG aus 1946 einzusetzen. Weniger Aufwand ist in den neuen Staatskirchenverträgen auf die Regelung der nichtstaatlichen Kirchenpatronate verwandt worden. Abschließende Rechtsklarheit für die Handhabung der Privatpatronate bringt allein die Regelung nach Art. 12 I 1 u. 2 evKVSachsen, die das Entfallen sämtlicher Patronate vorsieht und dabei für Privatpatronate auch den entschädigungslosen Wegfall der Baulastverpflichtungen anordnet. Die übrigen Staatskirchenverträge der neuen Länder regeln nur die Aufhebung der staatlichen Kirchenpatronate und überlassen die Ablösung der kommunalen und privaten Patronate der Regelung in Einzelverhandlungen zwischen den Beteiligten[492].

Zur Vermögensauseinandersetzung der früher vereinigten Kirchen- und Schulämter, Kirchschullehen bzw. Küsterschulvermögen, die von den Kirchengemeinden und Kommunen für Schulzwecke gebildet wurden[493], war für das frühere preußische Gebiet auf das Gesetz über die Trennung dauernd vereinigter Schul- und Kirchenämter vom 7. Septem-

---

[490] Dazu oben III. Teil C. III. 2. a) (= S. 287–293)!

[491] Regierungsbegründung zum evKVSachsen, LT-Drs. Sachsen 1 / 4649, Vertragsbegründung, S. 16.

[492] Für LSA: Regierungsbegründungen zum evKVLSA, LT-Drs. LSA 1 / 3087, Vertragsbegründung, S. 12, und zum LSAKKV, LT-Drs. LSA 2 / 4475, S. 52; *H. Weber*, NVwZ 1994, S. 759, 763.

[493] *A. Vulpius*, JöR N.F. Bd. 43 (1995), S. 327, 338; Regierungsbegründung zum evKVSachsen, LT-Drs. Sachsen 1 / 4649, Vertragsbegründung, S. 17.

ber 1938 zurückzugreifen[494]. Die Abwicklung nach dem im Gesetz vorgesehenen Verfahren ist in den meisten neuen Ländern bislang jedoch nur äußerst unvollständig vorangekommen. Allein in der Mark Brandenburg wurde angesichts der schleppenden Umsetzung der gesetzlichen Trennungsvorgaben durch die örtlich betroffenen Kirchengemeinden und Kommunen die Vermögensauseinandersetzung von staatlicher Seite aus mit der schon wiederholt hier angesprochenen Kirchenpatronatsverordnung vom 9. Februar 1946 in die Hand genommen. Kraft Gesetzes (Art. II Abs. 1 der VO) sind danach für alle bis dahin noch nicht abgewickelten Vermögensmassen die schulischen Zwecken dienenden Gehöfte nebst Inventar, dazugehörigen Hofgebäuden und Gärten in das Eigentum der Kommunen übergegangen. Das übrige Vermögen wurde den Kirchengemeinden zugewiesen. Art. 11 II evKVBBG stellt demgemäß klar, daß die Vermögensauseinandersetzung im Anwendungsbereich der Verordnung erfolgt ist. Hier verbleiben lediglich noch Abwicklungsprobleme aus der bereits erfolgten Auseinandersetzung, wie etwa die Grundbuchberichtigung oder die Verfolgung von Herausgabeansprüchen sowie ggf. noch nach Art. III Satz 2 der VO die Umsetzung der zuvor abgeschlossenen Auseinandersetzungsvereinbarungen. Für diese erlegt sich das Land im Schlußprotokoll zu Art. 11 II evKVBBG eine Vermittlerrolle zwischen den Beteiligten auf, um möglichst zu einvernehmlichen Lösungen zu gelangen[495]. Außerhalb des Anwendungsbereichs der Brandenburger Kirchenpatronatsverordnung aus 1946 steht die Vermögensauseinandersetzung dagegen in vielen Fällen noch aus[496]. Um die Durchführung voranzutreiben, verpflichten sich die Vertragspartner, sich im Zusammenspiel mit den betroffenen Kirchengemeinden und Kommunen für die Vermögensauseinandersetzung einzusetzen. Sie verabreden insbesondere, gegenüber den örtlichen Beteiligten auf den Abschluß von Auseinandersetzungsvereinbarungen und die Abwicklung bereits geschlossener Verträge hinzuwirken[497]. Einem alsbaldigen Abschluß dieser Problematik stehen freilich erhebliche Schwierigkeiten bei der juristischen Klärung in den

[494] Hierzu Regierungsbegründung zum evKVBBG, LT-Drs. BBG 2/3442, Vertragsbegründung, S. 10; Regierungsbegründung zum evKVLSA, LT-Drs. LSA 1/3087, Vertragsbegründung, S. 12.

[495] Zum Vorstehenden: Regierungsbegründung zum evKVBBG, LT-Drs. BBG 2/3442, Vertragsbegründung, S. 10f.

[496] *A. Vulpius*, JöR N.F. 43 (1995), S. 327, 339, spricht von über 500 offenen Fällen allein für LSA.

[497] Art. 11 II evKVLSA, Art. 11 evKVMV, sowie mit Hervorhebung einer „zügigen" bzw. „beschleunigten" Verfahrensweise: Art. 11 II evKVTh, Art. 22 II ThKKV und Art. 12 II nebst Schlußprotokoll evKVSachsen.

Einzelfällen entgegen. Mehr noch als die bei langer Zeitspanne ohnehin drohenden zwischenzeitlichen Veränderungen erschweren die Folgen der rechtlichen Handhabung des Grund- und Gebäudeeigentums im Rechtssystem der DDR die zügige Vermögensauseinandersetzung[498].

[498] Regierungsbegründung zum evKVSachsen, LT-Drs. Sachsen 1/4649, Vertragsbegründung, S. 18.

D. Die staatskirchenvertragliche Förderfunktion

Nach einem systematisierten Überblick über die einschlägigen Vertragsbestimmungen (dazu I.) sollen die problematischen Rechtsfragen bei der Umsetzung der staatskirchenvertraglichen Förderungsziele zugunsten des kirchlichen Wirkens erörtert werden (II.).

I. Die Vertragsregelungen mit fördernder Tendenz

Auch bei der hier sog. Förderfunktion der Staatskirchenverträge fällt es schwer, einen genauen, abschließenden Kreis der sie tragenden Vertragsbestimmungen von der Masse der Vertragsregelungen sauber abzugrenzen. Mehr noch als bei den anderen Vertragsfunktionen handelt es sich bei dem Zweck, mit dem geschlossenen Vertrag die religiöse Auftragswahrnehmung gezielt der jeweiligen kirchlichen Vertragspartner zu unterstützen, um eine grundlegende Vertragsmotivation, die das ganze Vertragswerk durchzieht. Die staatskirchenvertragliche Förderfunktion läßt sich daher in ihrer Besonderheit nicht an den einzelnen inhaltlichen Regelungen der Verträge festmachen. Schon der Vertragsschluß selbst stellt eine besondere Vergünstigung dar, soll er doch für die Entfaltung des kirchlichen Auftrags ganz generell eine fruchtbare Rechtsgrundlage bereiten. Gleichwohl sind hier zur Veranschaulichung einige Abreden der Vertragspartner aufzuführen, die der Förderfunktion in den Staatskirchenverträgen eine konkretere Gestalt geben. Dabei sollen in Abgrenzung zu den anderen Vertragsfunktionen nur diejenigen Vertragsbestimmungen behandelt werden, die eigenständig auf die Beförderung des kirchlichen Wirkens zugeschnitten sind. Damit sind solche Vergünstigungen erfaßt, die durch übergeordnete Rechtsvorgaben, d.h. vor allem durch verfassungsrechtliche Schutzgewährleistungen, allenfalls motiviert, nicht aber selbst schon zwingend geboten sind. Im Unterschied dazu sind die Regelungen, die im Rahmen der Absicherungsfunktion und der zuordnenden Ausgestaltungsfunktion aufgeführt wurden, zumeist zumindest im Grundsatz unmittelbar bereits durch bestehende Normen, insbesondere der Verfassung, gewährleistet. Bei dieser Unterscheidung lassen sich freilich, wie auch insgesamt bei der hier vorgenommenen Systematisierung der Vertragsvereinbarungen, Abgrenzungsschwierigkeiten nicht vermeiden. Dies gilt umso mehr, als einige eigenständig vertraglich begründete Gewährleistungen zugunsten der Kirchen aus Gründen der Sachnähe bereits im Zusammenhang mit der rechtsgeschäftlichen partnerschaftlichen Vermögensauseinandersetzung in den Leistungsbeziehungen abgehandelt wurden. Dies betrifft etwa die Begründung neuer Staatsleistungen, die staatskirchenvertraglich zugesagte Hilfestellung des Staates bei der kirchlichen Vermögensbereinigung im Verhältnis zu Dritten sowie einige bereits behandelte besondere Vergünstigungen, bei denen ein selbständiges vertragliches Fördermoment zumindest diskutierbar erscheint[1]. Schließlich sind die im Rahmen der zuordnenden Kooperationsfunktion herausgearbeiteten Verfahrensrechte der Kirchen zumeist eigenständige Rechtspositionen, die den inhaltlichen Vorgaben für das Zusammenwirken zur Durchsetzung verhelfen sollen.

Hinsichtlich der verbleibend aufzuzeigenden konkret begünstigenden Vertragspositionen sei zunächst auf Art. 24 evKVSachsen und Art. 24 S. 1 Nr. 2 evKVLSA hingewiesen. Diese Regelungen verpflichten die Amtsgerichte gegenüber den Kirchen zur Rechtshilfe in förmlichen Disziplinarverfahren und in allen Verfahren vor den Kirchengerichten mit Ausnahme der Lehrbeanstandungsverfahren[2]. Im übrigen sind die Förderregelungen größtenteils direkt auf einzelne Aspekte gesellschaftlich relevanten Wirkens der Kirche ausgerichtet sind. Im Bereich der Denkmalpflege sind etwa die staatskirchenvertraglichen Modifikationen des Schatzregals zu nennen[3]. Weiter sind in diesem Zusammenhang die staatskirchenvertraglichen Fakultätsgarantien aufzuzeigen, soweit sie nicht, wie bei Art. 4 I evKVMV, selbst schon landesverfassungsrechtlich für die „Landesuniversitäten" (Art. 9 III 1 Verf. M.-V.) vorgegeben sind. So sichert der staatliche Vertragspartner den Kirchen jeweils zu, daß für wissenschaftlich-theologische Ausbildungsgänge die bestehenden evangelisch-theologischen Fakultäten an den Universitäten in Halle nach Art. 3 I evKVLSA, in Jena nach Art. 3 I 1 evKVTh und in Leipzig nach Art. 3 I 1 evKVSachsen erhalten bleiben. Das Land Mecklenburg-Vorpommern gewährleistet darüber

---

[1] Oben III. Teil C. III. 2. c) cc) (= S. 305–309) und d) (= S. 312–314) sowie etwa unter III Teil B. I. 2. a) (= S. 76–78) die vermögensrelevanten Zusagen der Amts-, Vollstreckungs- und Verwaltungshilfe.

[2] Zur fehlenden rechtlichen Verpflichtung des Staates zur Rechtshilfe außerhalb der staatskirchenrechtlichen Spezialgewährleistungen: OVG Lüneburg, NJW 1999, S. 1882f., sowie, auch zu deren Legitimität, *D. Ehlers*, HdbStKirchR II, S. 1117, 1120ff.

[3] Art. 10 V evKVBBG, Art. 10 II evKVLSA, Art. 17 II LSAKKV, Art. 9 III evKVTh und Art. 18 III ThKKV; zur näheren Erläuterung vgl. nur die Regierungsbegründung zum evKVBBG, LT-Drs. BBG 2/3442, Vertragsbegründung, S. 10.

hinaus ausdrücklich nach Art. 4 IV evKVMV, daß das Kirchen- und das Staatskirchenrecht in der theologischen Lehre angemessen berücksichtigt werden, ohne daß damit die Vertretung der Fächer durch hauptamtliche Hochschullehrer garantiert wäre[4]. Gegenüber der Katholischen Kirche verpflichten sich die neuen Länder ebenfalls zu einem „Bestandsschutz"[5] für die katholisch-theologischen Fächer im Rahmen der bestehenden Magister- und Lehramtsstudiengänge. Art. 5 I 1 LSAKKV hält dies allgemein fest, während nach Art. 5 I 1 SachsenKKV auf die einschlägigen Studiengänge an der TU Dresden abgestellt wird. Nach Art. 13 I 1 nebst Schlußprotokoll ThKKV bezieht sich die Gewährleistung in erster Linie auf die beabsichtigte Neugründung einer katholisch-theologischen Fakultät an der Universität Erfurt und zwischenzeitlich auf die Festschreibung der Kooperation zwischen dem Philosophisch-Theologischem Studium Erfurt und den mit der Lehramtsausbildung betrauten staatlichen Hochschulen. Für die Anlaufphase des Religionsunterrichts sagt der Freistaat Sachsen über die verfassungsrechtlich gebotene Gewährleistung der Religionslehrerausbildung hinaus besondere Anstrengungen zur Überwindung des Religionslehrermangels zu[6].

Konkrete Rechtspositionen werden den Kirchen auch mit der eigenständigen Ausgestaltung des grundrechtlichen Schutzes religiösen Wirkens für die Straßensammlungen eingeräumt. Danach steht den kirchlichen Vertragspartnern ein Anspruch auf die Genehmigung von regelmäßig zwei Haus- und Straßensammlungen im Jahr zu[7], die in den meisten Verträgen bei noch ausstehender Terminabstimmung bereits als von vornherein erteilt fingiert wird[8]. Im Friedhofswesen tragen die neuen Staatskirchenverträge vor allem der herausragenden religiösen Bedeutung der Friedhöfe im Judentum Rechnung[9]. So sichert das Land Sachsen-Anhalt in Anknüpfung an das jüdische religiöse Selbstverständnis den jüdischen Friedhöfen besonderen Schutz zu[10], der trotz neuartiger Formulierung aber zumindest im Grundsatz auf die verfassungsrechtlichen Vorgaben

---

[4] Regierungsbegründung evKVMV, LT-Drs. MV 1/4126, S. 21.

[5] Regierungsbegründung SachsenKKV, LT-Drs. Sachsen 2/3612, Vertragsbegründung, S. 11.

[6] Jeweils Satz 3 des Schlußprotokolls zu Art. 5 I evKVSachsen bzw. zu Art. 3 I SachsenKKV.

[7] Art. 16 II evKVBBG, Art. 19 II evKVMV und Art. 19 II MVKKV.

[8] Art. 16 II evKVLSA, Art. 22 II LSAKKV, Art. 16 II evKVTh, Art. 27 II ThKKV, Art. 18 II evKVSachsen und Art. 24 II SachsenKKV.

[9] Dazu Regierungsbegründung JüdVSachsen, LT-Drs. Sachsen 1/4855, Vertragsbegründung, S. 4; *A. Vulpius*, NVwZ 1996, S. 759, 764.

[10] Regierungsbegründung JüdVLSA, LT-Drs. LSA 1/3629, S. 19.

nach Art. 4, 140 GG/Art. 137 III, 138 II WRV zurückzuführen ist. In Art. 6 I JüdVLSA wird ausdrücklich gewährleistet, daß zugelassene und nicht aufgegebene jüdische Friedhöfe „unantastbar" sind[11]. Der Freistaat Sachsen verpflichtet sich in Art. 2 II JüdVSachsen dazu, „für die angemessene Sicherung und die Instandsetzung im Falle mutwilliger Beschädigung oder Zerstörung" von jüdischen Friedhöfen zu sorgen. Allgemeiner noch nimmt das Land Sachsen-Anhalt nach Art. 3 JüdVLSA alle jüdischen Einrichtungen unter seinen besonderen Schutz, der freilich im Detail noch durch gesonderte Vereinbarung festzulegen ist. Für die übrigen Staatskirchenverträge ist an die vertraglich zugesicherte Vollstreckungshilfe für die Einziehung der kirchlichen Friedhofsgebühren zu erinnern, die über die entlastende Wirkung der kirchlichen Friedhöfe für die Wahrnehmung entsprechender öffentlicher Aufgaben motiviert ist[12].

Weiter wird das staatliche Anliegen der Kirchenförderung in einer Vielzahl von Vertragsregelungen deutlich, in denen den Kirchen die Berücksichtigung ihrer Belange bei staatlichem Handeln zugesagt wird, ohne damit konkrete Rechtsansprüche zu begründen. Sie stellen sich als Spezialausprägungen des partnerschaftlichen Miteinanders der Vertragsparteien dar[13], das tragendes Fundament aller Vertragswerke ist. Bei den Förderbestimmungen zur kirchlichen Pflege denkmalgeschützter Gebäude und Gegenstände wird ohne genauere vertragliche Zusagen nur ganz grundsätzlich die gemeinsame denkmalpflegerische Verantwortung von Staat und Kirchen auch in finanzieller Hinsicht festgehalten[14]. Nach Art. 6 II 3 JüdVLSA verspricht der Staat der Jüdischen Gemeinschaft, bei der Anlage neuer Friedhöfe zu prüfen, ob im Rahmen der Haushaltsansätze Förderungsmöglichkeiten bestehen. Wohlwollendes Entgegenkommen gestehen die staatlichen Vertragspartner weitgehend einheitlich den Kirchen bei der Anwendung enteignungsrechtlicher Vorschriften und insbesondere Hilfestellung bei der Beschaffung von geeignetem Ersatzland

---

[11] Zurückhaltender: *A. Vulpius*, NVwZ 1996, S. 759, 764, unter Hinweis auf die vermeintlich offenere staatskirchenvertragliche Formulierung. „Beachten" „in der Terminologie der in den neuen Ländern abgeschlossenen Staatskirchenverträge" freilich heißt entgegen der Ansicht von *A. Vulpius* sehr wohl, daß der Staat insoweit an die Selbstbestimmung der jeweiligen Religionsgemeinschaft in ihren religiösen Angelegenheiten gebunden ist; zu dieser grundsätzlichen Auslegungsfrage vgl. vor allem den Streit um das nihil obstat in den Evangelischen Kirchenverträgen, wo ebenfalls die Auslegung des Begriffs „beachten" Probleme bereitet hat: oben III. Teil C. II. 2. a) bb) (2) (b) (aa) (= S. 256, 260f.)!

[12] Regierungsbegründungen zum evKVLSA, LT-Drs. LSA 1/3087, Vertragsbegründung, S. 16, und zum SachsenKKV, LT-Drs. Sachsen 2/3612, Vertragsbegründung, S. 27f.

[13] Vgl. am Beispiel von Art. 7 III nebst Schlußprotokoll evKVLSA: Regierungsbegründung zum evKVLSA, LT-Drs. LSA 1/3087, Vertragsbegründung, S. 8.

[14] Dazu oben: III. Teil B. I. 4. d) (= S. 100ff.)!

zu[15]. Für das Land Sachsen-Anhalt werden noch weitergehende Unterstützungsabsichten in Art. 7 II evKVLSA, Art. 15 II LSAKKV und Art. 5 JüdVLSA, alle nebst Schlußprotokoll, festgehalten. Diese begründen zwar keine konkreten Übereignungsansprüche, wohl aber wird u.a. „gegebenenfalls eine Bevorzugung bei der Vergabe öffentlicher Grundstücke im Falle mehrerer Interessenten" nahegelegt[16]. Eine vergleichsweise kirchenfreundlichere Grundhaltung stellt sich in Sachsen-Anhalt sowie in Brandenburg auch bei der Handhabung der staatlichen Kompensationsmaßnahmen für frühere vermögensrechtliche Eingriffe ein. Während die übrigen Staatskirchenverträge eine Sonderbehandlung der kirchlichen Vertragspartner schlicht ausschließen, werden die Regelungen gem. Art. 7 III 2 evKVLSA und Art. 6 III evKVBBG, jeweils mit Schlußprotokoll, von dem Bemühen getragen, in „offensichtlich unbilligen" Härtefällen[17] „einen gerechten Ausgleich wohlwollend" (Art. 7 III 2 evKVLSA) anzustreben. Dabei wird für einzelne Streitfälle aus der Zeit vom 30.1.1933 bis zum 2.10.1990, für die es nach dem einschlägigen und insoweit abschließenden Bundesrecht keine Entschädigung gibt und bei denen das Land Begünstigter eines kirchlichen Vermögensverlustes ist[18], insbesondere eine einvernehmliche, d.h. vertragliche Lösung vorgesehen[19].

Der Freistaat Sachsen wird im Rahmen seiner Möglichkeiten der Katholischen Kirche bei ihren Bemühungen um die katholisch geprägte Kultur und Tradition der Sorben gem. Art. 10 S. 2 SachsenKKV Hilfestellung leisten. Viel grundsätzlicher wird das staatliche Bemühen um den Erhalt, die Belebung und Weiterentwicklung der jüdischen Kultur ausdrücklich als staatliche Aufgabe in den Jüdischen Verträgen festgehalten. Dies kommt deutlich auch bei der Fixierung der neuen Staatsleistungen für die Jüdischen Verbände zum Ausdruck[20]. Zudem sind einzelne konkrete Zusagen für eine staatliche Unterstützung jüdischer Kulturarbeit in den Verträgen gegeben, so nach Art. 10 JüdVLSA finanzielle, organisatorische und anderweitige

[15] Dazu bereits oben: III. Teil B. I. 2. d) (= S. 85f.), auch mit Nachweis der einschlägigen Bestimmungen!

[16] Näher: Regierungsbegründung zum evKVLSA, LT-Drs. LSA 1/3087, Vertragsbegründung, S. 7f.

[17] Regierungsbegründung zum evKVLSA, LT-Drs. LSA 1/3087, Vertragsbegründung, S. 8.

[18] Ausdrücklich nennt Absatz 1 Satz 2 des Schlußprotokolls zu Art. 6 III evKVBBG die Eingriffe in das Eigentum des Stiftes Marienfließ und des Klosters Stift zum Heiligen Grabe.

[19] Näher dazu: die Erläuterungen in den Regierungsbegründungen zum evKVLSA, LT-Drs. LSA 1/3087, Vertragsbegründung, S. 8, und zum evKVBBG, LT-Drs. BBG 2/3442, Vertragsbegründung, S. 6.

[20] Dazu oben III. Teil C. III. 2. c) cc) (= S. 305–309)!

Hilfeleistungen[21], um den Erhalt der Synagoge Gröbzig zu gewährleisten. In Art. 11 I JüdVLSA verabreden die Vertragspartner die gemeinsame Veranstaltung von Jüdischen Kulturtagen, die möglichst alle drei Jahre stattfinden sollen. Darüber hinaus erklärt sich das Land in Art. 11 II JüdVLSA dazu bereit, die Aufarbeitung des historischen jüdischen Erbes durch die Jüdische Gemeinschaft in Sachsen-Anhalt mit organisatorischer, politischer und nachrangig auch finanzieller Hilfe zu begleiten. Das Schlußprotokoll zu Art. 11 II JüdVLSA stellt jedoch klar, daß damit keine konkreten Rechtsansprüche begründet sind. Die aufgeführten Zusagen des Staates, sich um die Rücksichtnahme auf kirchliche Interessen zu bemühen, erstrekken sich zum Teil auch auf das staatliche Handeln gegenüber Dritten[22].

Darüber hinaus halten die Vertragspartner aber für einige Sachbereiche auch noch ausdrückliche staatliche Versprechen fest, sich gegenüber Dritten für einzelne staatskirchenvertraglich festgestellte Belange der Kirchen einzusetzen. So wollen sich einige Länder, gegebenenfalls mit den Mitteln der Kommunalaufsicht[23], dafür stark machen, daß die Kommunen die kirchlichen Friedhofsträger unterstützen. Konkret erreicht werden sollen dabei Vertragsabschlüsse zwischen den Kommunen und den kirchlichen Trägern über notwendige Errichtungs- und Instandsetzungsmaßnahmen bei Friedhofsgebäuden bzw. über die Kostenbeteiligung der Kommunen zur Abwendung unzumutbar hoher kirchlicher Friedhofsgebühren[24]. Weiter sagt der Staat das Einwerben von kommunalen Fördergeldern nach dem Schlußprotokoll zu Art. 13 III evKVBBG zu. Dies betrifft Baumaßnahmen zum Erhalt von Kirchengebäuden im Rahmen der staatseigenen Förderung von Kirchensanierungen nach Art. 13 III evKVBBG[25]. Der Staat will sich auch dafür verwenden, daß die Kommunen den Kirchen bei der Handhabung zukünftiger und früherer Eingriffe in das besonders geschützte Kirchengut ähnlich entgegenkommen, wie es der Staat seinerseits den kirchlichen Vertragspartnern zugesagt hat. Im einzelnen soll nach Art. 7 II evKVLSA, Art. 15 II LSAKKV und nach Art. 5 II

---

[21] Regierungsbegründung JüdVLSA, LT-Drs. LSA 1/3629, S. 21.

[22] Vgl. beispielhaft Regierungsbegründung JüdVLSA, LT-Drs. LSA 1/3629, S. 21, wonach die gem. Art. 10 JüdVLSA zugesagte staatliche Unterstützung für den Erhalt der Synagoge Gröbzig auch in der „Suche nach zusätzlichen Geldgebern" besteht.

[23] Regierungsbegründung evKVBBG, LT-Drs. BBG 2/3442, Vertragsbegründung, S. 19.

[24] Schlußprotokoll zu Art. 21 I evKVLSA, Art. 6 II 3 nebst Schlußprotokoll JüdVLSA. Ähnliches gilt nach dem Schlußprotokoll zu Art. 20 III evKVBBG. Die Bestimmung beschränkt sich freilich erheblich zurückhaltender darauf, mithilfe staatlicher Vermittlung eine drohende Schließung kirchlicher Monopolfriedhöfe durch die Unterstützung der betroffenen Kommunen abzuwenden.

[25] Diese ist wiederum oben unter III. Teil C. III. 2 c) cc) (= S. 306) dargestellt!

JüdVLSA, alle nebst Schlußprotokoll, im Enteignungsverfahren auf eine Berücksichtigung der kirchlichen Belange durch die Kommunen hingewirkt werden. Weitergehend noch beziehen Art. 7 II 2 evKVMV und Art. 16 II 2 MVKKV die staatliche Vermittlerrolle auf entsprechendes Einwirken gegenüber jedweden Begünstigten der Enteignungen von Kirchenvermögen. Bei Altvermögenseingriffen in das Kirchengut wird der staatliche Vertragspartner nach Absatz 2 des Schlußprotokolls zu Art. 6 III evKVBBG und nach Art. 7 III 3 evKVLSA anstreben, daß auch kommunale Rechtsträger „wohlwollend" in Verhandlungen über Ausgleichslösungen in „unbilligen Härtefällen" eintreten, wie die Länder es ihrerseits gegenüber den Kirchen zugestehen[26]. Bei der staatskirchenvertraglichen Gewährleistung der Anstaltsseelsorge verspricht der Staat, sofern er nicht wie mit Art. 20 I evKVMV und Art. 8 II MVKKV ohnehin alle Träger öffentlicher Einrichtungen generell zu verpflichten sucht, sich dafür einzusetzen, daß die seelsorgerische Betreuung auch in den nichtstaatlichen Einrichtungen ermöglicht wird[27]. Im Zusammenhang mit der staatlichen Förderung kirchlicher Denkmalpflege verspricht der Staat schließlich ebenfalls, sich für finanzielle Hilfen Dritter zu engagieren, wobei als potentieller Geldgeber hier jedwede sachlich zuständige Einrichtung auf nationaler wie internationaler Ebene in Betracht kommt[28].

II. Der rechtliche Rahmen staatskirchenvertraglicher Kirchenförderung

Auch für die Förderfunktion stellt sich wiederum die Frage, ob die Anliegen der Vertragspartner mit den getroffenen vertraglichen Abreden erreicht, das freie Wirken der Kirchen also nach den vertraglichen Zielvorstellungen befördert werden kann. Bei der Zusammenschau der einschlägigen rechtlichen Eckpunkte für die staatskirchenvertragliche Kirchenförderung (sogleich 1.) zeigt sich sehr schnell, daß das Kernproblem bei der gleichheitsrechtlich bestimmten Frage nach zulässigen staatlichen Differenzierungen zwischen den einzelnen Religionsgemeinschaften liegt (ausführlich unter 2.).

---

[26] Näher dazu Regierungsbegründung zum evKVLSA, LT-Drs. LSA 1/3087, Vertragsbegründung, S. 8.

[27] Art. 12 II evKVTh, Art. 14 II ThKKV und Art. 12 II evKVBBG.

[28] Art. 10 III 2 evKVLSA, Art. 17 III 2 LSAKKV, Art. 7 II 2 JüdVLSA, Art. 10 IV 2 evKVBBG, Art. 9 V 2 evKVMV, Art. 17 V 2 MVKKV, Art. 7 IV 2 JüdVMV, Art. 10 III 2 evKVSachsen, Art. 19 III 2 SachsenKKV, Art. 9 III 2 evKVTh und Art. 18 III 2 ThKKV.

1. „Gleichheit oder Privilegien?" als Kernproblem der Förderfunktion

Die mit den Vertragsschlüssen den Kirchen zugedachten Vergünstigungen genießen die besonderen Rechtswirkungen in Bestandskraft, Klagbarkeit etc., wie sie bereits am Beispiel anderer staatskirchenvertraglich eingeräumter Rechtsansprüche dargelegt wurden. Sie nehmen insbesondere an der im Rahmen der Absicherungsfunktion aufgezeigten Verstetigung und Durchsetzbarkeit der Vertragspositionen gegenüber nachträglich vertragsabweichendem Handeln des Staates teil. Zu den rechtlichen Wirkungen der kirchenbegünstigenden Vertragsbestimmungen sei daher insoweit nur auf die Ergebnisse der Diskussion zur Absicherungsfunktion verwiesen. Im Einzelfall mag dabei allein die Abgrenzung zwischen kirchenbegünstigenden subjektiven Rechten, die die Kirchen nach dem übereinstimmenden Willen der Vertragspartner gegenüber dem Staat sollen durchsetzen können, und bloßen Bemühensklauseln ohne Anspruchscharakter Schwierigkeiten bereiten[29]. Grundsätzliche Rechtsfragen, die spezifisch die staatskirchenvertragliche Förderfunktion betreffen, ergeben sich danach insoweit nicht. Wohl aber treten rechtliche Probleme auf, die sich auch bei einseitiger staatlicher Normierung von kirchenfördernden Vergünstigungen stellen. Da sie einen vieldiskutierten Problemkomplex des allgemeinen Staatskirchenrechts betreffen[30], sollen sie hier nicht in allen Einzelheiten entfaltet werden. Zunächst sind Übergriffe in verfassungsrechtlich geschützte Freiräume der begünstigten Religionsgemeinschaften durch die Einräumung von Vergünstigungen auszuschließen, soweit nur auf die reinen Unterstützungsmaßnahmen abgestellt wird[31]. Daher vermögen grundgesetzliche Vorgaben der staatskirchenvertraglichen Kirchenförderung Schranken vor allem unter den Gesichtspunkten der Neutralität und der Parität zu set-

---

[29] Die vielfach zu verzeichnende Beschränkung des vertraglichen Förderansatzes auf nur allgemeine Festschreibungen ohne Einräumung konkreter Rechtspositionen liegt auf der entwickelten Linie, daß umfassende vertragliche Bindungen auch für den staatlichen Gesetzgeber nur eingegangen werden können, wenn es um Fragen der „Gleichordnung", der Zusammenarbeit beider Institutionen geht. Sofern die Kirchen dem Staat dagegen wie andere gesellschaftliche Kräfte auch oder gar, wie bei Verteilung staatlicher Mittel, im Wettstreit mit diesen gegenübertreten, können den Kirchen allenfalls begrenzt vertragsgestützte Sonderrechte eingeräumt werden; vgl. dazu die Ausführungen im Rahmen der Absicherungsfunktion, oben III. Teil B. II. 1. d) bb) (3) (c) (= S. 170f.)!

[30] Aus jüngerer Zeit vgl. nur die grundlegende Diskussion im Rahmen der 28. Essener Gespräche, 1993, mit Beiträgen von *H.H. Rupp* (S. 5ff.), *W. Clement* (S. 41ff.) und *D. Pirson* (S. 83ff.) sowie den Überblicksartikel von *G. Robbers*, HdbStKirchR I, S. 867ff., der sich auf die Aspekte der finanziellen Förderung konzentriert.

[31] Vgl. insoweit *D. Pirson*, EssGespr. 28, S. 83, 93.

zen[32]. Nach den beiden, eng aufeinander bezogenen Fundamentalprinzipien des Staatskirchenrechts ist dem Staat, grob zusammengefaßt, eine Parteinahme zugunsten einzelner Religionsgemeinschaften und ihre Bevorzugung um der religiösen Standpunkte willen verboten[33].

Gleichheitsfragen werden mit der staatskirchenvertraglichen Förderung einzelner Religionsgemeinschaften gleich in mehrfacher Hinsicht aufgeworfen. Auf einer ersten Ebene kommen überhaupt nur einige wenige Religionsgemeinschaften in den Genuß der vertragsgestützten Vergünstigungen, während die Vielzahl der anderen Religionsgemeinschaften davon ganz ausgeschlossen bleibt. Aber auch im Vergleich der vertragsbegünstigten religiösen Gruppen untereinander ergeben sich bei den jeweils eingeräumten staatlichen Hilfen einige, teilweise erhebliche Unterschiede. Besonders deutlich zeigt sich dies im Freistaat Thüringen. Vor dem Hintergrund der verfassungsrechtlichen Gleichheitsgebote und des Grundsatzes religiös-weltanschaulicher Neutralität des Staates sind die einzelnen konkreten Vergünstigungen auf ihre rechtliche Zulässigkeit hin zu überprüfen. Gleiches gilt erst recht für die weitergehenden allgemeineren Vorteile, die wie die Rechtssicherheit durch Absicherung oder die umfassende Regelung einer partnerschaftlichen Zusammenarbeit für die Kirchen mit der vertraglichen Gestaltung der Beziehungen zum Staat verbunden sind. Danach wirft das Bemühen, die rechtlichen Grenzen der staatskirchenvertraglichen Förderfunktion zu ermitteln, im wesentlichen die Frage auf, ob die den Kirchen staatskirchenvertraglich eingeräumten Vergünstigungen Ausdruck verfassungsrechtlicher Gleichheit sind oder aber unzulässige Privilegien darstellen.

2. Zulässigkeit von differenzierender staatlicher Kirchenförderung

Für die hiesigen Bedürfnisse muß es genügen, sich auf die Gleichheitssätze des Art. 3 I und III 1 GG zu konzentrieren, ohne auf die daran anknüpfenden weiteren speziellen Gleichheitsgewährleistungen einzugehen[34]. Auch die vielschichtigen Rechtsprobleme der allgemeinen verfassungsrechtlichen Gleichheitsdogmatik und die Streitfrage, ob Art. 3 III 1

[32] Ein Überblick über die Probleme findet sich bei *H. Weber*, ZevKR 36 (1991), S. 253, 260ff.

[33] Näher: *A. v. Campenhausen*, HdbStKirchR I, S. 47, 75ff., *M. Heckel* (1993), S. 41ff., sowie ausführlich *K. Schlaich* (1972), S. 131ff.

[34] Zu den weiteren speziellen Gleichheitsgeboten des Grundgesetzes mit staatskirchenrechtlicher Relevanz vgl. nur den Überblick bei *M. Heckel* (1993), S. 3.

GG ein Unterscheidungs-[35] oder aber lediglich ein Benachteiligungs- bzw. Privilegierungsverbot aufstellt[36], sollen hier weitgehend ausgeblendet bleiben. Der allgemeine Gleichheitssatz nach Art. 3 I GG verlangt, daß ein mit der Ungleichbehandlung in angemessenem Verhältnis stehender sachlicher Grund die von staatlicher Seite getroffene Unterscheidung zu rechtfertigen vermag[37]. Art. 3 III 1 GG verbietet freilich eine Benachteiligung oder Bevorzugung wegen des Glaubens oder der religiösen Anschauungen, womit alle, auch atheistische wie agnostische Überzeugungen zu Fragen nach dem Ursprung, Sinn und Ziel menschlicher Existenz und des Weltganzen erfaßt sind[38]. Diese Merkmale scheiden daher als verfassungslegitime Differenzierungskriterien aus. Streitig ist nun, wie diese Privilegierungsverbote des Art. 3 III 1 GG im Hinblick auf Unterscheidungen zwischen den Religionsgemeinschaften wirken. Nach einer Aufarbeitung der dogmatischen Grundlagen [a)] sollen mögliche Ansatzpunkte für eine Rechtfertigung differenzierender Kirchenförderung in den Staatskirchenverträgen diskutiert werden [b)]. Da die Gleichheitsberechtigungen gleiche Behandlung gewährleisten, kommen sie erst in konkreten Konfliktfällen mit anderen Verbänden zum Tragen, die von den staatskirchenvertraglich eingeräumten Vergünstigungen ausgeschlossen bleiben. Mit dem Vertragschluß sind aber keine Entscheidungen über die Ausgrenzung Dritter aus der gewährten Förderung getroffen. Daher sollen hier die Gleichheitsvorgaben nur übergreifend aufgearbeitet und ggf. Verstöße gegen objektivrechtliche Verfassungsvorgaben wie das Neutralitätsgebot aufgezeigt werden.

a) Religionsbezogene Privilegierungsverbote und Freiheitsgewährleistungen

Das Meinungsspektrum zur Bedeutung des besonderen Gleichheitssatzes nach Art. 3 III 1 GG ist gerade für die religionsbezogenen Kriterien schillernd[39]. Mit einem strengen Verständnis des Art. 3 III 1 GG im Sinne

---

[35] Strenges Verständnis des Art. 3 III 1 GG im Sinne eines absoluten Unterscheidungsverbotes bei *M. Sachs*, HStR V, § 126 Rn. 52ff., 62ff.; *ders.* (1987), S. 244ff., 390ff.

[36] So vor allem: *M. Heckel*, Dürig-FS, S. 1990, S. 241ff.; *ders.* HdbStKirchR I, S. 445, 512ff.; *ders.* (1993), S. 73ff.; zustimmend: *H. de Wall*, ZevKR 40 (1995), S. 513, 516; vgl: auch *H. Weber*, ZevKR 36 (1991), S. 253, 261f.

[37] BVerfGE 55, 72 [88]; *L. Osterloh*, in: *M. Sachs* (Hrsg.), GG, Art. 3 Rn. 13ff.

[38] v. Mangoldt/Klein/*C. Starck*, GG, Art. 3 III Rn. 280; *G. Dürig*, in: *T. Maunz/ G. Dürig* (Hrsg.), GG, Art. 3 III Rn. 95; vgl. auch *Gubelt*, in: *I. v. Münch/P. Kunig* (Hrsg.), GGK I, Art. 3 Rn. 101.

[39] *Jarass*, in: *H.D. Jarras/B. Pieroth* (Hrsg.), GG, Art. 3 Rn. 72, und *L. Osterloh*, in:

eines absoluten Unterscheidungsverbotes aus den aufgeführten Kriterien könnte sich eine Differenzierung zwischen einzelnen Religionsgemeinschaften verbieten, sofern der Grund für die Unterscheidungen auf deren religiöses Erscheinungsbild zurückzuführen ist[40]. Dagegen geht die ganz überwiegende Meinung davon aus, daß bei der staatlichen Aufgabenwahrnehmung sehr wohl Differenzierungen zwischen den vom Unterscheidungsverbot des Art. 3 III 1 GG erfaßten Gruppen auch in Anknüpfung an religionsbezogene Kriterien vorgenommen werden können[41]. Im einzelnen ergeben sich hier einige Abweichungen, die im wesentlichen von den unterschiedlichen Auffassungen darüber abhängen, wie nach Art. 3 III 1 GG eine Differenzierung mit den verbotenen Merkmalen verknüpft sein muß[42]. Im Vordergrund der Diskussion stehen dabei Versuche, über die Präposition „wegen" zu einer einschränkenden Auslegung verbotener Diskriminierungen zu gelangen[43]. Eine Annäherung an die Verbotstatbestände des Art. 3 III 1 GG allein über die „subjektive" Seite, die ausgewiesenen Absichten des Staates bei differenzierendem Handeln, ist freilich vordergründig an Begrifflichkeiten orientiert[44]. Sie kann den strengen Zielvorgaben der Diskriminierungsverbote nicht gerecht werden[45]. Um Umgehungsmöglichkeiten auszuschließen[46] und weil die Schutzbedürftigkeit der Grundrechtsträger unabhängig von staatlichen Absichten besteht, kommt es statt auf die staatlichen Handlungsziele auf die objektiven Wirkungen der staatlichen Differenzierungen an[47]. Dies stellt sich für Art. 3 III 1 GG nicht anders als für den allgemeinen Gleichheitssatz nach Art. 3 I GG dar[48]. Aber auch die Herleitung der Grundthese eines absoluten Unterscheidungsverbotes über die traditionellen Auslegungskriterien erscheint weniger überzeugend als von ihren Vertre-

M. Sachs (Hrsg.), GG, Art. 3 Rn. 301, bezeichnen den Streitstand gerade für die Fragen des Staatskirchenrechts als ungeklärt.

40 *M. Sachs,* ZBR 1994, S. 133, 135f.: „striktes Verbot jeder Anknüpfung von Rechtsfolgen an die verpönten Merkmale"; weiter *ders.*, NJW 1994, S. 3278, 3279; *ders.*, HStR V, § 126 Rn. 52ff., 65ff.; *ders.* (1987), S. 244ff., 390ff., 421ff.; ähnlich auch: *Gubelt*, in: *I. v. Münch / P. Kunig* (Hrsg.), GGK I, Art. 3 Rn. 104; *Stein*, AK-GG, Art. 3 Rn. 85.

41 *M. Heckel* (1993), S. 73ff.; *H. Weber*, ZevKR 36 (1991), S. 253, 261f.; *W. Rüfner*, BoK, Art. 3 GG Rn. 552, 556; *H. de Wall*, ZevKR 40 (1995), S. 513, 516.

42 Vgl. *M. Sachs,* HStR V, § 126 Rn. 65.

43 Vgl. im Überblick: *W. Heun*, in: *H. Dreier* (Hrsg.), GG, Art. 3 Rn. 105, sowie, in der Sache abweichend: *M. Sachs,* HStR V, § 126 Rn. 65ff., und *ders.*, (1987), 390ff.

44 *L. Osterloh*, in: *M. Sachs* (Hrsg.), GG, Art. 3 Rn. 252.

45 BVerfGE 85, 191 [206] in Klarstellung gegenüber BVerfGE 75, 40 [70]; vgl. auch *W. Heun*, in: *H. Dreier* (Hrsg.), GG, Art. 3 Rn. 109.

46 *Gubelt*, in: *I. v. Münch / P. Kunig* (Hrsg.), GGK I, Art. 3 Rn. 104.

47 Insoweit einig: *M. Heckel* (1993), S. 97f., und *M. Sachs,* HStR V, § 126 Rn. 70ff.

48 *W. Rüfner*, BoK, Art. 3 GG Rn. 560.

tern beansprucht: Zunächst kann die Lehre vom „aboluten Anknüpfungsverbot" auch von ihren Vertretern selbst nicht in der postulierten Konsequenz durchgehalten werden[49], da sie Ausnahmen zulassen, ohne die Grenzziehung zwischen verbotener und erlaubter Unterscheidung im einzelnen zu bestimmen[50]. Der Wortsinn des Art. 3 III 1 GG trägt im übrigen zwar das strikte Verständnis[51]. Der Normtext ist aber dermaßen offen, daß er auch widerstreitende Auffassungen nicht auszuschließen vermag[52], wie Sachs selbst andeutet[53]. Weiter mag die These von einem ausnahmslosen Anknüpfungsverbot Effektivitätsvorzüge für sich in Anspruch nehmen[54]. Nur sagt der bloße Effizienznachweis nichts über den Sinn und Zweck der Vorschrift aus, der ja gerade zwischen den Meinungen umstritten ist[55].

Es kommt daher darauf an, aus der Funktion des Diskriminierungsverbotes im verfassungsrechtlichen Systemzusammenhang die Tragweite der religionsbezogenen Unterscheidungsverbote in Art. 3 III GG herauszuarbeiten. Die Annahme, daß dabei den Differenzierungsverboten nur eine für alle in Art. 3 III 1 GG aufgeführten Kriterien einheitliche Bedeutung beigelegt werden könne[56], erscheint schon angesichts der zwischen ihnen bestehenden Unterschiede in den historischen Grundlagen[57] und in der aktuellen gesellschaftlichen Bedeutung äußerst fraglich[58]. Sie resultiert aus einer Verkürzung der teleologisch-systematischen Interpretation, wenn als aussagekräftiger systematischer Regelungszusammenhang nur lediglich andere Gleichheitsnormen des Grundgesetzes berücksichtigt werden sollen[59]. Sicher sind die ausdrücklichen bundes- wie landesverfassungs-

---

[49] Vgl. die Hinweise bei *W. Heun*, in: *H. Dreier* (Hrsg.), GG, Art. 3 Rn. 108; *S. Huster* (1993), S. 316.

[50] So soll selbst nach *M. Sachs* (HStR V, § 126 Rn. 74, vgl. auch 77 Fn. 203, 207) „der Ausschluß jeder Anknüpfungsmöglichkeit an die verbotenen Merkmale" nicht entgegenstehen, „berechtigten Anliegen merkmaldefinierter Gruppen Rechnung zu tragen, weil die Anknüpfung an besondere sachliche Gegebenheiten als solche ja möglich bleibt".

[51] *M. Sachs*, HStR V, § 126 Rn. 71.

[52] Vgl. etwa die am Normtext orientierte Argumentation von *M. Heckel* (1993), S. 87.

[53] *M. Sachs*, HStR V, § 126 Rn. 65 und 71.

[54] *M. Sachs*, HStR V, § 126 Rn. 74.

[55] Vgl. nur die Gegenpositionen von *M. Heckel* (1993), S. 76, und von *S. Huster* (1993), S. 314.

[56] *M. Sachs*, NJW 1994, S. 3278, 3279.

[57] v. Mangoldt/Klein/*C. Starck*, GG, Art. 3 III Rn. 267.

[58] *L. Osterloh*, in: *M. Sachs* (Hrsg.) GG, Art. 3 GG Rn. 241ff.; *M. Heckel* (1993), S. 83f.

[59] So *M. Sachs*, HStR V, § 126 Rn. 72, 61, 129ff.: „Der Zusammenhang zu anderen Verfassungsnormen tritt demgegenüber zurück", es bleibe lediglich Raum für „Durchbrechungen des Regelungsgehalts" des Art. 3 III 1 GG; noch enger wohl: *Stein*, AK-GG, Art. 3 Rn. 97.

rechtlichen Differenzierungserlaubnisse mit Bezug auf Glauben oder religiöse Überzeugungen zu beachten[60], die Art. 3 III GG 1 als leges speciales vorgehen[61]. Einer Interpretation, die den systematischen Regelungszusammenhang voll erfassen will, kann aber auch dies noch nicht genügen. So ist, weiter und vor allem, den verfassungssystematisch wie teleologisch bedingten Unterschieden zwischen den einzelnen Differenzierungsverboten des Art. 3 III 1 GG Rechnung zu tragen[62]. Im Gegensatz zu den meisten anderen über Art. 3 III 1 GG inkriminierten Kriterien trifft das Verbot der Diskriminierung aufgrund des Glaubens oder der religiösen Anschauungen auf eine verfassungsrechtliche Freiheitsgarantie, der Freiheit des Glaubens, des religiösen Bekenntnisses und der Religionsausübung aus Art. 4 I, II GG, sowie auf die über Art. 140 GG inkorporierten Gewährleistungen religiösen Wirkens der Weimarer Reichsverfassung[63]. Bei einer strengen nicht aufeinander abgestimmten Auslegung stellten sich die Gewährleistungen als perplex dar: Der Staat kann nicht einerseits über die Verfassung Religionsfreiheit, d.h. die Freiheit gewährleisten, sein Leben an eigenen religiösen Überzeugungen auszurichten[64], und andererseits grundsätzlich verbieten, staatliches Handeln auf religiöse Überzeugungen des einzelnen abzustellen[65]. Denn bei der Gewährleistung der verfassungsrechtlich verbürgten Freiheiten ist stets auf die konkret betroffenen geschützten Rechtsgüter, auch solchen mit Religionsbezug[66], einzugehen. Nur so kann den Anforderungen des Verhältnismäßigkeitsprinzips in Abwägung zwischen den, hier

---

[60] Zu ihnen sind beispielsweise die religiösen Differenzierungen im Rahmen der schulischen Erziehung nach Art. 7 III GG, die Anerkennung des öffentlich-rechtlichen Körperschaftsstatus nach Art. 140 GG / 137 V WRV sowie die Garantie der Kirchensteuer nach Art. 140 GG / 137 VI WRV zu zählen (näher: *W. Heun*, in: *H. Dreier* (Hrsg.), GG, Art. 3 GG Rn. 118).

[61] v. Mangoldt / Klein / *C. Starck*, GG, Art. 3 III Rn. 281, 295; *W. Rüfner*, BoK, Art. 3 GG Rn. 852ff.; *M. Heckel* (1993), S. 71; insoweit im Ansatz auch: *M. Sachs*, HStR V, § 126 Rn. 61 Fn. 176, Rn. 129ff.

[62] *L. Osterloh*, in: *M. Sachs* (Hrsg.) GG, Art. 3 GG Rn. 241ff.; *M. Heckel* (1993), S. 83f.

[63] *L. Osterloh*, in: *M. Sachs* (Hrsg.), GG, Art. 3 Rn. 301; *M. Heckel* (1993), S. 71ff., 83f., 87ff.; *H. de Wall*, ZevKR 40 (1995), S. 513, 516.

[64] Vgl. nur BVerfGE 32, 98 [106]; *B. Pieroth / B. Schlink*, Rn. 564.

[65] Vgl. *M. Heckel* (1993), S. 85ff.

[66] Die Kontroverse entzündet sich u.a. am praktischen Beispielsfall des Schächtens: Wenn im Einzelfall religiöse Bedürfnisse eine Ausnahme von den allgemeinen staatlichen Verbotsbestimmungen zu rechtfertigen vermögen, kann daraus keineswegs mit Hinweis auf die religionsbezogenen Differenzierungsverbote ein Recht für alle zum Schächten hergeleitet werden, so aber: Sachs (1987), S. 258, 389; *ders.*, HStR V, § 126 Rn. 116 Fn. 332, Rn. 130; dagegen: *M. Heckel* (1993), S. 95, ebenso mit klarstellendem Hinweis auf die Unzulässigkeit, aus vermeintlichen Gründen der Gleichheit (der „Gleichmacherei") die glaubensbedingt rechtmäßige Befreiung einzelner vom Schulunterricht auf die Mitglieder anderer, nicht betroffener Religionen zu erweitern.

religiösen, Freiheitsgarantien und dem jeweiligen Schrankenzweck Rechnung getragen werden, der andere Verfassungspositionen absichert[67].

Wer Glaubensfreiheit gewährt, muß den jeweiligen Glauben bei seinem Handeln berücksichtigen und kann nicht vom Glauben absehend unterschiedslos alle gleich behandeln[68]. Die religionsbezogenen besonderen Gleichheitsrechte dienen geradezu der Bestätigung und Verstärkung des verfassungsrechtlichen Schutzes religiöser Freiheit[69]. Überdies würde eine ausnahmslose Ausblendung religiöser Bezüge aus jeglichem staatlichen Handeln einer dezidiert gegen kirchliche Belange gerichteten, laizistischen Grundhaltung Vorschub leisten, die mit den religiösen Freiheits- und Gleichheitsgarantien gerade verhindert werden soll[70]. Wenn etwa im Denkmalschutzrecht ein absolutes Unterscheidungsverbot griffe, so entstünde die perplexe Situation, daß die spezifisch religiösen Bau- und Nutzungsaspekte dem vermeintlichen Gebot strikter Gleichbehandlung folgend allein ignoriert werden könnten, indem man nur bei den sakralen Denkmalen die historische Bedeutung ausblendete, wohingegen sonst die Denkmale in ihrer historischen Funktion und Wirkung zu respektieren sind[71]. Dies stellte nun aber wiederum eine Diskriminierung der religiösen Güter und ihrer religiösen Nutzung gegenüber den profanen Dingen dar[72], die letztlich allein auf dem Religionsbezug basierte und damit dem Verbot des Art. 3 III 1 GG, „wegen" des „Glaubens" oder der „religiösen Anschauungen" zu unterscheiden, zuwiderliefe. Gleiches gilt für die mit der Feiertagsgarantie nach Art. 140 GG / 139 WRV geschützte „seelische Erhebung". Hier könnten die ursprünglich vorherrschenden religiösen Aspekte[73] nicht ausgeblendet werden, ohne nun im Verhältnis zu den profanen Sinngehalten in diskriminierender Weise an die Kriterien „Glauben" und „religiöse Anschauungen" anzuknüpfen[74]. Die religionsbezogenen Kriterien von

---

[67] Zum Verhältnismäßigkeitsprinzip vgl. *P. Lerche*, HStR V, § 122 Rn. 20ff.

[68] Vgl. auch *L. Osterloh*, in: *M. Sachs* (Hrsg.), GG, Art. 3 GG Rn. 246, für das Beispiel des Schächtens, sowie *W. Rüfner*, BoK, Art. 3 GG Rn. 557, für die Feiertagsregelungen.

[69] Vgl. *L. Osterloh*, in: *M. Sachs* (Hrsg.), GG, Art. 3 GG Rn. 244; für Art. 33 III GG auch *W. Cremer / T. Kelm*, NJW 1997, S. 832, 836.

[70] Im Überblick: *M. Heckel* (1993), S. 85f., 43ff., 72, 88ff., 101ff.; vgl. auch v. Mangoldt / Klein / *C. Starck*, GG, Art. 4 Rn. 15, 17.

[71] *M. Heckel*, Ges.Schriften II, S. 1075, 1088f.

[72] Vgl. *M. Heckel* (1993), S. 89f.; *ders.*, Dürig-FS, S. 241, 245; *B.M. Kremer*, HdbStKirchR II, S. 77, 103; mit Blick auf die neuen Staatskirchenverträge: *A. v. Campenhausen*, NVwZ 1995, S. 757, 760; *ders.*, ZevKR 39 (1994), S. 370, 375.

[73] Zur Prägung des staatlichen Sonn- und Feiertagsrechts durch das Christentum vgl. *P. Häberle*, Feiertagsgarantien, S. 18f., 22, 54f.; *K.-H. Kästner*, HdbStKirchR II, S. 337, 352; *J. Isensee*, EssGespr. 25 (1991), S. 105, 107.

[74] *M. Heckel* (1993), S. 104.

Art. 3 III 1 GG sind daher im Lichte der religiösen Freiheitsgewährleistungen und übrigen Verfassungsbestimmungen auszulegen, die eine differenzierende Berücksichtigung der religiösen Bedürfnisse verlangen[75].

Danach sind mit Art. 3 III 1 GG nicht nur solche Differenzierungen vereinbar, die ohne eine Anknüpfung an eines der Unterscheidungskriterien begründet werden können, wie dies von der Lehre vom Begründungsverbot herausgearbeitet wurde[76]. Auch Differenzierungen zwischen bekenntnisunterschiedlichen Vergleichsgruppen können vor dem Besonderen Gleichheitssatz eine Rechtfertigung erfahren, sofern sie auf einer verfassungsrechtlich zugelassenen sachgerechten Verknüpfung der Ungleichbehandlung mit relevanten Besonderheiten der Religionsgemeinschaft beruhen. Absolut und ausnahmslos ist vor diesem Hintergrund für Unterscheidungen zwischen Religionsgemeinschaften dem Staat die wertende Anknüpfung an die religiösen Inhalte selbst, die Wahrheitsfrage, verboten[77]. Im übrigen aber sind religionsbedingte Differenzierungen zulässig und z.T. sogar geboten, soweit die Ungleichbehandlung mit Auswirkungen nach den verbotenen Kriterien nicht etwa „wegen" dieser im Sinne unmittelbarer Kausalität erfolgt[78], sondern über andere, verfassungslegitime Aspekte mit verallgemeinerungsfähigen Kriterien vermittelt wird[79]. Die für eine staatliche Differenzierung relevanten Unterschiede zwischen Religionsgemeinschaften müssen danach abstrahierend von der theologischen Dimension in ihren weltlichen Wirkungen Unterschiede zeitigen, die einen direkten Ansatzpunkt für den eigenen staatlichen Verantwortungsbereich begründen[80]. Freilich sind besonders strikte Anforderungen an die Legitimierung durch anderweitige staatliche Anknüpfungspunkte zu stellen, um eine Umgehung des religionsbezogenen Anknüpfungsverbotes zu verhindern[81]. Zudem greifen die Vorgaben

---

[75] *M. Heckel* (1993), S. 74f., 85f., 91f. und öfter; zustimmend: *H. de Wall*, ZevKR 40 (1995), S. 513, 516f.; vgl. weiter *H. Weber*, NJW 1983, S. 2541, 2543f.; *ders.* ZevKR 36 (1991), S. 253, 261f.

[76] So etwa: *W. Heun*, in: *H. Dreier* (Hrsg.), GG, Art. 3 Rn. 110; *S. Huster* (1993), S. 314–316; *B. Pieroth / B. Schlink*, Rn. 497; *W. Cremer / T. Kelm*, NJW 1997, S. 832, 835–837, vor allem bei Fn. 46 und 61ff.

[77] BVerfGE 19, 1 [7]; *H. Weber*, NJW 1983, S. 2541, 2543; *ders.*, ZevKR 36 (1991), S. 253, 258, 260ff.; *G. Robbers*, HdbStKirchR I, S. 867, 879.

[78] Allgemein für die Kriterien des Art. 3 III GG: v. Mangoldt / Klein / *C. Starck*, GG, Art. 3 III Rn. 264; vgl. auch *G. Dürig*, in: *T. Maunz / G. Dürig* (Hrsg.), GG, Art. 3 III Rn. 136.

[79] Vgl. *J. Isensee*, HdbStKirchR I, S. 1009, 1061; *M. Heckel* (1993), S. 100ff.

[80] Vgl. die ausführliche Darlegung relevanter Ansatzpunkte bei *M. Heckel* (1993), S. 100ff.

[81] Vgl. *W. Heun*, in: *H. Dreier* (Hrsg.), GG, Art. 3 Rn. 110; *S. Huster* (1993), S. 314ff.

des allgemeinen Gleichheitssatzes[82], so daß es insoweit in der Tat auf die Gleichwertigkeit der differenzierenden Behandlung durch den Staat ankommen kann[83]. Für die rechtliche Überprüfung differenzierender staatlicher Kirchenförderung bleibt weiter festzuhalten, daß die Gleichheitsfragen nur im jeweils konkreten Rückbezug auf die religiösen Freiheitsgarantien geklärt werden können[84].

Einen Ansatzpunkt für diesen Prüfungszusammenhang bildet das Gebot staatlicher Neutralität in religiös-weltanschaulichen Fragen, das mit seinen inhaltlichen Vorgaben aus dem Zusammenspiel der Art. 4 I, II, 3 III GG, Art. 33 III GG und Art. 140 GG i.V.m. Art. 136 I, II, 137 I, III, V WRV abgeleitet wird[85]. Das Neutralitätsgebot fordert als offenes Prinzip nun nicht pauschal eine „ausgrenzende Neutralität" für religiöse Aspekte im staatlichen Bereich oder gar deren Ignoranz, sondern eine sachgerechte Respektierung der Eigengesetzlichkeit der jeweils einschlägigen Sachzusammenhänge[86]. Je nach den weiteren einschlägigen Verfassungsbestimmungen kann dies gegebenenfalls auch eine übergreifende, auf Verbürgung freier Entfaltung ausgerichtete Neutralität bedeuten, um den jeweiligen spezifischen Eigenarten und Strukturprinzipien den gebotenen Raum zu lassen[87]. Das Ergebnis zwingt bei der Klärung der Gleichheitsfragen zwischen Religionsgemeinschaften zu einer Ausdifferenzierung

---

[82] *M. Heckel* (1993), S. 70f., 73; *W. Rüfner*, BoK, Art. 3 GG Rn. 544, 556.

[83] *M. Heckel* (1993), S. 84ff., 76ff., 53, 57: gleiches Angebot an alle Religionsgemeinschaften zu gleichen rechtlichen Bedingungen; *H. Weber*, ZevKR 36 (1991), S. 253, 261f.

[84] *L. Osterloh*, in: *M. Sachs* (Hrsg.), GG, Art. 3 GG Rn. 301, mit Nachweisen der einschlägigen Rechtsprechung des Bundesverfassungs- und Bundesverwaltungsgerichts in Fn. 636. *W. Heun*, in: *H. Dreier* (Hrsg.), GG, Art. 3 Rn. 118, spricht davon, daß sich „das absolute Differenzierungsverbot ... in diesen Fällen zum staatskirchenrechtlichen Paritätsgebot" abschwäche. *C. Starck*, DVBl. 1997, S. 889, 892, sieht „Art. 3 I GG im Kontext mit Art. 140 GG ... spezieller als Art. 3 III GG"; ähnlich auch *H. Weber*, NJW 1983, S. 2541, 2543; vgl. weiter *Gubelt*, in: *I. v. Münch / P. Kunig* (Hrsg.), GGK I, Art. 3 Rn. 101; *W. Cremer / T. Kelm*, NJW 1997, S. 832, 836 m.N.

[85] Vgl. BVerfGE 19, 206 [216]; 24, 236 [246]; 33, 23 [28]; BVerfGE 93, 1 [16f.]; *K. Schlaich* (1972), S. 129ff.; *E.-W. Böckenförde*, ZevKR 20 (1975), S. 119, 129; *D. Lorenz*, JuS 1974, S. 436, 438–440 (m.w.N.).

[86] Zusammenfassend: *K. Schlaich* (1972), S. 218ff., 262; *M. Heckel*, in: Nörr, S. 1, 14ff.; *A. v. Campenhausen*, HdbStKirchR I, S. 47, 77ff.; *K.-H. Kästner*, ZevKR 41 (1996), S. 241, 252; *H. Weber*, ZevKR 36 (1991), S. 253, 258; vgl. weiter mit Blick auf die Kirchenförderung: *G. Robbers*, HdbStKirchR I, S. 867, 879.

[87] Vgl. ausführlich am Beispiel des Schulwesens: vgl. BVerfGE 41, 29 [52f.]; 52, 223 [237]; *E.-W. Böckenförde*, ZevKR 20 (1975), S. 119, 127f., 130f., 134; *K. G. Meyer-Teschendorf*, ZevKR 23 (1978), S. 202, 214–219; konkret am Beispiel der Schulkreuzentscheidung des Bundesverfassungsgerichts in Gegenüberstellung etwa zu den Gerichtskreuzen: abw. Meinung BVerfGE 93, 1 – [29ff.]; OVG Münster, NVwZ 1994, S. 597; BayVGH, NVwZ 1991, S. 1099, 1101; VG Regensburg, BayVBl. 1991, S. 345, 346; *K.-H. Kästner*, ZevKR 41 (1996), S. 241, 251f.; *J. Müller-Volbehr*, JZ 1995, S. 996, 998f.; *C. Link*, NJW 1995, S. 3353,

der Gleichheitsmaßstäbe nach den jeweils unterschiedlichen staatskirchenrechtlichen Problemvorgaben, welche die religionsbezogenen Ordnungsbefugnisse des Staates bestimmen[88]. Dabei darf der Staat sich als Hüter des Gemeinwohls aber keinesfalls mit Gruppeninteressen identifizieren[89], sondern muß seine Sach-, Personal- und Finanzmittel planvoll zur Erfüllung seiner eigenen Aufgaben einsetzen[90]. An Gruppeninteressen darf er nur anknüpfen, soweit sich Gemeinwohl und Partikularinteressen partiell „zufällig" überlagern. So müssen die mit staatlichen Mitteln unterstützten nichtstaatlichen, hier kirchlichen Aktivitäten objektiv auch zur Erfüllung staatlicher Aufgaben beitragen[91]. Im Ergebnis läßt Art. 3 III 1 GG danach grundsätzlich Differenzierungen zwischen einzelnen Religionsgemeinschaften aufgrund ihrer Besonderheiten, auch im Vetragswege[92], zu. Er gebietet aber, religionsbezogene Ungleichbehandlungen beim Einsatz des Staatskirchenvertragsinstruments mit verfassungslegitimen weltlichen Kriterien zu legitimieren, die bei säkularstaatlichen Ordnungsaufgaben mit Religionsbezug ansetzen.

b) Zulässige Differenzierung bei staatskirchenvertraglicher Kirchenförderung

Die Anknüpfungspunkte für religionsbezogene Differenzierungen im Rahmen der Förderfunktion der Staatskirchenverträge müssen eine gemeinwohlorientierte Kirchenförderung mit eigenen Zielen des Staates begründen können, die nicht mit denen der geförderten Kirche identisch sein dürfen. Dabei kommt dem Staat in den aufgezeigten Grenzen freilich ein weitgehender Spielraum bei der Festlegung seiner Gemeinwohlaufgaben und -ziele zu[93]. Zunächst sollen die Kriterien nahegebracht werden,

---

3356; *A. v. Campenhausen*, AöR 121 (1996), S. 448, 458f.; weiter differenzierend: *M. Hekkel*, DVBl. 1996, S. 453, 471ff.

[88] Dafür stehen die Arbeiten *M. Heckels* zum allgemeinen und besonderen Gleichheitssatz, insbesondere *M. Heckel* (1993); vgl. auch schon die Ansätze von *H. Weber*, NJW 1983, S. 2541, 2543f., oder, am Beispiel der staatlichen Finanzleistungen, *G. Robbers*, HdbStKirchR I, S. 867, 880. Für *C. Starck*, DVBl. 1997, S. 889, 891f., stellt sich die Aufarbeitung der Gleichheitsfragen deshalb treffend als Kristallisationspunkt der staatskirchenrechtlichen Rechtsfragen dar.

[89] BVerfGE 33, 125 [159].

[90] Vgl. *J. Isensee*, HStR III, § 57 Rn. 57, 167; für Subventionen: *K. Vogel*, H.P. Ipsen-FS, S. 539, 550ff.; *H.P. Ipsen*, HStR IV, § 92 Rn. 29f.

[91] *J. Isensee*, Dürig-FS, S. 54f., 57, am Beispiel der steuerlichen Verschonungssubventionen; *ders.*, HStR V, § 115 Rn. 251.

[92] Vgl. *M. Heckel* (1993), S. 53f., 92; zustimmend: *H. de Wall*, ZevKR 40 (1995), S. 513, 517; *W. Rüfner*, BoK, Art. 3 Rn. 853; weiter *S. Heitmann*, NJW 1997, S. 1420, 1422.

[93] *J. Isensee*, HStR, III § 57 Rn. 156f.

die sich aus den im Schrifttum bereits eingehend erörterten staatlichen Ordnungsaufgaben ergeben [aa)], um dann auf die noch offeneren Fragen der wiederholt herangezogenen eigenständigen Gestaltungsanliegen des Staates [bb)] und schließlich auf etwaige sich aus dem Vertragsschluß selbst ergebende Differenzierungsgesichtspunkte zu kommen [cc)].

aa) Differenzierungsaspekte im Rahmen staatlicher Ordnungsaufgaben

Für eine religionsbezogene Unterscheidung bei der staatlichen Kirchenförderung ergeben sich Ansatzpunkte zum einen aus den Handlungsbefugnissen und -pflichten im Rahmen der Gewährleistung verfassungsrechtlich verbürgter Kirchenfreiheit [(1)] und zum anderen aus den entlastenden Wirkungen kirchlicher Auftragswahrnehmung für die staatliche Aufgabenerfüllung [(2)].

(1) Grundrechtsgewährleistung und „Grundrechtsvorsorge"

Von den religionsbezogenen Ordnungsaufgaben, die den säkularen Staat zu Unterscheidungen zwischen Religionsgemeinschaften verpflichten bzw. ermächtigen, ist die nächstliegende die staatliche Verantwortung für die Gewährleistung der grundrechtlich fundierten Freiheit religiösen Wirkens. Denn, wie wiederholt aufgezeigt, ist diese stets, u.a. in den Präambeln, als eines der zentralen Motive für die staatskirchenvertraglichen Regelungen in den neuen Ländern hervorgehoben worden[94]. Die Rechtswirkungen der grundrechtlichen Freiheitsverbürgungen beschränken sich dabei nicht nur darauf, dem Staat nicht zu rechtfertigende Eingriffe in die religiöse Selbstbestimmung zu untersagen[95]. Wenn auch die Abwehr staatlicher Übergriffe die grundlegende, klassische Grundrechtsfunktion ist, so entfalten die Grundrechtsgewährleistungen doch auch im Vorfeld der Eingriffsabwehr erhebliche Rechtswirkungen, die freilich in Einzelheiten umstritten sind[96]. Wie sich schon

[94] Vgl. hier nur noch MdL *Höppner*, SPD, PlenProt. LSA 1/53, S. 6312; MdL *N. Buske*, CDU, PlenProt. M.-V. 1/97, S. 5865; vgl. auch Ministerpräsident *B. Seite*, PlenProt. M.-V. 1/97, S. 5861.

[95] Ausführlicher Überblick bei *A. Bleckmann*, StR II, § 11; *J. Dietlein*, S. 52ff., jeweils unter Hinweis auf die z.T. weiten Divergenzen im Schrifttum; sehr eng etwa *B. Schlink*, EuGRZ 1984, S. 457ff.

[96] Weitgehend etwa die Ansätze, in den Grundrechten die Gewährleistung einer „realen Freiheit" verbürgt zu sehen; vgl. *P. Häberle*, VVDStRL 30 (1972), S. 43, 52ff., 69ff., 80ff.; zurückhaltend: *H.H. Klein* (1972), S. 57ff.; aus dem staatskirchenrechtlichen

aus Art. 1 III GG ergibt[97], kommt den Grundrechten jedenfalls auch eine objektive Dimension als Leitbildern staatlichen Handelns zu[98]. Losgelöst von dem Streit um etwaige Leistungs- oder Teilhabefunktionen der Grundrechte im Sinne subjektiver Rechtspositionen[99] bildet der objektivrechtliche Gehalt der Grundrechte jedenfalls eine rechtliche Grundlage für eine staatliche Auftragswahrnehmung gegenüber den Religionsgemeinschaften[100]. Zum Teil wird den verfassungsrechtlichen Freiheitsgarantien eine, freilich noch auszugestaltende und nicht anspruchsbewehrte, Verpflichtung oder zumindest Befugnis des Staates entnommen, für eine optimale Grundrechtsverwirklichung Sorge zu tragen[101]. Jedenfalls aber zählt es zum Bereich der zulässigen staatlichen Handlungsfelder, notwendige rechtliche bzw. tatsächliche Voraussetzungen für die Wahrnehmung grundrechtlich verbürgter Freiheiten zu schaffen bzw. diese mittels einer Hilfe zur Grundrechtsausübung zu befördern[102]. Dies gilt, schon mit Rücksicht auf das Verhältnismäßigkeitsprinzip bei Freiheitsbeeinträchtigungen, umso dringlicher, je mehr der Staat selbst reglementierend Hürden für die Grundrechtsausübung aufstellt, etwa im Schulwesen oder in besonderen staatlichen Anstalten[103]. Freilich darf dabei Vorsorge nicht in Bevormundung der Freiheitsberechtigten umschlagen.

Schrifttum: einerseits: *K. G. Meyer-Teschendorf* (1979), S. 192ff., und andererseits: *H. Weber*, NJW 1983, S. 2541, 2544f.; *ders.*, ZevKR 36 (1991), S. 253, 262; für die finanziellen Leistungen des Staates an Religionsgemeinschaften vgl. den Überblick bei *G. Robbers*, HdbStKirchR I, S. 867, 873ff.

[97] *C. Steinbeiss-Winkelmann*, S. 9ff.

[98] *K. Stern*, HStR V, § 109, Rn. 38f., 50–61; sehr weitgehend: *H. Dreier*, Dimensionen der Grundrechte, S. 27ff.

[99] Allgemein dazu im Überblick: *K. Stern*, HStR V, § 109 Rn. 43ff.; *H. Dreier*, in: *H. Dreier* (Hrsg.), GG, Vorb. Rn. 50ff.; ausführlich: *D. Murswiek*, HStR V, § 112, insbesondere Rn. 5ff., 86ff.; mit Blick auf das Staatskirchenrecht auch: *H. Weber*, NJW 1983, S. 2541, 2544f. m.w.N.

[100] *A. Bleckmann*, StR II, § 11 Rn. 185ff. („Grundrechte als Handlungsermächtigung"); *J. Isensee*, HStR III, § 57 Rn. 148, 170.

[101] Vgl. *A. Hollerbach*, VVDStRL 26 (1968), S. 57, 89f., nach dem in der staatlichen Förderung der Freiheitswahrnehmung die letzte Krönung und Vollendung der Freiheitsrechte liege; *G. Robbers*, HdbStKirchR I, S. 867, 876 („im Rahmen des Möglichen Grundrechtsvoraussetzungen zu schaffen und zu gewährleisten").

[102] Im einzelnen freilich wiederum umstritten: vgl. allgemein *E. Denninger*, HStR V, § 113 Rn. 40ff.; *D. Murswiek*, HStR V, § 112 Rn. 97ff.; *J. Isensee*, HStR V, § 115 Rn. 19, 158ff., 137ff., 144; *K. Hesse*, VerfR, Rn. 289; aus staatskirchenrechtlicher Sicht: *W. Clement*, EssGespr. 28, S. 41, 45; *D. Pirson*, EssGespr. 28, S. 83, 96f.; *W. Kewenig*, EssGespr. 6 (1972), S. 9, 19ff.; *K. G. Meyer-Teschendorf* (1979), S. 197f.; *H. Marré*, KuR-410, S. 11, 12f.; *J. Isensee*, HdbStKirchR I, S. 1009, 1061; *P. Häberle*, AöR 97 (1972), S. 325, 326ff.

[103] *D. Pirson*, EssGespr. 28, S. 83, 97f., 110; *G. Robbers*, HdbStKirchR I, S. 867, 876; vgl. für das Hochschulzugangsrecht: BVerfGE 33, 303 [330ff.]; 43, 291 [313f.]; zur Privatschulfreiheit auch BVerfGE 75, 40 [66ff.], sowie *E. Denninger*, HStR V § 113, Rn. 44f.

Darüber hinaus ist die Rolle der Religion im Verhältnis zu anderen Bereichen gesellschaftlicher Freiheitsentfaltung zu berücksichtigen: Wenn dem Staat die Befriedigung menschlicher Bedürfnisse in der Weise am Herzen liegt, daß er sich für günstige Rahmenbedingungen der Freiheitsentfaltung in Kunst und Wissenschaft, Sport oder Familie engagiert, dann wird er schon aus Gründen der Gleichbehandlung und der Neutralität davon die transzendente Dimension nicht ausschließen müssen[104]. Der Glaube gehört zu den Grundbedürfnissen der menschlichen Existenz. Die Verfassung hat sich darüber hinaus zum Schutz religiöser Überzeugungen und religiösen Wirkens an exponierter Stelle bekannt. Der Aufwand, mit dem die religiösen Freiheiten in vielen „ins Positive zielenden" Ausprägungen ausdrücklich in der Verfassung gewährleistet werden, sollen prominenter Meinung nach den religiösen Bedürfnissen bei der Verteilung staatlicher Gelder eine „Präferenzposition" „vor partiellen säkularen Interessen" verschafft haben[105]. Ob und vor allem inwieweit ein solcher Vorrang dem Grundgesetz nach gegeben ist, kann für die vorliegende Frage nach Förder- und Differenzierungsbefugnissen des Staates gegenüber Religionsgemeinschaften offenbleiben. Denn jedenfalls ist danach eine Kirchenförderung zulässig und zumindest in dem Maße auch verfassungsrechtlich geboten, wie die vergleichbaren Bedürfnisse anderer gesellschaftlicher Gruppen in den Genuß staatlicher Vergünstigungen kommen. Insoweit ergeben sich aus den verfassungsrechtlichen Garantien religiöser Freiheit Ansatzpunkte säkularstaatlicher Ordnungsaufgaben, die unter Rücksichtnahme auf die jeweiligen religiösen Besonderheiten und die entsprechend unterschiedlichen religiös motivierten Schutzbedürfnisse[106] auch an glaubensbedingte Unterschiede zwischen den Religionsgemeinschaften anzuknüpfen erlauben bzw. gebieten.

Weiter sind in diesem Bereich „positiver Religionspflege" mit Rücksicht auf die knappen Ressourcen aber auch Verteilungsentscheidungen zwischen den für eine Förderung der Freiheitsentfaltung potentiell in Betracht kommenden Gemeinschaften zu treffen. Da es im Rahmen der grundrechtlich motivierten Förderung um die Befriedigung von verfassungsrechtlich anerkannten Bedürfnissen der Freiheitsberechtigten geht,

---

[104] *W. Kewenig*, EssGespr. 6 (1972), S. 9, 28; *H. Marré*, KuR-410, S. 11, 12f., 21f.; *G. Robbers*, HdbStKirchR I, S. 867, 888f., 877f. Hier kommt es zu Überschneidungen zwischen der grundrechtlichen und der kulturstaatlichen Begründung der Kirchenförderung, die ohnehin eng aufeinanderbezogen sind und sich, je nach den theoretischen Grundlagen, zum Teil nur in der Perspektive unterscheiden [unten III. Teil D. II. 2. b) bb) (= S. 339ff.)].

[105] *G. Robbers*, HdbStKirchR I, S. 867, 877f.

[106] Vgl. nur *M. Heckel* (1993), S. 94f.

hat die Verteilungsentscheidung bei den Bedürfnissen selbst anzusetzen. Diese werden, abgesehen von den bekenntnisbedingten Besonderheiten, in erster Linie durch die Größe, Verbreitung und Aktivität der Religionsgemeinschaften bestimmt[107]. Es bleibt aber auch die grundrechtliche Schutzfunktion zugunsten von Minderheiten und ihren besonderen Bedürfnissen zu berücksichtigen. Die staatliche Verantwortung, die eine differenzierende Kirchenförderung zu rechtfertigen vermag, ergibt sich aber nicht nur aus den verfassungsrechtlich anerkannten Bedürfnissen der vertragschließenden Religionsgemeinschaften selbst. Vielmehr kann auch die verfassungsrechtlich vorgezeichnete Sorge des Staates um religiöse Individualbedürfnisse der Förderung kirchlichen Wirkens eine Rechtfertigung vermitteln, wenn und soweit der Staat den Individualpositionen nur unter Mithilfe der betroffenen Religionsgemeinschaften Rechnung tragen kann[108]. Dies wird am Beispiel der öffentlich-rechtlichen Sonderbindungen, also etwa bei der Förderung der Anstaltsseelsorge oder bei der Ausgestaltung des Religionsunterrichts, besonders deutlich. Denn hier wird dem religiösen Wirken der Weg im staatlichen Bereich in Kompensation für staatlich verordnete Freiheitseinbußen geebnet[109].

In den neuen Ländern wurde ganz allgemein ein erheblicher Kompensationsbedarf der Religionsgemeinschaften aufgrund des jahrzehntelangen religionsfeindlichen SED-Regimes ausgemacht[110]. Unvergleichlich größer aber noch ist der Verlust der Grundlagen jüdischen Glaubens nach den staatlichen Verfolgungen, der in zulässiger Weise ein zentrales Motiv der neuen Vertragsabschlüsse mit den Jüdischen Verbänden und insbesondere ihrer Förderung bildet[111]. Im übrigen zählen zu den konkret grundrechtsmotivierten Vergünstigungen etwa die Vertragsbestimmungen zum besonderen Schutz des kirchlichen Vermögens oder die vertraglichen Zusagen des Staates, sich auch gegenüber anderen Trägern öffentlicher Einrichtungen für die Gewährleistung der Anstaltsseelsorge einzu-

---

[107] Zu diesen Differenzierungsansätzen neben *M. Heckel*: *H. Weber*, ZevKR 36 (1991), S. 253, 261; *G. Robbers*, HdbStKirchR I, S. 867, 881; *S. Heitmann*, NJW 1997, S. 1420.

[108] Vgl. *J. Oebbecke*, DVBl. 1996, S. 336, 340f., der dies als Ansatzpunkt für die staatliche Gewährleistung des Religionsunterrichts herausarbeitet („in Kooperation von Staat und Religionsgemeinschaften erbrachter Dienst" zur „Befähigung zur Grundrechtsausübung").

[109] Dazu ausführlich: *W. Loschelder*, HStR V, § 123 Rn. 44ff. m.N.; *D. Pirson*, EssGespr. 23, S. 4, 25f.; *J. Isensee*, EssGespr. 25, S. 104, 126.

[110] Vgl. nur die Regierungsbegründung evKVSachsen, LT-Drs. 1/4649, Vertragsbegründung, S. 1, sowie *S. Heitmann*, LKV 1995, S. 93, und *ders.*, ZevKR 39 (1994), S. 402, 406ff.

[111] Regierungsbegründung JüdVTh, LT-Drs. 1/2850, S. 5; Regierungsbegründung JüdVLSA, LT-Drs. 1/3629, Vertragsbegründung, S. 16f.; MdL *Buchholz*, PlenProt. LSA 1/62, S. 7390; Kultusminister *Schomburg*, PlenProt. LSA 1/62, S. 7391; Regierungsbegründung JüdVSachsen, LT-Drs. 1/4855, Vertragsbegründung, S. 1f.

setzen. Auch die Berücksichtigung der Kirchen im Rundfunkrecht stellt sich z.T. als grundrechtssanktionierende Förderung unmittelbar der Kirchen selbst und mittelbar auch der religiösen Bedürfnisse der auf den Rundfunk angewiesenen Teilnehmer dar[112]. Schwierigkeiten dürfte freilich bereiten, direkte Bevorzugungen der Vertragspartner in Konkurrenz zu vergleichbaren Verbänden verfassungsrechtlich zu rechtfertigen, wie sie etwa in jeweils Absatz 1 der Schlußprotokolle zu Art. 7 II evKVLSA und zu Art. 5 JüdVLSA „bei der Vergabe öffentlicher Grundstücke im Falle mehrerer Interessenten" im Zusammenhang mit Enteignungsverfahren vorgesehen sind.

(2) Differenzierungsgründe nach dem Maß der Staatsaufgabenentlastung

Ein zweiter, ganz eigenständiger Ansatzpunkt für zulässige staatliche Unterscheidungen zwischen Religionsgemeinschaften im Rahmen der Förderfunktion ergibt sich aus den säkularstaatlich faßbaren Wirkungen religiöser Auftragswahrnehmung, die sich direkt mit staatlichen Aufgaben decken[113]. Zwar sind auch die Unterschiede im gesellschaftlichen Engagement und in der damit bewirkten Beförderung des Gemeinwohls letztlich allein in abweichenden religiösen Überzeugungen über Auftrag und Erscheinungsbild der einzelnen Glaubensgemeinschaft begründet. Ob und inwieweit eine Religionsgemeinschaft sich vom gesellschaftlichen Geschehen zurückzieht oder die menschlichen Bedürfnisse, kulturellen Herausforderungen und gesellschaftlichen Probleme in ihren religiösen Auftrag einbezieht, denen sich auch der Staat stellt, hängt ganz allein vom Bekenntnis und dem religiösen Selbstverständnis ab. Gleichwohl ist die eigene Verantwortung des Staates berührt, soweit im Rahmen der kirchlichen Auftragswahrnehmung Aufgaben bewältigt und Ergebnisse erzielt werden, die ansonsten dem Staat oder den Kommunen oblägen. Dies zeigt sich schon in der verfassungsrechtlichen Anerkennung des kirchlichen Öffentlichkeitsauftrags nach Art. 36 III 1 Verf.BBG und Art. 32 I 2 Verf. LSA. Deutlicher aber noch tritt die Zulässigkeit dieser staatlichen Interes-

---

[112] Dazu im Überblick: *C. Link*: HdbStKirchR II, S. 251, 274ff., 281f.; mit weitergehender Annahme subjektiver Berechtigungen: *D. Lorenz*, Drittsendungsrecht, S. 44f., 34ff., mit kritischer Besprechung von *H. Bethge*, DVBl. 1989, S. 579.

[113] Ausführlich: *D. Pirson*, EssGespr. 28, S. 83, 87, 90–94, sowie für Subventionen allgemein: *J. Isensee*, HStR V, § 115 Rn. 191; *ders.*, HStR III, § 57 Rn. 170ff., insbesondere 173; *ders.*, HdbStKirchR I, S. 1009, 1060f.; *ders.*, EssGespr. 26, S. 104, 124f.; *ders.*, Dürig-FS, S. 33, 61ff.; *H.P. Ipsen*, HStR IV, § 92 Rn. 29f.; vgl weiter *A. Hollerbach*, HStR VI, § 138 Rn. 103f., und insoweit auch *G. Czermak*, S. 329ff.

sen am Wirken der Kirche in der Anerkennung der Gemeinnützigkeit des karitativen bzw. diakonischen Wirkens der Kirchen zutage[114].

Darin und in den damit ersparten Aufwendungen der zuständigen öffentlichen Aufgabenträger liegt ein weiterer rechtfertigender Grund sowohl für eine staatliche Kirchenförderung überhaupt als auch zugleich für eine Differenzierung der staatlichen Förderleistungen nach dem Maß der erzielten Staatsentlastung[115]. Die staatsentlastenden kirchlichen Leistungen für das Gemeinwohl bemessen sich dabei wesentlich auch nach der Kooperationseignung und -bereitschaft sowie damit zusammenhängend auch nach dem Organisationsgrad der Religionsgemeinschaften. Denn der Staat kann Aufwendungen bei eigenem Handeln nur nach verläßlicher Verabredung der einschlägigen kirchlichen Aufgabenwahrnehmung ersparen. Die Förderanliegen in den Staatskirchenverträgen beziehen sich zu einem guten Teil auf die vielfältigen gesellschaftsrelevanten Leistungen der Kirchen[116], die der säkulare Staat als Entlastung von eigenen Aufgaben anerkennen kann, ohne deshalb sich mit der jeweiligen Religionsgemeinschaft zu identifizieren oder diese aus religiösen Motiven zu bevorzugen. Deutlich tritt dies im Sozialsektor und im Bildungswesen zutage, weil und soweit der Staat die kirchlichen Einrichtungen mit in seine umfassenden Bedarfsplanungen einbezieht und insoweit von eigenen Anstrengungen der Jugendhilfe, der Krankenpflege, der Unterrichtsversorgung, der Erwachsenenbildung usw. absehen kann. Zum Teil findet diese Motivation auch in den Vertragsbestimmungen selbst ausdrücklichen Niederschlag, beispielsweise für eine Förderung diakonischer Einrichtungen nach Art. 18 III evKVLSA nebst Schlußprotokoll sowie ähnlich nach Art. 20 I 2 evKVSachsen und Art. 9 I 2 SachsenKKV. Auch im Friedhofswesen ist staatskirchenvertraglich fixiertes Entgegenkommen mit der Entlastung motiviert, die kirchliches Engagement für die öffentliche Aufgabe der Totenbestattung mit sich bringt[117].

---

114 Vgl. Art. 33 III Verf. LSA und Art. 41 S. 1 Verf.Th sowie die entsprechenden Förderungszusagen für gemeinnützige Einrichtungen gem. Art. 110 I Sächs.Verf., Art. 33 III Verf.LSA, Art. 41 S. 1 Verf.Th, Art. 45 III 1 Verf.BBG und Art. 19 II Verf.MV.

115 *M. Heckel* (1993), S. 101f., 60, 52f., 58 („die konkurrierenden Religionsgesellschaften an ihren Früchten in dieser Welt erkennen und danach differenziert behandeln"); *ders.*, JZ 1994, S. 425, 427; vgl. auch *H. Weber*, ZevKR 36 (1991), S. 253, 261, der neben der Größe auch die „soziale Relevanz" der Religionsgemeinschaften als zulässiges Differenzierungskriterium anerkennt; vgl. weiter *G. Robbers*, HdbStKirchR I, S. 867, 881; *D. Pirson*, EvStL II, Sp. 3814, 3825; *W. Clement*, EssGespr. 28, S. 41, 46, 43; auch *S. Heitmann*, NJW 1997, S. 1420.

116 Betont wird dieser Aspekt beispielhaft bei MdL *Timm*, SPD, PlenProt. M.-V. 1/101, S. 6105, und MdL *Goldbeck*, FDP, PlenProt. M.-V., 1/97, S. 5868.

117 Vgl. nur Regierungsbegründungen zum evKVLSA, LT-Drs. LSA 1/3087, Vertrags-

bb) Differenzierungsaspekte im Rahmen kulturstaatlicher Gestaltungsanliegen

Vielfach steht im Mittelpunkt der staatlichen Interessen die Begründung, Vermittlung und Durchsetzung konkreter Werte für das Zusammenleben in Staat und Gesellschaft durch die christlichen Kirchen als „Wertinstanz“[118]. Staatliche Kirchenförderung wird in diesen Bereichen wie auch bei der von beiden Vertragspartnern angenommenen gemeinsamen Verantwortung für die Bewahrung des kulturellen Erbes[119] damit gerechtfertigt, daß der Staat hier auf das Wirken der Kirchen angewiesen sei[120]. Vom staatlichen Vertragspartner wird damit eine kulturstaatliche Verantwortung in Anspruch genommen, die staats-unverfügbaren, hier religiösen, Lebensgrundlagen, die er nicht garantieren könne, immerhin zu befördern. Abgesehen von der umstrittenen Frage, inwieweit aus dem Begriff des „Kulturstaats“ überhaupt konkrete staatliche Aufgaben oder gar Befugnisse abzuleiten sind[121], bereiten dabei vor allem die damit konkret verbundenen staatlichen Gestaltungsanliegen im Verhältnis zu den Religionsgemeinschaften erhebliche Probleme. Ansetzend bei dem Streitstand [(1)] soll die Begründung der differenzierten staatlichen Förderung über die kulturstaatliche Verantwortung näher untersucht werden [(2)].

(1) Kulturstaatliche Interessen an religiösen Potenzen

Zum Anknüpfungspunkt für den Nachweis eines staatlichen Nutzens aus bzw. eines staatlichen Bedürfnisses nach religiösen Phänomenen wird

begründung, S. 16, zum evKVBBG, LT-Drs. BBG 2/3442, Vertragsbegründung, S. 19, und zum JüdVLSA, LT-Drs. 1/3629, S. 19f., sowie *A. Vulpius*, LKV 1994, S. 277, 280, und *S. Heitmann*, LKV 1995, S. 93, 97.

[118] MdL *Goldbeck*, FDP, PlenProt. M.-V. 1/97, S. 5868; MdL *N. Buske*, CDU, PlenProt. M.-V. 1/97, S. 5865; Ministerpräsident *B. Vogel*, PlenProt. Th. 1/113, S. 8723f.; MdL *Schuchardt*, SPD, PlenProt. Th. 1/113, S. 8726. MdL *Scharf*, CDU, PlenProt LSA 1/53, S. 6315, stellt das im christlichen Glauben gewachsene Wertsystem als unabdingbare Grundlage für die Durchsetzung und den Fortbestand der freiheitlich-demokratischen Grundordnung heraus.

[119] Ministerpäsident *B. Seite*, PlenProt. M.-V. 1/101, S. 6102f.; MdL *Rehberg*, CDU, PlenProt. M.-V., S. 6116.

[120] Ministerpräsident *B. Seite*, Ansprache, in: N. Buske, S. 31; *ders.*, PlenProt. M.-V., 1/97, S. 5861 sowie PlenProt. M.-V. 1/101, S. 6103; vgl. auch MdL *Timm*, SPD, PlenProt. M.-V. 1/97, S. 5863, und PlenProt. M.-V. 1/101, S. 6105; MdL *Goldbeck*, FDP, PlenProt. M.-V., 1/97, S. 5868.

[121] Kritisch zur normativen Bedeutung des Kulturstaatsbegriffs: *M.-E. Geis* (1990), S. 162ff., der statt dessen auf eine grundrechtsdogmatische Begründung abstellt; vgl. auch *G. Roellecke*, DÖV 1983, S. 653ff.

vielfach der oft zitierte Satz Böckenfördes genommen[122], wonach der moderne freiheitliche Staat von Voraussetzungen lebe, die er selbst nicht garantieren könne, ohne seine Freiheitlichkeit in Frage zu stellen[123]. Aus dem Dilemma zwischen der angenommenen Abhängigkeit des Staates vom Fortbestand geistiger Voraussetzungen[124] und seinen beschränkten Möglichkeiten, diese zu gewährleisten, wird ein vitales Interesse des Verfassungsstaates an der Bewahrung und Festigung der geistigen, kulturellen und moralischen Fundamente des gesellschaftlichen und staatlichen Lebens durch das Handeln gesellschaftlicher, hier religiöser, Kräfte abgeleitet[125]. Wegen ihrer herausragend prägenden Wirkung für Recht und Kultur in der Bundesrepublik Deutschland wird den christlichen Kirchen ein zentraler Beitrag dafür zugeschrieben, die sittlichen Grundlagen des Gemeinwesens zu bewahren[126] und die geistige und kulturelle Kontinuität, ja Identität zu gewährleisten[127]. Die Kirche könne die Grundrechtsberechtigten moralisch binden und zu einem „guten Gebrauch" der grundrechtlichen Freiheit bewegen[128]. Aus dem Transzendenzglauben erwachse die für den demokratischen Prozeß im Verfassungsstaat notwendige Grundgelassenheit der Bürger. Demgegenüber sehen andere Stimmen im Schrifttum die kirchliche Freiheit und Eigenständigkeit einerseits und die Neutralität und Säkularität des Staates andererseits bedroht, wenn das „ethisch-sittliche Engagement" der Kirchen in dieser Weise, praktisch als

---

[122] *P. Badura*, HdbStKirchR I, S. 211, 224f.; *H. Marré*, KuR-410, S. 11, 14f., 21f.; *ders.*, KuR-110, S. 37, 46f.; *J. Isensee*, HdbStKirchR I, S. 1009, 1061; *ders.*, EssGespr. 25, S. 104, 123 Fn. 46; *ders.*, HStR V, § 115 Rn. 226 Fn. 522, 262; *A. Hollerbach*, HdbStKirchR II, S. 549, 561; *W. Loschelder*, HdbStKirchR II, S. 511, 541ff. Fn. 187; *Karpen*, EssGespr. 28, S. 110 (Diskussionsbeitrag); *G. Robbers*, HdbStKirchR I, S. 867, 878f.; *W. Clement*, EssGespr. 28, S. 41, 45f.; andeutend auch: *D. Pirson*, EssGespr. 28, S. 83, 97; *P. Hintze*, Pawlowski-FS, S. 43, 46; vgl. weiter *M. Heckel*, DVBl. 1996, S. 453, 468; mit anderen Beispielen aus dem Bereich der Kultur: *J. Isensee*, Dürig-FS, S. 33, 62ff.

[123] *E.-W. Böckenförde*, Staat, Gesellschaft, Freiheit, S. 42, 60, der dabei selbst freilich nicht auf eine Förderfunktion abzielt.

[124] Vgl. auch *H.-M. Pawlowski*, S. 158ff.

[125] *P. Kirchhof*, HdbStKirchR I, S. 651, 655 („Unverzichtbarkeit für das Gemeinschaftswesen"); *J. Isensee*, HStR V, § 115 Rn. 162, 222ff., 261; vgl. auch *ders.*, EssGespr. 25, S. 104, 138f. (Der Staat „lebt davon, daß eine hinreichende Zahl seiner Bürger ihr Heil in der Transzendenz sucht."); *H. Marré*, KuR-110, S. 37, 47; *ders.*, KuR-410, S. 11, 14f.

[126] *J. Isensee*, EssGespr. 25, 104, S. 136, 120f.; *P. Kirchhof*, HdbStKirchR I, S. 651, 653f., 666–669; weiter auch *K.G. Meyer-Teschendorf*, AöR 103 (1978), S. 289, 318ff.

[127] *J. Isensee*, EssGespr. 25, S. 104, 106ff., 142; *P. Kirchhof*, HdbStKirchR I, S. 651, 666–669; vgl. weiter *K.G. Meyer-Teschendorf* (1979), S. 135ff.; *W. Clement*, Ess.Gespr. 28, S. 41, 45.

[128] *J. Isensee*, EssGespr. 25, S. 104, 136, 138f.; vgl. auch *P. Kirchhof*, KuR-570, S. 11, 16ff.

„beliehene Unternehmer für Sinngebung", für staatliche Zwecke instrumentalisiert und begünstigt werde[129].

Grundlos ist zunächst jedenfalls ganz generell der Einwand gegen differenzierte staatliche Kirchenförderung, daß die sozial wahrnehmbaren Phänomene der Religion sich kaum eindeutig nur kirchlich-religiösen oder nur säkularstaatlichen Belangen zuordnen ließen[130]. Denn alle Glaubensäußerungen sind stets und vorrangig unter religiösen Perspektiven faßbar, unabhängig davon wie sich die einzelnen Glaubensäußerungen unter weltlicher Perspektive für Staat und Gesellschaft darstellen. Für den Staat dagegen ist bei der Bestimmung der Gemeinwohlbedeutung und Förderungswürdigkeit von Kirche und Religion von den religiösen Hintergründen, dem Auftrag und der Wahrheitsfrage, zu abstrahieren und nur auf die staatlich faßbaren gesellschaftswirksamen Effekte abzustellen. Sämtliche säkularstaatlichen Interessen setzen daher zwingend bei dem religiösen Wirken an, nehmen es aber ausschließlich aus dem Blickwinkel des weltlichen Staates wahr. Dies gilt für alle Bereiche des kirchlichen Wirkens genauso wie im sozialen Sektor und sonst überall dort, wo der Beitrag der Kirchen direkt staatsentlastende Wirkung zeitigt. Hier steht die religiöse Dimension der aus staatlicher Sicht nützlichen Leistung einer staatlichen Förderung ganz unbestritten nicht grundsätzlich entgegen, obwohl das diakonische bzw. karitative Wirken aus kirchlicher Sicht untrennbar von ihrem spezifischen Auftrag und damit nur in religiöser Hinsicht begründbar ist[131]. Als eigenes staatliches Anliegen kann nun aber im Zuge der Säkularisierung nicht mehr schlicht angestrebt werden, daß die Religionsgemeinschaften eine höhere Akzeptanz des Staates und der Verbindlichkeit staatlicher Normen vermitteln, indem der Staat etwa die Bürger davon zu überzeugen sucht, daß er „von Gott gesetzte Obrigkeit"

---

129 *H. Weber*, NJW 1983, S. 2541, 2545; *ders.*, ZevKR 36 (1991), S. 253, 260; *ders.*, EssGespr. 26, S. 38f. (Diskussionsbeitrag); *M. Kleine*, S. 108, 112; *G. Czermak*, S. 343ff., 331ff.; *J. Oebbecke*, DVBl. 1996, S. 336, 340f.; weiter auch *U.K. Preuß*, AK-GG, Art. 140 Rn. 53; vgl. auch zu ähnlichen Bewertungsproblemen bei der Kunst- und sonstigen Kulturförderung: *U. Steiner*, HStR III, § 86 Rn. 5; *ders.*, VVDStRL 42 (1984), S. 7, 34; *Kirn*, VVDStRL 42 (1984), S. 128 (Diskussionsbeitrag); im Überblick bei *D. Pirson*, EssGespr. 28, S. 83, 92, 96f., 108, 110, 117f., der aber in anderen Zusammenhängen ohne Bedenken ein staatliches Interesse daran anerkennt, daß die Kirchen die staatskirchenrechtlichen Normen in ihrer Eigenschaft als im geistlichen Bereich anerkannte Autoritäten im Blick auf ihr Selbstverständnis billigen (*D. Pirson*, EvStL II, Sp. 3814, 3825).

130 So aber wohl *D. Pirson*, EssGespr. 28, S. 83, 97, der aus diesem Grund die kulturstaatliche Legitimation staatlicher Kirchenförderung für bedenklich hält und ein legitimes staatliches Interesse am religiösen Wirken allein in ihrer Freiheit sieht; weiter auch *J. Oebbecke*, DVBl. 1996, S. 336, 340.

131 Vgl. *J. Isensee*, EssGespr. 25, 104, 126f.

sei[132]. Daher bleibt nur, ein eigenes staatliches Interesse am nicht staatsentlastenden religiösen Wirken aus der kulturstaatlichen Verantwortung heraus zu begründen.

Sämtlichen vertragsschließenden neuen Ländern ist durch ihre jeweilige Landesverfassung in Übereinstimmung mit der bundesstaatlichen Kompetenzverteilung der Auftrag erteilt worden, die Kultur zu schützen und zu fördern[133]. Maßgeblich für die Subsumtion der Kirchen unter die landesverfassungsrechtlichen Kulturförderbestimmungen ist zunächst allein das jeweilige staatliche Verständnis, während die kirchliche Perspektive unter dem Gesichtspunkt der religionsrechtlichen Verfassungsgarantien, gegebenenfalls zur Abwehr einer „kulturellen“ Vereinnahmung durch den Staat, zur Geltung kommt. Der Begriff „Kultur“ ist in seiner verfassungsrechtlichen Bedeutung heftig umstritten. Es wird sogar bezweifelt, daß „Kultur“ ein rechtlicher Begriff sein kann[134]. Im Kern stehen sich zwei Ansätze zur inhaltlichen Bestimmung gegenüber. Nach dem sogenannten „additiven“ Ansatz wird der Kulturbegriff über die einzelnen anerkannten Kulturbereiche ermittelt[135]. Die Religion gehört traditionell zu den geistig-schöpferischen Betätigungsfeldern und damit zur Kultur[136]. Eine andere Auffassung bemüht sich um eine verfassungsrechtliche Auslegung des Kulturbegriffs insbesondere über dessen soziale Funktion. Hier wird unter der Kultur die Gesamtheit der gesellschaftlichen Grundnormen verstanden als „überpersonales System von Weltdeutungen, Sinnstiftungen, Wertbegründungen und -überlieferungen samt deren symbolischen Ausdrucksformen“, das auf die ideelle Reproduktion der Gesellschaft gerichtet sei[137]. Dem verfassungsrechtlichen Verständnis nach ist Religion eine mit der Person des Menschen

---

[132] So aber noch: *F. v. Schlabrendorff*, Geiger-FS I, S. 401, 413, im Sinne eines christlichen Staates: „Wo Gott fehlt, ist nicht Obrigkeit“, „Glaubet ihr nicht, so bleibet ihr nicht“.

[133] Vgl. Art. 16 I Verf.MV, Art. 11 I Sächs.Verf., Art. 36 IV Verf.LSA, Art. 30 I Verf. Th sowie Art. 34 II 1 Verf.BBG; in Brandenburg und Sachsen zählt die Verpflichtung auf die Kultur zudem noch gem. Art 2 I Verf.BBG und Art. 1 S. 2 Sächs.Verf. zu den Grundlagen des Staates.

[134] *J. Isensee*, VVDStRL 42, S. 133f. (Diskussionsbeitrag); vgl. mit weiteren Hinweisen *M.-E. Geis* (1990), S. 183f.

[135] *T. Oppermann*, Kulturverwaltungsrecht, S. 8f.; ausführlich und dezidiert mit w.N. für eine Einbeziehung des kirchlichen Wirkens in ein allgemeines Kulturverfassungsrecht: *K. Schlaich* (1972), S. 157ff.; *K.G. Meyer-Teschendorf* (1979), S. 135ff.

[136] *T. Oppermann*, Kulturverwaltungsrecht, S. 29, zählt sie noch zum Kulturbegriff, klammert sie aus dem „Kulturverwaltungsrecht“ aber aus und kommt zu punktueller Einbeziehung, S. 35ff. Auch spricht für eine Zuordnung zu diesem staatlicher Aufgabenwahrnehmung zugänglichen Kulturbegriff, daß trotz Verlustes der früheren kirchenaufsichtlichen Befugnisse die Länder zumeist in den Wissenschafts- oder Kultusministerien Kirchenreferate weiterführen.

[137] *D. Grimm*, VVDStRL 42, S. 46, 80 (LS 7), S. 60f.

verbundene Gewißheit über bestimmte Aussagen zum Weltganzen sowie zur Herkunft und zum Ziel des menschlichen Lebens[138]. Deshalb gehört sie wie ihr Bekenntnis und ihre Ausübung zu den ideellen Grundlagen des Gemeinwesens und wäre daher vom staatlichen Kulturförderauftrag unter Respektierung der besonderen – spezielleren bzw. freiheitssichernden – staatskirchenrechtlichen Verfassungsvorschriften erfaßt[139].

Allein in einem engen Verständnis der Kultur im Sinne nur der Bereiche mit hochwertigen künstlerischen Leistungen deutet sich die Ausklammerung der Religion aus dem staatlichen Kulturauftrag an[140]. Dieses widerspricht aber den Verfassungen der neuen Länder, in denen die einzelnen Förder- und Schutzaufträge tatbestandlich weit angelegt sind. Kunst erscheint in allen Landesverfassungen gesondert neben der Kultur[141], so daß letzterer eine weitergehende Bedeutung als nur die Beschränkung auf die hohen Künste beizumessen ist. Art. 11 II 1 Sächs.Verf. und Art. 34 II 1 Verf.BBG sprechen ausdrücklich die „Kultur in ihrer Vielfalt" an. In einem Atemzug wird das wissenschaftliche neben dem künstlerischen Schaffen genannt[142]. Breiten Raum nimmt in Art. 11 II Sächs.Verf. der staatliche Bildungsauftrag ein[143]. Mit dem Denkmalschutz wird die Traditionslinie der staatlichen Kulturverantwortung aufgenommen[144], die im übrigen bereits in den Präambeln der Verfassungen, vor allem von Sachsen-Anhalt und Thüringen, angelegt ist. Besondere Aufmerksamkeit widmet Art. 36 II Verf.LSA den heimatbezogenen Einrichtungen und Eigenheiten, Art. 30 I Verf.Th dem Brauchtum und Art. 34 II 1 Verf.BBG der Vermittlung des kulturellen Erbes. Schließlich öffnet sich der Förderauftrag hin zur Förderung kultureller Eigenständigkeit der Minderheiten[145] und steht im Zusammenhang mit der Sportförderung[146]. Diese Weite des

---

[138] BVerwGE 90, 112 [115]; 89, 368 [370]; näher: Kokott, in: *M. Sachs* (Hrsg.), GG, Art. 4 Rn. 16ff.; weiter auch *S. Muckel* (1997), S. 135ff., zugleich mit Kritik an der weiteren Abgrenzung der Religion gegenüber dem Begriff der Weltanschauung, die danach erfolgen soll, daß Religion eine den Menschen überschreitende und umgreifende („transzendente") Wirklichkeit zugrundelege, während sich die Weltanschauung auf innerweltliche („immanente") Bezüge beschränke.

[139] So auch *M.-E. Geis*, RdJB 1995, S. 373, 380.

[140] *U. Steiner*, VVDStRL 42, S. 7, 11; vgl. auch *ders.*, HStR III, § 86 Rn. 1.

[141] Art. 30 I Verf.Th, Art. 36 I Verf.LSA, Art. 11 I Sächs.Verf., Art. 16 I 1 Verf.MV und besonders Art. 34 I, II Verf.BBG.

[142] Vgl. Art. 11 I Sächs.Verf., Art. 16 I 1 Verf.MV.

[143] So auch in Art. 16 IV Verf.MV mit der Jugend- und Erwachsenenbildung.

[144] Art. 30 II Verf.Th, Art. 36 IV Verf.LSA, Art. 11 III Sächs.Verf., Art. 16 I 1 Verf.MV, Art. 34 II 2 Verf.BBG.

[145] Art. 37 Verf.LSA; Art. 18 Verf.MV; Art. 25 Verf.BBG.

[146] Art. 36 I, III Verf.LSA, Art. 11 I, III Sächs.Verf., Art. 16 I 1 Verf.MV; vgl. auch Art. 30 III Verf.Th.

staatlichen Kulturauftrags und sein systematischer Zusammenhang zeigen, daß die Fördermöglichkeiten nicht auf die klassischen Kulturleistungen beschränkt bleiben, sondern umfassend auf die ganze Breite geistig-kommunikativer Grundlagen des gesellschaftlichen Lebens bezogen sind. Verdeutlicht wird dies durch die vielfältigen staatlichen Erziehungsziele nach den Länderverfassungen[147], die ihrer systematischen Stellung in den Verfassungen der neuen Länder nach als Ausdruck der kulturstaatlichen Verantwortung erscheinen[148].

Hier freilich treffen sich dann die grundrechtlichen und die kulturstaatlichen Begründungsansätze für eine Kirchenförderung, da die Förderung der kulturellen Leistungen mit darauf abzielt, die kommunikativen Voraussetzungen der Freiheit zu gewährleisten und die einzelnen zur Freiheitsentfaltung zu befähigen[149]. Gegen einen Ausschluß der Religion aus dieser übergreifenden Förderung der kulturellen Grundlagen des gesellschaftlichen Zusammenlebens wie der individuellen Grundrechtswahrnehmung sprechen nicht nur die bereits beispielhaft aufgezeigten Gleichheitsgesichtspunkte bzw. besonderen Garantien religiösen Wirkens selbst, aus denen zum Teil gar eine „Präferenzposition" bei staatlicher Mittelverteilung abgeleitet wird[150]. Vielmehr finden sich in den Landesverfassungen weitere Anhaltspunkte, nach denen das Vorhandensein hinreichend wirksamer religiöser Potenzen, Glauben und Religion an prominenter Stelle mit zu den von der Verfassung vorausgesetzten und förderungswürdigen Grundlagen der individuellen Persönlichkeitsentfaltung, des gesellschaftlichen Lebens und der staatlichen Ordnung zählen: Neben dem hergebrachten Gottesbezug in den Präambeln der Landesverfassungen von Sachsen-Anhalt und Thüringen wird die Bedeutung der Religion für das Gemeinwesen mit der etwas eigenwilligen Formulierung des Transzendenzgedankens in der mecklenburg-vorpommerschen Präambel („im

[147] Art. 101 I Sächs.Verf., Art. 27 Verf.LSA, Art. 22 I Verf.Th, Art. 15 IV Verf.MV, Art. 28 Verf.BBG.

[148] *J.-D. Kühne*, RdJB 1994, S. 39, 43.

[149] *P. Kirchhof*, Die kulturellen Voraussetzungen der Freiheit, S. 4; *A. Hollerbach*, HStR VI, § 138 Rn. 104 (Kulturstaatliche Daseinsvorsorge ist „Freiheitsvorsorge"); *P. Badura*, HdbStKirchR I, S. 211, 224f.; *D. Grimm*, VVDStRL 42, S. 46, 64f.; vgl. auch *T. Oppermann*, VVDStRL 54, S. 108 („Die Kultur ist der gründende Grund für das Übrige"); weiter auch: *G. Reuhl*, JZ 1981, S. 321 u. 324; *H.-U. Evers*, NJW 1983, S. 2161, 2162, 2167. Dies zeigt etwa auch die Herleitung staatlicher Kunst- und Kulturförderpflichten über die Menschenwürde nach Art. 1 I GG oder über das Sozialstaatsprinzip; vgl. *M.-E. Geis* (1990), S. 235f., 268; *E. Pappermann*, DVBl. 1980, S. 701, 706f.; vgl. bereits oben III. Teil D. II. 2. b) aa) (1) (a)!

[150] *G. Robbers*, HdbStKirchR I, S. 867, 877f., 888f.; näher dazu oben III. Teil D. II. 2. a) bb) und b) aa) (1) (S. 328ff., 335)!

Wissen um die Grenzen menschlichen Tuns") hervorgehoben[151]. Einzelne Landesverfassungen erkennen zudem wie etwa Art. 109 I Sächs.Verf. ausdrücklich die Bedeutung der Kirchen und Religionsgemeinschaften für die Bewahrung und Festigung der religiösen und sittlichen Grundlagen des menschlichen Lebens an[152]. Die offene, positive Haltung des Staates gegenüber der öffentlichen Verantwortung und Wirksamkeit kirchlicher Aufgabenerfüllung kommt schließlich auch in der Anerkennung des kirchlichen Öffentlichkeitsauftrags wie in Art. 36 III 1 Verf.BBG und etwas zurückhaltender in Art. 32 I 2 Verf. LSA zum Ausdruck[153]. Dagegen erscheint es fraglich, aus dem öffentlich-rechtlichen Körperschaftsstatus einer Religionsgemeinschaft eine Anerkennung der „Gemeinnützigkeit ihres moralisch-ethischen Mandats und ihres Sozial- und Kulturauftrags" abzuleiten[154].

---

[151] Die Mahnung an die säkulare Begrenztheit staatlichen wie menschlichen Bemühens schützt vor Selbstüberhebung und gibt für politische Auseinandersetzungen eine gewisse Grundgelassenheit vor (*M. Heckel*, DVBl. 1996, S. 453, 468); näher allgemein zur Bedeutung des Gottesbezugs in Präambeln: *A. Hollerbach*, HStR VI, § 138 Rn. 81ff.; *P. Häberle*, Zeidler-FS I, S. 3ff., sowie *J. Ennuschat*, NJW 1998, S. 953ff.

[152] Im hiesigen Sinne sehen *J. Isensee*, EssGespr. S. 104, 120f., 136f., und *A. Hollerbach*, HStR VI, § 138 Rn. 97ff., diese Normen nur als deklaratorischen Ausdruck der aufgezeigten Bedeutung der Kirchen für das Gemeinwesen, die im übrigen dem kirchlichen Selbstverständnis entspricht; vgl. für die Katholische Kirche: Gaudium et spes Nr. 76, der Pastoralkonstitution, II. Vatikanische Konzil; für die Evangelische Kirche die Hinweise bei *K. Schlaich*, HdbStKirchR II, S. 131, 143ff.

[153] Zum Begriff des „Öffentlichkeitsauftrags" im Überblick: *K. Schlaich*, HdbStKirchR II, S. 131f. m.N.

[154] So aber: *P. Kirchhof*, HdbStKirchR I, S. 651, 653f., 667; weiter auch die Stimmen, die über die Herleitung einer Gemeinwohlfunktion des Körperschaftsstatus bzw. über einen ungeschriebenen, verfassungsunmittelbaren Kulturvorbehalt für die Verleihung der Körperschaftsrechte die Übereinstimmung mit der verfassungsrechtlichen Kulturbasis verlangen und auf diese Weise den Kreis der Anspruchsberechtigten nach Art. 140 GG/ Art. 137 V 2 WRV einschränken wollen (vgl. *A. Albrecht*, KuR-210, S. 1, 2–4; vgl. auch *P. Kirchhof*, HdbStKirchR I, S. 651, 683, 669; *D. Reupke*, KuR-210, S. 7, 13ff., mit jeweils unterschiedlichen Ansätzen); zu solcherart „institutionalisierter Verfassungserwartung" vgl. weiter *K.G. Meyer-Teschendorf*, AöR 103 (1978), S. 289, 318ff.; dagegen: *H. Weber*, ZevKR 41 (1996), S. 172, 200ff., 214ff.; *ders.*, ZevKR 34 (1989), S. 337, 353, 357, 373f.; *M. Morlok / M. Heinig*, NVwZ 1999, S. 697ff.; *M. Heckel* (1993), S. 36–39 Fn. 75 und 78, 57. Die bisherige Rechtsprechung des Bundesverfassungsgerichts sieht die Verleihung der Körperschaftsrechte mit „einer besonderen Bedeutung" der Religionsgemeinschaften „innerhalb des öffentlichen Lebens und demgemäß auch für die staatliche Rechtsordung" verbunden (BVerfGE 19, 129 [134]; 66, 1 [24]). Das kann freilich ohne inhaltliche Wertung als nur auf ihre Größe, Verbreitung und Wirksamkeit im Sinne des Tatbestandsmerkmals der Gewähr der Dauer nach Art. 140 GG / Art. 137 V 2 WRV bezogen verstanden werden. An diese Formulierung erscheint aber auch eine Anknüpfung mit Gemeinwohlerwartungen, Loyalitätspflichten o.ä. denkbar, wie sie zunehmend im Schrifttum gefordert werden. Der Tatbestand des Art. 140 GG / Art. 137 V 2 WRV enthält solcherlei Einschränkungen freilich weder dem Wortlaut noch seiner historischen und systematischen Funktion nach.

Die Religion beansprucht schon deshalb eine besondere Stellung als Kulturfaktor im weit verstandenen Sinne, weil Religion und Weltanschauung schon nach der anerkannten verfassungsrechtlichen Definition vom Ansatz her den Menschen als ganzen und ohne interessenspezifischen Eigennutz in den Blick nehmen[155]. Das religiöse Wirken leistet dabei auch einen erzieherischen Beitrag dazu[156], bei der Wahrnehmung grundrechtlicher Freiheiten innere Regulierungskräfte zur Selbstbindung der Berechtigten freizusetzen[157], mit der übersteigerte und blinde Einzel- oder Gruppenegoismen überwunden werden können[158]. Darüber hinaus kann der Staat selbst wichtige Impulse aus der Begegnung im Gespräch mit Religions- und Weltanschauungsgemeinschaften ziehen, weil ihm von seinem säkularen Selbstverständnis aus zwar ethische Momente nur fragmentarisch offenstehen, die Entscheidungen aber gleichwohl nicht ohne

---

[155] Vgl. *K. Schlaich*, HdbStKirchR II, S. 131, 176f.; *J. Isensee*, EssGespr. 25, S. 104, 133f.; *P. Häberle*, Sonntag, S. 1 Fn. 1 und S. 55f. Fn. 154, am Beispiel des Sonn- und Feiertagschutzes.

[156] Das gilt nicht nur, aber eben auch und besonders für die schulische Erziehung, vgl. *A. v. Campenhausen* (1967), S. 146; *W. Loschelder*, HdbStKirchR II, S. 511, 541f., zurückhaltend dagegen: *M. Bothe*, VVDStRL 54 (1994), S. 7, 19; ausführlich zum „Beitrag der Kirchen zur staatlichen Erziehung": das 32. Essener Gespräch (1997) mit Arbeiten von *T. Oppermann* (S. 7ff.), *K.-H. Kästner* (S. 61ff., insbesondere: 64ff.) und *H. P Siller* (S. 123ff.). Freilich ist noch nicht abschließend geklärt, inwieweit staatliche Erziehung hierbei auf das Wirken der Kirchen angewiesen ist oder es als Ergänzung aufnimmt; zum Dilemma staatlicher Erziehung zwischen Wertvorgaben und freiheitlichen Handlungsbeschränkungen vgl. *E.-W. Böckenförde*, VVDStRL 54, S. 125–127 (Diskussionsbeitrag). Die staatlichen Erziehungsziele sind aber zumeist auf Tugenden ausgerichtet, die umfassend nicht allein auf der Grundlage einer verfassungsrechtlichen Wertordnung begründbar, geschweige denn vermittelbar sind, weil sie zu einem großen Teil auf religiöse oder weltanschauliche Überzeugungen zurückgehen. Wenn man vor diesem Hintergrund verfassungsrechtliche Erziehungsziele wegen ihres ethischen Charakters nicht mit *G. Roellecke* (VVDStRL 54, S. 118f. -Diskussionsbeitrag) für gänzlich fehl am Platz hält, setzt eine Vermittlung jedenfalls Überzeugung oder sonstige vorgegebene Einwirkung voraus (vgl. *A. Dittmann*, VVDStRL 54 (1994), S. 47, 50), die nur von den nicht an die Neutralitätsvorgaben gebundenen gesellschaftlichen Erziehungsträgern, insbesondere den Eltern, aber auch den Religions- und Weltanschauungsgemeinschaften geleistet werden kann.

[157] *P. Kirchhof*, HdbStKirchR I, S. 651, 653f., 667ff.; *P. Mikat*, Geiger-FS I, 1974, S. 443, 454–457; *P. Badura*, HdbStKirchR I, S. 211, 224f.; *J. Isensee*, EssGespr. 25, S. 104, 136ff.; *W. Loschelder*, HdbStKirchR II, S. 511, 541f.; allesamt auch zu weiteren Orientierungsfunktionen der Kirchen und ihrer Bedeutung für die freiheitliche Staatsordnung; vgl. weiter den Überblick über die einschlägigen öffentlichen Interessen am Wirken der Kirche bei *K. Schlaich*, HdbStKirchR II, S. 131, 175ff.

[158] Zu den einschlägigen erzieherischen Defiziten vgl. die Übersicht bei *M. Heckel*, DVBl. 1996, S. 453, 458, 468; *M. Bothe*, VVDStRL 54 (1994), S. 7, 10–16, wonach die Individualiserung, Enttraditionalisierung und das Überangebot der Informationsgesellschaft mit zu Verlust familiärer und gesellschaftlicher Bindungen, Orientierungs- und Verantwortungslosigkeit beigetragen haben. Der gesellschaftliche und rechtliche Umbruch in den neuen Bundesländer stellt hier weitere Herausforderungen.

ethische Maßstäbe zu treffen sind[159]. Freilich verlangen die verfassungsrechtlichen Vorgaben der religiösen Freiheitsgewährleistungen und der staatlichen Säkularität, Neutralität und Parität staatliche Zurückhaltung und Abstandnahme von eigenständigen Gestaltungsanliegen zum religiösen Profil der Gesellschaft. Sie erlauben nur eine fördernde Aufnahme gesellschaftlicher Bedürfnisse nach religiöser Entfaltung in Offenheit für alle Überzeugungen mit einem Minimum an Zwangselementen und unter Respektierung der spezifischen Eigengesetzlichkeiten[160]. Dem neutralen Staat kann es deshalb nicht um Propagierung bestimmter Anschauungen gehen, sondern nur darum, die Frage nach Herkommen und Ziel der menschlichen Existenz überhaupt wachzuhalten und das Bemühen um die Suche nach einem eigenen Standpunkt anzuregen[161].

(2) Staatskirchenvertragliche Differenzierungen staatlicher Kulturpflege

Vor diesem Hintergrund erscheint es zunächst problematisch, wenn vereinzelt in den Begründungen der neuen Staatskirchenverträge ganz allgemein ein eigenständiges besonderes Interesse des Staates am Fortbestand eines bestimmten Bekenntnisses oder am Wirkungsgrad einer einzelnen Religionsgemeinschaft als Vertragsmotiv bekundet wird[162]. Aus den jeweiligen konkreten verfassungsrechtlich abgesicherten Bezugspunkten der kulturstaatlichen Kirchenförderung läßt sich aber über die

---

[159] *K. Schlaich*, HdbStKirchR II, S. 131, 178ff.; auch *K. Obermayer*, in: BoK, GG, Art. 140 Rn. 79.

[160] Am Beispiel der Schule: BVerfGE 93, 1 [22f.]; 41 29 [49ff.]; 52, 223 [236ff.].

[161] *P. Mikat*, Geiger-FS I, S. 443, 454–457; *H.-M. Pawlowski*, S. 158ff., wo eine institutionelle Berücksichtigung und Förderung des Staates für alle Religionsgemeinschaften begründet wird, die „dialogfähig" seien und nicht „absolute Wahrheiten verwalten". Im Schrifttum werden diese staatlichen Aufgaben unter den Schlagworten einer Sinnverantwortung des Staates oder der geistlichen Daseinsvorsorge entfaltet; vgl. *K. Obermayer*, 1977, S. 9ff., 20ff.; zust.: *D. Ehlers*, in: *M. Sachs* (Hrsg.), GG, Art. 140 GG Rn. 7; ähnlich auch: *P. Mikat*, Relig.Schr. I, S 303, 316f.; *A. Hollerbach*, HStR § 138 Rn. 104.

[162] Die in der Regierungsbegründung JüdVSachsen, LT-Drs. Sachsen 1/4855, Vertragsbegründung, S. 2, sowie Vorblatt S. 1, beanspruchte staatliche Aufgabe, „das Judentum als Religion in Sachsen zu erhalten", zielt nicht nur darauf ab, einige der fatalen Folgen der Judenverfolgungen zu kompensieren, um der besonderen historisch begründeten und grundrechtlich unterfangenen Verantwortung des Staates gegenüber den Jüdischen Verbänden Rechnung zu tragen. Sie ist vielmehr auch darauf gerichtet, den Fortbestand des Judentums „als wesentlicher Kulturträger" sicherzustellen (aaO., Vertragsbegründung, S. 1). Ähnliche Ansätze finden sich vor allem mit Blick auf die christlichen Kirchen beispielhaft bei *R. Scholz*, EssGespr. 26, S. 7, 11ff. 27, und *S. Heitmann*, LKV 1995, S. 93, bzw. ZevKR 39 (1994), S. 402, 417, 406ff., die auf eine „Wiederherstellung" der Einheit im Staatskirchenrecht des Grundgesetzes abstellen.

gebotene Offenheit des Staates für die vielfältigen unterschiedlichen Inhalte auch ein eigenständiges säkularstaatlich zu begründendes Interesse an einzelnen religiös geprägten Traditionslinien, allen voran den christlichen, entnehmen[163]: So bekennt sich das staatliche Verfassungsrecht zu der christlichen Tradition, aus der es hervorgegangen ist, von der es geprägt ist und auf deren Fortbestand es sich gründet[164]. Nach gefestigter und weitgehend anerkannter verfassungsgerichtlicher Rechtsprechung kommt den Ländern bei der ihnen mit dem staatlichen Erziehungsauftrag[165] nach Art. 7 I GG obliegenden Ausgestaltung und Prägung des staatlichen Schulwesen ein weiter Gestaltungsspielraum gerade auch für den gebotenen Ausgleich zwischen den widerstreitenden weltanschaulich-religiösen Bedürfnissen zu[166]. Dies erlaubt etwa, Rücksicht auf unterschiedliche Schultraditionen oder die konfessionellen Verhältnisse in der Bevölkerung zu nehmen[167]. Danach können christliche Bezüge in die öffentlichen Schulen eingeführt werden, wenn etwaiger Zwang auf ein Minimum beschränkt bleibt und Raum für andere weltanschauliche und religiöse Inhalte und Wertungen gewährleistet ist[168]. Die gestalterische Freiheit der Länder bei der Zulassung christlicher Momente in der unterverfassungsrechtlichen Ausgestaltung des staatlichen Erziehungsauftrags erfaßt dann ebenso die Vermittlung religiöser Grundrechtsofferten wie die

---

[163] Die traditionelle Rolle allein freilich berechtigt zu nichts, *M. Heckel* (1993), S. 79, der auch im weiteren sich skeptisch gegenüber einem Niederschlag der christlichen Tradition in der Staatsverfassung zeigt (vgl. S. 40); großzügiger im Ansatz: *D. Pirson*, EssGespr. 28, S. 83, 99; weitergehend ablehnend: *E. Fischer*, 3. Auf., S. 245ff.

[164] Vgl. *M. Jestaedt*, Öst. JRP 1995, S. 237, 245 u. 249; *K. Schlaich* (1972), S. 214; *K.-H. Kästner*, HdbStKirchR II, S. 337, 352; *P. Kirchhof*, HdbStKirchR I, S. 651, 653f., 667ff.; *H. Marré*, KuR-410, S. 11, 14f., sowie die nachfolgenden Nachweise; z.T. sehr weitgehend im Sinne einer kulturellen Integration: *J. Isensee*, EssGespr. 25, S. 104, 107f.; *R. Scholz*, EssGespr. 26, S. 7, 8f., 27.

[165] Dazu allgemein: BVerfGE 34, 165 [181ff.]; 47, 46 [71f.]; *E.-W. Böckenförde*, EssGespr. 14, S. 54, 82ff.

[166] BVerfGE 6, 309 [355f.]; 41, 29 [44ff.]; 41, 65 [78]; 41, 88 [107f.]; 52, 223 [236f., 241f.]; vernachlässigt bei BVerfGE 93, 1 [21ff.], vgl. abw. M., aaO. [26ff.]; aus der Literatur: nur *M. Heckel*, DVBl. 1996, S. 453, 458ff.; *K.-H. Kästner*, ZevKR 41 (1996), S. 241, 246ff.; *J. Isensee*, ZRP 1996, S. 10, 14f.; *Hemmrich*, Rn. 16 zu Art. 7, in: von Münch/Kunig, GGK I.

[167] BVerfGE 41, 29 [51]; *K.-H. Kästner*, ZevKR 41 (1996), S. 241, 247; *P. Badura*, BayVBl 1996, S. 71, 73; *J.-D. Kühne*, NWVBl. 1991, S. 253, 256; zu weiteren Aspekten der Gestaltungsmöglichkeiten des Gesetzgebers und dem Umsetzungsspielraum im schulischen Alltag vgl. am Beispiel der Erziehungsziele: *A. Dittmann*, VVDStRL 54 (1994), S. 47, 63ff.

[168] BVerfGE 41, 29 [51f.]; 41, 65 [78f., 84f.]; 52, 223 [237]; 93, 1 [22f.]; *K.-H. Kästner*, ZevKR 41 (1996), S. 241, 248; in Ansätzen auch *L. Renck*, NVwZ 1991, S. 116, 117; zum Erziehungsziel der Ehrfurcht vor Gott: BayVerfGH, NJW 1989, S. 3141, 3142; *F. Hufen*, RdJB 1989, S. 343, 344f.; vgl. für NRW: *J.-D. Kühne*, NWVBl. 1991, S. 253, 254–256.

für alle verbindliche Vermittlung der christlich geprägten Kultur- und Bildungswerte[169]. An der kulturellen Bedeutung des Christentums kann auch der säkulare Staat in der Schule nicht vorbeigehen, weil christlicher Glaube und die christlichen Kirchen die gesellschaftlichen Wertüberzeugungen in überragender Weise geprägt haben[170].

Auch bei staatlicher Denkmalpflege sind die religiösen Eigenartigkeiten der kirchlichen Monumente zu respektieren, die ganz überwiegend in den Händen der Evangelischen und Katholischen Kirchen stehen. Die Förderung der Wissenschaft hat dem besonderen Charakter der Theologie als bekenntnisgebundener Disziplin Rechnung zu tragen, die im wesentlichen nur in Form der Evangelischen und Katholischen Theologie zum hergebrachten universitären Fächerkanon zählt. Der staatliche Schutz der Sonn- und Feiertage als Teil des kulturellen Erbes[171] nimmt mit der Gewährleistung dieser Tage „zur seelischen Erhebung" den religiösen Hintergrund dieser Einrichtungen auf[172], der in ganz zentraler Weise vom Christentum geprägt ist[173]. Sowohl bei der einfachgesetzlichen Ausgestaltung der besonderen Eigenart der Sonn- und Feiertage als auch bei der staatlichen An- und Aberkennung von gesetzlichen Feiertagen kommt dem Gesetzgeber ein weiter politischer Gestaltungsspielraum zu, innerhalb dessen er die vielfältigen betroffenen, zum Teil gegenläufigen religiösen und anderen kulturellen, wirtschaftlichen und sozialstaatlichen Interessen zum Ausgleich zu bringen hat[174]. Nach alledem gehört das kirch-

---

[169] *U. Scheuner*, DÖV 1980, S. 513, 514, und *M. Heckel*, DVBl 1996, S. 455, 460f., 464; dagegen *E.-W. Böckenförde*, DÖV 1980, S. 323, 324–326; 515, 519; *C. Link*, JZ 1980, S. 564, 566; vgl. weiter *A. Hollerbach* AöR 106 (1981), S. 231, 269, sowie *M. Jestaedt*, Öster. JRP 1995, S. 237, 245 Fn. 61, 258f.

[170] So selbst BVerfGE 93, 1 [22]; aus der Literatur: nachdrücklich *J. Isensee*, ZRP 1996, S. 10, 14; vgl. schon *ders.*, EssGespr. 25, S. 104, 106f.; *M.-E. Geis*, RdJB 1995, S. 373, 385. *H. Lecheler*, HdbStKirchR II, S. 415, 430, sieht die Unkenntnis in christlichen Fragen als kulturrevolutionsartige Umwälzung an.

[171] *P. Häberle*, Sonntagsprinzip, S. 61; v. Mangoldt / Klein / *A. v. Campenhausen*, GG, Art. 140 GG / 139 WRV Rn. 6.

[172] Vgl. *K.-H. Kästner*, HdbStKirchR II, S. 337, 352f.; zum Rahmen- und Angebotscharakter der Gewährleistung: *P. Häberle*, Feiertagsgarantien, S. 34f.; *ders.*, Sonntagsprinzip, S. 80ff.

[173] *P. Häberle*, Feiertagsgarantien, S. 18f., 22, 54f.; *J. Isensee*, EssGespr. 25, S. 104, 107; v. Mangoldt / Klein / *A. v. Campenhausen*, GG, Art. 140 GG / 139 WRV Rn. 15; *A. Hollerbach*, HStR VI, § 140 Rn. 60.

[174] BayVerfGH NJW 1982, S. 2656, 2657; v. Mangoldt / Klein / *A. v. Campenhausen*, GG, Art. 140 GG / 139 WRV Rn. 15ff.; *K.-H. Kästner*, DÖV 1994, S. 464, 466, 471f.; zu den Gestaltungsspielräumen im Rahmen staatlicher „Feiertagspolitik" vgl. weiter: *E. Busch / S. Werner*, DÖV 1998, S. 680, 682f.; *P. Häberle*, Sonntagsprinzip, S. 91f.; *ders.*, Feiertagsgarantien, S. 36f.; zur Bedeutung der verfassungsrechtlichen Einrichtungsgarantie des Art. 140 GG / Art. 139 WRV dabei: *K.-H. Kästner*, ZevKR 41 (1996), S. 272, 304f. m.N.

liche Leben der vertragschließenden und in besonderer Weise der christlichen Kirchen als prägendes Element zu der übergreifenden Kultur, für die eine begrenzte staatliche Förderungsverantwortung in Neutralität und Offenheit unter Wahrung der Eigengesetzlichkeit religiösen Lebens greift[175]. Staatliche Förderung kann und muß angesichts der Ressourcenknappheit auch differenziert zwischen den einzelnen Religionsgemeinschaften erfolgen. Als Unterscheidungsgründe kommen dabei zum einen die bereits aufgezeigten allgemeinen Kriterien der Größe, Wirkungsgrad, Kooperationsfähigkeit und -bereitschaft in Betracht. Darüber hinaus sind aber auch je nach den Sachgesetzlichkeiten der zu fördernden Aktivitäten das jeweils unterschiedliche religiöse Eigenprofil[176], die regionale Verwurzelung[177] und eben die – aus kulturstaatlicher Sicht zu beurteilenden – säkularen Leistungen in den aufgezeigten Gebieten zu berücksichtigen[178]. Die regionale Verwurzelung kann sich zudem auf einzelne besondere Förderaufträge regionaler Besonderheiten in den Landesverfassungen stützen[179]. Dagegen kann die „Qualität" der zu fördernden Religion für sich, die inhaltliche Konsistenz der theologischen Lehre oder ähnliches, aus kulturstaatlicher Sicht nicht zu Differenzierungen berechtigen[180], weil der

---

[175] *K. Schlaich*, HdbStKirchR II, S. 131, 178; ausführlich *ders.* (1972), S. 157ff., 256ff.; *P. Badura*, HdbStKirchR I, S. 211, 224f.; *K.G. Meyer-Teschendorf* (1979), S. 135ff.; *J. Isensee*, EssGespr. 25, S. 104, 106; *W. Clement*, EssGespr. 28, S. 41, 45; *G. Robbers*, HdbStKirchR I, S. 867, 878; *M. Heckel*: VVDStRL 26, S. 5, 30. Staatliche Förderungsmöglichkeiten aufgrund der „‚allgemeinen Kulturfunktion' der Kirchen" werden daneben auch akzeptiert von BVerfGE 19, 206 [223].

[176] *M. Heckel*, DVBl. 1996, S. 453, 473.

[177] Vgl. *D. Pirson*, EvStL II, Sp. 3814, 3825, mit Blick auf die Staatskirchenvertragsschlüsse.

[178] *M. Heckel*, JZ 1994, S. 425, 427.

[179] So kann die umstrittene Garantie für die zwei Evangelisch-Theologischen Fakultäten in Mecklenburg-Vorpommern für sich in Anspruch nehmen, der gem. Art. 16 I 2 Verf.MV bei der Förderung von Kultur und Wissenschaft gebotenen Berücksichtigung der besonderen Belange der Landesteile nachzukommen, indem die lutherischen Gebiete Mecklenburgs mit der Rostocker und die unierte Landeskirche Vorpommerns mit der Greifswalder Fakultät versorgt werden. Der Betrieb der Lutherstätten in Sachsen-Anhalt unter Beteiligung der vertragsbeteiligten Evangelischen Kirchen gem. Art. 10 IV evKVLSA wird von dem Förderauftrag für heimatbezogene Einrichtungen nach Art. 36 II Verf.LSA unterfangen. Die Zusage des Freistaats Sachsen nach Art. 10 S. 2 SachsenKKV, der Katholischen Kirche bei ihren Bemühungen um die katholisch geprägte Kultur und Tradition der Sorben im Rahmen seiner Möglichkeiten Hilfestellung zu leisten, knüpft an Art. 6 Sächs.Verf. an. Dieser hält den Staat dazu an, die Wahrung der zu den „Grundlagen des Staates" zählenden sorbischen Identität zu gewährleisten (vgl. Regierungsbegründung SachsenKKV, LT-Drs. Sachsen 2/3612, Vertragsbegründung, S. 18).

[180] Zweifelhafte Formulierungen staatlicher Differenzierungsmöglichkeiten in Anlehnung an die Kunstförderung insoweit bei *A. v. Campenhausen*, ZevKR 35 (1980), S. 135, 168ff.: Auch bei der vergleichbaren Kunst- und Wissenschaftsförderung verpflichte das

säkulare Staat zu solchen Bewertungen religiöser Inhalte keine Kompetenz besitzt[181].

cc) Vertragsbedingte Differenzierungsansätze

Bislang standen aufgabenbezogene Anknüpfungspunkte für eine unterschiedliche Berücksichtigung einzelner Glaubensgemeinschaften bei staatlicher Kirchenförderung im Vordergrund. In den Verträgen ist aber wiederholt auf einen Gesichtspunkt abgestellt worden, der sich direkt auf die Bereitschaft der vertragschließenden Kirchen bezieht, ihrerseits Bindungen und Verpflichtungen einzugehen. So wird insbesondere in den Evangelischen Kirchenverträgen wiederholt die Gegenseitigkeit der Rechte und Pflichten betont, die die einzelnen Vergünstigungen der Kirchen als Teil eines umfassenden gemeinsamen Interessenausgleichs zwischen Staat und Kirche erscheinen ließen. In Rechtsprechung und Schrifttum ist allerdings angenommen worden, daß die Eingehung staatskirchenvertraglicher Bindungen keinen rechtfertigenden Grund für eine Benachteiligung anderer Religionsgemeinschaften liefere[182]. Zutreffend daran ist zwar, daß das vertragliche Entgegenkommen des Staates gegenüber den vertragschließenden Religionsgemeinschaften seine inhaltliche Rechtfertigung weitgehend aus den bisher aufgezeigten Differenzierungskriterien aufgrund der säkularstaatlichen Ordnungs- und Gestaltungsaufgaben bezieht, die die Bindungen kirchlichen Wirkens begründen. Die staatskirchenvertragliche Verknüpfung zwischen der staatlichen Kirchenförderung und den sie motivierenden staatlichen Anliegen läßt den sachlichen Grund für die vermeintliche „Bevorzugung“ einer Glaubensgemeinschaft insoweit lediglich transparenter erscheinen. Darüber hinaus bringt der spezielle Zusammenhang der vertraglichen Zuordnung von Kirchenförderung und den zugrundeliegenden Ordnungs- und Gestaltungsanliegen des säkularen Staates aber auch eigenständige Rechtfertigungselemente für Differenzierungen zwischen den Religionsgemeinschaften mit sich. Dies gilt vor allem für die mit der vertraglichen Regelungsform verbundenen übergreifenden Vergünstigungen, die ja von den Vertragspartnern dezidiert auf Gegenseitigkeit eingegangen sind. Der staatskirchenvertragli-

---

Neutralitätsprinzip den Staat nicht, „daß Unfug und Schund wie Wissenschaft und Kunst gleichmäßig gefördert werden müßten“.

[181] BVerfGE 19, 1 [7]; *G. Robbers*, HdbStKirchR I, S. 867, 879; *H. Weber*, NJW 1983, S. 2541, 2543; auch *M. Heckel*, etwa am Beispiel der Verleihung der Körperschaftsrechte [(1993), S. 39 bei und mit Fn. 78].

[182] BVerfGE 19, 1 [12]; *G. Robbers*, HdbStKirchR I, S. 867, 880.

chen Befriedigung der kirchlichen Bedürfnisse nach Rechtssicherheit durch Absicherung, Kooperation durch Begegnung und Effizienzsteigerung durch umfassende Regelung der partnerschaftlichen Zusammenarbeit stehen entprechende Vorteile des Staates aufgrund korrespondierender Bindungen der Kirche gegenüber. Die verfassungsrechtliche Rechtfertigung dieser staatskirchenvertraglichen Förderung hängt dann aber insoweit ganz wesentlich davon ab, ob und inwieweit die angestrebte Verpflichtungs- bzw. Einbindungsfunktion sich rechtlich realisieren läßt, was nun im Folgenden noch zu prüfen bleibt.

3. Zusammenfassung

Im Ergebnis steht dem Staat auch hinsichtlich der Kirchenförderung ein weitreichender Spielraum für die Entscheidung über den Abschluß eines Staatskirchenvertrages offen[183]. Voraussetzung ist nur, daß die zwischen Religionsgemeinschaften differenzierende Staatskirchenvertragspolitik auf unterschiedlichen Regelungsbedürfnissen beruht, die der Staat über seinen eigenen Aufgabenkreis wahrnehmen kann. Dazu zählen die Unterschiede im kirchlichen Selbstverständnis ebenso wie die unterschiedliche Größe und Wirksamkeit, aber auch die Kooperations- und Bindungsbereitschaft des kirchlichen Partners wie die zulässigen vertraglichen Gestaltungsanliegen des Staates und die unterschiedlichen säkular faßbaren, staatsentlastenden oder kulturstaatlich relevanten, Leistungen kirchlichen Wirkens. Daher widerspricht es insbesondere nicht dem Gleichheitsgebot, wenn der Staat mangels solcher rechtlicher oder tatsächlicher „Fragen von gemeinsamen Belangen“ sich gegenüber kleinen Religionsgemeinschaften mit wenig Außenwirkung und ohne gesellschaftliche Verwurzelung einer staatskirchenvertraglichen Regelung verschließt[184]. Innerhalb des aufgezeigten staatskirchenvertraglichen Gestaltungsspielraums zulässiger staatlicher Regelungsziele fordert Art. 3 I, III 1 GG aber, daß der Staat allen Religionsgemeinschaften ein gleiches Angebot zu gleichen rechtlichen Bedingungen gewährt[185].

---

183 Erheblich enger dagegen: *R. Puza*, NVwZ 1995, S. 460, 461; *A. Hollerbach* (1994), S. 253, 268; aus früherer Zeit deutlich etwa: *G. May*, ArchKathKR 132 (1963), S. 61, 70ff.; *H. Weber* (1970), S. 51.

184 *D. Pirson*, EvStL II, Sp. 3814, 3825; *M. Heckel* (1993), S. 53f.

185 *M. Heckel* (1993), S. 86f., 53f., 57.

E. Die Verpflichtungsfunktion

Bei den Vertragsmotiven haben staatliche Interessen am Wirken der Kirchen eine ganz eigenständige Stellung als Beweggrund des staatlichen Vertragspartners eingenommen, sich für die staatskirchenvertragliche Gestaltungsform der Beziehungen zu den Kirchen zu entscheiden[1]: Wenn auch nicht die einzelnen Förderleistungen in einem direkten synallagmatischen Verhältnis zu kirchlichen Gegenleistungen stehen mögen[2], so konnte doch bei den staatlichen Vertragszielen eine zunehmende Tendenz zu einer leistungsbezogenen Unterstützung der Kirchen um ihres sozialen Wirkens, ihrer Orientierungsfunktion und um ihrer Rolle als Kulturträger willen festgestellt werden. Institutionelle Förderung kirchlichen Wirkens soll nicht allein im Sinne eines einseitigen Angebotes des Staates an die Religionsgemeinschaften erfolgen[3], das seine innere Rechtfertigung über staatsaufgabenbezogene, gemeinwohlrelevante „Verfassungserwartungen" bzw. hier „Vertragserwartungen" erfährt[4]. Vielmehr sollen die erwarteten Leistungen verläßlich und verbindlich den Kirchen aufgegeben werden, was dem Staat im Wege einseitiger Rechtsetzung zu weiten Teilen verschlossen wäre[5]. Dies gilt vor allem für die klassischen und bewährten Bereiche der staatlich-kirchlichen Zusammenarbeit, insbesondere im Religionsunterricht[6] und in der Anstaltsseelsorge. In diesen gemeinsamen Aufgabenfeldern war die Verläßlichkeit des kirchlichen Engagements schon allgemein und verstärkt noch in den neuen Ländern in Frage gera-

---

[1] Dazu oben die Zusammenfassung unter II. Teil B. III. 2. (= S. 53ff.)!

[2] *D. Pirson*, EssGespr. 28, S. 83, 93, 99.

[3] So beispielsweise die Konzeption bei *H. Marré*, KuR-110, S. 37, 46f.; *ders.*, KuR-410, S. 11, 14f.

[4] Zur Grundlegung dieses „metajuristischen" Begriffs: *J. Isensee*, HStR V § 115 Rn. 163ff., und zur Begründung der Kirchenförderung: a.a.O. Rn. 261f., sowie *ders.*, EssGespr. 25, S. 104, 118ff.

[5] Vgl. hier beispielhaft Ministerpräsident *B. Seite*, PlenProt. M.-V., 1/97, S. 5861, nach dem sich die Notwendigkeit der vertraglichen Regelungsform für die Staat-Kirche-Beziehungen daraus ergebe, daß „der Staat den Kirchen keine Weisungen geben kann ..., um die Seelsorge in öffentlichen Krankenhäusern zu sichern" oder anderweitig die Wahrnehmung kirchlichen Wirkens zu gewährleisten.

[6] Zu der kirchlichen Zurückhaltung in den neuen Ländern: *A. v. Campenhausen*, HStR IX, § 207 Rn. 53.

ten[7], so daß ein besonderes staatliches Bedürfnis aufkam, sich des kirchlichen Wirkens zu versichern. Freilich ist auch für die vertragliche Regelungsform fraglich, inwieweit sich die Erwartungen des Staates über den „guten Gebrauch" der verfassungsrechtlichen Kirchenfreiheit „in Rechtspflichten überführen" lassen[8]. Im folgenden sollen die Realisierungsmöglichkeiten staatskirchenvertraglicher Verpflichtungsanliegen zunächst grundsätzlich für alle zusammen ausgeleuchtet werden (I.), bevor die einzelnen eingegangen Bindungen aufgezeigt und in ihren besonderen Rechtsfragen aufgearbeitet werden (II.).

I. Der rechtliche Rahmen für die staatlichen Verpflichtungsanliegen

Der Bindung der Kirchen zugunsten des Staates sind zum einen Grenzen durch einzelne Vorgaben des staatlichen Verfassungsrechts gezogen, die im Schrifttum bereits vielfach gegen kirchliche Vertragspflichten angeführt wurden (hier im Überblick unter 1.). Zum anderen wird die Reichweite staatskirchenvertraglicher Möglichkeiten, die Kirchen verbindlich in ihrem Wirken und in ihrer Organisation zu verpflichten, aber auch ganz wesentlich durch die rechtlichen Besonderheiten bestimmt, die sich aus der Regelungsform des Staatskirchenvertrags ergeben (unter 2.).

---

[7] Insbesondere den Protestanten fehle teilweise der Sinn „für die Notwendigkeit verläßlicher Koordinierung und Kooperation" im Verhältnis zum Staat, so pointiert *M. Heckel*, HdbStKirchR I, S. 157, 175f.; vgl. auch *ders.* (1993), S. 86 Fn. 49; mit Blick auf die neuen Länder: *S. Heitmann*, ZevKR 39 (1994), S. 402, 406ff. In diesen Zusammenhang gehören auch die tendenziösen Fragen, warum die Menschen in den neuen Bundesländern nur zögerlich die Entfaltungsmöglichkeiten eines freiheitlichen Staatskirchenrechts nutzen [wiederholt *A. v. Campenhausen*, etwa in: HStR IX, § 207 Rn. 1; zustimmend *J. Listl* (1996-I), S. 355, 360f.], und die Aufforderung an die Vertragspartner in den neuen Ländern: „einüben, was in den westlichen Ländern bereits Gewohnheit ist" (*A. v. Campenhausen*, Schmitz-FS, S. 441, 443, und Lerche-FS, S. 179, 179–181, mit Blick auf das staatlich-kirchliche Zusammenwirken bei der Theologie an staatlichen Fakultäten; zum Druck, „in den neuen Bundesländern weitgehend die westdeutschen Regelungen zu übernehmen", vgl. auch: *H. Johnsen*, ZevKR 43 (1998), S. 182, 190 und öfter).

[8] Wohl im Grundsatz ablehnend: *J. Isensee*, EssGespr. 25, S. 154 (Diskussionsbeitrag), sowie S. 104, 118ff.: „Die grundrechtliche Freiheit verträgt nicht die umfassende Inpflichtnahme durch das staatliche Recht", zur Bedeutung des rechtsstaatlichen Verteilungsprinzips dabei näher: *ders.*, HStR V, § 115 Rn. 183ff. Auf die Frage von *D. Pirson*, EssGespr. 25, S. 162 (Diskussionsbeitrag), nach dem verbleibenden Raum für eine vertragliche Begegnung von Staat und Kirchen zeigt sich *J. Isensee*, EssGespr. 25, S. 164, freilich offen für die staatskirchenrechtlichen Koordinationsmöglichkeiten.

1. Kirchenfreiheit und objektiv-rechtliche Verfassungsvorgaben

Gegenüber den verfassungsrechtlichen Anforderungen an einseitige staatliche Verpflichtungsbegehren erweitert sich der Spielraum nach allgemeiner Meinung bei vertraglicher Gestaltung ganz erheblich[9]. Zur Begründung wird zumeist in Anlehnung an den Grundsatz „volenti non fit iniuria" darauf abgestellt, daß der Berechtigte die Beeinträchtigung der ihm verfassungsrechtlich garantierten Freiheit selbst freiwillig zuläßt[10]. Voraussetzung dafür ist freilich, daß die Verfassung selbst eine einvernehmliche Abweichung von ihren Vorgaben gestattet[11]. Dabei sind die subjektivrechtlichen Positionen der vertragsgebundenen Kirchen von den objektivrechtlichen Festlegungen staatlicher Aufgabenwahrnehmung zu unterscheiden. Nur vereinzelt erheben sich Stimmen, die die verfassungsrechtlich eingeräumte Freiheit der Kirchen selbst, insbesondere ihr Selbstbestimmungsrecht nach Art. 140 GG / Art. 137 III 1 WRV, als grundsätzlich nicht beschränkbar ansehen[12]. Dies überzeugt nicht, bedeuten die freiheitlichen Entfaltungschancen doch grundsätzlich jedenfalls auch und gerade die Freiheit, sie nicht zu nutzen, sie abzulehnen oder zumindest in erheblich anderer Form als üblich oder erwartet zu nutzen. Auch der Nichtgebrauch der Rechtspositionen ist, zumindest bei bewußter Entscheidung, Freiheitsbetätigung durch die Berechtigten. Die Art und Weise des Gebrauchs subjektiver Berechtigungen verbindlich festzulegen oder das Absehen von ihrer Wahrnehmung zuzusagen, begrenzt nicht die eingeräumten Freiräume, sondern erweitert sie im Gegenteil, weil sie dem Berechtigten zusätzliche Handlungsalternativen eröffnet[13]. So wird das Vertragsinstrument ganz allgemein in der Rechtsordnung trotz bzw. gerade wegen der Möglichkeit des einzelnen, Bindungen einzugehen, als Instrument der Freiheitlichkeit und Unabhängigkeit, als Chiffre der Eman-

---

[9] Vgl. *W. Weber*, E.R Huber-FS, S. 181, 191f.

[10] *H. Weber* (1970), S. 47f.; *K. Hesse*, HdbStKirchR I, S. 521, 542, 559.

[11] *J. Müller-Volbehr*, HdbStKirchR I, S. 289, 296f.; *K. Obermayer*, BoK, GG, Art. 140 Rn. 95; *L. Renck*, ThürVBl. 1995, S. 31; etwas verwirrend *A. Hollerbach* (1994), S. 253, 269, und ähnlich *ders.*, HStR VI, § 138 Rn. 63: Der Staat kann sich auch vertraglich „nicht mehr zugestehen lassen als was die Verfassung eindeutig verbietet"; klarer aber: *ders.* (1965), S. 259f., sowie S. 135.

[12] *U.K. Preuß*, AK-GG, Art. 140 Rn. 36; *J. Müller-Volbehr*, HdbStKirchR I, S. 289, 296f.; vgl. weiter *L. Renck*, BayVBl. 1995, S. 682.

[13] Nicht zuletzt eben im Hinblick auf die Erlangung staatlicher Fördermaßnahmen, bei denen der Staat seinerseits zur Wahrnehmung seiner Belange auf Verläßlichkeit und Berechenbarkeit der geförderten Aktivitäten angewiesen ist; unter diesem Gesichtspunkt hebt *J. Isensee*, HStR III, § 57 Rn. 173, die Notwendigkeit einer grundrechtlichen Selbstbindung der Geförderten hervor.

zipation, als Freiheitsparadigma schlechthin gefeiert[14]. Danach ist auch die Bindung in der Freiheitsausübung eine Wahrnehmung dieser Freiheit[15].

Freilich sind den vertraglichen Dispositionsmöglichkeiten im bürgerlichen Recht und erst recht im öffentlichen Recht Grenzen gezogen, um zum Schutze der Menschenwürde oder des Kerns freiheitlicher Verfassungsgewährleistungen eine beliebige Kommerzialisierung oder sonstige problematische Entäußerungen zu unterbinden[16]. Auf die im einzelnen umstrittenen Rechtsfragen zu den Grenzen eines verbindlichen Grundrechtsverzichts oder sonstiger grundrechtlicher Selbstbindung[17] muß allerdings nicht weiter eingegangen werden, weil die verfassungsrechtliche Gewährleistung der Kirchenfreiheit insoweit erheblich weiter reicht als die „klassischen" grundrechtlichen Freiheiten im übrigen: Das Selbstbestimmungsrecht nach Art. 140 GG / Art. 137 III 1 WRV garantiert den Kirchen, alle eigenen Angelegenheiten gemäß den spezifischen religiösen Ordnungsgesichtspunkten zu gestalten und verweist damit auf die originäre Kirchengewalt als maßgebliches Kriterium für die Bestimmung des Schutzbedürfnisses[18]. Wird mit dem grundrechtlichen Schutzbereich im allgemeinen ein Freiraum zur Selbstbestimmung und -entfaltung des Berechtigten aus dem virtuell allumfassenden Zugriff staatlicher Aufgabenwahrnehmung ausgegrenzt[19], so liegt der Gegenstand der Kirchenfreiheit von vornherein außerhalb der sachlichen Zuständigkeiten des säkularen Staates. Der staatliche Kompetenzmangel in religiösen Fragen greift auch auf die Frage nach den Grenzen der Verfügungsbefugnis über die verfassungsrechtlich anerkannten Freiräume durch[20]. In ihrer religiösen Selbstbestimmung kann der Staat die Kirchen nicht vor sich selber schützen[21].

---

[14] Vgl. etwa den Überblick bei *U. Mückenberger*, Handlexikon zur Rechtswissenschaft, S. 497ff.; ansatzweise ähnlich auch die zusammenfassende Charakterisierung aus staatskirchenrechtlicher Sicht bei *A. Hollerbach*, HdbStKirchR I, S. 253, 269f.

[15] Vgl. *G. Robbers*, JuS 1985, S. 924, 926f.

[16] Vgl. den kritischen Überblick über den Meinungsstand und einschlägige Fallkonstellationen bei *A. Bleckmann*, StR II, § 15 Rn. 1ff.; weiter *H. Quaritsch*, Martens-GS, S. 407, 410ff.

[17] Ausführlich: *M. Sachs*, VerwArch 76 (1985), S. 398, 419ff.

[18] BVerfGE 18, 385 [386f.]; 66, 1 [19]), *A. Hollerbach*, HStR VI, § 139 Rn. 10f.

[19] *J. Isensee*, HStR III, § 57 Rn. 156ff., freilich mit den weiteren Einschränkungen durch das Subsidiaritätsprinzip und die Begrenztheit staatlicher Mittel.

[20] Dezidiert: *K. Hesse*, HdbStKirchR I, S. 521, 542f.; vgl. weiter: *H. Weber* (1970), S. 47f.; am Beispiel der staatlichen Mitwirkung bei der Besetzung kirchlicher Ämter: *M.H. Müller*, BayVBl. 1996, S. 644, 645.

[21] Wohl aber greifen Schutzpflichten in den säkularstaatlich greifbaren Aspekten destruktiven Wirkens von Religionsgemeinschaften, etwa in dem Schutz von Leben und Gesundheit, der Gewährleistung der Menschenwürde und der Gleichberechtigung von

Auch die Eingehung von vertraglichen Bindungen ist selbstbestimmtes Ordnen und Verwalten kirchlicher Angelegenheiten, so daß unter dem Gesichtspunkt der Freiheitsgewährleistungen gegen die Begründung von kirchlichen Vertragspflichten keine verfassungsrechtlichen Bedenken zu erheben sind.

Die Wahrnehmung staatlicher Ordnungs- und Ausgleichsaufgaben gegenüber den kirchlichen Vertragspartnern wird aber weiter auch durch staatliche Handlungsbeschränkungen aus Rechten Dritter sowie aus objektiv-rechtlichen Verfassungsvorgaben bestimmt. Dazu zählen insbesondere die staatskirchenrechtlichen Fundamentalprinzipien der Trennung, der Säkularität, der Nichtidentifikation, der religiös-weltanschaulichen Neutralität und der Parität. Diese bestehen, soweit sie in der Verfassung verbindlich vorgegeben sind[22], nicht allein im Interesse eines einzelnen Begünstigten, sondern sind übergreifend dem Schutz überindividueller, öffentlicher Interessen zu dienen bestimmt[23]. Deshalb stehen sie weder zur Disposition des staatlichen (nicht verfassungsändernden) Vertragspartners noch gar der Kirchen. Sie begrenzen daher als zwingendes Recht den inhaltlichen Gestaltungsspielraum für die Staatskirchenverträge[24]. Zur Grenzziehung für die staatskirchenvertragliche Verpflichtungsfunktion ist diesen Prinzipien gemeinsam, daß sie die staatlichen Anliegen strikt auf die Verfolgung der eigenen weltlichen Staatsaufgaben beschränken. Danach muß gewährleistet sein, daß mit den Vertragsbindungen der Kirchen nicht der säkulare Kompetenzrahmen überschritten und nicht die nach Art. 140 GG / Art. 137 I WRV gebotene strikte organisatorische Scheidung zwischen Staat und Kirche durchbrochen wird. Der Staat darf sich nicht mit den Zielen kirchlicher Auftragswahrnehmung identifizieren und nicht diese oder widerstreitende religiöse Überzeugungen als vorzugswürdig auszuweisen oder als Irrweg zu korrigieren versuchen.

Mann und Frau, vgl. im Überblick zu den Warnungen vor Jugendsekten: *P. Badura* (1989), S. 72ff., 82ff.; vgl. weiter: *D. Reupke*, KuR-210, S. 7, 14ff.

[22] Zur verfassungsrechtlichen Herleitung und Reichweite dieser Gebote, vgl. näher die Nachweise im Überblick bei *A. v. Campenhausen*, Schmitz-FS, S. 441, 449f. Fn. 23; ausführlicher: v. Mangoldt / Klein / *A. v. Campenhausen*, GG, Art. 140 Rn. 16ff.

[23] Vgl. nur allgemein zu den Grenzen des Grundsatzes „volenti non fit iniuria": *M. Sachs*, VerwArch 76 (1985), S. 398, 420f.

[24] *K. Obermayer*, BoK, GG, Art. 140 Rn. 95; *L. Renck*, ThürVBl. 1995, S. 31, 35; *ders.*, BayVBl. 1995, S. 682; *J. Müller-Volbehr*, HdbStKirchR I, S. 289, 297; *E. Fischer*, 3. Aufl., S. 233ff., 190f.; *A. Hopfauf*, NJW 1989, S. 1263, 1264; aus den Vertragsmotiven: MdL *Bluhm*, LL / PDS, PlenProt. M.-V. 1 / 97, S. 5866; abweichend: *M.H. Müller*, BayVBl. 1996, S. 644, 646, der sachwidrig darauf abstellt, ob ein Dritter betroffen sei.

Für die Prüfung der einzelnen einschlägigen Vertragsbindungen folgt daraus, daß zum einen staatliche Berechtigungen aus den kirchlichen Verpflichtungen nicht zu einer Wahrnehmung kirchlicher Angelegenheiten durch den Staat führen dürfen. Zum anderen muß die staatliche Mitwirkung auch bei kirchlichen Organisationsentscheidungen im Rahmen staatskirchenvertraglicher Kooperation streng auf die weltlichen Aspekte beschränkt bleiben. Der Staat darf nur legitime, aus seinem eigenen säkularen Aufgabenkreis begründbare Organisationsinteressen verfolgen. Überhaupt können nur die säkular begründbaren Interessen zum Gegenstand einer vertraglichen Verpflichtung der Kirchen genommen werden, wie sie ausführlich bereits für die Förderfunktion als Ansatzpunkt für eine verfassungsrechtlich zulässige Wahrnehmung staatlicher Ordnungs- und Gestaltungsaufgaben mit Religionsbezug herausgearbeitet wurden[25]. Darüber hinaus darf durch staatliche Mitwirkung nicht die eigenverantwortliche Gestaltung der Kirche in Organisation und Ämterbesetzung grundsätzlich angetastet werden. Entscheidend für zulässige staatliche Mitwirkung ist im Ergebnis das Kriterium der Wahrung der kirchlichen Unabhängigkeit[26]. Bei der Prüfung im einzelnen ist freilich zu beachten, daß vielfach Bindungen der Kirchen mit organisatorischem Einschlag nur die Einhaltung materieller Vorgaben staatlicher Aufgabenerfüllung gewährleisten sollen, insbesondere dann, wenn es um die kirchliche Erfüllung öffentlicher Aufgaben geht. Im Rahmen der zuordnenden Koordinierungsfunktion wurde aufgezeigt, daß erhebliche Ausgestaltungsspielräume bei der verfahrensrechtlichen Regelung des staatlich-kirchlichen Zusammenwirkens bestehen. So kann der Staat eigenes Handeln zugunsten des kirchlichen Wirkens zurücknehmen[27], sofern nur sichergestellt ist, daß die ihm gestellten Aufgaben sachgerecht und rechtmäßig erfüllt werden und er dabei die Kontrolle und Letztenscheidungsmacht in der Hand behält[28]. Hierzu kann er auf die staatskirchenvertragliche Einbin-

---

[25] Für die Einzelheiten sei daher auf die Ausarbeitung oben III. Teil D. II. 2. b) (= S. 332ff.) verwiesen!

[26] *E.-L. Solte*, HdbStKirchR I, S. 561, 561–564, 569f.; zustimmend: *D. Pirson*, BayVBl. 1996, S. 641, 642; vgl. auch aus der Perspektive der Kirchenförderung: *G. Robbers*, HdbStKirchR I, S. 867, 882.

[27] Dieser Ansatz trägt dem verfassungsrechtlichen Kompetenzschutz zugunsten des privaten gegenüber dem staatlichem Handeln nach dem Subsidiaritätsprinzip Rechnung, vgl. dazu: *J. Isensee*, HStR III, § 57 Rn. 170ff., 165ff.; *H.H. Rupp*, HStR I, § 28 Rn. 44ff.

[28] So kann bei konkurrierender kirchlicher und staatlicher Verantwortung, etwa bei der Denkmalpflege, die staatskirchenrechtliche Kompetenzzuordnung erheblich vereinfacht werden, indem die Aspekte der staatlichen Anforderungen als vertragliche Vorgaben verbindlich festgelegt und auf dieser Grundlage die Wahrnehmung der Aufgaben den Kirchen überlassen werden.

dungsfunktion zurückgreifen[29]. Ein weiterer Ansatzpunkt für staatliche Verpflichtungsanliegen auch in organisatorischen Fragen kann sich aus der übergreifenden vertragspartnerschaftlichen Kooperation ergeben, deren Vertrauensgrundlage durch gegenseitige vertragliche Informations- und Konsultationspflichten noch gestärkt werden kann.

2. Die Konsequenzen aus der Rechtsnatur der Vertragsgrundlage

Viel grundlegender aber noch als durch die soeben aufgezeigten einzelnen Verfassungsvorgaben werden die Realisierungsmöglichkeiten staatskirchenvertraglicher Verpflichtungsanliegen durch die rechtlichen Besonderheiten des Vertragsinstruments selbst bestimmt: Mit den übrigen Vertragsfunktionen teilt auch die Verpflichtungsfunktion die Rechtsnatur der staatskirchenvertraglichen Bindungen als staatsvertragliches Recht innerhalb der säkularen staatlichen Rechtsordnung unterhalb der Ebene des Verfassungsrechts[30]. Diese Rechtsgrundlage ermöglicht es, Bindungen zugunsten des anderen Vertragsteils einzugehen, denen als öffentlich-rechtliche Rechtsverhältnisse nichtverfassungsrechtlicher Art die verwaltungsgerichtliche Durchsetzung gem. § 40 I 1 VwGO, insbesondere im Wege der allgemeinen Leistungsklage, offensteht[31]. Zugleich begrenzt die Rechtsnatur der Vertragsgrundlage die möglichen Bindungen der Kirche unter zwei Gesichtspunkten: zum einen auf die weltlichen Aspekte und zum anderen, damit einhergehend, durch einen religiösen Kompetenzvorbehalt. Auch dort, wo kirchenrechtliche Voraussetzungen in Bezug genommen werden, können nicht diese selbst, sondern allein ihre aus säkularstaatlicher Sicht faßbaren Folgen Gegenstand der staatskirchenvertraglichen Bindungen sein[32]. Damit scheiden aber auch die spezifischen religiösen Eigenartigkeiten aus dem Kreis der durchsetzbaren Vertragspflichten aus. Dort wo die religiöse Auftragswahrnehmung in einzelnen Aspekten vertraglich festgelegt werden soll, kann die staatliche Rechtsordnung ihre Einhaltung nicht erzwingen, weil das religiöse Wirken in seinem eigentlichen, dem transzendenten Wesen allein aus dem kirchlichen Recht lebt. Verpflichtet sich die Kirche beispielsweise zur Anstaltsseelsorge, so bleibt dem Staat mangels Verfügungsmöglichkeiten über die religiösen Inhalte die Durchsetzung dieser Bindung verschlossen, wäh-

[29] Vgl. bereits oben III. Teil C. II. 1. b) (= S. 240f.)!
[30] III. Teil B. II. 1. d) bb) mit Zusammenfassung bei (4) (= S. 132ff., 175)!
[31] III. Teil B. II. 1. e) aa) (= S. 182f.)!
[32] III. Teil B. II. 1. d) bb) (2) (d) (aa), (cc) (= S. 148–150, 159f.)!

rend sich etwa bei der Durchsetzung der denkmalrechtlichen Verpflichtungen in den weltlichen Aspekten keine Probleme ergeben. Die staatliche Rechtsordnung kann allein den Ausfall der vertraglich fixierten religiösen Aufgabenerfüllung erfassen und daran (säkularstaatliche) Rechtsfolgen, den Wegfall staatlicher Gewährleistungen für das kirchliche Wirken oder eine Vertragsanpassung, knüpfen.

Auf diese Weise sind die weltlichen Verpflichtungen in den Staatskirchenverträgen in ihren religiösen Aspekten nicht von ihrer notwendigen Verantwortbarkeit in den kirchenrechtlichen Grundlagen zu trennen. Auch in seiner kirchenverpflichtenden Ausprägung bleibt das Staatskirchenrecht säkulares Rahmenrecht und zwingend auf die staatsunverfügbare religiöse Ausfüllung durch die Religionsgemeinschaften angewiesen. Diese in der Transzendenz begründete Grenze der Verbindlichkeit staatsvertraglicher Pflichten der Kirchen stellt keine einseitige Privilegierung der kirchlichen Vertragspartner im Vergleich zum staatlichen Gegenüber dar. Denn sie läßt sich in ähnlicher Weise begründen, wie bereits im Rahmen der Absicherungsfunktion für den Staat ein Kompetenzvorbehalt herausgearbeitet wurde. Bei der Darlegung der Besonderheiten der staatsvertraglichen Rechtsgrundlage wurde gezeigt, daß die Möglichkeit wie die Grenzen einer vertraglichen Gleichordnung von Staat und Kirche in der verfassungsrechtlichen Anerkennung der originären kirchlichen Eigenrechtsmacht in den Grenzen des für alle geltenden Gesetzes begründet liegen. Der Staatskirchenvertrag ordnet wie bzw. als „ein für alle geltendes Gesetz" nach Art. 140 GG / Art. 137 III 1 WRV die kirchliche und die staatliche Rechtsordnung einander für eine Koexistenz in der staatlichen Rechtsordnung nach den Prinzipien der Konkordanz zu[33]. Dann aber darf die Zuordnung durch Vertragsbindung die kirchliche Eigenrechtsmacht nur soweit wie zur Erreichung der Friedens- und Ordnungsfunktion auf der staatlichen Ebene nötig beeinträchtigen. Oder sie muß, andersherum gewendet, soweit wie möglich der religiösen Selbstbestimmung zur Durchsetzung verhelfen.

Zwar lebt die staatskirchenvertragliche Einigung von der Verläßlichkeit und Durchsetzbarkeit der eingegangenen Vertragsbindungen. Doch müssen Staat wie Kirche, gerade weil beide voneinander unabhängig sind und ihre Legitimation und Ordnung aus unterschiedlichen Quellen beziehen, auf einer Letztverantwortung und einem Letztentscheidungsrecht für ihre Seite beharren. Wie für den Staat ein Kompetenzvorbehalt zugunsten

---

[33] *K. Hesse*, HdbStKirchR I, S. 521, 532 i.V.m. S. 549ff.; *M. Baldus*, NVwZ 1999, S. 716, 718; näher oben III. Teil B. II. 1. d) bb) (2) (d) (bb) (ccc) (= S. 158f.)!

der staatlichen Friedens-, Ausgleichs- und Ordnungsfunktionen gegenüber dem Grundsatz der Vertragstreue festzuhalten war[34], so ergibt sich auch für den kirchlichen Vertragspartner eine immanente Grenze der Vertragsbindungen, wenn und soweit diese in unauflösbaren Widerspruch zum Auftrag der Kirche geraten[35]. Für diesen Fall greift dann, mit umgekehrten Vorzeichen wie bei der Aktualisierung des staatlichen Kompetenzvorbehalts[36], eine Vertragsanpassung nach den Grundsätzen der Verhältnismäßigkeit. Diese obliegt nach der staatskirchenvertraglichen Freundschaftsklausel zunächst und in erster Linie der einvernehmlichen Konfliktentscheidung der Vertragspartner. Nur bei deren Scheitern kommt eine richterliche Entscheidung über die verbleibenden säkularen Bindungen der Kirche nach den kirchlichen Vorgaben über die zwingenden Gründe kirchlicher Auftragswahrnehmung in Abwägung zu dem Vertrauen des staatlichen Vertragspartners in die eingegangenen Bindungen in Betracht. Hierbei sind insbesondere etwaige synallagmatische Verknüpfungen zwischen staatlichen Leistungen an die Kirche und kirchlichen Bindungen zu berücksichtigen. Dagegen kann gegen die bekenntnisbedingte Entscheidung der Kirchen weder eine religiös bestimmte Handlung noch ein dahingehendes Bemühen durchgesetzt werden. Das bloße Beharren auf den von religiösen Inhalten befreiten kirchlichen Aktivitäten geriete dort, wo es gerade um die religiösen Potenzen geht, zur leeren Übung in Prinzipienreiterei.

II. Die einzelnen Vertragsbindungen kirchlichen Wirkens und kirchlicher Organisation

Bei der Aufarbeitung der relevanten Vertragsbindungen kann insoweit allerdings im einzelnen die Auslegung der Vertragsbestimmungen im Hinblick auf ihren konkreten rechtlich verpflichtenden Gehalt Schwierigkeiten bereiten. Dies betrifft vor allem die in den Verträgen nur allgemein als verbindlich formulierten Aufgaben des kirchlichen Wirkens. Fehlt es an genauen Festlegungen, so bleibt die Umsetzung ganz der kirchlichen Verantwortung überantwortet. Danach wird sich die Bin-

---

[34] Dazu oben III. Teil B. II. 1. d) bb) (3) (b), (c) (= S. 164–171)!

[35] Vgl. *A. Hollerbach*, HdbStKirchR I, S. 253, 287; vgl. auch mit weiteren Nachweisen für die kirchenrechtliche Perspektive: *ders.* (1965), S. 154ff.; weitergehend noch *A. Albrecht* (1965), S. 228 und öfter, freilich auf der Grundlage einer abweichenden Vertragskonzeption.

[36] Dazu oben im Rahmen der Absicherungsfunktion: III. Teil B. II. 1. e) cc) (= S. 205–209)!

dungswirkung einer allgemein gehaltenen vertraglichen Festschreibung kirchlicher Auftragswahrnehmung vielfach auf schlichte Bemühenspflichten der Kirchen beschränken[37], also darauf, daß sich der kirchliche Vertragspartner nicht aus den fixierten Aufgabenfeldern grundsätzlich zurückzieht. Auf etliche Vertragspflichten der Kirchen ist bereits im Zusammenhang mit anderen Vertragsfunktionen eingegangen worden, vor allem dann, wenn die kirchliche Bindung in einem direkten Gegenseitigkeitsverhältnis zu staatlichen Pflichten steht, etwa bei den formellen Regelungen zur Durchführung der Vertragsbeziehungen[38] oder bei der vertraglichen Bereinigung der Vermögensbeziehungen[39]. Zunächst stehen diejenigen kirchlichen Bindungen im Mittelpunkt, denen weitgehend ein eigenständiges inhaltliches Verpflichtungsmoment abgeht, weil sie nur die Voraussetzungen für Leistungen oder Tätigwerden des Staates im Interesse der Kirchen ausgestalten (1.). Die Vertragsbestimmungen, mit denen die Wahrnehmung der Friedens- und Ausgleichsfunktion des Staates bei der Einordnung des kirchlichen Wirkens in die staatliche Rechtsordnung gem. Art. 140 GG / Art. 137 III 1 WRV sichergestellt werden soll, werden unter 3. aufgegriffen. Zuvor soll es aber um die kirchlichen Bindungen in ihrer Freiheit der Ämterverleihung gehen, die sowohl Elemente inhaltlicher Zuordnungsfragen enthalten als auch über die gegenseitige Einräumung von Verfahrensrechten auf die übergreifende vertragspartnerschaftliche Kooperationsfunktion bezogen sind (dazu unter 2.). Den Abschluß bilden dann die inhaltlichen Bindungen der Kirchen in ihrer spezifisch religiösen Auftragswahrnehmung bei ihrem öffentlichen Wirken in Verkündigung, Caritas und Diakonie sowie der öffentlichen Verantwortung (4.).

---

[37] So betont beispielhaft Landesbischof *C. Stier*, Einbringung, S. 4, mit Blick auf die Vertragsfestlegungen, daß die Kirchen mit ihren beschränkten Kapazitäten kaum und „erst recht nicht in kurzer Zeit alle Aufgabenbereiche sachgemäß und vollständig wahrnehmen" könnten. Daraus wird abgeleitet, daß die rechtlichen Regelungen einen Impuls nach vorn gäben, daß die Kirchen in die erweiterten Möglichkeiten ihres Wirkens hineinwüchsen.

[38] Dazu oben III. Teil C. I. 1. (= S. 221–226)!

[39] Beispielhaft sei hier auf die Kostentragung der Kirchen für staatliche Verwaltungs- und Vollstreckungshilfe [III. Teil C. III. 2. d) (= S. 312)] sowie auf die Übernahme der Verkehrssicherungspflichten durch die Kirchen bei den von ihr genutzten und vom Staat unterhaltenen Kirchengebäuden nach Art. 9 I 3 evKVLSA und Art. 15 III 3 LSAKKV [III. Teil C. III. 2. a) bb) (= S. 292)] hingewiesen.

1. Vertragsrechtliche Bindungen als Gewährleistungsvoraussetzungen

Viele Vertragsbindungen der Kirchen sind trotz zum Teil eigenständiger Verpflichtungsformulierung nur als Voraussetzungen für staatliche Gewährleistungen in die Verträge aufgenommen worden. Dabei kann zwischen inhaltlichen [a)] und formellen, vor allem verfahrensrechtlichen, Anforderungen [b)] unterschieden werden. In diesem Zusammenhang soll auch noch auf einige übergreifende organisatorische Bindungen der Kirchen eingegangen werden, die eine formelle Grundlage für staatliches Entgegenkommen im Rahmen der umfassenden Vertragspartnerschaft bilden [dazu c)]. Weitere einschlägige Bindungen sind dann im Zusammenhang mit der kirchlichen Ämterhoheit unter 2. zu erörtern.

a) Inhaltliche Voraussetzungen für staatliche Vertragsgewährleistungen

Vielfach sind die einzelnen von der Kirche zu gewährleistenden Voraussetzungen für staatskirchenvertraglich festgehaltene staatliche Maßnahmen in dieser Arbeit bereits im Zusammenhang mit deren Darlegung, als deren Grundlagen bzw. Begrenzungen, angeführt worden. Dies gilt vor allem dann, wenn sie unmittelbar zusammengehörig sind, wie bei den Vermögensgeschäften auf Gegenseitigkeit, oder wenn es sich lediglich um allgemein gehaltene Übernahmen von Gewährleistungen handelt, die einschließlich der Voraussetzungen im einzelnen landesgesetzlich auszugestalten sind, wie bei den Voraussetzungen für eine staatliche Anerkennung kirchlicher Bildungsgänge[40]. Ausdrückliche Betonung haben in den

---

[40] Dazu oben III. Teil B. I. 4. und c) (= S. 97–100)! Inhaltliche Unterschiede zwischen der klassischen Formulierung als Tatbestandsvoraussetzungen und einer eigenständig formulierten Verpflichtung der Kirchen, „die Gleichwertigkeit der Prüfungsanforderungen mit den staatlichen Abschlußprüfungen“ zu gewährleisten, erscheinen mir dabei nicht ersichtlich; vgl. als Beispiel: das Schlußprotokoll zu Art. 3 IV 2 evKVSachsen im Gegensatz zum Schlußprotokoll zu Art. 3 IV evKVBBG hinsichtlich der Anerkennung der kirchlichen Prüfungen zum Abschluß des staatlichen Theologiestudiums. Die inhaltliche Übereinstimmung beider Bestimmungen wird durch die Ausführungen in den Regierungsbegründungen zum evKVSachsen, LT-Drs. Sachsen 1/4649, Vertragsbegründung, S. 7, und zum evKVBBG, LT-Drs. BBG 1/3442, Vertragsbegründung, S. 4, bestätigt; vgl. auch für die staatliche Anerkennung von Diözesanseminaren zur wissenschaftlichen Vorbildung von Geistlichen nach Art. 6 BistVEF i.V.m. Art. 11 III, 10 II ThKKV die Verpflichtung auf die kirchlichen Vorschriften und den „Standard des theologischen Unterrichts an deutschen wissenschaftlichen Hochschulen“ nach Art. 11 I ThKKV mit den damit zusammenhängenden konkreten Bindungen nach Art. 11 II ThKKV.

neuen Staatskirchenverträgen die Gewährleistung eines ausreichenden bzw. mit den staatlichen Anforderungen gleichwertigen kirchlichen Datenschutzes und die Beachtung der Bestimmungen zum Schutz des Steuergeheimnisses als Voraussetzungen für die Übermittlung der religions- und insbesondere kirchensteuerrelevanten Daten gefunden[41]. Nach Art. 18 III evKVMV, Art. 22 IV MVKKV und Art. 22 II evKVBBG ist für die Überlassung staatlicher Daten an die Kirchen weitergehend auch die Übermittlung von Daten der Kirche an den Staat als Gegenleistung gefordert. Das von staatlicher Seite geschuldete Bemühen, die Vermögensauseinandersetzung bei den früher vereinigten Kirchen- und Schulämtern voranzutreiben, ist an die Einhaltung entsprechender Hinwirkungspflichten der Kirchen geknüpft[42]. Die staatliche Anerkennung der Vereidigung in kirchlichen Gerichts-und Disziplinarverfahren nach Art. 25 I evKVTh setzt nach dem Schlußprotokoll zu Art. 25 I evKVTh voraus, daß den Eid grundsätzlich nur Personen abnehmen, die die Befähigung zum Richteramt besitzen. Wo die neuen Verträge das kirchliche Vereidigungsrecht nicht aufgreifen, ist aber kein die Kirchen bindender Verzicht auf dieses Korporationsrecht vereinbart, sondern lediglich den kirchlichen Bedürfnissen nach dem jeweiligen religiösen Selbstverständnis Rechnung getragen worden[43].

In einigen neuen Staatskirchenverträgen sind besondere Anforderungen für die staatliche Gewährleistung der theologischen Studiengänge in den staatlichen Fakultäten eigenständig fixiert worden. Nach dem Schlußprotokoll zu Art. 3 I evKVTh wird die Bestandsgarantie für die Evangelisch-Theologische Fakultät der Friedrich-Schiller-Universität Jena davon abhängig gemacht, daß die Pfarrer „ganz überwiegend" im Rahmen des theologischen Studiums an den staatlichen und den bestehenden kirchlichen Hochschulen ausgebildet werden. In ähnlicher Weise schreibt Absatz 1 Satz 1 des Schlußprotokolls zu Art. 11 II ThKKV den Verzicht der örtlichen Bischöfe auf die Einrichtung oder Unterhaltung eigener

[41] Dies zum Teil mit konkret festgehaltenen verfahrensrechtlichen Kontrollrechten des Staates: Art. 23 Satz 2 nebst Absatz 3 des Schlußprotokolls evKVLSA, Art. 20 Satz 2 und Absatz 3 des Schlußprotokolls LSAKKV, Art. 18 II 2 und 3 sowie 17 V 3 evKVMV, Art. 22 III und 18 V 3 MVKKV, Art. 24 II und Art. 15 II 3 evKVTh jeweils nebst Schlußprotokoll evKVTh, Art. 28 II und 26 II ThKKV beide nebst Schlußprotokoll, Art. 15 I 3 evKVSachsen, Art. 23 I 3 SachsenKKV, sowie mit eigenständigem Verpflichtungsansatz: Art. 22 III evKVBBG.

[42] Art. 11 II evKVLSA, Art. 11 II evKTh, Art. 22 II ThKKV, Art. 11 evKVMV, Art. 12 II evKVSachsen.

[43] Regierungsbegründung zum evKVSachsen, LT-Drs. Sachsen 1 / 4649, Vertragsbegründung, S. 37.

Einrichtungen für die wissenschaftliche Vorbildung der Geistlichen vor, wenn der Freistaat Thüringen im kirchlichen Einvernehmen einen Katholisch-Theologischen Fachbereich errichtet[44]. Auch das staatskirchenvertragliche Festhalten am Triennium[45], dem Erfordernis eines mindestens dreijährigen Hochschulstudiums an einer deutschen Fakultät, kann in diesem Zusammenhang gesehen werden[46]. Rechtliche Bedenken sind gegen diese Bestimmungen nicht zu erheben, schon weil der Staat zur effizienten Verwendung seiner Haushaltsmittel verpflichtet ist, was nahelegt, im Gegenzug zur Garantie der staatlichen Hochschuleinrichtungen deren Auslastung abzusichern. Soweit dagegen den Fakultätsgarantien der anderen Staatskirchenverträge die Pflicht der Kirchen zur Nutzung der Kapazitäten an den staatlichen Fakultäten ohne entsprechende Klauseln entnommen wird[47], kann es sich lediglich um eine zunächst auf der Vertragsebene unverbindliche Erwartung des staatlichen Vertragspartners handeln. Denn eine entsprechende Vertragsbindung ist gerade nicht formuliert. Sie ist auch nicht aus sich heraus selbstverständlich mit der Fakultätsgarantie verbunden und im übrigen unterschiedlich scharf faßbar[48], so daß es einer Positivierung bedurft hätte. Rechtliche Relevanz kommt solchen staatlichen Erwartungen aber bei der inhaltlichen Ausgestaltung der Garantien, insbesondere im Hinblick auf die Ausstattung der Fakultäten, und im Rahmen nachträglicher Vertragsanpassungen zu, weil diese jeweils von der Auslastung der staatlichen Einrichtungen abhängen[49]. Schon gar nicht vermögen die vertraglichen Bestandsgarantien den kirchlichen Ausbildungsbedarf bestimmend vorzugeben oder sonst auf dessen Ermittlung Einfluß zu gewinnen.

---

[44] Für die besondere, durch Art. 12 II PreußK geprägte Lage der Katholischen Kirche in den anderen neuen Ländern, die keine entsprechenden staatlichen Einrichtungen anstreben, vgl. die Regierungsbegründungen zum BistVMD: Sachsen, LT-Drs. Sachsen 1/4648, Vertragsbegründung, S. 8, und LSA, LT-Drs. LSA 1/3636, S. 20.

[45] Vgl. Art. 5 III Nr. 3, VII 1 ThKKV, Satz 1 des Schlußprotokolls zu Art. 13 III SachsenKKV und sehr eingeschränkt noch Art. 15 II 2 MVKKV. Das Land Sachsen-Anhalt hat ganz auf das Erfordernis verzichtet: Schlußprotokoll zu Art. 12 I LSAKKV mit näherer Erläuterung in der Regierungsbegründung LSAKKV, LT-Drs. LSA 2/4475, S. 47.

[46] *E.-L. Solte*, HdbStKirchR I, S. 561, 565f. m.w.N.; *ders.*, in: *R. Puza/A.P. Kustermann* (Hrsg.), S. 79, 91–93; *H. Weber* NVwZ 1994, S. 759, 765; andeutungsweise auch: *D. Pirson*, in: *R. Puza/A.P. Kustermann* (Hrsg.), S. 31, 40 („gewisse Korrelation"); kritisch dagegen: *A. Vulpius*, KuR-120, S. 13, 17f.; zu den staatskirchenvertraglichen Anstellungsvoraussetzungen für Geistliche im einzelnen unten III. Teil E. II. 2. a) dd) (= S. 379–382)!

[47] So die Regierungsbegründung evKVMV, LT-Drs. M.-V. 1/4126, S. 20; vgl. weiter *H. Weber* NVwZ 1994, S. 759, 765.

[48] Vgl. auch *A. Vulpius*, KuR-120, S. 13, 17f.

[49] Vgl. *H. Johnsen*, EssGespr. 29, S. 196 (Diskussionsbeitrag).

b) Organisatorische Anforderungen, insbesondere Abstimmungspflichten

Um den vertraglich zugesagten Schutz der jüdischen Feiertage zu realisieren, verlangt der staatliche Vertragspartner, daß die Jüdischen Gemeinschaften die Jüdischen Feiertage der Landesregierung nach dem deutschen Kalender zwei Jahre im voraus übermitteln[50]. Verhältnismäßig ausführlich werden kirchliche Bindungen im Zusammenhang mit der praktischen Umsetzung der Staatsleistungen begründet. Bereits eingegangen wurde auf die Pflichten zu einer Rechnungskontrolle für die Verwendung der staatlichen Mittel nach den Vorgaben der Jüdischen Verträge[51]. Während nach dem Schlußprotokoll zu Art. 13 IV JüdVLSA eine Prüfung allein durch eine unabhängige Einrichtung ausreicht[52], fordert das Schlußprotokoll zu Art. 4 JüdVSachsen die Prüfung durch einen unabhängigen Wirtschaftsprüfer, ohne dabei auf die staatliche Rechnungskontrolle zu verzichten. Demgegenüber bleiben die Staatsleistungen nach den anderen Staatskirchenverträgen von einer staatlichen Rechnungskontrolle verschont, weil es sich anders als bei den Zahlungen an die Jüdischen Gemeinschaften[53] um historische Leistungsverpflichtungen nach Art. 140 GG / Art. 138 I WRV ohne Zweckbindung handelt[54]. So wird in jeweils Absatz 1 des Schlußprotokolls zu Art. 13 V evKVLSA und zu Art. 18 I LSAKKV lediglich an die kirchliche öffentliche Haushaltsführung und die kircheneigene unabhängige Rechnungsprüfung für die Verwendung der Mittel aus den Staatsleistungen „erinnert"[55]. Ein erheblicher organisatorischer Regelungsbedarf bestand bei der Verteilung der den Kirchen zustehenden Mittel aus Staatsleistungen und der im Rahmen der staatlichen Kirchensteuerverwaltung eingenommenen Kirchensteuern. Es kam den Vertragsparteien darauf an, sich einvernehmlich auf ein gerechtes und zugleich effizientes Verfahren zu einigen. In den Evangelischen und Katholischen Kirchenverträgen mit Ausnahme Brandenburgs wurde im wesentlichen übereinstimmend festgelegt, daß die Verteilung der staatlichen Ge-

---

[50] Schlußprotokoll zu Art. 3 II JüdVSachsen, Satz 2 des Schlußprotokolls zu Art. 4 JüdVLSA, Art. 2 III JüdVMV.

[51] Vgl. oben im Zusammenhang mit den Staatsleistungen, III. Teil C. III. 2. cc) (= S. 308f.)!

[52] Dazu näher Regierungsbegründung JüdVLSA, LT-Drs. LSA 1/3629, S. 23.

[53] Vgl. Regierungsbegründung JüdVSachsen, LT-Drs. Sachsen 1/4855, Vertragsbegründung, S. 6.

[54] Dazu hier nur: *J. Isensee*, HdbStKirchR I, 1009, 1020f.

[55] Regierungsbegründungen zum evKVLSA, LT-Drs. LSA 1/3087, Vertragsbegründung, S. 14, und zum LSAKKV, LT-Drs. 2/4475, S. 53.

samtzuschüsse unter den beteiligten kirchlichen Vertragspartnern nach einer von den Landeskirchen bzw. Bistümern zuvor zu treffenden und dem Staat anzuzeigenden Vereinbarung erfolgt[56]. Da diese Regelungen den Verwaltungsaufwand verringern helfen und den leistungsbereiten staatlichen Vertragspartner bei der Erfüllung seiner Zahlungsverpflichtungen vor innerkirchlichen Unstimmigkeiten schützen sollen[57], dienen sie legitimen staatlichen Interessen, ohne die Kompetenzgrenzen zwischen Staat und Kirche zu durchbrechen. Von einem rückständigen Zeichen für mangelnden Respekt vor der kirchlichen Eigenständigkeit kann daher nicht die Rede sein[58], schon gar nicht von einer Verletzung der oben herausgearbeiteten zwingenden verfassungsrechtlichen Vorgaben. Bei den pauschalierten staatlichen Gesamtzuschüssen nach den Jüdischen Verträgen ergibt sich noch die Besonderheit, daß in die Verteilung dieser Mittel alle jüdischen Gemeinden einzubeziehen sind, einschließlich der nicht dem vertragschließenden Verband angehörigen Gemeinden[59].

Um in den Genuß der staatlichen Kirchensteuerverwaltung zu gelangen, sind den Kirchen weitergehende Abstimmungspflichten auferlegt worden, die freilich auf landesgesetzlichen Vorbildern beruhen. So haben sich die Kirchen nicht nur auf die Verteilung der ihnen zustehenden Gelder untereinander zu einigen[60]. Darüber hinaus sind sie auch angehalten, sich auf einheitliche Zuschlagsätze für die einzelnen Maßstabsteuern zu verständigen[61]. Die Formulierungen dieser Gewährleistungsvoraussetzungen für die staatliche Kirchensteuerverwaltung[62] deuten zunächst nur

---

[56] Art. 13 IV evKVLSA, Art. 12 III evKVMV, Art. 20 VI MVKKV, Art. 13 V evKVTh, Art. 23 V ThKKV sowie, mit ausführlichen Verfahrensregelungen, Art. 14 I 2 und Schlußprotokoll zu Art. 14 IV evKVSachsen und lit. b) Satz 2 und lit. c) des Schlußprotokolls zu Art. 20 SachsenKKV.

[57] Regierungsbegründung zum SachsenKKV, LT-Drs. Sachsen 2 / 3612, Vertragsbegründung, S. 34. Dies wird durch Satz 4 des Schlußprotokolls zu Art. 14 IV evKVSachsen und lit. c) Satz 4 des Schlußprotokolls zu Art. 20 SachsenKKV bestätigt, die als Rechtsfolge bei Ausbleiben einer innerkirchlichen Einigung über die Verteilung der Mittel untereinander die Hinterlegung der Gelder nach den Regelungen der Hinterlegungsordnung vorschreiben.

[58] Vgl. *I.-M. Matthiesen*, S. 100f.

[59] Näher: *A. Vulpius*, NVwZ 1996, S. 759, 763.

[60] Lit. a) des Schlußprotokolls zu Art. 22 SachsenKKV, Schlußprotokoll zu Art. 17 I 1 evKVSachsen, Schlußprotokoll zu Art. 15 I evKVLSA.

[61] So für die Kirchenlohnsteuer: Art. 16 II nebst Schlußprotokoll evKVSachsen, Art. 21 II und Schlußprotokoll SachsenKKV, Art. 14 II evKVLSA, Art. 19 II LSAKKV, Art. 17 II evKVMV, Art. 18 II MVKKV sowie darüber hinaus noch für einheitliche Beträge bei dem Kirchgeld in glaubensverschiedener Ehe und bei der Erhebung einer Mindestbetragskirchensteuer: Art. 14 II evKVTh und Art. 25 II ThKKV bzw. für die Vermögenssteuer: Art. 14 II evKVBBG nebst Schlußprotokoll zu Art 15 I evKVBBG.

[62] Auch ohne direkt im Vertragstext formulierten Zusammenhang soll mit diesem Ab-

auf ein Einigungsgebot zwischen den konfessionsgleichen Vertragspartnern hin[63], was in Art. 19 II LSAKKV und Art. 18 II MVKKV durch den Bezug auf „die Bistümer" bzw. „die Erzbistümer" auch zweifelsfrei klargestellt wird. Dagegen wird aber für andere Verträge aus Verweisungen auf die landesgesetzlichen Regelungen des § 10 Satz 2 und 3 KiStG und aus der staatlichen Motivlage[64] deutlich, daß es um die Einigung auf landeseinheitliche Hebesätze zwischen allen kirchensteuerberechtigten Religionsgemeinschaften geht, die staatliche Kirchensteuerverwaltung beanspruchen wollen. Ausdrücklich stellen die Vertragspartner dies im Schlußprotokoll zu Art. 15 I evKVBBG klar. Für Sachsen wird allerdings ein zwingender Ausschluß der staatlichen Kirchensteuerverwaltung nur bei ausbleibender Verständigung zwischen den jeweils an einem Vertragsschluß beteiligten Landeskirchen bzw. Bistümern vorgesehen. Kommt dagegen eine Abstimmung mit anderen Religionsgemeinschaften nicht zustande, so bleibt der Finanzverwaltung eine Entscheidung im Einzelfall vorbehalten[65]. Diese Regelungen sind verfassungsrechtlich unbedenklich, weil sie keinerlei Kompetenzübergriffe begründen und sich das staatliche Interesse an den Abstimmungsgeboten sachlich über die Begrenzung des staatlichen Verwaltungsaufwandes rechtfertigen läßt.

Auch in anderen Sachzusammenhängen haben sich die Kirchen gegenüber dem Staat zwecks organisatorischer Vereinfachung und verfahrensrechtlicher Beschleunigung[66] dahingehend gebunden, Rechtspositionen aus dem Vertrag nur mit einer Stimme und nur nach vorheriger innerkirchlicher Abstimmung wahrzunehmen[67]. So haben sich die Kirchen für

stimmungsgebot nur eine „Grundvoraussetzung für die staatliche Kirchensteuerverwaltung" festgehalten und keine eigenständige Verpflichtung begründet werden (vgl. nur zu Art. 14 II evKVBBG die Regierungsbegründung evKVBBG, LT-Drs. BBG 2/3442, Vertragsbegründung, S. 16f.).

[63] Die Bestimmungen beziehen die Einigungspflichten nur auf „die Kirchen" oder gar „die Bistümer", also vom Wortlaut her nur auf die jeweils vom einzelnen Vertrag erfaßten Gliederungen, nicht aber auf alle, die am Verfahren der staatlichen Kirchensteuerverwaltung innerhalb eines Landes beteiligt sind.

[64] Regierungsbegründungen zum ThKKV, LT-Drs. Th 2/2100, S. 29, zum evKVTh, LT-Drs. Th 1/3273, S. 13, und zum evKVBBG, LT-Drs. BBG 2/3442, Vertragsbegründung, S. 17.

[65] Schlußprotokolle zu Art. 16 II evKVSachsen und zu Art. 21 II SachsenKKV; vgl. näher die Regierungsbegründungen zum SachsenKKV, LT-Drs. Sachsen 2/3612, Vertragsbegründung, S. 35, und zum evKVSachsen, LT-Drs. Sachsen 1/4649, Vertragsbegründung, S. 29; zu den staatlichen Entscheidungsspielräumen auf der landesgesetzlichen Grundlage des § 10 Satz 2 KiStG-DDR: *H. Engelhardt* (1991), S. 79.

[66] Regierungsbegründung zum evKVLSA, LT-Drs. LSA 1/3087, Vertragsbegründung, S. 5.

[67] Kirchenintern ist die abgestimmte Wahrnehmung der vertragsrechtlichen Beteiligungsrechte gegenüber dem Staat ohnehin weitgehend kirchenrechtlich vorherbestimmt;

ihre Mitwirkung bei der Erteilung des konfessionellen Religionsunterrichts an öffentlichen Schulen in Sachsen-Anhalt vertraglich zu einer Koordinierung untereinander und einer einheitlichen Auftragswahrnehmung verpflichtet. Sie sagen zu, einheitliche Voraussetzungen für die Erteilung der Vokation zu schaffen[68]. Mustergültig zeigen sich diese Bindungen auch in den verfahrensrechtlichen Ausgestaltungen des Zusammenwirkens von Staat und Kirche bei den Theologischen Fakultäten an staatlichen Universitäten. Der Evangelische Kirchenvertrag von Mecklenburg-Vorpommern bleibt davon allerdings ausgenommen, wohl weil hier die zwei staatlichen evangelisch-theologischen Fakultäten jeweils einer der beiden Landeskirchen zugeordnet sind und damit kein Abstimmungsbedarf besteht. Die Abstimmungspflichten nach den übrigen Verträgen halten sich aus den zuvor aufgezeigten Gründen im Rahmen der Verfassungsvorgaben[69]: Im Schlußprotokoll zu Art. 3 I evKVSachsen halten die Vertragspartner ganz allgemein fest, daß diejenige Landeskirche, auf deren Gebiet sich die Fakultät befindet, die kirchlichen Mitwirkungsbefugnisse unter Beteiligung der „weiteren betroffenen Kirchen" ausübt. Dabei hat sie „gegebenenfalls abweichende Stellungnahmen der anderen Kirchen der staatlichen Stelle zur Kenntnis" zu geben. Im Ergebnis stimmen damit weitgehend die anderen Vertragsregelungen überein, die die Konzentration auf einen kirchlichen Ansprechpartner des Staates für die einzelnen Beteiligungsrechte der Kirchen gesondert aufführen[70]. Allerdings sehen diese Vertragsbestimmungen keinen Raum für innerkirchli-

---

vgl. für den Bereich der Hochschultheologie nur die nach Art. 9 a) EKD-Grundordnung erlassenen EKD-Richtlinien, beispielhaft etwa § 1 IV der kirchlichen Rahmenordnung für die Zwischenprüfung im Studiengang „Evangelische Theologie", mit dem Vorgaben für die Durchsetzung von „Mindestanforderungen" aufgestellt werden, die die Landeskirchen im Rahmen der staatskirchenvertraglich eingeräumten Beteiligungsrechte „unter dem Gesichtspunkt von kirchlichem Amt und kirchlicher Lehre" gegenüber universitären Prüfungsordnungen geltend machen sollen.

[68] Satz 3 des Schlußprotokolls zu Art. 5 III evKVLSA und Satz 2 des Schlußprotokolls zu Art. 4 III LSAKKV; vgl. zu der staatlichen Motivation: Regierungsbegründung zum evKVLSA, LT-Drs. LSA 1/3087, Vertragsbegründung, S. 6.

[69] A. A. *J. Neumann*, Gutachten, S. 4f., unter fehlgehendem Hinweis auf das Paritätsgebot. Die religiös begründete Staatsabgewandtheit einzelner Religionsgemeinschaften kann dem Staat nicht die von ihm geforderte „Äquidistanz" zu allen anderen Religionsgemeinschaften aufzwingen, dazu näher: *M. Heckel* (1993), S. 51ff., 80ff., und bereits oben III. Teil D. II. 2. a) (= S. 328ff.)!

[70] So für die Mitwirkung bei der Berufung von Theologieprofessoren: Absatz 2 Satz 2 und 3 des Schlußprotokolls zu Art. 3 II evKVLSA, Absatz 1 Satz 2 und 3 des Schlußprotokolls zu Art. 3 II evKVTh, vgl. auch Satz 3 des Schlußprotokolls zu Art. 3 II evKVBBG; bei den Studien- und Prüfungsordnungen: Schlußprotokoll zu Art. 3 III evKVLSA, Absatz 4 des Schlußprotokolls zu Art. 13 V ThKKV; bei staatlichen Organisationsmaßnahmen vgl. das Schlußprotokoll zu Art. 3 I evKVBBG.

che Differenzen bei der Einbringung der kirchlichen Standpunkte vor. Ganz im Gegenteil hält Absatz 4 des Schlußprotokolls zu Art. 13 V ThKKV die beteiligten Bistümer dazu an, die Abgabe eines einheitlichen Votums für etwaige Einwendungen gegen die Studien- und Prüfungsordnungen in Theologischen Studiengängen sicherzustellen. Das Problem abweichender kirchlicher Stellungnahmen wird im Schrifttum unterschiedlich behandelt. Die Positionen reichen von der Annahme eines Verzichtes auf die Ausübung des kirchlichen Vetorechts[71] über die Maßgeblichkeit des Votums der örtlich zuständigen Kirchengliederung bis hin zur Berücksichtigung jedes einzelnen der überhaupt geltend gemachten relevanten Bedenken[72]. Folgt man aber der oben im Rahmen der zuordnenden Koordinationsfunktion befürworteten Lehre, daß für eine positive Einflußnahme auf den staatlichen Entscheidungsprozeß entsprechende Beteiligungsrechte konstitutiv zu begründen sind, so muß der Staat den kirchlichen Einwendungen nur nach Maßgabe der vertraglich eingeräumten Mitwirkungsbefugnisse Rechnung tragen[73].

c) Übergreifende verfahrensrechtliche Bindungen zur Gewährleistung der Vertragspartnerschaft

Schließlich sollen noch einige übergreifende vertragliche Kooperationsverpflichtungen der Kirchen aufgegriffen werden, die insofern mit zu den Gewährleistungsvoraussetzungen gezählt werden können, als sie das Gegenstück zu den staatlichen Konsultationspflichten und zugleich die Grundlage für staatliches Entgegenkommen bilden. Damit sich auch die Kirchen nicht den Erwartungen an eine umfassende Vertragspartnerschaft entziehen, werden verfahrensrechtliche Bindungen zu gegenseitiger Information und Begegnung auch der kirchlichen Vertragspartner im Interesse des Staates begründet. So verpflichten sich die vertragschließenden Kirchen dazu, am Sitz der jeweiligen Landesregierung einen gemeinsamen Beauftragten zu bestellen und ein gemeinsames Büro einzurichten[74]. Damit soll zum einen überhaupt Präsenz gezeigt und zum anderen eine einheitliche Vertretung der Kirchen gegenüber dem Staat, auch und

[71] *E.-L. Solte* (1971), S. 206.

[72] Vgl. *M. Heckel* (1986), S. 111 Fn. 233.

[73] Zu diesem Ansatz die Darlegungen oben III. Teil C. II. 1. b) (= S. 240f.), dort auch zu der verbleibenden Relevanz kirchlicher Einwendungen außerhalb der verfahrensrechtlich abgesicherten Kirchenbeteiligung.

[74] Art. 2 III evKVLSA, Art. 2 III evKVBBG, Art. 2 III evKVMV, Art. 2 IV evKVTh, Art. 2 II evKVSachsen sowie für die örtlichen Bistümer bzw. Erzbistümer: Art. 2 II SachsenKKV, Art. 3 III 2 MVKKV, Art. 2 III LSAKKV.

vor allem bei der Wahrnehmung der kirchlichen Vertragsrechte[75], gewährleistet werden. Letzteres wird in Art. 2 III evKVMV, Art. 3 III 1 MVKKV und Art. 2 IV evKVTh besonders betont. Aber auch die in den Verträgen vorgesehenen regelmäßigen Treffen und Zusammenkünfte bei besonderem Bedarf[76] binden die Kirchen wie den Staat[77]. Schließlich gestalten einige der neuen Staatskirchenverträge, vor allem die Thüringer, auch die Beteiligung der Kirchen bei konkreten kirchenrelevanten Maßnahmen des Staates auf Gegenseitigkeit aus. Danach sind auch die Kirchen verpflichtet, sich mit der staatlichen Seite bei Vorhaben, „die die beiderseitigen Interessen maßgeblich berühren, rechtzeitig ... ins Benehmen zu setzen und sich zur Besprechung solcher Fragen zur Verfügung zu stellen"[78]. Diese Regelungen sollen durch verläßliche Information und Koordination die partnerschaftliche Zusammenarbeit erleichtern und dienen damit legitimen staatlichen Interessen, nicht zuletzt auch der Verwaltungsvereinfachung durch Bündelung der von den Kirchen einzubringenden Belange[79]. Verfassungsrechtliche Bedenken sind dagegen nicht zu erheben, schon weil sich die Verpflichtung auf ein Bemühen der Kirchen beschränkt, ohne in die religiösen Kompetenzen überzugreifen.

2. Kirchliche Bindungen in der Freiheit ihrer Ämterverleihung

Umstrittener als die bisher aufgeführten Regelungen sind die Vertragsbindungen für kirchliche Personalmaßnahmen, weil hier schwieriger legitime staatliche Eigeninteressen und Kriterien für ein Einwirken des Staates auf die kirchlichen Entscheidungen zu begründen sind. Keine Probleme ergeben sich freilich, soweit die Bindungen im staatlichen Interesse inhaltliche Zuordnungsfragen bei der Verleihung von kirchlichen Ämtern

---

[75] Regierungsbegründung zum MVKKV, LT-Drs. M.-V. 2/3100, S. 18; ausführlicher im Überblick zu den Zielen: *H. Johnsen*, ZevKR 43 (1998), S. 182, 206f.

[76] Art. 2 I evKVBBG, Art. 2 I nebst Schlußprotokoll evKVTh, Art. 2 I evKVMV, Art. 2 I evKVSachsen, Art. 2 I SachsenKKV, Art. 29 I und Schlußprotokoll ThKKV, Art. 3 I MVKKV, Art. 2 I mit Schlußprotokoll LSAKKV, Art. 2 I nebst Schlußprotokoll evKVLSA, Art. 2 I nebst Schlußprotokoll JüdVLSA, Art. 3 I JüdVMV, etwas offener noch Art. 5 Satz 1 JüdVTh, Art. 6 Satz 1 JüdVSachsen.

[77] Vgl. Regierungsbegründung zum evKVBBG, LT-Drs. BBG 2/3442, Vertragsbegründung, S. 2.

[78] Art. 2 II evKVTh, Art. 29 II ThKKV, Art. 5 Satz 2 JüdVTh und Art. 6 Satz 2 JüdVSachsen.

[79] Regierungsbegründung zum SachsenKKV, LT-Drs. Sachsen 2/3612, Vertragsbegründung, S. 6; Regierungsbegründung zum evKVBBG, LT-Drs. BBG 2/3442, Vertragsbegründung, S. 3.

im Rahmen der sog. gemeinsamen Aufgaben aktualisieren [c)]. Für die mehr traditionsausgerichtete Mitwirkung des Staates bei der Ämterbesetzung der Kirchen [dazu a)] konnte bereits bei der Herausarbeitung der grundlegenden Vertragsmotive eine bemerkenswerte Entwicklung aufgezeigt werden[80]: In den Verträgen der neuen Länder haben diese Verpflichtungen vielfach keine oder nur mehr eine abgeschwächte Aufnahme gefunden. Im übrigen sei dabei vorneweg darauf hingewiesen, daß für die Katholische Kirche einschlägige Regelungen im wesentlichen in den Bistumserrichtungsverträgen getroffen sind, soweit sich die Rechtslage nicht nach den altrechtlichen Grundlagen aus dem Reichskonkordat und dem Preußenkonkordat bestimmt[81]. An die Stelle der traditionellen Bindungen sind vor allem Unterrichtungsverpflichtungen der Kirchen über personelle Veränderungen in ihren leitenden Ämtern getreten[82], die ein gutes Beispiel für die Akzentverschiebungen zugunsten sachbetonter vertragspartnerschaftlicher Zusammenarbeit bei Wahrung der institutionellen Trennung und Unabhängigkeit geben [dazu dann unter b)].

a) Traditionsverpflichtete Bindungen im kirchlichen Ämterwesen

Zurückhaltung und Kontinuitätswahrung prägen die unterschiedlichen Wege der Vertragspartner in den neuen Ländern bei der Anknüpfung an altvertragsrechtliche Bindungen der Kirchen in ihrer Ämterhoheit. Ersteres gilt vor allem für den bischöflichen Treueid [aa)], aber auch für die sog. politische Klausel [bb)]. Dagegen steht bei den Verträgen mit dem Heiligen Stuhl der Aspekt der Traditionsverpflichtung für die weiteren, insbesondere verfahrensrechtlichen Festlegungen der Besetzung von leitenden kirchlichen Ämtern im Vordergrund [cc)]. Abschließend ist auf die verbleibenden Vetragsbindungen durch allgemeine Anstellungsvoraussetzungen für Geistliche [dd)] und die Qualifizierung des kirchlichen Dienstes als öffentlicher Dienst einzugehen [ee)].

aa) Weitgehender Verzicht auf den bischöflichen Treueid

Die weitreichendsten Auswirkungen hat die angedeutete staatskirchenrechtliche Entwicklung auf die Einstellung der Vertragspartner zum um-

---

[80] Zu dieser Entwicklung vgl. oben die Zusammenfassung: II. Teil B. III. 2. (= S. 54f.)!, sowie im Überblick: *H. Weber*, Kriele-FS, S. 1009, 1026f.

[81] Vgl. Art. 13 I, II SachsenKKV, Art. 5 I, II ThKKV und Art. 25 II, III MVKKV.

[82] Zusammenfassend: *E.-L. Solte*, in: *R. Puza/A.P. Kustermann* (Hrsg.), S. 79, 90ff.; *A. Hollerbach*, KuR-120, S. 1, 5.

strittenen[83] bischöflichen Treueid gezeitigt[84]: Kein einziger der neuen Staatskirchenverträge legt mehr fest, daß ein kirchlicher Bischof bei seinem Amtsantritt einen Treueid gegenüber dem Staat abzuleisten hat. Zwar schreibt das Reichskonkordat, an das die neuen Staatskirchenverträge mit dem Heiligen Stuhl anknüpfen, in Art. 16 die Ableistung eines Treueides vor. Doch enthalten alle relevanten Verträge einen ausdrücklichen Verzicht auf die Anwendung dieser Vorschrift, d.h. die Entgegennahme dieses Treueids[85]. Rechtliche Bedenken sind dagegen nicht zu erheben[86], weil den Ländern im hier betroffenen allgemeinen staatskirchenrechtlichen Zuständigkeitsbereich auch die Vertragsänderungskompetenz für das Reichskonkordat zufällt[87] und der Verzicht zwischen den Beteiligten staatskirchenvertraglich abgestimmt ist. Allein Sachsen-Anhalt hatte sich nach dem Schlußprotokoll zu Art. 3 II BistVMD die Entscheidung über einen Verzicht für einen späteren Zeitpunkt vorbehalten, um zum einen nicht mit einer Dauerregelung alle künftigen Regierungen festzulegen. Zum anderen sollte die Frage des Verzichts mit dem künftigen kirchlichen Amtsinhaber überlegt werden[88]. Diese Rückbindung an den Willen der Kirchen bei der Anwendung des Art. 16 RK zeigt ebenso wie die Hervorhebung der zeremoniellen Bedeutung des Treueides, daß an dem eigentlichen Treueschwur kein eigenständiges inhaltliches Interesse des Staates und damit kein Verpflichtungsinteresse besteht. Dem Treueid nach Art. 16 RK kommt in der Tat keine eigenständige, konstitutive rechtliche Bedeutung für das staatliche Recht zu, schon weil die Eidesformel „wie es einem Bischof geziemt" der kirchlichen Treue stets den Vorrang einräumt

---

[83] Verfassungswidrigkeit des Treueides nehmen an: *L. Renck*, BayVBl. 1995, S. 682, 683f., und *E. Fischer*, 3. Aufl., S. 190f.; für verfassungsgemäß, aber rechtspolitisch fragwürdig in der überlieferten Form halten ihn: *A. Hollerbach*, *K. Obermayer*-FS, S. 193, wohl auch *U.M. Dahl-Keller*, S. 172; ohne weitergehende Bedenken: *D. Pirson*, BayVBl. 1996, S. 641, 642f.; *M.H. Müller*, BayVBl. 1996, S. 644, 648f.

[84] Aus den staatskirchenvertraglichen Motiven, die sowohl auf die rechtspolitischen als auch verfassungsrechtlichen Aspekte abstellen: Regierungsbegründung M.-V. zum ErzBistVHH, LT-Drs. M.-V. 1/4449, S. 16; Regierungsbegründung zum SachsenKKV, LT-Drs. Sachsen 2/3612, Vertragsbegründung, S. 22; Regierungsbegründungen Sachsen zum BistVGörlitz, LT-Drs. Sachsen 1/4788, und zum BistVMD, LT-Drs. Sachsen 1/4648, jeweils Vertragsbegründung, S. 7; Regierungsbegründung zum LSAKKV, LT-Drs. 2/4475, S. 48.

[85] Art. 7 ErzBistVHH, Absatz 2 des Schlußprotokolls zu Art. 3 BistVGörlitz, Absatz 2 des Schlußprotokolls zu Art. 3 BistVEF, Absatz 2 des Schlußprotokolls zu Art. 3 BistVMD, Schlußprotokoll zu Art. 13 SachsenKKV, Absatz 2 des Schlußprotokolls zu Art. 12 III LSAKKV.

[86] Vgl. *D. Pirson*, BayVBl. 1996, S. 641, 643.

[87] BVerfGE 6, 309 [342ff.]; *J. Listl*, EssGespr. 29, S. 196f. (Diskussionsbeitrag).

[88] Regierungsbegründung LSA zum BistVMD, LT-Drs. LSA 1/3636, S. 18f.

und eine über die allgemeine staatsbürgerliche Loyalität hinausgehende Treuepflicht nicht begründet wird[89]. Wird gleichwohl an der Ableistung des Treueides festgehalten, so wird dabei auf seine Bedeutung als feierlicher Ausdruck des Staat-Kirche-Verhältnisses und der ohnehin im Rahmen partnerschaftlicher Beziehungen geschuldeten Loyalität einschließlich der Anerkennung der weltlichen Macht durch die Kirche abgestellt[90]. Es handelt sich dann um eine förmliche Reverenz an die staatskirchenvertraglichen Traditionen zur Bekräftigung der vertragspartnerschaftlichen Beziehungen[91], nicht aber um eine durchsetzbare Vertragspflicht der Kirchen. In Absatz 2 des Schlußprotokolls zu Art. 12 III LSAKKV hat aber nun auch Sachsen-Anhalt auf die Abnahme des Treueides verzichtet.

bb) Zurückhaltung bei der politischen Klausel

Auch für die Übernahme der altvertragsrechtlichen Regelungen zur sog. politischen Klausel[92] in den neuen Staatskirchenverträgen ergibt sich ein ähnliches Bild. Relevante Vorgaben der politischen Klausel sind etwa in Art. 6 I 3 und Art. 7 PreußK bzw. Art. 7 nebst Schlußprotokoll evKV-Preußen enthalten. Danach ist dem staatlichen Vertragspartner die Möglichkeit eingeräumt, gegen die Berufung eines Bischofs oder die Besetzung anderer leitender Ämter der Kirche politische Bedenken geltend zu machen. Für die entsprechende Vorschrift im Reichskonkordat (Art. 14 II Nr. 2 RK) schließt das Schlußprotokoll dabei allerdings ausdrücklich aus, daß ein staatliches Vetorecht begründet werden sollte. Aus den Evangelischen Kirchenverträgen der neuen Länder werden solche Rechte des Staates, aus staatspolitischen Bedenken auf die Besetzung der leitenden kirchlichen Ämter Einfluß zu nehmen, ausnahmslos herausgehalten. Neben den Verfassungsvorgaben wird zur Begründung auch auf die Erfahrungen aus der DDR-Zeit abgestellt, die das Bedürfnis nach klarer Hervorhebung der Eigenständigkeit und Unabhängigkeit der Vertragspartner habe auftreten lassen[93]. Auch im Vertrag zur Errichtung des Erzbistums Hamburg wurde

---

[89] *L. Renck*, BayVBl. 1995, S. 682, 683; *U.M. Dahl-Keller*, S. 33; *A. Hollerbach*, *K. Obermayer*-FS, S. 193, 198.

[90] *D. Pirson*, BayVBl. 1996, S. 641, 642f.; *M.H. Müller*, BayVBl. 1996, S. 644, 648f.; vgl. weiter: *A. Hollerbach*, *K. Obermayer*-FS, S. 193f. und 200f.; zur entsprechenden Praxis näher: *U.M. Dahl-Keller*, S. 158ff.

[91] Vgl. die Bewertung *A. v. Campenhausens*, Die neue Ordnung 1997, S. 4, 5: „Ausdruck der Courtoisie".

[92] Im Überblick zu den vertragsrechtlichen Grundlagen und den verfassungsrechtlichen Auseinandersetzungen: *E.-L. Solte*, HdbStKirchR I, S. 561, 566–570.

[93] Vgl. aus der Perspektive der Kirchen: *H. Johnsen*, EssGespr. 29, S. 195f. (Diskus-

mit der neuen Ausgestaltung der Besetzung des erzbischöflichen Stuhles und der Bestellung eines Koadjutors nach Art. 6 II, III ErzBistVHH konkludent auf die politische Klausel nach dem Preußenkonkordat verzichtet, um den verfassungsrechtlichen Vorgaben für die kirchliche Ämterbesetzung Rechnung zu tragen[94]. Im übrigen halten die anderen Staatskirchenverträge mit dem Heiligen Stuhl zwar zunächst formell an den altvertraglichen Regelungen zur politischen Klausel fest, indem sie die einschlägigen Vorschriften des Art. 6f. PreußK bzw. Art. 14 RK übernehmen[95]. Doch geschieht dies zumeist nur mit abschwächenden Zusatzerklärungen, die die aus der politischen Klausel resultierenden Bindungen der Kirche in ihrer Ämterbesetzungsfreiheit ausdrücklich einschränken[96]:

So wird in Absatz 1 Satz 4 des Schlußprotokolls zu Art. 5 I und II ThKKV dezidiert ein staatliches Vetorecht gegenüber den betroffenen kirchlichen Personalmaßnahmen ausgeschlossen. In den Schlußprotokollen zu Art. 3 und 4 BistVEF, BistVMD und BistVGörlitz sichern alle an den Vertragsschlüssen beteiligten Länder zu, daß die nach Art. 140 GG/ Art. 137 III 2 WRV gewährleistete Freiheit der Katholischen Kirche unberührt bleibt, ihre Ämter ohne Mitwirkung des Staates zu besetzen. Unter den staatlichen Vertragspartnern ist diese Klausel in ihrer Bedeutung und in ihren rechtlichen Wirkungen umstritten. Der Freistaat Sachsen geht uneingeschränkt von der Möglichkeit aus, mit einer begründeten Beanstandung wegen allgemeinpolitischer Bedenken eine Berufung durch den Papst verhindern zu können. In der politischen Klausel erkennt der Freistaat das staatliche Anliegen verwirklicht, Konflikte im Vorhinein zu verhindern, die sich aus einer Berufung von Kandidaten mit grundsätzlich ablehnender Haltung gegenüber dem Staat ergeben könnten[97]. Demgegenüber versteht der Freistaat Thüringen die klarstellende Erklärung im Schlußprotokoll dahingehend, daß vor dem Hintergrund der staatskirchenrechtlichen Verfassungsvorgaben keinesfalls ein staatliches Vetorecht eingeräumt wird[98]. Auch das Land Sachsen-Anhalt sah schon bei den Bis-

---

sionsbeitrag), und aus staatlicher Sicht: *A. Vulpius*, JöR N.F. 43 (1995), S. 327, 331; *ders.*, KuR-120, S. 13, 17f.

[94] Regierungsbegründung M.-V. zum ErzBistVHH, LT-Drs. M.-V. 1/4449, S. 16.

[95] Art. 3 BistVGörlitz, Art. 3 BistVMD, Art. 3 BistVEF sowie Art. 13 II SachsenKKV, Art. 5 II ThKKV und Art. 25 III MVKKV.

[96] Vgl. im Überblick dazu: *A. Hollerbach*, KuR-110, S. 1, 9.

[97] Regierungsbegründung zum SachsenKKV, LT-Drs. Sachsen 2/3612, Vertragsbegründung, S. 21f.; Regierungsbegründungen Sachsen zum BistVGörlitz, LT-Drs. Sachsen 1/4788, Vertragsbegründung, S. 6f., und zum BistVMD, LT-Drs. Sachsen 1/4648, Vertragsbegründung S. 7f.

[98] Regierungsbegründung zum BistVEF, LT-Drs.Th 1/3481, S. 10.

tumserrichtungsverträgen in der politischen Klausel nur eine unverbindliche Voranfrage begründet. Ein eigenständiges staatliches Interesse an Mitbestimmungsrechten bei der Ämterverleihung findet sich weder in den staatlichen Vertragsmotiven von Sachsen-Anhalt[99] noch in denen von Brandenburg[100]. Gleiches gilt für Mecklenburg-Vorpommern. Neben dem Verzicht nach dem ErzBistVHH behalten sich die Vertragspartner dort angesichts ihrer Einbindung in verfahrensrechtliche Regelungen mit anderen Bundesländern in Art. 25 III 2 MVKKV den Abschluß von weiteren Vereinbarungen vor, „um diese überkommenen Mitwirkungsrechte den heutigen Erfordernissen anzupassen"[101]. Bei Abschluß des jüngsten Katholischen Kirchenvertrages ist in Sachsen-Anhalt mittlerweile gemäß Absatz 1 des Schlußprotokolls zu Art. 12 III LSAKKV ausdrücklich auf die staatlichen Mitwirkungsrechte verzichtet worden.

So bleibt lediglich für den Freistaat Sachsen zu prüfen, ob sich aus der Übernahme der politischen Klausel ein verbindliches staatliches Vetorecht herleiten läßt. Ausgangspunkt staatlicher Verpflichtungsbegehren gegenüber der kirchlichen Selbstbestimmung müssen die verfassungsrechtlich zulässigen säkularstaatlichen Interessen und Kompetenzen und die übrigen staatskirchenrechtlichen Verfassungsvorgaben sein. Die vertragspartnerschaftlich institutionalisierte Zusammenarbeit von Staat und Kirche, die zu einem guten Teil von der Kooperationsbereitschaft der verantwortungstragenden Personen abhängt, kann als Ansatzpunkt für zurückhaltende staatliche Äußerungsmöglichkeiten herangezogen werden[102]. Ein auf verbindliche staatliche Mitbestimmung bei der Besetzung kirchlicher Leitungsämter gerichtetes vertragliches Verpflichtungsbegehren widerspräche aber den verfassungsrechtlichen Vorgaben aus Art. 140 GG/Art. 137 I, III 2 WRV. Das Gebot der Trennung beider Institutionen mit eigener, unabhängiger Entscheidungsmacht über Organisation und Personal vermag ein eigenständiges rechtliches Interesse des Staates an einer Einflußnahme auf die Personalentscheidungen für kirchliche Amtsträger nicht zu legitimieren[103], wenn nicht die staatliche Verantwortungswahrnehmung von der kirchlichen Amtsführung unmittelbar betroffen ist[104].

---

[99] Regierungsbegründung LSA zum BistVMD, LT-Drs. LSA 1/3636, S. 18f.

[100] Regierungsbegründungen Brandenburg zum BistVGörlitz, LT-Drs. BBG 1/2973, und zum BistVMD, LT-Drs. BBG 1/2908, jeweils Vertragsbegründung, S. 4.

[101] Regierungsbegründung MVKKV, LT-Drs. M.-V. 2/3100, S. 25.

[102] Ein legitimes Interesse für ein staatliches Äußerungsrecht gegenüber der Kirche nehmen auch an: *E.-L. Solte*, HdbStKirchR I, S. 561, 570; *D. Pirson*, BayVBl. 1996, S. 641, 642f.

[103] *L. Renck*, BayVBl. 1995, S. 682, 683; *M.H. Müller*, BayVBl. 1996, S. 644, 647f.

[104] Zu diesen Fällen, die insbesondere die kirchliche Auftragswahrnehmung in staatlichen Anstalten betreffen, vgl. sogleich unten III. Teil E. II. 2. c) (= S. 385–387)!

Das staatliche Interesse an loyaler Zusammenarbeit muß in den konkreten Sachfragen geltend gemacht werden. Es kann aber nicht die organisatorische Eigenständigkeit beider Institutionen durchbrechen und staatlichen Einfluß in einem Bereich legitimieren, der ihm verfassungsrechtlich streng entzogen ist. Vor diesem verfassungsrechtlichen Hintergrund muß die Übernahme der politischen Klausel in den neuen Staatskirchenverträgen mit dem Heiligen Stuhl auf eine unverbindliche „Erinnerung" aus allgemeinpolitischen Gründen unter Ausschluß durchsetzbarer Vertragspflichten der Kirche beschränkt sein[105]. Der kirchlichen Bindung an die staatskirchenvertragliche politische Klausel bleibt danach wiederum lediglich die kontinuitätswahrende Funktion als förmlicher Akt der Courtoisie seitens der Kirche[106].

cc) Die weiteren Festlegungen bei der Besetzung von kirchlichen Leitungsämtern

Allein für die Katholische Kirche werden in den neuen Staatskirchenverträgen auch weitere, insbesondere verfahrensrechtliche Festlegungen für die Besetzung kirchlicher Leitungsämter festgehalten, ohne daß daraus eine direkte Beteiligung des Staates folgt. Die Katholische Kirche hat zur Wahrung der staatskirchenvertraglichen Traditionen auch für die Ausgestaltung der Besetzung der Kathedral- und Metropolitankapitel, der Ernennung der Pröpste sowie der Bischöfe bzw. Erzbischöfe und der Koadjutoren im einzelnen auf eine Anknüpfung an Regelungen aus den älteren Verträgen gedrängt. Die in den neuen Verträgen[107] aufgenommenen Vorga-

---

[105] Vgl. auch *A. Hollerbach*, KuR-110, S. 1, 9, sowie einen diesbezüglichen Briefwechsel zwischen der Staatsregierung Sachsens und dem Heiligen Stuhl, abgedr. in ArchKathKR 1997, S. 212ff.: In seinem Brief vom 7. Februar 1997 geht auch der Nuntius nach der Darlegungen der Staatsregierung davon aus, daß auf geäußerte staatliche Bedenken hin der Heilige Stuhl die betroffene Ämterbesetzung gewissenhaft überprüfen werde, in seiner Letztentscheidungsfreiheit aber nicht beeinträchtigt werde. Für die weitergehende Annahme, daß die Bestimmungen insgesamt, auch als unverbindliche politische Erinnerungsrechte verfassungswidrig seien (so wohl: *L. Renck*, BayVBl. 1995, S. 682, 682f.), besteht dagegen kein Anlaß.

[106] *A. v. Campenhausen*, Die neue Ordnung 1997, S. 4, 5. Ein entsprechender Bedeutungswandel wurde bereits früh anhand der Evangelischen Kirchenverträge verzeichnet, die die synodal gewählten Leitungsämter aus dem Anwendungsbereich der politischen Klausel ausnahmen. Da diese aber die entscheidenden Funktionsträger der Kirche umfassen, wurde der Klausel vor allem symbolische und weniger praktische Bedeutung zugemessen, zur Entwicklung bei den Evangelischen Kirchenverträgen vgl. näher: *H. Weber*, NVwZ 1994, S. 759, 765, sowie *ders.*, Kriele-FS, S. 1009, 1026.

[107] Art. 3 nebst Absatz 1 des Schlußprotokolls und Art. 4 BistVEF, Art. 3 nebst Absatz 1 des Schlußprotokolls und Art. 4 BistVMD, Art. 3 nebst Absatz 1 des Schlußproto-

ben stellen besondere Anstellungsvoraussetzungen auf und gewährleisten den Ortskirchen Mitwirkungsrechte bei den Bischofsernennungen und bei der Besetzung anderer Ämter des Bistums. Ein eigenständiges Interesse des Staates an der Regelung der kirchlichen Ämterbesetzung wird in den staatlichen Vertragsmotiven nicht geltend gemacht. Soweit ersichtlich, geben sich die vertragsschließenden Länder gegenüber den staatskirchenvertraglich festgelegten inhaltlichen Fragen der kirchlichen Personalorganisation indifferent. Selbst wenn vereinzelt die Mitwirkungsrechte der Ortskirchen begrüßt werden[108], bringt dies nicht staatliche Anliegen ins Spiel[109]. Daher kann auch die Frage nach der Verbindlichkeit und Durchsetzbarkeit der vertraglichen Festlegung der Kirchen auf die aufgeführten Verfahrensweisen von vornherein wiederum nur verneint werden.

In diesem Sinne stellen auch die Verträge zur Errichtung der Bistümer Erfurt, Magdeburg und Görlitz jeweils im Schlußprotokoll „zu Artikel 3 und 4" ausdrücklich klar, daß mit den getroffenen Vereinbarungen die verfassungsrechtlich garantierte Eigenständigkeit und Unabhängigkeit der kirchlichen Ämterverleihung „unberührt bleiben". Will man diese Erklärung nicht mit dem Freistaat Sachsen als selbstverständlich und überflüssig ansehen[110], so kann ihr eine klarstellende Zusicherung des Inhalts entnommen werden, daß mit den Bindungen nicht gegen das staatliche Mitwirkungsverbot in Fragen der Ämterbesetzung verstoßen werde[111]. Auf dieser Linie schließt das Schlußprotokoll zu Art. 5 I, II ThKKV ein staatliches Vetorecht ausdrücklich aus, Art. 12 I LSAKKV hält ausdrücklich daran fest, daß die Katholische Kirche „ihre Ämter ohne Mitwirkung des Landes oder der bürgerlichen Gemeinde" verleiht. Die abweichende Auffassung Sachsens greift schon deshalb nicht durch, weil das allgemeine Verfahren zur Besetzung des bischöflichen Stuhls und zur Ernennung leitender kirchlicher Ämter ohne unmittelbaren Bezug zu staatlicher Aufgabenerfüllung außerhalb staatlicher Interessen und Kompetenzen liegt. Deshalb kann dem staatlichen Vertragspartner mit den vertraglichen Festlegungen kein Mitwirkungsrecht bei der kirchlichen Ämterbesetzung[112]

---

kolls und Art. 4 BistVGörlitz, Art. 4, 6 mit gemeinsamem Schlußprotokoll ErzBistVHH sowie Art. 13 I, II SachsenKKV, Art. 5 I ThKKV und Art. 25 MVKKV.

108 Regierungsbegründung M.-V. zum ErzBistVHH, LT-Drs. M.-V. 1/4449, S. 15.

109 Deshalb sollen die einschlägigen Bestimmungen auch nicht in ihren Einzelheiten ausgebreitet werden.

110 Regierungsbegründungen Sachsen zum BistVGörlitz, LT-Drs. Sachsen 1/4788, Vertragsbegründung, S. 7, und zum BistVMD, LT-Drs. Sachsen 1/4648, Vertragsbegründung S. 8.

111 Regierungsbegründung LSA zum BistVMD, LT-Drs. LSA 1/3636, S. 18f.

112 Regierungsbegründung zum BistVEF, LT-Drs. Th 1/3481, S. 10.

und keine durchsetzbare Position auf Einhaltung der vereinbarten Verfahrensregeln eingeräumt sein[113]. Die Absicherung der überkommenen vertraglichen Bestimmungen zur Besetzung kirchlicher Leitungsämter beschränkt sich danach ein weiteres Mal allein darauf, der Kontinuität in den Vertragsbeziehungen zur Katholischen Kirche durch die Anknüpfung an staatskirchenvertragliche Traditionen Ausdruck zu verleihen[114].

dd) Allgemeine Anstellungsvoraussetzungen für Geistliche

Schließlich setzt sich die Tendenz der stärkeren Betonung der gegenseitigen institutionellen Unabhängigkeit auch in der Abkehr von herkömmlichen vertraglichen Festschreibungen allgemeiner Anstellungsvoraussetzungen für Geistliche durch[115]. Die neuen Evangelischen Kirchenverträge halten, um der Freiheit kirchlicher Ämterbesetzung Ausdruck zu verleihen[116], im Gegensatz zu den älteren Staatskirchenverträgen überhaupt keine allgemeinen Anstellungsvoraussetzungen im eigentlichen Sinne mehr fest. Allein die Festlegungen für die Ausbildung der Pfarrer, die im Schlußprotokoll zu Art. 3 I evKVTh als Voraussetzung für die Gewährleistung der theologischen Ausbildungskapazitäten an der Friedrich-Schiller Universität Jena aufgestellt werden, können in diesem Zusammenhang in Erinnerung gerufen werden. Dagegen finden sich in den neuen Katholischen Kirchenverträgen erheblich weitergehende Anknüpfungen an den traditionellen Regelungsbestand, der durch die Anforderungen an die geistlichen Amtsträger nach Art. 14 RK und Art. 9f. PreußK geprägt ist. Die dort aufgeführten Anstellungsvoraussetzungen, im wesentlichen die deutsche Staatsangehörigkeit, deutsche Hochschulreife und ein mindestens dreijähriges theologisch-philosophisches Studium, sind in den einzelnen Ländern in ganz unterschiedlicher Weise aufgenommen worden. Für Mecklenburg-Vorpommern, Sachsen-Anhalt und Sachsen stellen die Vertragspartner in erster Linie die Freiheit der Kirche bei der Besetzung ihrer Ämter heraus, in deren Konsequenz die meisten bzw. alle der altvertragsrechtlichen Vorgaben entfallen[117].

---

[113] *E.-L. Solte*, HdbStKirchR I, S. 561, 569f.; *M.H. Müller*, BayVBl. 1996, S. 644, 646f.; *L. Renck*, BayVBl. 1995, S. 682f.; insoweit zu kurz greifend: *A. Hopfauf*, NJW 1989, S. 1263ff.

[114] Zum Aspekt der Kontinuitätswahrung auch: *R. Puza*, NVwZ 1995, S. 459, 460.

[115] *A. Vulpius*, KuR-120, S. 13, 17f.

[116] Zur Motivation aus kirchlicher Sicht: *H. Johnsen*, EssGespr. 29, S. 196 (Diskussionsbeitrag).

[117] Art. 15 I MVKKV, Art. 12 I LSAKKV und Satz 2 des Schlußprotokolls zu Art. 13 III SachsenKKV. Allerdings nehmen Art. 13 I und II jeweils mit Schlußprotokoll Sach-

Im übrigen wird nach Satz 1 des Schlußprotokolls zu Art. 13 III SachsenKKV lediglich auf dem Erfordernis der akademischen Vorbildung mit einem mindestens dreijährigen philosophisch-theologischen Studium für diejenigen Geistlichen dezidiert bestanden, denen ein Pfarramt dauerhaft übertragen werden soll. Noch zurückhaltender sind die Festlegungen nach Art. 15 II 2 MVKKV, wonach die Kirche schlicht auf die Gleichwertigkeit der Vorbildung ihrer Bediensteten mit den entsprechenden staatlichen Anforderungen „achtet". Schon mit dieser Formulierung wird der verpflichtende Charakter der Bestimmung eingeschränkt und jedenfalls ein durchsetzbares Recht des Staates ausgeschlossen, allerdings der Anwendungsbereich zugleich auch über die Geistlichen hinaus auf alle „kirchlichen Bediensteten" erstreckt. In Sachsen-Anhalt wird schließlich gem. dem Schlußprotokoll zu Art. 12 I LSAKKV ganz auf die altvertraglichen allgemeinen Anstellungsvoraussetzungen verzichtet[118]. Demgegenüber werden für den Freistaat Thüringen die altvertraglichen Kriterien der deutschen Staatsangehörigkeit, der deutschen Hochschulreife und der akademischen Vorbildung als verbindliche Voraussetzungen für die Übertragung herausgehobener geistlicher Ämter im Bistum Erfurt festgeschrieben (Art. 5 III ThKKV). Die gleichen Anforderungen sind nach Art. 5 VII 1 ThKKV im gesamten Freistaat für die Übertragung eines Pfarramtes auf Dauer zu stellen. Darüber hinaus wird nach Art. 5 VII 1 ThKKV auch für „die sonstigen in der Pfarrseelsorge anzustellenden Geistlichen mindestens" die deutsche Staatsangehörigkeit und die Hochschulzugangsberechtigung verlangt. Von diesen strengen Vorgaben sind immerhin Ausnahmemöglichkeiten gem. Art. 5 IV, VII 2 ThKKV gegeben, sofern „staatliches und kirchliches Einverständnis" vorliegt. Das staatliche Einverständnis, vom Erfordernis der deutschen Staatsangehörigkeit abzusehen, wird zudem im Schlußprotokoll zu Art. 5 IV ThKKV für den Regelfall vermutet.

Auch für diese Bestimmungen stellt sich wiederum die Frage, inwieweit sie die Kirchen im staatlichen Interesse verbindlich festlegen. Ein eigenständiges staatliches Interesse, die Kirchen bei der Auswahl ihrer Amtsträger auf das Erfordernis der deutschen Staatsangehörigkeit zu verpflichten, ist nicht ersichtlich. Europarechtliche Bindungen nach Art. 48 II EGV untersagen dem Staat im Gegenteil ausdrücklich „jede auf der

senKKV die Besetzung besonderer Leitungsämter davon aus, indem sie dafür ausdrücklich an den Besetzungsverfahren und auch an der Geltung der altvertraglichen Anstellungsvoraussetzungen festhalten; vgl. näher: Regierungsbegründung SachsenKKV, LT-Drs. Sachsen 2/3612, Vertragsbegründung, S. 21f.

118 Näher dazu: Regierungsbegründung zum LSAKKV, LT-Drs 2/4475, S. 47.

Staatsangehörigkeit beruhende unterschiedliche Behandlung der Arbeitnehmer der Mitgliedstaaten in bezug auf Beschäftigung“[119]. Ausländerrechtliche Motivationen erscheinen abwegig[120]. Ebensowenig ist ein verfassungsrechtlich zulässiges Verpflichtungsbegehren des Staates auf konkrete Festschreibung einer deutschen Hochschulreife o.ä. als Anstellungsvoraussetzung zu erkennen[121]. Dagegen lassen sich einige Ansatzpunkte staatlicher Verantwortung bei der Bindung der Kirchen an das Triennium festmachen, freilich weniger im Sinne eines abstrakten staatlichen Interesses an der akademischen Vorbildung für sich[122], als an einzelnen konkreten Bezügen zu der staatskirchenvertraglich vereinbarten Zusammenarbeit zwischen Staat und Kirche: Bereits abgehandelt wurde der Gewährleistungszusammenhang mit der Garantie theologischer Ausbildungsgänge an staatlichen Fakultäten[123]. Weiter läßt sich ein verfassungslegitimes Interesse des Staates an einer Hochschulausbildung der kirchlichen Amtsträger über ihren vertraglich nach Satz 4 des Schlußprotokolls zu Art. 5 I SachsenKKV festgelegten Einsatz im Rahmen des staatlichen Religionsunterrichts begründen[124]. Ein staatliches Interesse ist darüber hinaus konkret legitimierbar, soweit die vertragliche Berechnung der

---

[119] Nur in engen Grenzen, im Kernbereich der öffentlichen Verwaltung nach Art. 48 IV EGV, ist es dem Staat für seine eigenen Amtsträger erlaubt, an der deutschen Staatsangehörigkeit als Einstellungsvoraussetzung unter Ausschluß der Staatsangehörigen anderer Mitgliedstaaten der Europäischen Union festzuhalten. Auch im übrigen greifen die Schrankenvorbehalte des Art. 48 III EGV nicht, zum Ganzen näher: *G. Robbers*, EssGespr. 27, S. 81, 88f. Die Herausnahme der geistlichen Amtsträger aus dem Anwendungsbereich der Norm bei *A. Hollerbach*, ZevKR 35 (1990), S. 250, 277f., überzeugt nicht: *G. Robbers*, HdbStKirchR, I. S. 315, 328; *R. Streinz*, Essener Gespräche 31, S. 53, 75f.

[120] Andiskutiert und im Ergebnis abgelehnt bei *M.H. Müller*, BayVBl. 1996, S. 644, 647.

[121] *M.H. Müller*, BayVBl. 1996, S. 644, 647, zum folgenden allerdings abweichend, wenn er insgesamt jegliches staatliches Interesses auch an der akademischen Vorbildung als Anstellungsvoraussetzung ablehnt.

[122] Vor dem Hintergrund der dargelegten Grenzen, die das Trennungsprinzip und die Respektierung der Eigengesetzlichkeit religiösen Wirkens der Wahrnehmung des staatlichen Kulturauftrags gegenüber Religionsgemeinschaften ziehen, erscheint es mir wenig überzeugend, auf die im übrigen legitimen staatlichen Interessen an der gesellschaftlichen Funktion des kirchlichen Wirkens als prägender Kultur- und insbesondere Bildungsfaktor abzustellen. In diesem Sinne begründen aber ein allgemeines Interesse des Staates an einem möglichst hochwertigen, akademischen Ausbildungsniveau der kirchlichen Amtsträger: *E.-L. Solte*, HdbStKirchR I, S. 561, 565; *ders.*, in: *R. Puza / A.P. Kustermann* (Hrsg.), S. 79, 92; *A. Hollerbach*, HdbStKirchR II, S. 549, 560; *J. Kriewitz*, S. 46; vgl. auch für den evKVRhpf. *R. Schwarz*, S. 120 mit weiteren Nachweisen aus der älteren Literatur; zurückhaltend demgegenüber *M. Heckel* (1986), S. 21f.

[123] III. Teil E. II. 1. a) (= S. 364f.)!

[124] Regierungsbegründung SachsenKKV, LT-Drs. Sachsen 2 / 3612, Vertragsbegründung, S. 22.

Staatsleistungen nach Art. 140 GG / Art. 138 I WRV bei den Pfarrbesoldungszuschüssen das Eingangsgehalt der akademisch vorgebildeten öffentlich Bediensteten zugrundelegt[125]. Schließlich läßt sich auch aus der Ausgestaltung des kirchlichen Dienstes als öffentlicher Dienst eine begrenzte Verantwortung des Staates für die Einhaltung gewisser Mindestanforderungen ableiten[126]. Soweit sich solche staatlichen Interessen im Rahmen der verfassungsrechtlichen Vorgaben konkret begründen lassen und soweit dabei die kirchliche Eigenständigkeit bei der Ämterverleihung nicht grundsätzlich in Frage gestellt wird, kann eine Bindung der Kirchen an die vertraglich vereinbarte Anstellungsvoraussetzung einer akademischen Vorbildung angenommen werden[127]. Dabei geht es aber nur um die Sicherstellung von Voraussetzungen für die kirchliche Inanspruchnahme staatlicher Gewährleistungen, nämlich im Rahmen der theologischen Fakultäten, des Religionsunterrichts, der Staatsleistungen und der Dienstherrnfähigkeit, nicht dagegen um positive Gestaltungsrechte des Staates.

ee) Kirchlicher Dienst als öffentlicher Dienst

Schließlich ist zu überlegen, ob sich auch aus der in allen Evangelischen und Katholischen Kirchenverträgen zu findenden Qualifizierung des kirchlichen Dienstes als öffentlicher Dienst[128] Bindungen der Kirche in der selbstbestimmten Gestaltung ihres Ämterwesens ergeben. Für eine generelle Festlegung der Kirchen auf die öffentlich-rechtliche Organisationsform ihres Dienstes sind keinerlei eigenständige staatliche Verpflichtungsanliegen ersichtlich. Bei der öffentlich-rechtlichen Dienstherrnfähigkeit der Kirchen handelt es sich um eines der bedeutendsten Korporationsrechte, die mit der Gewährleistung des Körperschaftsstatus nach Art. 140 GG / Art. 137 V WRV verbunden sind. Die staatskirchenvertragliche Aufnahme erfolgte, wie gezeigt, zur Absicherung dieser verfassungsrechtlichen Garantie[129]. Auch bei Inanspruchnahme der öffentlich-

---

[125] Vgl. *H. Weber*, Kriele-FS, S. 1009, 1027; *E.-L. Solte*, in: *R. Puza / A.P. Kustermann* (Hrsg.), S. 79, 93; zurückhaltend auch: *D. Pirson*, in: *R. Puza / A.P. Kustermann* (Hrsg.), S. 31, 40f.; mit Blick auf den evKVLSA ablehnend: *A. Vulpius*, KuR-120, S. 13, 17.

[126] Darauf stellt die Regierungsbegründung zum MVKKV, LT-Drs. M.-V. 2 / 3100, S. 22, ab; in diesem Sinne auch: *H. Weber*, NVwZ 1994, S. 759, 765; *E.-L. Solte*, in: *R. Puza / A.P. Kustermann* (Hrsg.), S. 79, 93; vgl. auch Regierungsbegründung evKVMV, LT-Drs. M.-V. 1 / 4126, S. 19; näher sogleich sowie bereits oben III. Teil C. II. 2. c) (= S. 284)!

[127] *E.-L. Solte*, HdbStKirchR I, S. 561, 565f.; *H. Weber*, Kriele-FS, S. 1009, 1027.

[128] Art. 8 I Hs. 2 evKVLSA, Art. 1 IV evKVMV, Art. 7 I Hs. 2 evKVTh, Art. 9 I Hs. 2 evKVSachsen, Art. 7 I Hs. 2 evKVBBG, Art. 15 II 1 MVKKV, Art. 6 I Hs. 2 ThKKV, Art. 14 I Hs. 2 LSAKKV und Art. 15 I Hs. 2 SachsenKKV.

[129] Dazu oben III. Teil B. I. 1. b) (= S. 74f.)!

rechtlichen Gestaltungsbefugnisse unterfällt das kirchliche Dienstrecht der kirchlichen Selbstbestimmung gem. Art. 140 GG / Art. 137 III WRV[130]. Dieser sind lediglich Schranken gezogen, die im einzelnen umstritten sind, hier aber nicht näher erörtert werden sollen, weil sie sich als verfassungsrechtliches Problem aus dem Zusammenspiel der Körperschaftsgarantie mit dem religiösen Selbstbestimmungsrecht nach Art. 140 GG / Art. 137 V und III WRV ergeben[131]. Immerhin knüpfen die Erklärungen in den Schlußprotokollen (jeweils Absatz 1 Satz 1–4) zu Art. 8 I evKVLSA, zu Art. 14 I LSAKKV und zu Art. 7 I evKVBBG in offener Formulierung an diese Vorgaben an[132].

Darüber hinaus sind die Kirchen in einigen Ländern spezifische vertragsrechtliche Bindungen eingegangen, die sich im wesentlichen auf eine Zuordnung der jeweiligen Verantwortlichkeiten beschränken[133]. In jeweils Satz 2 des Schlußprotokolls zu Art. 9 I evKVSachsen bzw. zu Art. 15 I SachsenKKV sagen die kirchlichen Vertragspartner ihr Bemühen zu, das kirchliche Dienstrecht den Grundsätzen des öffentlichen Dienstrechts anzugleichen. Eine durchsetzbare Verpflichtung wird aber auch damit nicht begründet, weil sich die Kirchen Abweichungen je nach ihren selbstbestimmten religiösen Bedürfnissen ausdrücklich mit dem Vorbehalt des Möglichen („soweit möglich") offenhalten. Im übrigen geht es den Vertragspartnern bei diesen Bestimmungen in erster Linie darum, verwaltungstechnische Fragen, die bei einem Wechsel der Bediensteten vom kirchlichen Dienst in den Staatsdienst und umgekehrt auftreten, vertragspartnerschaftlich zu lösen[134]. Das Anliegen, den Bediensteten solche

---

130 *K.-H. Kästner* (1991), S. 122ff.

131 Von den unterschiedlichen Positionen seien hier nur aufgeführt: einerseits die Autoren, die bei öffentlich-rechtlicher Gestaltung des kirchlichen Dienstrechts die Einhaltung eines „strukturprägenden Minimums" verlangen: etwa *C. Link*, ZevKR 40 (1995), S. 435, 441–447, insbesondere S. 446, bzw. einen „Typenzwang" annehmen: *A. v. Campenhausen*, 3. Aufl., S. 293; andererseits die Vertreter, die mehr die Eigenständigkeit der kirchlichen Ämterhoheit hervorheben, wie *D. Pirson*, HdbStKirchR II, S. 845, 868ff., und *A. Stein*, 2. Aufl., S. 115ff.

132 Die Regierungsbegründungen machen auch keinerlei staatliche Interessen an einer verbindlichen Festlegung der Kirchen geltend, sondern betonen im Gegenteil die Gestaltungsbefugnisse der Kirchen bei Wahrung der Eigengeartetheit, vgl. Regierungsbegründung zum evKVBBG, LT-Drs. BBG 1/3442, Vertragsbegründung, S. 6f.

133 Vgl. bereits oben III. Teil C. II. 2. c) (= S. 284)!, dort auch weitere Hinweise und Nachweise zu den unterschiedlichen verfassungsrechtlichen Konzepten von der Dienstherrnfähigkeit der Kirchen und ihrer Bindung an das staatliche öffentliche Dienstrecht.

134 Regierungsbegründungen zum SachsenKKV, LT-Drs. Sachsen 2/3612, Vertragsbegründung, S. 24, und zum evKVSachsen, LT-Drs. Sachsen 1/4649, Vertragsbegründung, S. 13; *S. Heitmann*, LKV 1995, S. 93, 96. Konkret steht dabei etwa die Anrechnung von Vordienstzeiten im Blickfeld.

Wechsel des Dienstherrn zu erleichtern, liegt auch den, ebenfalls unverbindlich formulierten, Bemühenszusagen auf Gegenseitigkeit in einigen Verträgen ausdrücklich zugrunde[135]. Danach enthalten die staatskirchenvertraglichen Festlegungen zum kirchlichen Dienst als öffentlicher Dienst lediglich Absprachen, die das partnerschaftliche Zusammenwirken vertiefen und konkretisieren, ohne durchsetzbar verpflichtende Bindungen der Kirchen zugunsten des Staates zu begründen.

b) Vertragspartnerschaftliche Informations- und Konsultationspflichten

Anstelle von verbindlichen Mitwirkungsrechten des Staates bei kirchlichen Personalentscheidungen sind die Kirchen in den meisten der neuen Staatskirchenverträge Unterrichtungspflichten über die wichtigsten personellen Veränderungen in den kirchlichen Leitungsämtern eingegangen[136]. Dem liegt ein den säkular beschränkten staatlichen Kompetenzen angemessenes Informationsinteresse des Staates zugrunde, das schon unter dem Gesichtspunkt der festgelegten partnerschaftlichen Zusammenarbeit begründet ist[137]. Denn ein vertrauensvoller Umgang zwischen den Institutionen setzt die Kenntnis der leitenden Verantwortungsträger voraus. Aus diesem Grund unterliegen der kirchlichen Mitteilungspflicht neben Neu- und Umbesetzungen auch ausdrücklich Vakanzen[138] und die vorübergehende Übernahme von Leitungsfunktionen[139]. Weitergehende Mitteilungspflichten, wie sie noch die altvertragsrechtlichen Grundlagen für die Besetzung der Pfarrstellen im allgemeinen aufstellen, werden nach Art. 13 III SachsenKKV ausdrücklich ausgeschlossen. Bemerkenswert ist,

---

[135] So: im Schlußprotokoll zu Art. 7 I evKVTh, in Absatz 3 des Schlußprotokolls zu Art. 7 I evKVBBG sowie in jeweils Absatz 2 des Schlußprotokolls zu Art. 8 I evKVLSA, zu Art. 14 I LSAKKV und zu Art. 6 I ThKKV; in anderen Verträgen sind sie immerhin vorausgesetzt, vgl. Regierungsbegründung evKVMV, LT-Drs. M.-V. 1/4126, S. 19, und Regierungsbegründung zum MVKKV, LT-Drs. M.-V. 2/3100, S. 22.

[136] Absatz 2 des Schlußprotokolls zu Art. 2 I evKVLSA, Art. 12 II, III LSAKKV, Schlußprotokoll zu Art. 2 I evKVBBG, Art. 3 I evKVMV, Art. 2 III evKVTh, Art. 5 V mit Schlußprotokoll ThKKV, Art. 4 III, 6 II, III ErzBistVHH einschließlich Schlußprotokoll, Absatz 2 des Schlußprotokolls zu Art. 2 I JüdVLSA; auf die Abweichungen in den Einzelheiten der Ausgestaltung sei hier nur hingewiesen!

[137] Regierungsbegründung M.-V. zum ErzBistVHH, LT-Drs. M.-V. 1/4449, S. 15f.; Regierungsbegründung zum evKVBBG, LT-Drs. BBG 1/3442, Vertragsbegründung, S. 2f.

[138] Vgl. Absatz 2 des Schlußprotokolls zu Art. 2 I evKVLSA, Art. 2 III evKVTh, Schlußprotokoll zu Art. 2 I evKVBBG, Art. 4 III, 6 II, III ErzBistVHH, Absatz 2 des Schlußprotokolls zu Art. 2 I JüdVLSA.

[139] So: Art. 5 VI mit Schlußprotokoll ThKKV, Art. 12 II LSAKKV.

daß Art. 3 I evKVMV auch die Superintendenten in die Mitteilungspflichten über Personalveränderungen einbezieht, so daß den staatlichen Stellen eine umfassende Kenntnis der wichtigen kirchlichen Funktionsträger ermöglicht wird. Dem staatlichen Vertragspartner wird nur ein Informationsanspruch, kein Einspruchsrecht eingeräumt[140]. Darüber hinaus halten die Vertragspartner des Güstrower Vertrages mit Art. 3 II evKVMV neue oberste kirchenleitende Funktionsträger dazu an, zu ihrem Amtsantritt zu besonderen Kooperationsgesprächen mit der Landesregierung zusammenzutreffen. In Rückbezug zum Verzicht auf die politische Klausel wird damit ein symbolischer Rest der früheren Regelungen bewahrt, mit denen ein Wechsel im Bischofsamt zeremonielle Würdigung erfuhr. Zugleich ist diese Bindung legitimer Ausfluß staatlicher Interessen an einer vertrauensvollen Zusammenarbeit zwischen Staat und Kirche[141].

c) Staatliche Aufgabenwahrung gegenüber kirchlicher Auftragserfüllung in staatlichen Einrichtungen

Weitergehende staatskirchenvertragliche Bindungen haben die Vertragspartner für die kirchliche Ämterbesetzung allerdings dort begründet, wo einzelne Personalentscheidungen der Kirchen unmittelbar auch legitime staatliche Organisationsinteressen berühren. Das gilt für einige der sogenannten gemeinsamen Angelegenheiten, wenn und soweit hier kirchliche Funktionen innerhalb staatlicher Institutionen ausgeübt werden. Vielfach, etwa bei den Dozenten an staatlichen theologischen Fakultäten oder bei den Religionslehrern an staatlichen Schulen, geschieht dies ohnehin nicht allein durch kirchliche Amtsträger, sondern im Rahmen der konfessionell gebundenen Staatsämter. Hier ist der Staat selbst Dienstherr und für die Personalmaßnahmen innerhalb seines Aufgabenbereichs umfassend zuständig. Die Kirchen hat er nur insoweit zu beteiligen, als diese für die strikt kirchlichen Aspekte Verantwortung zu tragen haben. Geht es dagegen um Bedienstete der Kirche, die für die kirchliche Auftragswahrnehmung in staatlichen Anstalten zugelassen sind, so stellt sich die Kompetenzverteilung genau umgekehrt dar. Die Kirchen verantworten die Organisation und Besetzung ihrer Dienste, haben dafür die staatlichen Ein-

---

140 Vgl. die ausdrückliche, aber unnötige Klarstellung nach dem Schlußprotokoll zu Art. 5 V und VI ThKKV.

141 Regierungsbegründung evKVMV, LT-Drs. M.-V. 1/4126, S. 19; vgl. auch *H. Johnsen*, ZevKR 43 (1998), S. 182, 205f., für den „aus der ‚politischen Klausel' eine Höflichkeitsklausel" geworden ist.

wendungen zu berücksichtigen, soweit damit gegenüber der Kirche staatliche Kompetenzen im Rahmen der anstaltlichen Aufgaben geltend gemacht werden. Diese Zuordnung von staatlichen und kirchlichen Zuständigkeiten ist im Grundsatz verfassungsrechtlich geboten. Ihre staatskirchenvertragliche Umsetzung begründet damit wiederum weniger neue eigenständige Bindungen und Verpflichtungen der Kirche. Sie ist vielmehr eine formelle Gestaltungsvariante für Staat und Kirche, um zusammen die Wahrnehmung der einschlägigen gemeinsamen Angelegenheiten auch in personeller Hinsicht zu ordnen, zu organisieren und damit zu bewerkstelligen. Die damit zusammenhängenden Bindungen der Kirche bei ihrer Ämterbesetzung stellen sich danach wiederum als Voraussetzungen für staatliche Gewährleistungen, für das staatliche Eingehen und Mitwirken zur Erfüllung gemeinsamer Aufgaben dar. Von den einschlägigen Vertragsbindungen sind die Regelungen zur Ernennung der Universitätsprediger bereits bei der Aufarbeitung der Zuordnungsabreden für den Betrieb der Theologie an staatlichen Universitäten ausführlich aufgegriffen worden[142].

Weitere und praktisch bedeutsamere Belange staatlicher Aufgabenwahrnehmung stellen die Kirchenbindungen bei der Bestellung der Anstaltsseelsorger sicher. Hier hat sich in den neuen Staatskirchenverträgen eine Akzentverschiebung gegenüber den altvertraglichen Regelungen zugunsten der kirchlichen Verantwortlichkeiten ergeben[143]. Während die älteren Verträge vielfach zumindest für die Anstaltsgeistlichen in der Polizei- und Gefängnisseelsorge die Eingliederung in den staatlichen Dienst vorsahen[144], wird die gesamte Sonderseelsorge in den neuen Ländern nunmehr staatskirchenvertraglich regelmäßig kirchlichen Bediensteten anvertraut. Sofern die neuen Kirchenverträge, anders als in Brandenburg und im Freistaat Thüringen, die Bestellung der Anstaltsseelsorger thematisieren, halten sie allesamt staatliche Beteiligungsrechte bei einer Berufung durch die Kirchen fest. Die Geistlichen für die Sonderseelsorge in Justizvollzugsanstalten und in Polizeieinrichtungen sind gem. Art. 12 II evKVLSA, Art. 10 II LSAKKV und Art. 20 II evKVMV nur im Einvernehmen mit der Landesregierung von der zuständigen kirchenleitenden Stelle zu ernennen. Demgegenüber wird nach diesen Bestimmungen für eine Berufung der Anstaltspfarrer in den anderen Einrichtungen, die die staatskirchenvertragliche Gewährleistung der Anstaltsseelsorge erfaßt,

---

142 Vgl. oben III. Teil C. II. 2. a) bb) (4) (= S. 271)!

143 *A. Vulpius*, JöR. N.F. 43 (1995), S. 327, 337 und 341.

144 Vgl. den Überblick bei v. Mangoldt / Klein / *A. v. Campenhausen*, Art. 140 GG / 141 WRV Rn. 20.

nur das Benehmen mit dem Träger der jeweiligen Anstalt verlangt. Im Ergebnis ganz ähnlich knüpft Art. 8 III 1–3 MVKKV das Zutrittsrecht der von der Kirche zu berufenden Anstaltsseelsorger allgemein an das Benehmen des Trägers und bei Justiz- und Polizeieinrichtungen an das Einverständnis des Staates mit der Person des Geistlichen. Das staatliche Einverständnis soll nur „aus wichtigem Grund widerrufen" werden können. Die weitergehenden Einwendungsrechte des Staates bei der Berufung von Gefängnis- und Polizeiseelsorgern werden mit „der staatlichen Verantwortung für die Sicherheit und für sonstige Funktionserfordernisse bei besonders sicherheitsrelevanten Bereichen" gerechtfertigt[145]. Die Vertragspartner im Freistaat Sachsen beschränken sich gleichwohl darauf, für die Berufung der Anstaltsgeistlichen durch die zuständigen kirchlichen Organe ganz generell nur das Benehmen mit dem zuständigen Staatsministerium vorauszusetzen, auch bei der Polizei- und Gefängnisseelsorge[146].

3. Organisationsbezogene Vertragsbindungen zur Gewährleistung staatlicher Ordnungsfunktionen

Auch weitere mehr organisationsbezogene Bindungen fügen sich in die bereits aufgezeigte Tendenz der neuen Staatskirchenverträge zu einer stärkeren Betonung der institutionellen Eigenständigkeit der Kirchen gegenüber den älteren Vorbildern ein[147]. Denn sie beschränken den staatlichen Einfluß auf die kirchliche Selbstbestimmung bei der Ordnung und Verwaltung ihrer Angelegenheiten strikt auf die zwingenden öffentlichen Ordnungsgesichtspunkte. Auch insoweit stellt sich die Einbindungsfunktion der Staatskirchenverträge als Spezialausprägung der Zuordnungsfunktion dar, die erst über die Möglichkeiten verbindlicher kirchlicher Verpflichtung den Erfordernissen verläßlicher Koordination Rechnung tragen kann. Das Bedürfnis nach solchen Bindungen des kirchlichen Wirkens ist dementsprechend besonders stark ausgeprägt, wo sich Staat und Kirche zur jeweils eigenen Aufgabenerfüllung auf ein Zusammenwirken einlassen müssen, bei der Kirchensteuer [c)] und im Friedhofswesen [d)].

---

145 Regierungsbegründung zum MVKKV, LT-Drs. M.-V. 2/3100, S. 20; vgl. auch Regierungsbegründung zum evKVLSA, LT-Drs. LSA 1/3087, Vertragsbegründung, S. 13.

146 Art. 13 II evKVSachsen und Art. 12 II SachsenKKV.

147 Vgl. allgemein: *D. Pirson*, in: *R. Puza/A.P. Kustermann* (Hrsg.), S. 31, 36 und 46f., sowie Regierungsbegründung zum SachsenKKV, LT-Drs. Sachsen 2/3612, Vertragsbegründung, S. 24f.

Es wird aber auch dort aktualisiert, wo der Staat Ordnungsbefugnisse gegenüber kirchlichen Organisationsakten zur Sicherheit im allgemeinen Rechtsverkehr wahrzunehmen hat, etwa bei der Bestimmung über die Kirchengliederungen mit eigenständiger öffentlich-rechtlicher Rechtspersönlichkeit [a)] und bei der Regelung der vermögensrechtlichen Vertretung [b)]. Abschließend soll kurz auf übergreifende Vertragsbindungen eingegangen werden, die sich auf die kirchliche Organisation insgesamt, insbesondere die Diözesanorganisation und -zirkumskription bei der Katholischen Kirche, beziehen [e)].

a) Vorgaben für öffentlich-rechtliche Kirchengliederungen

Für die Errichtung und die Veränderungen kirchlicher Gliederungen mit öffentlich-rechtlichem Körperschaftsstatus werden statt der in früheren Verträgen üblichen staatlichen Mitwirkung in allen Evangelischen und Katholischen Kirchenverträgen nurmehr Mitteilungspflichten der Kirchen vereinbart. Während Art. 8 I evKVMV, Art. 13 II MVKKV und Art. 7 II 1 evKVTh lediglich die Anzeige der einschlägigen kirchlichen Beschlüsse gegenüber der Landesregierung verlangen, sehen die Vertragspartner nach Art. 7 I, II 2, III ThKKV zudem vor, daß eine Ausfertigung der Errichtungs- bzw. Veränderungsurkunde dem zuständigen Ministerium vorzulegen und im Staatsanzeiger zu veröffentlichen ist. Die entsprechenden Regelungen in den anderen Verträgen[148] verpflichten die Kirchen dazu, die beabsichtigten Organisationsakte rechtzeitig den staatlichen Regierungsstellen, aber auch den „räumlich beteiligten" Kommunen anzuzeigen. Damit soll ihnen Gelegenheit gegeben werden, Bedenken geltend zu machen, ohne daß aber ein bindendes Einspruchsrecht begründet und das kirchliche Entscheidungsrecht eingeschränkt würde[149]. Nach allen neuen Vertragsregelungen liegt die Organisationsgewalt zur Errichtung und Veränderung von kirchlichen Körperschaften des öffentlichen Rechts ganz allein bei den Kirchen, deren Organisationsakten danach auch unmittelbare Wirksamkeit für das staatliche Recht zukommt. Art. 7 II 1 ThKKV hält dies ausdrücklich fest[150]. Die verbleibenden Anzeigepflichten sind auf legitime staatliche In-

---

[148] Art. 8 II evKVLSA, Art. 14 II 1 LSAKKV, Art. 7 II evKVBBG, Art. 9 II 1 evKV-Sachsen und Art. 15 III 1 SachsenKKV.

[149] Regierungsbegründung zum evKVLSA, LT-Drs. 1/3087, Vertragsbegründung, S. 9; Regierungsbegründung zum LSAKKV, LT-Drs. 2/4475, S. 49; Regierungsbegründung zum SachsenKKV, LT-Drs. Sachsen 2/3612, Vertragsbegründung, S. 24; vgl. weiter *A. Vulpius*, LKV 1994, S. 277, 278.

[150] Für die anderen Vertragsregelungen vgl. nur Regierungsbegründung zum LSAKKV, LT-Drs. 2/4475, S. 49.

teressen zurückzuführen. Sie dienen der Rechtsklarheit über die kirchlichen Körperschaften[151] und sind schon im Interesse einer gewinnbringenden Zusammenarbeit zu rechtfertigen, die Kenntnis über den jeweils gültigen Organisationsstand des kirchlichen Partners voraussetzt[152]. Dies gilt auch für die Mitteilungspflichten gegenüber den Kommunen, weil und soweit für diese die Kirchenorganisation zur eigenen Aufgabenerfüllung etwa im Rahmen der gemeindlichen Planungsaufgaben von Belang ist.

Weitergehende staatliche Mitwirkungsrechte sind in den Vertragsbestimmungen zur Neuerrichtung oder Veränderung kirchlicher Anstalten und Stiftungen des öffentlichen Rechts vereinbart. Mit Ausnahme der Verträge von Mecklenburg-Vorpommern halten alle neuen Evangelischen und Katholischen Kirchenverträge ausdrücklich das Erfordernis einer staatlichen Genehmigung für die Grundlagengeschäfte der kirchlichen Anstalten und Stiftungen als juristische Personen des öffentlichen Rechts fest. Nach Art. 7 II 2 evKVTh, Art. 9 II 2 evKVSachsen und Art. 15 III 2 SachsenKKV wird das Genehmigungserfordernis nur für den Errichtungsakt aufgestellt. Art. 6 II 2 ThKKV verweist insoweit auf noch zu vereinbarende Richtlinien. In Sachsen-Anhalt und Brandenburg unterliegen auch die Veränderungen der Genehmigungspflicht[153]. Darüber hinaus erlegen die Verträge von Sachsen-Anhalt den Kirchen Zurückhaltung bei dem Rückgriff auf die Organisationsform der öffentlich-rechtlichen Anstalten und Stiftungen auf, die „nur besonders wichtigen kirchlichen Einrichtungen" vorbehalten bleiben soll[154]. Unabhängig von dem Problem, ob und inwieweit der öffentlich-rechtliche Korporationsstatus eine eigenständige öffentlich-rechtliche Organisationsgewalt der Kirchen mit sich bringt[155], können diese Bindungen auf legitime Ordnungsbefugnisse des Staates zurückgeführt werden. So hat der Staat der kirchlichen Selbstorganisation nach Art. 140 GG / Art. 137 III WRV bei ihrer Einfügung in die staatliche Rechtsordnung Schranken zu ziehen und etwa für die Wahrung der Rechtseinheit und Rechtssicherheit Sorge zu tragen[156].

---

[151] *H. Weber*, Kriele-FS, S. 1009, 1024.

[152] Regierungsbegründung zum evKVLSA, LT-Drs. LSA 1 / 3087, Vertragsbegründung, S. 9; vgl. auch *H. Weber*, NVwZ 1994, S. 759, 763; *A. v. Campenhausen*, LKV 1995, S. 233, 235.

[153] Art. 8 III 1 evKVLSA, Art. 14 II 2 LSAKKV und Art. 7 III 1 evKVBBG.

[154] Schlußprotokoll zu Art. 8 III evKVLSA und Absatz 1 des Schlußprotokolls zu Art. 14 II 1 LSAKKV.

[155] Vgl. dazu *P. Kirchhof*, HdbStKirchR I, S. 651, 670f.; v. Mangoldt / Klein / *A. v. Campenhausen*, GG, Art. 140 GG / 137 WRV Rn. 163f.; *A. Hollerbach*, HStR VI, § 139 Rn. 16; *W. Busch*, HdbStKirchR I, S. 947, 959f.; mit Blick auf die neuen Verträge: *S. Heitmann*, LKV 1995, S. 93, 96, und *H. Weber*, NVwZ 1994, S. 759, 763f.

[156] Vgl. dazu nur: Meyer, HdbStKirchR I, S. 907, 941.

b) Selbstbestimmte vermögensrechtliche Vertretung und staatliche Schrankenbefugnisse

Die staatliche Verantwortung für die Klarheit und Sicherheit des Rechtsverkehrs hat sich in den neuen Staatskirchenverträgen auch in verbindlichen Vorgaben für die kirchliche Regelung der vermögensrechtlichen Vertretung ihrer organisatorischen Gliederungen niedergeschlagen[157]. Nach allen Verträgen, mit Ausnahme von Brandenburg, wo lediglich in Art. 7 V evKVBBG eine Veröffentlichungsmöglichkeit in den staatlichen Amtsblättern vorgesehen ist, haben die Kirchen ihre Vertretungsvorschriften den zuständigen Stellen der jeweiligen Landesregierung vorzulegen. Diese kann gegen die Regelungen binnen Monatsfrist bzw. in Thüringen innerhalb von zwei Monaten „Einspruch erheben, wenn eine ordnungsgemäße vermögensrechtliche Vertretung nicht gewährleistet" ist[158]. In der strikten Begrenzung auf die staatlichen Schrankenziehungsbefugnisse, bei der Einfügung der kirchlichen Vertretungsregelungen in das staatliche Recht die Interessen des Rechtsverkehrs an Klarheit und Verläßlichkeit zu wahren, stoßen die vertraglich eingeräumten Aufsichtsrechte auf keine verfassungsrechtlichen Bedenken[159]. Die Bindungen gehen nicht auf positive eigenständige Gestaltungsanliegen des Staates zurück, sondern sind zum Schutz Dritter in den engen Grenzen der staatlichen Kompetenzwahrnehmung Voraussetzung für die staatliche Geltung der kirchlichen Vorschriften. Der Rückbezug dieser Regelungen auf die Bedürfnisse des Rechtsverkehrs ergibt sich auch aus den im Zusammenhang aufgeführten Veröffentlichungspflichten dieser vermögensrechtlichen Vertretungsregelungen. Sie treffen nach jeweils Absatz 1 des Schlußprotokolls zu Art. 8 IV evKVLSA bzw. zu Art. 14 III LSAKKV, Art. 14 I 3 MVKKV nicht die Kirchen, sondern den Staat, schon weil so eine größere Publizität erreicht wird[160]. Die Veröffentlichungspflichten des Staates dienen der Sicherheit im Rechtsverkehr, wie Art. 14 I 3 MVKKV ausdrücklich aufzeigt, aber auch der Information der

---

[157] Zu dieser Motivation vgl. nur: Regierungsbegründungen zum evKVMV, LT-Drs. M.-V. 1/4126, S. 21, und zum SachsenKKV, LT-Drs. Sachsen 2/3612, Vertragsbegründung, S. 24f.

[158] Art. 8 IV evKVLSA, Art. 14 III LSAKKV, Art. 8 II evKVMV, Art. 14 I 1 und 2 MVKKV, Art. 7 III evKVTh, Art. 21 I, II ThKKV, Art. 9 III und Schlußprotokoll evKVSachsen, Art. 15 IV nebst Schlußprotokoll SachsenKKV.

[159] Vgl nur *C. Meyer*, HdbStKirchR I, S. 907, 918f., und *D. Pirson*, in: *R. Puza/A.P. Kustermann* (Hrsg.), S. 31, 36, 46f.; zurückhaltend noch *A. Hollerbach*, der seine ursprünglich strikte Ablehnung verbindlicher Einspruchsrechte [(1965), S. 259f.] etwas abgemildert hat: vgl. *A. Hollerbach*, HStR VI, § 139 Rn. 66.

[160] Regierungsbegründung zum MVKKV, LT-Drs. M.-V. 2/3100, S. 12.

Behörden[161], ohne jedoch ihrerseits Wirksamkeitsvoraussetzung der kirchlichen Vorschriften zu sein[162]. Lediglich Art. 21 III ThKKV weist in Satz 1 neben der staatlichen Publikation auch eine Veröffentlichungspflicht in den kirchlichen Amtsblättern aus.

Darüber hinaus sagt die Katholische Kirche nach Absatz 4 des Schlußprotokolls zu Art. 21 III ThKKV zu, die in den landeszugehörigen Bistümern unterschiedlichen Vorschriften zur kirchlichen Vermögensverwaltung im Zeitraum von drei Jahren zu möglichst einheitlichen Regelungen im gesamten Freistaat Thüringen zusammenzuführen. Bis dahin erkennt der Freistaat Thüringen in Absatz 1 des Schlußprotokolls zu Art. 21 III ThKKV diese im einzelnen aufgeführten Vorschriften zur kirchlichen Vermögensverwaltung als in Geltung stehende Vertretungsregelungen an. Er schließt in Absatz 2 ausdrücklich aus, gegen deren vorläufige Weitergeltung Einspruch zu erheben, und weist in Absatz 3 darauf hin, daß das Preußische Gesetz über die Verwaltung des katholischen Kirchenvermögens vom 24. Juli 1924 mitsamt den staatlichen Mitwirkungsrechten in Thüringen entfallen ist. Von den anderen Verträgen sind noch die besonderen Bestimmungen zu den kirchlichen Klagemöglichkeiten gegen einen staatlichen Einspruch zu erwähnen. Art. 7 III 4 evKVTh[163] erklärt das Oberverwaltungsgericht für zuständig, während jeweils Absatz 2 des Schlußprotokolls zu Art. 8 IV evKVLSA bzw. zu Art. 14 III LSAKKV die Klagen allgemein dem Verwaltungsrechtsweg zuordnet. Da es sich bei den Aufhebungsbegehren gegen den staatlichen Einspruch um eine öffentlich-rechtliche Streitigkeit nichtverfassungsrechtlicher Art handelt, ist der Verwaltungsrechtsweg gem. § 40 I 1 VwGO eröffnet[164], ohne daß es einer besonderen Rechtsweg- oder Gerichtszuweisung bedürfte[165].

---

161 Regierungsbegründung zum evKVLSA, LT-Drs. LSA 1/3087, Vertragsbegründung, S. 9.

162 Vgl. nur *W. Busch*, HdbStKirchR I, S. 947, 956, und *C. Meyer*, HdbStKirchR I, S. 907, 927f.

163 Art. 21 II 3 ThKKV sieht demgegenüber lediglich als Rechtsfolge eines staatlichen Einspruchs vor, daß die Bistümer die betreffenden Vorschriften überprüfen. Der Rechtsklarheit ist aber mit einem daraus gegebenenfalls entstehenden schwebenden Widerspruch zwischen kirchlicher Regelung und zwingendem staatlichen Schrankenrecht nicht gedient.

164 So für Sachsen: Regierungsbegründungen zum evKVSachsen, LT-Drs. 1/4649, Vertragsbegründung, S. 14, und zum SachsenKKV, LT-Drs. 2/3612, Vertragsbegründung, S. 25.

165 Diese ist ohnehin problematisch, vgl. *H. Quaritsch*, Schack-FS, S. 125, 137f. Fn. 64.

c) Vertragsbindungen zur Wahrung staatlicher Aufgaben bei der Kirchensteuer

Bei der gemeinsamen Angelegenheit der Kirchensteuern halten alle neuen Staatskirchenverträge weitgehend einheitlich fest, daß die kirchlichen Kirchensteuerordnungen und Kirchensteuerbeschlüsse einschließlich der Änderungen und Ergänzungen im Grundsatz der staatlichen Anerkennung bzw. Genehmigung bedürfen[166]. Diese stellt sich als Voraussetzung für ihre Geltung in der staatlichen Rechtsordnung und insbesondere für die staatliche Kirchensteuerverwaltung dar[167], so daß sie wiederum nicht eigenständig als kirchliche Verpflichtung durchzusetzen ist. Das Genehmigungserfordernis soll der staatlichen Verantwortung für die Einhaltung des staatlichen Kirchensteuerrechts insbesondere bei der Inanspruchnahme staatlicher Zwangsmittel Rechnung tragen und dem Staat die Geltendmachung der staatlichen Ordnungsbelange ermöglichen. Verfassungsrechtliche Bedenken sind dagegen nicht zu erheben. Ergeben sich bei den jährlichen Kirchensteuerbeschlüssen keine inhaltlichen Änderungen gegenüber den anerkannten Beschlüssen für das vorhergehende Haushaltsjahr, so kann von der staatlichen Anerkennung ausgegangen werden. Zur Entlastung der Verwaltung und aus Gründen des Vertrauensschutzes[168] fingieren die Vertragspartner daher abweichend von § 6 III KiStG-DDR für diesen Fall gleichbleibender Verhältnisse die staatliche Genehmigung[169].

Die Anzeige- bzw. Vorlageverpflichtungen für alle Kirchensteuerbeschlüsse, die in vielen Verträgen extra hervorgehoben werden[170], bleiben davon freilich unberührt. In Sachsen betonen dies die Vertragspartner ausdrücklich[171] und stellen weiter klar, daß die Fiktion auch gleichblei-

---

[166] Art. 14 III evKVLSA, Art. 19 III LSAKKV, Art. 17 III 1 evKVMV, Art. 18 III 1 MVKKV, Art. 14 III 2 evKVBBG, Art. 21 III SachsenKKV, Art. 16 III evKVSachsen, Art. 14 I 2 evKVTh, Art. 25 I 2 ThKKV.

[167] Vgl. aus den Verträgen nur Art. 15 I 1 evKVLSA und Art. 19 IV 1 LSAKKV; allgemein dazu: *H. Engelhardt* (1991), S. 10.

[168] Regierungsbegründung zum evKVBBG, LT-Drs. BBG 1/3442, Vertragsbegründung, S. 16; Regierungsbegründung zum LSAKKV, LT-Drs. 2/4475, S. 54; Regierungsbegründung zum evKVSachsen, LT-Drs. 1/4649, Vertragsbegründung, S. 30.

[169] Art. 14 IV 2 evKVLSA, Satz 2 des Schlußprotokolls zu Art. 19 III LSAKKV, Art. 17 III 3 evKVMV, Art. 18 III 3 MVKKV, Art. 14 III Hs. 2 evKVTh, Art. 25 III 2 ThKKV, Art. 14 III 3 evKVBBG, Art. 16 IV 2 evKVSachsen und Satz 2 des Schlußprotokolls zu Art. 21 III SachsenKKV.

[170] Art. 14 III 1 evKVTh, Art. 25 III 1 ThKKV, Art. 14 III 1 evKVBBG, Art. 16 IV 1 evKVSachsen und in Satz 1 Hs. 1 des Schlußprotokolls zu Art. 21 III SachsenKKV.

[171] Schlußprotokoll zu Art. 16 IV evKVSachsen sowie Satz 1 Hs. 2 des Schlußprotokolls zu Art. 21 III SachsenKKV, insoweit ebenso Art. 14 III 3 evKVBBG.

bende landesrechtliche Grundlagen voraussetzt[172]. Im Freistaat Thüringen wird zudem ausdrücklich festgehalten, daß auch eine wesentliche Änderung der für die Höhe der Kirchensteuer maßgeblichen Verhältnisse die Genehmigungsfiktion entfallen läßt, weil dann die zuständige Landesbehörde die Kirchen schriftlich zu einer Anpassung der Hebesätze auffordern und von der Kirche den Eintritt in entsprechende Verhandlungen verlangen kann[173]. Einen etwas anders gearteten Vorbehalt nimmt das Schlußprotokoll zu Art. 14 III evKVBBG auf, wonach die Kirchensteuersätze nicht die in den anderen Ländern „übliche" Höhe überschreiten sollen. Die Bindungen zur Anerkennung der kirchlichen Steuerordnungen und -beschlüsse stärken auch in ihrer konkreten vertraglichen Ausgestaltung die staatlichen Kompetenzen, für die Übereinstimmung des kirchlichen Rechts mit den landesrechtlichen Kirchensteuergrundlagen Sorge zu tragen. Die staatliche Anerkennung darf nur aus diesem Grund, wegen Verstoßes gegen zwingendes staatliches Recht, selbstverständlich unter Berücksichtigung der Kirchenfreiheit, versagt werden, worauf Art. 17 III 2 evKVMV und Art. 18 III 2 MVKKV ausdrücklich hinweisen. Ein Ermessen der staatlichen Behörde oder eine materielle Aufsicht über die kirchliche Finanzwirtschaft ist damit nicht eingeräumt[174]. Eine weitere Bindung ergibt sich aus dem vertraglich vereinbarten Rückgriff auf die staatliche Kirchensteuerverwaltung[175]. Zwar handelt es sich dabei um ein Angebot des Staates, über dessen Annahme die Kirchen frei entscheiden können. Nehmen sie es aber an, so muß der Staat, der für die Gewährleistung Dispositionen zu treffen hat, sich auf die Übertragung der Kirchensteuerverwaltung langfristig verlassen können.

---

[172] Dies gilt aber auch für die übrigen Verträge, weil die Anerkennungsfiktion zur Voraussetzung hat, daß die anzuerkennenden Beschlüsse den vorhergehenden anerkannten Beschlüssen entsprechen, was bei Änderung der landesrechtlichen Grundlagen entfällt, vgl. die Regierungsbegründung zum LSAKKV, LT-Drs. 2/4475, S. 54.

[173] Jeweils Schlußprotokoll zu Art. 14 III evKVTh bzw. zu Art. 25 III ThKKV.

[174] Zum eingeschränkten Prüfungsmaßstab näher: v. Mangoldt/Klein/*A. v. Campenhausen*, GG, Art. 140 GG/137 WRV Rn. 210; *H. Engelhardt* (1991), S. 10f.

[175] Deutlich etwa die Formulierungen in Art. 17 IV 1 evKVMV und Art. 18 IV 1 MVKKV, für die die Regierungsbegründungen (zum evKVMV, LT-Drs. 1/4126, S. 25, und zum MVKKV, LT-Drs. 2/3100, S. 23) ausdrücklich festhalten, daß „nicht etwa eigene kirchliche Steuerbehörden" für die Verwaltung der Kirchensteuer zuständig sind.

d) Kirchliche Friedhofsordnungen und staatliche Ordnungskompetenzen

Nur einige der neuen Staatskirchenverträge halten auch für die kirchliche Regelung der Friedhofsgebühren und -benutzung Genehmigungserfordernisse fest[176]. Diese sind nun aber wiederum allein darauf beschränkt, den staatlichen Belangen gegenüber der selbstbestimmten Ordnung des kirchlichen Friedhofswesens Geltung zu verschaffen[177]. Eine Versagung der Genehmigung kommt, mit Rücksicht auf die Zuordnungsregel nach Art. 140 GG / Art. 137 III 1 WRV, ausschließlich unter dem Gesichtspunkt der Einordnung kirchlicher Vorschriften in die staatliche Rechtsordnung vor allem im Hinblick auf die Wirksamkeit gegenüber Nichtmitgliedern in Betracht. Versagungsgründe ergeben sich danach nur aus den ordnungsrechtlichen Vorgaben, deren Einhaltung der Staat gegenüber dem Geltungsanspruch des Kirchenrechts in der staatlichen Rechtsordnung sicherzustellen hat. Dies stellen die Staatskirchenverträge von Thüringen ausdrücklich klar und heben dabei besonders die bau- und seuchenpolizeilichen Gründe hervor[178]. Im übrigen ziehen sich die Vertragspartner darauf zurück, für die kirchlichen Friedhofsgebühren- und -benutzungsregelungen die Beachtung der für die Benutzung und Gebührenerhebung bei kommunalen Friedhöfen geltenden Grundsätze zu fordern. Die einschlägigen Bestimmungen[179] heben diese inhaltliche Bindung an die Grundsätze kommunaler Friedhofssatzungen gesondert hervor, ohne jedoch positiv Genehmigungs- oder Vorlagepflichten in den Verträgen zu begründen. Auch bei diesen organisatorischen Bindungen der Kirchen ist nicht ein eigenständiges staatliches Interesse in den Verträgen umgesetzt worden. Vielmehr sind verfassungsrechtlich zwingende Vorgaben als Voraussetzungen für staatliche Gewährleistungen bei der kirchlichen Auftragswahrnehmung im Friedhofswesen staatskirchenvertraglich festgehalten worden. Schließlich erlegt das Schlußprotokoll zu Art. 20 III evKVBBG den Evangelischen Kirchen noch eine verfahrensrechtliche Bemühenspflicht auf: Bei defizitären kirchlichen Friedhöfen, die für die ausreichende Versorgung mit ortsnahen Grabplätzen notwendig sind, soll

---

[176] Art. 22 III 1 evKVTh und Art. 17 III 1 ThKKV sowie Art. 21 II 1 evKVLSA mit Verweis auf das Landesrecht.

[177] v. Mangoldt / Klein / *A. v. Campenhausen*, GG, Art. 140 GG / Art. 137 WRV Rn. 73.

[178] Schlußprotokoll zu Art. 22 III evKVTh und in Absatz 1 des Schlußprotokolls zu Art. 17 III ThKKV; ähnlich für Art. 21 II 1 evKVLSA: die Regierungsbegründung, LT-Drs. 1 / 3087, Vertragsbegründung, S. 16.

[179] Art. 20 II 2 evKVBBG, Art. 22 II evKVSachsen und Art. 18 II SachsenKKV sowie Satz 1 des Schlußprotokolls zu Art. 16 LSAKKV.

der kirchliche Träger vor einer geplanten Schließung des Friedhofs mit den betroffenen Kommunen in Verhandlungen über eine Kostenbeteiligung, eine Übernahme oder kommunale Hilfen eintreten.

e) Vertragliche Festlegungen für die kirchliche Gesamtorganisation

Schließlich sind noch einige Vertragsbindungen anzusprechen, die sich übergreifend auf die Organisation der vertragschließenden Kirchen insgesamt beziehen. Aus der vertraglichen Festschreibung des öffentlichen Körperschaftsstatus lassen sich allerdings ebensowenig besondere verbindliche Verpflichtungen für die kirchliche Organisation ableiten[180] wie für die Ausgestaltung des kirchlichen Dienstes. Die Annahme des verfassungsrechtlich garantierten Angebotes öffentlich-rechtlicher Organisationsformen ist für die Kirchen schlicht die Voraussetzung für die Inanspruchnahme einer Vielzahl verfassungsrechtlich wie vertraglich verbriefter Einzelgewährleistungen. Für die Katholische Kirche sind aber in den Staatskirchenverträgen der neuen Länder etliche Festlegungen ihrer grundlegenden territorialen Aufgliederung und damit zusammenhängende Bestimmungen getroffen. So sind in den Bistumsverträgen die Errichtung der Bistümer bzw. Erzbistümer, ihre räumlichen Grenzen, die leitenden Organe (insbesondere des Bischofs bzw. Erzbischofs und des Kathedral- bzw. Metropolitankapitels) und ihr Sitz sowie die Zuordnung der Kirchenprovinzen festgeschrieben[181]. Abänderungen bedürfen nach dem Grundsatz der Vertragstreue und der umfassenden Verpflichtung zu vertragspartnerschaftlichem Verhalten nach den Freundschaftsklauseln im Grundsatz der Vertragsform, also des Einvernehmens des staatlichen

[180] So ergeben sich insbesondere keine konkreten vertraglichen Verpflichtungen der Kirchen zur sachgemäßen und bewährten Ordnung ihrer Angelegenheiten entsprechend des bei Behörden im öffentlichen Bereich üblichen Standards, wie sie *C. Meyer*, HdbStKirchR I, S. 907, 910 und öfter, annimmt.

[181] Vgl. die Art. 1–5 ErzBistVHH sowie die Art. 1, 2, 4 und 5 BistVEF, BistVGörlitz und BistVMD, d.h. im einzelnen zur Errichtung des Bistums bzw. Erzbistums: Art. 2 I 1 BistVMD, BistVGörlitz und BistVEF sowie Art. 1 I ErzBistVHH; zur Festlegung des Sitzes: Art. 2 I 2 BistVMD, BistVGörlitz und BistVEF sowie Art. 1 II ErzBistVHH; zur Regelung der Rechtsnachfolgefragen: Art. 2 II 2 BistVMD und BistVEF, Art. 2 II 1 BistVGörlitz sowie Art. 2 II, III, 11 nebst Schlußprotokoll ErzBistVHH; zur Bildung der Kirchenprovinz Hamburg Art. 3 ErzBistVHH; zur territorialen Bistums- bzw. Erzbistumsstruktur: jeweils Art. 2 BistVMD, BistVEF, BistVGörlitz und Art. 2 I ErzBistVHH, jeweils nebst Schlußprotokoll; zur Bildung des Kathedral- bzw. Metropolitankapitels jeweils in Art. 4 I BistVMD, BistVEF, BistVGörlitz und ErzBistVHH; schließlich jeweils in Art. 5 die Zuordnung zur Kirchenprovinz Paderborn für BistVMD und BistVEF sowie zur Kirchenprovinz Berlin für BistVGörlitz.

Vertragspartners. Dies gilt auch und vor allem für Änderungen der Diözesanzirkumskription, freilich nur für solche mit überörtlicher Relevanz. Denn lediglich für kleinere Gebietskorrekturen, die „im Interesse der örtlichen Seelsorge" erfolgen, begnügen sich die Vertragspartner mit einer Anzeigepflicht[182].

Da es wiederum an verfassungslegitimen staatlichen Eigeninteressen mangelt, die Kirchen zur Einhaltung der vertraglich fixierten Organisationstrukturen zu verpflichten, sind diese Vertragsbindungen in erster Linie Ausdruck des gemeinsamen Bemühens, Kontinuität in den staatskirchenvertraglichen Beziehungen zu wahren. So stellen die Vertragsmotive zur Begründung dieser kirchenorganisatorischen Vertragsregelungen im wesentlichen darauf ab, daß an die vertragsrechtlichen Traditionen, etwa an Art. 11 RK und Art. 2 IX PreußK, angeknüpft werden soll[183]. Allein die Unterrichtungspflicht, nach der die Kirchen die Änderungen der Diözesanorganisation und -zirkumskription dem Staat anzuzeigen haben, auch wenn sie nur geringfügig sind, läßt sich auf legitime eigenständige staatliche Belange zurückführen. Denn die partnerschaftliche Zusammenarbeit mit der Kirche ist dem staatlichen Vertragspartner ohne Kenntnis der aktuellen Bistumsgrenzen auf dem eigenen Landesterritorium kaum möglich. Im übrigen benötigt er die Informationen auch für die Wahrnehmung seiner allgemeinen Ordnungsfunktionen gegenüber den Bistümern. Als Besonderheiten kirchenorganisatorischer Vertragsfestlegungen seien noch die Regelungen des Art. 10 ErzBistVHH aufgeführt. Diese Norm erlegt in ihrem Absatz 1 dem Erzbischof bei der organisatorischen Gliederung des Erzbistums Hamburg auf, die regionalen Besonderheiten, insbesondere die politische Gliederung mit der Belegenheit in drei Ländern, zu berücksichtigen. Mit Blick auf die Erfordernisse vertragspartnerschaftlicher Kooperation konkretisiert Art. 10 II ErzBistVHH diese Pflichten dahingehend, daß am Sitz der Landesregierung von Mecklenburg-Vorpommern wie von Schleswig-Holstein eine regionale Behörde zu unterhalten ist. Sie wird von einem ständigen Vertrauten des Erzbischofs geleitet, der in Schwerin zugleich auch Beauftragter des Erzbischofs von Berlin ist.

---

182 Art. 15 II SachsenKKV, Absatz 2 des Schlußprotokolls zu Art. 14 II 1 LSAKKV, Art. 4 ThKKV mit der Aufstellung der geltenden Rechtsgrundlagen der gegenwärtigen Diözesanorganisation und -zirkumskription im Schlußprotokoll, Satz 1 des Schlußprotokolls zu Art. 2 I ErzBistVHH i.V.m. Art. 25 II MVKKV.

183 Dazu bereits oben bei der übergreifenden Darlegung der Vertragsmotive II. Teil B. II., III. 2., S. 43, 54, 57; vgl. weiter Regierungsbegründung zum SachsenKKV, LT-Drs. Sachsen 2/3612, Vertragsbegründung, S. 24; zur Anknüpfung an „traditionelles Konkordatsrecht in Deutschland" vgl. auch die Regierungsbegründung ThKKV, LT-Drs. 2/2100, S. 25.

4. Inhaltliche Einbindung des kirchlichen Wirkens in die staatliche Aufgabenerfüllung

Im letzten Abschnitt zur Darlegung der kirchenverpflichtenden Vertragsbindungen soll auf die inhaltlichen Festlegungen des kirchlichen Wirkens eingegangen werden, an denen der Staat eigenständige Interessen aus seinem säkularen Aufgabenkreis heraus geltend macht[184]. In den neuen Staatskirchenverträgen finden sich einige konkrete vertragliche Bindungen der kirchlichen Auftragserfüllung, die darauf abzielen, das Wirken der Kirchen stärker in die öffentliche Gemeinwohlverantwortung einzubinden. Zu solchen kirchlichen Vertragspflichten aufgrund eigener Gestaltungsanliegen des Staates gehören Bindungen im Friedhofs- und Bestattungswesen [a)], im Denkmalrecht [b)] und die Verpflichtungen zum Einsatz kirchlicher Lehrkräfte für die Erteilung des Religionsunterrichts an öffentlichen Schulen [c)]. Schließlich sind in diesem Zusammenhang auch die Vertragsbestimmungen zu nennen, die das kirchliche Wirken in gemeinwohlrelevanten Bereichen nicht nur als Ansatzpunkt für vom Staat zu gewährleistende Freiräume erfassen, sondern im Grundsatz als verbindliche Aufgaben der Kirchen vertraglich festschreiben [d)].

a) Verbindliche Aufgabenentlastung durch das kirchliche Friedhofswesen

Das Friedhofs- und Bestattungswesen, das sich erst spät zu einer über das kirchliche Wirken hinausgehenden öffentlichen Aufgabe des Staates entwickelte[185], wird auch in den neuen Ländern zur Entlastung der Kommunen weiterhin ganz wesentlich von den Kirchen, zumeist der Evangelischen, mitgetragen[186]. Aus diesem Grund wird der freie, selbstbestimmte Betrieb kirchlicher Friedhöfe staatskirchenvertraglich besonders gewährleistet und gefördert, aber auch, zumindest unter einem Aspekt[187], aus-

[184] Zu den verfassungslegitimen Interessen des Staates gegenüber der kirchlichen Auftragserfüllung ausführlich oben III. Teil D. II. 2. b) (= S. 322ff.)!

[185] Vgl. *J. Gaedke*, 6. Aufl., S. 4–8.

[186] Vgl. die Hinweise bei *A. Vulpius*, LKV 1994, S. 277, 280, und *S. Heitmann*, LKV 1995, S. 93, 97, sowie aus den Regierungsbegründungen zum SachsenKKV, LT-Drs. 2/3612, Vertragsbegründung, S. 27, zum evKVMV, LT-Drs. M.-V. 1/4126, S. 22, und zum JüdVLSA, LT-Drs. 1/3629, S. 19f.

[187] Weitere, verfahrensrechtliche, Vertragsbindungen der Kirchen, wie die Pflicht nach dem Schlußprotokoll zu Art. 20 III evKVBBG, in Verhandlungen mit den betroffenen Kommunen über die Fortführung oder Übertragung defizitärer kirchlicher Friedhöfe einzutreten, sind bereits früher aufgegriffen worden, dazu oben: III. Teil E. II. 3. d) (= S. 394f.)!

drücklich verbindlichen Vorgaben unterworfen. So werden die kirchlichen Friedhofsträger nach den meisten Verträgen dazu verpflichtet, auf kirchlichen Friedhöfen die Bestattung aller in der Gemeinde Verstorbener zuzulassen, wenn in der Gemeinde kein anderer Friedhof in zumutbarer Nähe vorhanden ist (kirchlicher Monopolfriedhof)[188]. Mit dieser vertraglichen Bindung wird für die staatskirchenrechtliche Praxis in Thüringen, Brandenburg und Mecklenburg-Vorpommern der Streit darüber unerheblich, ob kirchliche Monopolfriedhöfe schon aus dem bestehenden Recht grundsätzlich zur Aufnahme Nicht- bzw. Andersgläubiger verpflichtet sind[189]. Nach den Schlußprotokollen zu Art. 22 II evKVTh und zu Art. 17 II ThKKV wird die Einhaltung dieser Vertragspflicht daran geknüpft, daß die für den Friedhof geltenden kirchlichen Vorschriften Anerkennung finden. Da aber eine Anerkennung rechtswidriger Ordnungen ausscheidet, erscheint dieser Vorbehalt lediglich als klarstellender Ausdruck für die Begrenztheit staatlicher rechtsaufsichtlicher Kompetenzen gegenüber kirchlichen Rechtsvorschriften und als Bestätigung der kirchlichen Selbstbestimmung im Friedhofswesen. Kirchliche Friedhöfe sind auch dann, wenn sie als Monopolfriedhöfe Andersgläubige aufnehmen, in ihren religionsbezogenen Gestaltungsbefugnissen grundsätzlich nicht mehr und nicht weniger weit als durch das für alle geltende Gesetz eingeschränkt[190].

Verfassungsrechtliche Bedenken gegenüber der Eingehung dieser vertraglichen Verpflichtungen zur Bestattung Andersgläubiger auf kirchlichen Monopolfriedhöfen bestehen nicht. Die Kirchen bleiben in allen religiösen Fragen selbst allein entscheidungsverantwortlich. Der Staat greift nicht in die kirchlichen Kompetenzen über, sondern nimmt nur ihm obliegende Aufgaben im Bestattungswesen wahr, indem er das entsprechende

---

188 Art. 10 III evKVMV, Art. 11 III MVKKV, Art. 20 III evKVBBG, Art. 22 II evKVTh und Art. 17 II ThKKV.

189 So die bislang überwiegende Meinung, vgl. im Überblick: *A. v. Campenhausen*, 3. Auf., S. 210f.; OVG Lüneburg, NVwZ-RR 1994, S. 49, 50; einschränkend: *H. Engelhardt*, HdbStKirchR II, S. 105, 120f., nur für einen begrenzten zeitlichen Vertrauensschutz zugunsten der verpflichteten Kommunen, wenn bislang der kirchliche Friedhof auch die kommunalen Versorgungsaufgaben miterfüllte; vgl. auch: *E. Sperling*, DÖV 1993, S. 197, 199; *L. Renck*, DÖV 1992, S. 485, 487. Dagegen wird die Streitfrage, ob für aufgenommene Andersgläubige höhere Gebühren genommen werden können, in keinem Vertrag aufgegriffen; vgl. dazu im wesentlichen bejahend jedenfalls für Friedhöfe ohne Monopolcharakter, aber mit erheblichen dogmatischen Unterschieden in den Einzelheiten: *J.E. Christoph*, ZevKR 38 (1993), S. 123, 124; *J. Gaedke*, 6. Aufl., S. 97f.; *H. de Wall*, NVwZ 1995, S. 769f.; OVG Lüneburg, NVwZ 1995, S. 807f.; OVG Bremen, NVwZ 1995, S. 804, 805ff.

190 Weitergehende Bindungen werden aber bei *H. Weber*, ZevKR 33 (1988), S. 15, 27ff., angenommen.

aufgabenentlastende Wirken der Kirche sich verläßlich, d.h. verbindlich zusagen läßt, nicht ohne seinerseits Gegenleistungen einzuräumen. Auch aus individualrechtlichen Rechtspositionen Dritter heraus können keine verfassungsrechtlichen Einwände gegen diese Vertragsbindungen erhoben werden. Die Verträge verpflichten nur die kirchlichen Friedhofsträger, die Bestattung Nicht- und Andersgläubiger zu ermöglichen. Ein etwaiger Bestattungszwang für den einzelnen ergibt sich nicht aus den Vertragsbindungen, sondern wenn überhaupt allein aus den allgemeinen landesgesetzlichen Regelungen zum Friedhofs- und Bestattungszwang. Im übrigen ist auch ein Bestattungszwang auf kirchlichen Monopolfriedhöfen verfassungsrechtlich nicht zu beanstanden[191], weil die Verfassung nur den Zwang zur Teilnahme an religiösen Handlungen inkriminiert, der aber mit dem Bestattungszwang nicht verbunden ist[192].

b) Denkmalrechtliche Vertragspflichten der Kirchen

Im Bereich der Denkmalpflege greifen die neuen Staatskirchenverträge durchweg die allgemeinen landesgesetzlichen Denkmalpflichten für Eigentümer und Besitzer auf und schreiben sie konkret für die vertragschließenden Kirchen einschließlich ihrer Gliederungen fest[193]. So verpflichten sich die Kirchen ganz generell ausdrücklich, die kirchlichen Kulturdenkmale „im Rahmen ihrer Möglichkeiten" bzw. „im Rahmen des Zumutbaren" zu erhalten und zu pflegen[194]. Der Vorbehalt des Zumutbaren, unter dem die denkmalrechtlichen Erhaltungspflichten stehen[195], bezieht sich auf die Möglichkeiten der jeweils betroffenen Kirchengliederung, nicht auf den kirchlichen Gesamtverband[196]. Allein die Verträge des Freistaates Thüringen enthalten noch eine konkrete Bindung der Kirchen bei der

[191] So aber: *L. Renck*, DÖV 1992, S. 485, 487; *ders.*, DÖV 1993, S. 517, 517–520, nach dem kein nicht kirchlich gebundener Bürger gezwungen werden könne, dem Friedhofs- und Bestattungszwang auf einem kirchlichen Friedhof nachzukommen.

[192] *H. Engelhardt*, HdbStKirchR II, S. 105, 120.

[193] Vgl. nur Regierungsbegründungen zum evKVBBG, LT-Drs. BBG 1/3442, Vertragsbegründung, S. 9, und zum ThKKV, LT-Drs. 2/2100, S. 28.

[194] Art. 10 I 1 und 2 evKLSA, Art. 17 I 1 und 2 LSAKKV, Art. 7 I 1 JüdVLSA, Art. 10 I, II evKVSachsen, Art. 19 I, II SachsenKKV, Art. 5 I 1 nebst Schlußprotokoll JüdVSachsen, Art. 10 I, II evKVBBG, Art. 9 I, II 1 evKVMV, Art. 17 I, II 1 MVKKV, Art. 7 I, II 1 JüdVMV, Art. 9 I 1 evKVTh, Art. 18 I 1 ThKKV.

[195] Die allgemeine verfassungsrechtlich fundierte und landesgesetzlich umgesetzte Zumutbarkeitsgrenze für die denkmalrechtlichen Pflichten gilt „natürlich" auch dort, wo sie, wie in den Verträgen von Mecklenburg-Vorpommern, nicht ausdrücklich festgehalten wurde, vgl. Regierungsbegründung zum MVKKV, LT-Drs. M.-V. 2/3100, S. 22.

[196] Regierungsbegründung zum LSAKKV, LT-Drs. 2/4475, S. 51.

Wahrnehmung ihrer denkmalpflegerischen Aufgaben. Nach Art. 9 I 2 evKVTh und Art. 18 I 2 ThKKV sagen die Kirchen und ihre Verbände zu, „Veräußerungen und Veränderungen nur im Benehmen mit dem Ziel der Verständigung mit den staatlichen Denkmalbehörden" vorzunehmen. Weitergehend ist vielfach die ebenfalls bereits landesgesetzlich vorgezeichnete Pflicht festgehalten, die kirchlichen Kulturdenkmale der Allgemeinheit zugänglich zu machen. Art. 9 II 1 evKVMV, Art. 17 II 1 MVKKV und Art. 7 II 1 JüdVMV stellen hierfür ausdrücklich die Voraussetzung auf, daß ein besonderes öffentliches Interesse bestehen muß. Dagegen gehen die Vertragspartner in Sachsen und Brandenburg grundsätzlich von einem Zugangsbedürfnis aus, weil die kirchlichen Kulturdenkmale generell als Allgemeingut behandelt werden[197]. Sie schränken die vertraglich eingeräumten Zugangsrechte der Öffentlichkeit aber wiederum durch die in ihrer Allgemeinheit nur im Grundsatz verbindliche Formulierung „nach Möglichkeit" ein[198]. In gleicher Weise[199] haben sich die Kirchen im Wittenberger Vertrag[200] dazu verpflichtet, bei den Domgebäuden nach Art. 9 I evKVLSA, die in staatlichem Eigentum stehen und von den Kirchen genutzt werden, „wegen ihrer kulturgeschichtlichen Bedeutung" den öffentlichen Zugang „in angemessener Weise" sicherzustellen[201]. Die aufgeführten denkmalrechtlichen Vertragspflichten der Kirchen lassen sich allesamt auf verfassungslegitime Belange des staatlichen Kulturauftrags zurückführen. Sie respektieren weiter die institutionelle und organisatorische Eigenständigkeit der Kirchen. Deshalb sind diese vertraglichen Bindungen des kirchlichen Wirkens verfassungsrechtlich unbedenklich.

[197] Regierungsbegründungen zum evKVBBG, LT-Drs. BBG 1/3442, Vertragsbegründung, S. 9, zum evKVSachsen, LT-Drs. 1/4649, Vertragsbegründung, S. 15, und zum SachsenKKV, LT-Drs. 2/3612, Vertragsbegründung, S. 28.

[198] Art. 10 II evKVSachsen, Art. 19 II SachsenKKV, Art. 5 I 1 JüdVSachsen, Art. 10 II evKVBBG.

[199] Zur denkmalrechtlichen Motivation dieser Bestimmung aus dem Regelungskomplex zur Fortführung der Widmungsgarantien: *A. Vulpius*, LKV 1994, S. 277, 279; Regierungsbegründung zum evKVLSA, LT-Drs. LSA 1/3087, Vertragsbegründung, S. 10.

[200] Nach Satz 2 Absatz 4 des Schlußprotokolls zu Art. 9 I evKVLSA.

[201] Die „angemessene Weise" soll in Verhandlungen mit den Kirchen im einzelnen vor allem hinsichtlich der Dauer und der regionalen Einheitlichkeit der Öffnungszeiten geregelt werden, an denen der Staat ein besonderes Interesse bereits in der Regierungsbegründung (evKVLSA, LT-Drs. LSA 1/3087, Vertragsbegründung, S. 10) geltend gemacht hat.

c) Kirchliche Mitwirkung beim Religionsunterricht in öffentlichen Schulen

Auch beim Religionsunterricht ist der Staat zur Erfüllung seiner eigenen Aufgaben auf die Mitwirkung der Kirchen zwingend angewiesen, weil diese die Verantwortung für die unabdingbaren religiösen Aspekte des Religionsunterrichts zu tragen haben. Deshalb kam es den staatlichen Vertragspartnern der neuen Länder darauf an, das Zusammenwirken zwischen Staat und Kirchen beim Religionsunterricht auch in den Staatskirchenverträgen festzuschreiben. Dieses Anliegen traf bei einigen Teilen der protestantischen Kirchen zunächst auf Widerstand aus kirchenpolitischen Gründen[202], die aber im Laufe der Vertragsverhandlungen überwunden werden konnten[203]. So enthalten mit Ausnahme der Brandenburger Sonderposition alle neuen Katholischen und Evangelischen Kirchenverträge ein dezidiertes Bekenntnis zum konfessionell gebundenen Religionsunterricht als ordentliches Lehrfach an den öffentlichen Schulen. Zum Teil ist dies in Form staatlicher Gewährleistungen geschehen[204]. Zum Teil wird aber auch schlicht festgehalten, daß der konfessionelle Religionsunterricht ordentliches Lehrfach „ist“[205], was nur bei einer Bindung der Kirchen zugesagt werden kann[206]. Konkrete Bindungen zu einer kirchlichen Mitwirkung in Einzelheiten werden freilich nur in geringem Umfang vereinbart, etwa die bereits oben[207] aufgegriffenen Abstimmungspflichten der Kirchen untereinander. Eine Ausnahme bildet weiter die Verpflichtung der Kirchen im Freistaat Sachsen, zumindest in der Aufbauphase eigene Mitarbeiter für die Erteilung des Religionsunterrichts zur Verfügung zu stellen, um dem akuten Lehrermangel abzuhelfen[208]. Die Erfüllung dieser Pflichten ist zugleich Voraussetzung für die Einhaltung der vom „Freistaat seinerseits“ zugesagten Anstrengungen, die notwendigen personellen, sachlichen und organisatorischen Grundlagen für eine möglichst ordnungsgemäße Gewährleistung des Religionsunterrichts als ordentliches Lehrfach zu schaffen[209]. Die kirchlichen Vertragspflichten stellen

---

[202] Vgl. dazu *A. v. Campenhausen*, NVwZ 1995, S. 757, 759; *E.-L. Solte*, in: *R. Puza / A.P. Kustermann* (Hrsg.), S. 79, 82f.

[203] Vgl. oben II. Teil B. III. 2. (= S. 58f.)!

[204] Dazu oben III. Teil B. I. 4. a) (= S. 91–93)!

[205] Art. 5 I evKVTh, Art. 12 I ThKKV.

[206] Zu den vertraglichen Bindungen der Kirchen insbesondere im Hinblick auf die konfessionelle Ausgestaltung des Religionsunterrichts: *K.-H. Kästner*, EssGespr. 32, S. 61, 75.

[207] III. Teil E. II. 1. b) (= S. 369)!

[208] Jeweils Satz 2 der Schlußprotokolle zu Art. 5 I evKVSachsen und Art. 3 I SachsenKKV.

[209] So: jeweils Satz 3 der Schlußprotokolle zu Art. 5 I evKVSachsen und Art. 3 I Sach-

wiederum mangels konkreter Festlegung ihres Umfangs offen formulierte Bindungen der Kirchen dar, die auf legitimen staatlichen Interessen am kirchlichen Wirken gründen. Da sie auch weder Übergriffe in die kirchlichen Kompetenzen zur Folge haben noch die kirchliche Unabhängigkeit und Eigenständigkeit untergraben, begegnen sie keinen verfassungsrechtlichen Zweifeln.

d) Weitere Vertragszusagen zu gemeinwohlrelevanter kirchlicher Auftragswahrnehmung

Abschließend sind noch einige Vertragsbindungen anzuführen, mit denen die Kirchen die Wahrnehmung ihres Auftrages in einzelnen Aspekten grundsätzlich gegenüber dem Staat zusagen, ohne aber konkretere Verpflichtungen hinsichtlich des Umfangs oder der Art und Weise ihres Engagements einzugehen. In Art. 10 Satz 1 SachsenKKV findet sich eine neuartige Regelung, nach der sich die Katholische Kirche verpflichtet, daß sie „das katholisch geprägte sorbische Kulturgut bewahren und schützen" wird[210]. Im übrigen betreffen die einschlägigen Vertragsbestimmungen vor allem Aufgabenfelder, die nach älteren Verträgen regelmäßig allein Gegenstand staatlicher Gewährleistungen sind, mit denen der Staat aber gleichwohl inhaltliche Erwartungen an ihre Wahrnehmung verbindet. Sie werden nunmehr in einigen neuen Staatskirchenverträgen zur effektiveren Durchsetzung der säkularstaatlichen Interessen und Aufgaben gegenüber dem kirchlichen Wirken und zugleich zur inneren Rechtfertigung der kirchlichen Vertragsrechte verbindlich festgeschrieben[211]. So gewährleisten Art. 21 und 22 I evKVMV und Art. 10 I, II MVKKV nicht bloß das Recht der Kirchen, Aufgaben sowohl der Gesundheits- und Wohlfahrtspflege als auch als anerkannte Träger der freien Jugendhilfe wahrzunehmen sowie zur Betreuung und Beratung Bildungs- und Sozialeinrichtungen zu unterhalten. Vielmehr schreiben sie mit der Formulierung dieser Auftragswahrnehmung im Indikativ[212] „in einer für einen Kirchenvertrag

---

senKKV; vgl. näher: Regierungsbegründungen zum evKVSachsen, LT-Drs. 1/4649, Vertragsbegründung, S. 8f., und zum SachsenKKV, LT-Drs. 2/3612, Vertragsbegründung, S. 7f.

[210] Die Regierungsbegründung zum SachsenKKV, LT-Drs. 2/3612, Vertragsbegründung, S. 18, weist daher „die Pflege sorbischer Kultur" als „eine gemeinsame Aufgabe von Staat und Kirche" aus, „soweit katholische Bezüge vorhanden sind".

[211] Ausführlicher zu dieser staatlichen Motivlage vgl. die Zusammenfassung bei der Darstellung der Entwicklungstendenzen: oben II. Teil B. III. 2. (= S. 53ff.)!

[212] In Akten des Schweriner Kultusministeriums (VII-170, 3411) zur Vorbereitung der Pressekonferenz zur Vertragsunterzeichnung am 20.1.1994 fand sich der Hinweis, daß die

neuartigen Weise“ und in auffälligem Gegensatz zu Art. 8 II JüdVMV fest, daß die Kirchen auf diese Weise „an der staatlichen Erziehungs- und Sozialarbeit mitwirken ... und ihren Beitrag auf diesem Gebiet leisten“[213]. Auch Art. 18 Satz 1 evKVTh und Art. 9 Satz 1 ThKKV können in diesem Sinne als vertragliche Fixierung kirchlicher Auftragswahrnehmung auf dem Gebiet der Erwachsenenbildung verstanden werden.

Weiter gehen die Vertragspartner in Mecklenburg-Vorpommern auch bei der Regelung der Anstaltsseelsorge über die Zusicherung von Gewährleistungen für das freie Wirken der Kirchen hinaus und schreiben das kirchliche Wirken jedenfalls im Grundsatz fest[214]. Nach Art. 20 I 1 evKVMV und Art. 8 I 1 MVKKV „werden die Kirchen“ in den z.T. beispielhaft aufgeführten öffentlichen Anstalten „seelsorgerisch tätig“. Diese Bindung beschränkt sich auf die individuelle seelsorgerische Versorgung. Dagegen bleibt es für die religiösen Veranstaltungen im Kollektiv, insbesondere für das Halten von Gottesdiensten, nach Art. 20 I 2 evKVMV und Art. 8 I 2 MVKKV bei dem „klassischen“ Regelungsansatz, der vertraglichen Zusicherung der kirchlichen Berechtigung. Ähnlich halten schließlich auch die sächsischen Verträge die Kirchen zur Wahrnehmung der Sonderseelsorge in staatlichen Anstalten an, beschränken diese Bindung aber nicht nur auf die Seelsorge, sondern beziehen auch den Gottesdienst in das von den Kirchen zu gewährleistende Wirken ein[215]. Verfassungsrechtliche Bedenken sind auch gegen die inhaltlichen Festlegungen der kirchlichen Vertragspartner im Grundsatz nicht zu erheben. Voraussetzung ist aber zum einen, daß sich diese punktuellen Verpflichtungen zur Fortführung des kirchlichen Engagements auf Aktivitäten beziehen, an denen auch säkularstaatliche Interessen verfassungslegitim begründet

---

sonst unübliche Verwendung des „Imperativs“ bei den Vertragsregelungen zur Jugendhilfe und zum diakonischen Wirken der Kirchen die Gegenseitigkeit der Vertragspflichten zum Ausdruck zu bringen solle.

213 Regierungsbegründung evKVMV, LT-Drs. 1 / 4126, S. 26; ähnlich auch Regierungsbegründung MVKKV, LT-Drs. 2 / 3100, S. 20, in deutlichem Gegensatz zu Regierungsbegründung JüdVMV, LT-Drs. 2 / 1718, S. 15; skeptisch dagegen: *J. Neumann*, Gutachten zum evKVMV, S. 7.

214 Regierungsbegründung MVKKV, LT-Drs. 2 / 3100, S. 20: „Hier wird kein einseitiges Recht der Kirchen, sondern eine beiderseitige Verpflichtung begründet.“; ebenso Regierungsbegründung evKVMV, LT-Drs. 1 / 4126, S. 25; vgl. auch Ministerpräsident *B. Seite*, PlenProt. M.-V. 1 / 97, S. 5861, auch zu weiteren Vertragsbindungen des kirchlichen Wirkens.

215 Art. 13 I 1 evKVSachsen, Art. 12 I 1 SachsenKKV: Auch hier sprechen die Regierungsbegründungen (zum evKVSachsen, LT-Drs. 1 / 4649, Vertragsbegründung, S. 18, und zum SachsenKKV, LT-Drs. 2 / 3612, Vertragsbegründung, S. 20) von „einer im beiderseitigen Interesse liegenden Festlegung“ bzw. einer Festschreibung der Gewährung der Anstaltseelsorge.

werden können, wie dies beim diakonischen und karitativen Wirken sowie bei der Anstaltsseelsorge der Fall ist. Bei der Anstaltsseelsorge ergibt sich die staatliche Verantwortung schon aus der Fürsorgepflicht für die Insassen bzw. Nutzer der Einrichtungen[216]. Der Staat erfüllt hier wie bei den kulturbezogenen Bindungen eigene Aufgaben der religiösen Daseinsvorsorge[217], wenn er die Kirchen vertraglich verpflichtet, ihrem eigenen Auftrag gemäß in die Gesellschaft hineinzuwirken. Zum anderen muß aber auch bei diesen Bindungen die Verantwortung für die religiösen Inhalte der unabhängigen kirchlichen Bestimmung überlassen bleiben. Dies ist sowohl bei der Sonderseelsorge nach Art. 20 I 1 evKVMV und Art. 8 I 1 MVKKV sichergestellt, die ohne weitere Vertragsvorgaben von den Kirchen auszufüllen ist, als auch bei den Bindungen des karitativen und diakonischen Wirkens nach Art. 21 und 22 I evKVMV sowie Art. 10 I, II MVKKV. Bei letzteren wird ausdrücklich im Vertragstext festgehalten, daß die vertraglich vorgegebenen gemeinwohlrelevanten Aufgaben von den Kirchen „in Erfüllung ihres Auftrages" und damit in religiöser Selbstbestimmung in den Schranken des für alle geltenden Gesetzes wahrgenommen werden. Es bleibt daher lediglich bei der allgemeinen Verpflichtung, sich aus diesen kirchlichen Aufgabenfeldern nicht zurückzuziehen, wobei der Vorbehalt kirchlicher Alleinverantwortung für die religiösen Inhalte zu berücksichtigen ist.

---

[216] Regierungsbegründung MVKKV, LT-Drs. 2/3100, S. 20; vgl. auch die Regierungsbegründung zum evKVSachsen, LT-Drs. 1/4649, Vertragsbegründung, S. 18; aus dem Schrifttum vgl. nur v. Mangoldt/Klein/*A. v. Campenhausen*, GG, Art. 140 GG/141 WRV Rn. 2ff.

[217] Zu ihrer verfassungsrechtlichen Begründung vgl. bereits oben: III. Teil D. II. 2. b) aa) (1) (= S. 333ff.) und bb) (1) (= S. 344ff.)!

IV. Teil

Ausblick

Der Überblick über die Staatskirchenverträge der neuen Länder hat gezeigt, daß die staatsvertragliche Handlungsform einige ganz wesentliche Gestaltungsmöglichkeiten für die Beziehungen des Staates zu einzelnen Religionsgemeinschaften eröffnet, die im Wege einseitiger staatlicher Rechtsetzung verschlossen bleiben. Dabei geht es nicht nur um Vorteile auf Seiten der vertragschließenden Religionsgemeinschaften, wie sie sich etwa aus der staatskirchenvertraglichen Absicherungsfunktion, mit der auch der spätere Landesgesetzgeber gebunden werden kann, und der Förderfunktion ergeben. Vielmehr kann das Instrument des Staatskirchenvertrages mit den Kooperationsfunktionen und der Möglichkeit, auch die Kirchen ihrerseits verbindlich zu verpflichten, auch aus der Sicht des staatlichen Vertragspartners erhebliche Vorzüge gegenüber einem Rückgriff auf die einfachgesetzliche Regelungsalternative bieten. Die Entscheidung über die Wahl der Vertragsform und die Auswahl der Regelungsgegenstände unterfällt weitgehend dem politischen Gestaltungswillen der potentiellen Vertragspartner, die sich nicht auf den Kreis der öffentlichrechtlich korporierten Religionsgemeinschaften beschränken. Die verfassungsrechtlichen Gleichheitsrechte verlangen allerdings, daß staatliche Differenzierungen zwischen unterschiedlichen religiösen Gemeinschaften eine Rechtfertigung über verfassungslegitime säkularstaatliche Aufgabenerfordernisse erfahren. Mit Ausnahme Brandenburgs haben die neuen Länder die vielfältigen Gestaltungsmöglichkeiten der Staatskirchenverträge nicht nur gegenüber der Katholischen Kirche und den Evangelischen Kirchen, sondern auch gegenüber den Jüdischen Verbänden genutzt[1]. Dabei sind insgesamt im wesentlichen übereinstimmende Regelungen getroffen worden, die aber in Einzelheiten Abweichungen enthalten, um einerseits den jeweiligen religiösen Besonderheiten Rechnung zu

---

[1] Die „besondere Sinnhaftigkeit gerade solcher Verträge“ mit religiösen Minderheiten betonen *R. Puza / A. P. Kustermann*, in: *R. Puza / A. P. Kustermann* (Hrsg.), S. 7, 11.

tragen und andererseits auch den staatlichen Interessen individuell zur Durchsetzung zu verhelfen.

Für die in Zukunft zu bewältigenden staatskirchenrechtlichen Ordnungsprobleme könnte es den staatlichen Stellen hilfreich sein, sich der Gestaltungs- und Differenzierungsmöglichkeiten noch stärker bewußt zu werden, die das Vertragsinstrument für die Regelung der Beziehungen des Staates zu den Religionsgemeinschaften bereithält. Der richtige Ansatzpunkt, gegenüber dem Wirken von Religionsgemeinschaften staatliche Erwartungen inhaltlich zu konkretisieren und rechtsverbindlich umzusetzen, sind die Staatskirchenverträge, die im Gegenzug Raum für staatliches Entgegenkommen gegenüber den kooperationswilligen, -fähigen und -werten Religionsgemeinschaften läßt. Die entsprechende Motivation der zuständigen staatlichen Stellen darf dagegen nicht für Einschränkungen von verfassungsrechtlichen Gewährleistungen ins Feld geführt werden, die in ihren Tatbestandsvoraussetzungen dafür keinerlei Anhaltspunkte bieten. Das gilt zum einen konkret für die Verleihung des öffentlich-rechtlichen Körperschaftsstatus nach Art. 140 GG / Art. 137 V 2 WRV. Die öffentlich-rechtliche Körperschaftsgarantie ist zwar treffend als „institutionalisierte Verfassungserwartung" gekennzeichnet worden[2], was aber nur im Sinne einer „metarechtlichen Kategorie" zu verstehen ist und nicht berechtigt, die Erwartungen in rechtsverbindliche Verleihungsvoraussetzungen zu verwandeln. Zum anderen gilt dies aber auch allgemein für das Bemühen, die Voraussetzungen für staatliche Gewährleistungen im Hinblick auf andere als die etablierten christlichen Religionsgemeinschaften schärfer zu fassen. Staatskirchenrechtliche Gestaltungsanliegen des Staates lassen sich z.T. ausschließlich und im übrigen besser im Wege der vertraglichen Kooperation mit den betroffenen Religionsgemeinschaften als über das einfachgesetzliche Schrankengesetz nach Art. 140 GG / Art. 137 III 1 WRV realisieren. Dies gilt erst recht, wenn das Instrument des Staatskirchenvertrages nach den hier herausgearbeiteten Eckpunkten als konsequent beide Vertragsseiten durchsetzbar verpflichtendes und berechtigendes Staatsvertragsrecht der staatlichen Rechtsordnung anerkannt wird.

[2] *K.G. Meyer-Teschendorf*, AöR 103 (1978), S. 289, 318ff.; *P. Kirchhof*, HdbStKirchR I, S. 651, 667; *A. v. Campenhausen*, 3. Aufl., S. 145.

Zusammenfassung

Die rechtliche Stellung der Religionsgemeinschaften in den neuen Ländern ist von Grund auf verändert worden, als das Grundgesetz dort Geltung erlangte. Ihnen stehen nunmehr die vielfältigen Entfaltungsmöglichkeiten eines freiheitlichen demokratischen Staatskirchenrechts offen.

Der Systemwechsel hat zugleich in vielen Fragen erheblichen Regelungsbedarf aufgeworfen. Dieser ist gegenüber der Katholischen Kirche und den Evangelischen Landeskirchen sowie gegenüber den Jüdischen Verbänden vornehmlich auf vertraglichem Weg befriedigt worden.

Alle fünf Länder haben jeweils umfassende Staatskirchenverträge mit den Evangelischen Kirchen abgeschlossen und sind an insgesamt vier Bistumserrichtungsverträgen mit dem Heiligen Stuhl beteiligt. Mit Ausnahme Brandenburgs haben sie ferner jeweils umfassende Staatsverträge mit dem Heiligen Stuhl sowie mit den Jüdischen Verbänden geschlossen.

In allen neuen Ländern ist für die Neugestaltung der staatlichen Beziehungen zu den Religionsgemeinschaften die staatskirchenvertragliche Einigung eine zulässige Regelungsalternative gegenüber dem Gesetz. Ein rechtlicher Zwang zum Abschluß von Staatskirchenverträgen besteht weder für den Staat noch für die Kirchen. Der Rückgriff auf die staatskirchenvertragliche Handlungsform erfolgt im wesentlichen aus Gründen politischer Zweckmäßigkeit.

Ein Staatskirchenvertrag ist wie jeder Vertrag gewillkürte Rechtssetzung zwischen zwei gleichberechtigten Partnern. Deshalb hat eine juristische Aufarbeitung und Bewertung von Verträgen auch im Staaatskirchenrecht von dem übereinstimmend erklärten Regelungswillen beider Vertragspartner auszugehen und zu prüfen, inwieweit der übergeordnete rechtliche Rahmen die intendierten Rechtswirkungen zuläßt.

Die in den Präambeln von beiden Parteien fixierten Leitmotive ermöglichen es, die grundlegenden Vertragsziele zu erfassen und für die weitere Prüfung zu ordnen. Dabei lassen die vertraglichen Regelungsziele sich unterscheiden in einerseits die inhaltlichen Anliegen, die sich den Vertragspartnern unabhängig von der Wahl der Regelungsform stellen, und andererseits in die vertragsspezifschen Zielvorstellungen. Damit sind solche

Beweggründe gemeint, die die Parteien dazu veranlaßt haben, sich zur Neugestaltung ihrer Beziehungen gerade des Vertragsinstruments zu bedienen. Aus der Vielfalt der einzelnen vertragsspezifischen Motivationen sind hierfür vier Grundmotive herauszuarbeiten:

Erstens soll den kirchlichen Vertragspartnern, wenn Staatskirchenverträge abgeschlossen werden, eine besondere staatliche Förderung zuteil werden, die über das im Rahmen der allgemeinen staatlichen Gesetze zu leistende hinausgeht (hier sog. staatskirchenvertragliche Förderfunktion).

Dabei versprechen sich die Vertragspartner zweitens von der vertraglichen Regelung ein höheres Maß an Rechtssicherheit und Verläßlichkeit für die staatlichen Gewährleistungen zugunsten des kirchlichen Wirkens, als sie der einseitigen gesetzlichen Regelungsalternative zugemessen werden. Die vertragsgesicherten Rechte der Kirchen sollen über die hier sog. Absicherungsfunktion der Staatskirchenverträge eine Bestandskraft erlangen, so daß sie nicht mehr einseitig vom Staat soll aufgehoben werden können. Die Vertragszusagen sollen insbesondere nicht mehr den wechselnden Mehrheiten der staatlichen Gesetzgebungsorgane ausgeliefert sein.

Im Gegenzug erlaubt das Vertragsinstrument drittens weitergehend als einseitige staatliche Regelung eine Verpflichtung der Religionsgemeinschaften, ihr Wirken auf Belange des Staates auszurichten. Über die hier sog. Verpflichtungs- bzw. Einbindungsfunktion beabsichtigen die Vertragspartner, Pflichten der Kirche für ihre staatskirchenvertraglichen Gewährleistungen festzulegen.

Schließlich greifen Staat und Kirchen viertens auf die Vertragsform zurück, weil diese erheblich größere Möglichkeiten für die partnerschaftliche Ausgestaltung ihrer Kooperation eröffnet als je einseitige Regelungen. Zu ihrer jeweiligen Aufgabenerfüllung haben sich Staat und Kirchen auf eine umfassende Zusammenarbeit eingelassen, die sich mithilfe der staatskirchenvertraglichen Kooperation und Koordinationsfunktion leicht, effizient und verläßlich gestalten läßt.

Für diese Grundfunktionen des Staatskirchenvertrages ist im einzelnen umstritten, inwieweit sie rechtlich zulässig und durchsetzbar sind. Die rechtlichen Grenzen ergeben sich einerseits aus den kirchlichen Ordnungen, auf die im Rahmen der staatsrechtlichen Diskussion nur hingewiesen werden kann, und andererseits aus übergeordnetem staatlichen Recht, d.h. aus dem Bundesrecht und den Länderverfassungen.

Die heftigsten Meinungsstreitigkeiten entzünden sich an der staatskirchenvertraglichen Absicherungsfunktion, weil damit zugleich die Frage nach der Rechtsnatur der Staatskirchenverträge verknüpft ist. Das Spektrum der Rechtsansichten reicht vom Standpunkt, sie gänzlich zu leugnen, bis hin zu der Auffassung, daß die Staatskirchenverträge die staatliche Gesetz- und sogar Verfassungsgebung mit gerichtlicher Durchsetzbarkeit binden. Nach der überwiegenden Meinung verpflichten die Staatskirchenverträge den Staat in der Weise, daß er späteres vertragswidriges Recht zwar nicht einseitig setzen dürfe, daß er dies sehr wohl aber rechtlich sanktionslos könne.

Die Nachdrücklichkeit, mit der in den Motiven die Vertragspartner ihren Willen zu einer rechtsstaatlich verläßlichen Regelung erklärten, mahnt dazu, die Frage nach der Beständigkeit staatskirchenvertraglicher Bindungen und ihrer Durchsetzbarkeit gegenüber einseitigen nachträglichen Abweichungen erneut aufzugreifen. Im Mittelpunkt stehen dabei die staatskirchenvertraglichen Bindungswirkungen gegenüber dem staatlichen Gesetzgeber.

Da die staatliche Gesetzgebung der Verfassung unterworfen ist, ergeben sich die Bindungsmöglichkeiten des staatlichen Gesetzgebers aus der staatlichen Verfassung. Diese erlaubt eine verbindliche Verpflichtung des staatlichen Gesetzgebers außer durch Verfassungsnormen selbst nur in wenigen Ausnahmenfällen, um ihm im übrigen die für die Rechtssetzungsfunktion notwendige Reaktionsfähigkeit auf sich ändernde Verhältnisse zu erhalten. Danach sind einerseits auf überstaatlicher Ebene Bindungen durch völkerrechtliche Verträge zugelassen. Andererseits räumt die Verfassung Bindungsmöglichkeiten beim Abschluß von innerstaatlichen Staatsverträgen, insbesondere Gliedstaatsverträgen, ein und gesteht im übrigen eingeschränkt auch eine Selbstbindung des Gesetzgebers über das Rechtsstaatsprinzip, genauer über den Grundsatz des Vertrauensschutzes, zu.

Eine staatsvertragliche Bindung der Gesetzgebung verlangt auf überstaatlicher wie auf innerstaatlicher Ebene zum einen die Einhaltung besonderer formeller Anforderungen, insbesondere der parlamentarischen Zustimmung. Zum anderen wird vorausgesetzt, daß der andere Teil sein Handeln auf einer verfassungsrechtlich respektierten originären Eigenrechtsmacht gründet, mit der Folge, daß zulässige Regelungsziele des Staates nicht mit einseitigem Vorgehen, sondern nur über eine wechselseitige Verpflichtung zu erreichen sind.

Die Staatskirchenverträge mit dem Heiligen Stuhl sind in völkerrechtlichen Formen zwischen zwei Völkerrechtssubjekten abgeschlossen worden. Sie erfüllen daher auf der überstaatlichen Ebene die Voraussetzungen an eine Bindung der staatlichen Gesetzgebung. Die Bindungswirkung ist dann freilich eine solche des Völkerrechts, so daß insoweit innerstaatliche

Sanktionen bei Vertragsbrüchen, insbesondere die gerichtliche Durchsetzbarkeit der Gewährleistungen, von vornherein ausscheiden.

Demgegenüber ist den anderen Staatskirchenverträgen die völkerrechtliche Ebene verschlossen, weil weder die Evangelischen Kirchen und noch die Jüdischen Verbände völkerrechtsfähig sind. Gleichwohl sind auch diese Verträge in den Formen des Staatsvertrags und mit dem ausdrücklichen Ziel geschlossen, den staatlichen Gesetzgeber zu binden.

Die Bemühungen im Schrifttum, entsprechende Bindungen wie für die Verträge mit dem Heiligen Stuhl auch für die übrigen Staatskirchenverträge im Sinne von „quasivölkerrechtlichen" Verträgen zu begründen, überzeugen nicht.

Staatliche Gewalt bleibt im Rahmen des Grundgesetzes mit Rücksicht auf die Verfassungsprinzipien der Neutralität und Säkularität auf die säkularen Rechtsebenen beschränkt. Dagegen ist es den Religionsgemeinschaften möglich und im außerkirchlichen Rechtsverkehr aufgegeben, im Rahmen der kirchenrechtlichen Vorgaben auf Grundlage der staatlichen Rechtsordnung rechtserheblich zu handeln. Überdies zeigen die Präambeln der neuen Staatskirchenverträge, daß die Vertragspartner außerhalb der Völkerrechtsordnung ausschließlich das staatliche Recht zur Grundlage ihrer Vertragsschlüsse bestimmt haben.

Die rechtliche Grundlage der vertraglichen Begegnung von Staat und Religionsgemeinschaften ohne Völkerrechtssubjektivität ist daher die staatliche Rechtsordnung und nicht eine „partikuläre Rechtsgemeinschaft", ein „Vertragsrecht sui generis", eine „Zone des Öffentlichen" oder eine „allgemeine gemeinsame Rechtsebene allen zwischenmenschlichen Rechts".

Auch soweit der Staatskirchenvertrag seine Basis allein in der staatlichen Rechtsordnung findet, genügt er jedenfalls im Grundsatz den Anforderungen, die an eine staatsvertragliche Bindung der staatlichen Gesetzgebung zu stellen sind.

Mit der Gewährleistung des kirchlichen Selbstbestimmungsrechts nach Art. 140 GG/Art. 137 III WRV erkennt die Verfassung die originäre, staatlicher Bestimmung entzogene Eigenrechtsmacht der Religionsgemeinschaften an. Zugleich gibt die Verfassung damit dem von den Kirchen gesetzten Recht Raum, sich in der staatlichen Rechtsordnung zu entfalten und dort zu wirken, soweit dies kirchlicherseits bestimmt und staatlicherseits nicht durch das „für alle geltende Gesetz" im Interesse staatlicher Verantwortungswahrnehmung eingeschränkt wird.

Art. 140 GG/Art. 137 III WRV als Zuordnungsnorm zwischen staatlichem Recht und kirchlicher Selbstbestimmung eröffnet aber nicht nur die

Möglichkeit staatsvertraglicher Bindung auch der staatlichen Gesetzgebung gegenüber den Kirchen. Sie zieht ihr im Gegenzug mit dem Kompetenzvorbehalt des „für alle geltenden Gesetzes" auch die Grenzen zugunsten der staatlichen Ausgleichs-, Friedens- und Ordnungsbefugnisse.

Die Schrankenziehung durch das „alle geltende Gesetz" erfolgt gemäß der Wechselwirkungslehre je nach den konkret im einzelnen Konfliktfall widerstreitenden Verfassungspositionen. Den einschlägigen speziellen Verfassungsgewährleistungen kirchlichen Wirkens, insbesondere der Kirchenguts- und der Staatsleistungsgarantie, ist dabei Rechnung zu tragen. Danach ist eine Abwägung zwischen dem jeweiligen Schrankenzweck einerseits und den staatskirchenvertraglichen Zusicherungen kirchlicher Freiheit andererseits erforderlich, um im Einzelfall die Bindungswirkung der Staatskirchenverträge gegenüber abweichender Gesetzgebung des Staates zu ermitteln.

Fällt die Abwägung zugunsten der Verfassungsentscheidung für die staatskirchenvertragliche Gewährleistung im Einzelfall aus, so geht die staatskirchenvertragliche Verpflichtung der abweichenden gesetzlichen Regelung vor. Dieser Vorrang kann von der vertragsberechtigten Kirche verfassungsgerichtlich im Rahmen einer Verfassungsbeschwerde durchgesetzt werden.

Ergibt sich aus der Zuordnung dagegen ein Vorrang der vorbehaltenen Ordnungsbefugnisse des Staates gegenüber einer Vertragsfestlegung, so entfällt zwar insoweit eine unmittelbare Bindung des Gesetzgebers an diese Bestimmung. Da aber Art. 140 GG / Art. 137 III WRV die Schrankenziehung durch das „für alle geltende Gesetz" nur im Rahmen des Verhältnismäßigen zuläßt, muß den vertraglichen Rechten der Kirche im Rahmen einer Vertragsanpassung soweit wie möglich gegenüber dem widerstreitenden Schrankenzweck Rechnung getragen werden.

Der verfassungsgebotene Ausgleich zwischen den kirchlichen Vetragsrechten und den staatlichen Erfordernissen, von den Vertragsfestlegungen abzuweichen, hat in erster Linie durch einvernehmliche Abänderung der vertraglichen Regelungen zu erfolgen. Nur wenn diese scheitert, kann der kirchliche Vertragspartner gegenüber vertragswidrigen Staatsgesetzen im Rahmen einer Verfassungsbeschwerde die verhältnismäßige Berücksichtigung seiner Vertragspositionen durchsetzen.

Die Kooperationsfunktionen der Staatskirchenverträge werfen weniger grundsätzliche Rechtsprobleme auf als die Absicherungsfunktion. Im wesentlichen geht es bei ihnen darum, die gedeihliche Zusammenarbeit von Staat und Kirchen im Interesse ihrer jeweiligen Aufgabenerfüllung durch konkrete Absprachen zu befördern, d.h. zu vereinfachen, verläßlich zu verabreden und etwaige Streitpunkte einvernehmlich zu klären. Da gegen dieses Anliegen für sich keine rechtlichen Bedenken anzuführen sind, verlagert sich die rechtliche Prüfung auf die Kooperationsregelungen im einzelnen.

Zweifel ergeben sich insoweit vornehmlich bei der inhaltlichen Koordination des Zusammenwirkens, insbesondere im Rahmen der sog. gemeinsamen Angelegenheiten. Das Grundgesetz gebietet, streng zu unterscheiden zwischen den staatlichen Aufgaben einerseits, für die allein der Staat die Verantwortung trägt, und andererseits den Angelegenheiten, die frei von staatlichem Einfluß allein die Kirchen zu bestimmen haben. Für eine staatskirchenvertragliche Gestaltung der Kooperation bleibt hier nur, im Einzelfall die verfassungsvorgegebenen Kompetenzen zu konkretisieren und ihre Ausübung aufeinander zu beziehen.

Dabei besteht aber in verfahrensrechtlicher Hinsicht ein weiter Gestaltungsspielraum für die Wahrnehmung dieser Aufgaben. So können die Vertragspartner die Ausübung staatskirchenvertraglich weitgehend auf den einen wie auf den anderen Teil verlagern, sofern nur gewährleistet ist, daß der Staat letztverbindlich seine Verantwortung für die Fragen weltlicher Ordnung durchsetzt und daß die religiösen Aspekte allein von den Kirchen entschieden werden.

Im Interesse einer partnerschaftlichen Kooperation erstreckt sich die staatskirchenvertragliche Koordinationsfunktion weiter auch auf die gemeinsamen vermögensrechtlichen Angelegenheiten von Staat und Kirche, die vor allem vereinfacht und vereinheitlicht werden sollen. Die getroffenen Vertragsabsprachen sind besonders im Hinblick auf die verfassungsrechtlichen Spezialgewährleistungen des kirchlichen Vermögens, der Kirchenguts- und der Staatsleistungsgarantie, zu überprüfen.

Erheblich umstrittener stellt sich wiederum die Förderfunktion der Staatskirchenverträge dar. Teile der Lehre stehen einer besonderen Förderung einzelner religiöser Verbände unter Berufung auf das Paritätsprinzip und das religionsbezogene Diskriminierungsverbot aus Art. 3 III GG kritisch gegenüber.

Allerdings läßt das Grundgesetz eine differenzierende staatliche Kirchenförderung zu, sofern diese durch verfassungslegitime Aufgabenwahrnehmung des Staates gerechtfertigt ist. Hierzu kommen neben dem Aspekt, staatsentlastendes Wirken der Kirchen zu unterstützen, zum einen die religionsbezogene Grundrechtsgewährleistung und Grundrechtsvorsorge sowie zum anderen kulturstaatliche Gestaltungsanliegen in Betracht.

Danach darf der Staat bei seiner Staatskirchenvertragspolitik in weitem Umfang zwischen einzelnen Religionsgemeinschaften insoweit differenzieren, als er damit Regelungsbedürfnissen nachkommt, die er über seinen eigenen Aufgabenkreis wahrnehmen kann. Insbesondere kann er Unterschiede im kirchlichen Selbstverständnis, in Größe und Wirksamkeit, aber auch in der Kooperations- und Bindungsbereitschaft des kirchlichen Partners berücksichtigen sowie zulässige eigene Gestaltungsanliegen verfolgen.

Für die verfassungsrechtlichen Grenzen der staatskirchenvertraglichen Einbindungs- bzw. Verpflichtungsfunktion sind nur diejenigen Verfassungsvorgaben heranzuziehen, die dem Schutz Dritter oder übergreifend dem Schutz öffentlicher Belange zu dienen bestimmt sind und die den Vertragsparteien daher nicht zur Disposition stehen.

Danach darf der Staat den Kirchen nur Ordnungsanliegen als Gegenstand einer vertraglichen Verpflichtung antragen, die aus seinem säkularen Aufgabenkreis heraus begründbar sind. Auch eine Durchsetzung der kirchlichen Vertragspflichten bleibt auf die Wirkungen beschränkt, die vom säkularen Staat in seiner Rechtsordnung faßbar sind. Weiter muß bei der Einbindung des kirchlichen Wirkens in die staatliche Aufgabenerfüllung die kirchliche Unabhängigkeit gewahrt bleiben, was letztlich einen religiösen Vertragsvorbehalt des kirchlichen Vertragspartners erfordert. Soweit dieser greift, muß im Rahmen einer Vertragsanpassung den staatlichen Vertragsinteressen weitestmöglich Rechnung getragen werden.

Literaturverzeichnis

Achilles, Wilhelm Albrecht, Die Aufsicht über die kirchlichen Stiftungen der evangelischen Kirchen in der Bundesrepublik Deutschland, Jus ecclesiasticum Band 32, Tübingen 1986

Achterberg, Norbert, Parlamentsrecht, Tübingen 1984

Albrecht, Alfred, Die Verleihung der Körperschaftsrechte an islamische Vereinigungen, KuR-210, S. 1–6

–, Koordination von Staat und Kirche in der Demokratie. Eine juristische Untersuchung über die allgemeinen Rechtsprobleme der Konkordate zwischen der katholischen Kirche und einem freiheitlich-demokratischen Staat, Freiburg, Basel, Wien 1965

–, Patronatswesen, in: HdbStKirchR, Band 2, 2. Auflage, Hrsg.: Joseph Listl und Dietrich Pirson, Berlin 1995, S. 47–68

Anker, René, Der Einigungsvertrag, seine Rechtsqualität und die Grenzen seiner Abänderbarkeit, DÖV 1991, S. 1062–1067

Axer, Peter, Die Steuervergünstigungen der Kirchen im Staat des Grundgesetzes, ArchKathKR 156 (1987), S. 460–485

Backhaus, Michael, Denkmalrecht in Niedersachsen, Frankfurt a.M. u.a. 1988

Badura, Peter, Das Kreuz im Schulzimmer. Inhalt und rechtliche Tragweite des Beschlusses des Bundesverfassungsgerichts vom 16.5.1995, BayVBl. 1996 S. 33–40, und 71ff.

–, Der Schutz von Religion und Weltanschauung durch das Grundgesetz, Tübingen 1989

–, Die innerdeutschen Verträge, insbesondere der Einigungsvertrag, in: HStR VIII, § 189

–, Staatskirchenrecht als Gegenstand des Verfassungsrechts. Die verfassungsrechtlichen Grundlagen des Staatskirchenrechts, in: HdbStKirchR, Band 1, 2. Auflage, Hrsg.: Joseph Listl und Dietrich Pirson, Berlin 1994, S. 211–251

–, Staatsrecht. Systematische Erläuterung des Grundgesetzes für die Bundesrepublik Deutschland, 2. Aufl., München 1996

Baldus, Manfred, Die philosophisch-theologischen Hochschulen in der Bundesrepublik Deutschland. Geschichte und gegenwärtiger Rechtsstatus, Berlin 1965

–, Kirchliche Hochschulen, in: HdbStKirchR, Band 2, 2. Auflage, Hrsg.: Joseph Listl und Dietrich Pirson, Berlin 1995, S. 601–637

–, Kirchenasyl und Vertragskirchenrecht, NVwZ 1999, S. 716–721

Barth, Thomas, Zum Erfordernis einer Aussagegenehmigung nach §§ 376 ZPO, 54 StPO für kirchliche Mitarbeiter, ZevKR 37 (1992), S. 263–271

Bauer, Hartmut, Die Bundestreue, Tübingen 1992

Bauer, Joachim, Das Verhältnis von Staat und Kirche im Land Nordrhein-Westfalen, Diss. Münster 1968

Benda, Ernst, Der soziale Rechtsstaat, in: Handbuch des Verfassungsrechts der Bundesrepublik Deutschland, Hrsg.: Ernst Benda, Werner Maihofer, Hans Jochen Vogel, 2. Aufl., § 17

Benda, Ernst / Klein, Eckart, Lehrbuch des Verfassungsprozeßrechts, Heidelberg 1991

Benz, Arthur, „Verhandlungsdemokratie“ oder „Neofeudalismus“? Das Demokratieproblem im kooperativen Staat, Manuskript zur Antrittsvorlesung an der Martin-Luther-Universität Halle-Wittenberg vom 12. Juni 1996

Berger, Eduard, Rede bei der Unterzeichnung des Evangelischen Kirchenvertrages, in:

Vertrag zwischen dem Land Mecklenburg-Vorpommern und der Evangelisch-Lutherischen Landeskirche Mecklenburgs und der Pommerschen Evangelischen Kirche. Die Unterzeichnung des Vertrages in Güstrow, 20. Januar 1994, Hrsg.: Norbert Buske, Schwerin 1995, S. 37–39

Bernardt, Rudolf, Verfassungsrecht und völkerrechtliche Verträge, in: HStR VI, § 175

–, Eigenheiten und Ziele der Rechtsvergleichung im öffentlichen Recht, ZaöRV 24 (1964), S. 431–452

Bethge, Herbert, Besprechung von: Dieter Lorenz, Das Drittsendungsrecht der Kirchen, insbesondere im privaten Rundfunkrecht, 1988, in: DVBl. 1989, S. 579

Bettermann, Karl August, Die konkrete Normenkontrolle und sonstige Gerichtsvorlagen, in: Bundesverfassungsgericht und Grundgesetz, Hrsg.: Christian Starck, Band I, Tübingen 1976, S. 323–373

Birk, Dieter, Normsetzungsbefugnis und öffentlich-rechtlicher Vertrag, NJW 1977, S. 1797–1800

Bleckmann, Albert, Staatsrecht II – Die Grundrechte, 4. Auflage, Köln, Berlin, Bonn, München 1997

Bock, Wolfgang, Das für alle geltende Gesetz und die kirchliche Selbstbestimmung. Eine verfassungsrechtliche Untersuchung am Beispiel des Amtsrechts der evangelischen Kirchen, Jus ecclesiasticum Band 55, Tübingen 1996

–, Der kirchliche Dienst und das staatliche Recht, in: Das Recht der Kirche, Bd. III: Zur Praxis des Kirchenrechts, Hrsg.: Gerhard Rau, Hans-Richard Reuter, Klaus Schlaich, Gütersloh 1994 S. 531–573

–, Im Dienst der Kirche. Seelsorge an Soldaten neu geordnet, EvKomm 1996, S. 284f.

Böckel, Markus, Instrumente der Einpassung neuen Rechts in die Rechtsordnung, Berlin 1993

Böckenförde, Ernst-Wolfgang, Der Fall Küng und das Staatskirchenrecht, NJW 1981, S. 2101–2103

–, Elternrecht – Recht des Kindes – Recht des Staates. Zur Theorie des verfassungsrechtlichen Elternrechts und seiner Auswirkung auf Erziehung und Schule, in: Essener Gespräche Band 14, Münster 1980, S. 54–89

–, Kreuze (Kruzifixe) in Gerichtssälen? Zum Verhältnis von staatlicher Selbstdarstellung und religiös-weltanschaulicher Neutralität des Staates, ZevKR 20 (1975), S. 119–147

–, Staat, Gesellschaft, Freiheit. Studien zur Staatstheorie und zum Verfassungsrecht, Frankfurt a.M. 1976

–, Zum Ende des Schulgebetsstreits, DÖV 1980, S. 323–327 und 515

Bonner Kommentar zum Grundgesetz, Hrsg.: Rudolf Dolzer, Loseblattslg., gegr. 1950, Stand: 83. Lieferung / Januar 1998, Heidelberg 1998

Bothe, Michael, Erziehungsauftrag und Erziehungsmaßstab der Schule im freiheitlichen Verfassungsstaat, VVDStRL 54 (1995), S. 7–46

–, Völkerrecht und Bundesstaat. Gedanken zu einem juristischen Gegenverkehr, in: Völkerrecht als Rechtsordnung. Internationale Gerichtsbarkeit. Menschenrechte. Festschrift für Hermann Mosler, Hrsg.: Bernhardt, Geck, Jaenicke, Steinberger, Berlin, Heidelberg, New York 1983, S. 111–143

Brauns, Hans-Jochen, Staatsleistungen an die Kirchen und ihre Ablösung, Berlin 1970

Buergenthal, Thomas / Doehring, Karl / Kokott, Juliane / Maier, Harold, Grundzüge des Völkerrechts, Heidelberg 1988

Burger, Guido, Der Vertrag zwischen dem Heiligen Stuhl und dem Freistaat Sachsen vom 2.7.1996, LKV 1997, S. 317–319

Busch, Eckart / Werner, Sascha, Der Buß- und Bettag: Umstrittener Spielball zur Erreichung sozialpolitischer Ziele, DÖV 1998, S. 680–685

Busch, Wolfgang, Die Vermögensverwaltung und das Stiftungsrecht im Bereich der katholischen Kirche, in: HdbStKirchR, Band 1, 2. Auflage, Hrsg.: Joseph Listl und Dietrich Pirson, Berlin 1994, S. 947–1008

Buske, Norbert, Zur verfassungsrechtlichen Einbettung des Evangelischen Kirchenvertrages, ein Vorwort, in: Vertrag zwischen dem Land Mecklenburg-Vorpommern und der Evangelisch-Lutherischen Landeskirche Mecklenburgs und der Pommerschen Evangelischen Kirche. Die Unterzeichnung des Vertrages in Güstrow, 20. Januar 1994, Hrsg.: Norbert Buske, Schwerin 1995, S. 5–10

von Busse, Franz-Georg, Gemeinsame Angelegenheiten von Staat und Kirche. Religionsunterricht – Kirchensteuer – Anstaltsseelsorge – Friedhofswesen – Theologische Fakultäten / Fachbereiche nach der Bayerischen Verfassung, München 1978

von Campenhausen, Axel Freiherr, Kirche – Staat: Trennung und Kooperation, Die neue Ordnung 1997, S. 4–16

–, Zur Kruzifix-Entscheidung des Bundesverfassungsgerichts, AöR 121 (1996), S. 448–464

–, Besprechung von: Gerhard Czermak, Staat und Weltanschauung, Berlin – Aschaffenburg 1993, ZevKR 39 (1994), S. 370–375

–, Der Güstrower Vertrag – Ein Schritt zur Normalisierung des Verhältnisses von Staat und Kirche, in: LKV 1995, S. 233–236

–, Der heutige Verfassungsstaat und die Religion, in: HdbStKirchR, Band 1, 2. Auflage, Hrsg.: Joseph Listl und Dietrich Pirson, Berlin 1994, S. 47–84

–, Erziehungsauftrag und staatliche Schulträgerschaft. Die staatliche Verantwortung für die Schule, Göttingen 1967

–, Münchener Gutachten. Kirchenrechtliche Gutachten in den Jahren 1970–1980 erstattet vom Kirchenrechtlichen Institut der Evangelischen Kirche in Deutschland, Jus ecclesiasticum Band 30, Tübingen 1983

–, Neue Religionen im Abendland. Staatskirchenrechtliche Probleme der Muslime, der Jugendsekten und der sogenannten destruktiven religiösen Gruppen, ZevKR 25 (1980), S. 135–172

–, Rechtsprobleme der Berufung von Theologieprofessoren an staatlichen Fakultäten, in: Iuri Canonico promovendo. Festschrift für Heribert Schmitz, Hrsg.: Winfried Aymans und Karl-Theodor Geringer unter Mitwirkung von Peter Krämer und Ilona Riedel-Spangenberger, Regensburg 1994, S. 441–454

–, Rechtsprobleme der Theologischen Prüfung, in: Wege und Verfahren des Verfassungslebens. Festschrift für Peter Lerche, Hrsg.: Peter Badura und Rupert Scholz, München 1993, S. 180–187

–, Staatskirchenrecht in den neuen Bundesländern, in: HStR IX, § 207

–, Trennung und Kooperation. Das deutsche Modell des Verhältnisses von Staat und Kirche, Die neue Ordnung 51 (1997), S. 4–16

–, Vier neue Staatskirchenverträge in vier neuen Ländern, in: NVwZ 1995, S. 757–762

–/*Christoph, Joachim E.*, Ausbildungsrechte und -pflichten der Kirche für Absolventen des Theologiestudiums, DVBl. 1986, S. 711–715

–, Zur Konfessionalität einer Theologischen Fakultät, ZevKR 41 (1996), S. 159–171

Christoph, Joachim E., Besprechung von Gaedke, Jürgen, Handbuch des Friedhofs- und Bestattungrechts, 6. Aufl., Köln u.a. 1992, in: ZevKR 38 (1993), S. 123–126

–, Kirchenjuristentagung 1993. Bericht, ZevKR 38 (1993), S. 316–323

–, Kirchliche Rechtsetzung im diakonischen Bereich, ZevKR 34 (1989), S. 406–435

Clement, Wolfgang, Politische Dimension und Praxis der staatlichen Förderung der Kirche, Essener Gespräche, Band 28 (1993), Münster 1994, S. 41–57

Cremer, Wolfram / Kelm, Torsten, Mitgliedschaft in sog. „Neuen Religions- und Weltanschauungsgemeinschaften“ und Zugang zum öffentlichen Dienst, NJW 1997, S. 832–837

Cremers, Annelie, Staat und Kirche im Militärseelsorgevertrag von 1957, Diss. jur. Freiburg 1973

Czermak, Gerhard, Grundsätzliche Anmerkungen zum Evangelischen Kirchenvertrag des Landes Mecklenburg-Vorpommern vom 29.1.1994, Manuskript, Friedberg 1994

–, Staat und Weltanschauung, Berlin – Aschaffenburg 1993

Dahl-Keller, Ulrike Marga, Der Treueid der Bischöfe gegenüber dem Staat. Geschichtliche Entwicklung und gegenwärtige staatskirchenrechtliche Bedeutung, Staatskirchenrechtliche Abhandlungen 23, Berlin 1994

Degenhart, Christoph, Vertragliche Bindungen der Gemeinden im Verfahren der Bauleitplanung, BayVBl. 1979, S. 289–297

Dehnen, Dietrich / Winterhoff, Klaus, Der Düsseldorfer Vertrag, ZevKR 30 (1985), S. 29–46

Denninger, Erhard, Staatliche Hilfe zur Grundrechtsausübung durch Verfahren, Organisation und Finanzierung, in: HStR V, § 113

Depenbrock, Johannes, Fortgeltung der Staatskirchenverträge in den neuen Bundesländern unter besonderer Berücksichtigung der Verträge mit den evangelischen Landeskirchen, in: ZevKR 38 (1993), S. 413–429

–, Fortgeltung des Reichskonkordats und des Preußenkonkordats in den neuen Bundesländern, in: NVwZ 1992, S. 736–740

Depenheuer, Otto, Finanzierung und Organisation kirchlicher Krankenhäuser, in: HdbStKirchR, Band 2, 2. Auflage, Hrsg.: Joseph Listl und Dietrich Pirson, Berlin 1995, S. 757–787

Di Fabio, Udo, Vertrag statt Gesetz – Gesetzesvertretende und gesetzesausfüllende Verwaltungsverträge im Natur- und Landschaftsschutz, DVBl. 1990, S. 338–346

Dietlein, Johannes, Die Lehre von den grundrechtlichen Schutzpflichten, Berlin 1992

Dittmann, Armin, Erziehungsauftrag und Erziehungsmaßstab der Schule im freiheitlichen Verfassungsstaat, VVDStRL 54 (1995), S. 47–74

Dreier, Horst, Dimensionen der Grundrechte. Von der Wertordnungsjudikatur zu den objektiv-rechtlichen Grundrechtsgehalten, Hannover 1993

–, (Hrsg.), Grundgesetz. Kommentar, Band I: Artikel 1–19, Tübingen 1996

Ebsen, Ingwer, Der Bauplanungsgarantievertrag – ein neues Mittel vertraglicher Bindung der Gemeinde bei der Bauleitplanung?, JZ 1985, S. 57–63

Efstratiou, Pavlos-Michael, Die Bestandskraft des öffentlichrechtlichen Vertrags. Eine rechtsvergleichende Untersuchung zum griechischen, französischen und insbesondere deutschen Verwaltungsvertragsrecht, Berlin 1988

Ehlers, Dirk, Besprechung von: Heribert Franz Köck, Rechtliche und politische Aspekte von Konkordaten, Schriften zum Öffentlichen Recht, Bd. 444, Berlin 1983, in: ZevKR 38 (1993), S. 369f.

–, Die gemeinsamen Angelegenheiten von Staat und Kirche, ZevKR 32 (1987), S. 158–185

–, Rechts- und Amtshilfe, in: HdbStKirchR, Band 2, 2. Auflage, Hrsg.: Joseph Listl und Dietrich Pirson, Berlin 1995, S. 1117–1138

Eick-Wildgans, Susanne, Anstaltsseelsorge, in: HdbStKirchR, Band 2, 2. Auflage, Hrsg.: Joseph Listl und Dietrich Pirson, Berlin 1995, S. 995–1016

–, Anstaltsseelsorge. Möglichkeiten und Grenzen des Zusammenwirkens von Staat und Kirche im Strafvollzug, Staatskirchenrechtliche Abhandlungen 22, Berlin 1993

Engelhardt, Hanns, Bestattungswesen und Friedhofsrecht, in: HdbStKirchR, Band 2, 2. Auflage, Hrsg.: Joseph Listl und Dietrich Pirson, Berlin 1995, S. 105–127

–, Die Kirchensteuer in den neuen Bundesländern, Köln 1991

–, Die Vereinbarungen des ungarischen Staates mit den Kirchen, in: Verantwortlichkeit und Freiheit – Die Verfassung als wertbestimmte Ordnung. Festschrift für Willi Geiger zum 80. Geburtstag, Hrsg.: Hans Joachim Faller, Paul Kirchhof und Ernst Träger, Tübingen 1989, S. 722–744

–, Institutum, quod naturalis ratio suadet. Schiedsgerichtsbarkeit im Kirchenrecht, in: Festschrift für Ottoarndt Glossner, Hrsg.: Alain Plantey, Karl-Heinz Böckstiegel, Jens Bredow, Heidelberg 1994, S. 95–117

Ennuschat, Jörg, „Gott" und Grundgesetz. Zur Bedeutung der Präambel für das Verhältnis des Staates zu Religion und Religionsgemeinschaften, NJW 1998, S. 953–957

–, Militärseelsorge. Verfassungs- und beamtenrechtliche Fragen der Kooperation von Staat und Kirche, Staatskirchenrechtliche Abhandlungen Band 27, Berlin 1995
–, Sollen Militärgeistliche Staats- oder Kirchenbeamte sein? Verfassungs-, völker- und beamtenrechtliche Aspekte, ZevKR 41 (1996), S. 419–435
Eser, Albin, Schutz von Religion und Kirchen im Strafrecht und im Verfahrensrecht, in: HdbStKirchR, Band 2, 2. Auflage, Hrsg.: Joseph Listl und Dietrich Pirson, Berlin 1995, S. 1019–1045
Evers, Hans-Ulrich, Kulturauftrag im staatlichen Gemeinwesen, NJW 1983, S. 2161–2167
Fastenrath, Ulrich, Kompetenzverteilung im Bereich der auswärtigen Gewalt, München 1986
Fischer, Erwin, Trennung von Staat und Kirche. Die Gefährdung der Religions- und Weltanschauungsfreiheit in der Bundesrepublik Deutschland, 3. Aufl., Frankfurt a.M. 1984
–, Volkskirche ade. Trennung von Staat und Kirche. Die Gefährdung der Religions- und Weltanschauungsfreiheit in der Bundesrepublik Deutschland, 4. Aufl., Berlin – Aschaffenburg 1993
Fischer, Peter / Köck, Heribert Franz, Allgemeines Völkerrecht, 4. Aufl. 1994
Forsthoff, Ernst, Lehrbuch des Verwaltungsrechts, Allgemeiner Teil, 10. Aufl., München 1973
Franzke, Hans-Georg, Verfassungsrechtliche Zulässigkeit ständiger diplomatischer Vertretungen deutscher Bundesländer beim Hl. Stuhl, NWVBl. 1992, S. 345–347
Frisch, Michael, Die theologischen Fakultäten in den Staatskirchenverträgen der neuen Bundesländer, in DÖV 1995, S. 636–639
Frowein, Jochen Abr., Besprechung von: Alexander Hollerbach, Verträge zwischen Staat und Kirche in der Bundesrepublik Deutschland, Frankfurt a.M. 1965, in: ZaÖRV 26 (1966), S. 184–187
–, Der Eingliederungsvertrag im Völkerrecht und im Staatsrecht, ZaÖRV 30 (1970), S. 1–17
–, Die Bindung des Gesetzgebers an Verträge, in: Festschrift für Werner Flume, Hrsg.: Horst Heinrich Jakobs, Brigitte Knobbe-Keuk, Eduard Picker und Jan Wilhelm in Gemeinschaft mit Kurt Ballerstedt und F.A. Mann, Köln 1978, Band 1, S. 301–314
–, Übernationale Menschenrechtsgewährleistungen und nationale Staatsgewalt, in: HStR VI, § 180
Fuchs, Claudio, Thüringer Staatskirchenrecht, ThürVBl. 1995, S. 145–150
Gaedke, Jürgen, Handbuch des Friedhofs- und Bestattungsrechts, 6. Aufl., Köln, Berlin, Bonn, München 1992
Geiger, Willi, Artikel: „Verträge, allgemeines“, in: Lexikon des Rechts – Völkerrecht, 2. Aufl., Hrsg.: Ignaz Seidel-Hohenveldern, Neuwied, Kriftel, Berlin 1992, S. 356–363
Geis, Max-Emanuel, Geheime Offenbarung oder Offenbarungseid, RdJB 1995, S. 373–386
–, Kulturstaat und kulturelle Freiheit, Baden-Baden 1990
Goerlich, Helmut, Art. 141 GG als zukunftsgerichtete Garantie der neuen Länder und die weltanschauliche Neutralität des Bundes, NVwZ 1998, S. 819–822
–, Besprechung von: Handbuch des Staatskirchenrechts der Bundesrepublik Deutschland, Band 1, 2. Auflage, Hrsg.: Joseph Listl und Dietrich Pirson, Berlin 1994, in: SächsVBl. 1996, S. 50f.
Götz, Volkmar, Bundesverfassungsgericht und Vertrauensschutz, in: Bundesverfassungsgericht und Grundgesetz. Festgabe aus Anlaß des 25-jährigen Bestehens des Bundesverfassungsgerichts, Hrsg.: Christian Starck, Tübingen 1976, Band 2, S. 421–452
Grewe, Wilhelm, Auswärtige Gewalt, in: HStR III, § 77
Grimm, Dieter, Kulturauftrag im staatlichen Gemeinwesen, VVDStRL 42 (1984), S. 46–82
Grundmann, Siegfried, Artikel: „Vertragskirchenrecht“, in: EvStL, Begr.: Hermann Kunst und Siegfried Grundmann, 2. Aufl., Sp. 2757–2766

–, Staat und Kirche in Bayern, BayVBl. 1962, S. 33–39

Häberle, Peter, „Gott" im Verfassungsstaat?, in: Festschrift für Wolfgang Zeidler, Band 1, Hrsg.: Walther Fürst, Roman Herzog und Dieter C. Umbach, Berlin und New York 1987, S. 3–17

–, Besprechung von: Hans-Jochen Brauns, Staatsleistungen an die Kirchen und ihre Ablösung, Berlin 1970, in: AöR 97 (1972), S. 325–328

–, Der Sonntag als Verfassungsprinzip, Berlin 1988

–, Die Verfassungsbewegung in den fünf neuen Bundesländern, in: JöR N.F. Bd. 41 (1993), S. 69–92

–, Feiertagsgarantien als kulturelle Identitätselemente des Verfassungsstaates, Berlin 1987

–, Verfassungsstaatliche Staatsaufgabenlehre, AöR 111 (1986), S. 595–611

–, Grundrechte im Leistungsstaat, VVDStRL 30 (1972), S. 44–141

Haedrich, Martina, Die Neuordnung der evangelischen Militärseelsorge im wiedervereinigten Deutschland, LKV 97, S. 85–87

Hammer, Felix, Die geschichtliche Entwicklung des Denkmalrechts in Deutschland, Jus ecclesiasticum Band 51, Tübingen 1995

Hammer, Gerhard, Steuer- und Gebührenbefreiungen der Kirchen, in: HdbStKirchR, Band 1, 2. Auflage, Hrsg.: Joseph Listl und Dietrich Pirson, Berlin 1994, S. 1065–1099

Harder, Jürgen, Die katholischen und evangelischen Staatspatronate in Deutschland, ArchKathKR 127 (1955), S. 6–88 und 313–396

Hartel, Konrad, Verträge zwischen der katholischen Kirche und den neuen Bundesländern. Stand – Tendenzen – Entwicklungen – Probleme, in: Neue Verträge zwischen Kirche und Staat. Die Entwicklung in Deutschland und Polen, Hrsg.: Richard Puza und Abraham Peter Kustermann, Freiburg / Schweiz 1996, S. 57–77

Heckel, Johannes, Kirchengut und Staatsgewalt. Ein Beitrag zur Geschichte und Ordnung des heutigen gesamtdeutschen Staatskirchenrechts, in: Rechtsprobleme in Staat und Kirche. Festschrift für Rudolf Smend, Hrsg.: E. Kaufmann, U. Scheuner, W. Weber, 1952, S. 103–143

Heckel, Martin, „In Verantwortung vor Gott und den Menschen ..." – Staatskirchenrecht und Kulturverfassung des Grundgesetzes 1949–1989, in: 40 Jahre Bundesrepublik Deutschland. 40 Jahre Rechtsentwicklung. Ringvorlesung der Juristischen Fakultät der Universität Tübingen 1989, Hrsg.: Knut Wolfgang Nörr, Tübingen 1990, S. 1–27

–, Art. 3 III GG. Aspekte des Besonderen Gleichheitssatzes, in: Das akzeptierte Grundgesetz. Festschrift für Günter Dürig, Hrsg.: Hartmut Maurer, München 1990, S. 241–267

–, Das Kreuz im öffentlichen Raum. Zum „Kruzifix-Beschluß" des Bundesverfassungsgerichts, DVBl. 1996, S. 753–782

–, Das Verhältnis von Kirche und Staat nach dem evangelischen Verständnis, in: HdbStKirchR, Band 1, 2. Auflage, Hrsg.: Joseph Listl und Dietrich Pirson, Berlin 1994, S. 157–208

–, Die Kirchen unter dem Grundgesetz, VVDStRL 26 (1968), S. 5–56

–, Die staatliche Gerichtsbarkeit in Sachen der Religionsgemeinschaften, in: Wege und Verfahren des Verfassungslebens. Festschrift für Peter Lerche, Hrsg.: Peter Badura und Rupert Scholz, München 1993, S. 213–237

–, Die theologischen Fakultäten im weltlichen Verfassungsstaat, Jus ecclesiasticum, Bd. 31, Tübingen 1986

–, Gesammelte Schriften. Staat, Kirche, Recht, Geschichte, Hrsg.: Klaus Schlaich, 2 Bände, Jus ecclesiasticum Band 38, Tübingen 1989

–, Gleichheit oder Privilegien? Der Allgemeine und der Besondere Gleichheitssatz im Staatskirchenrecht, Jus ecclesiasticum Bd. 47, Tübingen 1993

–, Kulturkampfaspekte. Der Kulturkampf als Lehrstück modernen Staatskirchenrechts, in: Staat, Kirche, Wissenschaft in einer pluralistischen Gesellschaft. Festschrift für Paul Mikat, Hrsg.: Dieter Schwab, Dieter Giesen, Joseph Listl, Hans Wolfgang Strätz, Berlin 1989, S. 545–563

–, Staat – Kirche – Kunst. Rechtsfragen kirchlicher Kulturdenkmäler. Tübingen 1968
–, Zur Ordnungsproblematik des Staatskirchenrechts im säkularen Kultur- und Sozialstaat, JZ 1994, S. 425–431
Heidenstecker-Menke, Karin, Die Bestandsgarantie völkerrechtlicher Verträge im österreichischen und deutschen Recht. Eine rechtsvergleichende Untersuchung, Berlin 1987
Heitmann, Steffen, Der Evangelische Kirchenvertrag Sachsen aus der Sicht der Verwaltung, in: LKV 1995, S. 93–97
–, Der Katholische Kirchenvertrag Sachsen, NJW 1997, S. 1420–1424
–, Die Entwicklung von Staat und Kirche aus der Sicht der „neuen" Länder, ZevKR 39 (1994), S. 402–417
Herdegen, Matthias, Strukturen und Institute des Verfassungsrechts der Länder, in: HStR IV, § 97
Herzog, Roman, Die Berliner Vereinbarung zwischen Staat und Kirchen, ZevKR 16 (1971), S. 268–286
Hesse, Konrad, Das Selbstbestimmungsrecht der Kirchen und Religionsgemeinschaften, in: HdbStKirchR, Band 1, 2. Auflage, Hrsg.: Joseph Listl und Dietrich Pirson, Berlin 1994, S. 521–559
–, Die Entwicklung des Staatskirchenrechts seit 1945, JöR N.F. 10 (1961), S. 3–121
–, Grundzüge des Verfassungsrechts der Bundesrepublik Deutschland, 20. Aufl., Heidelberg 1995
von Heyl, Ulrich Freiherr, Zum Körperschaftsstatus der Bekenntnisgemeinschaften in den neuen Bundesländern, LKV 1994, S. 139
Hierold, Alfred E., Militärseelsorge, in: HdbKathKR, Regensburg 1983, Hrsg.: Joseph Listl, Hubert Müller, Heribert Schmitz, § 52, S. 447–453
Hilf, Meinhard, Artikel „Internationales Vertragsrecht", in: Staatslexikon: Recht, Wirtschaft, Gesellschaft, Hrsg.: Görres-Gesellschaft, 7. Aufl., Band III, Freiburg im Breisgau, Basel, Wien, 1987, Sp. 173–176
Hintze, Peter, Christlicher Glaube und politisches Handeln, in: Festschrift für Hans-Martin Pawlowski zum 65. Geburtstag, Hrsg.: Stefan Smid und Norbert Fehl, Berlin 1997, S. 43–58
Höch, Thomas, Der Einigungsvertrag zwischen völkerrechtlichem Vertrag und nationalem Gesetz. Untersuchungen zur Bestandskraft des Vertrages über die Herstellung der Einheit Deutschlands, Berlin 1995
Hoeren, Thomas, Kirchen und Datenschutz. Kanonistische und staatskirchenrechtliche Probleme der automatisierten Datenverarbeitung, Essen 1986
Hollerbach, Alexander, „Der Staat ist kein Neutrum". Ein Gespräch zum Kruzifix-Urteil mit dem Staatskirchenrechtler Alexander Hollerbach, in: HK 1995, S. 536–541
–, Artikel „Staatskirchenverträge", in: Staatslexikon: Recht, Wirtschaft, Gesellschaft, Hrsg.: Görres-Gesellschaft, 7. Aufl., Band V, Freiburg im Breisgau, Basel, Wien, 1989, Sp. 186–188
–, Besprechung von: Joseph Listl (Hrsg.), Die Konkordate und Kirchenverträge in der Bundesrepublik Deutschland, Berlin 1987, in: DÖV 1989, S. 177f.
–, Das Staatskirchenrecht in der Rechtsprechung des Bundesverfassungsgerichts (II), AöR 106 (1981), S. 218–283
–, Der verfassungsrechtliche Schutz kirchlicher Organisation, in: HStR VI, § 139
–, Die Kirchen unter dem Grundgesetz, VVDStRL 26 (1968), S. 49–106
–, Die neuere Entwicklung des Konkordatsrechts, JöR n.F. 17 (1968), S. 117–163
–, Die theologischen Fakultäten und ihr Lehrpersonal im Beziehungsgefüge von Staat und Kirche, Essener Gespräche, Band 16 (1981), Münster 1982, S. 69–102
–, Die vertragsrechtlichen Grundlagen des Staatskirchenrechts, in: HdbStKirchR, Band 1, 2. Auflage, Hrsg.: Joseph Listl und Dietrich Pirson, Berlin 1994, S. 253–287
–, Entscheidungsanmerkung, JZ 1965, S. 612–615
–, Europa und das Staatskirchenrecht, ZevKR 35 (1990), S. 250–283

–, Grundlagen des Staatskirchenrechts, in: HStR VI, § 138
–, Streiflichter zur Entstehungsgeschichte der Badischen Staatskirchenverträge von 1932. Aus Anlaß eines Briefwechsels zwischen Ulrich Stutz und Eugen Baumgartner, ZRG Kan. Abt. 92 (1975), S. 324–347
–, Theologische Fakultäten und staatliche Pädagogische Hochschulen, in: HdbStKirchR, Band 2, 2. Auflage, Hrsg.: Joseph Listl und Dietrich Pirson, Berlin 1995, S. 549–599
–, Verträge zwischen Staat und Kirche in der Bundesrepublik Deutschland, Frankfurt a.M. 1965
–, Vertragsstaatskirchenrecht als Instrument im Prozeß der deutschen Wiedervereinigung, KuR-120, S. 1–12
–, Zur Problematik des staatlichen Treueides, in: Rechtsstaat, Kirche, Sinnverantwortung. Festschrift für Klaus Obermayer, Hrsg.: R. Bartlsperger, D. Ehlers, W. Hofmann und D. Pirson, München 1986, S. 193–201
Hopfauf, Axel, Die Ernennung von Bischöfen nach dem Preußischen Konkordat – Anmerkungen zur Kölner Bischofswahl, NJW 1989, S. 1263–1266
Huber, Ernst Rudolf, Deutsche Verfassungsgeschichte seit 1789, Band VI: Die Weimarer Reichsverfassung, Stuttgart, Berlin, Köln 1981, Rev. Nachdruck 1993
–, Verträge zwischen Staat und Kirche im Deutschen Reich, Breslau 1930
Huber, Wolfgang, Lehrbeanstandung in der Kirche der Lehrfreiheit, in: Das Recht der Kirche, Bd. III: Zur Praxis des Kirchenrechts, Hrsg.: Gerhard Rau, Hans-Richard Reuter, Klaus Schlaich, Gütersloh 1994, S. 118–137
–, Kirche und Öffentlichkeit, 1973, 2. Aufl., München 1991
Hufen, Friedhelm, Entscheidungsanmerkung, in: RdJB 1989, S. 343–345
–, Verwaltungsprozeßrecht, 2. Aufl., München 1996
Huster, Stefan, Rechte und Ziele. Zur Dogmatik des allgemeinen Gleichheitsgrundsatzes, Berlin 1993
Ipsen, Hans Peter, Subventionen, in: HStR IV, § 92
Ipsen, Knut, Völkerrecht, 3. Aufl., München 1990
Isensee, Josef, Bildersturm durch Grundrechtsinterpretation, ZRP 1996, S. 10–15
–, Die karitative Betätigung der Kirchen und der Verfassungsstaat, in: HdbStKirchR, Band 2, 2. Auflage, Hrsg.: Joseph Listl und Dietrich Pirson, Berlin 1995, S. 665–756
–, Gemeinwohl und Bürgersinn im Steuerstaat des Grundgesetzes. Gemeinnützigkeit als Bewährungsprobe des Steuerrechts vor der Verfassung, in: Das akzeptierte Grundgesetz. Festschrift für Günter Dürig, Hrsg.: Hartmut Maurer, München 1990, S. 33–65
–, Grundrechtsvoraussetzungen und Verfassungserwartungen an die Grundrechtsausübung, in: HStR V, § 115
–, Gemeinwohl und Staatsaufgaben im Verfassungsstaat, in: HStR III, § 57
–, Idee und Gestalt des Föderalismus im Grundgesetz, in: HStR IV, § 98
–, Staatsleistungen an die Kirchen und Religionsgemeinschaften, in: HdbStKirchR, Band 1, 2. Auflage, Hrsg.: Joseph Listl und Dietrich Pirson, Berlin 1994, S. 1009–1063
–, Verfassungsstaatliche Erwartungen an die Kirche, Essener Gespräche, Band 25 (1990), Münster 1991, S. 104–146
Jarass, Hans D. / Pieroth, Bodo, Grundgesetz für die Bundesrepublik Deutschland. Kommentar, 7. Aufl., München 1997
Jestaedt, Matthias, Das Kreuz unter dem Grundgesetz. Möglichkeiten und Grenzen für die Anbringung von Kreuzen in Unterrichtsräumen staatlicher Pflichtschulen, Österr. Journal für Rechtspolitik 1995, S. 237–262
Johnsen, Hartmut, Die Evangelischen Kirchenverträge in den neuen Bundesländern – ihr Zustandekommen und ihre praktische Anwendung. Ein Werkstattbericht unter besonderer Berücksichtigung des Wittenberger Kirchenvertrages von 1993, ZevKR 43 (1998), S. 182–222
Kaiser, Joseph H., Vergleichung im öffentlichen Recht – Einleitung, ZaöRV 24 (1964), S. 391–404

Kästner, Karl-Hermann, Buchanzeige von: Rainer Mainusch, Die öffentlichen Sachen der Religions- und Weltanschauungsgemeinschaften: Begründung und Konsequenzen ihres verfassungsrechtlichen Status, Tübingen 1995, in: AöR 123 (1998), S. 333–335

–, „Säkulare" Staatlichkeit und religionsrechtliche Ordnung in der Bundesrepublik Deutschland, ZevKR 34 (1989), S. 260–286

–, Das Grundrecht auf Religions- und Weltanschauungsfreiheit in der neueren höchstrichterlichen Rechtsprechung, AöR 123 (1998), S. 408–443

–, Der Sonntag und die kirchlichen Feiertage, in: HdbStKirchR, Band 2, 2. Auflage, Hrsg.: Joseph Listl und Dietrich Pirson, Berlin 1995, S. 337–368

–, Die Entwicklung des Staatskirchenrechts seit 1961, in: JöR N.F. Bd. 27 (1978), S. 239–296

–, Die Geltung von Grundrechten in kirchlichen Angelegenheiten, JuS 1977, S. 715–721

–, Die Verfassungsgarantie des kirchlichen Vermögens, in: HdbStKirchR, Band 1, 2. Auflage, Hrsg.: Joseph Listl und Dietrich Pirson, Berlin 1994, S. 891–906

–, Hypertrophie des Grundrechts auf Religionsfreiheit. Über das Verhältnis der Religions- und Weltanschauungsfreiheit zum Geltungsanspruch des allgemeinen Rechts, JZ 1998, S. 974–982

–, Lernen unter dem Kreuz? Zur Zulässigkeit religiöser Symbole in staatlichen Schulen nach der Entscheidung des Bundesverfassungsgerichts vom 16. Mai 1995, ZevKR 41 (1996), S. 241–272

–, Religiöse Bildung und Erziehung in der öffentlichen Schule – Grundlagen und Tragweite der Verfassungsgarantie staatlichen Religionsunterrichts, in: Essener Gespräche, Band 32 (1997), Münster 1998, S. 61–96

–, Sonn- und Feiertage zwischen Kultus, Kultur und Kommerz – Rechtsgrundlagen des geltenden Schutzes von Sonn- und Feiertagen, DÖV 1994, S. 464–472

–, Staat und Kirche – heute, Die Verwaltung 10 (1977), S. 67–82

–, Zur Verfassungsmäßigkeit feiertagsrechtlicher Konsequenzen der Pflegeversicherung, ZevKR 41 (1996), S. 272–312

–, Staatliche Justizhoheit und religiöse Freiheit. Über die Frage nach der staatlichen Kompetenz zur Rechtsschutzgewährung im Wirkungsbereich der Kirchen und Religionsgemeinschaften, Jus ecclesiasticum Bd. 41, Tübingen 1991

Kewenig, Wilhelm, Das Grundgesetz und die staatliche Förderung der Religionsgemeinschaften, Essener Gespräche, Band 28 (1971), Münster 1972, S. 9–35

Kimminich, Otto, Die internationalen Beziehungen der Kirchen und das Recht auf freien Verkehr, in: HdbStKirchR, Band 2, 2. Auflage, Hrsg.: Joseph Listl und Dietrich Pirson, Berlin 1995, S. 217–250

Kirchhof, Paul, Der Schutz von Ehe und Familie in der Gegenwart, KuR-570, S. 11–19

–, Die Kirchen und Religionsgemeinschaften als Körperschaften des öffentlichen Rechts, in: HdbStKirchR, Band 1, 2. Auflage, Hrsg.: Joseph Listl und Dietrich Pirson, Berlin 1994, S. 651–687

–, Die kulturellen Voraussetzungen der Freiheit: verfassungsrechtliche Überlegungen zur Wirtschaftsfreiheit, zur Forschungsfreiheit und zur Willensbildung in einer Demokratie, Heidelberg 1995

Kisker, Gunter, Vertrauensschutz im Verwaltungsrecht, in: VVDStRL 32, S. 149–193

Klein, Eckart, Der Einigungsvertrag – Verfassungsprobleme und -aufträge –, DÖV 1991, S. 569–578

Klein, Harald, Funktionell- und verfahrensrechtliche Probleme der Rechtssatzverfassungsbeschwerde, in: Festschrift für Wolfgang Zeidler, Band 2, Hrsg.: Walther Fürst, Roman Herzog und Dieter C. Umbach, Berlin und New York 1987, S. 1325–1342

Klein, Hans Hugo, Die Grundrechte im demokratischen Staat, Stuttgart 1972

Kleine, Markus, Institutionalisierte Verfassungswidrigkeiten im Verhältnis von Staat und Kirchen unter dem Grundgesetz. Ein Beitrag zur juristischen Methode im Staatskirchenrecht, Baden-Baden 1993

Klose, Hans-Ulrich, Die Rechtsbeziehungen zwischen dem Staat und den Evangelischen Landeskirchen in Hessen unter besonderer Berücksichtigung des Hessischen Kirchenvertrages vom 18. Februar 1960, Berlin 1966

Köbler, Ralf, Die „clausula rebus sic stantibus" als allgemeiner Rechtsgrundsatz, Tübingen 1991

Köck, Heribert Franz, Artikel „Heiliger Stuhl", in: Staatslexikon: Recht, Wirtschaft, Gesellschaft, Hrsg.: Görres-Gesellschaft, 7. Aufl., Band II, Freiburg im Breisgau, Basel, Wien, 1986, Sp. 1229–1232

–, Rechtliche und politische Aspekte von Konkordaten, Schriften zum Öffentlichen Recht, Bd. 444, Berlin 1983

Kölble, Josef, Verwaltungsabkommen zwischen Bund und Ländern, DÖV 1960, S. 650–661

Koltzenburg, Wilfried, Vereinbarungen zwischen Staat und Kirche in der ehemaligen DDR zur diakonischen Arbeit, ZevKR 38 (1993), S. 429–452

Kopp, Ferdinand O., Zur Geltungsgrundlage der Staatsverträge zwischen den Ländern, JZ 1970, S. 278–281

Kremer, Bernd Matthias, Denkmalschutz und Denkmalpflege im Bereich der Kirchen, in: HdbStKirchR, Band 2, 2. Auflage, Hrsg.: Joseph Listl und Dietrich Pirson, Berlin 1995, S. 77–103

Kremser, Holger, Der Rechtsstatus der evangelischen Kirchen in der DDR und die neue Einheit der EKD, Jus Ecclesiasticum Bd. 46, Tübingen 1993

–, Der Weg der Kirchen / Religionsgemeinschaften von der sozialistischen DDR in das vereinigte Deutschland, JöR N.F. 40 (1991 / 92), S. 501–536

Kriewitz, Jörg, Selbstbestimmungsrecht der katholischen Kirche, NVwZ 1995, S. 767–769

–, Die Errichtung theologischer Hochschuleinrichtungen durch den Staat, Jus ecclesiasticum Bd. 42, Tübingen 1992

Kruk, Volkmar, Die rechtlichen Probleme der Militärseelsorge, NZWehrr 1997, S. 1–24

Kühne, Jörg-Detlef, Ehrfurchtsgebot und säkularer Staat – verfassungswidriges Landesverfassungsrecht?, NWVBl. 1991, S. 253–259

–, Neue Länder – neue Erziehungsziele?, RdJB 1994, S. 39–49

Kunig, Philip / Uerpmann, Robert, Zum Verlust des Status einer Körperschaft des öffentlichen Rechts am Beispiel der altkorporierten jüdischen Religionsgemeinschaft Adass Jisroel, DVBl. 1997, S. 248–253

Lachs, Manfred, Pacta sunt servanda, Encyclopedia of Public International Law, Hrsg.: Rudolf Bernhardt, Bd. 7, S. 364–371

Landau, Peter, Das Gewohnheitsrecht im Staatskirchenrecht, in: HdbStKirchR, Band 1, 2. Auflage, Hrsg.: Joseph Listl und Dietrich Pirson, Berlin 1994, S. 333–343

Langenfeld, Gerrit, Vertragsgestaltung. Methode-Verfahren-Vertragstypen, München 1991

Laubinger, Hans-Werner, Asyl und „kleines Asyl" – Über das Verhältnis von Asylverfahrensgesetz und Ausländergesetz sowie zu dem Grundsatz lex posterior derogat legi priori –, VerwArch 76 (1985), S. 201–216

Lecheler, Helmut, Die Rolle des Staates bei der Sicherung der Wissenschaftsfreiheit in der Theologie, NJW 1997, S. 439–442

–, Kirchen und staatliches Schulsystem, in: HdbStKirchR, Band 2, 2. Auflage, Hrsg.: Joseph Listl und Dietrich Pirson, Berlin 1995, S. 415–437

Leisner, Walter, Das Gesetzesvertrauen des Bürgers. Zur Theorie der Rechtsstaatlichkeit und der Rückwirkung der Gesetze, in: Festschrift für Friedrich Berber, Hrsg.: Dieter Blumenwitz und Albrecht Randelzhofer, München 1973, S. 273–297

Lenz, Gisela, Die Rechtsbeziehungen zwischen dem Land Hessen und der katholischen Kirche unter besonderer Berücksichtigung der Bistumsverträge vom 9. März 1963 und 29. März 1974, Europäische Hochschulschriften, Reihe II: Rechtswissenschaft, Bd. 540, Frankfurt a.M. 1987

Lerche, Peter, Grundrechtsschranken, in: HStR V, § 122

Lill, Rudolf, Artikel: „Konkordate“, in: TRE 19, S. 462–471

Lindner, Thomas, Baulasten an kirchlichen Gebäuden. Staatliche und kommunale Leistungspflichten für den Kirchenbau, Jus ecclesiasticum Bd. 52, Tübingen 1995

Link, Christoph, Der Anspruch der Kirchen auf Präsenz in den öffentlich-rechtlichen und privatrechtlichen Massenmedien des Rundfunks und des Fernsehens, in: HdbStKirchR, Band 2, 2. Auflage, Hrsg.: Joseph Listl und Dietrich Pirson, Berlin 1995, S. 251–284

–, Die Schulgebetsentscheidung des Bundesverfassungsgerichts, JZ 1980, S. 564–566

–, Ein Dreivierteljahrhundert Trennung von Kirche und Staat in Deutschland. Geschichte, Grundlagen und Freiheitschancen eines staatskirchenrechtlichen Modells, Festschrift für Werner Thieme, Hrsg.: Bernd Becker, Hans Peter Bull und Otfried Seewald, Köln 1993, S. 95–122

–, Versorgungsneuregelung und Steuergerechtigkeit im kirchlichen Dienstrecht, ZevKR 40 (1995), S. 435–465

–, Religionsunterricht, in: HdbStKirchR, Band 2, 2. Auflage, Hrsg.: Joseph Listl und Dietrich Pirson, Berlin 1995, S. 439–509

–/*de Wall, Heinrich*, Parlamentarisches Untersuchungsrecht und Kirchenfreiheit – Verfassungsrechtliche Probleme des brandenburgischen „Stolpe-Ausschusses“ –, JZ 1992, S. 1152–1160

Listl, Joseph, Das Verhältnis von Kirche und Staat in der Bundesrepublik Deutschland, in: HdbKathKR, Regensburg 1983, Hrsg.: Joseph Listl, Hubert Müller, Heribert Schmitz, § 113, S. 1050–1071

–, Die Lehre der Kirche über das Verhältnis von Kirche und Staat, in: HdbKathKR, Regensburg 1983, Hrsg.: Joseph Listl, Hubert Müller, Heribert Schmitz, §§ 111, S. 1021–1036

–, Glaubens-, Bekenntnis- und Kirchenfreiheit, in: HdbStKirchR, Band 1, 2. Auflage, Hrsg.: Joseph Listl und Dietrich Pirson, Berlin 1994, S. 439–479

–, Kirche im freiheitlichen Staat. Schriften zum Staastkirchenrecht und Kirchenrecht, Zwei Halbbände, Hrsg.: Josef Isensee und Wolfgang Rüfner i.V.m. Wilhelm Rees, Berlin 1996

– (Hrsg.), Die Konkordate und Kirchenverträge in der Bundesrepublik Deutschland, 2 Bände, Berlin 1987

Lorenz, Dieter, Das Drittsendungsrecht der Kirchen insbesondere im privaten Rundfunk, Berlin 1988

–, Der Wegfall der Geschäftsgrundlage beim verwaltungsrechtlichen Vertrag, DVBl. 1997, S. 865–873

–, Schulgebet und Toleranz – BVerwG, NJW 1974, S. 574, in: JuS 1974, S. 436–439

Losch, Bernhard, Erwachsenenbildung und Akademien, in: HdbStKirchR, Band 2, 2. Auflage, Hrsg.: Joseph Listl und Dietrich Pirson, Berlin 1995, S. 639–661

Loschelder, Wolfgang, Kirchen als Schulträger, in: HdbStKirchR, Band 2, 2. Auflage, Hrsg.: Joseph Listl und Dietrich Pirson, Berlin 1995, S. 511–547

–, Staatliche und kirchliche Kulturverantwortung auf dem Gebiet des Denkmalschutzes, in: Staat, Kirche, Wissenschaft in einer pluralistischen Gesellschaft. Festschrift für Paul Mikat, Hrsg.: Dieter Schwab, Dieter Giesen, Joseph Listl, Hans Wolfgang Strätz, Berlin 1989, S. 611–621

Löwer, Wolfgang, Zuständigkeiten und Verfahren des Bundesverfassungsgerichts, in: HStR II, § 56

Lücke, Jörg, Zur Dogmatik der kollektiven Glaubensfreiheit. Eine Neubestimmung des Verhältnisses von Kirche und Staat am Beispiel des staatlichen Rechtsschutzes gegenüber Maßnahmen der Religionsgemeinschaften, EuGRZ 1995, S. 651–660

Mahrenholz, Ernst Gottfried, Das Niedersächsische Konkordat und der Ergänzungsvertrag zum Loccumer Vertrag, ZevKR 12 (1966/67), S. 217–282

–, Die Kirchen in der Gesellschaft der Bundesrepublik Deutschland, 2. Aufl., Göttingen 1972
Mahrenholz, Hans Christard, Die Mitwirkung der evangelischen Kirchen bei der Besetzung der Lehrstühle in den evangelisch-theologischen Fakultäten, ZevKR 5 (1956), S. 219–273
Mainusch, Rainer, Das kirchliche öffentliche Sachenrecht, ZevKR 38 (1993)
–, Die öffentlichen Sachen der Religions- und Weltanschauungsgemeinschaften: Begründung und Konsequenzen ihres verfassungsrechtlichen Status, Jus ecclesiasticum Band 54, Tübingen 1995
Mampel, Siegfried, Die sozialistische Verfassung der Deutschen Demokratischen Republik. Kommentar, 2. Aufl., Frankfurt am Main 1982
von Mangoldt, Hermann / Klein, Friedrich / Starck, Christian, Das Bonner Grundgesetz. Kommentar, 3. Aufl., Band 1: Präambel, Artikel 1 bis 5, München 1985
von Mangoldt, Hermann / Klein, Friedrich / von Campenhausen, Axel Freiherr, Das Bonner Grundgesetz. Kommentar, 3. Aufl., Band 14: Artikel 136 bis 146, München 1991
Marré, Heiner, Das kirchliche Besteuerungsrecht, in: HdbStKirchR, Band 1, 2. Auflage, Hrsg.: Joseph Listl und Dietrich Pirson, Berlin 1994, S. 1101–1147
–, Die Kirchensteuer als Paradigma staatlicher Kirchenförderung, KuR-410, S. 11–22
–, Staat und Kirche in Deutschland – eine staatskirchenrechtliche Skizze, KuR-110, S. 37–51
Marx, Siegfried, Besprechung von: Gisela Lenz, Die Rechtsbeziehungen zwischen dem Land Hessen und der katholischen Kirche unter besonderer Berücksichtigung der Bistumsverträge vom 9. März 1963 und 29. März 1974, Europäische Hochschulschriften, Reihe II: Rechtswissenschaft, Bd. 540, Frankfurt a.M. 1987, in: ZevKR 35 (1990), S. 117–119
Maser, Hugo, Evangelische Kirche im demokratischen Staat. Der bayerische Kirchenvertrag von 1924 als Modell für das Verhältnis von Staat und Kirche, München 1983
Matthiesen, Irene-Marie, Der Schleswig-Holsteinische Kirchenvertrag vom 23. April 1957, Diss. jur. Freiburg 1986, Altendorf bei Bamberg: Dissertationsdruckerei 1986
Maunz, Theodor / Dürig, Günter, Grundgesetz. Kommentar, Loseblattslg., Stand 32. Lieferung: Oktober 1996, München 1996
Maurer, Hartmut, Denkmalschutz im kirchlichen Bereich, in: Autonomie der Kirche – Symposium für Armin Füllkrug, Hrsg.: Hans-Gernot Jung, Hans-Hartmann Frhr. von Schlotheim, Walter Weißpfennig, Neuwied und Darmstadt 1979, S. 72–98
–, Der Verwaltungsvertrag – Probleme und Möglichkeiten, DVBl. 1989, S. 798–807
–, Kontinuitätsgewähr und Vertrauensschutz, in: HStR III, § 60
May, Georg, Besprechung von: Jörg Kriewitz, Die Errichtung theologischer Hochschuleinrichtungen durch den Staat, Tübingen 1992, in: ArchKathKR 137 (1992), S. 655–666
–, Der Vertrag des Landes Rheinland-Pfalz mit den evangelischen Landeskirchen vom 31. März 1962, ArchKathKR 132 (1963), S. 61–109, 434–474
–, Errichtung und Erweiterung katholisch-theologischer Studieneinrichtungen an staatlichen Hochschulen, in: Iuri Canonico promovendo. Festschrift für Heribert Schmitz, Hrsg.: Winfried Aymans und Karl-Theodor Geringer unter Mitwirkung von Peter Krämer und Ilona Riedel-Spangenberger, Regensburg 1994, S. 415–440
Meinecke, Werner, Die Kirche in der volksdemokratischen Ordnung der Deutschen Demokratischen Republik. Ein Beitrag zur Klärung einiger Grundfragen des Verhältnisses von Staat und Kirche in der DDR, Berlin 1962
Metz, René, Artikel: Der Papst, in: HdbKathKR, Regensburg 1983, Hrsg.: Joseph Listl, Hubert Müller, Heribert Schmitz, § 26, S. 252–266
Meyer, Christian, Die Vermögensverwaltung und das Stiftungsrecht im Bereich der evangelischen Kirche, in: HdbStKirchR, Band 1, 2. Auflage, Hrsg.: Joseph Listl und Dietrich Pirson, Berlin 1994, S. 907–946
Meyer, Erich, Die Entwicklung des evangelischen Patronatsrechts im Gebiet der Deut-

schen Demokratischen Republik. Teil I: Allgemeines. Die Entwicklung bis 1945, ZevKR 5 (1956), S. 84–94

–, Die Entwicklung des evangelischen Patronatsrechts im Gebiet der Deutschen Demokratischen Republik. Teil II: Allgemeines. Die Entwicklung von 1945 bis zur Gegenwart, ZevKR 5 (1956), S. 404–421

Meyer-Teschendorf, Klaus G., Der Körperschaftsstatus der Kirchen. Zur Systemadäquanz des Art. 137 V WRV im pluralistischen Gemeinwesen des Grundgesetzes, AöR 103 (1978), S. 289–333

–, Die Weitergabe von Meldedaten an die Kirchen. Verfassungskräftiger Anspruch der Kirchen auf meldebehördliche Informationshilfe?, Essener Gespräche, Band 15 (1980), Münster 1981, S. 9–58

–, Religionsfreiheit in der Staatsschule. Das Schulgebet als Prüfstein für staatliche Neutralität und Nichtidentifikation, ZevKR 23 (1978), S. 202–230

–, Staat und Kirche im pluralistischen Gemeinwesen. Verfassungstheoretische Vorverständnisse von Staat, Kirche und Gesellschaft in der staatskirchenrechtlichen Diskussion der Gegenwart, Jus ecclesiasticum Bd. 26, Tübingen 1979

Mikat, Paul, Bemerkungen zur Ortsbestimmung und Aufgabenstellung des deutschen Staatskirchenrechts, in: Menschenwürde und freiheitliche Rechtsordnung. Festschrift für Willi Geiger zum 65. Geburtstag (I), Tübingen 1974, S. 443–460

–, Das Verhältnis von Staat und Kirche nach der Lehre der katholischen Kirche, in: HdbStKirchR, Band 1, 2. Auflage, Hrsg.: Joseph Listl und Dietrich Pirson, Berlin 1994, S. 111–155

–, Die päpstlichen Gesandten, in: HdbKathKR, Regensburg 1983, Hrsg.: Joseph Listl, Hubert Müller, Heribert Schmitz, § 31, S. 295–301

–, Kirchen und Religionsgemeinschaften, in: Die Grundrechte IV / 1, Hrsg.: K.A. Bettermann, H.C. Nipperdey, U. Scheuner, Berlin 1960, S. 111–243

–, Religionsrechtliche Schriften. Abhandlungen zum Staatskirchenrecht und Eherecht, 2 Halbbände, Hrsg.: Joseph Listl, Staatskirchenrechtliche Abhandlungen Band 5, Berlin 1974

–, Staat, Kirchen und Religionsgemeinschaften, in: Handbuch des Verfassungsrechts der Bundesrepublik Deutschland, Hrsg.: Ernst Benda, Werner Maihofer, Hans Jochen Vogel, 2. Aufl., § 29 (S. 1425–1455)

Morlok, Martin / Müller, Markus H., Keine Theologie ohne die Kirche / keine Theologie gegen die Kirche, JZ 1997, S. 549–555

Morlok, Martin / Heinig, Michael, Parität im Leistungsstaat – Körperschaftsstatus nur bei Staats-Loyalität? Ein Beitrag zur Dogmatik des Art. 140 GG i.V. m. Art. 137 V 2 WRV, NVwZ 1999, S. 697–706

Mörsdorf, Klaus, Artikel: „Konkordat“, in: LThK Bd. 6, 3. Aufl., Freiburg 1961, Sp. 454–459

Mössner, Jörg Manfred, Einführung in das Völkerrecht, München 1977

–, Rechtsvergleichung und Verfassungsrechtsprechung, AöR 99 (1974), S. 193–242

Muckel, Stefan, Besprechung von: Karl-Hermann Kästner, Staatliche Justizhoheit und religiöse Freiheit, Tübingen 1991, in: AöR 119 (1994), S. 506–508

–, Die Rechtsstellung der Kirche bei der Errichtung eines theologischen Studiengangs an einer staatlichen Universität – Bemerkungen zum Abschluß eines langjährigen Rechtsstreites –, DVBl. 1997, S. 873–878

–, Muslimische Gemeinschaften als Körperschaften des öffentlichen Rechts, DÖV 1995, S. 311–317

–, Religiöse Freiheit und staatliche Letztentscheidung. Die verfassungsrechtlichen Garantien religiöser Freiheit unter veränderten gesellschaftlichen Verhältnissen, Staatskirchenrechtliche Abhandlungen 29, Berlin 1997

Mückenberger, Ulrich, Artikel „Vertrag“, in: Handlexikon zur Rechtswissenschaft, Hrsg.: Axel Görlitz, München 1972, S. 496–504

Müller, Konrad, Der Loccumer evangelische Kirchenvertrag als Spiegel der staatskirchenrechtlichen Lage in der Bundesrepublik, DÖV 1955, S. 421–427

Müller, Markus H., Die Mitwirkung des Staates bei der Besetzung kirchlicher Ämter, BayVBl. 1996, S. 644–649

Müller-Volbehr, Jörg, Das Staatskirchenrecht als Gegenstand der einfachen Gesetzgebung in Bund und Ländern, in: HdbStKirchR, Band 1, 2. Auflage, Hrsg.: Joseph Listl und Dietrich Pirson, Berlin 1994, S. 289–313

–, Die Autonomie der Kirchen im Versorgungsrecht, ZBR 1989, S. 161–164

–, Staat und Kirche – Universität und Theologie. Aktuelle Rechtsprobleme der Theologenausbidlung an staatlichen Hochschulen, ZevKR 24 (1979), S. 1–27

von Münch, Ingo (Hrsg.), Grundgesetz-Kommentar, Band 3: Art. 70 bis Art. 146, 2. Aufl., München 1983

–/*Kunig, Philip* (Hrsg.), Grundgesetz-Kommentar, Band 1: Präambel bis Art. 20, 4. Aufl., München 1992

Murswiek, Dietrich, Grundrechte als Teilhaberechte, soziale Grundrechte, in: HStR V, § 112

von Mutius, Albrecht, Theologie im Staat, EvKomm 17 (1984), S. 297f.

Neumann, Johannes, Gutachtliche Stellungnahme im Auftrag der Humanistischen Union zum Vertrag zwischen dem Land Mecklenburg-Vorpommern und der Evangelisch-Lutherischen Landeskirche Mecklenburg und der Pommerschen Evangelischen Kirche vom 20. Januar 1994, Manuskript, Mannheim 1994

Obermayer, Klaus, Staat und Religion. Bekenntnisneutralität zwischen Traditionalismus und Nihilismus, Berlin, New York 1977

Oebbecke, Janbernd, Reichweite und Voraussetzungen der grundgesetzlichen Garantie des Religionsunterrichts, DVBl. 1996, S. 336–344

Oppermann, Thomas, Kulturverwaltungsrecht. Bildung, Wissenschaft, Kunst, Tübingen 1969

–, Öffentlicher Erziehungsauftrag – Eine Wiederbesichtigung nach der deutschen Einheit, in: Essener Gespräche, Band 32 (1997), Münster 1998, S. 7–37

Orywall, Klaus, Die Gestaltung der neuen Konkordate und Kirchenverträge im Saarland, Diss. Köln 1969

Ossenbühl, Fritz, Die Plangewährleistung, JuS 1975, S. 545–549

–, Staatshaftungsrecht, 4. Aufl., München 1991

–, Vertrauensschutz im sozialen Rechtsstaat, DÖV 1972, S. 25–36

Pahud de Mortanges, René, 6. Schweizerische Kirchenjuristentagung, ZevKR 38 (1993), S. 212–214

Papier, Hans-Jürgen, „Grunderwerbsverträge mit Bauplanungsabreden" – BVerwG, NJW 1980, S. 2539, in: JuS 1981, S. 498–502

Pappermann, Ernst, Grundzüge eines kommunalen Kulturverfassungsrechts, DVBl. 1980, S. 701–711

Pawlowski, Hans-Martin, Bemerkungen zum Verhältnis von Staat und Kirche, in: –, Recht und Moral im Staat der Glaubensfreiheit: Ausgewählte rechtstheoretische Arbeiten, Hrsg.: Norbert Fehl und Rudolf Wildemann, Baden-Baden 1992, S. 153–162

Pestalozza, Christian, Verfassungsprozeßrecht: Die Verfassungsgerichtsbarkeit des Bundes und der Länder, 3. Aufl., München 1991

Pieroth, Bodo/Schlink, Bernhard, Grundrechte Staatsrecht II, 11. Aufl., Heidelberg 1995

Pirson, Dietrich, Der Kirchenvertrag als Gestaltungsform der Rechtsbeziehungen zwischen Staat und Kirche, in: Festschrift für Hans Liermann, Hrsg.: Klaus Obermayer, Hans Rudolf Hagemann, Erlangen 1964, S. 176–195

–, Artikel „Heiliger Stuhl", in: Staatslexikon: Recht, Wirtschaft, Gesellschaft, Hrsg.: Görres-Gesellschaft, 7. Aufl., Band II, Freiburg im Breisgau, Basel, Wien, 1986, Sp. 494–500

–, Artikel: „Vertragsstaatskirchenrecht" , in: EvStL, Band II, 3. Aufl., Hrsg.: Roman Her-

zog, Hermann Kunst, Klaus Schlaich, Wilhelm Schneemelcher, Stuttgart 1987, Sp. 3814–3827
–, Besprechung von: v. Mangoldt / Klein / v. Campenhausen, Das Bonner Grundgesetz, Kommentar. Dritte Aufl., Band 14: Art. 136 bis 146, München 1991, ZevKR 38 (1993), S. 372–379
–, Das kircheneigene Dienstrecht der Geistlichen und Kirchenbeamten, in: HdbStKirchR, Band 2, 2. Auflage, Hrsg.: Joseph Listl und Dietrich Pirson, Berlin 1995, S. 845–875
–, Der Verfassungsstaat der Gegenwart und die Bischofsernennungen, BayVBl. 1996, S. 641–644
–, Die Förderung der Kirchen als Aufgabe des säkularen Staates, Essener Gespräche, Band 28 (1993), Münster 1994, S. 83–102
–, Die Seelsorge in staatlichen Einrichtungen als Gegenstand des Staatskirchenrechts, Essener Gespräche, Band 23 (1988), Münster 1989, S. 4–32
–, Gegenstand und Rechtsqualität von Verträgen zwischen Staat und Kirche, in: Neue Verträge zwischen Kirche und Staat. Die Entwicklung in Deutschland und Polen, Hrsg.: Richard Puza und Abraham Peter Kustermann, Freiburg / Schweiz 1996, S. 31–49
Pottmeyer, Hermann Josef, Artikel „Papst", in: Staatslexikon: Recht, Wirtschaft, Gesellschaft, Hrsg.: Görres-Gesellschaft, 7. Aufl., Band IV, Freiburg im Breisgau, Basel, Wien, 1988, Sp. 283–286
Puza, Richard, Kirche und Staat – Vertragliche Partnerschaft mit Zukunft, NVwZ 1995, S. 460–462
–, Konkordatäre Vereinbarungen und staatliches Religionsrecht. Grundsätzliche Fragen – Elemente einer Konkordatstheorie, in: Neue Verträge zwischen Kirche und Staat. Die Entwicklung in Deutschland und Polen, Hrsg.: Richard Puza und Abraham Peter Kustermann, Freiburg / Schweiz 1996, S. 13–29
– / *Kustermann, Abraham P.*, Einleitung, in: Neue Verträge zwischen Kirche und Staat. Die Entwicklung in Deutschland und Polen, Hrsg.: Richard Puza und Abraham Peter Kustermann, Freiburg / Schweiz 1996, S. 7–12
Quaritsch, Helmut, Der Verzicht im Verwaltungsrecht und auf Grundrechte, in: Gedächtnisschrift für Wolfgang Martens, Hrsg.: Peter Selmer und Ingo von Münch, Berlin, New York 1987, S. 407–417
–, Hans Küng, Tübingen und das Reichskonkordat, BWVwPr. 8 (1981), S. 82–89
–, Kirchen und Staat. Verfassungs- und staatstheoretische Probleme der staatskirchenrechtlichen Lehre der Gegenwart, Der Staat 1 (1962), S. 175–197 und 289–320
–, Kirchenvertrag und Staatsgesetz, in: Hamburger Festschrift für Friedrich Schack, Hrsg.: Hans Peter Ipsen, Hamburg 1966, S. 125–141
–, Neues und Altes über das Verhältnis von Kirchen und Staat, Der Staat 5 (1966), S. 451–474
Renck, Ludwig, Bekenntnisfreiheit und kirchliche Friedhöfe, DÖV 1992, S. 485–488
–, Bemerkungen zu den sog. Staatskirchenverträgen, in: ThürVBl. 1995, S. 31–37
–, Der sogenannte Rang der Kirchenverträge, DÖV 1997, S. 929–938
–, Die Bischofsernennungen in den Konkordaten, BayVBl. 1995 S. 682–684
–, Die neuen Bundesländer und Reichskonkordat, NVwZ 1994, S. 770f.
–, Die Trennung von Staat und Kirche, BayVBl. 1988, S. 225–231
–, Probleme der Rechtsangleichung im Staatskirchenrecht, in: ThürVBl. 1992, S. 177–181
–, Rechtsprobleme der Benutzung kirchlicher Friedhöfe, DÖV 1993, S. 517–523
–, Staatskirchenrecht in den neuen Bundesländern – dargestellt am Beispiel Thüringens –, ThürVBl. 1994, S. 182–185
–, Staatskirchenrechtliche Probleme des Verfassungsentwurfs für Thüringen, in: ThürVBl. 1993, S. 184–186
–, Verfassungsprobleme der theologischen Fakultäten, NVwZ 1996, S. 333–339

–, Verfassungsrechtliche Probleme der christlichen Gemeinschaftsschule, NVwZ 1991, S. 116–120
–, Zum Körperschaftsstatus der Bekenntnisgemeinschaften in den neuen Bundesländern, LKV 1993, S. 374f.
Rengeling, Hans-Werner, Gesetzgebungszuständigkeit, in: HStR IV, § 100
Reuhl, Günter, Kulturstaatlichkeit im Grundgesetz, JZ 1981, S. 321–327
Reupke, Dietrich, Die Religionskörperschaften des öffentlichen Rechts in der Wertordnung des Grundgesetzes, KuR-210, S. 7–20 (1997, S. 91–104)
Robbers, Gerhard, Ausgangspunkte des deutschen Staatskirchenvertragsrechts, in: Neue Verträge zwischen Kirche und Staat. Die Entwicklung in Deutschland und Polen, Hrsg.: Richard Puza und Abraham Peter Kustermann, Freiburg / Schweiz 1996, S. 51–56
–, Die Fortentwicklung des Europarechts und seine Auswirkungen auf die Beziehungen zwischen Staat und Kirche in der Bundesrepublik Deutschland, Essener Gespräche, Band 27 (1992), Münster 1993, S. 81–101
–, Europarecht und Kirchen, in: HdbStKirchR, Band 1, 2. Auflage, Hrsg.: Joseph Listl und Dietrich Pirson, Berlin 1994, S. 315–332
–, Förderung der Kirchen durch den Staat, in: HdbStKirchR, Band 1, 2. Auflage, Hrsg.: Joseph Listl und Dietrich Pirson, Berlin 1994, S. 867–890
–, Kirchliche Einrichtungen zur Krankenversorgung und das Gesetz über die Erweiterung des Katastrophenschutzes in der Fassung vom 14. Februar 1990 – Rechtsgutachten, ZevKR 38 (1993), S. 177–189
–, Zum Grundsatz „volenti non fit iniuria“ im Verfassungsrecht, JuS 1985, S. 925–931
– (Hrsg.), Staat und Kirche in der Europäischen Union, Baden-Baden 1995
Roellecke, Gerd, Kulturauftrag im staatlichen Gemeinwesen, DÖV 1983, S. 653–660
Rudolf, Walter, Kooperation im Bundesstaat, in: HStR IV, § 105
Rüfner, Wolfgang, Das kirchlich rezipierte adaptierte Dienst- und Arbeitsrecht der übrigen kirchlichen Bediensteten, in: HdbStKirchR, Band 2, 2. Auflage, Hrsg.: Joseph Listl und Dietrich Pirson, Berlin 1995, S. 877–900
–, Deutsche Einheit im Staatskirchenrecht, Essener Gespräche, Band 26 (1991), Münster 1992, S. 60–87
–, Geltung des Reichskonkordats, des Preußischen Konkordats und des Preußischen Kirchenvertrags im Beitrittsgebiet, in: Festschrift für Werner Thieme, Hrsg.: Bernd Becker, Hans Peter Bull und Otfried Seewald, Köln 1993, S. 343–352
–, Rechts- und Amtshilfe, in: HdbStKirchR II, 1. Aufl., Hrsg.: Ernst Friesenhahn und Ulrich Scheuner in Verbindung mit Joseph Listl, Berlin 1975, S. 839–851
–, Zuständigkeit staatlicher Gerichte in kirchlichen Angelegenheiten, in: HdbStKirchR, Band 2, 2. Auflage, Hrsg.: Joseph Listl und Dietrich Pirson, Berlin 1995, S. 1081–1116
Rupp, Hans Heinrich, Die Unterscheidung von Staat und Gesellschaft, in: HStR I, § 28
–, Förderung gesellschaftlicher Aktivitäten durch den Staat, Essener Gespräche, Band 28 (1993), Münster 1994, S. 5–16
Ruppel, Erich, Grundsatzfragen einer Regelung des Pfarrerdienstrechts der Vereinigten Evangelisch-Lutherischen Kirche Deutschlands (VELKD), ZevKR 9 (1962 / 63), S. 113–142
–, Kirchenvertragsrecht. Eine Erläuterung des Staatskirchenrechts der neueren Kirchenverträge, Hrsg.: Jürgen Kaulitz und Arno Schilberg, Hannover 1996
Sachs, Michael, „Volenti non fit iniuria“ – Zur Bedeutung des Willens des Betroffenen im Verwaltungsrecht, VerwArch 76 (1985), S. 398–426
–, Besondere Gleichheitsgarantien, in: HStR V, § 126
–, Besprechung von: Martin Heckel: Gleichheit oder Privilegien? Der Allgemeine und der Besondere Gleichheitssatz im Staatskirchenrecht, Tübingen 1993, in: NJW 1994, S. 3278f.
–, Grenzen des Diskriminierungsverbots. Eine Untersuchung zur Reichweite des Unterscheidungsverbots nach Art. 3 Absatz 2 und 3 Grundgesetz, München 1987

–, Zur Bedeutung der grundgesetzlichen Gleichheitssätze für das Recht des öffentlichen Dienstes, ZBR 1994, S. 133–143
– (Hrsg.), Grundgesetz. Kommentar, München 1996
Schatzschneider, Wolfgang, Legitimation und Grenzen staatlich-kirchlicher Kooperation im Meldewesen, NJW 1983, S. 2554–255
Schenke, Wolf-Rüdiger, Verwaltungsprozeßrecht, Heidelberg 1993
Scheuner, Ulrich, Auseinandersetzungen und Tendenzen im deutschen Staatskirchenrecht. Kirchenverträge und Gesetz, Kirchensteuern, Gemeinschaftsschule, Religionsfreiheit, DÖV 1966, S. 145–153
–, Der Bestand staatlicher und kommunaler Leistungspflichten an die Kirchen (Art. 138 Abs. 2 WRV), in: Diaconia et Ius. Festgabe für Heinrich Flatten, Hrsg.: Heribert Heinemann, Horst Hermann und Paul Mikat, Wien 1973, S. 381–396
–, Die staatskirchenrechtliche Tragweite des niedersächsischen Kirchenvertrages von Kloster Loccum, ZevKR 6 (1957/58), S. 1–37
–, Kirchenverträge in ihrem Verhältnis zu Staatsgesetz und Staatsverfassung, in: Festschrift für Erich Ruppel, Hrsg.: Heinz Brunotte, Konrad Müller, Rudolf Smend, Hannover, Berlin und Hamburg 1968, S. 312–328
–, Nochmals: Zum Ende des Schulgebetsstreits, DÖV 1980 S. 513–515
–, Rechtsfolgen der konkordatsmäßigen Beanstandung eines katholischen Theologen, Staatskirchenrechtliche Abhandlungen Band 13, Berlin 1980
–, Schriften zum Staatskirchenrecht, Hrsg.: Joseph Listl, Staatskirchenrechtliche Abhandlungen Band 3, Berlin 1973
Schilberg, Arno, Rechtsschutz bei Pfarrern im Angestelltenverhältnis, ZevKR 36 (1991), S. 42–52
von Schlabrendorff, Fabian, Staat und Glaube, in: Menschenwürde und freiheitliche Rechtsordnung. Festschrift für Willi Geiger zum 65. Geburtstag (I), Tübingen 1974, S. 401–413
Schlaich, Klaus, Das Bundesverfassungsgericht. Stellung, Verfahren, Entscheidungen, 3. Aufl., München 1994
–, Der Öffentlichkeitsauftrag der Kirchen, in: HdbStKirchR, Band 2, 2. Auflage, Hrsg.: Joseph Listl und Dietrich Pirson, Berlin 1995, S. 131–180
–, Neutralität als verfassungsrechtliches Prinzip – vornehmlich im Kulturverfassungs- und Staatskirchenrecht, Tübingen 1972
Schlink, Bernhard, Artikel „Amtshilfe" zwischen Staat und Kirche, in: EvStL, Band I, 3.Aufl., Hrsg.: Roman Herzog, Hermann Kunst, Klaus Schlaich, Wilhelm Schneemelcher, Stuttgart 1987, Sp. 54–57
–, Freiheit durch Eingriffsabwehr, Rekonstruktion der klassischen Grundrechtsfunktion, EuGRZ 1984, S. 457–468
Schmidt-Aßmann, Eberhard, Der Rechtsstaat, in: HStR I, § 24
–, Die Lehre von den Rechtsformen des Verwaltungshandelns – Ihre Bedeutung im System des Verwaltungsrechts und für das verwaltungsrechtliche Denken der Gegenwart –, DVBl. 1989, S. 533–541
Schneider, Hans, Verträge zwischen den Gliedstaaten im Bundesstaat, in: VVDStRL 19 (1961), 1–85
Scholz, Rupert, Der Auftrag der Kirchen im Prozeß der deutschen Einheit, Essener Gespräche, Band 26 (1991), Münster 1992, S. 7–30
Schröcker, Dr. Dr., Das vertragswidrige Gesetz, DVBl. 1958, S. 369–377
Schulz, Winfried, Artikel „Vatikanstadt", in: Staatslexikon: Recht, Wirtschaft, Gesellschaft, Hrsg.: Görres-Gesellschaft, 7. Aufl., Band V, Freiburg im Breisgau, Basel, Wien, 1989, Sp. 586–589
Schulze-Fielitz, Helmuth, Kooperatives Recht im Spannungsfeld von Rechtsstaatsprinzip und Verfahrensökonomie, DVBl. 1994, S. 657–667

Schwarz, Reinhard, Der Rheinland-Pfälzische Kirchenvertrag vom 31. März 1962, Diss. Freiburg 1970

Schweitzer, Michael, Staatsrecht III, Staatsrecht, Völkerrecht, Europarecht, 6. Aufl., Heidelberg 1997

Schwerdtfeger, Armin, Vertrauensschutz und Plangewährleistung im Subventionsrecht, München 1993

Seidl-Hohenveldern, Ignaz, Völkerrecht, 9. Aufl., Köln, Berlin, Bonn, München 1997

Seiler, Rudolf, Seelsorge in Bundeswehr und Bundesgrenzschutz, in: HdbStKirchR, Band 2, 2. Auflage, Hrsg.: Joseph Listl und Dietrich Pirson, Berlin 1995, S. 961–984

Seite, Bernd, Rede bei der Unterzeichnung des Evangelischen Kirchenvertrages, in: Vertrag zwischen dem Land Mecklenburg-Vorpommern und der Evangelisch-Lutherischen Landeskirche Mecklenburgs und der Pommerschen Evangelischen Kirche. Die Unterzeichnung des Vertrages in Güstrow, 20. Januar 1994, Hrsg.: Norbert Buske, Schwerin 1995, S. 29–32

Siller, Hermann Pius, Das konfessionelle Element in der öffentlichen Schule, in: Essener Gespräche, Band 32 (1997), Münster 1998, S. 123–135

Smend, Rudolf, Der Niedersächsische Kirchenvertrag und das heutige deutsche Staatskirchenrecht, JZ 1956, S. 50–53

Solte, Ernst-Lüder, Besprechung von Jörg Kriewitz, Die Errichtung theologischer Hochschuleinrichtungen durch den Staat, Jus ecclesiasticum Bd. 42, Tübingen 1992, ZevKR 1997), S. 446–450

–, Die Ämterhoheit der Kirchen, in: HdbStKirchR, Band 1, 2. Auflage, Hrsg.: Joseph Listl und Dietrich Pirson, Berlin 1994, S. 561–572

–, Gemeinsame Angelegenheiten von Staat und Kirche in den Staatskirchenverträgen der neuen Ländern, in: Neue Verträge zwischen Kirche und Staat. Die Entwicklung in Deutschland und Polen, Hrsg.: Richard Puza und Abraham Peter Kustermann, Freiburg / Schweiz 1996, S. 79–97

–, Theologie an der Universität. Staats- und Kirchenrechtliche Probleme der Theologischen Fakultäten, Jus ecclesiasticum Bd. 13, München 1971

Sperling, Eberhard, Kirchliche Friedhöfe zwischen Bekenntnisfreiheit und Schrankenvorbehalt, DÖV 1993, S. 197–199

Starck, Christian, Deutsches Staatskirchenrecht – Zur Neuauflage des Handbuchs des Staatskirchenrechts –, DVBl. 1997, S. 889–892

Stein, Albert, Evangelisches Kirchenrecht. Ein Lernbuch, 2. Aufl., Neuwied und Darmstadt 1985

Steinbeiss-Winkelmann, Christine, Grundrechtliche Freiheit und staatliche Freiheitsordnung: Funktion und Regelungsgehalt verfassungsrechtlicher Freiheitsgarantien im Licht neuerer Grundrechtstheorien, Frankfurt am Main, Bern, New York 1986

Steinberg, Rudolf, Grenzüberschreitende Informationsansprüche im Bundesstaat – untersucht am Beispiel des interstaatlichen atomrechtlichen Nachbarrechts, NJW 1987, S. 2345–2351

Steinberger, Helmut, Allgemeine Regeln des Völkerrechts, in: HStR VI, § 173

Steiner, Udo, Kulturauftrag im staatlichen Gemeinwesen, VVDStRL 42 (1984), S. 7–45

–, Kulturpflege, in: HStR III, § 86

Stelkens, Paul / Bonk, Heinz Joachim / Sachs, Michael, Verwaltungsverfahrensgesetz. Kommentar, 5. Aufl., München 1998

Stern, Klaus, Das Staatsrecht der Bundesrepublik Deutschland Band I: Grundbegriffe und Grundlagen des Staatsrechts, Strukturprinzipien der Verfassung, 2. Aufl., München 1984

–, Die clausula rebus sic stantibus im Verwaltungsrecht, in: Staat, Kirche, Wissenschaft in einer pluralistischen Gesellschaft. Festschrift für Paul Mikat, Hrsg.: Dieter Schwab, Dieter Giesen, Joseph Listl, Hans Wolfgang Strätz, Berlin 1989, S. 775–789

–, Idee und Elemente eines Systems der Grundrechte, in: HStR V, § 109

–, Zur Grundlegung einer Lehre des öffentlich-rechtlichen Vertrages, VerwArch 49 (1958), S. 106–157

Stettner, Rupert, Die Bindung der Gemeinde durch den Folgekostenvertrag, AöR 102 (1977), S. 544–575

Stier, Christoph, Rede bei der Unterzeichnung des Evangelischen Kirchenvertrages, in: Vertrag zwischen dem Land Mecklenburg-Vorpommern und der Evangelisch-Lutherischen Landeskirche Mecklenburgs und der Pommerschen Evangelischen Kirche. Die Unterzeichnung des Vertrages in Güstrow, 20. Januar 1994, Hrsg.: Norbert Buske, Schwerin 1995, S. 33–36

Stober, Rolf (Hrsg.), Quellen zur Entstehungsgeschichte der Sächsischen Verfassung. Dokumentation, Dresden 1993

Streinz, Rudolf, Auswirkungen des Europarechts auf das deutsche Staatskirchenrecht, Essener Gespräche, Band 31 (1996), Münster 1997, S. 53–87

Thieme, Werner, Der Vertrag von Kloster Loccum. Zur Neuordnung des Verhältnisses von Staat und evangelischen Landeskirchen in Niedersachsen, DVBl. 1956, S. 273–276

von Tiling, Peter, Zum Beurteilungsspielraum bei Entscheidungen über die Eignung für das Pfarramt, ZevKR 37 (1992), S. 113–127

–, Zur Dienstherrnfähigkeit der Kirchen, ZevKR 36 (1991), S. 276–290

Tillmanns, Reiner, Grundzüge des Staatskirchenrechts in den neuen Bundesländern, in: Verfassungsrechtliche Probleme bei der Konstituierung der neuen Bundesländer, Hrsg.: Peter Neumann, Reiner Tillmanns, Berlin 1997, S. 161–267ff.

Tomuschat, Christian, Artikel: „Vertragsrecht, internationales“ , in: EvStL, Band II, 3. Aufl., Hrsg.: Roman Herzog, Hermann Kunst, Klaus Schlaich, Wilhelm Schneemelcher, Stuttgart 1987, Sp. 3805–3814

–, Die staatsrechtliche Entscheidung für die internationale Offenheit, in: HStR VI, § 172

–, Wege zur deutschen Einheit, in: VVDStRL 49 (1990), S. 70–95

Uerpmann, Robert, Rechtsfragen von Vereinbarungen zwischen Universität und Staat, JZ 1999, S. 644–653

Ule, Carl Hermann, Gutachten: Zur Frage der Fortgeltung des Vertrages zwischen dem Land Schleswig-Holstein und den evangelischen Landeskirchen im Falle der Bildung der Nordelbischen Kirche, Speyer 1970, abgedr. in: 30 Jahre Staatskirchenvertrag, 10 Jahre Ev.-Luth. Nordelbische Kirche, eine Dokumentation, Hrsg.: Klaus Blaschke, Hans-Joachim Ramm, Neumünster 1992, S. 107–115

Verdross, Alfred / Simma, Bruno, Universelles Völkerrecht. Theorie und Praxis, 3. Aufl., Berlin 1984

Vogel, Klaus, Begrenzung von Subventionen durch ihren Zweck, in: Festschrift für Hans Peter Ipsen zum siebzigsten Geburtstag, Hrsg.: Rolf Stödter, Werner Thieme, Tübingen 1977, S. 539–554,

–, Wortbruch im Verfassungsrecht. Mit einer Bemerkung zum Verhältnis zwischen Bundesverfassungsgericht und demokratischem Gesetzgeber, JZ 1997, S. 161–167

Vulpius, Axel, Aktuelle Fragen im Verhältnis von Kirche und Staat im vereinigten Deutschland, KuR-120, S. 13–24

–, Der Evangelische Kirchenvertrag Sachsen-Anhalt aus der Sicht der Verwaltung, LKV 1994, S. 277–280

–, Der Evangelische Kirchenvertrag Sachsen-Anhalt unter besonderer Berücksichtigung der Nihil obstat-Frage, in: JöR N.F. Bd. 43 (1995), S. 327–354

–, Verträge mit der Jüdischen Gemeinschaft in den neuen Ländern, NVwZ 1996, S. 759–765

–, Zur Fortgeltung des Preußenkonkordats in den neuen Bundesländern, NVwZ 1994, S. 40

–, Zur Nihil obstat-Frage in den neuen evangelischen Kirchenverträgen, NVwZ 1996, S. 460f.

Wagner, Heiko, Der Einigungsvertrag nach dem Beitritt. Fortgeltung, Bestandssicherheit und Rechtswahrung vor dem Bundesverfassungsgericht, Berlin 1994

Walf, Knut, Wie sinnvoll sind heute noch Konkordate und Kirchenverträge? Grundsätzliche und pragmatische Seiten einer alt-neuen Frage, in: Neue Verträge zwischen Kirche und Staat. Die Entwicklung in Deutschland und Polen, Hrsg.: Richard Puza und Abraham Peter Kustermann, Freiburg / Schweiz 1996, S. 121–131

de Wall, Heinrich, Die Befugnis der Kirchen zur Differenzierung nach dem Glauben im Friedhofsrecht, NVwZ 1995, S. 769f.

–, Besprechung: von Martin Heckel, Gleichheit oder Privilegien, Jus ecclesiasticum Band 47, Tübingen 1993, in: ZevKR 40 (1995), S. 513–518

–, Besprechung von: Handbuch des Staatskirchenrechts der Bundesrepublik Deutschland, Band 1, 2. Auflage, Hrsg.: Joseph Listl und Dietrich Pirson, Berlin 1994, in: SächsVBl. 1996, S. 230–232

–, Zum Verfassungsstreit um den Religionsunterricht in Brandenburg, ZevKR 42 (1997), S. 353–371

Walter, Hannfried, Die Bonus-Malus-Entscheidung des Bayerischen Verfassungsgerichtshofs und die Folgen. Zwischenländerrechtliche Wirkungen landesverfassungswidriger Staatsverträge, NJW 1975, S. 1857–1863

Weber, Hermann, Benutzungszwang für Trauerhallen (Friedhofskapellen) und friedhofseigene Leichenkammern auf kirchlichen Friedhöfen, ZevKR 33 (1988), S. 15–35

–, Der Thüringer Evangelische Kirchenvertrag, in: Staatsphilosophie und Rechtspolitik. Festschrift für Martin Kriele, Hrsg.: Burkhard Ziemske, München 1997, S. 1009–1035

–, Der Wittenberger Vertrag – ein Loccum für die neuen Bundesländer?, in: NVwZ 1994, S. 759–766

–, Die rechtliche Stellung der christlichen Kirchen im modernen demokratischen Staat. Staatskirchenrechtliche Aspekte, ZevKR 36 (1991), S. 253–275

–, Die Verleihung der Körperschaftsrechte an Religionsgemeinschaften, ZevKR 34 (1989), S. 337–382

–, Gelöste und ungelöste Probleme des Staatskirchenrechts, NJW 1983, S. 2541–2554

–, Grundprobleme des Staatskirchenrechts, Bad Homburg v.d.H., Berlin, Zürich 1970

–, Körperschaftsstatus für die Religionsgemeinschaft der Zeugen Jehovas in Deutschland?, ZevKR 41 (1996), S. 172–222

–, Rechtsschutz der Kirchen durch staatliche Gerichte, in: HdbStKirchR, Band 2, 2. Auflage, Hrsg.: Joseph Listl und Dietrich Pirson, Berlin 1995, S. 1047–1080

Weber, Werner, „Allgemeines Gesetz" und „für alle geltenden Gesetz", in: Festschrift für Ernst-Rudolf Huber, Hrsg.: E. Forsthoff, W. Weber, F. Wieacker, Göttingen 1973, S. 181–199

Weidemann, Helmut, Zur Rechtsstellung der Kirchen und Religionsgemeinschaften nach der neuen Verfassung in Mitteldeutschland, DVBl. 1969, S. 10–15

Wieland, Joachim, Die Angelegenheiten der Religionsgemeinschaften, Der Staat 25 (1986), S. 321–350

Winkelmann, Martin, Das Verhältnis der religionsrechtlichen Bestimmungen der nordrhein-westfälischen Landesverfassung zu den Regelungen des Grundgesetzes, DVBl. 1991, S. 791–798

Zeddies, Helmut, Kirche nach der Wende. Folgen der deutschen Wiedervereinigung für die Landeskirchen in den neuen Bundesländern, in: Das Recht der Kirche, Bd. III: Zur Praxis des Kirchenrechts, Gütersloh 1994, Hrsg.: Gerhard Rau, Hans-Richard Reuter, Klaus Schlaich, S. 405–449

Zwirner, Henning, Besprechung von Ernst Friesenhahn und Ulrich Scheuner (Hrsg.), Handbuch des Staatskirchenrechts der Bundesrepublik Deutschland, 1. Aufl. Berlin 1974 und 1975, ZevKR 23 (1978), S. 429–441

Sachverzeichnis

Jus Ecclesiasticum

Alphabetische Übersicht

Kriewitz, Jörg: Die Errichtung theologischer Hochschuleinrichtungen durch den Staat.1992. Band 42.
Liermann, Hans: Der Jurist und die Kirche. 1973. Band 17.
Lindner, Thomas: Baulasten an kirchlichen Gebäuden. 1995. Band 52.
Link, Christoph: Die Grundlagen der Kirchenverfassung im lutherischen Konfessionalismus des 19. Jahrhunderts. 1966. Band 3.
Mainusch, Rainer: Die öffentlichen Sachen der Religions- und Weltanschauungsgemeinschaften. 1995. Band 54.
Maurer, Hartmut: Abhandlungen zum Kirchenrecht und Staatskirchenrecht. 1998. Band 59.
Maurer, Wilhelm: Die Kirche und ihr Recht. 1976. Band 23.
Meyer-Teschendorf, Klaus G.: Staat und Kirche im pluralistischen Gemeinwesen. 1979. Band 26.
Müller, Konrad: Staatsgrenzen und evangelische Kirchengrenzen. 1988. Band 35.
Närger, Nikolaus: Das Synodalwahlsystem in den deutschen evangelischen Landeskirchen im 19. und 20. Jahrhundert. 1988. Band 36.
Pahlke, Armin: Kirche und Koalitionsrecht. 1983. Band 29.
Pirson, Dietrich: Universalität und Partikularität der Kirche. 1965. Band 1.
Ris, Georg: Der "kirchliche Konstitutionalismus". 1988. Band 33.
Sartorius, Joachim: Staat und Kirchen im francophonen Schwarzafrika und auf Madagaskar. 1973. Band 19.
Schlaich, Klaus: Kollegialtheorie. 1969. Band 8.
– Gesammelte Aufsätze. Hrsg. von M. Heckel und W. Heun. 1997. Band 57.
– siehe *Heckel, Martin.*
Schwanhäusser, Gertrud: Das Gesetzgebungsrecht der evangelischen Kirche unter dem Einfluß des Landesherrlichen Kirchenregiments im 16. Jahrhundert. 1967. Band 5.
Sichelschmidt, Karla: Recht aus christlicher Liebe oder obrigkeitlicher Gesetzesbefehl? 1995. Band 49.
Solte, Ernst L.: Theologie an der Universität. 1971. Band 13.
Stössel, Hendrik: Kirchenleitung nach Barmen. 1999. Band 60.
Strietzel, Wolfgang: Das Disziplinarrecht der deutschen evangelischen Landeskirchen und ihrer Zusammenschlüsse. 1988. Band 34.
Tempel, Irmtraut: Bischofsamt und Kirchenleitung in den lutherischen, reformierten und unierten deutschen Landeskirchen. 1966. Band 4.
Tröger, Gerhard: Das Bischofsamt in der evangelisch-lutherischen Kirche. 1966. Band 2.
Weber, Werner: Staat und Kirche in der Gegenwart. 1978. Band 25.
Wehdeking, Thomas P.: Die Kirchengutsgarantien und die Bestimmungen über Leistungen der öffentlichen Hand an die Religionsgesellschaften im Verfassungsrecht des Bundes und der Länder. 1971. Band 12.
Wolf, Uvo A.: Jus divinum. 1970. Band 11.
Wrege, Wolf Reinhard: Die Rechtstheologie Paul Tillichs. 1996. Band 56.